特有 · 詼諧 · 趣味 · 典故

台灣孽恝仔話

潘榮禮◎編著　　張進金 總校訂

前衛出版
AVANGUARD

作者簡介

潘榮禮

■ 1938年生於彰化縣社頭鄉

經歷

中央選舉委員會巡迴監察人
中華民國幼教聯合會第一、第二屆理事長
彰化縣幼教事業學會第一、第二屆理事長
《新生文藝》主編、《野馬雜誌》發行人
報紙、雜誌專欄作家
「1018為幼兒教育而走」，爭取「教育券」成功

著作

《潘榮禮彈笑系列》13冊
《台灣童玩教做教玩》上下冊
《台語新囡仔歌教學教唱》1－4冊
《放風吹》、《花眉鳥》囡仔歌CD
《飆歌勁舞》VCD上下輯
《1018為幼兒教育而走》
《國會嬰靈尋親記》
《台灣名人妙言精選集》
《台灣限制級俚諺語》
《國父 孫中山辭職記》
《台灣孽삑話新解》

■ 政論雜誌專欄作家

妙趣橫生的台灣孽恝話

我出生在彰化縣社頭鄉，很少離開過故鄉。小時候與鄉親長輩相處，乃至現在與年輕一代生活互動中，都以台語爲溝通工具。因此，從老一輩人中聽到、學到很多充滿諧趣的台灣「孽恝話」。例如：

「矮仔人踮茨頂—（欠梯）欠推」、「老人留喙鬚—老不修」、「墓仔埔放炮—驚死人」、「青暝放尿—烏白漩」、「蠓仔釘屌脬—歹扑」、「七元對分—不三不四」……

在言談中有意無意的將這些「孽恝話」，傳承給現代年輕人。而且也突發奇想，何不把這些妙趣橫生的「台灣孽恝話」編印出書？讓更多的人欣賞台灣生活語言藝術，台灣文化語言智慧的結晶，大家共同負起傳承與保留的責任。

「孽恝話」，華語叫「歇後語」，是人們在工作之餘，歇下來談天說笑的一種話語。這些話很俏皮、有趣，講話只講前面半句，留下後半句，延伸出耐人尋味的含意，讓聽者自己去推敲、思考、領會。沒說出來的後半句話，有罵人的、開玩笑的、挖苦的、嘲諷的、警惕的，令人領悟後會會心微笑。客家人叫「孽恝話」爲「師父話」，也就是「功夫話」。意思是有相當講話功夫的人，才講得出「孽恝話」這種話。台灣也有人說是「孽詰話」、「孽苛話」、「激骨話」；更有人稱之爲「馬蹄話」。由「馬蹄話」這三個字，多少知道「孽恝話」之奇妙。

我們都知道馬奔跑的時候，速度像飛的那麼快。但沒人注意到馬無論跑得多快，後蹄絕對不會踏上前蹄的腳印。「孽恝話」也一樣，前半句留下來的後半句，很少重複前半句的字詞，故而有「馬蹄話」之稱。

要訪談、調查、搜集《台灣孽恝話》，我認爲這種屬於整理文化遺產的工作，一定要進行全台灣的田野調查、訪談，才能把遺珠之憾減到最低。可是這種田野調查、訪談的搜集工程浩大，非我能力所及。幸虧「財團法人國家文化藝術基金會」、「中華文化復興運動總會」有獎助辦法，鼓勵有心人士投身這種文化遺產的傳承工作，我才能組成田野調查、訪談的搜集團隊，到全台灣各鄉鎮進行「孽恝話」田野調查、訪談。也因而撿回許許多多將被遺忘的「台灣孽恝話」；更意外的是，從現代人生活經驗中，我發現新孕育出來的「孽恝話」，如：

「新婦不孝—公投」、「司機辭職—想繪開」、「閃開借過—（繪擋路）麥當勞」、「違章建築—無照起工」、「高速公路—無人道」、「保險公司—驚死人」、「恆春設機場—有機可乘」……

這些新的「孽恝話」在各地方流傳，與我們祖先及各世代先人所留給我們的文化語言遺產一樣，句句充滿智慧、諧趣、幽默。有些令人啼笑皆非，也有些令人聽後會嗤

嗤笑個不停。

　　我在田野調查、訪談中體會到，「孽恝話」有很多嬉謔瘋疴、乞丐、和尚、尼姑、跛骹、青瞑、老人……的句子。我之所以也將它蒐集編著入書，絕非輕視弱勢或少數同胞，趁機開他們的玩笑，而是以珍惜祖宗的每一筆遺產的心情，把它忠實的保存下來而已。

　　台灣之所以悲哀，是曾經遇人不淑，前後遭受多次外來政權統治，禁止各級學校使用台語教材，禁說台語。學生用台語交談被扭曲，鄙視，甚至被處罰。因此鄉土語言教材及工具書市場狹窄、有心人士與研究人員幾乎沒受到應有的鼓勵，導致今日字源欠缺，工具書殘缺不全，很多台語用字連電腦都找不到，以致落入反對本土化人士攻擊「台語有音無字」的藉口。其實，台語有音就有字、有字就有音。

　　《台灣孽恝話新解》每一句都有正確用字，沒有我以「象形」、「指事」、「形聲」、「會意」、「假借」、「轉注」濫竽充數的自造文字；更沒有「權宜」、「將就」方便的用字。可能與坊間其他系列書籍用字有別，但絕對是有音就有字，有字就有音，而且有根有據。例如，下列所舉之字，前字正確，後字有待商榷：

　　「人—儂」、「婿—水」、「食—呷」、「茨—厝」、「趖—若」、「徵—挺」、「姆—某」、「誠—濟」、「抶—抑」、「獅—顥」

　　《台灣孽恝話新解》承蒙張進金教授逐句審查、細心校訂，吳柏鴻先生校正「羅馬音標」，蕭燕老師校正「台語ㄅㄆㄇ注音」，好友楊青矗先生指正，黃勁連先生鼓勵，林正立先生提供編排意見，張純靜園長搜集國內外時事資料，蕭木通、李重義、黃武雄、李雪華、楊婷婷、謝瓊華等女士、先生的諸多協助，令我感謝不已。

　　我個人學識、能力有限，又以無牛駛馬的心情全力以赴，雖然完成《台灣孽恝話新解》，但疏漏錯失之處在所難免，尚祈關心台灣鄉土文化、語言的先進們不吝指教。

潘榮禮　2005年228紀念日
於彰化縣社頭鄉

編輯說明

1. 本書搜集《台灣孽恝話》1090句，是目前台語系列書中，較豐富、完整的一本「台灣語言之美」與「台灣語言教學」參考用書。

2. 本書以筆劃數按序編排，方便查閱。若分類編排，有些類別恝孽話多達幾十句，有些只有寥寥一二句，其中更有些句子的含意，類跨多種意義，很難勉強分門別類。

3. 本書考慮到台灣同胞，先後遭受到不同的統治者，加諸於不同的語言教育。為方便受不同教育者都能閱讀、領會每一句孽恝話之妙，分別以「台語正確用字略表」及「台語音標說明」，讓受不同語言教育的人，都能融會貫通，感受台灣語言文化之精緻與幽默。

4. 本書所搜集的每一句恝孽話，分別以簡潔文字「暗示」含意；詳細「註解」詞意及解釋延伸的各種名詞、意義；並以國家大事、社會趣聞，做為「例句」。讓讀者瞭解真正意義，也能活用台灣孽恝話，更能將事件與趣聞留下記錄，做為後人研究、談笑的資料。

5. 本書為避免將來修改的困擾，未雨綢繆以「台灣」為國名，而不稱「中華民國」：也知道「大陸」是另一個國家，故稱為「中國」；更瞭解將來有一天，「中華民國的年代」，必須找「公元」比對，故以「公元」取代「中華民國」，省得以後麻煩。

6. 本書編著目的，在展現古今台灣人民生活、文化語言的智慧、幽默與藝術。雖非文字語言學或音韻學，但附加「台語正確用字略表」、「羅馬音標」及「台語ㄅㄆㄇ注音」，以達到台語的美妙原味之境界，並一窺台語孽恝話所表現出來的活潑、幽默、諧趣。

台語正確用字略表

人 （柳銅） （入銀）	1.文音人：（入銀） 　1.（詩經，泰誓）「惟人萬物之靈也。」 　2.（論語，顏淵）「己所不欲，勿施於人。」 　3.（孟子，離婁）「人之患，在好為人師。」 　4.（漢文讀本）「人有兩手，一手五指，兩手十指。」 　5.（俗語）「人生親像大舞台，苦齣、笑詼，攏總來。」 2.語音人：（柳銅） 　1.（俗語）「人叫無信道，鬼牽拋拋走。」 　2.（俗語）「人若倒好性地，屎胿恆人割去賣。」 　3.（俗語）「人若衰，種匏仔生菜瓜。」
儂 （柳王）	1.四川夷人、雲南苗人，通稱「儂人」。 2.奴曰儂，即童僕也。（李賀，南園詩）「桃膠迎夏香琥珀，自課越儂能種瓜。」 3.我也，（晉無名氏，子夜歌）「天不奪人願，故使儂見郎。」 4.我也，（韓愈，詠鱷魚詩）「鱷魚大如船，牙眼怖殺儂。」 5.儂絕對不是人，否則以訛傳訛。
婿 （時偉）	婿（說文）「壻之本字，燕婿也。」 1.（俗語）「生緣免生婿，生婿無緣上刻虧。」 2.（俗語）「婿穦粿愛會甜，婿穦姆愛會生。」 3.（前漢，外戚傳）「李婦人曰妾不敢以燕婿見帝。」
水 （曾偉） （時偉）	1.（俗語）「食藥若食水（曾偉），問神若問鬼。」 2.（俗語）「父母疼囝長流水（時偉）。」 3.（俗語）「水（曾偉）鬼叫跛瑞。」
食 （時直） （曾役）	1.（俗語）「食鴉片，散蹺蹺，親像老猴歕洞簫。」 2.（俗語）「食鴉片，散勾勾，姆去嫁，囝去流。」 3.（俗語）「食未老，死未臭，變相未瘌到。」 4.（俗語）「食人一斤，還人四兩。」
呷 （喜佳） （音哈）	1.熱飲也，（鄭震，飲馬長城窟行）「朝呷一口水，暮破千重關。」 2.熱飲也，（俗語）「坐腋椅、呷燒茶、嗑瓜子、看電視。」 3.眾生也，（李白，大獵賦）「喤喤呷呷，盡奔突於場中。」
茨 （出賜） （音次）	1.茅蓋屋也，（書經，梓材）「惟其塗塈茨。」 2.（莊子，讓王）「原憲居魯，環堵之室，茨以生草。」 3.（俗語）「老尪疼俴婆，茨邊頭尾通人無。」 4.（俗語）「茨內無貓，鳥鼠蹺骹。」
厝 （出告） （音錯）	1.交錯也，（漢書，地理志）「五方雜厝，風俗不純。」 2.厲石也，（詩經，小雅）「他山之石，可以為厝。」 3.埋葬也，（潘岳，寡婦賦）「痛存亡之殊制兮，將遷神而安厝。」

趒 （柳雅）	兩事同時做。 1.（俗語）「日笑晝，雨趒流。」 2.（台語）「趒行趒講話，佮繪疕。」
若 （柳雅） （入竒）	1.（俗語）「若是愛計較，逐家諒早拆爐灶。」 2.（俗語）「天若有孿俤人飼，自動車也攏繪死。」 3.（俗語）「若是佣鐵齒，連鞭著坐輪椅。」
徹 （他近）	附合，袒護也。 1.（俗語）「邙落尫著徹邙落姆；邙落旗著擂邙落鼓。」 2.（俗語）「家庭不和人看輕；尫姆相徹有拚面。」 3.（選舉文宣）「本省外省老共俵，逐家攏來徹阿扁。」
挺 （他永）	1.正直，（唐書，杜甫傳論）「數嘗寇亂，挺節無所汙。」 2.量詞，（軍中術語）「機槍兩挺，全連挺進。」 3.引身而進也，（蘇軾，留侯論）「拔劍而起，挺身而鬥。」
姆 （門古）	人妻也。 1.（俗語）「尫努姆嬌頭。」 2.（俗語）「尫姆共心石頭變金，尫趁姆援永遠作伴。」 3.（俗語）「姆是玉皇上帝，序大人是囝仔大細。」 4.（俗語）「一個姆，怀好三個天公祖。」 5.（俗語）「尫生姆旦，食飽對看。」
某 （門古）	指莫知名者，虛指也。 1.（公羊傳，宣六年）「使勇士某者往殺之。」 2.（禮記，少儀）「問道藝子，習於某乎？子善於某否？」 3.（台語）「台北某台語雜誌『燄種』寫『披種』，笑破人仐喙也。」
誇 （曾系）	（字彙補）：多也。 1.（俗語）「誇牛踏無糞；誇姆無地睏。」 2.（俗語）「好囝唔用誇；誇子餓死爸。」 3.（俗語）「人誇話著誇，三色人講五色話。」
濟 （曾計）	1.救助也，（郭元振，詠井詩）「鑿處若教當要路，為君常濟往來人。」 2.水名，（山海經）「支離之山，濟水出焉。」 3.相助也，（易經，謙卦）「天道下濟而光明。」 4.人眾貌，（詩經，大雅）「濟濟多士，文王以寧。」 5.成語：「同舟共濟」、「人才濟濟」、「濟弱扶傾」「懸壺濟世」。
掖 （英夾）	（說文）「掖，手持物於背後。」如：「掖尾狗」。 1.扶持也，「查姆囝掖錢恆老爸；新婦怀無。」 2.腋下也，（史記，商君列傳）「吾聞千羊之皮，不如一狐之掖。」 3.（俗語）「老人愛經濟，少年『手掖後』愛撇勢。」

焱 （英社）	（集韻）「以手散物。」 1.（俗語）「種子焱懸懸，生团生孫做委員。」喪家答：「有喔。」喪葬儀式之 　　一，道士唸吉祥語。 2.（台語）「股票贏錢，撨咧一直焱。」
獅 （時哀）	獅者，萬獸之王。 1.（正字通）「獅又名白澤，怒則威在齒，喜則威在尾，每一吼百獸辟之。」 2.（蘇軾詩）「忽聞河東獅子吼，柱杖落地心茫然。」
顗 （時哀）	頰顗也，喙䫙也。笑口開，兩顗離開，謂之「離顗顗」。 1（俗語）「笑伊喙仔離顗顗。」非「裂獅獅」。 2（蘇舜欽詩）「最憐小雨疏竹，爽籟颯颯吹醉顗。」 3「離顗顗」寫成「裂獅獅」，確實笑破人令喙也。
備註	台語15音令拼音法，分： 1.直接拼音，如：儂（柳王），婿（時偉）。括弧內兩字合拼而成。 2.間接拼音，如：人，文音（入銀）；語音（柳銅）。呷（喜佳）音哈。先呼出 　下面加橫線那個字的尾音，再與上面字的聲母合拼。

台語音標說明

1. 韻 母

羅馬字音標	a	i	u	e	o	o͘	ai	au	an	m	ang	ng	aⁿ
注音符號	ㄚ	ㄧ	ㄨ	ㄝ	ㄜ	ㄛ	ㄞ	ㄠ	ㄢ	ㄇ	ㄤ	ㄥ	ㄚ°鼻化韻

2. 聲 母

羅馬字音標	p	ph	b	m	t	th	l	n	k	kh	h	g	ng	ch / ch(i)	chh / chh(i)	s / s(i)	j / j(i)
注音符號	ㄅ	ㄆ	万	ㄇ	ㄉ	ㄊ	ㄌ	ㄋ	ㄍ	ㄎ	ㄏ	兀	兀	ㄗ / ㄐ	ㄘ / ㄑ	ㄙ / ㄒ	㆛ / ㆛

3. 台語傳統八音音調表

台 語 傳 統	1	2	3	4	5	6	7	8
	獅	虎	豹	鴨	猴	狗	象	鹿
	sai	hó͘	pà	ah	kâu	káu	chhiūⁿ	lȯk
八 音 標 法		ˊ	ˋ		∧	6=2	—	|
長 短 音	長音	長音	長音	短音	長音	長音	長音	短音

備 註	(1)台語傳統標音2、6同聲調。 (2)第4聲及第8聲為斷音，相當注音符號的入聲。 (3)華語音調標在注音符號拼音之右上角。

4. 台語聲調之變化

1.五聲 → 七聲 → 三聲 → 二聲 → 一聲 → 七聲

2.上下句為入聲(四、八)時：四聲 → 八聲 → 四聲

目　次

《 目 錄 》

It jī sam ngớ liók chhit--(bô sù)bô-sū

0001 一二三五六七—(無四)無事

ㄧㄉㄚ⁴ ㄖㄧ⁻⁷ ㄙㄚㄇ °ㄤㄛ² ㄉㄧ－ㄜㄍ⁸ ㄑㄧ－ㄉㄚ⁴ —— (ㄅㄛ⁵ ㄙㄨ³) ㄅㄛ⁵ ㄙㄨ⁷

【暗示】沒事，可以放心。

【註解】數字從一開始，二三而至無限。三五六七，無四。「無四」與台語「無事」諧音。

【例句】台銀等行庫，於2003年10月10日，陸續發現「金融卡」盜刷集團，利用針孔攝影機側錄客戶帳號及密碼，複製「金融卡」，盜刷客戶存款，已知被盜刷670名客戶，損失3000多萬元。盜刷「金融卡」造成人心惶惶，人們見面不再問：「你好嗎？」而是問：「你有被盜刷嗎？」財政部長林全為了安定民心，責令被盜刷行庫賠償客戶損失，大家才感覺到「一二三五六七——（無四）無事」。

It jī sù ngớ liók--khiàm saⁿ

0002 一二四五六—(欠三)欠衫

ㄧㄉㄚ⁴ ㄖㄧ⁻⁷ ㄙㄨ³ °ㄤㄛ² ㄉㄧ－ㄜㄍ⁸ —— ㄎㄧㄚㄇ³ °ㄙㄚ

【暗示】欠「衫」或無「啥」。

【註解】數字的排序，是由一開始，有無限的延伸與發展空間，但在一二之後欠「三」，成為不完美，雖然看來無「啥」，但總有缺憾。
「欠三」與台語欠衣服的「欠衫」音同。

【例句】桃園縣警察局，因轄區內檳榔西施穿著越來越少，暴露的「面積」越來越大，恐怕教歹囝仔大小，對檳榔西施提出：一，不露乳頭。二，不露臀。三，不露陰毛的三不規定。其實檳榔西施並非「一二四五六——（欠三）欠衫」，而是欠錢，露與不露都無「啥」物。倒是：「菩提本無樹，明鏡亦非台，本來無一物，何處惹塵埃？」

Chit tīng khiàm káu-chhioh--chha hīng leh

0003 一丈欠九尺—差遠咧

ㄐㄧㄉㄚ⁸ ㄉㄥ⁻⁷ ㄎㄧㄚㄇ³ ㄍㄠ² ㄑㄧㄜㄏ⁴ —— ㄘㄚ ㄏㄥ⁻⁷ ㄉㄝㄏ⁴

【暗示】比較實力，相差甚遠。

【註解】一丈有十尺，欠九尺才有一丈，距離尚遠。

【例句】伊拉克總統海珊揚言打敗美國，其實美國軍事科技發達，是世界霸主，論雙方實力，「一丈差九尺——差遠咧」！

Chit-kang liảh siang-chiah--hó-khang

0004 一孔掠雙隻─好孔

ㄐㄧㄍ⁸ ㄎㄤ ㄌㄧㄚㄏ⁴ ㄒㄧㄤ ㄐㄧㄚㄏ⁴ ── ㄏㄛ² ㄎㄤ

【暗示】好運或有好的收穫。

【註解】掠：抓。孔：洞也。一個洞裡面可以抓到兩隻東西，有雙重收穫，故曰「好孔」。

【例句】林志明購買樂透彩券中了頭彩，又有加碼，真是「一孔掠雙隻──好孔」！

~~~~~~

Chit-chhiú giâ-hiuⁿ chit-chhiú giâ-chhèng--siā-sîn

0005 一手夯香，一手夯銃─(射神)謝神

ㄐㄧㄍ⁸ ㄑㄧㄨ² ㆣㄧㄚ⁵ ⁰ㄏㄧㄨ ㄐㄧㄍ⁸ ㄑㄧㄨ² ㆣㄧㄚ⁵ ㄑㄥ³ ── ㄒㄧㄚ⁷ ㄒㄧㄣ⁵

【暗示】不懷好意。

【註解】一手拿香拜拜，貌似虔誠；另手拿槍，豈非要射神？台語「射神」和「謝神」同音，雙關語為表面「謝神」，其實可能是不懷好意，要射擊神明。

【例句】陳水扁總統2003年宣告，舉辦核四及加入WHO公投，在野黨表面支持，但訴求提升為統一公投，與陳水扁總統「四不一沒有」兩岸關係宣示不符，在野黨豈非是「一手夯香，一手夯銃──(射神)謝神」？

~~~~~~

It-jit hu-chhe--kóaⁿ-kín

0006 一日夫妻─(寡緊)趕緊

ㄧㄍ⁴ ㄖㄧㄍ⁸ ㄏㄨ ㄑㄝ ── ⁰ㄍㄨㄚ² ㄍㄧㄣ²

【暗示】抓緊時間，把握機會。

【註解】只當了一日夫妻，很快就守寡了，故曰「寡緊」。台語「寡緊」和「趕緊」諧音。一日夫妻，機會不再，把寡婦淒涼景象，影射要趕緊抓住美好時機。

【例句】總統府開放民眾參觀，為期一天，不但名額有限，而且聽說又送紀念品，有意報名者得「一日夫妻──(寡緊)趕緊」。

Chit-sì-lâng kè chit-ê-ang--put-jī-kè

0007 一世人嫁一個尪──(不二嫁)不二價

ㄐㄧㄉㄞ⁸ ㄒㄧㆴ³ ㄌㄤ⁵ ㄍㆥ³ ㄐㄧㄉㄞ⁸ ㆤ⁵ ㄤ ── ㄅㄨㄉ⁴ ㄖㄧ⁷ ㄍㆥ³

【暗示】價錢公道，不做討價還價的生意。

【註解】一世人：一輩子。嫁一個尪：只嫁一個丈夫，也就是只嫁一次。「不二價」與台語不再嫁的「不二嫁」諧音。

【例句】民進黨大老沈富雄，建請黨主席阿扁總統，勿將「愛台灣」當做2004年年底立法委員選戰主軸。沈富雄話剛說完，像戳破蜂巢，立即招來黨內同志圍攻。沈富雄說他「愛台灣的四項認知」主張被誤解，令他挫折、失望。但他烈女只事一夫，不會離開民進黨。
民眾不只不希望看到沈富雄改嫁給國親黨，也希望未來能證明他的「愛台灣」的論述，像「一世人嫁一個尪──(不二嫁)不二價」那樣，保持不變。

Chit-ba̍k á khòaⁿ-hí--it-ba̍k liáu-jiân

0008 一目仔看戲──一目了然

ㄐㄧㄉㄞ⁸ ㄇㄚㆶ⁸ ㄚ² ⁰ㄅㄨㄚ³ ㄏㄧ² ── ㄧㄉ⁴ ㄇㄚㆶ⁸ ㄌㄧㄠ² ㄖㄧㄢ⁵

【暗示】暗示瞭解心機，也有稱讚領悟力強之意。

【註解】每個人都有兩隻眼睛，有人不幸瞎了雙眼，有人瞎了一隻眼睛。一隻眼睛和兩隻眼睛，看戲和看其他東西，大概沒什麼差別。以「一目仔看戲」比喻不用兩隻眼睛，都能很清楚看到別人的所做所為。

【例句】衛生署代署長涂醒哲，一再發誓沒到過「錢櫃ＫＴＶ」唱歌，立委李慶安硬指他在「錢櫃ＫＴＶ」對鄭可榮舔耳朵性騷擾，目的是要拉他下台，以涂醒哲的為人，人家都「一目仔看戲──一目了然」，認為不可能，李慶安還咬著不放，居心叵測。

Chit-kak hun-chò nn̄g-pòan--gô-hun gô-hun

0009 一角分作兩半──五分五分

ㄐㄧㄉㄞ⁸ ㄍㄚㆶ⁴ ㄏㄨㄣ ㄗㄜ³ ㄋㄥ⁷ ㄅㄨㄚ³ ── ㆣㆦ⁵ ㄏㄨㄣ ㆣㆦ⁵ ㄏㄨㄣ

【暗示】即五五波，實力相當。

【註解】十分為一角。將一角分兩半，各為五分，意指實力相當。

【例句】台灣紅葉少棒隊，出戰日本調布少棒隊，雙方精銳盡出，我看雙方勝負是「一角分作兩半──五分五分」。

Chit-sái-hȧk á khòaⁿ-saⁿ-tàⁿ--chha-chē-leh

0010 一屎礐仔看三擔—差誼咧

ㄐㄧㄅㄞˋ ㄙㄞˊ ㄏㄚㄍˇ ㄚˊ ㄎㄨㄚˇ ㄙㄚ ㄉㄚˇ —— ㄘㄚ ㄗㄝˇ ㄌㄝ

【暗示】估算和實際差很多。

【註解】一屎礐：計算糞坑的單位。差誼咧：差很多。把一糞坑的糞便，看成只有兩三擔的量，故說「差誼咧」。

【例句】經濟不景氣，法拍屋很多，但銀行高估價格，買家之競標價錢都「一屎礐仔看三擔——差誼咧」，故法拍屋成交甚少。

~~~~~~

Chit-ê chit-kin chit-ê chȧp-lȧk-niú--nn̄g-ê siong-tong

0011 一個一斤，一個十六兩—兩個相當

ㄐㄧㄅˇ ㄝˊ ㄐㄧㄅˇ ㄍㄧㄣ ㄐㄧㄅˇ ㄝˊ ㄗㄚㄅˇ ㄌㄚㄍˇ ㄋㄧㄨˊ —— ㄋㄥˇ ㄝˊ ㄒㄧㄛㄥ ㄉㄛㄥ

【暗示】差不多相等，難分上下。

【註解】一台斤十六兩，而兩個人中一個有一斤，一個有十六兩，等於兩個相當，不分上下。

【例句】郭淑珍和邱湘伶雖然是同事，但倆人口齒伶俐的程度，是「一個一斤，一個十六兩——兩個相當」，誰也不吃虧。「聽說你將和田俊雄結婚，是嗎？」郭淑珍以不屑口吻說：「他以前向我求過婚…」「哦！我聽他說過以前年紀小，不懂事，曾經向一位很三八的小姐求過婚，認識我後才知道當時很幼稚。」

~~~~~~

Chit-ê-lâng chiȧh-îⁿ-á--tȯk-thun

0012 一個人食圓仔—獨吞

ㄐㄧㄅˇ ㄝˊ ㄌㄤˊ ㄐㄧㄚㄏˇ ㄧˇ ㄚˊ —— ㄉㄛㄍˇ ㄊㄨㄣ

【暗示】好處不分享他人。

【註解】湯圓為元宵節的食品，相傳始於東晉，盛於唐宋。宋周必大在〈元宵煮圓子〉詩中，有「今夕是何夕，團圓事事同」句，寓意吃湯圓平安吉利，闔家團圓。有趣的是，袁世凱篡奪革命果實後，認為「元宵」與「袁消」諧音不祥，於是在1913年元宵節前，下令改「元宵」為「湯丸」，結果是「元（袁）宵（消）湯丸（完）」，仍不改其滅亡之命運。

【例句】袁世凱於民國元年三月，就任第二任臨時大總統；民國四年八月成立籌安會，推動帝制；民國四年十二月宣告次年改為「洪憲元年」，祭天準備登基。
袁世凱篡奪革命果實，想「一個人食圓仔——獨吞」！

Chi̍t-pún-ki tō-ún tú-tio̍h ah-bó--bô-kàu-khòaⁿ

0013 一畚箕塗蚓拄著鴨母──無夠看

ㄐㄧㄍㄚ⁸ ㄅㄨㄣˋ ㄍㄧ ㄉㄜ⁷ ㄨㄣˋ ㄉㄨˋ ㄉㄧㄜ⁸ ㄚㄏˋ 万ㄜ² ── 万ㄜ⁵ ㄍㄠ³ ⁰ㄎㄨㄚ³

【暗示】條件不夠，不屑一顧。

【註解】塗蚓：蚯蚓。鴨子食量大，喜食蚯蚓，即使有一畚箕的蚯蚓，被鴨子遇到了，也照樣吃光。

【例句】老蕭準備了豐盛的午餐，要朋友留下來吃飯，小李子看了看桌上的食物，竟指著桌上說：「一畚箕塗蚓拄著鴨母──無夠看！」告別而去。

~~~~~~

Chi̍t-chiah-ti chia̍h cha̍p-jī-tháng-phun--tōa-tō

0014 一隻豬食十二桶潘──大肚

ㄐㄧㄍㄚ⁸ ㄐㄧㄚㄏˇ ㄉㄧ ㄐㄧㄚㄏ⁸ ㄗㄚㆴ⁸ ㆢㄧ⁷ ㄊㄤ² ㄆㄨㄣ ── ㄉㄨㄚ⁷ ㄉㄜ⁷

【暗示】罵人好吃懶做。

【註解】人類數千年來仍然為自身的營養，與其它各種需用而豢養豬、屠宰豬。被豢養的豬，每天唯一的工作就是「吃」，因此肚子漲得很大，罵人好吃懶做，不說豬，稱「大肚仔」。大肚：台中縣鄉鎮地名。一隻豬食十二桶潘水，也成為「大肚」的謎題。

【例句】丘士林身材臃腫，旁人雖然不當面罵他，卻常在背後指指點點說：「丘老二吃得像『一隻豬食十二桶潘──大肚』，那麼難看，實在不可以請他當男儐相。」

~~~~~~

Chi̍t-tiâu-só-á phah kui-pah-ê-kat--ó͘-tháu

0015 一條索仔扑歸百個結──僫敨

ㄐㄧㄍㄚ⁸ ㄉㄧㄠˊ ㄙㄜ² ㄚ² ㄆㄚㄏˋ ㄍㄨㄧ ㄅㄚㄏˋ ㄝ⁵ ㄍㄚㄉˇ ──ㄜ² ㄊㄠ²

【暗示】很難解圍和處理之意。

【註解】索仔：繩子。歸百個結：打上百個結。僫敨：難解。
一條繩子打了上百個結，一定很難解開。

【例句】南田加油站與明通加油站，兩家是死對頭，經常削價惡性競爭，害慘了其他同業，有人請公會理事長出面協調。陳理事長提起這兩位老闆，便搖頭說：「一條索仔扑歸百個結──僫敨，我恐怕使不上力。」

Chit-liáp-chhân-lê káu-óaⁿ-thng--bô-bī-bô-sò

0016 一粒田螺九碗湯──無味無素

ㄐㄧ-ㄉㄚ⁸ ㄉㄚ-ㄚˊㄅ⁸ ㄑㄢ⁵ ㄉㄜˇ ㄍㄠ² ᵒㄨㄚˊ ㄊㄥ──ㄇㄜˇ ㄇㄞ⁻ ㄇㄜˇ ㄙㄜ³

【暗示】索然無味。

【註解】田螺：軟體動物，殼圓椎形，產在水田裡，胎生，肉可食用。

【例句】政府發言人，通常給人「一粒田螺九碗湯──無味無素」的印象，但伊拉克前新聞部長艾薩哈法，另稱「滑稽阿里」，卻改變世人對發言人刻板的印象。
美伊戰爭中，美國大軍已經開進巴格達，阿里在每日新聞簡報還說：「巴格達沒有半個美國人，他們將會投降或燒死在戰車內。」美國總統布希曾說：「只要有人跟我說，艾薩哈法要開記者會，我就會中斷會議，衝出來打開電視看他說話。」

It-lȯk kiú-pian--ké-ê khah-chē

0017 一鹿九鞭──假个佮誚

ㄧ-ㄉ⁴ ㄉㄜㄍ⁸ ㄍㄧㄨ² ㄅㄧㄢ ── ㄍㄝ² ㄝ⁵ ㄎㄚㄏˋ ㄗㄝ⁷

【暗示】假的比較多。

【註解】一隻鹿，只有一支鹿鞭。鹿鞭是壯陽補品，賣鹿鞭的人常常用其他動物的鞭，騙說是鹿鞭來推銷。所以說假个佮誚。鹿鞭：公鹿的生殖器。

【例句】孫治華喜歡釣魚，尤其熱衷海釣，他把釣到的大魚都拍照掛在客廳，朋友來訪便炫耀一番，朋友也都封他為「海釣專家」。這位海釣專家，偕釣友到馬來西亞海釣，回家來看到客廳每張照片下，被他老婆分別加註說明：「布袋魚市場釣的」、「梧棲魚市場釣的」、「高雄魚市場釣的」、「東港魚市場釣的」、「淡水魚市場釣的」...如此這般，每條魚都詳記釣自何處，朋友們才恍然大悟，所謂「海釣專家」，原來「一鹿九鞭──假个佮誚」。

Chit-keng-hòe bē-liaú-liaú--thong-siau

0018 一間貨賣了了──(通銷)通宵

ㄐㄧ-ㄉ⁸ ㄍㄝㄥ ㄏㄨㄝ³ ㄇㄝ⁷ ㄉㄧㄠ² ㄉㄧㄠ² ── ㄊㄜㄥ ㄒㄧㄠ

【暗示】通霄：苗栗縣鄉鎮地名。

【註解】賣了了：賣光光。整間貨品都賣光光，故說「通銷」。「通銷」和「通宵」同音。

【例句】客人問網咖小姐營業時間，小姐回答說：「一間貨賣了了──(通銷)通宵無休。」

Chìt-óaⁿ-pn̄g té pòaⁿ-tiám-cheng--ò-té

0019 一碗飯貯半點鐘──（偃貯）澳底

ㄐㄧ-ㄉ⁸ °ㄨㄚ² ㄅㄥ⁷ ㄉㄝ² °ㄅㄨㄚ³ ㄉㄧㄚㄇ² ㄐㄧㄥ── ㄜ³ ㄉㄝ²

【暗示】澳底：地名，位於台北縣貢寮鄉。

【註解】貯：裝盛。一碗飯盛了半小時，表示很難盛，故說「偃貯」。
「偃貯」和「澳底」諧音。

【例句】會員大會，中午吃自助餐，大家排隊盛飯，隊伍中一位男生同女生寒喧：「你家住哪裡？」女生應答：「一碗飯貯半點鐘──（偃貯）澳底。」

Chìt-niá-phoeh á saⁿ-ki-thúi--èng-hù-bōe-liáu

0020 一領被仔三支腿──應付繪了

ㄐㄧ-ㄉ⁸ ㄋ°ㄧㄚ² ㄆㄨㄝㄏˋ ㄚ² °ㄙㄚ ㄍㄧ ㄊㄨㄧ² ── ㄧㄥ³ ㄏㄨ³ ㄅㄨㄝ⁷ ㄌㄧㄠ²

【暗示】僧多粥少，窮於應付。

【註解】一領被仔：一條被子。三支腿：三隻腿。一件小被子，露出三條腿，至少證明有兩個人以上同時蓋那件小被子，那是不足以應付得了的。

【例句】黃司機早上五點出車，到現在已經很累了，把車子開到一條小巷，準備在那兒小睡一會兒，剛閣上眼睛，有人來敲車門，問他時間。「四點半。」他摸出手錶後說，又讓眼皮蓋下來，只一會兒時間，又有人來敲車窗問時間，他挺起腰來說：「四點五十分。」便又躺下去。剛要閣上眼皮，又有人來敲門問時間，實在讓他像「一領被仔三支腿──應付繪了」，便寫了一張「我不知道時間」的告示條貼在車窗外。滿以為這樣能安心睡覺了，誰知剛要睡著時，有位好心的小姐又來敲門，告訴他：「喂，司機先生，現在是六點差五分。」

Chìt-pôaⁿ hî-pó͘ á--chôan-chôan-thâu

0021 一盤魚脯仔──全全頭

ㄐㄧ-ㄉ⁸ °ㄅㄨㄚ⁵ ㄏㄧ⁵ ㄅㄛ² ㄚ── °ㄗㄨㄢ⁵ °ㄗㄨㄢ⁵ ㄊㄠ⁵

【暗示】群龍無首，大家都是主子。

【註解】一盤魚脯仔：一盤小魚干。全全頭：看起來全是魚頭。

【例句】中華民國婦產科醫學會理事長李茂盛指出：國內意外懷胎的女性越來越年輕，性伴侶之多，也讓醫師們咋舌。他說有一名十三歲、國小五年級張姓同學懷胎八個月，指著五個陪她去要求醫師墮胎的同年齡男生說：「你們誰讓我懷孕的？說！」李理事長對這種「一盤魚脯仔──全全頭」的情況搖頭不已。

Chit-kha tā-chiūⁿ pōng-á-tâi--kí-chiok khin-tāng

0022 一骹踏上磅仔台──舉足輕重

ㄐㄧㄉㄚ⁸ ㄉㄚ ㄉㄚˇ °ㄐㄧ一ㄨˇ ㄅㄨㄥˇ ㄚ² ㄉㄞˇ──《一² ㄐㄧㄛ《⁴ ㄎㄧㄣ ㄉㄤˇ

【暗示】形容身分的重要性。

【註解】磅仔台：物體稱重量放置的平台。腳踏上去重量就會從儀表板顯示出來。日據時代蔗農種甘蔗交製糖會社，整輛甘蔗車拖入磅仔台過稱，因整輛車過稱不準確，蔗農吃虧很大，所以有句俗語說：「第一愚，種甘蔗恆會社磅。」

【例句】陳立委競選連任，很幸運請到前省議員，也就是林派掌門人林肇嘉老先生，出任競選總部負責人。這場選舉雖然很劇烈、苦戰，但是只要林老掌舵登高一呼，等於「一骹踏上磅仔台──舉足輕重」，就可隱約看出勝選的端倪來。

~~~~~~

Teng-mûi-á hông-chhiáⁿ--ké-bô-í

0023 丁梅仔恆請──假無意

ㄉㄧㄥ ㄇㄨㄟ⁵ ㄚ² ㄏㄨㄥˇ °ㄑㄧㄚ²──《ㄝ² ㄅㄛˊ ㄧ²

【暗示】指白吃白喝。

【註解】雲嘉地區形容白吃白喝為：「丁梅仔恆請──假無意。」原來附近地區的喜宴，幾乎都能看到丁梅仔這個人，大家以為他交遊廣闊，到處有紅帖子請喝喜酒。後來才知道丁梅仔是利用宴會請客時間，無意中經過那裡，被當做來賓請進去白吃白喝。

【例句】生暉基金會邱會長說：他們舉辦慈善餐會，本來希望能夠募集一些善款，幫助低收入戶學童營養午餐費，沒想到參加餐會的人，大多數是「丁梅仔恆請──假無意」，進來白吃白喝，害得餐費支出比募到的善款還多。

~~~~~~

Chhit-chảp suh ne-chhùi á--lāu-lâng gín-á-sèng

0024 七十嗍奶喙仔──老人囡仔性

ㄑㄧㄉㄚ⁴ ㄗㄚㄅ⁸ ㄙㄨㄏ⁴ ㄋㄝ ㄘㄨㄟ³ ㄚ²──ㄌㄠˇ ㄌㄤ⁵ ㄍㄧㄣ² ㄚ² ㄒㄝㄥ³

【暗示】老人小孩子脾氣。

【註解】嗍：吸。七十歲還在吸奶嘴，真是老人小孩子脾氣。

【例句】爸爸原本樂天，竟變得鬱鬱寡歡。看到這樣的轉變，我們兄弟也不知什麼原因？直到有一天，全家人在客廳看電視新聞，爸爸突然一聲長嘆，悻悻離座，頓時我們也丈二金剛摸不著頭腦。媽媽笑著說：「七十嗍奶喙仔──老人囡仔性。」
經過追問，才知道原來村中有位老人，被兒子送到安養院後，子女都不聞不問，恰與新聞報導一樣，讓老人家悲傷起來。

Chhit-kho tùi-pun--put-sam put-sù

0025 七元對分—不三不四

ㄑㄧㄉˋ ㄎㆤ ㄉㄨㆤ⁻³ ㄅㄨㄣ —— ㄅㄨㆵˋ ㄙㆰㄇ ㄅㄨㆵˋ ㄙㄨˋ

【暗示】不像樣或言行不正派。

【註解】七元對分：七元要分成兩份。不三不四：三元也不是，四元也不行，所以叫不三不四。

【例句】孫總經理退休，董事會議決：自營業課長李四海或客服部主任江有根，倆人中擇一升任總經理。呂董事長剛致完開會詞後，胡秘書推門進來，呈上一張剛傳真過來的文稿：「十八羅漢陪觀音，天天喝得醉醺醺，一瓶兩瓶漱漱口，三瓶四瓶才是酒，五瓶六瓶扶牆走，牆走他不走。」文末還附了一行：「請不要升任『七元對分——不三不四』者為總經理。」

~~~~~~

Chhit-goeh-pòaⁿ ah--m̄-chai-sí

0026 七月半鴨—唔知死

ㄑㄧㄉˋ ㆦㄨㆤㆷ⁸ ᵇㄅㄨㄚㆩ³ ㄚㆷˋ —— ㆬ⁷ ㄗㄞ ㄒㄧ²

【暗示】死難臨頭，還不自知。

【註解】台灣傳統習俗，七月半普渡只能用鴨，而不用雞來祭拜，故台諺說「七月半拜鴨無拜雞，通人知」。因此形容不知死活叫「七月半鴨仔」。

【例句】杜明俊誤以為自己為人，受到民眾肯定、歡迎，鄉親才推舉他競選鄉長，其實他是「七月半鴨——唔知死」，大家是基於「你若愛一個人死，叫他出來選舉」，才推他出馬競選。

~~~~~~

Chhit-ê-lâng khùn-n̄ng-thâu--tian-saⁿ tò-sì

0027 七個人睏兩頭—顛三倒四

ㄑㄧㄉˋ ㆤ⁵ ㄌㄤ⁵ ㄎㄨㄣ³ ㆬㆭ⁷ ㄊㄠ⁵ —— ㄉㄧㄢ ˚ㄙㄚ ㄉㄜ³ ㄒㄧ³

【暗示】說話沒有條理，前後不一致或不按條理做事。

【註解】七個人睏兩頭：七個人頭腳分兩邊睡覺，變成一邊三個頭，一邊四個頭。顛三倒四：神志不清，做事糊塗。

【例句】老祖母費了很大的力氣，才把一對孿生孫女兒先後洗完了澡。兩個孫女洗好了澡，竟拍手大笑起來，令老祖母感到莫名其妙，原來是老祖母年紀大了，「七個人睏兩頭——顛三倒四」，把大孫女洗了兩次澡。

Káu-gȯeh hong-thai--bô-lâng-chai

0028 九月風颱─無人知

《ㄠ² ㄤㄨㄝ厂⁸ 厂ㄨㄥ ㄊㄞ ── ㄅㄛ⁵ ㄌㄤ⁵ ㄗㄞ

【暗示】不能預測，影響也不大。

【註解】九月，太平洋的高氣壓，由往北西吹的風向，逐漸改變成由北西向東南吹。九月雖偶而會有小颱風出現，風勢不強，而且又都是短暫的，雖不能預知，不過也是強弩之末，不會造成很大災害。

【例句】張德明參加鄉長競選，前後三次都落選，可是有意競選連任的劉德郎鄉長，一直很在意張德明是否又出來攪局？邱秘書說：「張德明會不會再登記參選，『九月颱風──無人知』，不過出不出來也沒多大關係，安啦！」

Káu-gȯeh-chîm--bô-ko

0029 九月蟳─無膏

《ㄠ² ㄤㄨㄝ厂⁸ ㄐㄧㄇ⁵ ── ㄅㄛ⁵ 《ㄛ

【暗示】比喻人沒有學問。

【註解】膏：蟳（蟹）黃的俗稱。蟳到了九月已經沒有蟹黃，故說「腹內空空」。無膏，意為肚子內沒東西。

【例句】邱課長講話之沒有多少人恭維，不是人微言輕，而是他的肚子「九月蟳──無膏」，卻又喜歡講些做人的大道理，誰會聽他的？

Káu-ê-lâng pun chȧp-té-kóe--ū-liōng

0030 九個人分十塊粿─有量

《ㄠ² ㄝ⁵ ㄌㄤ⁵ ㄅㄨㄣ ㄗㄚㆴ⁸ ㄉㄝ² 《ㄨㄝ²──ㄨ⁷ ㄌㄧㄤ⁷

【暗示】心胸寬大；有肚量。

【註解】粿：傳統米製的糕點。有量：數量足夠了。九個人要分十塊粿，每人分一塊，數量還有剩餘。台語「有量」，心胸寬大之意。

【例句】吳理事長競選連任，原以為沒人會跟他競選，沒想到後來林順明出來攪局，害他多花了很多錢。選後人事調整，他竟然將林順明的女兒林琍琍調升為股長，人家問他怎麼這樣子安排？吳理事長說：「人嘛，『九個人分十塊粿──有量』才有福，為什麼要冤冤相報？」

Káu-tè-óaⁿ cha̍p-ê lâng-kheh--ke-lâng

0031 九塊碗十个人客—(加人)基隆

ㄍㄠ² ㄅㄝ³ ⁰ㄨㄚ² ㄗㄚ˘ㄏ⁸ ㄝ⁵ ㄌㄤ⁵ ㄎㄝ⁵ ㄏ⁴—— ㄍㄝ ㄌㄤ⁵

【暗示】影射現今地名「基隆」。

【註解】基隆：基隆市，古稱「雞籠」，現台語仍然保持此稱。九個碗有十個人要用，多一個人，故說「加人」。台語「加人」和「雞籠」諧音。

【例句】我說北部有名的觀光景點「九分仔」，是在「九塊碗十个人客——（加人）基隆」，張新裕卻說是在台北縣，到底誰對？

Jī-cha̍p-liúⁿ tú-á hó--(kin-sì)kīn-sī

0032 二十兩拄仔好—(斤四)近視

ㄖㄧ⁷ ㄗㄚ˘ㄏ⁸ ⁰ㄌㄧㄨ² ㄉㄨ² ㄚ² ㄏㄜ²—— (ㄍㄧㄣ ㄒㄧ˘³) ㄍㄧㄣ⁷ ㄙㄧ⁻⁷

【暗示】視力只能見到近物，也形容見識短淺。

【註解】台斤十錢一兩，十六兩一斤。二十兩剛好一斤又四兩，也等於斤四。「斤四」又與台語「近視」同音。近視：不能見到遠物的眼病，必須戴凹透鏡加以彌補。

【例句】一位「二十兩拄仔好——（斤四）近視」的女郎，找到了如意郎君，兩人蜜月回來，媽媽一看，嚇呆了，立刻打電話給眼科醫師，上氣不接下氣說：「張醫師，事情不好了，我女兒的眼睛…請你快來一下…。」醫師不等她說完，插嘴說：「請妳女兒到我診所來吧！眼睛不管什麼毛病，都不會有立即危險。」「誰說不會有立即危險？」這位媽媽說：「陪她蜜月旅行回來的男士，並不是跟她出去的那個人啊！」

Jī sam ngó͘ lio̍k chhit--(bû-it bû-sì)bû-i bû-si̍t

0033 二三五六七—(無一無四)無衣無食

ㄖㄧ⁷ ㄙㄚㄇ ⁰ㄜㄛ² ㄌㄧㄜㄍ⁸ ㄑㄧㆵ⁴—— (ㄅㄨ⁵ ㄧㆵ⁴ ㄅㄨ⁵ ㄒㄧ⁻³)ㄅㄨ⁵ ㄧ ㄅㄨ⁵ ㄒㄧㄚ⁸

【暗示】生活極為困苦。

【註解】數字從一開始，乃至無限。二三五六七：數字大小排序沒有一、也沒有四。「無一無四」與台語形容生活極度窮苦潦倒的「無衣」、「無食」諧音。

【例句】高雄市鼓山區柯姓卅五歲婦人，載著幼兒飛車行搶，被捉進警局。警員們知道這位婦人為籌奶粉錢犯法，格外不忍心。又聽到她們母子兩餐沒吃東西，自動掏腰包買便當給這對母子充飢。柯婦說她原本是位清潔工，在家待業快一年了，丈夫吸毒坐牢，她曾去找里長幫忙，都毫無訊息。這位「二三五六七——（無一無四）無衣無食」的婦人說：「實在沒法度才行搶。」

Nn̄g saⁿ gō͘ la̍k chhit peh káu cha̍p--(bô-it bô-sù)bô-í bô-sù

0034 二三五六七八九十—(無一無四)無意無思

ㄋㄥ⁷ ⁿㄙㄚ ㄫㄛ⁷ ㄌㄚㄍ⁸ ㄑㄧㄉ⁴ ㄅㄝㄏ⁴ ㄍㄠ² ㄗㄚㄅ⁸——(ㄪㄜ⁵ ㄧㄉ⁴ ㄪㄜ⁵ ㄙㄨ³)ㄪㄜ⁵ ㄧ² ㄪㄜ⁵ ㄙㄨ³

【暗示】不夠意思。

【註解】「一」是數之始，一始而有二有三，乃至萬物之無極。無一而有二三五六七八九十，其中又無四，「無一無四」與台語「無意無思」諧音。

【例句】台北市中山女中制服為白色，規定女生要穿白色內衣，不能穿有顏色的內衣上學，以免「引起男生遐思」。女生認為這根本是以男性觀點來看女性的沙文思想，將女性當做「次等公民」，多位女生抱怨，她們連選擇內衣的權利也要被剝奪，都讀高中了，難道還不知道什麼是不適合穿的內衣？
這些女生說，校方也真是「二三五六七八九十——（無一無四）無意無思」。

~~~~~~

Jī sam sù ngó͘ lio̍k--(bô-it)bû-i

0035 二三四五六—(無一)無衣

ㄖㄧ⁷ ㄙㄚㄇ ㄙㄨ³ ㄫㄛ² ㄌㄧㄛㄍ⁸ ——（ㄪㄜ⁵ ㄧㄉ⁴）ㄪㄨ⁵ ㄧ

【暗示】有「無依無靠」或「無衣可穿」兩種意思。

【註解】數從一開始，乃至無限。二三四五六：這組數字的排序，不是從一開始，也就是沒有一。「沒有一」與台語沒有依靠的「無依」諧音。

【例句】2004年1月18日「自由時報」刊載一張有百人左右，只穿內褲「二三四五六——（無一）無衣」的男士，低著頭不敢面對鏡頭的照片。並有「92裸男同志 群交派對」的醒目標題。這是台北市警方突襲中山區一處民宅，查獲超大規模男同志搖頭群交派對。警員衝進這處俗稱「轟趴」的現場時，不到卅坪的狹小空間內，擠了92名只穿內褲，幾乎全裸的男人。室內音樂震天價響，眾男揮汗狂舞，鬮室做愛，衛生差，保險套滿地，還有吸毒用具，其中還有一位愛滋病患者。

~~~~~~

Nn̄g-khơ khai gō͘-kak--(chi̍t-khơ gō͘-mô͘) chi̍t-khơ bô-mơ

0036 二元開五角—(一箍五毛)一箍無毛

ㄋㄥ⁷ ㄎㄜ ㄎㄞ ㄫㄛ⁷ ㄍㄚㄍ⁴ ——（ㄐㄧㄉ⁸ ㄎㄜ ㄫㄛ⁷ ㄇㄛ⁵）ㄐㄧㄉ⁸ ㄎㄜ ㄪㄜ⁵ ㄇㄛ

【暗示】嘲笑沒本事的人。

【註解】二元開五角：兩塊錢花了五毛，剩下一箍五毛。「一箍五毛」與台語「一箍無毛」諧音。

【例句】歐明雄是個「二元開五角——（一箍五毛）一箍無毛」的仁兄，卻每天早上對著鏡子刮鬍子。老婆不齒他這樣裝腔作勢，對他說：「老公，你省省吧，沒毛刮什麼鬍子？」「妳知道嗎？我每天早上刮完鬍子，便感覺到有了十倍的精神。」
「既然如此，」她的老婆說：「你怎不在晚上睡覺前刮？」

Nñg-kak chāu gō-sián--kak-gō

0037 二角找五仙—(角五)覺悟

ㄋㄥ⁷ ㄍㄚㄍ⁴ ㄗㄠ⁷ ㄫㄛ⁷ ㄒㄧㄢ² —— ㄍㄚㄍ⁴ ㄫㄛ⁷

【暗示】醒悟。

【註解】二角找五仙：兩毛錢找了五分，等於花掉一角五分。
台語「角五」，恰與迷糊中醒悟過來的「覺悟」諧音。

【例句】台中單親張媽媽，育有四名子女，不幸於2004年3月12日車禍逝世。張媽媽車禍前，還為二女王裔婷參加英語演講比賽化粧。就讀國小六年級的大女兒王慧欣，要弟妹們堅強不要悲傷，不能哭。並鼓勵妹妹一定要去參加演講，因為死去的媽媽一定會去聽。張媽媽留下四位幼小子女，每人都「二角找五仙——（角五）覺悟」，今後沒媽照顧，那種堅強意志，令人聞之鼻酸。

Nñg-liáp iûⁿ-thô pâi chò-hóe--(cháp-liām)cháuh liām

0038 二粒楊桃排做伙—(十稜)嗦唸

ㄋㄥ⁷ ㄌㄧㄚㆴ⁸ ⁰ㄧㄨ⁵ ㄊㄛ⁵ ㄅㄞ⁵ ㄗㄜ³ ㄏㄨㄜ² —— (ㄗㄚㆴ⁸ ㄌㄧㄚㄇ⁷) ㄗㄠㆷ⁸ ㄌㄧㄚㄇ⁷

【暗示】嘮叨。

【註解】二粒楊桃排做伙：兩個楊桃擺放在一起。十稜：楊桃有稜，每個楊桃五稜，兩個十稜。
「十稜」與台語囉唆嘮叨的「嗦唸」諧音。

【例句】老婆在廚房做飯，忙得滿頭大汗，老公卻坐在餐桌前，像「二粒楊桃排做伙——（十稜）嗦唸」道：「講到吃，我最有研究，譬如炒腰只補腎，豬腦補用腦過多，燉豬腳補腳筋…」這時候老婆端來一盤炒豬肝，老公連挾了幾塊，一邊吃一邊說：「妳知道豬肝補什麼嗎？」老婆不耐煩的說：「是補那些沒有心肝的人。」

Lâng-sim keh chit-tó-chhiûⁿ--pháiⁿ-khòaⁿ

0039 人心隔一堵墙—歹看

ㄌㄤ⁵ ㄒㄧㄇ ㄍㄝㄏ⁴ ㄐㄧㆵ⁸ ㄉㄛ² ⁰ㄑㄧㄨ⁵ —— ⁰ㄆㄞ² ⁰ㄎㄨㄚ³

【暗示】有不體面與難測兩種意義。

【註解】人心：人的心理。隔一堵墻：人家心裡到底想些什麼或怎麼想，好像中間隔著墻壁。歹看：很難看清楚。

【例句】立法委員游月霞(2001-2004)，常因突然冒出來的一句話，成為輿論焦點。陳水扁2000年當選第十任總統，延聘唐飛出任行政院長。游月霞聽完他老人家施政報告後，大聲要他一定要硬起來，轟動全國。游與林郁方同是國防委員會召集人，林郁方怪她九次會議只出席一次；游月霞譏諷他出席多次有啥用，連記者都不探頭，說著突然拉上衣角，秀出減肥後的蠻腰，立即成為全國新聞焦點。有位記者說：「其實游月霞的腰，像『人心隔一堵墻——歹看』。」

Lâng-bah kiâm-kiâm--bē-chiáh-leh

0040 人肉鹹鹹──獪食咧

ㄌㄤ⁵ ㄅㄚˋ ㄍㄧㄚㄇ⁵ ㄍㄧㄚㄇ⁵──ㄅㄝˇ ㄐㄧㄚˋ ㄌㄝˋ

【暗示】同類不相殘，人肉誰敢吃？因此常作欠債要賴時的應付用語。

【註解】獪：不會、不能。獪食咧：不能吃。

【例句】債務人早就向銀行抵押貸款過了頭，甚至連利息都已經一、兩年沒繳了，在這種情形之下，債務人又說「人肉鹹鹹──獪食咧」，債權人碰到這種要賴的債務人，雖然損失慘重，也只有自嘆倒楣了。

~~~~~~

Lâng tī lō-teng kha--ū-iáⁿ

0041 人佇路燈骸──有影

ㄌㄤ⁵ ㄅㄧˇ ㄌㄛˇ ㄌㄝㄥ ㄎㄚ──ㄨˇ °ㄧㄚ²

【暗示】真正實在的意思。

【註解】有影：人站在路燈底下，燈光從上面照射下來會有影子。

【例句】台灣生物複製技術漸趨趨成熟，由農委會恒春畜試所、台東畜繁殖場、台大畜產學系、屏東科大等所組成研究團隊，繼「畜寶一二三號」複製失敗，已於2003年2月27日，以牛耳003朵細胞，成功複製「如意」。（註：「如意」為複製牛。）
「如意」現已五個月大，145公斤，分段複製牛研究團隊執行長沈明志、畜試所長王政騰等人，在農委會主委李金龍主持下，公開複製「如意」成果。負責飼養照顧的「超級奶爸」許義明整天都笑嘻嘻。國人聞悉都對複製牛很好奇，問「人佇路燈骸──有影」抑無影？

~~~~~~

Lâng lâi kheh khì--chhiáⁿ koh sî

0042 人來客去──請佮辭

ㄌㄤ⁵ ㄌㄞ⁵ ㄎㄝˋ ㄎㄧˇ──°ㄍㄧㄚ² ㄍㄛˋ ㄒㄧ⁵

【暗示】請佮辭，受不了的意思。

【註解】人來客去：進進出出的客人很多。

【例句】湖南籍趙慧向探視「保一總隊收容中心」的立法委員周清玉、卓伯源等人哭訴，她們聽說台灣是打工賺錢的天堂，每人才以二、三萬元不等的價錢，請人蛇集團接到台灣，沒想到是被騙來台灣賣春。錢沒賺到又被抓，關在收容中心，想家都想得快瘋了，請立委幫忙早日遣送回大陸。周立委等問她們回去後，想不想再來台灣？她們都「人來客去──請佮辭」，死也不來了。

Lâng-kheh pàng-phùi--kheh-khì

0043 人客放屁—客氣

ㄉ㤛⁵ ㄎㄝㄏˋ ㄅ㤛³ ㄆㄨㄧ³——ㄎㄝㄏˋ ㄎㄧ³

【暗示】以禮待人。

【註解】人客：客人。放屁：人體肛門所排放出來的臭氣。客氣：待人接物，態度謙恭有禮。

【例句】2003年8月2日，花蓮縣長補選之前，內政部余政憲為了辦好選舉，頻頻到花蓮召開查賄會議。花蓮地方法院主任檢察官楊大智，批評余部長外地人來花蓮，應該要「人客放屁——客氣」一點。楊大智指余部長他懂個屁，並說查賄是檢察系統職責，余部長逾越權責，霎時，屁聲一直在興論上響個不停。

Lâng-kheh hoat-khīa--(bô-í-chuh)bô-í-sù

0044 人客罰徛—（無椅子）無意思

ㄉ㤛⁵ ㄎㄝㄏˋ ㄏㄨㄚㄉ⁸ ㄎㄧㄚ⁷——（ㄅㄛˋ⁵ ㄧˊ ㄗㄨㄏˋ）ㄅㄛˋ⁵ ㄧˊ ㄙㄨ³

【暗示】「不夠意思」之意。

【註解】罰徛：罰站。讓客人罰站，表示沒拿椅子賜坐，故說「無椅子」。
台語「無椅子」和「無意思」諧音。沒意思，待人不夠厚道或不合禮儀。

【例句】「意思」和「無意思」有兩種語境。官方說的「意思」，就是敲詐，公開索賄。俗說的「意思，意思」，就是生意人給官方來的人「捅」點好處，大有大的「意思」，小有小的「意思」。
這點「意思」送不到，那就要鬧得「人客罰徛——（無椅子）無意思」了。怎麼個無意思呢？好歹逮條理由，罰款比你應該送的「意思」還多。

Lâng thàn-chîⁿ, ku peh-piah--chin-lân

0045 人趁錢，龜跖壁—真難

ㄉ㤛⁵ ㄊㄢ³ ゜ㄐㄧ⁵ ㄍㄨ ㄅㄝㄏˋ ㄅㄧㄚㄏˋ —— ㄐㄧㄣ ㄉㄢ⁵

【暗示】很困難。

【註解】人趁錢，龜跖壁：花錢容易，賺錢很困難，賺錢困難的程度，恰如烏龜爬壁一樣。

【例句】嘉義縣新港鄉四十歲婦人賴不，八年前連續發生二件變故，心身受到嚴重創傷，從此變得非常怕冷，每天都要穿48件衣服，否則直打哆嗦。曾為賴婦診療的太保市慈濟醫院院長李明憲說：「賴之怕冷已到恐怖的地步，是一種心身病狀。」賴婦說她還不到五十公斤，卻要穿48件衣服，一下子變成70多公斤，行動非常不便，走路像企鵝，人家「人趁錢，龜跖壁——真難」，她連走路都困難，何況還要生活？

Peh-chảp-hòe tông-seng--bû-khó bû put-khó

0046 八十歲童生──(無考無不考)無可無不可

ㄅㄝㄏ˙ ㄗㄚㄅ⁸ ㄏㄨㄝ³ ㄉㄛㄥ⁵ ㄒㄧㄥ──ㄇㄨ⁵ ㄎㄜ² ㄇㄨ⁵ ㄅㄨㄉ⁴ ㄎㄜ²

【暗示】無所謂了。

【註解】童生：明清科舉士子應試而未入學，通稱童生；又報名應試生員（秀才）的考生，無論年紀大小，俗稱為童生。八十歲的童生，已經歷經無數的考戰了，再來的歲月不多，也沒什麼好考的了。台語「考」和「可」同音。

【例句】年輕時浪漫又充滿理想，想要實現留學、買新車、買新屋、年年出國旅遊，享受無憂無慮的高品質生活，如今因年歲漸長，關於這些物質享受，已是「八十歲童生──（無考無不考）無可無不可」了。

Pat-sian-toh khiàm chit-ki-kha--pâi-bē-pêⁿ

0047 八仙桌欠一支骹──擺𣍐平

ㄅㄚㄉ⁴ ㄒㄧㄢ ㄉㄜㄏ˙ ㄎㄧㄚㄇ³ ㄐㄧㄍ⁸ ㄍㄧ ㄎㄚ ── ㄅㄞ⁵ ㄇㄝ⁷ ˙ㄅㄝ⁵

【暗示】事情處理不圓融或令人不服。

【註解】八仙桌：方形有四隻腳的桌子，一般農家廳堂都有八仙桌，用以祭拜神明、祖先時擺放供品。擺𣍐平：八仙桌四隻腳，少了一隻，自然擺不平。

【例句】陳水扁總統於2004年8月15日，出席台聯黨在世貿國際會議中心舉辦的三周年黨慶時，公開說下一屆的立法院長一定要退出政黨，不能兼任何黨職。陳水扁先後多次宣佈不兼民進黨主席，語氣非常堅定。但是民進黨可能是「八仙桌欠一支骹──擺𣍐平」，竟於2004年8月24日中執委會議中，由鄭寶清領銜包括周清玉、林豐喜、蔡同榮、陳勝宏等超過半數提案，通過「呈請總統兼任黨主席案」。

Pat-sian kòe-hái--kok hián sîn-thong

0048 八仙過海──各顯神通

ㄅㄚㄉ⁴ ㄒㄧㄢ ㄍㄨㄝ³ ㄏㄞ²──ㄍㄛㄍ⁴ ㄏㄧㄢ² ㄒㄧㄣ⁵ ㄊㄛㄥ

【暗示】各依本事。

【註解】八仙是指道教中的八仙人，傳說李鐵拐有鐵杖，漢鍾離有鼓，張果老有紙疊驢，呂洞賓有長劍及簫管，何仙姑有竹罩，韓湘子有花籃，曹國舅有玉版，藍采和有大拍板，他們的法器各有妙用。有一天他們到了東海，只見潮頭洶湧，巨浪驚人。呂洞賓建議各憑本事過海。諸仙都響應，將法寶投水面，立於上面乘風逐浪而渡。

【例句】2002年北高市議員參選登記，比人氣，比噱頭，居然有人拿玩具手槍，把工作人員嚇了一跳。出身調查局的，一面喊口號，一面扣扳機，要打倒貪官污吏；胖嘟嘟的辣妹，大跳鐵獅玉玲瓏；有娼妓代言人要幫「性產業」出頭天。至於沒有造勢的傳統型參選人，搭上知名人物，跟在旁邊爭取曝光。各候選人可說是：「八仙過海──各顯神通」。

Pėh-jī bô chit-phiat--bô-mê-bȧk

0049 八字無一撇─無眉目

ㄅㄝㄏ⁸ ㄖㄧ⁻⁷ ㄎㆦ⁵ ㄐㄧㄍ⁸ ㄆㄧㄚㄉ⁴ ── ㄎㆦ⁵ ㄇㄝ⁵ ㄇㄚㄍ⁸

【暗示】無跡象。

【註解】八字：是指人的命運。中國命相學家以天干和地支，配合記錄人的出生年、月、日、時四柱，每柱干支兩字，共八字，藉以推算命運，八字另稱四柱。無一撇：形容命運連一點兒吉利都沒有。無眉目：一點兒吉相或跡象也沒有。
也有人說，「八」字只有二撇，若連一撇也沒有，未免太遜了吧。

【例句】1992年旅居加拿大的員林鎮民劉玫君，不久前回國，突然在「八字無一撇──無眉目」情況下，在2004年8月2日接到法務部彰化執行處命令，指她積欠1995年至1998年一千多萬元的營利所得稅。若她不在8月底前繳清，將限制出境，拘提管收。劉玫君說，指她積欠所得稅期間，她已出國多年，早就不是公司負責人了，真讓她一頭霧水。

~~~~~~

Pat-kài sêng-sian--ti-ko-sîn

0050 八戒成仙─豬哥神

ㄅㄚㄉ⁴ ㄍㄞ³ ㄒㄝㄥ⁵ ㄒㄧㄢ ── ㄉㄧ ㄍㄜ ㄒㄧㄣ⁵

【暗示】色瞇瞇的傢伙。

【註解】八戒：豬八戒也。唐三藏三徒弟：孫悟空、沙悟淨、豬八戒。三徒弟之一的豬八戒成仙，變為豬哥神。台語「豬哥神」是色鬼、色瞇瞇的意思。

【例句】「安娜，我看妳是個口是心非的人。」「妳怎麼說我是口是心非的人？」「妳不是說最討厭『八戒成仙──豬哥神』的程課長這種人，怎麼又收下他的鑽戒？」「是啊！沒錯呀。」安娜說：「我是說過討厭程課長這種豬哥神的人，但沒說過我討厭鑽戒呀！」

~~~~~~

Pat-kòa-san--tōa-hȧt tōa-hut

0051 八卦山─(大佛)大核、大囫

ㄅㄚㄉ⁴ ㄍㄨㄚ³ ㄙㄢ ── (ㄉㄨㄚ⁷ ㄏㄨㄍ⁸) ㄉㄨㄚ⁷ ㄏㄨㄍ⁴

【暗示】大吃一頓或大的果核。

【註解】八卦山：彰化縣著名風景區，位於彰化市東邊，海拔96公尺，山上有大佛。大佛的諧音「大囫」，台語大吃一頓的意思。

【例句】台灣的荔枝，主要有兩種品種，果實大小差不多，同樣多汁好吃，屬於糯米種的，外殼殷紅，果核小，內行的人，要買荔枝會問，你賣的荔枝是「八卦山──（大佛）大核」的？或糯米種小核的？

Pat-chi-lân bí-ko--chiáh-ū-sòa

0052 八芝蘭米糕—食有續

ㄅㄚㄉ⁴ ㄐㄧ ㄌㄢ⁵ ㄇㄧ⁻² ㄍㄜ——ㄐㄧㄚㄏ⁸ ㄨ⁷ ㄙㄨㄚ³

【暗示】吃了還想再吃。

【註解】八芝蘭：士林之舊稱，應為凱達格蘭語。相傳以前士林的米糕很好吃，故有此語。

【例句】2002年12月9日，國立成功大學「客家社」，在校園舉辦客家粢粑品嚐會，白色無味的麻薯，外沾花生糖粉，甜甜的滋味，讓人吃了還想再吃，真是「八芝蘭米糕——食有續」。

~~~~~~

Cha̍p-chhit-niú--khiàu-khiàu

0053 十七兩—翹翹

ㄗㄚㄅ⁸ ㄑㄧㄉ⁴ ㄋㄧㄨ² —— ㄎㄧㄠ³ ㄎㄧㄠ³

【暗示】死了。

【註解】一台斤十六兩，要一斤秤十七兩，把錘吊繩放置於十六兩秤花上，物重下沉產生不平衡，秤桿會往上翹起來，便成「十七兩——翹翹」。
台語「死了」也叫「十七兩——翹翹」。

【例句】伊朗連頭姐妹，廿九歲的拉丹、拉蕾，於2003年7月6日進入新加坡萊佛士醫院，由神經外科名醫吳有晶博士，領銜全球28名頂尖醫師組成手術團，在全球關心祝福下，進行頭顱分割手術。這件高風險的全球首宗成人頭顱分割手術不幸失敗，倆姐妹「十七兩——翹翹」，令人哀傷不已。

~~~~~~

Cha̍p-jī-go̍eh-thiⁿ khùn-chhù-téng--tàng-sng

0054 十二月天睏茨頂—凍霜

ㄗㄚㄅ⁸ ㄖㄧ⁷ ㄍㄨㆤㄏ⁸ °ㄊㄧ ㄎㄨㄣ³ ㄘㄨ³ ㄉㄧㄥ²——ㄉㄤ³ ㄙㄥ

【暗示】吝嗇。

【註解】凍霜：被霜凍著。十二月天寒地凍，還敢睡在屋頂上，鐵定會被霜凍著，故說「凍霜」。影射吝嗇。

【例句】在農委會辦公的王小姐，是個富家女，家裡沒有空調，更讓我驚訝的是，這間破舊的兩居室套房，竟然是和一對夫婦合租的。她教我用熱米飯拌生雞蛋招待客人，還說「有飯又有菜，營養又省錢」。我心裏嘀咕道：有錢人也真是「十二月天睏茨頂——凍霜」。

Chap-jī-goeh-thiⁿ kóng-ōe--léng-giân léng-gí

0055 十二月天講話—冷言冷語

ㄗㄚㆴ⁸ ㄌㄧˍ⁷ ㆣㄨㆤㆷ⁸ ⁰ㄊㄧ ㄍㄛㄥ ㄨㆤ⁷ —— ㄌㄧㄥ² ㆣㄧㄢ⁵ ㄌㄧㄥ² ㆣㄧˍ²

【暗示】講話譏笑諷刺。

【註解】十二月天：十二月的冬天。冷言冷語：把與人講話之冷嘲熱諷，形容為在冬天裡講話。

【例句】民進黨立委沈富雄，憂心總統大選後族群撕裂兩半，未來如何圓融共謀台灣發展？他提出「愛台灣不該成選舉主軸」的四項認知：1. 台灣絕大多數的人都愛台灣，不是「愛台灣」與「不愛台灣」的人在較勁。2. 不能以中國政策主張的異同、來台順序的前後，區分「愛台灣」與「不愛台灣」。3. 無法以客觀、科學的方法量化「愛台灣」的深度與幅度。4. 如果以上三項認知都屬正確，今後「愛台灣」就自然不成為任何大選的選戰主軸，或爭奪選票的手段。
沈富雄愛台灣論，立法院內「十二月天講話——冷言冷語」滿天飛，蔡啟芳斥他：「脫褲子放屁！」

~~~~~~

Chap-jī-goeh-thiⁿ hoan sin-chhù--kôaⁿ sí

0056 十二月天翻新茨—寒死

ㄗㄚㆴ⁸ ㄌㄧˍ ㆣㄨㆤㆷ⁸ ⁰ㄊㄧ ㄏㄨㄢ ㄒㄧㄣ ㄘㄨ³ —— ⁰ㄍㄨㄚ⁵ ㄒㄧˍ²

【暗示】做事時機不恰當。

【註解】十二月天寒地凍，還翻修房子，鐵定被凍得半死，故說「寒死」。

【例句】我不知寒流來襲，只穿著普通的夾克，便跟朋友到盧山去露營，晚上我差點「十二月天翻新茨——寒死」。

~~~~~~

Chap-jī-goeh kam-chià--liáng-thâu-tiⁿ

0057 十二月甘蔗—兩頭甜

ㄗㄚㆴ⁸ ㄌㄧˍ⁷ ㆣㄨㆤㆷ⁸ ㄍㄚㆬ ㄐㄧㄚ³——ㄌㄧㄤ² ㄊㄠ⁵ ⁰ㄉㄧ

【暗示】有完美的結局，也有代價。

【註解】甘蔗採收適宜期間是冬天的十二月，甘蔗成熟後，整支甘蔗頭尾都很甜。

【例句】汪老伯在鄉公所當工友，雖然職位低賤，工作卻很盡職，不但歷任鄉長都很愛護他，大家也很尊敬汪老伯。汪老伯的家庭教育也很成功，兩個孩子分別在台北、台中的大學當教授，老人家像「十二月甘蔗——兩頭甜」，這邊看看孫子、那邊看看孫子，享受含飴弄孫的退休日子。

Chảp-jī-gỏeh kam-chià--tò-thâu-tiⁿ

0058 十二月甘蔗—倒頭甜

ㄗㆷ゙ ㄖㄧ⁷ ㄫㄨㄝㄏ゙⁸ ㄍㄚㆬ ㄐㄧㄚ³——ㄉㄛ³ ㄊㄠ⁵ °ㄉㄧ

【暗示】苦盡甘來之意。

【註解】倒頭：尾部。指甘蔗尾部較甜，苦盡甘來漸入佳境。十二月的甘蔗，反而頭部比較淡，尾部比較甜，故說「倒頭甜」。

【例句】諺語警告人們：「少年不肯拚，食老叫苦命」，年輕時候若吃得苦，建立事業基礎，將來才能享受「十二月甘蔗——倒頭甜」的老年生活。

~~~~~~

Chảp-jī-gỏeh bah-thng--ún-tòng

0059 十二月肉湯—(穩凍)穩當

ㄗㆷ゙⁸ ㄖㄧ⁷ ㄫㄨㄝㄏ゙⁸ ㄅㄚㄏ⁴ ㄊㄥ——ㄨㄣ² ㄉㆦㄥ³

【暗示】安全可靠的意思。

【註解】台灣早期居民生活困難、節儉，家中哪有什麼冰箱、微波爐、烤箱、果汁機等廚房用具。經濟困苦，難得有魚肉之類的佳餚，都捨不得一頓把它吃光，留下來的肉湯，因天氣寒冷，鐵定結凍，「穩凍」與台語「穩當」諧音而被形容使用。

【例句】詳記營造公司林董有三個孩子，大家都認為老二林坤成為人誠懇，待人親切和氣，行事踏實。林董自己也認為老二可靠，便把公司交給他接棒經營。大家都替林董接班有人而高興，一再稱讚他這樣做是「十二月肉湯——(穩凍)穩當」。

~~~~~~

Chảp-jī-gỏeh koah-chhài--ū-sim

0060 十二月芥菜—有心

ㄗㆷ゙⁸ ㄖㄧ⁷ ㄫㄨㄝㄏ゙⁸ ㄍㄨㄚㄏ⁴ ㄘㄞ³—— ㄨ⁷ ㄒㄧㆬ

【暗示】有心做事的人。

【註解】芥菜：植物名，十字花科，一年生或越年生草本，高三四尺，莖葉皆有辛辣味，可供食用。種子辛辣味更重，研末食用、藥用均可。

【例句】我國榮獲日本圍棋大賽寶座棋士，自吳清源、林海峰、王明琬乃至張栩，能擊敗濟濟多士的日本棋壇高手，榮登「本因坊」。林海峰等人的成就，應該歸功於最先獲得「本因坊」的國手吳清源，以及其他棋士一代一代牽成提拔，國內圍棋界人士翁明顯、沈君山等人，「十二月芥菜——有心」栽培，才有今日的豐碩成果。

Chảp-jī-gỏeh sái-tháng--chīn-piàⁿ

0061 十二月屎桶──盡摒

ㄗㄚㆴ⁸ ㄖㄧ⁻⁷ ㆣㄨㆤㄏ⁸ ㄙㄞ² ㄊㄤ²──ㄐㄧㄣ⁷ ㆠㄧㄚ³

【暗示】全力以赴之意。

【註解】屎桶：便桶，裝糞便用的桶子。台灣人到了農曆十二月過年前，有大掃除的習俗，特別是「屎礜仔」（早期的廁所）累積的肥水糞便，需要全盤清理，此台語說「盡摒」。

【例句】鄉公所新建辦公大樓完工，即將遷入辦公，總務主任要大家利用搬遷機會，把各單位已失時效的文件，「十二月屎桶──盡摒」出去！

Chảp-gō-ki kóai-á giâ siang-chhiú--chhit-kóai peh-kóai

0062 十五枝枴仔夯雙手──七拐八拐

ㄗㄚㆴ⁸ ㆣㆦ⁷ ㄍㄧ ㄍㄨㄞ² ㄚ² ㆣㄧㄚ⁵ ㄒㄧㄤ ㄑㄧㄨ²──ㄑㄧㄉ⁴ ㄍㄨㄞ² ㄅㆤㄏ⁴ ㄍㄨㄞ²

【暗示】胡亂拐騙的意思。

【註解】十五枝枴仔夯雙手：十五枝枴杖拿在雙手，一隻手是七枝枴杖，另一隻手是八枝枴杖，等於「七拐八拐」，台語指用盡各種方法拐騙的意思。

【例句】五十幾歲的莉莉和二十出頭的小鄭結婚，這對老少配成為全國話題，有正反兩面截然不同的立場，甚至還鬧上了電視台叩應節目。保守的人覺得莉莉年紀那麼大把了，不該「十五枝枴仔夯雙手──七拐八拐」，拐騙小孩子；反之，新一代的人們將莉莉塑造成爭取愛情，敢以年齡不是問題，對抗傳統的英雌。

Chảp-gō-mê goẻh-kng--tāi-liōng

0063 十五暝月光──(大亮)大量

ㄗㄚㆴ⁸ ㆣㆦ⁷ ㄇㆤ⁵ ㆣㄨㆤㄏ⁸ ㄍㄥ ── ㄉㄞ⁷ ㄌㄧㆦㄥ⁷

【暗示】可做數量很多與肚量很大兩種解釋。

【註解】十五暝月光：農曆十五為滿月，月光明亮。月光明亮，又說大亮。「大亮」與台語數目很多的「大量」及肚量很大的「大量」諧音。

【例句】南投縣何永森先生從事水泥加工事業，近年因景氣不好，難得有顧客上門，異想天開上網拍賣土地公廟。每間廟從三萬元至三四十萬元都有，並贈送神像。這些「十五暝月光──(大亮)大量」的土地公廟，小的1.30坪，大的十多坪，每間廟都有雕龍刻鳳，色彩鮮艷。何先生說，因為全部採用模型壓製大量生產，才能降低售價。他的腦筋一轉，另創一片天。

Sip-chôan khiàm nñg-bī--pat-tin

0064 十全欠二味──八珍

ㄒㄧˉㄍ⁹ ㄗㄨㄢˊ ㄎㄧˉㄚㄇ⁹ ㄋㄥˊ ㄇㄧˉ⁷ ── ㄅㄚㄍˇ ㄉㄧㄣ

【暗示】嬉謔女人的用詞。

【註解】「十全」是婦女漢方補藥;「八珍」也是婦女漢方補藥之一。十全:完美沒有缺點。如:十全十美。「十全」欠二味,成為「八珍」,含謔笑婦女三八的意思。

【例句】彰化縣籍立法委員游月霞(2001－2004),常常有驚人的演出,2001年7月30日,質詢時叫七老八老的行政院長唐飛「一定要硬起來」!游委員也在國防委員會議上,拉起衣角露出蠻腰,向記者秀出減肥成效;更指還沒結婚的大陸委員會主任委員蔡英文為老處女,自己都不通了,還能搞好三通?有人說游委員有點像「十全欠二味──八珍」。

~~~~~~

Cha̍p-lāu--káu-phòng-hong

0065 十老──九膨風

ㄗㄚㄍ⁸ ㄌㄠ⁷ ── ㄍㄠˊ ㄆㆤㄥˇ ㄏㆲ

【暗示】多數的老人都會瞎吹的。

【註解】十老:十個老人。九膨風:九個會誇張、吹牛。老人家和小孩子相處,會津津樂道昔日往事,讓孩子聽起來,大都會覺得是誇張吹牛的故事。

【例句】周馮兩位老人家,確實是「十老──九膨風」,喜歡吹噓風流韻事。一日在街上散步,周老突然指著前方迎面而來的兩位婦人叫起來:「你看,我的老婆和情婦,向我們這邊走了過來。」馮老向他手指的方向看過去,也得意的叫起來:「啊!怎麼那麼巧,我的情婦與老婆,也向我們這邊走了過來!」

~~~~~~

Cha̍p-ê chi̍t-kak ka-la̍u thô-kha--chi̍t-kho sòaⁿ-sòaⁿ

0066 十個一角交落塗骹──一箍散散

ㄗㄚㄍ⁸ ㆤˊ ㄐㄧㆧ ㄍㄚㆤˊ ㄍㄚ ㄌㄠ⁷ ㄊㆦˊ ㄎㄚ──ㄐㄧㆧ⁸ ㄎㆦ °ㄙㄨㄚˇ °ㄙㄨㄚˇ

【暗示】形容人很懶散的樣子。

【註解】一箍:十角。一箍散散就是把一塊錢分散開來,故台語說「一箍散散」,其雙關義為形容人很懶散的樣子。

【例句】有一次在課堂上,我和學生不知怎麼聊的,說到每個人對生命的不同抉擇。小明冷不防的冒出一句:「老師,就像你一樣,『十個一角交落塗骹──箍散散』喔?」害我一愣,一時之間不知如何回答。

Chảp-ê lāu-pē--chảp-chéng

0067 十個老爸─(十種)雜種

ㄗㄚㆴ⁸ ㆤ⁵ ㄌㄠ⁷ ㄅㆤ⁷── ㄗㄚㆴ⁸ ㄐㅤㄥ²

【暗示】 罵人的話。

【註解】 一個人有十個父親，表示他帶有十個人的種，故說「十種」。台語「十種」和「雜種」同音。

【例句】 春嬌腦筋並不怎麼聰明，卻常常炫耀她那個寶貝兒子智商有多高，英語、數學、國文乃至體育，各學科的成績都很優秀，是個天才兒童。
志明聽後，偷偷對同事說：「像春嬌那樣的女人，會生出這麼聰明的孩子，一定是『十個老爸──(十種)雜種』吧！」

~~~~~~

Chảp-liảp ke-ñng káu-chiah ke-á-kiáⁿ--it-koh hoái-tán

0068 十粒雞卵九隻雞仔子─一個壞蛋

ㄗㄚㆴ⁸ ㄌㄧㄚㆴ⁸ ㄍㆤ ㄋㆭ⁷ ㄍㄠ² ㄐㄧㄚㆷ⁴ ㄍㆤ ㄚ² °ㄍㄧㄚ² ── ㄧㄉ⁴ ㄍㄛㆷ⁴ ㄏㄨㄞ² ㄉㄢ²

【暗示】 不是好人。

【註解】 十個雞蛋應該要孵出十隻小雞，結果只孵出九隻小雞，那沒有孵出的蛋，是壞蛋了。

【例句】 郭總經理剛到公司上班，看到工人圍在公告欄看公告，也好奇的走了過去，工人看到他都抿著嘴走開了。那張公告寫著：「喝酒就要喝個醉，你不醉來我才醉，這、這麼寬的馬路，誰？誰來睡？」郭總經理這才發現不是什麼公告，是諷刺他的打油詩。他一怒之下，把打油詩撕下來，叫人事主任進去，拿公告給他看，命令說：「我發現我們公司『十粒雞卵九隻雞仔子──一個壞蛋』，你給我抓出來！」

~~~~~~

Saⁿ-chảp-lảk-kè--cháu-uī-sian

0069 三十六計─走為先

°ㄙㄚ ㄗㄚㆴ⁸ ㄌㄚㆻ⁸ ㄍㆤ³ ── ㄗㄠ² ㄨㄧ⁷ ㄒㄧㄢ

【暗示】 逃走離開是最好的計策。

【註解】 三十六計：遇到困難或危急時，處理的多種辦法。走為先：各種處理辦法中，只有逃走才是最好的方法。

【例句】 中央選舉委員會主任委員黃石城任期至2004年6月10日止，但他卻提早於4月中向行政院長游錫堃遞上辭呈，辭意堅定。他說：「很難適應現在的政治生態，讓我早一點了斷吧！」黃石城以無黨籍入主中選會，十二年來好不容易建立中選會中立、公正的超然立場，甚受朝野敬重。2004年總統選舉，執政黨執意「公民投票」綁著「總統大選」，選後抗爭不斷，訴訟打得火熱，都令黃主委感到政治環境丕變，「三十六計──走為先」，不該再淌這潭渾水。

Saⁿ-cha̍p-àm sàng-sîn--siuⁿ-bān

0070 三十暗送神─倘慢

°ㄙㄚ ㄗㄚㆀ˙ ㄚㆬ³ ㄙㄤ³ ㄒㄧㄣ⁵──°ㄒㄧㄨ ㄅㄢ⁷

【暗示】來不及。

【註解】台灣風俗，諸神於農曆過年前都要回天庭述職，所以都在農曆十二月廿九日送神祭拜，讓諸神上天庭奏好話，如果三十日才送神，就算慢了。

【例句】中國偷渡女犯來台賣淫掏金，十年來約二十萬人次，每人產值以三十萬元計算，計削去台灣600億元。近年偷渡來台撈女激增，形成各地專設收容中心都人滿為患，要求中國方面加強遣送作業，每月至少一次以上，但中國方面每月僅辦理一次，人數也只不過一百五十人，實在是「三十暗送神──倘慢」，不知幾時才能把她們全部送回去？顯然是中國故意造成台灣的困擾，增加台灣沉重負擔，司馬昭之心路人皆知。

~~~~~~

Saⁿ-cha̍p àm-mê khòaⁿ goe̍h-nîu--bô-bāng

0071 三十暗暝看月亮─(無亮)無望

°ㄙㄚ ㄗㄚㆀ˙ ㄚㆬ³ ㄇㆤ⁵ °ㄎㄨㄚ³ ㆣㄨㆤㆷ˙ ㄋㄧㄨ⁵ ── ㄅㄛ⁵ ㄅㄤ⁷

【暗示】已經沒有希望，或不必再盼望了。

【註解】三十暗暝：月有陰晴圓缺，農曆每月十五暝滿月；二九、三十暝，就沒有月亮可看了。沒有月亮稱之為「無亮」，與「無望」諧音。

【例句】高雄縣茄萣鄉吳火眼的哥哥吳登樹是位船員，與巴西女子結婚，生下吳憶樺後，其妻過世，由外祖母蘿莎扶養，並取得監護權。吳登樹並在巴西為其子購屋置產。2001年3月，吳憶樺隨父親回台後，父親病逝台灣，遺言交代弟弟扶養憶樺。巴西外祖母透過外交途徑，要帶外孫回巴西，不得要領，訴請法院裁決。
高雄地方法院判決監護權歸外祖母蘿莎，導致2004年2月9日台巴搶人大戰。法院在不得已下，要追究吳火眼、李素華夫婦責任。他們是「三十暗暝看月亮──(無亮)無望」，才交出吳憶樺。

~~~~~~

Saⁿ-hun-chîⁿ pun nn̄g-ê--it-sī-it jī-sī-jī

0072 三分錢分二個─一是一，二是二

°ㄙㄚ ㄏㄨㄣ °ㄐㄧ⁵ ㄅㄨㄣ ㄋㆭ⁷ ㆤ⁵ ── ㄧㄉ⁴ ㄒㄧ⁷ ㄧㄉ⁴ ㄌㄧ⁷ ㄒㄧ⁷ ㄌㄧ⁷

【暗示】不含糊，清清楚楚。

【註解】三分錢分二個：三分錢分給兩個人，一個一分，一個二分。一是一，二是二，毫不含糊，非常清楚。

【例句】行政院長游錫堃於2004年8月，在宏都拉斯國會發表演說時，首度以「台灣，ROC」自稱，並統一定調做為吾國對外的簡稱。游揆說台灣與中國是「三分錢分二個──一是一，二是二」，一邊一國，各有主權，互不相干。過去因以「ROC」自稱，與中國的「PRC」接近，常把外國人搞糊塗了，也誤認為「ROC」與「PRC」為同一個中國，造成很大的困擾。

Sa^{n}-kin-niau kā sì-kin niau-chhí--put chū liōng le̍k

0073 三斤貓咬四斤鳥鼠—不自量力

^{0}ㄙㄚ ㄍㄧㄣ ㄋㄧㄠ ㄍㄚ^{7} ㄒㄧ^{3} ㄍㄧㄣ ㄋㄧㄠ ㄑㄧ^{3}——ㄅㄨㄉ^{4} ㄗㄨ^{7} ㄌㄧㄛㄥ^{7} ㄌㄝㄍ^{8}

【暗示】不自量力。

【註解】小貓只有三斤那麼小，卻想咬四斤那麼大的老鼠，確實是不自量力，也就是台灣諺語：「四兩箢仔愛除」。

【例句】民進黨大老張俊宏於陳水扁總統指示「台灣、中國，一邊一國」後，發表「救黨諍言」萬言書。依張俊宏自己說，黨內無人回應，實際有人反應，叫張俊宏「不要因為個人不得志，傷害了黨」。張俊宏曾因與許信良爭奪黨主席而有「割袍斷義」名句。今又無視形勢比人強，「三斤貓咬四斤鳥鼠——不自量力」，發表救黨諍言，勢必與許信良、施明德兩位前黨主席一樣，與民進黨越走越遠。

~~~~~~

Sa^{n}-go̍eh-bóe thô-hoe--to-siā--lah

0074 三月尾桃花—(都謝了)多謝了

^{0}ㄙㄚ ㄫㄨㄝㄏ^{8} ㄅㄨㄝ^{2} ㄊㄛ^{5} ㄏㄨㄝ —— ㄉㄛ ㄒㄧㄚ^{7} ㄌㄚㄏ^{4}

【暗示】表示感謝，也有敷衍應付一下的意思。

【註解】桃花：植物名。落葉小喬木，葉寬披針形，高約丈餘，初春開花，有紅白二色。三月成熟，故有「三月桃、四月李」之句。三月桃子已經成熟了，所以在三月間要到果園欣賞桃花，早已凋謝了。

【例句】陳水扁總統和呂秀蓮副總統於2003年7月11日，參加三軍五校在政戰學校舉行的聯合畢業典禮。陳水扁以「追求夢想，不怕失敗；把握機會，付諸行動」與畢業生相互勉勵。全體畢業生高聲齊唱軍方傳統歡送高昇或榮退軍歌「遍地桃李」。
有人認為這是唱衰阿扁明年的連任。總統府秘書黃志芳認為，這是對總統蒞臨表示「三月尾桃花——（都謝了）多謝了」而已，沒那麼嚴重吧！

~~~~~~

Sa^{n}-tāi hó-giā chi̍t-tāi khit-chia̍h--sàn-té

0075 三代好額一代乞食—(散短)散底

^{0}ㄙㄚ ㄉㄞ^{7} ㄏㄜ^{2} ㄫㄧㄚ^{7} ㄐㄧㄉ ㄉㄞ^{7} ㄎㄧㄉ^{4} ㄐㄧㄚㄏ^{8}——ㄙㄢ^{3} ㄉㄝ^{2}

【暗示】出身低賤。

【註解】好額：有錢人。乞食：乞丐。散底：窮人出身。三代都有錢，只有一代當乞丐，表示窮的時間還算短。台語「散短」和「散底」同音，影射窮人出身。

【例句】台灣諺語「少年肯打拚，食老會好命」，一點兒也不錯，就以金英公司廖董事長來說，從早期兩夫妻創業開始，胼手胝足手工織帶，到現在全自動織造，產品行銷國內外，也榮獲經濟部頒發績優廠商獎。
廖董事長在頒獎會上致詞說：「我們夫妻都是『三代好額一代乞食——（散短）散底』出身，經常提醒自己，要改善生活，讓孩子能過更好的日子，受更好的教育，唯有……」

Saⁿ-tāi liáp-chek--chit-tāi khai-khang

0076 三代粒積──一代開空

ㄙㄚ ㄉㄞˋ ㄌㄧㄚㆴˋ ㄗㆤㆶ˙ ── ㄐㄧㆵ˙ ㄉㄞˋ ㄎㄞ ㄎㄤ

【暗示】一代不如一代。

【註解】三代：祖父、父親、兒子三個世代。粒積：勤儉積蓄。開空：花光。

【例句】江丙坤認為現代年輕人貪逸惡勞，已失勤儉打拚美德，找工作「錢多、事少、離家近」這種人生觀，將導致台灣經濟衰退，未來可能像「菲傭」那樣，淪為「台傭」。
他說菲律賓1960年代國民所得與台灣相近，可是滿足現狀，不思奮發，終導致「三代粒積──一代開空」，讓子孫淪落國外為「菲傭」。

~~~~~~

Saⁿ-hó ka-chit-hó--sí-hó

0077 三好加一好──(四好)死好

ㄙㄚ ㄏㄜˀ ㄍㄚ ㄐㄧㆵ˙ ㄏㄜˀ ── ㄒㄧˀ ㄏㄜˀ

【暗示】罵人活該，罪有應得。

【註解】三好加一好，等於四好。台語「四好」和「死好」同音，影射活該。

【例句】很少聽到做父親的罵孩子「三好加一好──(四好)死好」那樣的話，我問阿秋伯，兒子怎麼啦？怎生那麼大的氣？
「這個孩子不說還好，說出來血壓就往上衝。上個月飆車差點撞死人，賠人家兩百多萬元，昨天又飆車，被送到醫院急救。」

~~~~~~

Saⁿ-keⁿ poàⁿ-mêⁿ chhut-sì--(hāi-sî-lâng)hāi-sí-lâng

0078 三更半暝出世──(亥時人)害死人

ㄙㄚ ㄍㆤ ㄅㄨㄚˇ ㄇㆤˊ ㄘㄨㆵ ㄒㄧˇ ──（ㄏㄞˋ ㄒㄧˊ ㄌㄤˊ）ㄏㄞˋ ㄒㄧˀ ㄌㄤˊ

【暗示】害死了人或害苦了人。

【註解】亥：地支子、丑、寅、卯、辰、巳、午、未、申、酉、戌、亥。亥為第十二支：晚九至十一點。此時辰出生，即亥時人。「亥時人」與台語「害死人」諧音。

【例句】台灣3月20日總統選舉，選前一天發生槍擊陳水扁事件，泛藍指控利用槍擊操作選舉，造成連宋落選不公，號召群眾在總統府前持續抗爭。這些持續不斷的抗爭，已經夠阿扁政府頭疼了，又發生台北縣三重市第475投開票所主任管理員施鍠隆，把95張空白選票攜回的選票外流案。造成支持泛藍群眾更多誤會，以此指責選舉舞弊。施鍠隆主任無心之過，卻像「三更半暝出世──(亥時人)害死人」。

Saⁿ-keⁿ teng-hóe gō͘-keⁿ-ke--(khó͘-thák) khó͘-to̍k

0079 三更燈火五更雞—(苦讀)苦毒

⁰ㄙㄚ ⁰ㄍㄝ ㄉㄧㄥ ㄏㄨㄝ² ㄫㆦ⁷ ⁰ㄍㄝ ㄍㄝ ——（ㄎㆦ² ㄊㄚㄍ⁸）ㄎㆦ² ㄉㄜㄍ⁸

【暗示】虐待、凌辱。

【註解】三更燈火五更雞，形容自習苦讀的情形。三更燈火通明，五更時辰，公雞已經叫更了。「苦讀」與台語指虐待的「苦毒」諧音。

【例句】台中市立欣托兒所，2004年5月12日發生把張姓幼童關在娃娃車上七小時，活活被烤死的慘劇。這件比「三更燈火五更雞——（苦讀）苦毒」更駭人聽聞的慘劇，是該所司機吳春福、隨車老師林怡慧，早上接回四名幼童，只下車三位，張姓幼童沒下來，不僅司機吳春福、老師林怡慧未曾發現，所方又未追蹤張姓幼童有沒有上學？就這樣被關在溫度高達60度的娃娃車中活活烤死。警方已依「業務過失致死罪」將吳春福、林怡慧移送法辦。

~~~~~~

Saⁿ-chek-kong bē láu-hio̍h--tú-á-hó

0080 三叔公賣荖葉—拄仔好

⁰ㄙㄚ ㄐㄝㄍ⁴ ㄍㄛㄥ ㄅㄝ⁷ ㄌㄠ² ㄏㄧㄜㄏ⁸ —— ㄉㄨ² ㄚ² ㄏㄜ²

【暗示】剛剛好。

【註解】三叔公：祖父的第三弟弟。荖葉：植物名，藤生，葉子用以包檳榔。三叔公挑荖葉仔到市場賣，兒孫問他賣了多少錢，每次他都以「換鹹魚仔拄仔好」一語帶過，久而久之成為譏諷帳目不清的代名詞。

【例句】余樹榮校長到教育部開會，在教育部附近尋找停車位，足足找了一個鐘頭，所有路邊停車格子都有人停車，他不相信找不到位子，邊找邊說：「台北市的停車位，怎麼『三叔公賣荖葉——拄仔好』都有人停車了？」

~~~~~~

Saⁿ-ko͘ chò-móa-go̍eh--(kong-thiòng) kóng-thiòng

0081 三姑做滿月—(公暢)講暢

⁰ㄙㄚ ㄍㆦ ㄗㄜ³ ㄇㄨㄚ² ㄫㄨㄝㄏ⁸ ——（ㄍㆦㄥ ㄊㄧㆦㄥ³）ㄍㆦㄥ² ㄊㄧㆦㄥ³

【暗示】講著玩的。

【註解】講暢：說給自己高興；說好玩的。暢：高興、爽。三姑媽生孩子做滿月，阿公（爺爺）又有孫子抱了，當然最高興，故說「公暢」。台語「公暢」和講著玩的「講暢」諧音。

【例句】媽媽把姊弟叫過來，問她們姊弟甚麼事，一個下午還沒吵完？弟弟無限委屈的哭著說：「姊姊騙人，說我這次考試，若四學科都一百分滿分，她的手提電腦要送我，姊姊說話不算話。」「媽，哪有可能？」姊姊解釋道：「我只是『三姑做滿月——（公暢）講暢』的，目的是要弟弟加油而已。」

Saⁿ-pâng nn̄g-thiaⁿ--hó-thiaⁿ

0082 三房二廳─(好廳)好聽

°ㄙㄚ ㄅㄤ⁵ ㄋㄥ⁷ °ㄊㄧㄚ ── ㄏㄜ² °ㄊㄧㄚ

【暗示】悅耳的聲音。

【註解】三房二廳是現代小家庭選購房屋最喜歡的格局。三房：主人房、書房、子女房。二廳：客廳、神明廳。有了兩廳，會客和祖先神位廳堂都解決了。「好廳」與台語「好聽」同音。

【例句】人稱二姐的台語歌后江蕙，榮獲92年度台語最佳演唱人獎。江蕙這種記錄，五度得獎四連霸，是極高難度，歌壇前無古人，也可能後無來者。江蕙的台語歌「惜別的海岸」、「酒後的心聲」、「半醉半清醒」等，每一首都讓人百聽不厭，真正是「三房二廳──(好廳)好聽」。

Saⁿ-pó sai-hū--bô-kàu-khòaⁿ

0083 三寶師父─無夠看

°ㄙㄚ ㄅㄜ² ㄙㄞ ㄏㄨ⁷ ──万ㄜ⁵ ㄍㄠ³ °ㄎㄨㄚ³

【暗示】不當一回事。

【註解】三寶師父：工夫不怎麼樣的師父。三寶師父能力較差，請他辦事，當然沒什麼看頭，故說「無夠看」。

【例句】爸爸交代三個兒子，把花園的雜草拔完，星期天才要帶他們到東埔泡溫泉。兒子都皺著眉頭，認為太多拔不完，叔叔自告奮勇要幫他們拔草，對姪兒們說：「那麼一點點雜草，我這個『三寶師父──無夠看』。」

Saⁿ-ê-lâng pàng-bô-sái--(bô-piān) bô-piàn

0084 三個人放無屎─(無便)無變

°ㄙㄚ ㄝ⁵ ㄌㄤ⁵ ㄅㄤ³ 万ㄜ⁵ ㄙㄞ² ──(万ㄜ⁵ ㄅㄧㄢ⁷) 万ㄜ⁵ ㄅㄧㄢ³

【暗示】沒改變。

【註解】三個人放無屎：三個人拉不出屎來，表示真的「無便」。台語「無便」和「無變」諧音，沒改變的意思。

【例句】「中華電信」是交通部電信管理局所屬單位，開放民營成立公司前，員工擔心工作沒有保障，權益受損，一再發生抗爭，甚至引起流血事件。後來交通部高層幾次與工會幹部協調，保證員工所有權益「三個人放無屎──(無便)無變」，才順利民營化。

Saⁿ-oáⁿ-pn̄g n̄g-oáⁿ-thng--sio-oá-phēng lióng-hu-chhe

0085 三碗飯兩碗湯─相倚傍兩夫妻

ᵒㄙㄚ ᵒㄨㄚ² ㄅㄥ⁷ ㄋㄥ⁷ ᵒㄨㄚ² ㄊㄥ ── ㄒㄧㄜ ㄨㄚ² ㄆㄧㄥ⁷ ㄌㄧㄛㄥ² ㄏㄨ ㄘㄝ

【暗示】夫妻恩愛互相扶持。

【註解】三碗飯兩碗湯：形容貧窮夫妻生活簡單。相倚傍兩夫妻：以「三碗飯兩夫妻」的諧音，形容互相扶持的一對夫妻。

【例句】台灣總統大選，差點害死「三碗飯兩碗湯──相倚傍兩夫妻」。這對差點被總統大選害死的厄姆，看準3月19日國親連宋和民進黨陳呂，最後一場分別在中正紀念堂、足球場的造勢活動，香腸可大烤大賣一番。兩夫妻批購三千斤香腸，兵分兩地賣烤香腸。沒想到陳水扁、呂秀蓮在台南市遭受槍擊，泛藍、泛綠先後宣佈停止競選活動，害這對夫妻抱頭痛哭，不知批進來的香腸幾年才能賣完？

Saⁿ-tǹg chiàh bô-pá--gō-tó

0086 三頓食無飽─(餓肚)五堵

ᵒㄙㄚ ㄉㄥ³ ㄐㄧㄚㄏ⁸ ㄅㄛ⁵ ㄅㄚ² ──ㄦㄛ⁷ ㄉㄛ²

【暗示】五堵：地名。

【註解】三頓食無飽：三餐沒吃飽。沒吃飽叫「餓肚」。五堵：地名，位於基隆和汐止之間。「餓肚」與台語「五堵」諧音。

【例句】沒有人會想到2001年9月17日納莉颱風，造成台灣洪災歷史上空前的紀錄。這一天，台北市變成沒有燈光的威尼斯；地下鐵、捷運變成運河，能划船。有說災難因南港玉成抽水站，花幾十億元的抽水機，淹水無法運作；有說基隆河「三頓食無飽──（餓肚）五堵」段，貨櫃車被颱風吹落河中，導致阻塞無法宣洩洪水引起的。

Saⁿ-kha chiuⁿ-chî--(oai-keng)kò-ì ûi-lân

0087 三骹蟾蜍─(歪肩)故意為難

ᵒㄙㄚ ㄎㄚ ᵒㄐㄧㄨ ㄐㄧ⁵ ──(ㄨㄞ ㄍㄝㄥ)ㄍㄛ³ ㄧ³ ㄨㄟ⁵ ㄌㄢ⁵

【暗示】整人、刁難。

【註解】蟾蜍：蟾蜍，另叫癩蝦蟆，外形醜陋，皮黑而有疙瘩，分泌之白汁可提煉製藥。歪肩：發育不完整，看起來像歪著肩膀。

【例句】班長故意戲弄新兵，叫他去問那棵樹在說些什麼話？新兵一會兒回來，報告班長說不知道。「再去聽一聽，那棵樹一定在說什麼？」那位新兵知道班長是「三骹蟾蜍──（歪肩）故意為難」，便跑過去用耳朵貼在樹上，一會兒回來對班長說：「大樹說啦，叫班長過去一下，有話要和你說。」

Saⁿ-lé-pài la̍k-tiám-cheng--chia̍h-chhò

0088 三禮拜六點鐘─食醋

ㅇㄙㄚ ㄎㄝ² ㄅㄞ³ ㄌㄚㄍㆴ ㄉㄧㄚㄇˋ ㄐㄝㄥ ── ㄐㄧㄚㄏ⁸ ㄘㆦ³

【暗示】嫉妒。

【註解】食醋：吃醋。三個禮拜共二十一日，寫成「昔」字；六點鐘為酉時，故合成「醋」字，戲稱吃醋的意思。

【例句】財政局今天早上可熱鬧了，大家都放下手上的工作，跑過來看吳俐俐和張玉蘭兩位女孩子，為了一位帥哥「三禮拜六點鐘──食醋」，在辦公室大打出手。

~~~~~~

Sam-chōng chhú-keng--tio̍h-kâu

0089 三藏取經─著猴

ㄙㄚㄇ ㄗㆦㄥ⁷ ㄘㄨ² ㄍㄧㄥ ── ㄉㄧㄛㄏ⁸ ㄍㄠ⁵

【暗示】有「沒想到」的讚賞用句與「需要他」的兩種含意。

【註解】三藏：唐三藏，唐代僧人玄奘的別稱。姓陳，河南偃師人，到西域印度參研佛學，歸國後譯註經書甚多。
明朝吳承恩著《西遊記》記述唐三藏赴西域取經，得助於徒弟孫悟空、豬八戒、沙悟淨，尤其孫悟空千變萬化，沿途保護唐三藏，順利到西域取經。

【例句】一艘郵輪環球旅遊，其中傳出美籍富孀徵求入幕之賓，任何人能滿足她的性趣，獎賞美金一百萬元。消息一出，船上英、德、法、美、義、日、中國籍人士，紛紛自告奮勇，前往展現身手，也都一個個垂頭喪氣從她的房間出來。最後出來的是中國人，手裡拿著一百萬美金，向大家展示。
有人問他說，你真是「三藏取經──著猴」，怎麼賺到這筆獎金？中國人手指頭指著腦袋說：「我爸從小告訴我，凡事要用頭腦。」

~~~~~~

Sam-chōng ê chheh--(chin-keng) chèng-keng

0090 三藏个冊─（真經）正經

ㄙㄚㄇ ㄗㆦㄥ⁷ ㄝ⁵ ㄘㄝㄏ⁴ ── （ㄐㄧㄣ ㄍㄧㄥ）ㄐㄧㄥ³ ㄍㄧㄥ

【暗示】品行端正、做事正派。

【註解】三藏个冊：唐三藏譯註的經書。因三藏到西域取經，故他譯註的經書，被形容為真的經書。真的經書叫「真經」，與台語「正經」諧音。

【例句】我對於蕭有信這位事業有成的好朋友，已經四十歲了還不想結婚感到很不解，問他光棍有什麼好處？蕭有信竟很「三藏个冊──（真經）正經」的告訴我說：「單身漢最大的好處，就是當你看到一個非常迷人的小姐時，不必悲嘆家裡有位黃臉老婆。」

Sam-chōng ê piń-taⁿ--(taⁿ-keng) tām kiaⁿ

0091 三藏个扁擔—(擔經)擔驚

ㄙㄚㄇ ㄗㄜㄥ⁷ ㄝ⁵ ㄅㄧㄣ² °ㄉㄚ —— (°ㄉㄚ ㄍㄧㄥ) ㄉㄚㄇ °ㄍㄧㄚ

【暗示】掛心害怕的意思。

【註解】三藏：見「三藏个冊——（真經）正經」篇。扁擔：唐三藏到西域印度取經，經書是用扁擔挑的，所以他的扁擔是擔經書用的。「擔經」與台語「擔驚」諧音。

【例句】「女兒被綁架？她執意匯款，與警躲貓貓」，這是2004年4月17日「自由時報」的斗大標題。這位「三藏个扁擔——（擔經）擔驚」女兒被撕票，執意匯款贖回的吳姓婦人，因在三重市華南銀行提款機前用電話與歹徒討論如何匯款，被長泰派出所李進榮、蔡錫兩位員警發覺神色慌張，直覺她遭人詐欺，當場阻攔她匯款。吳婦到一旁的郵局提款機匯款又被阻止，碰到這兩位死員警，她又急又氣，立即轉往他行，沒想到這兩位食飽閒閒的警員跟在後面，讓她無法匯款。她最後才告知女兒被綁的事，待員警查證後，女兒好好的在學校，才知道差點被騙。

Siōng-tè-kong poàh-su-kiáu--kòng-ku

0092 上帝公拔輸賙—摃龜

ㄒㄧㄜㄥ⁷ ㄉㄝ³ ㄍㄜㄥ ㄅㄨㄚㄏ⁸ ㄙㄨ ㄍㄧㄠ² —— ㄍㄜㄥ³ ㄍㄨ

【暗示】賭博賭輸的另一代名詞。

【註解】上帝公又稱玄天上帝，台灣的玄天上帝據說是中國武當山出身的屠夫。玄天上帝有大帝、二帝、三帝等三尊，神像大同小異，都是手執寶劍，腳踏龜、蛇。上帝公拔輸賙，心情不好，便敲打腳下的烏龜出氣，故叫摃龜。

【例句】高清坤是位江湖術士，懂了一點紫微斗數，便以「高真人神機妙算」為招牌，為人解析「大家樂」名牌，許多不疑有詐的民眾，聽信他的解析名牌，大舉投注，結果無不「上帝公拔輸賙——摃龜」，輸得很慘。

Siōng-tè-iâ-kong pàng-phùi--sîn-khì

0093 上帝爺公放屁—神氣

ㄒㄧㄜㄥ⁷ ㄉㄝ³ ㄧㄚ⁵ ㄍㄜㄥ ㄅㄤ³ ㄆㄨㄧ³ —— ㄒㄧㄣ⁵ ㄎㄧ³

【暗示】威風不可一世。

【註解】上帝爺公，另稱玄天上帝，有大帝、二帝、三帝。南投縣名間鄉「受天宮」，香火鼎盛，每年二三月，進香團絡繹不絕。上帝爺公一手拿著寶劍，一手撚鬚，雙腳各踏龜、蛇，神威顯赫，架勢十足，放起屁來，一定很神氣。

【例句】我國旅日棋士張栩，2003年7月12日擊敗日本九段棋士，取得「本因坊」寶座，成為最年輕的九段棋士之一。張栩24歲，是我國繼吳清源、林海峰、王立誠、王銘琬之後奪得日本「本因坊」大賽寶座。張栩仍然很謙虛的說：「圍棋擁有無限可能，即使一輩子也無法瞭解。」張栩雖然貴為「本因坊」盟主，一點兒也不「上帝爺公放屁——神氣」。

Khit-chiåh phāiⁿ hô-lô--ké-sian

0094 乞食躺葫蘆—假仙

ㄎㄧ-ㄍ⁴ ㄐㄧ-ㄚㄏ⁸ °ㄆㄞ⁷ ㄏㄛ⁵ ㄌㄛ⁵ —— 《ㄝ² ㄒㄧㄢ

【暗示】外行人假內行，或假惺惺。

【註解】乞食：到處流浪討飯吃的人。葫蘆：葫蘆科，一年生草本，形似圓型的匏仔，但有如大小兩個球相疊。八仙故事中，李鐵柺給人的印象就是躺著葫蘆。傳說葫蘆是寶物，能變出各種東西。

【例句】民進黨籍立法委員沈富雄，不忍台灣族群因為選舉被撕裂成兩半。特別向阿扁總統喊話：「2004年底的立委選舉，愛台灣不該成為選戰主軸。」沈富雄的「愛台灣」論，立即引起民進黨內部反彈。郭正亮也以「說大話大家都會」嘲諷他。沈氏反批說：「郭正亮頂著耶魯大學博士學位，卻認為愛台灣是言論自由，怎麼不可以講？」他認為郭正亮「乞食躺葫蘆——假仙」，如果黨中央不能決定選戰主軸，為何決定配票時，郭正亮沒有反對？

Khit-chiåh hē-tōa-goān--put lêng sit-hiān

0095 乞食下大願—不能實現

ㄎㄧ-ㄍ⁴ ㄐㄧ-ㄚㄏ⁸ ㄏㄝ⁷ ㄉㄨㄚ⁷ ㄍㄨㄢ⁷ —— ㄅㄨㄍ⁴ ㄌㄧㄥ⁵ ㄒㄧ-ㄍ⁸ ㄏㄧㄢ⁷

【暗示】說得好，想得美。

【註解】乞食：乞丐，討飯吃的人。下願：向神佛許下諾言，祈求實現心中的願望。

【例句】台灣省政府(1997年8月廢省)，為增加預算外歲收，自民國39年4月發行首期「愛國獎券」，至民國76年12月，因「大家樂」簽賭，以「愛國獎券」開獎號碼為「大家樂」對獎號碼，造成全民簽賭，才宣佈停止發行，共計發行1171期。「愛國獎券」第一特獎金額，首期為二十萬元，後隨物價指數而調高，若中了特獎，便一夕致富，因此民眾趨之若鶩。民眾購買愛國獎券，都會求神下願，因而被譏諷「乞食下大願——不能實現」。但是一券在手，希望無窮。

Khit-chiåh sí tī bé-tiâu-lāi--Sǹg-bōe-bái

0096 乞食死佇馬椆內—算獪穤

ㄎㄧ-ㄍ⁴ ㄐㄧ-ㄚㄏ⁸ ㄒㄧ² ㄉㄧ⁷ ㄅㄝ² ㄉㄧ-ㄠ⁵ ㄌㄞ⁷ —— ㄙㄥ² ㄅㄨㄝ⁷ ㄅㄞ²

【暗示】不錯啦，還算可以啦。

【註解】乞食：到處流浪討飯吃的人。乞食多數居無定所，討飯到哪裡便住在哪裡。但居然不是死在荒郊野外，而是死在馬椆內，也算不錯了。

【例句】呂珮琪38歲了還沒有對象，親友都鼓勵她公開徵婚，消息見報後，應徵信件蜂擁而來。「珮琪！有多少人來應徵？」「有一千多人來信。」呂珮琪一邊看信，一邊說。「這麼多？『乞食死佇馬椆內——算獪穤』啦！」朋友又問道：「那麼多人，條件不錯的一定不少吧？」「都是女生來信，」她幽怨的說：「每封應徵信都說要把丈夫送給我。」

Khit-chiảh o-ló sin-hūn-hó--m̄-chai-bái

0097 乞食呵咾身份好──唔知穲

ㄎㄧㄉ⁴ ㄐㄧㄚㄏ⁸ ㄜ ㄌㄜ² ㄒㄧㄣ ㄏㄨㄣ⁷ ㄏㄜ² ── ㄇ⁷ ㄗㄞ ㄅㄞ²

【暗示】不懂謙虛、羞恥。

【註解】乞食：見「乞食死佇馬桐內──算燴穲」篇。呵咾身份好：稱讚或誇耀身份、地位。唔知穲：不懂自己低賤的身份。

【例句】柯秀珍閒來無事，在鏡子前端詳，發現自己居然長得這麼難看，不禁放聲哭了出來。跟她在一起的趙士強，安慰他這位「乞食呵咾身份好──唔知穲」的女朋友說：「妳偶爾照一次鏡子，就這麼傷心，那我天天看著妳，怎麼辦？」

~~~~~~

Khit-chiảh cheng hāng-á-thâu--cheng-sió-lī

0098 乞食爭巷仔頭──爭小利

ㄎㄧㄉ⁴ ㄐㄧㄚㄏ⁸ ㄐㄧㄥ ㄏㄤ⁷ ㄚ² ㄊㄠ⁵ ── ㄐㄧㄥ ㄒㄧㄜ² ㄌㄧ⁷

【暗示】小格局，做不了大事。

【註解】乞食：見「乞食死佇馬桐內──算燴穲」篇。巷仔頭：小地方、小地盤。爭小利：為了小地方小利益爭執。

【例句】「肢障乞丐搶地盤，打架打到站起來。」這是「自由時報」2003年11月11日社會焦點新聞標題。這兩位肢障乞者，平時在台中「中國醫藥大學」附設醫院急診室旁，趴在地上行乞。因「乞食爭巷仔頭──爭小利」而打起架來。這謝姓和羅姓乞丐打到劇烈時，竟都站起來互毆，直到羅姓乞者不支落跑，謝姓乞者才繼續趴在地上行乞，讓圍觀民眾個個傻了眼。

~~~~~~

Khit-chiảh tńg-chhù--tò-iâⁿ

0099 乞食返茨──(到營)倒贏

ㄎㄧㄉ⁴ ㄐㄧㄚㄏ⁸ ㄊㄥ² ㄘㄨ³── ㄉㄜ³ ㆪㄚ⁵

【暗示】反敗為勝。

【註解】乞食大都過著流浪的生活，乞討到哪裡，便在那個地方紮營為家，所以他們回家，幾近回到「營地」。「到營」與台語賭博反輸為贏的「倒贏」同音。

【例句】郭明雄參加區運馬拉松長跑競賽，我們看到他一路上都跑在四五名之間，認為他已經輸去了，誰知竟然在最後一段路程拚命衝刺，果然「乞食返茨──（到營）倒贏」，榮獲冠軍。

Khit-chiảh khioh-tiỏh n̂g-kim--thiòng--sí

0100 乞食抾著黃金──暢死

ㄎㄧ-ㄍ⁴ ㄐㄧ-ㄚㄏˋ⁸ ㄎㄧ-ㄜㄏˋ ㄉㄧ-ㄜㄏˋ ㄥˋ⁵ ㄍㄧㄇ ── ㄊㄜㄥˇ³ ㄒㄧ²

【暗示】高興得不得了。

【註解】抾著：撿到。暢死：樂死了、高興極了。乞丐日子過得有一餐、沒一餐，很苦。突然撿到珍貴的黃金，一定會爽歪歪，樂死了。

【例句】英國倫敦男子瑞維爾，異想天開變賣所有家當，包括衣服在內，得款13,530美元（折合台幣45萬元），跑到美國拉斯維加斯要賭個生死，看要做富豪或乞食。瑞維爾於2004年4月11日，在親友簇擁下，穿著租來的禮服進入賭場。
從小錢而大錢，押寶在紅色的輪盤上，支持者包括他的父母，都為之瘋狂起來，一場生死的豪賭，賭下來居然讓瑞維爾「乞食抾著黃金──暢死」，淨贏二十倍，抱走27萬600美金。

~~~~~~

Khit-chiảh pài kong-má--siah chó-kong

0101 乞食拜公媽──卸祖公

ㄎㄧ-ㄍ⁴ ㄐㄧ-ㄚㄏˋ⁸ ㄅㄞ³ ㄍㄜㄥ ㄇㄚ² ── ㄒㄧ-ㄚㄏˋ ㄗㄜ² ㄍㄜㄥ

【暗示】給祖先丟了面子。

【註解】公媽：祖先。卸祖公：不上進，給祖先丟了面子。子孫淪落為到處討飯吃的乞食，祖宗實在很沒面子。

【例句】清明節後，陰曹地府兩位老鬼聊天，聊到陽世子孫用些什麼東西孝敬祖宗。「我那些子孫現在發了。」郭姓老鬼說：「也難得他們燒給我一部賓士轎車、冰箱、洗衣機、電視機，你呢？」「我那些兒孫竟燒什麼『威而鋼』、『保險套』的東西。」溫姓老鬼嘆了口氣：「真是『乞食拜公媽──卸祖公』，你說我怎會不生氣？」

~~~~~~

Khit-chiảh thó n̂g-liân--chū-thó-khó͘-chiảh

0102 乞食討黃蓮──自討苦吃

ㄎㄧ-ㄍ⁴ ㄐㄧ-ㄚㄏˋ⁸ ㄊㄜ² ㄥˋ⁵ ㄌㄧㄢ⁵ ── ㄗㄨˊ⁷ ㄊㄜ² ㄎㄜ² ㄐㄧ-ㄚㄏˋ⁸

【暗示】自己找苦受。

【註解】乞食討黃蓮：黃蓮是很苦的草本植物。乞食的日子本來就有一餐、沒一餐，很苦了，討黃蓮來吃，不是自討苦吃嗎？

【例句】陳文茜是位頗具爭議的人物，原係民進黨員，先任前主席施明德特別助理，後任許信良主席文宣部長。立委周伯倫名言：「陳文茜一個女人，幹掉兩位民進黨主席。」陳文茜退出民進黨後，深受國親主席連戰、宋楚瑜重用，禮聘為連宋總統選戰主持文宣。319陳水扁受到槍擊，當晚陳文茜召開記者會，指出：「陳水扁槍擊案，係自導自演。」選後國親檢討落選原因，矛頭指向陳文茜召開記者會，落井下石，引起民眾反感，造成落選。陳文茜感嘆：「以後別人選舉別太認真。」陳文茜「乞食討黃蓮──自討苦吃」，沒話講，倒是林重謨立委說：「陳文茜一個人，會幹掉四個主席。」不幸言中。

Khit-chiah chò-kī--bô-pòaⁿ-phiet

0103 乞食做忌──（無半碟）無半撇

ㄎㄧㄅ⁴ ㄐㄧㄚㄏ⁸ ㄗㄜ³ ㄍㄧ⁷ ── 万ㄜ⁵ ㆴㄨㄚ³ ㄆㄧㄝㄅ⁴

【暗示】沒什麼本領、技巧。

【註解】乞食：行乞討生活的人。做忌：在忌日特別給死者供養祭品。無半碟：形容沒什麼。「無半碟」與台語沒什麼本事的「無半撇」諧音。

【例句】有位年輕人，在台北車站地下商場向一位婦人行乞，婦人向他上下打量一番說：「你這麼年輕，應該到工廠去！」「我去過很多工廠，」乞丐說：「可是他們什麼都沒給我。」悲哉，這位年輕乞丐當真「乞食做忌──（無半碟）無半撇」，除了行乞討生活，什麼工作都不會？

Khit-chiah chò-kī--bô-siáⁿ-mih

0104 乞食做忌──（沒什物）沒什麼

ㄎㄧㄅ⁴ ㄐㄧㄚㄏ⁸ ㄗㄜ³ ㄍㄧ⁷ ── 万ㄜ⁵ ㆴㄒㄧㄚ² ㄇㄧㄏ⁸

【暗示】很普通，沒什麼特別。

【註解】做忌：先人忌辰拜祭。

【例句】相命先生拉住從攤子經過的年輕人，對他說：「我來給你占卜，要是我說不出你的姓名來，一塊錢也不要。」「要知道我的姓名，那像『乞食做忌──（沒什物）沒什麼』，我的姓名，」年輕人對相命先生說：「難道我自己不知道，還要你來告訴我？」

Khit-chiah chò-hông-tè--m̄-chai aⁿ-chóaⁿ-chò

0105 乞食做皇帝──唔知按怎做

ㄎㄧㄅ⁴ ㄐㄧㄚㄏ⁸ ㄗㄜ³ ㄏㄛㄥ⁵ ㄉㄝ³ ── ㄇ⁷ ㄗㄞ ㄋ³ ㆴㄨㄞ² ㄗㄜ³

【暗示】不知所措。

【註解】乞食都是在窮苦潦倒中過日子，如果有一天發了，也不知道如何是好。

【例句】人家「乞食做皇帝──唔知按怎做」，是因為沒有經驗，才會手足無措。可是做賊沒有學校或補習班教你，也應該懂得為盜之道吧？

苗栗縣西湖分駐所長張永泰，在2004年4月5日凌晨巡邏時，發現有兩名男子拿手電筒在田裡尋找東西，上前盤查，才知是竊盜慣犯張金發和吳仁登到農田裡偷蕃薯，手機不慎掉在田裡，回來找手機而被逮個正著。

Khit-chiảh chhiùⁿ-san-ko--liâng-hóe

0106 乞食唱山歌—涼火

ㄎㄧㄉ⁴ ㄐㄧㄚㄏ⁸ °ㄑㄧㄨ³ ㄙㄢ ㄍㄜ —— ㄌㄧㄤ⁵ ㄏㄨㄝ²

【暗示】心情輕鬆愉快。

【註解】乞食唱山歌：乞丐都不愁三餐，還有心情唱山歌娛樂，表示心情輕鬆，沒有壓力。

【例句】教授在「輕鬆造成幸福」的專題演講說：「追求幸福是人類生活的共同奮鬥目標。」他告訴聽眾，追求幸福，要抱著「乞食唱山歌——涼火」那樣，是對某事物的追求而非追趕。教授留下時間給聽眾發問，有人問教授：「一個大雨如注的夜晚，你追趕過最後一班公共汽車嗎？」

~~~~~~

Khit-chiảh-pô tòe-lâng chō-hóan--thàn-lâng

0107 乞食婆綴人造反—趁人

ㄎㄧㄉ⁴ ㄐㄧㄚㄏ⁸ ㄅㄜ⁵ ㄉㄨㄝ³ ㄌㄤ⁵ ㄗㄜ⁷ ㄏㄨㄢ² —— ㄊㄢ³ ㄌㄤ⁵

【暗示】跟著人家，自己沒有主見。

【註解】乞食婆綴人造反：乞丐的老婆跟著人家叛變。乞丐三餐都顧不了自己，還跟人家叛變？那是趁人家玩鬧，看好戲的。

【例句】「台灣的司法有救了！」民眾之會對司法有信心，就是司法居然也尊重民意，傳喚民眾出庭作證，也學習「乞食婆綴人造反——趁人」，依照檢舉內容，傳喚苗栗縣頭份鎮佛光道場當家師父妙施法師及「千餘信眾」。也是該道場信徒的苗栗縣議會副議長饒鴻奇，對台中地檢署這張記明「弘法佛寺千餘信眾」而不具名的傳票，也感到一頭霧水。

~~~~~~

Khit-chiảh-pô chò-goẻh-lāi--ài-siáⁿ-mih bô-siáⁿ-mih

0108 乞食婆做月內—愛啥物無啥物

ㄎㄧㄉ⁴ ㄐㄧㄚㄏ⁸ ㄅㄜ⁵ ㄗㄜ³ ㄤㄨㄝㄏ⁸ ㄌㄞ⁷ —— ㄞ³ °ㄒㄧㄚ² ㄇㄧㄏ⁸ ㄅㄜ⁵ °ㄒㄧㄚ² ㄇㄧㄏ⁸

【暗示】一無所有。

【註解】乞食婆做月內：乞丐的老婆做月子。愛啥物無啥物：家徒四壁，什麼都沒有。

【例句】有多件民、刑事官司纏身的「壹周刊」，第114期以「王又曾送豪宅，舊愛伴遊，蕭淑慎劈腿富貴」做標題，報導力霸集團王又曾花費近四千萬元，在台北市天母購買豪宅給蕭淑慎居住。蕭淑慎認為報導暗喻兩人有不倫之戀，嚴重妨害其名譽，遂自訴「壹周刊」總編輯裴偉、社長張劍虹，涉嫌加重誹謗罪。蕭淑慎認為自己又非「乞食婆做月內——愛啥物無啥物」，自己買房子，怎麼扯到與王又曾劈腿關係？台灣地方法院認為「報導內容純屬個人私德，與公德無關」，判總編輯裴偉拘役55日，並得易科罰金。

Khit-chiàh poàh-tó--siáng-kóng

0109 乞食跋倒—(捽梖)啥講

ㄎㄧㆰ⁴ ㄐㄧㄚㄏ⁸ ㄅㄨㄚㄏ⁸ ㄉㆤ² —— ㄒㄧㄤ² ㄍㆲ²

【暗示】有什麼人講的與不屑一顧雙重含意。

【註解】跋倒：跌倒。乞食行乞的工具是響梖，藉敲打響梖發出的聲音，讓人家知道有乞食來行乞。乞食跋倒，響梖也捽掉了。「捽梖」與台語的「啥講」諧音。

【例句】2004年總統選舉，國民黨連續發動泛藍支持者大規模抗議「320總統選舉不公」後，始驚覺把全黨力量傾注於抗爭上，忽略了即將來臨的年底立委選戰，一定會慘敗。為此，中常會召開立委選戰任務編組，在任務編組中，沒有台北市長馬英九的職務。觀察家認為，馬英九在國民黨權力核心中已被架空。馬市長面對記者提問，低調回應：「乞食跋倒——(捽梖)啥講？」

~~~~~~

Khit-chiàh kòe jit-chí--khò-pat-lâng si-siah

0110 乞食過日子—靠別人施捨

ㄎㄧㆰ⁴ ㄐㄧㄚㄏ⁸ ㄍㄨㆤ³ ㄖㄧㆴ⁸ ㄐㄧ² —— ㄎㆤ³ ㄅㄚㆴ⁸ ㄌㄤ⁵ ㄒㄧ ㄒㄧㄚㄏ⁴

【暗示】仰賴他人過日子

【註解】乞食：叫化子，討飯過日子的人。靠別人施捨：靠他人無償給予維持生活。

【例句】國人非常欽敬的經營之神王永慶先生，於2004年8月20日將其個人持有之現金及股票市價近六億元，委託中央信託局成立「公益信託王長庚社會福利基金會」，提供不特定的原住民及弱勢族群或團體等經費補助。王永慶是台塑企業集團創辦人，提出基金信託管理，補助原住民等不特定族群及團體，這對缺少經費，有如「乞食過日子——靠別人施捨」的單位，是一大福音。

~~~~~~

Khit-chiàh kòe-khe--hêng-lí chē

0111 乞食過溪—行李誼

ㄎㄧㆰ⁴ ㄐㄧㄚㄏ⁸ ㄍㄨㆤ³ ㄎㆤ——ㄏㄧㄥ⁵ ㄌㄧ² ㄐㆤ⁷

【暗示】家俱東西很多。

【註解】乞食：行乞、討飯的人。乞食居無定所，討到哪裡住到哪裡，所以行李都隨身攜帶。過溪行李誼：涉水才知道行李多，麻煩大。

【例句】中華民國故總統蔣介石夫人蔣宋美齡女士於1991年9月21日離台赴美，有99箱行李運往美國，蔣夫人貴為蔣總統遺孀，赴美「乞食過溪——行李 誼」的原因，一般推測，其中不乏故宮國寶等。

Khit-chiảh koáⁿ biō-kong--thiⁿ tē tian-tò-péng

0112 乞食趕廟公——天地顛到摒

ㄎ一ㄉ⁴ ㄐ一ㄚㄏ⁸ °ㄍㄨㄚ² ㄅ一ㄛ⁷ ㄍㄛㄥ —— °ㄊ一 ㄉㄝ⁷ ㄅ一ㄢ ㄉㄛ³ ㄅ一ㄥ²

【暗示】前後、左右、上下順序倒置；倒行逆施。

【註解】乞食行乞到哪兒便住那兒，寺廟是乞食常棲身的地方，可是住久了卻當做自己的住家，連廟公都被趕出去。

【例句】「乞食趕廟公——天地顛倒摒」，是前黨外五虎將郭國基在省議會向統治台灣、倒行逆施的國民黨政府質詢的名言。郭國基尚有「豆油恆你搵，連豆油碟也捧去」、「賜我光榮死在議壇」等名句。

郭國基1900年4月10日生於屏東縣東港鎮，1925年日本明治大學政治系畢業。1942年「東港事件」，以「意圖反叛政府」入獄三年。228事件入獄201天。1960年第二屆省議員選舉，以最高票當選，但他認為選舉不公，聯合落選人向高院提出當選無效之訴，成為史無前例的當選人告選舉無效。郭國基於1969年以「賜我光榮死在議壇」為競選主訴求，高票當選增額立法委員。1970年2月病發就醫，5月28日死於台大醫院，令全國民眾不勝唏噓。

Khit-chiảh bē ka-chì--chóan-tô

0113 乞食賣筊簐——轉途

ㄎ一ㄉ⁴ ㄐ一ㄚㄏ⁸ ㄎㄝ⁷ ㄍㄚ ㄐ一³ —— ㄗㄨㄢ² ㄉㄛ⁵

【暗示】改變職業。

【註解】乞食：乞人，討飯吃的人。筊簐：乞食用以裝盛討來食物的草編籃子。轉途：轉行。

【例句】台灣加入世界貿易組織（WTO）後，受到衝擊最大的是農業，政府為減少農民損害，訂立各種包括「乞食賣筊簐——轉途」的輔導及多項獎助方案。彰化縣某鄉公所突然擁入一大群阿公阿嬤，這些老農民帶著身分證、印章，要來領取每人「停經補助款」3000元、「睏繪去」獎助金5000元，不但整個鄉公所員工都莫名其妙，連鄉長也丈二金剛摸不著頭腦。經溝通後才知道，這些老農民，把「停耕補助款」聽做「停經補助款」，「噴霧器獎助金」誤為「睏繪去獎助金」。

Khit-chiảh kóng-sian-ōe--ô-soeh

0114 乞食講仙話——胡說

ㄎ一ㄉ⁴ ㄐ一ㄚㄏ⁸ ㄍㄛㄥ² ㄒ一ㄢ ㄨㄝ⁷——ㄛ⁵ ㄙㄨㄝㄏ⁴

【暗示】亂說不可靠。

【註解】乞食：行乞討飯吃的流浪人。講仙話：講些有的沒有的話。

【例句】第二次世界大戰，日本於1945年宣佈無條件投降，中華民國政府以中、美、英開羅會議宣言中，決定「將台灣歸還中華民國」為藉口，軍事佔領台灣。

中華民國前總統李登輝，於2003年9月6日在「台灣正名聯盟運動大會」說，根據事實，所謂開羅宣言是「乞食講仙話——胡說」。那張「宣言」只是會議新聞稿，沒有人簽名。

Khit-chiảh giâ báng-sut-á--ké-sian

0115 乞食攑蠓捽仔—假仙

ㄎㄧㆵ⁴ ㄐㄧㄚㆷ⁸ ㆓ㄧㄚ⁵ ㄅㄤ² ㄙㄨㆵ⁴ ㄚ² —— ㄍㆤ² ㄒㄧㄢ

【暗示】裝蒜、假惺惺。

【註解】乞食都是苦哈哈的窮光蛋，穿的衣服也都是破破爛爛的，拿起蠓捽仔來，倒頗像八仙過海的呂洞賓，所以叫做假仙。
台語「假仙」與「假惺惺」意思相同。

【例句】人事主任都已經透露，農業局長由該局第二課苗課長升任，同事們向他恭喜升官，他都「乞食攑蠓捽仔——假仙」，反問人家有什麼喜，喜從何處來？

Thó-kong á sé-chhiú--tâi-ôan

0116 土公仔洗手—(垱完)台灣

ㄊㄛ² ㄍㆲ ㄚ² ㄙㆤ² ㄑㄧㄨ² —— ㄉㄞ⁵ ㄨㄢ⁵

【暗示】佔據台灣，不得善終。

【註解】土公仔：專門替人撿骨和造墳的人。土公仔洗手，表示已經「垱完」了。台語「垱完」和「台灣」諧音。

【例句】從歷史來看，外來政權的統治，「土公仔洗手——(垱完)台灣」，都不得善終。荷蘭人1624年首先佔據台灣，被鄭成功趕走；鄭成功又被滿清消滅；滿清政府又在「馬關條約」中，把台灣割給日本；日本又因第二次世界大戰戰敗，放棄對台灣的主權。中國國民黨以外來政權統治台灣，於2000年3月20日總統選舉失敗，民進黨陳水扁當選第十任總統，政權輪替，台灣人才真正擁有台灣的主權。

Thó-tī-kong chē-phòng-í--ióng-sîn

0117 土地公坐凸椅—養神

ㄊㄛ² ㄉㄧ⁷ ㄍㆲ ㄗㆤ⁷ ㄆㆲ³ ㄧ² —— ㄧㆲ² ㄒㄧㄣ⁵

【暗示】休息蓄養精神體力。

【註解】土地公：守護地方平安的神，叫土地公，另有土地婆。凸椅：沙發。土地公坐在沙發上，舒舒服服的養精蓄銳。

【例句】熬夜加班的老公，為了要「土地公坐凸椅——養神」，交代老婆，任何人來電話，都要說他不在。他剛闔上眼皮，電話鈴聲響起來，聽到老婆不斷說：「在！在！我老公在家。」
老公怒氣沖沖的說：「混蛋！我不是交代妳說我不在嗎？」
老婆理直氣壯的說：「人家電話是打給我的。」

Thó͘-tē-kong m̄-kiaⁿ hong-hō͘--lāu sîn chāi chāi

0118　土地公唔驚風雨──老神在在

ㄊㄛˊ ㄉㆤˉ ㄍㆲ ㄇˉ °ㄍㄧㄚ ㄏㆲ ㄏㆦˉ ── ㄌㄠˉ ㄒㄧㄣˊ ㄗㄞˉ ㄗㄞˉ

【暗示】氣定神閒，老神在在：雙關語。

【註解】老神：依然健在，氣定神閒。土地公於眾神之中，係屬老字輩。土地公不怕風吹雨打，表示「老神在在」，其雙關義有處變不驚、氣定神閒的意思。

【例句】台灣旅日棋士張栩參加「本因坊」大賽的紀錄片，我看到張栩從頭到尾都「土地公唔驚風雨──老神在在」，便認為他一定會贏得這場大賽。

~~~~~~

Thó͘-tī-kong khòaⁿ kiaⁿ-hì--loān-chau-chau

0119　土地公看京戲──亂糟糟

ㄊㄛˊ ㄉㄧ ㄍㆲ °ㄎㄨㄚ °ㄍㄧㄚ ㄏㄧˉ ── ㄌㄨㄢˉ ㄗㄠ ㄗㄠ

【暗示】騷亂糟透的意思。

【註解】土地公：見「土地公坐凸椅──養神」篇。
京戲：平劇，在中國北京盛行，用二簧西皮演唱的戲。土地公是守護地方的小神祇，不是京兆大神，哪裡懂得京戲，看到戲中人物演唱，只覺得亂糟糟。

【例句】苗栗縣山線三義、獅潭、大湖、頭屋、造橋等鄉鎮二十多間土地公廟，「土地公看京戲──亂糟糟」。因為祂們廟內的香爐、燭台、聖杯、金牌及稍微值錢的東西，都被毛國忠、楊淑萍、毛力行等小偷偷走。幸虧被造橋分駐所員警徐鴻森、吳進榮、徐榮廷巡邏時發現，才追了回來。

~~~~~~

Thó͘-tī-kong tòa-pan--lô-sîn-liàu

0120　土地公帶班──勞神了

ㄊㄛˊ ㄉㄧ ㄍㆲ ㄉㄨㄚˉ ㄅㄢ ── ㄌㄜˊ ㄒㄧㄣˊ ㄌㄧㄠˉ

【暗示】麻煩別人的謝詞。

【註解】土地公：見「土地公坐凸椅──養神」篇。帶班：負責班隊的領隊。土地公是神祇，請神祇領隊帶班，又勞煩到神了。
「勞神」與台語麻煩別人幫忙的「勞神」同字同音。

【例句】彰化縣田中鎮榮民之家年逾八十五的老榮民沈君明，突然興起成家傳宗接代的念頭，花了畢生積蓄一百多萬元，娶了一位少他五十多歲的大陸妹。喜宴進行中，有多位來賓對著撮合這對老少配的仲介媒人頻頻敬酒說，媒人伯仔，他們結婚以後，可能要「土地公帶班──勞神了」，頗耐人尋味。

Thó·-húi chò-hì--ok chok-kek

0121 土匪做戲—惡作劇

ㄊㄜ² ㄏㄨㄟ² ㄗㄜ³ ㄏㄧ³ —— ㄜㄍˋ ㄗㄜㄍˋ ㄍㄝㄍ⁸

【暗示】令人難堪的戲弄。

【註解】土匪：本地的強盜、惡霸。做戲：演戲。土匪做戲：強盜惡霸演出的戲碼都是惡人的戲劇，惡人的戲劇叫惡作劇。
「惡作劇」與捉弄人家的「惡作劇」音字相同。

【例句】老李很喜歡「土匪做戲——惡作劇」捉弄別人。有一次約一位國小的同學到餐廳吃著名的美食——烤德國豬腳。老李趁老同學接聽電話離開座位，將骨頭都堆在他的面前餐桌上。他們吃飽後，老李說：「你還跟從前一樣，真是一個飯桶，看你眼前那些骨頭。」
「老李，你才是飯桶。」老同學回答說：「你看！你連骨頭都吃掉了。」

~~~~~~

Tōa-lâng chhēng gín-á khò--(put iông ī)put iông lí

0122 大人穿囡仔褲—(不容易)不容你

ㄉㄨㄚˊ ㄌㄤ⁵ ㄑㄧㄥ⁷ ㄍㄧㄣ² ㄚ² ㄎㄜ³——(ㄅㄨㄉ⁴ ㄧㄛㄥ⁵ ㄧ²) ㄅㄨㄉ⁴ ㄧㄛㄥ⁵ ㄉㄧ²

【暗示】沒有想像中的空間。

【註解】大人、小孩的身材有很明顯的差別，衣服尺碼大小也不一樣。小孩子穿大人的衣服像掛蚊帳，大人穿小孩子的衣服像綁肉粽，是沒那麼容易穿得上。「不容易」與台語「不容你」語音相近而被引用。

【例句】台灣已經進入政黨政治時代，像昔日高玉樹那樣以無黨籍身分，單打獨鬥競選台北市長成功的例子，幾乎不可能再發生了。若想以無黨籍身分競選台北市長，在現實的政治環境中，是「大人穿囡仔褲——(不容易)不容你」了。

~~~~~~

Tōa-ke-kang m̄-chiah chhùi-bí--khòaⁿ-bô chāi gán-lāi

0123 大雞公唔食碎米—看無在眼內

ㄉㄨㄚˊ ㄍㄝ ㄍㄤ ㄇ⁷ ㄐㄧㄚㄏ⁸ ㄘㄨㄟ³ ㄇㄧ²—— °ㄎㄨㄚ³ ㄅㄜ⁵ ㄗㄞ⁷ ㄍㄢ² ㄌㄞ⁷

【暗示】挑食或看不起。

【註解】大雞公：大的公雞。唔食碎米：不吃不完整、碎裂的米粒。看無在眼內：瞧不起。

【例句】台灣參加2004年在希臘舉行的奧運，原先看好台灣棒球隊能史無前例抱回金牌。因此，台灣隊出賽那幾場，全國各地大廣場、運動場都架設大型銀幕，現場轉播比賽實況，民眾情緒高昂，隨著得分尖聲高叫，喜悅跳躍；也跟著失分而擁抱痛哭。原本非常有希望獲得金牌的台灣隊，最後以第五名退出四強爭奪賽。台灣隊失敗的原因是驕兵必敗，像「大雞公唔食碎米——看無在眼內」，什麼要吃義大利披薩啦，日本壽司啦，結果都慘敗，反而被殺到片甲不留。

Tōa-chúi lâu-phòa-pò--lâu-kàu-phòa

0124 大水流破布──(流到破)留到破

ㄉㄨㄚˇ ㄗㄨㄧˊ ㄌㄠˊ ㄆㄨㄚˇ ㄅㄛˇ ── ㄌㄠˊ ㄍㄠˇ ㄆㄨㄚˇ

【暗示】死皮賴臉，賴著不走。

【註解】大水：水流很大很急。流破布：被大水沖走的破布塊。被大水沖破的布塊，叫流破布。
「流到破」與賴著不走的「留到破」諧音。

【例句】台灣第十一任正副總統於2004年5月20日宣誓就職。內閣提前於5月12日總辭，並拍攝畢
業紀念照。閣揆游錫堃對於內閣團隊二年多來的貢獻頗為自豪，一一推介閣員的政績，並
透露安排教育部長黃榮村出任有給職國策顧問，為黃婉拒。黃榮村是在出國參加亞泰地
區教育部長會議時，在毫無預警下被撤換。這位並非「大水流破布──（流到破）留到破」的
部長以「卸任的貓，不宜掛太多的鈴鐺」為由，拒絕安排。

Tōa-ba̍k-kàng ê gû-hòan--seng-kóng seng-iân

0125 大目降个牛販──先講先贏

ㄉㄨㄚˇ ㄅㄚˇㄍ ㄍㄤˇ ㄝˊ ㄍㄨˇ ㄏㄨㄢˇ ── ㄒㄧㄥ ㄍㆲˊ ㄒㄧㄥ ˚ㄧㄚˊ

【暗示】不分是非，先投訴佔便宜。

【註解】大目降：台南縣新化鎮舊名。牛販：買賣牛的仲介商人。先講先贏，即誰先說誰先佔便宜
的意思。

【例句】台灣參加第28屆奧運，原先各方看好台灣棒球隊會抱回參加奧運史上第一面金牌。在台灣
隊出賽期間，台灣各界即肉麻當有趣的各種動作都要出來。有什麼「吃義大利麵啦」，什
麼「大中華小日本啦」、「生吞活吃日本啦」，國民黨提名立委候選人周守訓更非常阿Q
的一手托著日本壽司的盤子，一手揮刀切壽司。他以為這樣便會把日本碎屍萬段。運動競
賽是講究實力的，絕對不是「大目降个牛販──先講先贏」。

Tōa-chio̍h-thâu teh mô-hē--à-pà

0126 大石頭唔毛蟹──壓霸

ㄉㄨㄚˇ ㄐㄧㄛㄏˇ ㄊㄠ ㄅㄝㄏˇ ㄇㆦˊ ㄏㄝˇ ── ㄚˇ ㄅㄚˇ

【暗示】強勢，壓抑異見。

【註解】毛蟹是很兇的蟹類，會用螯足咬人，拿石頭把牠壓著，看牠還會不會螯人？

【例句】邱吉爾(1874-1965)是英國政治家、外交家、文學家，著有《第二次世界大戰回憶錄》，
曾獲「諾貝爾文學獎」。邱吉爾在第二次世界大戰期間，是「大石頭唔毛蟹──壓霸」的
英國首相。他壓霸的程度，由一位正在慷慨激昂質詢政府缺失的國會議員，看到坐在首相
位子的邱吉爾不斷的搖頭，立即改口說：「我只不過是表示個人意見而已。」可見一斑。
邱吉爾回答他說：「我也只是搖我自己的頭而已。」

Tōa-hut-á sià kam-chià--tàu leh chiah chai tn̂g

0127　大佛仔削甘蔗——䂂咧即知長

ㄉㄨㄚ⁷ ㄏㄨㄅ⁸ ㄚ² ㄒㄧㄚ³ ㄍㄚㄇ ㄐㄧㄚ³ —— ㄉㄠ³ ㄌㄝ⁴ ㄐㄧㄚ ㄏㄞ⁴ ㄗㄥ⁵

【暗示】合在一起才能長久。

【註解】大佛仔：人名。削甘蔗：賣甘蔗的削甘蔗皮。人家買甘蔗嫌短，辯說一支一支接起來，就知道很長了。暗喻男女之間，臨時結合不會長久。

【例句】國民黨連戰、親民黨宋楚瑜，2000年總統大選雙雙落敗，兩人為了雪恥，聯合競選2004年正副總統，想打破陳水扁連任美夢。
政治觀察家認為，這樣的政治姘居沒什麼賣點，真正可長可遠，是「大佛仔削甘蔗——䂂咧即知長」，國親一定要合併，才能發揮加分作用。

Tōa-mn̂g-kháu ê chhun-liân--nî-nî ū

0128　大門口个春聯——年年有

ㄉㄨㄚ⁷ ㄇㄥ⁵ ㄎㄠ² ㄝ⁵ ㄘㄨㄣ ㄌㄧㄢ⁵ —— ㄋㄧ⁵ ㄋㄧ⁵ ㄨ⁷

【暗示】經常有的事，沒稀罕。

【註解】大門口：住家外面進出的地方。春聯：新正時門口張貼紅紙，書寫討吉利的門聯。年年有：每一年都有。

【例句】中國時報2004年8月8日發表「體檢公共建設專題系列報導」，其中有「府城地下街三十億訂做城市毒瘤」、「八里污水廠四十八億孵出的笨蛋」、「苗栗巨蛋賠本貨還是關門卡省錢」、「彰化役政大樓花六千萬忘建廁所」，政府浪費人民血汗錢，令人非常痛心。其實痛心歸痛心，這種事是「大門口个春聯——年年有」。
彰化市公所以前曾經招標鑿井而且已經標出去了，卻沒有鑿井地點；台北縣土城市至樹林市兩地中華路的「城林大橋」，當初大橋完工，兩頭卻沒路接通；雲林縣某一體育場，找不到樓梯。

Tōa-phàu phah chhù-chiáu-á--chin-bô-chhái

0129　大炮扑茨鳥仔——真無採

ㄉㄨㄚ⁷ ㄆㄠ³ ㄆㄚㄏ⁴ ㄘㄨ³ ㄐㄧㄠ² ㄚ² —— ㄐㄧㄣ ㄇㄜ⁵ ㄘㄞ²

【暗示】以大博小，浪費，不合算。

【註解】大炮：口徑大的炮，是軍隊的重要裝備。大炮不用來攻打敵人的飛機、陣地、軍事設施，而是打小小的茨鳥仔。茨鳥仔：麻雀。
台語「真無採」：很可惜，浪費的意思。

【例句】老梁在市區國小旁的那塊田地，不用來蓋房子，也可經營大賣場或出租給人家做黃昏市場，竟然讓它長年閒置在那兒，親友都搖頭說：「大炮扑茨鳥仔——真無採。」

Tōa-âng-hoe--m̄-chai-bái

0130 大紅花──嗯知穤

ㄉㄨㄚ⁷ ㄤ⁵ ㄏㄨㄝ ── ㄇ⁷ ㄗㄞ ㄞㄞ²

【暗示】缺乏自知之明。

【註解】大紅花：朱槿，又稱燈籠花，花朵很大，屬籬笆用的花木。嗯知穤：沒有自知之明。

【例句】黃姓富豪拿著報紙到地檢署按鈴控告張姓記者撰寫「富豪列傳」專題報導，指他的財產一半是搶奪而來的。黃姓富豪要求法官判處張記者在該報明顯版面刊載三天的道歉啟事，還他名譽。
法院判決張記者敗訴，張記者對這位「大紅花──嗯知穤」的富豪，公開道歉啟事這樣寫：「黃朝隆先生的財產，有一半不是搶劫來的！」

~~~~~~

Ta-koaⁿ kap sin-pū sin ê gín-á--m̄ chiâⁿ kiáⁿ-sun

0131 大倌佮新婦生个囝仔──嗯成子孫

ㄉㄚ ㄍㄨㄚ ㄍㄚˋ ㄒㄧㄣ ㄅㄨ⁷ㄒㄧ ㄝ⁵ ㄍㄧㄣ Y²──ㄇ⁷ ㄐㄧ Y⁵ ㄍㄧ Y² ㄙㄨㄣ

【暗示】不成孩子又不成孫子，不像話。

【註解】大倌：丈夫的父親，又叫公公。新婦：孩子的太太，叫媳婦。公公搞上媳婦，亂倫已經很不該了，要是生了孩子，真的不知怎麼叫他。

【例句】台灣水果大王陳老先生，生前熱心社會公益，也為子孫建置龐大產業，死後子孫因分產不公，各房不僅形同路人，甚至已經五年了，陳老先生依然停柩屋內不予安葬。社會指責陳家這些後代，是「大倌佮新婦生个囝仔──嗯成子孫」，沒想到這些後代也不以為意。

~~~~~~

Tōa-ko chē bô-chiàⁿ--oai-ko

0132 大哥坐無正──歪哥

ㄉㄨㄚ⁷ ㄍㄜ ㄗㄝ⁷ ㄅㄜ⁵ ㄐㄧ Y³──ㄨㄞ ㄍㄜ

【暗示】貪污叫歪哥。

【註解】大哥坐的姿勢不好，才會歪斜，大哥坐姿歪斜，戲稱之為「歪哥」。
「歪哥」這句台語，換成華語是「揩油」、「貪污」的意思。

【例句】現在這些搞政治的人，有的品德操守越來越差，要是出了情況，被捉進牢裡，都口口聲聲說是受到政治迫害，像葉鎮長那個人，整個鎮公所大大小小除他自己一個人外，大家都知道他是「大哥坐無正──歪哥」鎮長。

Tōa-hái tiong bong-to--láu-tau

0133　大海中撈刀─(撈刀)嘮叨

ㄉㄨㄚ⁷ ㄏㄞ² ㄅㄧㄛㄥ ㄇㄛㄥ ㄉㄛ──ㄌㄠ² ㄉㄠ

【暗示】雜念（喋喋不休）。

【註解】刀掉入大海中要找出來，叫撈刀。
「撈刀」與台語說話沒完沒了的「嘮叨」異字同音。

【例句】陳水扁總統2003年8月親校92年度三軍聯合攻擊演練的「漢光演習」，不但發生空軍靶機一邊書寫「扁」字，一邊劃「豬頭」事件，也發生「海軍誤打空軍靶機」，「地獄飛彈」與「欉樹飛彈」沒有命中目標，更發生魚雷開小差，不知跑到那兒去的烏龍事件。三軍聯合演習指揮胡鎮埔將軍表示：「魚雷失去訊息，即向總統報告。」但並未說明宜蘭縣壯圍鄉漁民在海灘撈到魚雷，以及海軍退役上士林榮漳，以肉身雙手冒險，拆除魚雷引信傳爆的英勇事蹟。陳水扁總統也沒有對軍方「大海中撈刀──（撈刀）嘮叨」，只要求以後要學會打中目標。

Tōa-hái bô-khàm-kòa--Bōe-khì-thiàu

0134　大海無嵌蓋─燴去跳

ㄉㄨㄚ⁷ ㄏㄞ² ㄅㄛ⁵ ㄎㄚㄇ³ ㄍㄨㄚ³ ── ㄅㄨㄝ⁷ ㄎㄧ³ ㄊㄧㄠ³

【暗示】你要怎樣，跟我何關之意。

【註解】大海無嵌蓋：海那麼大，沒蓋子又沒人阻擋。燴去跳：看不順、忍不住，大可去跳海抗議。

【例句】台灣2004年總統大選，爆發被政府發佈為金融通緝要犯的東帝士集團的陳由豪，發表致陳水扁三封公開信。信中指出曾在民進黨某大老陪同下，到過官邸送錢，暗示陳水扁也不是清白的人。總統夫人吳淑珍旋即堅決否認在官邸接待過陳由豪。陳隨即公開表示，如有說謊，願意跳樓自殺。
吳淑珍也不客氣回說：「要跳樓，自己去跳好啦！」總統夫人吳淑珍心裡坦然，表示「大海無嵌蓋──燴去跳」，關我何事？

Tāi-chiong-kun poah-loh bé--oah-tā-sí

0135　大將軍跋落馬─活踏死

ㄉㄞ⁷ ㄐㄧㄛㄥ ㄍㄨㄣ ㄅㄨㄚㄏ⁸ ㄌㄛㄏ⁸ ㄅㄝ² ── ㄨㄚㄏ⁸ ㄉㄚ⁷ ㄒㄧ²

【暗示】大將軍：1.古代領兵者的通稱。2.軍中將級軍官的通稱。3.軍隊官兵階級之一。跋落馬：從馬上掉落下來。活踏死：從馬背上掉下來，被馬活活踏死。
「活踏死」是日本語第一人稱，即我也。

【例句】民進黨立法委員沈富雄與媒體名人「台灣心聲」主持人汪笨湖隔空交戰。他們兩人不但戰得如火如荼，也有立委與選民加入戰局。他們交戰的導火線是沈富雄主張「愛台灣」不要掛在嘴上，以免在分裂的族群傷口上撒鹽。汪笨湖質疑他：「為什麼台灣人愛台灣不能說出來？」
沈汪兩人於焉大戰，沈富雄罵汪垃圾，汪說沈是「大將軍跋落馬──活踏死」，怕被他踩死，辭掉新開闢的華視「台灣起動」節目。

Tōa-chûn jip sí-káng--bô-lō-sái

0136 大船入死港—無路駛

ㄉㄨㄚ⁷ ㄗㄨㄣ⁵ ㄖㄧㆴ⁷ ㄒㄧ² ㄍㆲ² ── ㄅㄛ⁵ ㄌㆤ⁷ ㄙㄞ²

【暗示】無路可走，也可解釋為沒什麼、不重要！

【註解】死港：已經失去功能的港口，即廢港。大船開進廢港，約有二種情況，一是船老舊，不堪使用。二是誤闖入港。無論原因為何，既已進入廢港，就沒路可走了。

【例句】2003年8月27日計程車司機薛愛民，載著兩瓶汽油衝進總統府企圖引爆。這是繼6月13日黃嘉國、7月7日江高源後，二個月內第三個衝進總統府事件。陳水扁總統獲報後，脫口說出：「哪會按呢？」新聞播報說薛愛民患有被迫害妄想症，但為何從台中開車到台北總統府，大概不是「大船入死港──無路駛」吧？

~~~~~~

Tōa-chôa sô bōe kòe khì chhân-hōaⁿ--khoaⁿ-khoaⁿ-á sô

0137 大蛇趖燴過去田岸—寬寬仔趖

ㄉㄨㄚ⁷ ㄗㄨㄚ⁵ ㄙㄛ⁵ ㄅㄨㆤ⁷ ㄍㄨㆤ³ ㄎㄧ³ ㄘㄢ⁵ °ㄏㄨㄚ⁷ ── °ㄎㄨㄚ °ㄎㄨㄚ ㄚ² ㄙㄛ⁵

【暗示】譏諷效率很低。

【註解】大蛇：很大的蛇，像蟒蛇，行動很慢，慢慢爬行。趖燴過去田岸：大蛇慢慢爬行，不容易爬過田埂，形容蟒蛇行動緩慢，等於效率不高。寬寬仔趖：慢慢的爬。

【例句】發生於1973年震驚全國的「台大哲學系事件」，已由台大校長陳維昭正式於2002年12月24日，向當時的受害人陳鼓應、王曉波、趙天儀、黃天成、楊斐華（逝）、梁振生、游祥洲、李日章、胡基峻等人道歉、平反。據受害人陳鼓應指出：「事件政策執行者，是教育部長蔣彥士，他執行當時行政院長蔣經國要好好管一下台大的任務。」陳維昭說：「事發當時，學校相關同仁未發揮作用抗拒橫逆，誠屬遺憾。」台大哲學系事件以「與共黨隔海唱和」、「中共同路人」為由，13位教授被迫害。事經三十年，像「大蛇趖燴過去田岸──寬寬仔趖」，才獲得平反，也算遲來的正義。

~~~~~~

Tōa-chhīuⁿ ê kha-chhng--sak bē tín-tāng

0138 大象个尻川—捷燴振動

ㄉㄨㄚ⁷ °ㄑㄧㄨ⁷ ㆤ⁵ ㄎㄚ ㄑㆭ ── ㄙㄚㄍ⁴ ㄅㆤ⁷ ㄉㄧㄣ² ㄉㄤ⁷

【暗示】不易推行或不易推動，也可說為叫不動。

【註解】大象：動物名，哺乳綱長鼻目，陸地上最大的哺乳動物。尻川：屁股。捷燴振動：推不動。

【例句】以寫《福爾摩斯探案》留名於世的英國醫師作家柯南・道爾（1859－1919），常常鼓勵摯友到美洲觀光旅遊，但這個構想都像「大象个尻川──捷燴振動」，令他很洩氣。一天，柯南・道爾心血來潮，突然發電報給這些他常想邀請同遊美洲的朋友，文曰：「計劃的事情敗露了，快出發！」他們這些朋友終於在美國見面。

Tōa-pak-tó͘ chio-ang--it-kú lióng-tek

0139 大腹肚招尪——一舉兩得

ㄉㄨㄚ⁷ ㄅㄚㄍ⁴ ㄉㄛ² ㄐㄧㄜ ㄤ —— ㄧㄉ⁴ ㄍㄨ² ㄌㄧㄛㄥ² ㄉㄝㄍ⁴

【暗示】做了一件事，得到兩種收穫。

【註解】大腹肚：大肚子，即孕婦。招尪：招婿。孕婦肚子裡面已經有一個孩子，又要招婿進門，等於一下子得到兩個人，「一舉兩得」。

【例句】一位美少婦「大腹肚招尪——一舉兩得」，生下一對孿生女兒，一日帶孩子在家門前遇到認識的國小老師，問她：「那位是先生的？那位是後生的？」少婦以為這位老師要吃她的豆腐，回說：「先生也是我生的，後生也是我生的。」　　　（註：老師有稱先生的。）

Tōa-pak-tó͘ láng-khò͘--bô-chha

0140 大腹肚攏褲——無差

ㄉㄨㄚ⁷ ㄅㄚㄍ⁴ ㄉㄛ² ㄌㄤ² ㄎㄛ³ —— ㄅㄜ⁵ ㄘㄚ

【暗示】沒有什麼差別。

【註解】大腹肚：大了肚子的婦人。攏褲：褲子掉下去，把它拉上來。大肚子的婦人因為怕影響胎兒，不敢把褲帶束緊，所以攏好了，又常常滑落下來，等於有攏與沒攏差不了多少。

【例句】行政院新聞局林發言人召開記者會，針對立法院對行政院的支持統計提出說明。他說：「根據統計，立法院對行政院長的支持，仍然是『大腹肚攏褲——無差』，依然維持多數。」林發言人說完，看到台下記者們都用驚訝的眼神看著他，便進一步說明：「行政院長因病入院期間，他在醫院接到一份慰問電，祝早日康復的，是122票贊成，121票反對。」

Tōa-tō-kong kap má-chó͘-pô tàu-hoat--hong kap hō͘

0141 大道公佮媽祖婆鬥法——風佮雨

ㄉㄨㄚ⁷ ㄉㄜ⁷ ㄍㄛㄥ ㄍㄚㆷ⁴ ㄇㄚ² ㄗㄛ² ㄅㄜ⁵ ㄉㄠ³ ㄏㄨㄚㄉ⁴ —— ㄏㄛㄥ ㄍㄚㆷ⁴ ㄏㄛ⁷

【暗示】風雨不息、是非沒完沒了。

【註解】民間傳說大道公愛戀媽祖婆，媽祖婆不領情，大道公惱羞成怒，用風要把媽祖婆身上的衣服吹掉，媽祖婆不甘示弱，呼雨要壓風，也要把大道公淋出病來，瞬間海上風雨交加。

【例句】中國國民黨主席連戰於2004年3月18日，宣佈國民黨和親民黨合併，立即引起兩黨內部「大道公佮媽祖婆鬥法——風佮雨」不停。國民黨副主席馬英九（台北市長）認為合併決策應由下而上，不應該連主席一個人說了算數。陳宏昌立委說黨中央錯把親民黨宋楚瑜的毒藥當做補藥。親民黨謝章捷立委說：「兩黨合併應先清理掉國民黨內具有『李登輝骨』的立委。」徐中雄立委說：「引進親民黨，有朝一日會乞食趕廟公。」

Tōa-kho chiảh pûi ti-bah--ka-iû,ka-iû

0142 大箍食肥豬肉—加油，加油！

ㄉㄨㄚ⁷ ㄎㄛ ㄐㄧㄚㄏ⁸ ㄅㄨㄧ⁵ ㄉㄧ ㄅㄚㄏ⁴ —— 《ㄚ ㄧㄨ⁵，《ㄚ ㄧㄨ⁵

【暗示】 鼓勵再接再厲。

【註解】 大箍：肥胖的人。肥豬肉熱能高，脂肪多。肥胖的人必須節食，少吃肥肉。肥豬肉吃多，會增加身上油脂，所以等於加油。

【例句】 日本電視娛樂界第一肥佬加藤大，北海道人，身高180公分，體重250公斤，給他帶來生活不便，但異於常人的巨体，使他成為家喻戶曉的明星。加藤大2003年8月2日往中國天津減肥醫院治肥，希望減少体重100公斤，到機場送行的影迷興高采烈的揮舞旗子，高喊：「大箍食肥豬肉——加油，加油！」

Tōa-kho hó-khòaⁿ-thâu--thâi-bô-bah

0143 大箍好看頭—刣無肉

ㄉㄨㄚ⁷ ㄎㄛ ㄏㄛ² °ㄅㄨㄚ³ ㄊㄠ⁵ —— ㄊㄞ⁵ ㄅㄛ⁵ ㄅㄚㄏ⁴

【暗示】 虛有其表，中看不中用。

【註解】 大箍好看頭：胖子看起來蠻好看的。刣無肉：殺起來沒有多少的上肉。

【例句】 巫阿源伯伯告訴老婆，他到鄉公所申請老人年金，沒帶身分證，主辦小姐不給他，他指著頭上白髮，證明他年紀已經超過65歲了。「白頭髮怎能證明你已經年滿65歲了。」經辦女士說：「我只有五十歲，頭髮也白了很多。」巫伯伯靈機一動，脫掉衣服，露出白皚皚的胸毛，證明年紀已經超過65歲了，承辦小姐才同意發給他老人年金。老婆白了他一眼，想到「大箍好看頭——刣無肉」的老公，冷冷的說：「你應該脫下褲子，也許還能領到殘廢年金。」

Tōa-lâu tiān-thui--khí-khí lóh-lóh

0144 大樓電梯—起起落落

ㄉㄨㄚ⁷ ㄉㄠ⁵ ㄉㄧㄢ⁷ ㄊㄨㄧ —— ㄎㄧ² ㄎㄧ² ㄉㄜㄏ⁸ ㄉㄜㄏ⁸

【暗示】 起伏不定。

【註解】 電梯：利用電力的升降機。起起落落：上上下下。

【例句】 股市，是公開的賭場，全世界每天都有數億人口在玩股票。可是玩股票人士中，大概只有香港股市與電影明星鄭少秋扯上關係。股市本來就像「大樓電梯——起起落落」，可是據統計，只要以演「楚留香」連續劇聞名的鄭少秋所演的戲排檔，港股就暴跌，從1993年「大時代」、「新上海灘」、「天地男兒」、「江湖奇俠傳」、「神劍萬里道」、「世紀之戰」、「非常外父」，至2004年的「血劍軒轅」，都具非常殺傷力，股市下挫，哀鴻遍野，鄭少秋因而有「股市瘟神」的綽號。

Tōa-lâu ê tiān-thui--khí-khí lòh-lòh

0145 大樓个電梯—起起落落

ㄉㄨㄚ⁷ ㄌㄠ⁵ ㄝ⁵ ㄉㄧㄢ⁷ ㄊㄨㄧ —— ㄎㄧ⁻² ㄎㄧ⁻² ㄌㄜㄏ⁸ ㄌㄜㄏ⁸

【暗示】漲跌尋常，不穩定。

【註解】大樓个電梯：大樓裝設的電動昇降機。起起落落：上上下下。

【例句】台灣股市族原本期待總統大選出現滿江紅的大選行情，卻因為發生319槍擊陳水扁、呂秀蓮事件，而使股市跌了380多點。接下去國親的長期抗爭，也令股市一跌再跌。中國又利用520總統就任前夕對台灣放話提出胡七點，以「台獨沒有和平，分裂沒有穩定」為起點，而以「對台獨決不容忍」結尾。造成股市連日崩盤，跌至5500多點，令很多人陣亡，其實股市像「大樓个電梯——起起落落」，不必驚慌。

Tōa-nâ-âu kiò-lâng--(hó-hiàm)hó-hiám

0146 大嚨喉叫人—(好喊)好險

ㄉㄨㄚ⁷ ㄋㄚ⁵ ㄠ⁵ ㄍㄧㄛ³ ㄌㄤ⁵ —— (ㄏㄜ² ㄏㄧㄚㄇ³) ㄏㄜ² ㄏㄧㄚㄇ²

【暗示】好危險。

【註解】大喉嚨的人聲音宏亮，叫起人來比較好叫。比較好叫，台語叫做「好喊」與好危險的「好險」諧音。

【例句】陸檢察官得到情報，鄉長候選人曾信雄召集樁腳分發買票的錢。樁腳們前腳剛把錢帶走，陸檢察官後腳就進來抓賄選，差點人贓俱獲。曾鄉長事後說：「大嚨喉叫人——好險！」

Tōa-mī chhá îⁿ-á--kô-kô-tîⁿ

0147 大麵炒圓仔—絞絞纏

ㄉㄨㄚ⁷ ㄇㄧ⁻⁷ ㄘㄚ² ⁰ㄧ⁻⁵ ㄚ² —— ㄍㄜ⁵ ㄍㄜ⁵ ㄉㄧ⁻⁵

【暗示】感情或事情糾纏不清。

【註解】大麵和圓仔都是食物。大麵是麵粉加工做成的；圓仔是由糯米碾漿搾乾搓成的。大麵和圓仔一向分別食用，如果混在一起炒、煮，是否可口好吃？一定見仁見智難說，但肯定會稠濃得變成膏漿樣難分難解。

【例句】趙東榮大學畢業，長得一表人才，又是公司接班人，自以為有女人緣，女朋友一個又一個，週旋於多位女孩子之間樂不可支。現在聽說徐小姐、魏小姐，都因他懷孕了，而且她們兩人死也要把孩子生下來，也一定要嫁他，趙東榮已經是「大麵炒圓仔——絞絞纏」，不知如何善後？

Tōa-bó͘ phah sè-î--tōa chhut-chhiú

0148 大姆扑細姨──大出手

ㄉㄨㄚ⁷ ㄇㄛ² ㄆㄚㄏ⁴ ㄒㄝ³ 一⁵ ── ㄉㄨㄚ⁷ ㄘㄨㄉ⁴ ㄑㄨ²

【暗示】出手很大方。

【註解】台灣是一夫一妻制的社會。但是社會難免還有娶大小老婆的人。「大老婆」台語叫「大姆」，「小老婆」台語叫「細姨」。基於「肥水」不落外人田的原則，大姆細姨打架是常有的事。「大姆打細姨」，顯然是大老婆先出手，才有「大出手」這句歇後語。

【例句】大伯一向克勤克儉，不只是不曾浪費，甚至應當開支的錢，也是能省則省，沒想到921集集大地震，他竟「大姆打細姨──大出手」，率先捐助拾萬元。

~~~~~~

Tōa-bó͘ bô tī chhù--sió-chhá

0149 大姆無佇茨──小吵

ㄉㄨㄚ⁷ ㄇㄛ² ㄇㄛ⁵ ㄉㄧ⁷ ㄘㄨ³ ── ㄒㄧㄛ² ㄘㄚ²

【暗示】小小的吵架。

【註解】大姆無佇茨：大老婆外出不在家裡。小吵：小老婆都比較會撒嬌，可是大老婆在家時，就收斂得多，現在遇到大老婆不在家，會向老公吵著這個不好那樣不對，或這個要那個也要的吵個不休。

【例句】林新朝的大老婆，一直抱怨自己的胸部發育不好，向他要錢去隆乳。林新朝認為自然就是美，兩夫婦常常為了隆乳「大姆無佇茨──小吵」，鬧的很不愉快。有天，大老婆惠茹又提出要錢去隆乳，林新朝實在找不出理由回絕，不得不說：「好啦！好啦！現在錢沒那麼多，先隆一邊好啦！」

~~~~~~

Lú-siú-léng--bô-chhiu láu-tōa

0150 女首領──無鬚老大

ㄉㄨ² ㄒㄧㄨ² ㄌㄧㄥ² ──ㄇㄛ⁵ ㄑㄧㄨ ㄌㄠ² ㄉㄨㄚ⁷

【暗示】年輕的或是女的首領。

【註解】女首領：女性領袖，老大的意思。無鬚老大，女人沒長鬍鬚，年輕的男人，還沒長鬍鬚，當了首領，都叫做：無鬚老大。

【例句】今年十八歲的小慧發出電子郵件：「你寂寞嗎？你要美眉安慰嗎？我手下有五十位辣妹，玩單打獨鬥、三Ｐ、車震，你想得到的任何玩法樣樣奉陪，工夫嘎嘎叫」。我好奇的打電話過去，居然是那個「女首領──無鬚老大」小慧來接，竟有點江湖口氣。

Sió-nî-ko khòaⁿ kè-chng--chit-sì-lâng bô-hūn

0151 小尼姑看嫁妝—即世人無份

ㄒㄧㄛ² ㄋㄧ⁵ ㄍㆦ ˚ㄎㄨㄚ³ ㄍㄝ³ ㄗㄥ —— ㄐㄧㄉ⁴ ㄒㄧ³ ㄌㄤ⁵ ㄅㆦ⁵ ㄏㄨㄣ⁷

【暗示】這輩子已經沒這種姻緣了。

【註解】小尼姑：削髮出家修行的年輕女尼。嫁妝：女子出嫁時，由女方陪嫁到男方的財物。尼姑因出家唸佛不能出嫁，所以那些令人羨慕的嫁妝，對她們來說，這輩子已經無緣了。

【例句】彰化市有位七十五歲老婦人於母親節帶著六個女兒，向從事婚姻介紹工作的唐俊民求助，協助她年齡38-50歲的六位女兒找個歸宿。這位沒有母親節喜悅的老婦人說，十年前六姊妹為照料罹患肝病和糖尿病的父親及分擔家計，未曾和異性交往，看人家婚嫁，自認為「小尼姑看嫁妝——即世人無份」，猶豫至今依然雲英未嫁。

~~~~~~

Sió-chut siūⁿ beh seng chiong-kun--chîaⁿ piàⁿ leh

0152 小卒想欲升將軍—誠拚咧

ㄒㄧㄛ² ㄗㄨㄉ⁴ ˚ㄒㄧㄨ⁷ ㄅㆤ⁴ ㄒㄧㄥ ㄐㄧㆲ ㄍㄨㄣ —— ˚ㄐㄧㄚ⁵ ˚ㄅㄧㄚ³ ㄌㆤ⁴

【暗示】怎麼能比或別妄想。

【註解】小卒：小兵。升將軍：盼望有機會能升上將軍。小兵與將軍的官級差距很大，想升為將軍還要相當拚。

【例句】老公聽到太太厲聲咒罵女傭後，覺得過意不去，安慰她說：「我老婆就是這樣的脾氣，我和妳都是同樣的命運。」女傭擦乾了眼淚，抬頭看著男主人，心想「小卒想欲升將軍——誠拚咧」，而對他說：「先生，你的命運能和我一樣嗎？我已經告訴你老婆，明天起我不幹了，你敢說嗎？」

~~~~~~

Sió-hî jiok ah-á--(chhōe-sí) chhōe-sū

0153 小魚逐鴨仔—(找死)找事

ㄒㄧㄛ² ㄏㄧ⁵ ㄖㄧㆦㄍ⁴ ㄚㄏ⁴ ㄚ² —— （ㄘㄨㆤ⁷ ㄒㄧ²）ㄘㄨㆤ⁷ ㄙㄨ⁷

【暗示】沒事找事，自找麻煩。

【註解】魚：水產動物，多數體扁平，有鱗和鰭，用鰓呼吸，卵生，冷血。小魚逐鴨仔：鴨子在水中悠遊，小魚兒在後面追逐，自投羅網。嗜吃魚蝦的鴨子，怎會放過小魚？小魚逐鴨仔，是十足的找死，「找死」與台語「找事」諧音。

【例句】台大商學系畢業，目前失業在家的謝宏毅「小魚逐鴨仔——（找死）找事」。分別打電話給「美國在台協會」、「多明尼加」、「尼加拉瓜」、「宏都拉斯」、「哥斯大黎加」、「薩爾瓦多」等七國駐華大使館及代表處。恐嚇駐華大使及其元首，不得參加2004年『520總統就職典禮』，否則，要殺害該國元首及使館人員。謝宏毅已被警方逮捕，供稱不滿兩岸政策，股市房產被套牢才這麼做。

San-hô chiảh bah-chàng--ngē-thun

0154 山河食肉粽─硬吞

ㄙㄢ ㄏㄜˊ ㄐㄧㄚㄏ ㄅㄚㄏˋ ㄗㄤˇ ─ ㄫㄝˊ ㄊㄨㄣ

【暗示】強要的，也是硬要的。

【註解】山河：人名。食肉粽：吃粽子。山河是以前在嘉義市政府前廣場賣粽子，人家嫌他的粽子鹽巴用太多，很鹹，他為了證明不鹹，很好吃，一下子吞了三、四個，大家看在眼裡，認為他不是用吃的，而是硬吞下去。

【例句】台灣現在最熱門的產業是生活產業。各地方政府無不卯盡全力，舉辦地方產業文化活動，吸引觀光客。彰化縣沿海地區芳苑鄉，舉辦「吃蚵仔煎比賽」，各大牌電器廠商共襄盛舉，捐贈電視、冰箱、電腦等名貴獎品鼓勵，一百多人參加競賽，大家為了得到獎品，一盤一盤「蚵仔煎」「山河食肉粽──硬吞」下去，冠軍許東祐吃了27盤。

~~~~~~

Soaⁿ-téng chúi-khut--aì ta

0155 山頂水窟─愛烌

ㄙㄨㄚ ㄉㄧㄥˊ ㄗㄨㄧˊ ㄎㄨㄉˋ ─ ㄞˇ ㄉㄚ

【暗示】喜歡吹牛、張揚。

【註解】山頂水窟：山上蓄水池。愛烌：很快就乾涸了。水池快乾涸的「愛烌」，與台語愛張揚、吹牛的用詞同音。

【例句】亞樹是位愛好文學的青年，作品入選報社徵文，獲得「佳作獎」後，變成一位很自負的新進作家，到處「山頂水窟──愛烌」他的作品。有次碰到某報副刊總編輯，便對他滔滔不絕的說，他投稿過去的長篇小說情節如何曲折，內容如何懸疑精彩，將來出版一定會進入暢銷書排行榜十名內。他說後問總編輯看了沒有？「看過了。」總編輯冷冷的說：「在我小時候，已經看了兩三遍了。」

~~~~~~

Soaⁿ-kâu piⁿ kâu-lāng--bô-kúi-pō

0156 山猴變猴弄─無幾步

ㄙㄨㄚ ㄍㄠˊ ㄅㄧˇ ㄍㄠˊ ㄌㄤˊ ─ ㄇㄜˊ ㄍㄨㄧˊ ㄅㄛˊ

【暗示】沒什麼技巧或招式。

【註解】山猴：山上的猴子。變猴弄：變把戲。昔日到村莊獻藝賣藥的王祿仔，都會帶猴子出場，吸引人家圍觀。王祿仔為了熱場，會叫猴子先變把戲，可是變不了幾樣。所以形容沒什麼技巧叫無幾步。

【例句】彰化縣南郭國小慶祝母親節，要讓學生體驗媽媽懷胎十月的艱辛與保護腹中的貝比，舉辦「護蛋體驗」活動。學生在衣服裡塞一個大汽球，權充即將臨盆的大肚子，胸前又放置一個生雞蛋，要學生在遊戲中保護雞蛋，不能弄破。學生像「山猴變猴弄──無幾步」，才瞭解媽媽懷著大肚子行動與彎腰都不方便，也才知道媽媽的辛苦。

Tiong-liâu-lâng chiah kam-chià--bô-chām-chat

0157 中寮人食甘蔗──無斬節

ㄅㄧㆦㄥ ㄌㄧㄠ⁵ ㄌㄤ⁵ ㄐㄧㄚㄏ⁸ ㄍㄚㆬ ㄐㄧㄚ³ ── ㄅㆤ⁵ ㄗㄚㆬ⁷ ㄗㄚㄅ⁴

【暗示】沒有節制的意思。

【註解】中寮：屬南投縣，1999年「921集集大地震」，震央在集集鎮與中寮鄉中間。甘蔗，植物名，多年生草本，莖多甜汁，可製糖、果汁。甘蔗有節，又叫目，因品種關係，每節長短四、五寸不一。

【例句】教育部長黃榮村2003年8月4日接見向他下挑戰書的高中生，要傾聽他們的心聲。學生代表在沒預警情況下，要張貼海報與教育部人員引起衝突，黃部長氣得一度離席。學生代表要黃部長在籤筒中抽一題目，三十分鐘內即席作文，要考考黃部長作文能力，並要求大學考試作文獨立辦理。中央大學教務長李冠卿說：這些學生像「中寮人食甘蔗──無斬節」，真像「算盤籽仔──無大無細」。

Tiong-ióh chiah-bōe-hó--oāⁿ-thiap

0158 中藥食𣍐好──換帖

ㄅㄧㆦㄥ ㄧㆦㄏ⁸ ㄐㄧㄚㄏ⁸ ㄅㄨㆤ⁷ ㄏㆦ² ── ᵒㄨㄚ⁷ ㄊㄧㄚㄅ⁴

【暗示】結拜兄弟。

【註解】中藥：用中國傳統藥草，供患者服用的藥方。換帖：帖為處方，也叫藥方，換處方服用叫換帖。結拜兄弟姊妹，也叫做換帖的兄弟姊妹。

【例句】有對夫婦一窮二白，認為家裡有窮神，日子才會過得那麼苦，覺得應該叫「中藥食𣍐好──換帖」兄弟，來家裡喝酒，鬧一鬧把窮神嚇走。
在難兄難弟們唱歌、喝酒、胡鬧得快天翻地覆時，果然看到窮神跑了出去。「好啦！好啦！窮神被我們嚇得跑了。」窮神回過頭來說：「不！我是覺得很有趣，要去多叫幾個『中藥食𣍐好──換帖』朋友來。」

Gō-chåp-hòe chò hôe-siūⁿ--pòaⁿ-lō chhut-ke

0159 五十歲做和尚──半路出家

ㆣㆦ⁷ ㄗㄚㆴ⁸ ㄏㄨㆤ³ ㄗㆦ³ ㄏㄨㆤ⁵ ᵒㄒㄧㄨ⁷ ── ᵒㄅㄨㄚ³ ㄌㆦ⁷ ㄘㄨㄉ⁴ ㄍㆤ

【暗示】不是科班出身。

【註解】五十歲做和尚：俗語說人生不滿百歲，以百歲人生來說，五十歲剛好一半，也就是人生這條路走到半路了。所以五十歲才要做和尚，等於是半路出家。

【例句】新內閣教育部長一職，已由行政院長游錫堃宣布：由杜正勝接任。立即引起立法委員李慶華、李慶安兩兄妹猛烈砲轟。他們認為「杜正勝未曾在教育界服務，且無博士學位」，是位「五十歲做和尚──半路出家」的部長，無資格擔任全國教育首長。李慶華指出杜正勝民國62年發表的《城邦國家時代的社會基礎》碩士論文，第八個註解，不但未引述理論出處，且要賴寫著，「至於誰說我已忘了，現在也沒有去找的必要，反正我不打誑說謊。」

Gō-ki chhiú chéng-thâu á--saⁿ-tńg nñg-té

0160 五支手指頭仔──三長兩短

ㄍㄛ˙⁷ ㄍㄧ ㄑㄧㄨˊ² ㄐㄧㄥˊ² ㄊㄠˊ ㄚˊ² ── ˙ㄙㄚ ㄉㄥˋ⁵ ㄋㄥˊ⁷ ㄉㄜˋ²

【暗示】突然發生不幸事故。

【註解】五支手指頭仔：手指頭有大姆指、食、中、無名、小指等五支。手指頭長短不一，所以說三長兩短。三長兩短指不能預料的不幸事故。

【例句】釋開豐法師，本名李焜泰，是聞名全國的高雄縣路竹鄉「龍發堂」創辦人，於2004年5月13日病逝，留下精神病患600多人。他在逝世前召集眾家弟子，交代他「五支手指頭仔──三長兩短」時，大家不必為龍發堂就地合法化煩惱，即使他肉體不在，精神還是會回來協助的。龍發堂創辦於1970年，收容精神病患，從1人至700多人。他自創精神療法，並組成病患樂隊轟動國際，應邀到外國演講他的療法及演奏。前立委黃占岸每次院會，質詢龍發堂沒證照行醫，要求政府依法取締密醫，釋開豐便會帶領精神病患樂隊，到其服務處演奏「哀樂」。

Gō-ki chhiú chéng-thâu á--saⁿ-tńg nñg-té

0161 五支手指頭仔──三長兩短

ㄍㄛ˙⁷ ㄍㄧ ㄍㄧㄨˊ² ㄐㄧㄥˊ² ㄊㄠˊ ㄚˊ² ── ˙ㄙㄚ ㄉㄥˋ⁵ ㄋㄥˊ⁷ ㄉㄜˋ²

【暗示】偶然發生的不幸事故。

【註解】五支手指頭仔：手掌上的五支手指頭。五支手指頭，伸出來便成三支長的，兩支短的，台語叫「三長兩短」。

「三長兩短」與偶然發生不幸事故的「三長兩短」同音同字。

【例句】最近網路上成立「情人去死去死團」，以『願有情人終成怨偶』為主旨，分享交換並砥礪彼此「極盡所能搞破壞」的技巧，搗蛋無視他人存在的情侶檔。這些「去死團」，專門「轟殺」情侶，令人感到可惡。

那些無視他人存在的情侶，叫床如叫命，往往被誤以為有人「五支手指頭仔──三長兩短」。一位住在木柵地區公寓的劉姓歐吉桑，每次聽到公寓裡的叫床聲，都播放大悲咒滅火。

Gō-goèh ng-mûi-thiⁿ--bô-chêng

0162 五月黃梅天──（無晴）無情

ㄍㄛ˙⁷ ㄍㄨㄝㄏ˙⁸ ㄥˊ⁵ ㄇㄨㄧˊ ˙ㄊㄧ ── ㄅㄜˋ⁵ ㄐㄧㄥˊ⁵

【暗示】沒有感情道義。

【註解】五月黃梅天：五月是梅雨季節，陰雨連綿，沒有一天晴天，沒有晴天曰：無晴。「無晴」與台語「無情」諧音。

【例句】民進黨2004年立法委員初選內訌不停，前內政部長余政憲之妻立法委員鄭貴蓮，怒氣未消痛批同屬正義連線的陳其邁、蔡煌瑯、高志鵬等三人是「小混蛋！」一下子對他們安撫，一下子又打壓他們，像共產黨一樣，她很難過又寒心。原本領表要登記參選的余政憲、鄭貴蓮，受到這些「小混蛋」假傳聖旨，都沒有登記參選，倒是原本要選南投縣區域立委的蔡煌瑯，改登記不分區立委。

鄭貴蓮說她老公余政憲內政部長剛下台，就被這樣子欺侮。她認為得勢是一時的，也真正看到政治像「五月黃梅天──（無晴）無情」。

Gō-gȯeh chèng kiô-á--bô-kiat-kó

0163 五月種茄仔──無結果

兀ㄛ⁷ 兀ㄨㄝㄏ⁸ ㄐㄧㄥ³ ㄍㄧㄛ⁵ ㄚ² ── 万ㄜ⁵ ㄍㄧㄚㄉ⁴ ㄍㄜ²

【暗示】事情沒有最後的結論，或最後讓人大失所望。

【註解】五月：農曆五月，季節屬初夏，五月間非種茄子季節，所以不會有收穫。茄子：蔬果名，一年生草本，茄科，葉橢圓型，花白色或淡紫色有光澤。果實球型或長圓形狀如香蕉，果皮多為紫色或有光澤。

【例句】台灣參加2004年奧運，全國希望的焦點是棒球隊為台灣抱回第一面金牌，但因球技不如人，變成「五月種茄仔──無結果」得到第五名。倒是國人甚少注意的男女射箭隊，繼女子袁叔琪、陳麗如、吳蕙如等三名榮獲銅牌後，陳詩園、劉明煌、王正邦等三人又榮獲男子射箭團體組銀牌；另外黃志雄更獲得跆拳道銀牌，陳詩欣、朱木炎兩人，各分別拿到國人期待幾十年的金牌，為台灣揚眉吐氣。

~~~~~~

Gō-pah-chîⁿ ê ti-á--kōaⁿ chı̍t ki chhùi

0164 五佰錢仝豬仔──捾一支喙

兀ㄛ⁷ ㄅㄚㄏ⁴ °ㄐㄧㄥ⁵ ㄝ⁵ ㄉㄧ ㄚ² ── °ㄍㄨㄚㄏ⁷ ㄐㄧㄉ⁸ ㄍㄧ ㄘㄨㄟ³

【暗示】靠一張嘴、光說不練。

【註解】捾一支喙：靠一張嘴。捾一支喙這是台南縣永康市一帶常聽到的歇後語。永康地方豬的品種不好，發育慢、瘦瘦的，只是一張嘴巴叫個不停，所以賣價不高，買方看到是永康的豬仔，二話不說：五佰錢！再不加碼。

【例句】藝人豬哥亮「歌廳秀」打葷罵俏，有歌有舞，甚受歡迎。錄影帶、ＶＣＤ一片又一片紅不讓，知名度遠播國內外，星加坡民眾知道豬歌亮，比知道台灣總統陳水扁還多。感冒藥廣告名句：「斯斯有兩種」，藝人有多種，豬哥亮屬於「伍佰錢仝豬仔──捾一支喙」闖出名堂的藝人。

~~~~~~

Jîn-hô-ke ê a-hiaⁿ-á--tán-sí

0165 仁和街仝阿兄仔──等死

ㄖㄧㄣ⁵ ㄏㄛ⁵ ㄍㄝ ㄝ⁵ ㄚ °ㄏㄧㄚ ㄚ² ── ㄉㄢ² ㄒㄧ²

【暗示】等待死亡。

【註解】仁和街：位於台南市，早期有名的一條棺材街。在仁和街上出入的，大多是等著喪家上門，替人扛棺材賺工錢的兄弟，故說「等死」。

【例句】中國開放後，近幾年經濟成長率穩定的維持10%左右，因人工充裕、工資低廉，致使台灣工業生產成本偏高，無法與中國低成本的產品在國際市場競爭，許多廠商西進中國。他們都知道到中國設廠，最後也許不知怎樣死，但若繼續留在台灣，一定是「仁和街仝阿兄仔──等死」。

Goân-tàn pèng jit-thiah--tē-it-hôe

0166 元旦摒日拆─第一回

兀ㄨㄢ⁵ ㄉㄢ³ ㄅㄧㄥ³ ㄖㄧㄉ⁸ ㄊㄧㄚㄍ⁸ ── ㄉㄝ⁷ ㄧㄉ⁴ ㄏㄨㄝ⁵

【暗示】頭一次，另暗喻經驗不足。

【註解】元旦：一元復始，萬象更新。摒日拆：翻日曆。第一回：過了新年，第一次翻新的日曆。

【例句】中國國民黨自中國撤退來台，連續執政五十年，直到2000年總統選舉落敗，政權才移轉本土政黨──民進黨。國民黨長期為執政黨，故政權淪落後，至今仍然不會做在野黨。因此2004年發動抗爭總統選舉不公，雖然動員人數很多，但對執政黨的訴求一變再變，無法形成壓力。觀察家說由國民黨「元旦摒日拆──第一回」上街抗爭看來，不但暴露出國民黨不會領導群眾，還被群眾領導。也令人感覺到國民黨，不但不會做出令民眾感謝的事，還得處處感謝民眾。

Lāi-soaⁿ kí-jîn--chháu-tē-sông

0167 內山舉人─草地倯

ㄉㄞ⁷ °ㄙㄨㄚ ㄍㄧ² ㄖㄧㄣ⁵ ── ㄘㄠ² ㄉㄝ⁷ ㄙㄛㄥ⁵

【暗示】形容言行粗俗。

【註解】舉人：明清時代考中鄉試的人。內山的舉人：住在山內的舉人，雖然已貴為舉人，但因住在深山內，沒見過世面，像鄉下人一樣的俗氣。

【例句】台灣2004年3月20日總統選舉，民進黨提名陳水扁、呂秀蓮；國民黨、親民黨提名連戰、宋楚瑜；選舉結果陳呂得6,471,970票，連宋6,442,452票，陳呂以0.228%險勝，當選連任。有人形容這場總統選舉，是統獨大對決，也有人說與外來政權割喉戰。聯合報有過文章說：『投給連宋大部分是中上知識；投給陳呂是中下低階層的民眾』，該報這樣嘲諷支持泛綠的百姓是「內山舉人──草地倯」。可是本土是台灣的主流價值，泛藍人士若仍然以高人一等姿態睨視台灣，有朝一日也許連立足之地都沒有了吧？

Liȯk-jī--gō-sì-saⁿ

0168 六二─五四三

ㄌㄧㄛㄍ⁸ ㄖㄧ⁷ ── 兀ㄛ² ㄒㄧ³ °ㄙㄚ

【暗示】言行舉止不正經，有的沒有的一大堆。

【註解】數目是由一開始，萬物也由一開始，一等於是無限，也有無限的發展空間。這裡的六二，不從一始，不是哲學上所要探索追究的問題，只是六二之間五四三，是台灣社會批評言行舉止不正經曰：五四三。

【例句】天后宮管理委員會議的主題，是媽祖出詩說要回福建莆田母廟進香，是否要申請宗教直航？如准，怎樣成行？會議之沒有結果，是有幾位委員講那些「六二──五四三」，有的主張空難頻傳要乘船，有說海難發生怎麼辦，真是的？

Làk-gòeh mô-hē--bô-ko

0169 六月毛蟹──無膏

ㄌㄚㄍ⁸ ㄜㄨㄝㄏ⁴ ㄇㄜ⁵ ㄏㄝ⁷ ── ㄎㄜ⁵ ㄍㄜ

【暗示】沒有東西或沒有看頭。

【註解】六月毛蟹：毛蟹成熟的季節是中秋八月間，六月的毛蟹，還沒有蟹黃，叫做無膏。「無膏」台語是沒有內涵的意思。

【例句】老公向妻子咆哮：「你呀，買那麼貴的奶罩幹嘛？也不想想妳根本沒有胸部！」妻子感受到被侮辱，不客氣的對這個「六月毛蟹──無膏」的老公說：「這麼說來，你買內褲的錢，也都可以省下來呀！」

Làk-gòeh chúi-gû--tán-ūn

0170 六月水牛──(等躡)等運

ㄌㄚㄍ⁸ ㄜㄨㄝㄏ⁸ ㄗㄨㄧ² ㄍㄨ⁵ ── ㄉㄢ² ㄨㄣ⁷

【暗示】等待時來運轉。

【註解】六月：農曆六月，盛暑。水牛：耕田拉車的牛。等躡：因為天氣炎熱，水牛耕田拉車告一段落，等待主人趕到有水的地方躡水消暑。
「等躡」與台語等到時來運轉的「等運」諧音。

【例句】台灣第十一任總統選後，泛藍陣營的連戰、宋楚瑜，無法接受0.228%少數票落選而讓陳水扁、呂秀蓮連任正副總統，提出「當選無效」及「選舉無效」之訴，並申請驗票。國親兩黨已繳交驗票保證金6000萬元，成立463個驗票組，最高法院預定5月10日至19日驗票完畢，預計將投入25萬人次進行驗票。
親民黨主席宋楚瑜說，如果他擁有權力，選舉絕對百分之百翻盤，顯然國親命運看在「六月水牛──（等躡）等運」。

Làk-gòeh koah-chhài--ké-ū-sim

0171 六月芥菜──假有心

ㄌㄚㄍ⁸ ㄜㄨㄝㄏ⁸ ㄍㄨㄚㄏ⁴ ㄘㄞ³──ㄍㄝ² ㄨ⁷ ㄒㄧㄇ

【暗示】虛假情意，表面人情。

【註解】芥菜，莖類蔬菜，十字花科，一年或多年生草本植物，莖葉都有辛味。芥菜適宜秋冬栽植，冬收的芥菜才夠嗆鼻辛辣，六月雨水期的芥菜，長出的心葉，不夠辛辣，有心葉等於沒有心葉。

【例句】郭建仁局長住院期間探病的人絡繹不絕，看起來好像很有人緣，人人都很關心他。其實都是「六月芥菜──假有心」，大家巴不得他早日往生，把局長位子讓出來。

Làk-gòeh mî-phōe--kéng-lâng-kah

0172 六月棉被—揀人蓋

ㄉㄚㄍ⁸ ㄧㄨㄝㄏ⁸ ㄇㄧ⁵ ㄆㄨㄝ⁷ —— ㄍㄧㄥ² ㄉㄤ⁵ ㄍㄚ⁴

【暗示】看人本事或需要。

【註解】六月天氣已經酷熱，所謂「六月火燒埔」，那樣熱的天氣，還要蓋棉被，確實不是隨便一個人能夠做到的事。

【例句】辛教授在學術界是享有盛名的名嘴，學問好、演講精彩幽默，邀請演講不斷，演講鐘點費比薪水還要多，可是這是「六月棉被——揀人蓋」的。他說：「沒兩步七仔，怎敢過虎尾溪」？

~~~~~~

Làk-gòeh chhài-thâu--pòaⁿ-thâu-chheⁿ

0173 六月菜頭—半頭青

ㄉㄚㄍ⁸ ㄧㄨㄝㄏ⁸ ㄘㄞ³ ㄊㄠ⁵ —— °ㄅㄨㄚ³ ㄊㄠ⁵ °ㄘㄝ

【暗示】有半生不熟與很容易鬧情緒的雙重含義。

【註解】六月菜頭：菜頭，又名蘿蔔。成熟可收穫期間，約在農曆七月間，六月採收半生不熟。半生不熟，台語叫「半頭青」。

【例句】台北市長馬英九2004年4月13日於市議會書面施政報告，指出「警察國家的幽靈，在台北街頭徘徊」，引發藍綠市議員在市議會肢體及口頭衝突。新黨市議員李慶元將議事廳後方懸掛的陳水扁總統玉照強行拆下。民進黨議員陳正德、周威佑、羅宗勝上前阻攔，扭打成一團。李慶元說陳水扁在台北市長任內，取下兩位蔣總統玉照，他是「以其人之道，還治其人之身」。
新黨主席郁慕明認為，這位「六月菜頭——半頭青」的黨員，行為過度。

~~~~~~

Làk-gòeh lêng-kéng--pèh-hùt

0174 六月龍眼—(白核)白囫

ㄉㄚㄍ⁸ ㄧㄨㄝㄏ⁸ ㄉㄧㄥ⁵ ㄍㄧㄥ² —— ㄅㄝㄏ⁸ ㄏㄨㄉ⁸

【暗示】白吃！

【註解】龍眼成熟期是七月。成熟的龍眼，菓核是深紅色的，也有黑色的。六月的龍眼，還沒到成熟期，菓核是白色的，所以叫白核。「白核」與台語白吃的「白囫」諧音。

【例句】陳立法委員競選連任，成立競選總部，宴請各鄉鎮樁腳，席開一百五十桌，坐得滿滿的，人氣那麼旺，陳立委笑得合不攏嘴，其實我看到的來賓，有很多是附近工廠的工人，進來「六月龍眼——(白核)白囫」。

Liók-chhut-kî-san--thoa-lāu-miā

0175 六出祁山─拖老命

ㄌㄧㄛㄍ⁸ ㄔㄨㄌ⁴ ㄍㄧ⁵ ㄙㄢ ── ㄊㄨㄚ ㄌㄠ⁷ ㄇㄧㄚ⁷

【暗示】老當益壯，死而後已。

【註解】祁山：在中國甘肅省西和縣西北。古典小說《三國演義》，描述諸葛亮為了報答劉備知遇之恩，仍效忠後主，拚老命先後六次揮軍祁山。

【例句】義大利中部小鎮波亞諾教區神父賈之諾，2003年7月31日帶著五十名唱詩班兒童遠足，在摩利市戲水游泳不幸發生溺水。賈之諾神父穿著法衣縱身入海，像諸葛亮「六出祁山──拖老命」救出七名幼童，自己體力不支升天。賈之諾捨命救人，官方為他舉行追悼儀式，一條街以他名字命名，追念他的義舉。

Kong-kiōng piān-só͘ tàn bo̍k-tôaⁿ--kek khí kong-hūn

0176 公共便所搤木彈─(激起公糞)激起公憤

ㄍㄛㄥ ㄍㄧㄛㄥ⁷ ㄅㄧㄢ⁷ ㄙㄛ² ㄉㄢ³ ㄅㄛㄍ⁸ °ㄉㄨㄚ⁵ ── ㄍㄝ⁴ ㄎㄧ² ㄍㄛㄥ ㄏㄨㄣ⁷

【暗示】招惹公眾的憤怒。

【註解】公共便所：公共廁所。搤木彈：丟炸彈。把炸彈丟入公共廁所裡面引爆，炸開噴出來的是糞便，以公共廁所「激起公糞」的諧音，解讀為引起眾人憤怒的「激起公憤」。

【例句】國親兩黨主席2004年4月5日，連袂探視在中正紀念堂前靜坐絕食超過三天的學生代表，連宋兩人正式回應學生訴求，應允立法院下會期，推動「族群平等法」。宋楚瑜則向阿扁嗆聲，說他也不是「軟腳蝦」，如果四一○之前沒有得到回應，他要陪著大家衝進總統府。宋楚瑜嗆聲要衝進總統府，即像「公共便所搤木彈──（激起公糞）激起公憤」，中南部泛綠支持者也嗆聲：「宋楚瑜若敢衝進總統府，一定會給他好看。」

Kong-bē-kio̍k--ko͘-hâng to̍k-chhī

0177 公賣局─孤行獨市

ㄍㄛㄥ ㄇㄝ⁷ ㄍㄧㄛㄍ⁸ ── ㄍㄛ ㄏㄤ⁵ ㄉㄛㄍ⁸ ㄑㄧ⁷

【暗示】獨佔生意。

【註解】公賣局：由政府所設專業買賣物品的機構，如煙酒公賣局。
孤行獨市：獨家生意，他人不得從事這種行業買賣。

【例句】萬華私娼寮代表，發起正名運動，要求立法院給予正式職業名稱。「神女好嗎？」林立委問她們：「我覺得神女名稱不錯。」「好是好啦。」有位代表說：「我覺得『妓者』比較實際。」「記者？不行！不行！」立法院記者聯誼會長堅決反對：「記者是第四權，不能混淆視聽。」「記者還不是跟妓者一樣都是服務業。」妓者代表說：「又不是『公賣局──孤行獨市』，你們歡迎來稿，我們也一樣歡迎來搞。」

Hóan-kiōng gī-sū tńg-khì tāi-liȯk--hóan-khí hóan-tó

0178 反共義士轉去大陸—反起反倒

ㄏㄨㄢ² ㄍㄛㄥ⁷ ㄍㄧ⁻⁷ ㄙㄨ⁷ ㄉㄥ² ㄎㄧ⁻³ ㄉㄞ⁷ ㄌㄧㄜㄍ⁸ — ㄏㄨㄢ² ㄎㄧ⁻² ㄏㄨㄢ² ㄉㄜ²

【暗示】心猿意馬，拿不定主意。

【註解】反共義士：政府前以高額黃金，獎勵中共官兵起義來歸，每一來台反共義士，可獲數千兩黃金獎賞，並晉升二級，形成軍中另一特權階級，官兵都敢怒不敢言。反共義士有的在台灣享盡榮華富貴後，又以另一種海外「回歸祖國」身分，返回中國接受高擋的歡迎與安排。

【例句】花蓮縣長張福興任內逝世，依法必須補選。國、親、民三黨有意人士，紛紛表態角逐，張福興遺孀劉詔娥，突由林連明副議長陪同，「以完成張縣長建設花蓮縣遺志」宣佈參選到底，次日又由長女劉君玉宣佈退選。參選縣長是大事，劉詔娥卻「反共義士轉去大陸——反起反倒」。

Hóan-kong tāi-liȯk--Kóng siáu-oē

0179 反攻大陸—講猜話

ㄏㄨㄢ² ㄍㄛㄥ ㄉㄞ⁷ ㄌㄧㄜㄍ⁸ — ㄍㄛㄥ² ㄒㄧㄠ² ㄨㄝ⁷

【暗示】講不能實現的狂話。

【註解】反攻大陸：是中華民國故總統蔣介石1949年被中國共產黨逼迫退守台灣來，臥薪嘗膽的志業，並以此為藉口，獨裁統治台灣。前《自由中國》雜誌發行人雷震，發表<反攻無望論>，認為反攻大陸是講猜話，被蔣介石以此為藉口，判處十年有期徒刑。

【例句】國軍聯勤司令部，2003年11月舉辦「核生化講習」，外聘講座潘榕光，在講習中論述時政，把阿扁總統「肖像」印在IMRT強度調控，放射線治療項目中，說阿扁腦袋秀斗「上行下笑，上不行，下起猜」。這位「反攻大陸——講猜話」的教授，是美國喬治亞理工學院輻射工程博士。他還說：「要把阿扁捉來做核生化實驗，再交給中共解剖。」有人說應該解剖的是潘教授腦袋。

Thiⁿ-kong lim sio-chiú--thian-thō

0180 天公餘燒酒—(天酡)顛憤

ㆦㄊㄧ ㄍㄛㄥ ㄌㄧㄇ ㄒㄧㄜ ㄐㄧㄨ² — ㄊㄧㄢ ㄊㄜ⁷

【暗示】言行顛三倒四。

【註解】天公：玉皇大帝，道教稱天上最高的神。皇帝的臉稱「龍顏」。天公的臉稱：天顏。天公飲燒酒，酒後天顏酡紅起來，叫天酡。
「天酡」與台語顛三倒四的「顛憤」近音。

【例句】台灣歌壇寶貝人物豬哥亮、賀一航、陽帆、黃西田等人，是以言行舉止裝瘋賣傻、滑稽逗趣深受觀眾歡迎。例如黃西田，介紹台語歌后江蕙成名曲「惜別的海岸」，他說：「江蕙是以一首『小便愛援』成名。」充分展現『天公餘燒酒——（天酡）顛憤』。」引起觀眾開懷大笑。

Thiⁿ-kong ê siàu-phō--tōa-chheh

0181 天公仔帳簿—(大冊)大怨

ºㄊㄧ ㄍㆦㄥ ㆤ⁵ ㄒㄧㄠ³ ㄆㆦ⁷ —— ㄉㄨㄚ⁷ ㄘㆤㄏ⁴

【暗示】恨之入骨的形容詞。

【註解】天公：玉皇上帝。玉皇上帝統管天上人間，帳簿一定是很大的。很大的帳簿叫：大冊。「大冊」與台語對於某人非常憎恨，也叫做「大怨」諧音。

【例句】有位總統自以為萬民愛戴他，命令郵局長以他的肖像發行一套郵票。郵票發行後，他視察郵局，詢問局長郵票發行情形？局長搖頭說：「不好。」「為什麼不好？」總統問他。「黏度不好，很少有人買。」總統不信，用舌頭舔了舔郵票，把郵票貼在信封說：「不是很牢嗎？」郵局長沒把國民都在「天公仔帳簿——（大冊）大怨」總統說出來，只說買郵票的民眾，都把唾液吐在郵票正面上。」

Thian-teng tiám-hóe--phiau-phiau-jiân

0182 天燈點火—飄飄然

ㄊㄧㄢ ㄉㄧㄥ ㄉㄧㆰ² ㄏㄨㆤ² —— ㄆㄧㄠ ㄆㄧㄠ ㄖㄧㄢ⁵

【暗示】有得意忘形與心情飄浮的兩種含意。

【註解】天燈：向上天祈願的燈火，利用熱能在地上點火施放，冉冉上升的祈願燈。桃園縣大溪鎮每年元宵節，舉行放天燈活動，千盞天燈在高空中飄飄然上升，蔚為奇觀。

【例句】台灣第十一任總統2004年5月20日就職，依憲法規定就職前內閣要總辭，也就是行政院長要率各部會首長總辭，讓總統任命新閣揆，再由新閣揆任命部會首長，一新耳目，展現新人新氣象。新官上任，有人因找到展現的舞台，像「天燈點火——飄飄然」；下台的會黯然離去。其實人生如「海上的波浪，有時起有時落」，每位部會首長，要有「上台靠機會，下台靠智慧」的認知。

Thiⁿ beh loh-hō，niâ beh kè--bû khó nāi hô ê tāi-chì

0183 天欲落雨，娘欲嫁—無可奈何的戴誌

ºㄊㄧ ㄇㆤㄏ⁴ ㄌㆦㄏ⁸ ㄏㆦ⁷ ㄋㄧㄚ⁵ ㄇㆤㄏ⁴ ㄍㆤ³——ㄇㄨ⁵ ㄎㆦ² ㄋㄞ⁵ ㄏㆤ⁵ ㆤ⁵ ㄉㄞ⁷ ㄐㄧ³

【暗示】由不得你的事。

【註解】天要不要下雨，不是人可以決定的。老爸死了，媽要不要再嫁？也不是孩子可以決定的。所以天下就是有這樣無可奈何的事。

【例句】我們公司總代理日本「大正製藥」當紅的減肥名藥，是近年醫藥市場劇烈競爭中，少數幾種業績持續成長的藥品。奈總經理不知什麼緣故，居然與日本解約，大家都很惋惜，真是「天欲落雨，娘欲嫁——無可奈何的戴誌」。

Thài-chú-iâ khí-pō--làng-káng

0184 太子爺起步—踉港

ㄊㄞ³ ㄗㄨ² ㄧㄚ⁵ ㄎㄧ² ㄅㄛ⁷ —— ㄌㄤ³ ㄍㄤ²

【暗示】開溜，也就是溜蹝。

【註解】太子爺：是擁護佛法的神，一般以封神榜內的哪吒、金吒，木吒稱為三太子，是廟會中活動常見陣頭之一。踉港：偷跑，也就是溜蹝。

【例句】陳水扁總統說：「大陸偷渡來台人士，絡繹不絕是抗議中共政權，用腳投票。」台北市長馬英九說：「如果陳總統所言，大陸偷渡來台人士，是『太子爺起步——踉港』屬實，那麼四十萬台商，跑到中國大陸尋找商機，是否也可以解釋為『對台灣的政治，用腳投票』，表示不滿？」

~~~~~~

Thài-kàm chhōa-bó--ū-khang bô-sún

0185 太監娶姆—有孔無榫

ㄊㄞ³ ㄍㄚㄇ³ ㄘㄨㄚ⁷ ㄅㄜ² —— ㄨ⁷ ㄎㄤ ㄅㄜ⁵ ㄙㄨㄣ²

【暗示】有傳聞沒有這樣的事。

【註解】太監：是宦官，宮中的僕役。被選為太監，入宮第一要事，是要去勢割掉睪丸，這樣才不會作怪，對皇室姬婢想入非非。孔、榫是木造房屋、傢俱，為了接合削製成的凸凹部分叫孔榫。凸出叫榫，凹入叫孔。此句暗喻男女生殖器官。

【例句】鄰居伍明欽伯伯多年來吃齋唸佛，沒事都到佛寺當義工，他的老婆硬指他老不修，與主持淡如法師有染，大家都認為他老婆所講的事「太監娶姆——有孔無榫。」

~~~~~~

Khòng-chú-kong pàng-phùi--bûn-khì chhiong-thian

0186 孔子公放屁—文氣沖天

ㄎㄛㄥ³ ㄗㄨ² ㄍㄛㄥ ㄅㄤ³ ㄆㄨㄧ³ —— ㄅㄨㄣ⁵ ㄎㄧ³ ㄑㄧㄛㄥ ㄊㄧㄢ

【暗示】讚嘆讀書人的高貴氣質。

【註解】至聖先師孔子，是讀書人的精神象徵，故其放屁戲稱文氣沖天。

【例句】海倫・凱勒雖然因為生病而失去聽力和視力，但是她很努力學習，長大後成為一位舉世欽敬的教育家，舉手投足之間，姿態都非常優美，完全展現讀書人的高貴氣質，報紙形容她言行舉止，像「孔子公放屁——文氣沖天」。

Khóng-chú poaⁿ-chhù--lóng-su

0187 孔子搬茨──(攏書)攏輸

ㄎㆲ² ㄗㄨ² ᵒㄅㄨㄚ ㄘㄨ³ ── ㄌㆲ² ㄙㄨ

【暗示】每次都輸了。

【註解】孔子：見「孔子个弟子──(賢人)閒人」篇。
孔子是位思想家、教育家，家裡存放的大都是經書，給人印象都是書。都是書叫攏書。
「攏書」與賭博全部輸掉的「攏輸」諧音。

【例句】台灣2004年320總統大選的賭盤，原來賭徒多數押在連宋贏了大選這一邊。選舉結果陳呂
以0.228%些微多數贏了連宋，當選總統。
照理押在陳呂這邊的賭徒贏了，卻因為發生「319槍擊案」，連宋提出「選舉無效」與
「當選無效」之訴，官司未定，導致輸方不願兌現。參加總統選舉賭盤的雙方賭徒，從來
沒人想到賭博雙方，會「孔子搬茨──(攏書)攏輸」？

~~~~~~

Khóng-chú ê phāiⁿ-pau--su-tai-chú

0188 孔子个踃包──(書袋子)書呆子

ㄎㆲ² ㄗㄨ² ㆤ⁵ ᵒㄆㄞ⁷ ㄅㄠ ── ㄙㄨ ㄉㄞ ㄗㄨ²

【暗示】死讀書，不通人情世故的人。

【註解】孔子：見「孔子个弟子──(賢人)閒人」篇。踃包：背包。孔子是思想家、教育家，雲遊
四海傳道授業，背包裡裝的都是經書，裝經書的「書袋子」與學而不通的「書呆子」諧
音。

【例句】有一對戀人，在台北街上爭論要到中正紀念堂的方向，男的說向東走，女的堅持往西走，
兩人在路上爭執得幾乎翻臉，剛好有個先生經過那兒，於是請他公斷往哪邊走才正確。這
位先生告訴眼前這位「孔子个踃包──(書袋子)書呆子」說：「如果你要往中正紀念堂，
便要往東走，如果你要女朋友，那就往西走。」

~~~~~~

Khóng-chú ê tē-chú--(hiân-lâng) eng-lâng

0189 孔子个弟子──(賢人)閒人

ㄎㆲ² ㄗㄨ² ㆤ⁵ ㄅㆤ⁷ ㄗㄨ² ── (ㄏㄧㄢ⁵ ㄌㄤ⁵) ㄥ⁵ ㄌㄤ⁵

【暗示】閒著沒事做的人。

【註解】孔子：中國春秋魯國人(公元前479-551年)，教育家、思想家，儒家思想宗師，世稱至聖
先師，學生達三千多人，頗多傑出，故譽之為賢人。
「賢人」與「櫻櫻美代子」的「閒人」諧音。

【例句】彰化縣二十八歲男子陳繹月，於2004年4月6日潛入二林鎮北平里一戶民宅行竊，得手現
金16,000元及信用卡、手機後，竟不逃離現場，看到被害人家中無人，竟像「孔子个弟子
──(賢人)閒人」，留下來在客廳看電視休息。謝姓被害人回家，發現客廳居然有陌生人
看電視，報警逮到這位烏龍小偷。

Chhiú-bóe-chîⁿ--sí-lâng-khóan

0190 手尾錢─死人款

ㄑㄧㄨˊ ㄇㄨㄝˊ ⁰ㄐㄧㄣˊ ── ㄒㄧˊ ㄌㄤˋ ㄎㄨㄢˊ

【暗示】那種不可救藥的德性或那種死樣子。

【註解】台灣風俗，人之將死，家人會拿一把錢，讓他握在手中，死後再分給子孫，叫手尾錢。款：金錢，如現款、欠款。

【例句】陳姓夫妻到國家音樂廳欣賞世界著名男高音多明哥演唱會，到了門口妻子看到老公長相，頓腳發飆道：「你看你還是『手尾錢──死人款』鬍子那麼長，也不刮一下！」陳先生回說：「有啊！我已經刮了」。妻子摸了摸他的下巴，又責問：「什麼時候刮的？」老公無奈的說：「妳開始化粧的時候刮的。」

~~~~~~

Bûn-ông thoa-chhia--chit pō chit pō hó

0191 文王拖車──一步一步好

ㄇㄨㄣˊ ㄛㄥˊ ㄊㄨㄚ ㄑㄧㄚ ── ㄐㄧㆵ ㄅㆦˉ ㄐㄧㆵ ㄅㆦˉ ㄏㄜˋ

【暗示】愈來愈好的意思。

【註解】文王：周武王之父周文王，姓姬名昌，施行仁政，諸侯都歸順他。一步一步好：多一步，好一步。相傳文王在渭水濱替姜太公拖車，其每走一步就代表周王室國祚多一年，故說「一步一步好。」

【例句】台灣2004年總統大選，陳水扁、連戰這兩位分別代表民進黨與國民黨的總統候選人，頻頻下鄉拜訪地方人士。有人以現在每個人都有政黨屬性，這樣拜訪有用嗎？總統候選人勤於拜訪地方人士有沒有用？只能說「文王拖車──一步一步好」。

~~~~~~

Ji̍t-pún-lâng ê hun-to-sih--(ké-khò)ké-khok

0192 日本人个分多式─(假褲)假酷

ㄖㄧㆵ ㄅㄨㄣˋ ㄌㄤˊ ㄝˉ ㄏㄨㄣ ㄉㄜ ㄒㄧㄏˋ ──（ㄍㆤˋ ㄎㆦˇ）ㄍㆤˋ ㄎㆦㄍˋ

【暗示】不是真正的冷酷。

【註解】日本人：日本國民，日本在亞洲東部太平洋中的島國，近世東亞強國之一，面積369,661平方公里，首都東京，君主立憲國家。分多式：丁字褲的日語。日本人的丁字褲，有人說那只是一塊遮布而不是褲子，有說是假的褲子。「假褲」與台語假裝很冷酷的「假酷」諧音。

【例句】將軍偕朋友利用放假到印尼觀光，他們好奇的跑去參觀天體營，遇到部隊裡一位貌美的女兵，也到印尼天體營度假。將軍對朋友眨眨眼，然後叫住女兵，對她說：「妳見到長官不會行禮嗎？」裸體的女兵，對眼前這位「日本人分多式──（假褲）假酷」的將軍說：「長官，我已經對您行了注目禮，而也看到答禮了。」

Jit-pún-lâng kiò tân lāu su--chin ló͘ sí

0193 日本人叫陳老師—真鹵死

ㄖㄧㄉ⁸ ㄅㄨㄣ² ㄌㄤ⁵ ㄍㄧ˙ㄜ³ ㄉㄢ⁵ ㄌㄠ⁷ ㄙㄨ —— ㄐㄧㄣ ㄌㄜˊ² ㄒㄧ˙ˊ²

【暗示】 煩死了。

【註解】 日本人稱呼台灣人，走音、變調難免，正如我們說別種語言，發音也不正確。日本人把陳老師叫做「真鹵死」，也就不足為怪了。

【例句】 南韓現代集團峨山公司董事長鄭夢憲，突於2003年8月3日跳樓自殺，留下「愚蠢的人，做出愚蠢的事」謎樣遺書一封，震驚南北韓朝野各界人士。現代集團係故鄭周永創辦，事業体從營造、造船、電子、汽車到量販店，是韓國最大工業集團，並主導北韓金鋼山觀光事業。鄭夢憲2003年安排南韓總統金大中、北韓主席金正日，舉行世紀高峰會轟動全球。因鄭夢憲涉及「兩韓利益密送」，近二周遭檢方三度約談，感到「日本人叫陳老師——真鹵死」而厭世。

Jit-pún-lâng phah m̄-kìⁿ hún-chiáu--bô-hoat-tō͘

0194 日本人扑唔見粉鳥—(無哈度)無法度

ㄖㄧㄉ⁸ ㄅㄨㄣ² ㄌㄤ⁵ ㄆㄚㄏˋ ㄇˊ °ㄍㄧ⁻³ ㄏㄨㄣˋ ㄐㄧㄠ² —— ㄎㄜ⁵ ㄏㄨㄚㄉˊ⁴ ㄉㄜ⁷

【暗示】 沒有辦法了。

【註解】 日本人：見「日本人分多式——假酷」篇。扑唔見粉鳥：丟失了鴿子。丟失了鴿子日語「無哈度」與沒辦法的「無法度」諧音。

【例句】 高志明隻身在外，春色惱人，每晚都「日本人扑唔見粉鳥——（無哈度）無法度」入睡，必打手槍解決性慾，但又感到殘害生靈，便在緊要關頭說：「孩子，不是爸爸不要你，是你媽媽不在家。」

Jit-pún-lâng ê khau-to--tian tò khau

0195 日本人仒刨刀—顛倒刨

ㄖㄧㄉ⁸ ㄅㄨㄣ² ㄌㄤ⁵ ㄝ⁵ ㄎㄠ ㄉㄜ —— ㄉㄧㄢ ㄉㄜ³ ㄎㄠ

【暗示】 正話反說，挖苦諷刺。

【註解】 日本人：見「日本人分多式——（假褲）假酷」篇。
刨刀：木工工具，用以刨平物體表面。刨刀使用方法可向前刨去，也可倒回刨平，所以叫正刨倒刨，台語叫做顛倒刨。

【例句】 翁新民與李文潔兩人，在大學時代是經常捉雙撕殺，誰也不讓誰的朋友，分手幾年後再次見面，李文潔就拿翁新民勤儉致富開玩笑說：「新民，你真不簡單，幫政府把台灣的貧富差距拉大。」翁新民聽到李文潔「日本人仒刨刀——顛倒刨」，隨口回他：「你花的錢，比賺的錢還多，把台灣搞成游手好閒的天堂，才不簡單。」

Jit-pún bí sit--hō i sí

0196 日本美食──恆伊死

ㄖㄧㆤㄍ⁸ ㄅㄨㄣ² ㄇㄞ² ㄒㄧㆤㄍ⁸ ── ㄏㆤ⁷ ㄧ ㄒㄧ²

【暗示】讓他死或給他死！

【註解】日本也和各國一樣，都有它的美食。所謂美食，顧名思義，就是好吃的東西。好吃，日本話翻成台語是「恆伊死」，給他死的諧音。

【例句】2003年8月8日父親節，台北市王姓市民應警察分局電請，前往指認他的女兒小惠。王小惠一身名牌，認為職業無貴賤，未來她還會比日本ＡＶ女優大浦安娜出名。她表示上網援交要玩三Ｐ、口交、車震均所歡迎。

老爸到警局看到女兒，不僅羞恥到那種地步，直說這是父親節給他最難過的禮物，巴不得一拳打過去，「日本美食──恆伊死！」

Jit-pún chhìn-pñg--(sù-sih) sù-sī

0197 日本清飯──(壽司)四是

ㄖㄧㆤㄍ⁸ ㄅㄨㄣ² ㄑㄧㄣ³ ㄅㄥ⁷ ── (ㄙㄨ³ ㄒㄧㄏ⁴) ㄙㄨ³ ㄒㄧ⁷

【暗示】四平八穩。

【註解】日本清飯──壽司，與非常順利完美的「四是」同音。

【例句】周記營造公司周董，做事、營造一向都很踏實，工程讓該公司承包，絕對不會偷工減料，也不會粗製濫造，所以林董事長出國前，特別交代新建第三幢廠房，無論如何都要給周記營造承建。他老人家說：「廠房工程交給周記營造建造，會如『日本清飯──(壽司)四是』。」

Jit-pún chhìn-pñg--(sù-sih)su-sí

0198 日本清飯──(壽司)輸死

ㄖㄧㆤㄍ⁸ ㄅㄨㄣ² ㄑㄧㄣ³ ㄅㄥ⁷ ── (ㄙㄨ³ ㄒㄧㄏ⁴) ㄙㄨ ㄒㄧ²

【暗示】輸得很慘。

【註解】日本清飯「壽司」，是一種米食。「壽司」與台語賭博輸得很慘的「輸死」，同音不同字，而被廣泛形容於賭博、比賽大輸。

【例句】孫阿福說他認識了一位貴人，這位貴人精通金銀財卦，透露天機、樂透牌號，要讓他一夕致富。阿福信以為真，也認為這下子「鹹魚能翻身了」，一次便簽了十二萬元，結果還不是「日本清飯──(壽司)輸死」。

Jit-pún kó-chhoe--tâ-tâ-ti

0199 日本鼓吹—噠噠知

ㄖㄧㄉ⁸ ㄅㄨㄣ² 《ㆦ² ㄘㄨㄟ —— ㄉㄚ⁵ ㄉㄚ⁵ ㄉㄧ

【暗示】吹牛。

【註解】日本：見「日本人分多式——（假褲）假酷」篇。鼓吹：樂器之一，屬小喇叭，小喇叭吹起來聲音：「噠噠知」。「噠噠知」台語是吹牛的意思。

【例句】帥哥簡世雄到公園蹓狗，跟朋友們閒聊過後，發現狗不知跑到哪兒去了，找了一會兒才看到他的母狗正和一隻公狗嘿咻。也看到一位妙齡女郎，正在觀賞那兩隻狗辦事，便走了過去，像「日本鼓吹——噠噠知」的對女郎說，他的工夫怎麼好又怎麼好，接著挑逗她說：「我的技巧，一定比妳那隻狗更棒！」「真的嗎？」女郎很感興趣的說：「你可以下去試試看啊，反正也是你自己的母狗。」

~~~~~~

Jit-pún tâng-tiáⁿ--bô-châi

0200 日本銅鼎—（無臍）無才

ㄖㄧㄉ⁸ ㄅㄨㄣ² ㄊㄤ⁵ °ㄉㄧㄚ² —— ㄇㆦ⁵ ㄗㄞ⁵

【暗示】能力不足，缺乏才能。

【註解】台灣早期民間炊煮使用的鍋鼎，都用鉎鐵做材料，產品粗糙笨重，而且鼎底有明顯的鼎臍。日本人使用的炊具——銅鼎，都用鋁材、較輕、美觀、精緻，看不到鼎臍。鼎臍的「臍」與台語人「才」的才字同音。「無才」，形容一個人無才能。

【例句】黃局長不知怎麼搞的，眼睛竟看走了眼，邱課長不過是位只會巴結奉承上司的人，十足「日本銅鼎——（無臍）無才」的傢伙，大小計劃案竟都交由邱課長負責審查，大家擔心有一天一定會出紕漏。

~~~~~~

Jit-pún gē-tòaⁿ--tōa-sek

0201 日本藝妲—大色

ㄖㄧㄉ⁸ ㄅㄨㄣ² ㆣㆤ⁷ °ㄉㄨㄚ³ —— ㄉㄨㄚ⁷ ㄙㆤ《⁴

【暗示】架子大。

【註解】日本：「日本人分多式——（假褲）假酷」篇。藝妲：藝妓，日本表演傳統歌舞的舞女。大色：日本藝妓，都受過嚴格的訓練，藝妓甚受觀眾歡迎，藝妓也就恃寵而驕。

【例句】藝人吳宗憲是當紅的綜藝節目天王，於2004年5月6日清晨喝酒駕車，被台北市大安警察分局敦化南路派出所員警劉英傑攔截。吳宗憲像「日本藝妲——大色」，不下車接受酒測，雙方僵持45分鐘。
台北市議員羅宗盛指責警方放水，不對吳宗憲採取強制執行規定，並傳聞讓他在取締一點鐘後，喝了礦泉水才進行酒測。羅議員質問王卓鈞局長，為何遇到名人，酒測標準動作全忘了？

Jit lóh se-san--siōng-âng

0202 日落西山—上紅

ㄇㄧㄉ⁸ ㄌㄛㄏ⁸ ㄙㄝ ㄙㄢ —— ㄒㄧㄛㄥ⁷ ㄤ⁵

【暗示】人氣最旺的時期。

【註解】日落西山：太陽早上從東邊昇起，到黃昏時下山，這時候西天一片燦爛的金紅色彩霞，所以形容為最紅的時刻。

【例句】張惠妹是目前台灣與中國「日落西山——上紅」的歌星。2000年520阿扁總統就職典禮，請這位卑南族原住民歌手唱了一首國歌後，三四年來被中國視為綠色歌手，在中國演唱遭到抵制，被迫宣布取消演唱會。呂秀蓮副總統認為張惠妹身為台灣人，要勇敢的唱出自己的國歌，不必選擇屈辱。張惠妹說她是小孩子，政治是大人的事，她不知道。

~~~~~~

Góeh-niû-ē khòaⁿ iáⁿ--ná khòaⁿ ná tōa

0203 月娘下看影—那看那大

ㄍㄨㄝㄏ⁸ ㄋㄧㄨ⁵ ㄝ⁷ ㄎㄨㄚ³ °ㄧㄚ² —— ㄋㄚ² °ㄎㄨㄚ³ ㄋㄚ² ㄉㄨㄚ⁷

【暗示】自我膨脹。

【註解】月娘下：月光下。看影：看月光照射下來自己的影子。那看那大：感覺上越看越大。

【例句】男生甲說：「我叔叔被蜜蜂螫到，整個頸部都腫起來了。」男生乙說：「這也沒什麼，我哥哥被虎頭蜂螫到了，整張臉部都腫起來，看不到眼睛。」「那更沒什麼。」男生丙說：「我姊姊肚子不知道被什麼螫到，整個肚子像『月娘下看影——那看那大』，快要爆炸了。」

~~~~~~

Bák-sai-á kì chhâ-khơ--tang-chit-kù sai-chit-kù

0204 木師仔鋸柴箍—(東一鋸、西一鋸)東一句、西一句

ㄅㄚㄍ⁸ ㄙㄞ ㄚ² ㄍㄧ³ ㄑㄚ⁵ ㄎㄛ —— ㄉㄤ ㄐㄧㄍ⁸ ㄍㄨ³ ㄙㄞ ㄐㄧㄍ⁸ ㄍㄨ³

【暗示】人多意見多。

【註解】木師仔：木工師父。鋸柴箍：用鋸子鋸木頭。東一鋸、西一鋸：兩個師父各一方拉著鋸子鋸木頭。「東一鋸、西一鋸」與台語人多話雜的「東一句、西一句」諧音。

【例句】台灣2004年總統選舉，引發延續14年前「野百合」靜坐絕食事件重演。靜坐同學在得不到陳水扁回應下，於2004年4月10日凌晨，穿著「背向政客；民主已死」面對媒體，宣佈結束173小時的靜坐絕食。由台大陳政峰、陳傳儒帶頭，在中正紀念堂前靜坐絕食學生，訴求主題像「木師仔鋸柴箍——(東一鋸、西一鋸)東一句、西一句」，從要求「陳水扁、連戰、宋楚瑜公開向國人道歉」啦、「聯合內閣」啦、「反歧視族群平等」啦，到「只問黑白，不問藍綠」啦、「要民主」啦、「要真相」。民眾認為這群學生，是陷入政治狼群中的小白兔，也有人說輪流絕食宛如「減肥班」。

Bảk-sat--chiảh-kheh

0205 木蝨—食客

ㄅㄚㄍˋ ㄙㄚㄉˋ —— ㄐㄧㄚㄏˋ ㄎㄝㄏˋ

【暗示】客人的謙稱，或形容白吃的人。

【註解】木蝨：是一種會吸人血的小蟲。食客：受招待飲食的客人。

【例句】新竹市胡姓司機多年來在外面吃喝嫖賭，卻從沒拿過錢補貼家用和孩子的教育費，又經常要求「嘿咻」。他的老婆認為老公有如「木蝨——食客」不合算，訂立夫妻遊戲規則，吃一頓飯便當價80元，在家睡覺一晚一千元，如果要求嘿咻，按照行情另收二千元。胡姓司機履行條件一陣子後，越想越不合算，申請調解委員會調解，雙方協議胡司機每月要給老婆兩萬元生活費用，但以後和老婆上床，就不必再付費。

Chúi-gû làu-sái--pháiⁿ-ūn

0206 水牛瀡屎—歹運

ㄗㄨㄧ² ㄍㄨ⁵ ㄌㄠ³ ㄙㄞ² —— °ㄆㄞ² ㄨㄣ⁷

【暗示】運氣不好

【註解】水牛瀡屎：水牛下痢。歹運：古時候化學肥料昂貴，農民都會利用豬牛糞便做基肥。碰到水牛下痢，不僅牛糞難撿，更難拿回去，所以叫「歹運」。
「歹運」與台語運氣不好的「歹運」同字同音。

【例句】台灣人都很好賭，連總統選舉也當做賭盤來賭。這場總統大選，只有泛綠的陳水扁、呂秀蓮，泛藍的連戰、宋楚瑜兩組人馬。賭盤先看好連宋，所以以陳呂0比連宋50下賭，接著隨民調起伏而調整。各縣市民眾紛紛下注，警政署擔心影響選情，進行全省掃蕩，高達數十億元賭金，都被警方扣押。害得那些大小組頭錢還沒賺到手，賭金已落入警方手中，紛紛訐譙警方，並抱怨「水牛瀡屎——歹運」。

Chúi-gû pak-tó͘--chháu-pau

0207 水牛腹肚—草包

ㄗㄨㄧ² ㄍㄨ⁵ ㄅㄚㄍˋ ㄉㄛ² —— ㄘㄠ² ㄅㄠ

【暗示】不學無術的人。

【註解】水牛：耕田、拉車的牛隻。腹肚：肚子。水牛是食草動物，體大食量大，吃得肚子像草包。

【例句】傳令兵江有吉除了賭博其他什麼都不會，不但好賭又從不輸錢，是連上頭痛人物。連長特別和營長商量，把這個「水牛腹肚——草包」調到營部去，看他還能不能賭博？「聽你們連長說，你喜歡賭博，都賭些什麼？」「報告營長，什麼都賭，比方我就以一千元賭你的屁股有胎記。」「你輸了！」營長脫下褲子：「把一千元拿來，我屁股沒有胎記。」營長贏了錢打電話給連長：「你那個草包傳令兵，剛輸了我一千元，相信以後不敢再打賭了。」「什麼？」連長叫起來：「他和我打賭五千元，說他只要見到你十分鐘內，叫你脫褲子…」

Chúi-gû kòe khe--kāu-sái-jiō

0208 水牛過溪—厚屎尿

ㄕㄨㄧ² ㄍㄨ⁵ ㄍㄨㄝ³ ㄎㄝ —— ㄍㄠ⁷ ㄙㄞ² ㄇㄧㄛ⁷

【暗示】小動作特別多，令人討厭。

【註解】水牛過溪：水牛趕過溪流，會頻頻放尿解便。

【例句】活動結束後，主辦單位對應邀演講的教授，進行成果與反應的檢討，會中多位成員對專題演講「如何規劃快樂的退休生涯」之高教授，像「水牛過溪——厚屎尿」頗為感冒。不過巫主任頗為欣賞所舉例的幾句話，他說：「男人的臉是他的人生履歷表」、「女人的臉是他的人生損益表」，以及「在愛中有人『視死如歸』；在婚姻中，有人『視歸如死』」等幾句話，都充滿哲理。

~~~~~~~~~~~~~~~~~~~~~~~~~~~~~~~~~~

Chúi-sian bô khui-hoe--chng-sòan

0209 水仙無開花—裝蒜

ㄕㄨㄧ² ㄒㄧㄢ ㄅㄛ⁵ ㄎㄨㄧ ㄏㄨㄝ —— ㄗㄥ ㄙㄨㄢ³

【暗示】假裝不知或假裝糊塗。

【註解】水仙：水仙花，葉子尖尖像蒜，水仙花白瓣黃蕊。裝蒜：水仙花沒有開花時，花株頗像蒜仔，故叫裝蒜。

【例句】曹永仁下班回家還沒抵達家門，遠遠看到一輛警車停在門口覺得不妙，尤其又看到老人家從警車下來後，由兩位警員扶持進入房子裡更覺得不安。「謝謝！謝謝！」曹永仁不斷的向警員道謝。「我爸怎麼啦？」「沒什麼！」一位警員說：「在博物館前迷了路。」「我是走累了。」老人家看到警員們走了才說，曹永仁才知老爸是「水仙無開花——裝蒜」。

~~~~~~~~~~~~~~~~~~~~~~~~~~~~~~~~~~

Chúi-pûi-chhia pâi-kui-lét-- thoa-sái-liân

0210 水肥車排歸列—(拖屎連)拖屎憐

ㄕㄨㄧ² ㄅㄨㄧ⁵ ㄑㄧㄚ ㄅㄞ⁵ ㄍㄨㄧ ㄌㄝㄉ⁸ —— ㄊㄨㄚ ㄙㄞ² ㄌㄧㄢ⁵

【暗示】非常糟糕或這下子慘了的含意。

【註解】水肥：是人的糞便，水肥車是裝載糞便的運輸車。裝載糞便的運輸車，排歸列成為一系列的車隊，叫做拖屎連。台語「拖屎連」與「很糟糕」的「拖屎憐」諧音。

【例句】新竹市施性忠以黨外身分當選市長，市議會國民黨議長鄭再傳運用議會多數暴力通過議長、副議長座車預算，並否決市長、主任秘書座車預算。施市長為突顯國民黨打壓黨外市長問題，坐水肥車到省府中興新村開會，弄得全國皆知。碰到施性忠這樣的市長，國民黨真是「水肥車排歸列——(拖屎連)拖屎憐」。

Chúi lâu phòa-pò--ún-sip

0211 水流破布──(穩濕)穩嗑

ㄙㄨㄧˊ ㄌㄠˊ ㄆㄨㄚˇ ㄅㄛˇ ── ㄨㄣˊ ㄒㄧㄣˋ

【暗示】一定有得喝。

【註解】水流破布：被水流走的布塊。在水中流失的布塊，一定會浸水，濕濕的，所以叫穩濕。台語小酌叫嗑。「穩濕」與台語有酒可小喝一下的「穩嗑」諧音。

【例句】親民黨主席宋楚瑜對於320總統選舉國親開票結果不服，申請驗票充滿信心，認為只要其握有權力，翻盤百分之百成功。民眾對於國親翻盤是否會成功紛紛打賭，有押在陳水扁、呂秀蓮這邊，有押在連戰、宋楚瑜身上，打賭包括金錢、請客，其中輸贏以請客為多，大家都信心滿滿，認為「水流破布──(穩濕)穩嗑」。

Chúi-kúi phiàn sêng-hông--phiàn lāi-hâng-lâng

0212 水鬼騙城隍──騙內行人

ㄙㄨㄧˊ ㄍㄨㄧˊ ㄆㄧㄢˇ ㄒㄧㄥˊ ㄏㄛㄥˊ ── ㄆㄧㄢˇ ㄌㄞˊ ㄏㄤˊ ㄌㄤˊ

【暗示】外行騙內行，騙不過。

【註解】民間傳說因溺水而死的水鬼，必須找一替身，才能再度投胎轉世，但若能忍耐三年不找人替死，也算是功德一件，可擔任城隍爺。因此，城隍爺乃水鬼過來「鬼」，水鬼如何能騙城隍？

【例句】彰化縣議會議長陳紹輝對天發誓：「本席選議長完全清白選舉，如花一塊錢買票，天誅地滅！」大家說陳議長是「水鬼騙城隍──騙內行人」！

Chúi-kúi piàn sêng-hông--ko-seng

0213 水鬼變城隍──高升

ㄙㄨㄧˊ ㄍㄨㄧˊ ㄅㄧㄢˇ ㄒㄧㄥˊ ㄏㄛㄥˊ ── ㄍㄜ ㄒㄧㄥ

【暗示】平凡者也有時來運轉，獲得高升的時候。

【註解】傳說嘉義紅毛埤住一個水鬼，因地處偏僻很難找到替死鬼。好不容易等到一個漁夫，把他壓到水裡去，漁夫裝死。水鬼以為已經找到替身，高興的跑去要求閻王投胎轉世，卻被閻王斥回。水鬼回去發現漁夫已經連鬼牌也帶走，找漁夫要求還他鬼牌。漁夫說：「只要你幫我在水底趕魚群，我就還你。」漁夫於是每晚都到紅毛埤捕魚，也和水鬼聊天。有一天，水鬼說明天有個小朋友會失足落水，他有了替死鬼能投胎轉世了。但是漁夫把小朋友救起來。接連幾次都是這樣救人，水鬼也看開不再害人了。閻王知道他已無害人之心，升他為城隍爺。

【例句】林志明任公所課員十年，一直無機會升官，最近因助選有功，新任鄉長派為鄉公所主任秘書，真是「水鬼變城隍──高升」了！

Chúi im kàu aⁿ-kún--tú-tiȯh

0214 水淹到頷頸─拄著

ㄗㄨㄧˊ ㄧㄇ ㄍㄠˋ ㄚㄇˇ ㄍㄨㄣˊ ── ㄉㄨˋ ㄉㄧㄜㄏˇ

【暗示】事到如今，別無選擇。

【註解】水淹到頷頸：水淹到頸部，接下去便淹到鼻子。水淹到鼻子是極限，已經無法忍受了。拄著：事到如今，只有豁出去了。

【例句】東帝士集團是國內聞名企業，負責人陳由豪因不滿政府把他列為「錢進大陸，債留子孫」的十大通緝要犯，突於2004年3月20日總統選舉前，爆料民進黨政府多人收到他的政治獻金。「政治獻金」這回事，是一個願打，一個願挨，誰也勉強不了誰。陳由豪在總統選舉前爆料，民進黨說這是對手利用他打擊陳水扁。陳由豪卻說：「他是『水淹到頷頸──拄著』才豁出去。」

~~~~~~

Chúi-chiⁿ bȧk-kiàⁿ--chāi lâng kȧh-bȧk

0215 水晶目鏡─在人合目

ㄗㄨㄧˊ ゜ㄐㄧ ㄇㄚㄍˇ ㄍㄧㄚˋ ── ㄗㄞˇ ㄌㄤˊ ㄍㄚㄏˇ ㄇㄚㄍˇ

【暗示】隨個人喜愛。

【註解】水晶目鏡：用水晶做鏡片的眼鏡。在人合目：任由個人的喜惡，即隨緣決定。

【例句】甲乙兩個好朋友聊天，聊到做愛時間的問題：「什麼時間做愛最好？」「我喜歡晚上做愛，」甲說：「燈光暗暗的，四周靜靜的，有神秘感，氣氛好。」「做愛的時間，像『水晶目鏡──在人合目』，」乙持另種看法：「我比較喜歡白天，白天都不是同一個人。」

~~~~~~

Chúi-ke seⁿ bóe--ké-ku

0216 水蛙生尾─假龜

ㄗㄨㄧˊ ㄍㄝ ゜ㄙㄝ ㄇㄨㄝˋ ── ㄍㄝˋ ㄍㄨ

【暗示】假扮架勢。

【註解】水蛙：青蛙，兩棲類動物名，屬脊椎動物，由蝌蚪變成，體短闊背，小尖下廣，能捕食害蟲，有益農事，稱益蟲。生尾：生尾巴，青蛙由蝌蚪演變而生，蝌蚪有尾巴，變蛙後就沒有尾巴。假龜：有尾巴的青蛙，混充為烏龜。

【例句】我雖然認為林課長比別人多讀了一點書，也確實比較有學問，但是不欣賞他那種「水蛙生尾──假龜」的態度。

不過他說「紅顏多薄命，黃臉要認命」，以及什麼「如果婚姻是愛情的墳墓，那麼一年一次的結婚周年慶祝，便像在掃墓」，是有些歪理的。

Chúi-ke thiàu lóh hî-tî--put-thong

0217 水蛙跳落魚池──(噗通)不通

ㄗㄨㄟ² ㄍㄝ ㄊㄧㄠ³ ㄌㄜㄏ⁸ ㄏㄧ⁵ ㄉㄧ⁵ ── ㄅㄨㄍ⁴ ㄊㄛㄥ

【暗示】行不通的意思。

【註解】水蛙：見「水蛙生尾──假龜」篇。跳落魚池：跳入魚池。噗通：青蛙躍入水池的聲音。「噗通」與台語行不通的「不通」諧音。

【例句】台灣自稱是第二次世界大戰以來美國的忠實盟邦，1972年2月27日美國總統尼克森預定訪問中國大陸，我於22日即農曆正月初一日在大門口貼上『尼克森』、『中華民國』的春聯。當天早上警備總部、憲兵司令部、調查局等單位大隊人馬，將我家團團包圍起來，要我解釋春聯的含意？他們說『尼克森』三字、『中華民國』四字，當做春聯，根本是「水蛙跳落魚池──（噗通）不通」，叫我老實報告動機。我在秀才遇到兵，有理講不清的情況下，告訴他們台灣自稱是美國盟邦，現在美國總統尼克森要訪問中國，我認為『尼克森』對不起『中華民國』，表示抗議難道不行嗎？

Chúi-ke ê a-hiaⁿ--chheⁿ-ioh-á

0218 水蛙仝阿兄──青蜍仔

ㄗㄨㄟ² ㄍㄝ ㄝ⁵ ㄚ ᵒㄏㄧㄚ ── ᵒㄑㄝ ㄧㄛㄏ⁴ ㄚ²

【暗示】瞎猜一通。

【註解】水蛙：見「水蛙生尾-假龜」篇。阿兄：哥哥。水蛙仝阿兄：水蛙的哥哥。青蜍仔：青蜍仔是水蛙的另一品種，比水蛙稍大，外皮有青葛色，故稱之為青蜍。
台語「青蜍」是瞎猜的意思。

【例句】即將離職的柯姓傭婦，臨別對女主人說：「林太太，妳一定會生男孩子。」林太太很高興頭胎會生男孩子，但是也認為阿珠一定是『水蛙仝阿兄──青蜍仔』吧？她問柯婦：「妳怎知道我會生男孩子？」「那還不簡單。」柯姓傭婦一邊揮手一邊說：「沒有一個女人，會跟妳和睦相處六個月以上的。」

Hóe-chhia-thâu chhut ian--pèh-khì

0219 火車頭出煙──白氣

ㄏㄨㄝ² ㄑㄧㄚ ㄊㄠ⁵ ㄘㄨㄉ⁴ ㄧㄢ ── ㄅㄝㄏ⁸ ㄎㄧ³

【暗示】不值得生氣。

【註解】火車頭：火車機關頭。出煙：火車蒸氣機冒出白煙（霧氣）。白氣：火車蒸氣機冒出的水蒸氣，叫白氣。「白氣」與台語生氣也沒用，也叫「白氣」。

【例句】台北市議員田欣被狗仔隊拍到與小妹助理到飯店開房間的鏡頭。田欣已經正式向社會道歉。民眾對於田欣只向社會道歉，沒向老婆道歉，為她的老婆黃儀清不平。黃儀清說：「田欣婚姻一再出軌，我一直以人性的弱點包容，沒想到老公習慣性外遇，已成宿疾。對於這種老公，要生氣、要和他吵架，都是『火車頭出煙──白氣』。」

Hóe-chhia háu phêng kú è--(oȧt hiáng oȧt khì) oȧt siūⁿ oȧt khì

0220 火車嚎憑久仔──(越響越氣)越想越氣

ㄏㄨㄟ² ㄑㄧㄚ ㄏㄠ² ㄆㄧㄥ⁵ ㄍㄨ² ㄝ³ ──(ㄨㄚㄉ⁸ ㄏㄧㄤ² ㄨㄚㄉ⁸ ㄎㄧ⁻³) ㄨㄚㄉ⁸ ˚ㄒㄧㄨ⁷ ㄨㄚㄉ⁸ ˙ㄎㄧ⁻³

【暗示】越想火氣越大。

【註解】火車:在鐵路上行駛的車輛。嚎憑久仔:長鳴的意思。越響越氣:火車汽笛鳴得愈長,水蒸氣冒出來愈多。

【例句】一位搶匪從暗巷閃出來,用槍抵著男士的背,大聲喝斥:「不許你叫!把錢拿出來!」「你知道我是誰嗎?」被挾持的男士說:「我是立法委員哪!」那位搶匪聽到對方說是立法委員,就『火車嚎憑久仔──(越響越氣)越想越氣』起來:「那麼!把錢還給我!」

~~~~~~

Hóe-chòng-tiûⁿ ê tōa-tiáⁿ--chhá-sí-lâng

0221 火葬場个大鼎──(炒死人)吵死人

ㄏㄨㄟ² ㄗㄛㄥ³ ˚ㄉㄧㄨ⁷ ㄝ⁵ ㄅㄨㄚ⁷ ˚ㄉㄧㄚ² ── ㄘㄚ² ㄒㄧ² ㄌㄤ⁵

【暗示】吵鬧得叫人受不了的樣子。

【註解】火葬場:是焚化屍體的地方。大鼎:大的火鍋。火葬場个大鼎,是形容火葬場設置的火鍋,除了炒死人外,沒有其他用途。「炒死人」與「吵死人」諧音。

【例句】泛藍組織因為他們支持的連戰、宋楚瑜在總統選舉時落選心有不甘,發起多場大規模的抗爭活動,有327、410等動輒動員數十萬人;且於410示威中,投擲汽油彈引發暴動。泛藍組織未獲民進黨對於他們要求成立『319真相調查委員會』的善意回應,揚言將於總統就職前之519再發動更大規模抗爭。台大醫院醫師及護理人員聽到泛藍要再來,那種「火葬場个大鼎──吵死人」的聚眾抗爭,都快要哭出來。

~~~~~~

Hóe sio khit-chiȧh-liâu--hō put tan hêng

0222 火燒乞食寮──禍不單行

ㄏㄨㄟ² ㄒㄧㄜ ㄎㄧㄉ⁴ ㄐㄧㄚㄏ⁸ ㄌㄧㄠ⁵ ── ㄏㄜ⁷ ㄅㄨㄉ⁴ ㄉㄢ ㄏㄧㄥ⁵

【暗示】不幸的事接連而來。

【註解】乞食寮:乞食到處行乞討飯吃,可以說有一餐沒有一餐,由此可知住的地方,也是茅屋草寮,連這種簡陋的草寮,也被火燒掉了,不幸事故接連而來。

【例句】「失業漢自殺 六歲娃救父」這是2004年5月11日聯合報社會版醒目的標題,其他各報也顯著報導。這位手機救父的胡姓男童,父母於去年離異,與父親生活在一起,這位失業的父親,為了要站起來,貸款五十萬元要與友人合資經營傳播公司,沒想到「火燒乞食寮──禍不單行」竟被朋友捲款逃走。在走投無路下開瓦斯自殺,胡童打119求救,卻被誤認為孩子惡作劇,連忙轉打110,才撿回爸爸生命。

Hóe sio kam-chià-hn̂g--bô-hàh

0223 火燒甘蔗園──(無葉)無合

ㄏㄨㄝ² ㄒㄧㄛ ㄍㄚㄇ ㄐㄧㄚ³ ㄏㄥ⁵ ── ㄅㄛ⁵ ㄏㄚㄏ⁸

【暗示】不符合常理或不搭配。

【註解】火燒甘蔗園：甘蔗園發生火災，甘蔗葉子是易燃物，只要一把火就會燒光光。無葉：甘蔗葉被燒光，便成為沒有葉子，沒有葉子叫「無葉」，與台語不符合道理常情的「無合」諧音。

【例句】女主人對於女傭未結婚懷孕，認為「火燒甘蔗園──(無葉)無合」，問她說：「阿嬌，妳是不是懷孕了？」女傭點了點頭。女主人隨口訓斥她：「妳還沒結婚，難道不覺得害羞嗎？」「我為什麼要害羞？」女傭頂撞她：「妳不是也懷孕了嗎？」「可是，」女主人理直氣壯的說：「我是懷我先生的孩子。」
「我也是懷妳先生的孩子啊！」女傭人大聲的回她。

Hóe sio ba̍k-bâi--gán chêng ê sū

0224 火燒目眉──眼前个事

ㄏㄨㄝ² ㄒㄧㄛ ㄅㄚㄍ⁸ ㄅㄞ⁵ ── ㄅㄢ² ㄐㄧㄥ⁵ ㄝ⁵ ㄙㄨ⁷

【暗示】呈現在眼前的問題。

【註解】火燒目眉：火燒到眉毛，那絕對是眼前的事。

【例句】1948年美國哲學家杜威與杜魯門競選總統，各種民調顯示杜威遙遙領先杜魯門。杜威欣喜之餘，對老婆說：「妳將和美國總統共床而眠，有何感想？」「榮幸之至！希望能早一點和美國總統同床。」沒想到選舉結果，杜威竟然陰溝裡翻船，老婆問他「火燒目眉──眼前个事」說：「老公，你說我去華盛頓，抑或請杜魯門到這兒來睡覺？」

Hóe-sio tek-á-nâ--bô-tek-khak

0225 火燒竹仔林──(無竹殼)無的確

ㄏㄨㄝ² ㄒㄧㄛ ㄅㄝㄍ⁴ ㄚ² ㄋㄚ⁵ ── ㄅㄛ⁵ ㄅㄝㄍ⁴ ㄎㄚㄍ⁴

【暗示】不一定。

【註解】火燒竹仔林：火災燒到竹林了。無竹殼：火燒到竹林了，連竹殼都燒光了。竹殼燒光了，也等於沒有竹殼了，沒有竹殼與台語不一定的「無的確」諧音。

【例句】台灣開放民眾駕駛大型、重型機車，歹徒看準有利可圖，與日本竊盜集團合作，要他們在日本偷車，偷運到台灣轉賣。騎大型、重型機車很拉風，成為搶手貨。一部二十萬，「進口」即被買走。因此想買一輛贓車過癮，也「火燒竹仔林──(無竹殼)無的確」買得到。

Hóe sio tang-káng--chôan-bô-bāng

0226 火燒東港──(全無網)全無望

ㄏㄨㄝ² ㄒㄧㄜ ㄅㄤ ㄍㄤ² ── ㄗㄨㄢ⁵ ㄅㄜ⁵ ㄅㄤ⁷

【暗示】沒有希望了。

【註解】東港：屏東縣轄。東港為一漁港，居民多漁民，水產養殖事業發達。「到東港食海產」是美食專家常說的一句話。東港到處可看到漁民曬魚網，火燒東港，把漁網燒掉，變成「無網」，與台語「無望」同音。

【例句】剛從大學畢業的吳姓女子，還在就學中就被劉姓、高姓男子先後包養。兩人為爭取芳心，頻頻買禮物送殷勤。劉、高分別每月提供三、五萬生活費用。劉未婚，高已婚，但財力雄厚，吳女四月開始疏遠劉姓男友，劉姓男友在「火燒東港──(全無網)全無望」情況下，向高姓情敵的太太告密，被捉姦在床，案已移送桃園地方法院檢察署偵辦。

Hóe sio nâ-tâu--bōe sí sim

0227 火燒林投──燴死心

ㄏㄨㄝ² ㄒㄧㄜ ㄋㄚ⁵ ㄉㄠ⁵ ── ㄅㄨㄝ⁷ ㄒㄧ² ㄒㄧㄇ

【暗示】堅決不改變意志。

【註解】林投：葉長如鯊魚劍，有刺如鋸狀，生長在海邊、河溝岸邊的野生植物，果實像金黃色鳳梨，可以吃，但很少人吃它。漁民或農民要消除林投，都放火燒，可是春風吹又生，新芽很快又會長出來，所以說「火燒林投──燴死心」。

【例句】民進黨第4任黨主席許信良說，他小時候就立志要當總統。公元2000年台灣選舉第十任總統，民進黨提名陳水扁競選，許信良明知大勢已去，仍然執意參選，雖然最後落敗，大家都說許信良想當總統，「火燒林投──燴死心」應該要死心了。

Hóe sio siòng-kóan--(sio siòng)sio-siâng

0228 火燒相館──(燒相)倆相

ㄏㄨㄝ² ㄒㄧㄜ ㄒㄧㄛㄥ³ ㄍㄨㄢ² ── (ㄒㄧㄜ ㄒㄧㄛㄥ³) ㄒㄧㄜ ㄒㄧㄤ⁵

【暗示】相同的意思。

【註解】照相館發生火災，照片都被烈火燒掉。燒掉照片叫「燒相」，與台語「倆相」諧音。

【例句】立法委員段宜康檢舉文化大學前校長林彩雲，於2002年擔任文大企管系教授，不但指導其女蘇翠芸碩士論文，且任其抄襲。案經教育部調查、比對，認定《美日多國籍企業經營策略之研究》畢業論文，確實與其母的著作「火燒相館──(燒相)倆相」，函知文大處理。文大基於教育部減班、減補助等各種壓力，董事會已經解除林彩雲的校長職務。

Hóe sio âng-liân-sī--miāu chai

0229 火燒紅蓮寺—(廟災)妙哉

ㄏㄨㄜ² ㄒㄧㄜ ㄤ⁵ ㄌㄧㄢ⁵ ㄒㄧ⁻ —— ㄇㄠ⁷ ㄗㄞ

【暗示】巧妙有趣。

【註解】火燒紅蓮寺：大火燒掉紅蓮寺。傳統戲曲《白蛇傳》寫白蛇（白素真）思凡下山，與侍女青蛇（小青）同至杭州，白同店伙許仙結為夫妻，後被法海和尚以白為妖，用佛法鎮于「雷峰塔」，「雷峰塔」在「紅蓮寺」內。

【例句】台北市廿八歲男子曹以新認為色情行業也可以企業化經營，更認為「最危險的地方就是最安全的地方」，而在中山分局中二派出所隔壁的商業大樓，以「艾迪達」公司做起應召站，還以「美食外送」為名散發傳單。該「美食外送」應召站有一「四川辣妹」招牌菜，大家對曹以新應召站取名「美食外送」，都讚之為「火燒紅蓮寺——（廟災）妙哉」。

Hóe sio chháu-po͘--bô kiù

0230 火燒草埔—無救

ㄏㄨㄜ² ㄒㄧㄜ ㄘㄠ² ㄅㄜ —— ㄅㄜ⁵ ㄍㄧㄨ³

【暗示】大勢已去或無藥可救。

【註解】草埔都是易燃物的雜草，只要一處著火，火勢猛烈，很快就燎原燒盡。

【例句】中國陝西省固縣北方樂園，發生中學生在游泳池游泳時溺水，池邊沒人主動下水救助。後來有人看情況越來越危急，才有一男子提出「要下水救人，老闆必須付出一千元救助費」的條件。但老闆只願意付二百元，兩人討價還價之間，人已經溺死了。這種有錢才要救人的人性，與「火燒草埔——無救」一樣可怕。

Hóe sio bōng-á-po͘--hun-kúi

0231 火燒墓仔埔—(燻鬼)煙鬼

ㄏㄨㄜ² ㄒㄧㄜ ㄅㄛㄥ⁷ ㄚ² ㄅㄜ —— ㄏㄨㄣ ㄍㄨㄧ²

【暗示】形容煙槍為煙鬼。

【註解】墓仔埔：墳墓，是死人，也就是鬼聚居的地方。墳墓大部分都疏於管理維護，雜草叢生，發生火災會立即燎原，首當其衝的就是那兒的鬼了，所以叫「火燒墓仔埔——（燻鬼）煙鬼」。「燻鬼」與老煙槍的「煙鬼」同音。

【例句】台灣加入世界貿易組織（WTO）後，依協定，香煙都要漲價了，「火燒墓仔埔——（燻鬼）煙鬼」有得受了。

Hóe sio bāng-á-liâu--bô-bāng

0232 火燒網仔寮──(無網)無望

ㄏㄨㄝˊ ㄒㄧㄛ ㄅㄤˊ ㄚˋ ㄌㄧㄠˊ ── ㄅㄜˊ ㄅㄤˊ

【暗示】沒有希望了。

【註解】網仔寮：放置魚網子的茅舍草寮。放置魚網的茅舍草寮被火燒掉了，魚網也都被燒光了，便成無網了。「無網」與台語的「無望」諧音。

【例句】「望夫歸來　癡情女一等30年」，這是2004年4月15日《聯合報》斗大的標題，附題：「專情的她，年輕時貌美如花，不顧家人反對下嫁，豈料老公結新歡離家；傷心的她，對愛人已病逝，天天佇立火車站前，仍盼心上人回心轉意。」這位每天都會穿著入時，到豐原火車站的魏姓婦人，不相信愛人已病死，團圓已經是「火燒網仔寮──(無網)無望」，仍翹首望著車站來來往往的旅客，令人鼻酸。

~~~~~~

Hóe sio gîn-chóa-tiàm--oē hō thó-tī-kong

0233 火燒銀紙店──劃恆土地公

ㄏㄨㄝˊ ㄒㄧㄛ ㄭㄧㄣˊ ㄗㄨㄚˋ ㄉㄧㄚㄇˇ ── ㄨㄝˊ ㄏㄜˇ ㄊㄜˋ ㄉㄧˊ ㄍㄛㄥ

【暗示】空殼人情。

【註解】銀紙店：賣金燭銀紙的商店。劃恆土地公：銀紙被大火燒掉了，才說這些本來是要獻給土地公的，可惜被火燒掉了。

【例句】電視對於國親泛藍陣營自2004年3月20日總統選輸後，持續十多天在台北凱達格蘭大道抗爭，訪問許多民眾的看法，支持泛藍的民眾都認為選舉不公，抗爭有理；支持泛綠的民眾認為選輸胡鬧沒道理。有位高姓年輕人很可愛，他說：「選後抗爭十多天來，每天早、中、晚都有熱心民眾提供餐飲，讓他省了十多天的膳食費，他贊成繼續抗爭下去。」像這樣享用「火燒銀紙店──劃恆土地公」，到廣場白吃白喝的民眾可能不只一位。

~~~~~~

Hóe sio ti-thâu--bīn-sek，bīn-sek

0234 火燒豬頭──面熟，面熟

ㄏㄨㄝˊ ㄒㄧㄛ ㄉㄧ ㄊㄠˊ ── ㄅㄧㄣˇ ㄙㄝㄍˋ ，ㄅㄧㄣˇ ㄙㄝㄍˋ

【暗示】似曾相識。

【註解】豬頭是豬的面部。火燒豬頭，會燒熟面部，豬的面部燒熟了，叫做「面熟」。

「面熟」是台語很「熟悉」的意思。

【例句】「奇怪，我怎麼想不起來？剛才在車站和我揮手打招呼的那位仁兄，覺得『火燒豬頭──面熟，面熟』，竟想不起他是誰來？」

Gû-bah kòan chúi--tap-tih

0235 牛肉灌水—沓滴

兀ㄨ⁵ ㄇㄚㄏ⁴ ㄍㄨㄢ³ ㄗㄨㄟ² —— ㄉㄚㄅ⁴ ㄉㄧㄏ⁴

【暗示】形容話多或雜事煩屑。

【註解】牛肉灌水：賣牛肉的商販為增加牛肉重量做手腳把水灌入牛肉裡，牛肉含水份多，會滴落下來。沓滴是形容水滴下的聲音。

【例句】謝秋榮夫婦獲國家音樂廳入場券，非常欣喜，決定前往欣賞演唱會。他們到了音樂廳，演唱會已經進行半小時，婉拒中途進場。謝秋榮回程一直怪罪老婆，行動慢吞吞，才失去欣賞演唱會的機會。「你呀，只會怪我慢吞吞！」謝太太抱屈說：「你們男人說走就走，我們女人像『牛肉灌水——沓滴』，工作特別多，又要化粧一下…」

~~~~~~

Gû-kak lāi ê thâng--ngē-chǹg

0236 牛角內个蟲—硬鑽

兀ㄨ⁵ ㄍㄚㄍ⁴ ㄌㄞ⁷ ㄝ⁵ ㄊㄤ⁵ —— 兀ㄝ⁷ ㄗㄥ³

【暗示】硬幹下去的意思。

【註解】牛角：牛頭上挺出的彎月形硬質物。牛角內个蟲：生長在牛角內的蟲。牛角是很硬的東西，蟲會生長在裡面，一定是硬鑽進去的。

【例句】女患者躺在牙醫的診療椅上，牙醫師說明要用鑽的，便叫患者張嘴，患者張口時，伸手順便抓住醫師的睪丸，醫師問她：「妳這是幹什麼？」「你要鑽就鑽吧！」女患者瞪了醫師一眼說：「我看你敢不敢像『牛角內个蟲——硬鑽』？你要是硬鑽，我便把它們捏碎。」

~~~~~~

Gû bīn chêng thák-keng--bô chhái chhùi-nōa

0237 牛面前讀經—無採喙汩

兀ㄨ⁵ ㄇㄧㄣ⁷ ㄐㄧㄥ⁵ ㄊㄚㄍ⁸ ㄍㄧㄥ —— ㄇㄜ⁵ ㄘㄞ² ㄘㄨㄧ³ ㄋㄨㄚ⁷

【暗示】對牛彈琴，白費心血。

【註解】牛面前讀經：在牛面前讀佛經，妄想感化牛隻，是白費工夫的。

【例句】老邱從公司領了薪水和年終獎金回家，高高興興的要把這一大疊鈔票交給老婆，路上不幸被強盜用槍抵住，要他把錢交出來，老邱幾乎跪下來哀求：「請你行行好，放過我，我太太是不會相信我碰到強盜的。」「放過你？」強盜冷笑著說：「我老婆會相信我沒有收穫嗎？」老邱這才知道什麼是「牛面前讀經——無採喙汩」。

Gû khan kàu pak-kiaⁿ mā sī gû--bē-piàn

0238 牛牽到北京嘛是牛──艙變

兀ㄨ⁵ ㄎㄢ ㄍㄠ³ ㄅㄚㄍ⁴ ⁰ㄍ一ㄚ ㄇㄚ⁷ ㄒ一⁷ 兀ㄨ⁵ ── ㄅㄝ⁷ ㄅ一ㄢ³

【暗示】本性難改。

【註解】牛：反芻類動物，屬哺乳動物的反芻蹄類，體碩大，四肢短，農家用以耕田、拉車。北京：中國首都，面積60698平方公里。

【例句】朱星羽，原為民進黨高雄市籍立法委員，現為無黨籍。這位出身基層，深受選民歡迎的朱立委，甚具草根性，與選民情同手足，參加喪家告別式，見到靈堂都跪爬進入，令高雄市政治人物，包括行政院長張俊雄等人都望塵莫及，必須跟他錯開時間，才敢進入告別式場。這位「牛牽到北京嘛是牛──艙變」的立委，2004年5月7日為了台灣加入「WHO」問題，與民進黨台南市籍賴清德立委意見相左，當場打起架來。

Gû-phī͘ⁿ tú tiòh chhat-chhiú--khì-ah

0239 牛鼻拄著賊手──去矣

兀ㄨ⁵ ⁰ㄅ一⁷ ㄉㄨ² ㄉ一ㆦㄏ⁸ ㄘㄚㄍ⁴ ㄑ一ㄨ² ── ㄎ一³ ㄚㄏ⁴

【暗示】完了。

【註解】牛鼻：牛的鼻子。在兩鼻孔之間的內肌穿孔綁繩子，方便牽著走。小偷偷牛，拉著繩子可順手牽走。

【例句】台中縣太平市眷區預立二村於2004年5月13日凌晨火警，就讀台中市雙十國中三年級的章好帆，從睡夢中被掉落的瓦片驚醒，發現一片火海，認為這下子「牛鼻拄者賊手──去矣」，情急之下，不知哪來的體力，揹著家人安全逃出火場後，挨家挨戶叫醒巷子內十多戶人家，二十多人及時逃出，沒人受傷。章好帆還一一安慰住在這十多棟被火燒光的鄰居：「伯伯、伯母，不要哭了，政府會來照顧我們的。」大家稱讚章好帆是火場小英雄，勇救全巷人。

Gû-pi--ū-jip bô-chhut

0240 牛蜱──有入無出

兀ㄨ⁵ ㄅ一 ── ㄨ⁷ ㄖㄧㆴ⁸ ㄅㆦ⁵ ㄘㄨㄍ⁴

【暗示】只有收入，沒有支出。

【註解】牛蜱：牛隻身上的寄生蟲，專門吸食牛血。牛蜱有肚子，沒有排洩器官，所以吸飽牛血便死了。

【例句】桃園縣29歲男子陳世政於2001年4月10日，駕車經中壢市榮民南路貿然左轉，撞傷黃姓牙醫師，致左眼只剩0.1視力，接近全盲，不能再執業。桃園地方法院判決肇事鐵工陳世政應賠償1590萬元。陳世政月薪3萬元，每月可扣1萬元。陳世政如果像「牛蜱──有入沒出」，不吃不喝，也需要44年才能償清這筆賠款。

Gû tak chhi^{n}/chhe^{n}-ḿ--tùi-tùi

0241 牛觸親姆──對對

ㄫㄨ⁵ ㄉㄚㄍ⁴ ⁰ㄑㄧ/⁰ㄘㄝ ㄇ² ── ㄉㄨㄧ³ ㄉㄨㄧ³

【暗示】剛好歪打正著。

【註解】牛是反芻類的家畜，體碩力大，能耕田拉車，肉與乳均可食用。牛有水牛、黃牛等多種。牛性情溫馴，但也有牛脾氣，惹毛牠，會用角觸人。親姆找親家，一身大紅衣服，惹毛了牛，用角觸親姆，剛好觸到陰部，才叫：「對！對！」

【例句】杜友吉競選鎮長，選情穩定看好，當選機會很高，他之突然退出競選，有人說他搓圓仔湯，拿人家的錢，其實是對方無意中發掘到他誘姦屬員懷孕的往事，「牛觸親姆──對對」，打到他的痛處，才含恨退選。

~~~~~~

Ông kì^{n} ông--sí-kî

0242 王見王──(死棋)死期

ㆲ⁵ ⁰ㄍㄧ³ ㆲ⁵ ── ㄒㄧ² ㄍㄧ⁵

【暗示】無救的意思。

【註解】王見王：是象棋遊戲的術語，下象棋下到對方的王（帥或將），被迫無路可走，走出來見到對方的「將」或「帥」時，就已經無棋可走了，也就是死棋了。

【例句】國王很生氣，把那個算準皇后死亡日期的算命師抓進宮來。「老頭子，你算命那麼準，我一定要把你殺死，才不會影響民心。你算一算，我哪一天會處死你？」算命老頭子為了活命，沉思一會兒，回說：「報告國王，『王見王──（死棋）死期』，我已經算出來，你會在死前三天殺死我。」國王聽後便把算命的老頭子給放了。

~~~~~~

Seng-lí-lâng ta^{n} tōa-pûi-- bē-sái

0243 生理人擔大肥──(賣屎)𣍐使

ㄒㄧㄥ ㄌㄧ² ㄌㄤ⁵ ⁰ㄉㄚ ㄉㄨㄚ⁷ ㄅㄨㄧ⁵ ── ㄪㄝ⁷ ㄙㄞ²

【暗示】不准或不能改變。

【註解】生理人，是做買賣的人。古時候有沒有人挑大肥到市場兜售，未見史載。但是這句「生理人擔大肥──（賣屎）𣍐使」，卻常在人們交談中聽到。大肥就是糞便，「糞便」台語叫「屎」，「賣屎」與台語不行的「𣍐使」諧音，被廣泛形容使用。

【例句】「校長，程議長很關心『縣長獎』，是不是把他的孩子改頒『縣長獎』比較圓滿？」「何主任，程議長雖然替學校爭取了很多建設經費，但是畢業生的獎賞是以學生在校期間的綜合表現為依據，『生理人擔大肥──（賣屎）𣍐使』更改。」

Chú-sȧk chiū-ūi--tâi-tiong

0244 主席就位—台中

ㄗㄨˊ ㄙㄜㄍˊ ㄐㄧㄨˊ ㄨㄧˊ —— ㄉㄞˊ ㄉㄧㄛㄥ

【暗示】中部縣市地名。

【註解】台中：地名。主席：1. 會議時主持議程進行的人。2. 會員大會及理事會的首腦。3. 主人的席位。4. 主管筵席事務的人。

【例句】「主席就位——台中」市長胡志強出國休假回國，機場通關檢查護照，關務人員看了看他的護照後，抬頭問他：「你姓胡嗎？」胡市長滿面春風的回道：「你怎知道我『性福』？你呢？」

~~~~~~

Sū chhiūⁿ ki bé phàu peng--khiàm-kun

0245 仕相俥傌炮兵—欠帥

ㄙㄨˊ ゜ㄑㄧㄨˊ ㄍㄧ ㄅㄝˊ ㄆㄠˇ ㄅㄧㄥ —— ㄎㄧㄚ㇆ˇ ㄍㄨㄣ

【暗示】欠領袖，也可以形容欠人家設計欺詐。

【註解】仕相俥傌炮兵：是象棋的棋子，共有帥仕相俥傌炮兵，分兩種顏色，可對戰，也可多人同時玩。欠帥：只有仕相俥傌砲兵，欠帥等於欠領袖，團隊不完整，不能玩。

【例句】中國國民黨主席連戰於2004年5月18日，在毫無預警下突然宣布國民黨將和親民黨合併。不但在政壇引起極大震撼，連國民黨員也都非常錯愕，尤其新生代號稱藍鷹戰將的蘇俊賓、邱德宏等人，都指責國民黨遭到總統敗選，還沒學到教訓，決策竟然還是由上而下。瞭解國民黨生態者，認為連戰之會有合併兩黨的大動作，其實是國民黨「仕相俥傌炮兵——欠帥」，連戰對能領導國民黨東山再起者已感乏人。

~~~~~~

Sian-jîn phȧh-kó͘--ū-sî-chhò

0246 仙人扑鼓—有時錯

ㄒㄧㄢ ㄖㄧㄣˊ ㄆㄚㄏˊ ㄍㄛˋ —— ㄨˊ ㄒㄧˊ ㄘㄛˇ

【暗示】凡是人，偶而都會犯過錯。

【註解】仙人：具有法術、長生不老的人。仙人這種道行高深的人，有時候打鼓都會跟不上拍子，打錯了拍，何況是人？

【例句】李登輝總統任內，行政院長郝柏村於行政院記者會中，宣布將原規劃於桃園縣八德市更寮腳一帶的高鐵桃園站，自山線改為海線的中壢市青埔地區設站。郝柏村院長因獲悉八德市更寮腳車站預定地，地價狂飆60倍，認為相當不可思議。為了壓住歪風，一夕之間改變站址，土地投機客變成「仙人扑鼓——有時錯」，而且錯得哀爸叫母。
郝柏村也說過一句名言：「朝令有錯，夕改何妨？」

Sian-jîn pàng-phùi--put tông hôan hióng

0247 仙人放屁──不同凡響

ㄒㄧㄢ ㄖㄣㄣ⁵ ㄅㄤ³ ㄆㄨㄧ³ ── ㄅㄨㄉ⁴ ㄉㄛㄥ⁵ ㄏㄨㄢ⁵ ㄏㄛㄥ²

【暗示】作事超出一般人的水準，或與眾不同。

【註解】仙人：形容具有法術、長生不老的人。仙人當然不是凡人，不是凡人的仙人，放屁當然不會與一般凡人一樣響。

【例句】父親節慶祝大會，主持人要瞭解有多少男人怕老婆，便說：「各位爸爸，怕老婆的請站在右邊，不怕老婆的請站到左邊！」大家都往右邊擠過去，只有一個人孤單單的站到左邊來。「我們終於看到有位不怕老婆的爸爸了。」主持人介紹這位「仙人放屁──不同凡響」的男士說：「請你說說為什麼站到左邊來，並接受我們的致敬！」「也沒什麼啦！」這位勇敢的男士說：「我老婆說人多的地方不可以去。」

~~~~~~

Chhut-soaⁿ chiah beh chhiàⁿ i-seng--bē-hù

0248 出山即欲請醫生──𣍐赴

ㄘㄨㄉ⁴ ゜ㄙㄨㄚ ㄐㄧㄚㄏ⁴ ㄅㄝㄏ⁴ ゜ㄑㄧㄚ³ ㄧ ㄒㄧㄥ ── ㄅㄝ⁷ ㄏㄨ³

【暗示】趕不上、來不及的意思。

【註解】出山：係指出殯埋葬。人已經死了，而且要出殯了，才要請醫師治病，那是來不及的。

【例句】有一婦人生了一個兒子，好像不是什麼好東西來投胎轉世的，一生下來就會講話，叫到爺爺，爺爺立即死亡；叫到奶奶，奶奶也即刻死亡；看到爸爸，爸爸怕被他叫到，伸手要摀他的嘴巴，不讓他叫出來，但是「出山即欲請醫生──𣍐赴」了，他已經把「爸爸！」叫了出來。他的爸爸嚇昏了，家人以為死了，待醒過來時，鄰居的老公竟在同時間突然暴斃。

~~~~~~

Ka-ná-po͘ chúi-gû--hó tiong-tàu

0249 加蚋埔水牛──好中晝

ㄍㄚ ㄋㄚ² ㄅㄛ ㄗㄨㄧ² ㄍㄨ⁵ ── ㄏㄜ² ㄉㄧㄛㄥ ㄉㄠ³

【暗示】好處在中午。

【註解】加蚋埔：屏東縣高樹鄉泰山村地區。中晝：中午。
傳說加蚋埔地區的水牛，中午時分精神體力最好。

【例句】高準(1938)，詩人、評論家，台大政治系畢業，澳洲雪梨大學博士，英國劍橋大學副院士，文化大學教授。六七十年代與陳鼓應、王曉波等人積極參與黨外活動，致被文大刪減授課時數，每週只剩一節，鐘點費喝礦泉水可能還不夠。這位曾主編《詩潮》，出版《丁香結》、《高準詩集》的浪漫詩人，每日睡到自然醒，下午才有精神工作，文化界朋友都說高準是「加蚋埔水牛──好中晝」。

Pau-kong tōan-àn--thih-bīn bô-su

0250 包公斷案─鐵面無私

ㄅㄠ ㄍㄛㄥ ㄉㄨㄢ⁷ ㄢ³ ── ㄊㄧㄏ⁴ ㄇㄧㄣ⁷ ㄇㄛˊ⁵ ㄙㄨ

【暗示】大公而不偏私。

【註解】包公：包拯，性剛直，中國宋仁宗授「龍圖閣學士」，開封府尹。辦事嚴正，不避權貴，中國民間司法公正的象徵。鐵面無私：公正沒有私心。

【例句】陳水扁第十任總統內閣部會首長中，維持高民調的計有法務部長陳定南、大陸委員會主委蔡英文，以及勞委會主委陳菊。全國民眾讚譽陳定南打擊犯罪為「包公斷案──鐵面無私」。不過也有部分民眾對陳定南推動司法改革打擊犯罪，還有時間管法院大廈的大柱不成比例，及要辦理廁所位置公投等芝蔴小事，不斷搖頭苦笑。

~~~~~~

Pó-táu gû-hóan-á--thò-hó-hó

0251 北斗牛販仔──套好好

ㄅㄛ² ㄉㄠ² ㄤㄨ⁵ ㄏㄨㄢ⁵ ㄚ² ── ㄊㄛ³ ㄏㄛ² ㄏㄛ²

【暗示】事先講好。

【註解】北斗：彰化縣北斗鎮，位於台一線田尾、溪洲鄉中間。北斗牛墟有一對父子檔牛販，在牛墟抓雙對罵：「我姦汝老母！」「我摸汝姆仐奶！」於叫罵聲中，逐步哄抬牛價，不知情的買牛者常因而上當追價買牛。

【例句】台灣職業棒球過去因球員簽賭放水事件，致使球迷流失，近年重塑形象，好不容易逐漸喚回流失的球迷，卻於2003年8月18日發生「兄弟象隊」球員不滿頻頻超車的貨車司機，於斗南國道上下車，持球棒圍毆司機陳邦德重傷。據警方證實打人的鄭漢禮、吳聲武、彭政欣、朱鴻森等四人，均指陳邦德先動手打人。陳邦德說我哪來膽子先打那一群彪形大漢，指控他們都是「北斗牛販──套好好」。

~~~~~~

Pak-pêng phok-bùt-kóan--(kò-kiong)kò-kang

0252 北平博物館──(故宮)雇工

ㄅㄚㄍ⁴ ㄅㄧㄥ⁵ ㄆㄛㄍ⁴ ㄇㄨㄉ⁸ ㄍㄨㄢ² ── (ㄍㄛ³ ㄍㄧㄛㄥ) ㄍㄛ³ ㄍㄤ

【暗示】花錢雇請工人。

【註解】北平：中國的北京。博物館：廣集各國家、地區，各種自然或人造物品，收藏、保管、展示，供人參觀的地方。
故宮：舊時的宮苑，舊王朝的宮殿。「故宮」與雇請工人的「雇工」諧音。

【例句】苗栗市八十多歲廖姓老榮民，因要外出，怕家中遭小偷光顧，將卅萬元現金及廿萬元支票藏在家中垃圾桶內，返家後忘了，竟將垃圾丟棄，後來廖姓榮民想到此事，才「北平博物館──(故宮)雇工」及家人動員在垃圾山翻找。
苗栗市公所也雇請挖土機在西山垃圾場協助大海撈針。

Pak-káng gû-hi--khoah-bóng-bóng

0253 北港牛墟──闊茫茫

ㄅㄚㆴ⁴ ㄍㄤ² ㆣㄨ⁵ ㄏㄧ ── ㄎㄨㄚㆷ² ㄇㆲ² ㄇㆲ²

【暗示】蒼茫景象，令人難以掌握。

【註解】牛墟：牛隻交易的市集。闊茫茫：廣闊的樣子。北港牛墟位在北港大橋溪畔，是台灣早期數一數二的大牛墟，佔地約兩千多坪。北港牛墟每月每旬三、六、九開市，為台灣現存規模最大的牛墟，除牛的買賣，也有小吃熱食，也賣些牛的配件，如牛鈴、牛軛、鞭子等；甚至賣衣服、鞋子、魚網、錄音帶，各種百貨，熱鬧得很。

【例句】台灣近幾年流行跳蚤市場，攤販依不同日期、不同地點流動雲集，各種百貨一應俱全，熱鬧非凡，現場有如「北港牛墟──闊茫茫」，人擠人。

Pak-káng hiuⁿ-lô--lâng lâng chhah

0254 北港香爐──人人插

ㄅㄚㆴ⁴ ㄍㄤ² ⁰ㄏㄧㄨ ㄌㆦ⁵ ── ㄌㄤ⁵ ㄌㄤ⁵ ㄘㄚㆷ⁴

【暗示】罵女人人盡可夫。

【註解】北港媽祖廟的香爐，人人都可插香。

【例句】女作家李昂的小說《殺夫》，將性、愛、情、慾融入於文學，且提出詮釋並批判，使她成為爭議性很高的名作家。李昂的另本小說《北港香爐──人人插》出版，立即引起政壇議論紛紛，猜測書中那位「人人插」的名女人是誰？雖然李昂的香爐沒人對號入座，但大家都說這位名女人，就是與曾經說過「忍受苦難容易，拒絕誘惑困難」的民進黨第5任主席施明德，以及說過「哪個男人不上酒家？」的第4任黨主席許信良，都有親密關係的那個人。

Pàk-káng-má-chó͘ chhut-sûn--bû kî put iú

0255 北港媽祖出巡──(無旗不有)無奇不有

ㄅㄚㆴ⁸ ㄍㄤ² ㄇㄚ² ㄗㆦ² ㄘㄨㄣ⁴ ㄙㄨㄣ⁵ ── ㆠㄨ⁵ ㄍㄧ⁵ ㄅㄨㄣ⁴ ㄧㄨ²

【暗示】奇怪的事特別多。

【註解】北港媽祖：雲林縣北港鎮所供奉的天上聖母，俗稱「北港媽祖」。媽祖出巡：天上聖母到境內外巡視察看。
「無奇不有」與媽祖出巡旗幟很多的「無旗不有」諧音。

【例句】台灣的教育改革政策，與其他國家重大政策的擬定類似，都是由上而下，基層教育人員鮮少受邀與會，提供第一線的經驗與建言，因此教改實施後，狀況百出，頗似「北港媽祖出巡──(無旗不有)無奇不有」。
彰化縣和美國中，對於不愛讀書的學生拿不出辦法管教，發明一班叫「資源式中途班」，請布袋戲尪仔師謝順振來教這些學生，操演布袋戲混日子，混到畢業。

Pak-káng-má-chó--ìm gōa chng

0256 北港媽祖—蔭外莊

ㄅㄚˋ ㄍㄤ² ㄇㄚ² ㄗㄛ² — ㄧㄇ³ ㄤㄨㄚ⁷ ㄗㄥ

【暗示】有外國月亮比較圓的感慨。

【註解】蔭外莊：庇蔭外地人。北港媽祖廟的香客多半是外地人，故說「蔭外莊」。

【例句】2003年NBA選秀，破天荒有21名外籍球員獲選進入NBA戰場，其中有9人是在選秀首輪被相中。看來美國本土高中、大學球員必須更努力，才能獲得NBA球團的青睞，否則感慨「北港媽祖——蔭外莊」也沒用？

Pak-káng-biō chiō-piah--kāu-ōe

0257 北港廟石壁—(厚畫)厚話

ㄅㄚㄍ ㄍㄤ² ㄅㄧ-ㄜ⁷ ㄐㄧㄜ⁷ ㄅㄧㄚㄏˋ — ㄍㄠ⁷ ㄨㄝ⁷

【暗示】影射話多的意思。

【註解】厚話：話多。北港媽祖廟多壁畫，故說「厚畫」。
「厚畫」和愛說話的「厚話」同音。

【例句】我很喜歡說話，兩個人或一群人在一起，叫我閉嘴不說話會很悶，所以朋友都說我是「北港廟石壁——(厚畫)厚話」的人。

Pak-káng biō-piah--ōe-sian

0258 北港廟壁—(畫仙)話仙

ㄅㄚㄍ ㄍㄤ² ㄅㄧ-ㄜ⁷ ㄅㄧㄚㄏˋ — ㄨㄝ⁷ ㄒㄧㄢ

【暗示】影射愛說話或愛開玩笑的人。

【註解】話仙：愛說話的人。北港媽祖廟的壁上，畫的都是神仙肖像，故說「畫仙」。「畫仙」和台語的「話仙」同音。

【例句】韓國畫家張承業（崔岷植）一生充滿傳奇，他喜歡喝酒，是個開朗、愛開玩笑、善解人意、愛幻想的男生，有人說他是「醉畫仙」，我則諧稱他是「北港廟壁——(畫仙)話仙」。

Pòaⁿ thiⁿ hûn lāi ê lō-teng--ko-bêng

0259 半天雲內个路燈—高明

ㄅㄨㄚˇ ㄊㄧ ㄏㄨㄣˊ ㄌㄞ ㄝˊ ㄌㄛˋ ㄅㄧㄥ —— ㄍㄜ ㄅㄧㄥˊ

【暗示】指做事方法或技巧高超。

【註解】路燈高掛在半天雲內放光明，故說「高明」。

【例句】黃媽媽打從內心裡感激林鄉長，把在鄉長室服務的阿嬌作媒嫁給她的兒子學民，還替他們黃家打理結婚大事，讓從小沒有父親照顧的黃學明感恩不盡。
其實林鄉長和阿嬌早有一腿，利用職務之便，把阿嬌推給屬員，也真是 「半天雲內个路燈——高明」手段。

~~~~~~

Pòaⁿ-kin tú peh-níu--m̄ chai khin tāng

0260 半斤拄八兩—唔知輕重

ㄅㄨㄚˇ ㄍㄧㄣ ㄅㄨˊ ㄅㄝㄏˋ ㄋㄧㄨˊ —— ㄇˊ ㄗㄞ ㄎㄧㄣ ㄉㄤˊ

【暗示】比喻不知事情的輕重緩急或急迫性。

【註解】半斤：一斤十六兩，半斤是八兩，等於不相上下。

【例句】胡金龍與李雅莉這對寶貝夫妻，到法院互控對方搞外遇，各提出離婚與天文數字的贍養費。法官幾次和解不成後，苦笑的對他們說：「你們兩個都各有外遇，『半斤拄八兩——唔知輕重』，還要互相請求贍養費？」

~~~~~~

Pòaⁿ-kin ōaⁿ peh-niú--siâng iā bô chiah-khui

0261 半斤換八兩—誰也無食虧

ㄅㄨㄚˇ ㄍㄧㄣ ㄅㄨㄚˊ ㄅㄝㄏˋ ㄋㄧㄨˊ —— ㄒㄧㄤˊ ㄧㄚˊ ㄅㄜˋ ㄐㄧㄚㄏˋ ㄎㄨㄧ

【暗示】公平交易，雙方都滿意。

【註解】半斤換八兩：一台斤十六兩，半斤換八兩，這樣的交換，兩方面都沒吃虧，都滿意高興。

【例句】張三和李四，一個胖嘟嘟、高血壓，又愛美食，醫師都為他提心吊膽，交代他的家人，隨時要有辦後事的心理準備；一個瘦巴巴，朋友見到他，都會誤以為台灣發生飢荒。胖哥張三看到好吃的東西，不買心裡會很難過，吃下去身體也會更難過。瘦哥李四看到好吃的東西，要買心裡會很難過，沒吃會更難過。朋友終於替這對寶貝朋友，想出兩全其美的方法，那就是張三見到好東西，儘管買但不可吃；李四不要花錢買，以免心理難過，但要替張三吃掉。這樣張三不會因沒買而難過，李四也不會因沒吃而難過，兩人「半斤換八兩——誰也無食虧」。

Pòaⁿ-lō tīng pin-taⁿ--tiong-tōan

0262 半路斷扁擔—中斷

ᵒㄅㄨㄚˇ ㄉㄛˊ ㄉㄥˊ ㄅㄧㄣ ᵒㄉㄚ —— ㄉㄧㄛㄥ ㄉㄨㄢˊ

【暗示】事情中斷或中年喪偶之意。

【註解】中斷：人挑東西走在半路上，忽然扁擔在半路上斷了，故說「中斷」。

【例句】我最近發現你們幾個人常常交頭接耳，看到我走過來就顧左右而言他，別以為我不知你們在談論些什麼？我老實告訴你們，我老早就與楊玉美「半路斷扁擔—中斷」了，她肚子裡的孩子，絕不是我的種。

~~~~~~

Pòaⁿ-lō tīng pùn-taⁿ--tiong-tōan

0263 半路斷畚擔—中斷

ᵒㄅㄨㄚˇ ㄉㄛˊ ㄉㄥˊ ㄅㄨㄣˇ ㄉㄚ —— ㄉㄧㄛㄥ ㄉㄨㄢ

【暗示】半途中斷，沒再連繫或停止。

【註解】半路斷畚擔：挑糞便走在路上，畚擔斷掉了。

【例句】教育部長黃榮村遠赴國外參加「亞泰經合會教育部長會議」，突遭行政院「解除兵權」，由故宮博物院長杜正勝接任教育部長。立法委員包括執政黨籍王拓、藍美津、林岱華等多人，都為黃榮村「半路斷畚擔——中斷」職務叫屈，並痛批行政院長游錫堃糟踏人才，用人「呼之即來，揮之即去」，連一點人情世故都沒有，且給外國質疑怎會派一個沒有實權的人與會？台聯黨程振隆對黃榮村政績給甲等，且對其表現應頒「最佳敗戰投手MVP獎」，林岱華立委並向黃部長獻花送飛吻。

~~~~~~

Pòaⁿ-mî-á chiàh si-koe--thiⁿ-kng hóan-chèng

0264 半暝仔食西瓜—天光反症

ᵒㄅㄨㄚˇ ㄇㄧˊ ㄚˊ ㄐㄧㄚㆴˇ ㄒㄧ ㄍㄨㆤ —— ᵒㄊㄧ ㄍㄥ ㄏㄨㄢˊ ㄐㄧㄥˇ

【暗示】常用於指人食言，不守信用。

【註解】半暝仔：半夜。天光：天亮。反症：拉肚子。
意指確定的事情在短期間內起了變化。

【例句】2003年8月8日美國前副總統高爾，針對布希政府對伊拉克進行範圍廣泛的攻擊，指責布希不守信用，也指責政府對伊拉克戰爭理由不充足。在減稅以及經濟、環境和能源政策上，都誤導了美國人民。他嚴詞批評布希政府不守競選諾言，對美國人民來說，就像「半暝仔食西瓜—天光反症」。

Pòaⁿ-mî-á kì-siàu--àm-sǹg

0265 半暝仔記帳—暗算

ᵒㄅㄨㄚˇ ㄇㄧˊ ㄚˊ ㄍㄧˇ ㄒㄧㄠˇ —— ㄚㄇˇ ㄙㄥˇ

【暗示】指暗中算計別人。

【註解】半暝仔：半夜。記帳：算數記帳。半夜起來記帳，戲稱暗算。

【例句】2003年5月18日，前任美國總統柯林頓訪問波蘭。當他在華沙街頭行走時，突然遭到一名19歲的男子「半暝仔記帳——暗算」，投擲雞蛋。柯林頓被弄得狼狽不堪。

~~~~~~

Pòaⁿ-mî sí-ang--gō chhe

0266 半暝死尪—（誤妻）梧棲

ᵒㄅㄨㄚˇ ㄇㄧˊ ㄒㄧˊ ㄤ —— ㆣㄛˊ ㄘㄝ

【暗示】半夜丈夫死了，耽誤了老婆的青春，故說「誤妻」。

【註解】半暝：半夜。尪：丈夫。梧棲：地名，位於台中縣。台語「誤妻」和「梧棲」諧音，故影射之。

【例句】民國五十八年行政院核定台中縣梧棲開闢台中港，要使之成為一座兼具工、商、漁業功能的國際港。台中港目前年吞吐量近四千萬公噸，躍居台灣第二大港。
台中港與中國大陸港口距離很近，但因兩岸關係未能改善，無法直航，真讓「半暝死尪——（誤妻）梧棲」人，徒呼奈何？

~~~~~~

Pòaⁿ-mî chhoe tiān-hong--àm-sóng

0267 半暝吹電風—暗爽

ᵒㄅㄨㄚˇ ㄇㄧˊ ㄘㄨㄝ ㄉㄧㄢˊ ㄏㄛㄥ —— ㄚㄇˇ ㄙㄛㄥˊ

【暗示】樂在心底深處。

【註解】半暝：半夜。半夜開電風扇吹風，戲稱「暗爽」。

【例句】老林中樂透彩券，彩金不是很多，但以後不必向孩子伸手，令他「半暝吹電風——暗爽」不已！

Pòaⁿ-mî á khòaⁿ jit-thâu--iáu chá leh

0268 半暝仔看日頭──天早咧

ᵒㄅㄨㄚ³ ㄇㄧ⁵ ㄚ² ᵒㄎㄨㄚ³ ㄖㄧㆰ⁸ ㄊㄠ⁵ ── ㄧㄠ⁵ ㄗㄚ² ㄌㆤ⁴

【暗示】預測事情未必準確。

【註解】半暝：三更半夜。日頭：太陽。白天才有太陽。每天日出日落，會因地區和季節的變化而稍有不同。但台灣日出的時間，大約是清晨五點鐘左右，三更半夜起床要看太陽，確實還早咧。

【例句】中國唐朝高宗皇帝召見神童賈嘉隱，當時在殿外的建築大臣李勣問他：「我靠的是什麼樹？」賈嘉隱說：「是松樹。」李大臣說：「這是槐樹，怎說是松樹？」賈嘉隱回說：「以公配木，怎不是松樹？」賈嘉隱小時候就會詭辯，但要預測將來會是怎樣的人物，是「半暝仔看日頭──天早咧」。

~~~~~~

Pòaⁿ-mî kúi lòng-mn̂g--bô hó sim

0269 半暝鬼攏門──無好心

ᵒㄅㄨㄚ³ ㄇㄧ⁵ ㄍㄨㄧ² ㄌㆲ³ ㄇㄥ⁵ ── ㄅㄜ⁵ ㄏㄜ² ㄒㄧㆬ

【暗示】不懷好意。

【註解】半暝：半夜。攏門：敲門。做人很重要的一點是「心正」。一個行善積德、不做壞事的好人，就算半夜鬼敲門，也沒什麼可害怕的。而經常做壞事的人，遇個風吹草動就會戰戰兢兢，膽寒不已。

【例句】老李不務正業，好賭懶做，常向左鄰右舍借錢，欠債不還。老李某天半夜又跑去向老林借錢，老林自言自語嘀咕道：「一定是老李那個傢伙，『半暝鬼攏門──無好心』，也真是的！」

~~~~~~

Pòaⁿ-mê á peh-soaⁿ--m̄ chai kôan-kē

0270 半暝仔距山──唔知懸低

ᵒㄅㄨㄚ³ ㄇㄝ⁵ ㄚ² ㄅㄝㄏ⁴ ᵒㄙㄨㄚ ── ㄇ⁷ ㄗㄞ ㄍㄨㄢ⁵ ㄍㄝ⁷

【暗示】茫然無知。

【註解】半暝仔：三更半夜。距山：爬山，也叫登山。
唔知懸低：三更半夜跑去爬山，能見度不佳，不知山路高低不平的路況。

【例句】楊教授應獅子會之邀，專題演講「怎樣做個新好男人」，他抵達會場時，蔡會長對他說：「教授，你鈕釦沒扣上。」楊教授連忙把上衣的釦子扣好，蔡會長以為他「半暝仔距山──唔知懸低」，便再提醒他說：「不是上面，我是說下面。」楊教授點點頭：「那裡早就沒有釦子了。」

Pòaⁿ-mê kòe tiàu-kiô--pō-pō sió-sim

0271 半暝過吊橋—步步小心

ㅇㄅㄨㄚˇ ㄇㄝˊ ㄍㄨㄝˇ ㄉㄧㄠˇ ㄍㄧㆤˊ ── ㄅㄛˇ ㄅㆤˇ ㄒㄧㆤˇ ㄒㄧㄇ

【暗示】處處小心謹慎。

【註解】吊橋：用鋼索從橋的兩端懸空吊起來的橋樑。半暝過吊橋：三更半夜要經過吊橋，要非常小心、步步為營，才不致掉下山谷。

【例句】台灣國際處境之所以艱難，國內政治之所以不穩定，前者有中國處處打壓，對外宣稱代表台灣主權，國內卻又有約20％民眾之不認同危機。民進黨大老，也是孤鳥的沈富雄請黨主席阿扁及大家於2004年底選舉，不要把「愛台灣」掛在嘴上，以免撕裂族群關係，傷害族群的和諧。
沈富雄深知處理族群問題，要像「半暝過吊橋──步步小心」，以免掉入深坑，死得很難看。

~~~~~~

Pòaⁿ-mê lòng siâⁿ-m̂ng--ū kàu la̍t

0272 半暝撞城門—有够力

ㅇㄅㄨㄚˇ ㄇㄝˊ ㄌㄛㄥˇ ㅇㄒㄧㄚˊ ㄇㄥˊ ── ㄨˇ ㄍㄠˇ ㄌㄚㄉ

【暗示】力量大或關係好。

【註解】半暝：三更半夜。三更半夜跑去敲城門找城主，表示關係好。

【例句】林洋港在擔任內政部長時，對於立法委員質問小偷猖獗，有什麼方法保護人民生命財產安全？林部長答詢保證「四個月內，讓鐵窗業蕭條」！全國民眾都讚揚林洋港是「半暝撞城門──有够力」的部長。四個月內，台灣的鐵窗事業並沒有蕭條，倒是各地警察機關的窗戶都加裝鐵門窗。

~~~~~~

Kó-chéⁿ sí ko-tai--(chhàu-chúi)siù-chúi

0273 古井死鮎鮐—(臭水)秀水

ㄍㆤˊ ㅇㄗㄝˊ ㄒㄧˊ ㄍㆤ ㄉㄞ ── (ㄘㄠˇ ㄗㄨㄧˊ) ㄒㄧㄨˊ ㄗㄨㄧˊ

【暗示】影射彰化縣秀水鄉。

【註解】鮎鮐：魚名。臭水：地名，彰化縣秀水鄉的舊稱。古井內死了鮎鮐，井水一定變臭，故稱「臭水」。

【例句】開學日，林同學問李同學家住何處？答曰：「古井死鮎鮐──（臭水）秀水！」

Kó-chá ê chúi-kng--áng-tō

0274 古早今水缸—甕肚

《ㄜ² ㄗㄚ² ㄝ⁵ ㄗㄨㄧ² 《ㄥ —— ㄤ² ㄉㄜ⁷

【暗示】對別人勝過自己而心生忌恨。

【註解】古早：古時候。水缸：盛水蓄水的缸器。水缸造型都是入口和底部小，中間大，看起來就像大肚子，所以叫甕肚。「甕肚」與台語嫉妒的「甕肚」同音。

【例句】男人有了老婆又再娶細姨，大姆、細姨兩人一定互相如「古早今水缸——甕肚」，家庭也永無寧日。可是嘉義縣朴子市卻有一對大姆細姨，相依為命五十年，含辛茹苦共同扶養老公涂某人的十二位子女。
這件美談應該從六十年前說起，當時少女黃正嫁給涂某後七年未曾生育，公婆要求傳宗接代，她不得不接受老公娶細姨。說也奇怪，細姨洪勤進門後，自己也懷孕了，大姆細姨像生孩子比賽，兩人先後生了十二位子女。五十年前老公去世，她們無怨無悔，共同把子女扶養成人，現在兩人都九十多歲了，出雙入對，傳為美談。

Su-ki sî-chit--siūⁿ bē khui

0275 司機辭職—想繪開

ㄙㄨ 《ㄧ ㄒㄧ⁵ ㄐㄧㄉ⁴ —— ⁰ㄒㄧㄨ⁷ ㄅㄝ⁷ ㄎㄨㄧ

【暗示】心思困擾無法突破。

【註解】司機：車輛駕駛人。想繪開：想不開。

【例句】發生於1979年12月10日的「高雄美麗島事件」，當時黨外人士在高雄市舉行「世界人權日」遊行。國民黨以強大鎮暴警力包圍現場，封鎖群眾去路，再一步一步往裡面推擠而引爆衝突，逮捕黃信介、姚嘉文、林義雄、呂秀蓮、張俊宏、陳菊、施明德、楊青矗、王拓、周平德、林弘宣等人，隨後又逮捕多人，其中外省籍只有當時在康寧祥《八十年代》雜誌任編輯的范巽綠。
范巽綠被捕後，其父日夜擔心，突然「司機辭職——想繪開」而致中風不能言語，一年後離開人間。

Su-ki sî-chit--siūⁿ m̄ khui

0276 司機辭職—想唔開

ㄙㄨ 《ㄧ ㄒㄧ⁵ ㄐㄧㄉ⁴ —— ⁰ㄒㄧㄨ⁷ ㄇ⁷ ㄎㄨㄧ

【暗示】有心理障礙，想不開。

【註解】司機：車輛駕駛人，依規定有駕駛執照的人。司機的職責是開車，司機要辭職，就是不想再開車，台語簡說是「想唔開」，與有心結的「想不開」諧音。

【例句】台北市長馬英九父親馬鶴凌於2004年8月8日參加馬來西亞馬姓宗親會，對媒體記者探詢馬英九2008年會不會出來競選總統？馬老先生說他很希望馬英九出來競選總統，為國家做事，為民眾服務，無奈國民黨連戰、親民黨宋楚瑜，像「司機辭職——想唔開」，不願放手。馬氏「不願放手」此語一出，立即引起多種解讀。

Kiò siù-châi taⁿ-tàⁿ--(thiāu tàⁿ) tiau-lân

0277 叫秀才擔擔──（挑擔）刁難

《一ㄜ³ ㄒㄧㄨˇ ㄗㄞˊ ㄅㄚ ˚ㄅㄚ³ ── (ㄊㄧㄠˊ ˚ㄅㄚˇ)ㄉㄧㄠ ㄌㄢˇ

【暗示】故意為難。

【註解】秀才：古時候的讀書人或教書的人。秀才都是文弱書生，手無縛雞之力，叫這種人挑擔，
幾乎是要難倒他，「刁難」與「挑擔」諧音。

【例句】屏東市市民代表王文田涉嫌賄選案被判刑，並易科罰金50萬元。他的朋友吳連得持「東企」
支票繳交，被台銀派駐法院的鄭小姐拒收，要他拿現金或台銀支票才收。吳連得認為鄭小
姐有罰金可收已經不錯了，還「叫秀才擔擔──（挑擔）刁難」，乃提來一元、五元、十元
硬幣十多袋，計50萬元繳交。台銀鄭小姐明知吳先生是「叫秀才擔擔──（挑擔）刁
難」，只有含淚點收。

Tâi-pak-lâng chhiùⁿ su-siang-khí--lâm-khiuⁿ pak-tiāu

0278 台北人唱思相起──南腔北調

ㄅㄞˇ ㄅㄚˋˋ ㄌㄤˇ ˚ㄑㄧㄨ³ ㄙㄨ ㄒㄧㄤ 《ㄧ ── ㄌㄚㄇˇ ˚ㄌㄧㄨ ㄅㄚˋ ㄅㄧㄠˇ

【暗示】指說話的腔調不同，另解釋為各說各話。

【註解】台北人：居住在台灣台北縣市的人。〈思相起〉，恆春民謠，陳達以唱〈思相起〉而聞名。
〈思相起〉有濃厚的南台灣腔音，台北人的音調唱起來有點唐突。

【例句】〈思相起〉由枋寮「紅目達仔」傳唱全台灣。台灣在1930－40年代開始有流行歌，當時四
大詞家作品頗多，作品寫情寫景傳唱至今，其中李臨秋〈望春風〉，周添旺〈雨夜花〉，陳
達儒〈青春嶺〉，葉俊麟〈淡水暮色〉都是傳世歌謠。

Tâi-lâm tàⁿ-á-mī--chiah hó tàu sio pò

0279 台南擔仔麵──食好鬥相報

ㄅㄞˇ ㄌㄚㄇˇ ㄅㄚˇ ˚ㄅㄚ³ ㄚ² ㄇㄧ ── ㄐㄧㄚ ㄏˋ ㄏㄜ² ㄌㄠ³ ㄒㄧㄜ ㄅㄜ³

【暗示】好東西要與好朋友分享。

【註解】台南擔仔麵是小吃切仔麵。切仔麵各地都有，以台南擔仔麵為招牌者，全台灣到處可見。
食好鬥相報：是請顧客幫忙宣傳，以廣招徠。「台南棺材板」也是聞名的小吃，但僅在台
南市一地聞名，其他地方未見招牌。

【例句】英國北威爾斯34歲男子何依爾，大概是「台南擔仔麵──食好鬥相報」，上網拍賣芳齡
30歲的嬌妻梅花，最高標價640英磅，折合台幣3830元，有1300多人競標。競標男士中，
有人願意以本田1000CC機車交換，更有不少人大概也是食好鬥相報，要以老婆交換梅花，
害他趕緊撤標。

Tâi-ôan thn̂g-láng--iú-khì bô-hôe

0280 台灣糖籠──有去無回

ㄉㄞ⁵ ㄨㄢ⁵ ㄊㄥ⁵ ㄌㄤ² ── ㄧㄨ² ㄎㄧ³ ㄅㄜ⁵ ㄏㄨㄝ⁵

【暗示】沒有回應或消失不見了。

【註解】台灣糖籠：日據時代台灣製糖會社所產製的砂糖，都裝在籠子裡運銷日本，所以有去無回。

【例句】人家青暝放粉鳥，像「台灣糖籠──有去無回」，台灣的中華鳥會人士黎光明等十多人，卻為了一隻名叫丹丹的丹頂鶴，心中五味雜陳，又高興又擔心。
這隻瀕臨絕種的丹頂鶴，2003年12月10日首度出現在台北縣貢寮鄉田寮洋，至今還在新竹、彰化、貢寮沿海徘徊，愛鳥人士擔心丹頂鶴導航機制出問題，回不了遙遠的北方。

Tâi-ôan-chîm--bô-ko

0281 台灣蟳──無膏

ㄉㄞ⁵ ㄨㄢ⁵ ㄐㄧㄇ⁵ ── ㄅㄜ⁵ ㄍㄜ

【暗示】沒什麼東西，也可以解釋為草包一個。

【註解】台灣蟳：台灣島上特有的水中生物。蟳屬蟹類，體型較螃蟹大，肉鮮美，外殼青色的為青蟳，紅色的為紅蟳，民間視為補品。無膏：蟳仁（蟹黃）不多。

【例句】有位在家待業的大學生應徵家庭教師，對方家長要先看看他的文章。這位大學生「台灣蟳──無膏」，在家苦思良久，仍然寫不出一篇文章來。他的老婆看在眼裡，對他說：「你們男人寫文章，真比我生孩子還難？」
「當然囉，」這位老公說：「你生孩子，是肚子裡面有東西。我肚子裡沒有東西，怎麼寫得出文章來？」

Sì-cha̍p kiám nn̄g--sam-pat

0282 四十減二──三八

ㄒㄧ³ ㄗㄚㆴ⁸ ㄍㄧㆰ² ㄋㆭ⁷ ── ㄙㄚㄇ ㄅㄚㄉ⁴

【暗示】罵女人不正經。

【註解】婦女節是宣示女性地位的日子，也是紀念那些為女性爭取權益的先鋒。

【例句】每一次婦女節都會要求我們反思，為婦女的權益做了些什麼？如今政府取消婦女節而以「婦幼節」取代。「婦女節」的宣示意義不僅消失，其反思的意義也將逐漸被淡忘。提出以「婦幼節」取代「婦女節」的那位女人，也真是「四十減二──三八」。

Sì-niú ti-bah chhiat nñg-pôaⁿ--hó-khòaⁿ koh séng-chîⁿ

0283 四兩豬肉切兩盤──好看佫省錢

ㄒㄧ² ㄋㄧㄨ² ㄉㄧ ㄅㄚㄏ⁴ ㄑㄧㄚㄉ⁴ ㄋㄥ⁷ °ㄅㄨㄚ⁵ ── ㄏㄜ² °ㄅㄨㄚ³ ㄍㄜㄏ⁴ ㄒㄧㄥ⁵ °ㄐㄧ⁵

【暗示】便宜又好看。

【註解】四兩豬肉：一斤十六兩，四兩豬肉，只有四分之一斤而已。這麼少的豬肉要切成兩盤，一定要切成薄薄的，這樣好看又省錢。

【例句】財大氣粗的中國國民黨於320總統選舉敗選後，傳出財務危機，四月、五月先後傳聞發不出薪水的窘態。國民黨為了存活，成立黨務改革小組，由副主席吳伯雄擔任召集人，第一步敲定每月水電費六百萬元的中央黨部大樓，留下三分之一辦公，其餘撥出提供MGO（非政府組織）之社福、宗教等公益團體用途。
社會認為國民黨此舉，是「四兩豬肉切兩盤──好看佫省錢」。

Sì-niú ke-á pòaⁿ-kin thâu--tōa-thâu-ke

0284 四兩雞仔半斤頭──（大頭雞）大頭家

ㄒㄧ³ ㄋㄧㄨ² ㄍㄝ ㄚ² °ㄅㄨㄚ³ ㄍㄧㄣ ㄊㄠ⁵ ── ㄉㄨㄚ⁷ ㄊㄠ⁵ ㄍㄝ

【暗示】稱人大老闆。

【註解】大頭家：大老闆。雞的重量只有四兩，頭卻重達半斤，可見這隻雞的頭一定很大，故叫「大頭雞」。台語「大頭雞」和「大頭家」同音。

【例句】羅文嘉宣布投入2001年立委選戰。他說「大頭家」陳水扁已經同意他參選立委，羅文嘉的這位「四兩雞仔半斤頭──（大頭雞）大頭家」，確實有夠大。

Sì-bīn-toh khiàm chit-kha--(bē-chāi)bē-chē

0285 四面桌欠一骹──（𣁬在）𣁬諍

ㄒㄧ³ ㄇㄧㄣ⁷ ㄉㄜㄏ⁴ ㄎㄧㄚㆬ³ ㄐㄧㄍˋ ㄎㄚ ── （ㄇㄝ⁷ ㄗㄞ⁷） ㄇㄝ⁷ ㄗㄝ⁷

【暗示】數量不多。

【註解】四面桌：四方形的桌子。𣁬在：一張四方形的桌子，只有三隻腳，那是不會穩固的。不會穩固叫「𣁬在」，「𣁬在」與台語的「𣁬諍」諧音。

【例句】「考試」對一般人來說，大多是一個頭兩個大，但對於中央大學電機工程系學生謝忠翰來說，實在沒什麼。他今年投考「台大」、「交大」、「中大」、「成大」電機研究所均榜首，「清大」因不公布名次而不知是否榜首？他報考的中大電機組有八百多人應試，謝忠翰不但是榜首，連有「死亡之組」聞名的台大電機組也是榜首。同學都說謝忠翰像神，也有說他像鬼，才會所向無敵。
不管謝忠翰像什麼，像他這麼棒的人，到底是「四面桌欠一骹──（𣁬在）𣁬諍」。

Gōa-hâng lâng pha hî-bāng ──(loān-pha) lān-pha

0286 外行人拋魚網──(亂拋)羼脬

兀ㄨㄚ⁷ ㄏㄤ⁵ ㄌㄤ⁵ ㄆㄚ ㄏ一⁵ ㄅㄤ⁷ ──(ㄉㄨㄢ⁷ㄆㄚ) ㄌㄢ⁷ ㄆㄚ

【暗示】 有輕視及不相信的多種含意。

【註解】 外行人：不是本行業的人，也就是非專業人士。拋魚網：漁民捕魚要把魚網拋向海中。拋
魚網有技巧，才能使魚網散開，外行人則亂拋。
「亂拋」與男人生殖器的台語「羼脬」諧音。

【例句】 外交部長陳唐山於2004年9月25日接見「台灣外館正名聯盟」成員，對於新加坡外交部長
楊榮文在聯合國大會上對台灣的獨立傾向提出警告。陳唐山認為新加坡不應該干涉我國內
政，形容該國是「鼻屎大」那麼小的國家，搜中國的羼脬耀武揚威。
陳部長形容新加坡的「搜羼脬」之「PLP」一出，立即造成全國爭論，有人說他形容不
當，有人認為很傳神，頃刻之間，羼脬小羼脬大，成為全台灣議論的主題。

~~~~~~

Gōa-hâng thâu-ke--hāi sí sin-lô

0287 外行頭家──害死薪勞

兀ㄨㄚ⁷ ㄏㄤ⁵ ㄊㄠ⁵ ㄍㄝ ── ㄏㄞ⁷ ㄒ一² ㄒ一ㄣ ㄌㄜ⁵

【暗示】 害慘了員工。

【註解】 外行頭家：對所從事的行業或工作不熟悉或沒有經驗的老闆。
薪勞：手下的員工，是受薪雇用的工作人員。

【例句】 小高知道明天是玲玲生日，說要送禮物給她，問她喜歡什麼禮物？「你只要送我玫瑰花就
好，如果花數和我的年齡相等，我就是屬於你了。」小高知道玲玲今年24歲，便到花店訂
了25朵玫瑰花，請花店明天送到她家去。花店主人真是「外行頭家──害死薪勞」，交代
學徒說小高是好顧客，多送幾朵過去。結果送給玲玲的是36朵玫瑰花，害小弟被小高揍得
鼻青臉腫。

~~~~~~

Gōa-séng-lâng chiảh lê-bóng--soan

0288 外省人食檸檬──(酸)蹡

兀ㄨㄚ⁷ ㄒ一ㄥ² ㄌㄤ⁵ ㄐ一ㄚ⁸ ㄌㄝ⁵ ㄅㄜㄥ² ── ㄙㄨㄢ

【暗示】 三十六計走為上策。

【註解】 外省人，指1945年第二次世界大戰終戰後，由中國遷居台灣的人士及後代。檸檬：常綠灌
木，適亞熱帶栽植，花、葉像橘子，果實橢圓，色黃味酸，果汁、果實可做飲料及食品加
工原料。「酸」與台語的「蹡」同音。

【例句】 人蛇集團曾、葉等船老大，於2003年8月26日，分別以兩艘舢舨快艇，接送非法來台淘金
的27名中國女子，在苗栗外海碰到海巡署巡邏艇，竟以水很淺，將艇上女子通通踢下海，
造成六人溺水慘劇。近年中國偷渡犯，造成各地收容中心人滿為患。阿扁總統說：「中國
人士之所以『外省人食檸檬──(酸)蹡』，是對中國政權失去信心！」

Gōa-séng-lâng chiah mī-sòaⁿ--bián-sián

0289 外省人食麵線──(麵線)免仙

兀ㄨㄚ⁷ ㄒㄧㄥ² ㄌㄤ⁵ ㄐㄧㄚˊ⁸ ㄇㄧ⁻ °ㄙㄨㄚ³ ── 万ㄧㄢ² ㄒㄧㄢ²

【暗示】免費招待。

【註解】外省人:指1945年後,由中國遷徙來台的人士及其後代。免仙:免錢。仙:從英語CENT而來,錢的單位,十仙為一角,十角為一元。
「麵線」與台語的「免仙」諧音。

【例句】台北世界貿易中心電腦遊戲大展,我一大早便前往參觀,還沒開幕,人已經擠得水洩不通。新聞報導展覽會未演先轟動,是主辦單位邀請日本AV明星小澤圓熱舞表演,其實也一定有很多人,跟我一樣是「外省人食麵線──(麵線)免仙」,想獲得贈送遊戲軟體。

~~~~~~

Gōa-séng-lâng chhò-chhâ--bô-chha

0290 外省人剉柴──(無柴)無差

兀ㄨㄚ⁷ ㄒㄧㄥ² ㄌㄤ⁵ ㄘㄜ³ ㄘㄚ⁵ ── 万ㄜ⁵ ㄘㄚ

【暗示】沒有差別或無所謂。

【註解】外省人:指1945年後,從中國到台灣定居的中國人及其後裔。外省人剉柴:是說外省人初到台灣,炊煮沒有薪火,都到山上砍樹,被山林警察抓到,都理直氣壯的說:「無柴!」
「無柴」與台語的「無差」諧音。

【例句】聽眾請問婚姻顧問:「聽說非洲有些國家的男人,結婚後才認識太太,是真的嗎?」「依我了解,」婚姻顧問說:「關於非洲人結婚後,才認識太太這個問題,全世界各洲的男人,都『外省人剉柴──(無柴)無差』。」

~~~~~~

Gōe-seng-á chhōa-bó·--(líau-liân) líau-jiân

0291 外甥仔娶姆──(了聯)了然

兀ㄨㄝ⁷ ㄒㄧㄥ ㄚ² ㄘㄨㄚ⁷ 万ㄛˊ² ── (ㄌㄧㄠ² ㄌㄧㄢ⁵) ㄌㄧㄠ² ㄖㄧㄢ⁵

【暗示】清楚明白,也可說為枉然。

【註解】外甥:姊妹所生的孩子。娶姆:娶太太。外甥要娶太太,身為母舅免不了要花錢,送喜聯賀儀,也就是要紅包、喜聯。
這種送紅包、喜聯,又稱「了聯」。「了聯」與台語的「了然」諧音。

【例句】許醫師對於他的患者張信雄頗為搖頭。他說提起這位患者,他便會感到「外甥仔娶姆──了然」。許醫師說他前後已經不止十次提醒他,肝炎患者不可喝酒,喝酒會傷肝、傷肺。他竟說不喝酒會傷心,與其不傷肝、不傷肺,不如不傷心。

Gōe-seng giáh teng-láng--chiàu-kū

0292 外甥夯燈籠─（照舅）照舊

ㄍㄨㄝ⁷ ㄒㄧㄥ ㄍㄧㄚㄏ⁸ ㄎㄥ ㄌㄤ² ── ㄐㄧㄠ³ ㄍㄨ⁷

【暗示】不變，照原來的樣子或約定。

【註解】外甥：見「外甥娶姆─（了聯）了然」篇。
古時候沒有路燈，舅舅晚間要來，身為外甥的人提著燈籠，要給舅舅照亮道路。給舅舅照明的「照舅」與台語照原來的「照舊」諧音。

【例句】中華民國國父孫中山在陰間，有一天遇到蔣中正，喜出望外，立即把他叫過來，詢問他死後歷任總統是誰？「報告國父，第一任是我蔣中正，第二任是『趙元任』，第三任是『吳三連』，」蔣中正摸了摸禿頭，想了一會兒才又說：「第四任是『趙麗蓮』，第五任是『嚴家淦』，第六任是『外甥夯燈籠──照舊』，『于右任』。」

~~~~~~

Gōa-má sí hāu-seⁿ--(bô-kū-liàu)bô-kiù-liàu

0293 外嬤死後生─（沒舅了）沒救了

ㄍㄨㄚ⁷ ㄇㄚ² ㄒㄧ² ㄏㄠ⁵ °ㄙㄝ ── （ㄅㄜ⁵ ㄍㄨ⁷ ㄌㄧㄠ³） ㄅㄜ⁵ ㄍㄧㄨ³ ㄌㄧㄠ³

【暗示】無法可救，也就是沒命了。

【註解】外嬤：外祖母。後生：男孩子，即男兒也。外祖母的孩子，要叫舅舅，舅舅死了，等於沒舅了。台語「沒舅」與「沒救」諧音。

【例句】台東縣知名飯店「知本溫泉」所屬「富野渡假村」於2004年8月16日清晨，中庭表演廣場突然起火燃燒，濃煙往上衝，情況一度非常危急。「富野渡假村」火災當晚，共有房客一千三百多位，眾人在驚嚇中倉皇逃生，大家都以為「外嬤死後生──（沒舅了）沒救了」，經三十分鐘撲滅，幸無人傷亡。

~~~~~~

Leng-bú phō gín-á--pàt-lâng ê

0294 奶母抱囝仔─別人个

ㄌㄧㄥ ㄅㄨ² ㄅㄜ⁷ ㄍㄧㄣ² ㄚ² ── ㄅㄚㄅ⁸ ㄌㄤ⁵ ㄝ⁵

【暗示】不是自己的孩子。

【註解】奶母：奶媽，負責餵乳及照顧幼兒的奶媽。奶媽所抱的嬰幼兒，是別人家的孩子。

【例句】「14歲少女孝行 週週單騎探父」，這是中國時報2004年4月12日社會體育版的橫批標題。這位從國小四年級開始，至今國中二年級的女學生張慧姿，每週從豐原市一路騎單車，去后里鄉療養院探視中風的父親，來回要騎三十多公里，已踩了7千公里。路有多長，親情就有多長。張慧姿十歲時，母親病逝，父親中風，哥哥又離家不知去向。她幽怨的說：「人家『奶母抱囝仔──別人个』，躺在后里療養院的是我自己的父親，我若怕苦不來探望，誰會去探望他？」

Nî-ko͘ siⁿ/seⁿ-kiáⁿ--hân lé kúi-sî

0295 尼姑生囝—罕咧幾時

ㄋㄧ⁵ ㄍㄛ ˚ㄙㄝ ˚ㄍㄧㄚ² —— ㄏㄢ² ㄌㄝˊ ㄍㄨ一² ㄒㄧ⁵

【暗示】罕見、難得之事。

【註解】尼姑：佛教出家修行的女子，即「比丘尼」的俗稱。尼姑削髮修行，遠離紅塵，四大皆空，斷絕男女私情慾念，說尼姑生子是非常難得的事。
林語堂曾有一篇＜尼姑思凡＞，引起很大風波，或有這回事。

【例句】總務課奉董事長令宣佈，公司產銷順利達到年度預定計劃，為慰勞員工年來辛勤，招待全體員工分批泰國觀光旅遊七日，不參加者以棄權論，不另補貼。
大家都非常高興，認為董事長「大某打細姨——大出手」，真是「尼姑生囝——罕咧幾時」，誰也不放棄出國觀光的機會。

~~~~~~

Nî-ko͘ seⁿ-kiáⁿ--àm-tiong hêng-sū

0296 尼姑生囝—暗中行事

ㄋㄧ⁵ ㄍㄛ ˚ㄙㄝ ˚ㄍㄧㄚ² —— ㄚㄇ³ ㄉㄧㄛㄥˊ ㄏㄧㄥ⁵ ㄙㄨˊ

【暗示】秘密行事。

【註解】尼姑：削髮出家修持唸佛的婦女。生囝：生孩子。尼姑生孩子，是非常嚴重犯戒律的，如果有生孩子那麼一回事，也一定暗中處理秘密行事，不能讓他人知道而損佛門清譽。

【例句】行政院長游錫堃訪問中南美洲，利用於宏都拉斯國會發表演說機會，突然提出「台灣ROC」的對外新簡稱，以便與中國「PRC」區隔。台灣自中國國民黨1949年轉進台灣以來，對外都以「Republic of China」自稱，常把國際人士搞昏，誤認「ROC」為「PRC」，以致台灣在國際上，許多功德都做到水溝裡去。新聞局長林佳龍說，游院長之提出「ROC」，不是突然的靈感，而是「尼姑生囝——暗中行事」已久了。

~~~~~~

Nî-ko͘ cháu liáu liáu--khong-am

0297 尼姑走了了—空庵

ㄋㄧ⁵ ㄍㄛ ㄗㄠ² ㄌㄧㄠ² ㄌㄧㄠ² —— ㄎㄛㄥ ㄚㄇ

【暗示】形容人的行為輕浮，不正經。

【註解】尼姑住的佛寺，有稱：觀、庵、寺等。住在尼姑庵的尼姑走了，整個尼姑庵變成空庵。「空庵」，台語的意思是不正經、吊兒啷噹。

【例句】有人說，把舊羅曼史說給老婆聽的人是「尼姑走了了——空庵」的傢伙。另有人說，真正空庵的人，不是把舊羅曼史說給老婆聽的人，而是將新的羅曼史說給老婆聽的傢伙。

Nî-ko͘ hō͘ bang-á tèng--iōng pûn ê

0298 尼姑恆蠓仔叮──用歕个

ㄋㄧ⁵ ㄍㄛ ㄏㄛ⁷ ㄅㄤ ㄚ² ㄅㄧㄥ³ ── ㄧㄛㄥ⁷ ㄅㄨㄣ⁵ ㄝ⁵

【暗示】用嘴巴講的，不實在，吹牛。

【註解】尼姑：見「尼姑生子──罕咧幾時」篇。恆蠓仔叮：給蚊子咬到。用歕个：唸佛修道人不殺生，用吹的把蚊子吹走。

【例句】台灣參加2003年亞洲棒球錦標賽，大家都信誓旦旦，要吃「韓國泡菜」、「北京烤鴨」，並要把「日本壽司」吃得精光。雖然這場棒球錦標賽打下來，台灣以5：4贏韓國，吃到韓國泡菜；也以3：0吃到北京烤鴨，可是日本壽司卻吞不下去，而且反以0：9輸得很難看。所以許多人指那些說大話的人，都是「尼姑恆蠓仔叮──用歕个」。

~~~~~~

Nî-ko͘ sio-phah--bô-chang thang-giú

0299 尼姑相扑──無鬃通摸

ㄋㄧ⁵ ㄍㄛ ㄒㄧㄜ ㄅㄚㄏ⁴ ── ㄅㄛ⁵ ㄗㄤ ㄊㄤ ㄍㄧㄨ²

【暗示】無毛病落入人家手中。

【註解】尼姑：落髮出家唸佛的女尼。相扑：打架。

【例句】桃園縣議會2003年10月20日，爆發女議員打架轟動全縣事件。吳寶玉議員罵劉茂群議員「討客兄」，10月8日被她摑了一巴掌不甘心，會中發言要「以暴制暴」後，即衝向劉茂群，抓她的頭髮拳打腳踢一番，令人怵目驚心。

人家「尼姑相扑──無鬃通摸」，桃園縣這兩位女議員打架，都各有辮子可抓。

~~~~~~

Nî-ko͘ sio-phah giú thâu-mo͘--bô chit-khóan tāi-chì

0300 尼姑相扑摸頭毛──無即款戴誌

ㄋㄧ⁵ ㄍㄛ ㄒㄧㄜ ㄅㄚㄏ⁴ ㄍㄧㄨ² ㄊㄠ⁵ ㄇㄛ ── ㄅㄛ⁵ ㄐㄧㄅ⁴ ㄎㄨㄢ² ㄉㄞ⁷ ㄐㄧ³

【暗示】沒有的事。

【註解】尼姑是削髮出家修行的佛教徒，又稱比丘尼。相扑：打架。頭毛：即頭髮。說尼姑打架或有這回事，若說打架扭頭髮，肯定沒有這回事。

【例句】新竹市前市長蔡仁堅，因懷疑愛人同志文化局長璩美鳳感情走私，被控夥同從事「阿梵達」神修的郭玉玲，在璩家私架錄影機，偷錄璩女偷情，製作光碟並流入市面，被控毀謗案。

民進黨大老，也是蔡市長好友張俊宏，堅信蔡仁堅不會做這種狗屁倒灶的事，現在法院判蔡仁堅無罪，還他清白，證明蔡仁堅「尼姑相扑摸頭毛──無即款戴誌」。

Nî-ko͘ thâu-khak-téng chhà-hoe--bô-hoat

0301 尼姑頭殼頂插花──（無髮）無法

ㄋㄧˊ ㄍㄛ ㄊㄠˊ ㄅㄚㄍ ㄉㄧㄥˊ ㄘㄚˇ ㄏㄨㄝ ── ㄅㄛˊ ㄏㄨㄚㄉˇ

【暗示】拿不出好辦法。

【註解】尼姑：削髮出家唸佛的女尼。頭殼頂插花：頭上插花。因為削髮，沒有頭髮可插，沒有頭髮也叫無髮，與台語沒辦法的「無法」，以及不法的「無法」諧音。

【例句】陳、林教師逛百貨公司，陳教師買了一件超性感內衣，林教師驚問道：「妳怎麼買這麼性感的內衣？」「我想讓我老公刺激一下，」陳教師回她說：「妳要不要也買一件，刺激一下老公？」林教師對她說：「我老公現在除衣服的價錢能刺激他外，其他都像『尼姑頭殼頂插花──（無髮）無法』刺激他。」

~~~~~~

Pò͘-tē-á khàu lāu-pē--siūⁿ-tio̍h-chîⁿ

0302 布袋仔哭老爸──想著錢

ㄅㄛˇ ㄅㄝˊ ㄚˊ ㄎㄠˇ ㄌㄠˊ ㄅㄝˊ ── ˚ㄒㄧㄨˊ ㄉㄧㄛㄏˋ ˚ㄐㄧˊ

【暗示】想到錢便傷心起來。

【註解】布袋仔：彰化縣永靖鄉人，是位不務正業、好吃懶做的傢伙，鄉人都知道他對待父母親非常不孝。父親病故，鄉人卻看他傷心欲絕，頗感奇怪，追問後才知道，布袋仔是因為父喪需要一筆喪葬費，想到要花那麼多錢，便又哭出來。

【例句】彰化縣達德商工職校學生洪武能，近年來家庭屢遭變故，曾祖母、曾祖父、爸爸、祖母、叔叔相繼過世，身為大孫，哭祭總免不了他一份，母親又離家出走，想到自己身世悲慘，他哭得比別人傷心。沒想到竟被專門包辦喪事的花車業者相中，成為專門扮演孝女的角色，為喪家營造哀戚氣氛。
洪武能並不因替喪家扮演「孝女」角色而自卑。他說要奉養祖父及扶養就讀高一的雙胞胎弟弟，所以如「布袋仔哭老爸──想到錢」，他沒有拒絕「哭」的勇氣。

~~~~~~

Pò͘-tē-hí ang-á sai--tōa-sè-kha

0303 布袋戲尪仔師──大小骹

ㄅㄛˇ ㄅㄝˊ ㄏㄧˊ ㄤ ㄚˊ ㄙㄞ ── ㄉㄨㄚˊ ㄙㄝˇ ㄎㄚ

【暗示】大小份量不同。

【註解】布袋戲：布偶戲。尪仔師：主演布偶戲的師父。大小腳是指布偶戲主演者，為加強格鬥廝殺的氣氛，不斷用腳踏地板，讓它發出「碰碰」劇烈格鬥的音響效果。久而久之，那隻常常用力踏地板的腳，發育得比較粗大，左右雙腳變成大小腳。

【例句】黃海岱（1901年生）是台灣掌中戲史上，最具代表性且影響深遠的人物。2000年台北藝術大學授予榮譽博士學位。
黃海岱從一人劇團開始，現徒孫眾多，名滿天下。當初的困苦情況，由其妻所述「日出雞卵影，雨來叮咚聲」可見端倪。黃海岱改編明代小說《曝野獻言》為「雲州大儒俠─史艷文」，由其子黃俊雄演出，成為家喻戶曉的人物。黃海岱「布袋戲尪仔師──大小腳」可想而知。

Pò-tē-hì ián-chhut--bō-āu ū-lâng

0304 布袋戲演出─幕後有人

ㄅㄛ³ ㄅㄝ⁷ ㄏㄧ² ㄧㄢ² ㄘㄨㄉ⁴ ── ㄎㄛ⁷ ㄠ⁷ ㄨ⁷ ㄌㄤ⁵

【暗示】 背後有人指揮。

【註解】 布袋戲：台灣的地方戲，以木頭彫刻成人頭、手、腳等，再綴上衣服，衣服與頭部中空，可以用手掌伸入裡面操縱表演。

【例句】 花蓮縣警察局吉安分局接獲民眾檢舉，指木瓜溪防汛道路有一群人鬥毆，前往處理時，當事人鳥獸散，留下賓士轎車及一輛休旅車。警方發現賓士車內，有三名被膠帶矇住眼睛的男子，起出二十八塊海洛英，價值三億元。
這件東台灣史上最大宗毒品案，嫌犯李文浤、陳訂志、趙啟全，旋即被花蓮縣議會議長楊文值，從警方手中私自帶走，引起社會嘩然，認為這宗毒品案是「布袋戲演出──幕後有人」。

~~~~~~

Iù-tī-hn̂g chio-seng--lāu-put-siu

0305 幼稚園招生─(老不收)老不修

ㄧㄨ³ ㄅㄧ⁷ ㄏㄥ⁵ ㄐㄧㄜ ㄒㄧㄥ ── ㄌㄠ⁷ ㄅㄨㄉ⁴ ㄒㄧㄨ

【暗示】 年紀老了，言行舉動還不檢點。也有嘲笑不害羞之意。

【註解】 幼稚園：依據民國71年11月6日頒佈的「幼稚教育法」，是以「促進兒童身心健全發展為宗旨」，屬學前教育機構，招收三至五歲兒童，施以「健康、生活、倫理」教育，不收老人家。

【例句】 新竹市九十歲林姓老翁和八十二歲女友到賓館幽會，被八十二歲老婆帶警捉姦成雙。林老被老婆告進法院，他堅稱年紀已高，兩人只是「蓋棉被純聊天」，享受愛撫，親嘴的戀愛滋味，無法辦「那種事」了。他的老婆聽後，當場破口罵他：「幼稚園招生──(老不收)老不修。」

~~~~~~

Iù-khí kè lāu-ang--chiok-bái-siâu

0306 幼齒嫁老尪─足穩韶

ㄧㄨ³ ㄎㄧ² ㄍㄝ³ ㄌㄠ⁷ ㄤ ── ㄐㄧㄜㄍ⁴ ㄅㄞ² ㄒㄧㄠ⁵

【暗示】 很難搞好。

【註解】 幼齒：年幼的女孩。嫁老尪：嫁給年紀大的老人。

【例句】 台灣興建焚化爐政策始於1992年。當時是一個沒有資源回收觀念、垃圾隨地亂丟的時代。後來政府規劃全台興建三十座焚化爐，目前(2003年10月)已興建及完成的焚化爐有十九座，規劃中尚未動工十一座。各地方規劃興建焚化爐，像「幼齒嫁老尪──足穩韶」，民意壓力非常大，民眾與政府抗爭、流血衝突越演越烈，致使產生焚化爐政策，有是否該丟入焚化爐的爭論？
另在建與不建之間，以「最低損害控制，尋求官民雙贏」的論點，已逐漸受到重視。

Phah chhiú-chhèng--lùt-su

0307 扑手槍─律師

ㄆㄚㄏˋ ㄑㄧㄨˊ ㄑㄧㄥˇ ── ㄌㄨㄅˋ ㄙㄨ

【暗示】好辯之士。

【註解】打手槍：男性手淫，或稱自慰。律師：具有證照、受當事人或法院指令，在法庭協助當事人，進行訴訟和處理一切有關法律事務的專業人員。

【例句】台灣政壇之所以被形容「口水比公理多」的原因，是政壇人士多出身「打手槍──律師」界。律師的專業特性是愛強辯，不認輸，「死」的也要爭到變成「活」的。

~~~~~~

Phah-m̄-kìⁿ io̍h-tōaⁿ--chù-sí

0308 扑唔見藥單─註死

ㄆㄚㄏˋ ㄇ˪ ˚ㄍㄧ˪ ㄧㄛㄏˋ ˚ㄉㄨㄚˊ ── ㄗㄨˋ ㄒㄧˊ

【暗示】很不該的巧合。

【註解】扑唔見：不見了或丟失了。
藥單是救命寶貝，竟然遺失了，表示命中註定該死。

【例句】李理事長不擅言詞，某次有貴賓與會，他要秘書事先備妥講稿，準備好好表現一番，臨場時卻找不到演講稿，「扑唔見藥單──註死」，所以演講內容牛頭不對馬嘴，終於講不下去，很漏氣。

~~~~~~

Pún-san-jîn--sòaⁿ-sian

0309 本山人─散仙

ㄅㄨㄣˊ ㄙㄢ ㄖㄧㄣˊ ── ˚ㄙㄨㄢˋ ㄒㄧㄢ

【暗示】對懶散人的稱呼。

【註解】本山人：形容人站在山旁，無所事事，懶懶散散，謂之「散仙」。

【例句】小林這個傢伙是有名的散仙，帶出去的東西沒帶回來是經常的事，夫妻因此常常為了丟失東西吵架，每次都聽到小林理直氣壯的說：
「妳吵什麼，『本山人──散仙』是與生俱來的，又非故意這樣做，每次和妳出去，沒將妳丟了，就已經非常了不起了！」

Bōe-seⁿ-kiáⁿ seng-hō-miâ--pún-boa̍t tò-tì

0310 未生囝先號名—本末倒置

ㄅㄨㄟ⁷ °ㄙㄝ °ㄍㄧㄚˇ ㄒㄧㄥ ㄏㄛ⁷ ㄇㄧㄚˇ —— ㄅㄨㄣ² ㄅㄨㄚㄍˋ ㄅㄛˇ ㄅㄧˇ

【暗示】做事顛倒了前後次序。

【註解】未生囝先號名：孩子還沒生出來，還不知是男是女，是否安產？就已經取名了，顯然是本末倒置。

【例句】苗素芳看到男友李桐友從咖啡廳出來時，放下她與一位小姐聊天，兩人有說有笑，當下妒火猛燒，把李桐友拉開，興師問罪：「我今天終於看到你的真面目了，原來你是個喜新厭舊的人，你說！她是誰？」
李桐友對於苗素芳「未生囝先號命——本末倒置」感到很無耐，只得說：「你誤會了，妳是新的，她才是舊的女朋友。」

~~~~~~

Bōe chēng sio-hiuⁿ phah-tīng pu̍t-chhíu--chheⁿ-kông

0311 未曾燒香扑斷佛手—青狂

ㄅㄨㄟ⁷ ㄐㄧㄥ⁷ ㄒㄧㄛ °ㄏㄧㄨ ㄆㄚㄏˇ ㄅㄥ⁷ ㄅㄨㄍˋ ㄑㄧㄨ² —— °ㄘㄝ ㄍㄛㄥˊ

【暗示】行動魯莽。

【註解】未曾燒香：還沒點火上香。扑斷佛手：打斷了佛祖的手。
這是形容行動魯莽。「魯莽」台語叫青狂。

【例句】林阿強住在台東，到屏東找昔日軍中好友趙士勇，兩人久別重逢，往事聊不完，直到要分手回台東，趙士勇送他到火車站。他們一邊等車，一邊在火車站前的小攤子喝酒。在聊天喝酒中，林阿強謹記在心裡，一點三十分的最後一班列車非踏上去不可。他們又開了一瓶高粱酒，只喝了一杯，便聽到火車進站的聲音，兩個好友手拉著手往車站跑，沒想到趙士勇「未曾燒香扑斷佛手——青狂」地跳上車廂，留下林阿強望著那班遠遠開走的自強號列車而狂笑起來。

~~~~~~

Éng-chēng ki-á-peng--léng-léng tēng-tēng

0312 永靖枝仔冰—冷冷硬硬

ㄧㄥ² ㄐㄧㄥ⁷ ㄍㄧ ㄚ² ㄅㄧㄥ —— ㄌㄧㄥ² ㄌㄧㄥ² ㄅㄧㄥ⁷ ㄅㄧㄥ⁷

【暗示】冷淡不親熱。

【註解】永靖：彰化縣永靖鄉，位於「台一線」員林鎮與田尾鄉中間。
永靖枝仔冰：是早期永靖鄉瑞成冰廠所製的冰棒。冷冷硬硬：表示冷漠無情。

【例句】國民黨主席連戰和親民黨主席宋楚瑜，雖然搭配競選2004年正副總統，但因2000年兩人曾經是總統競選死敵，所以兩人關係始終如「永靖枝仔冰——冷冷硬硬」，不怎麼熱絡。記者好奇問連戰：「新春與宋楚瑜見面如何？」連戰回說：「互道恭禧。」記者又問他：「還有呢？」連戰想了想說：「握手。」記者不死心，又追問：「還有做些什麼？」「我和他，」連戰回說：「還能做些什麼？」

Hōan-lâng ah kàu kà-tiûⁿ-pơ--bô-thâu-lō͘

0313 犯人押到教場埔─無頭路

ㄏㄨㄢ⁷ ㄌㄤ⁵ ㄚㄏ⁴ ㄍㄠ³ ㄍㄚ³ ㄉㄧㄨ⁵ ㄅㄛ ─ ㄅㄛ⁵ ㄊㄠ⁵ ㄌㄛ⁷

【暗示】無頭路：失業。

【註解】犯人：犯罪的人。教場埔：行刑場。
犯人都關在牢房，會押到教場埔，是要行刑殺頭，也就是走上斷頭的路了。

【例句】台灣2000-2003年三年間，大學生由47萬人，增加了30萬人，合計達77萬人。研究所每年增加18,300人，大學則每40天增加一所，目前多達150所大學，增加速度比超商還快。大學生畢業後，多數像「犯人押到教場埔──無頭路」。
一個人失業是悲劇，一群人失業是數據，不容忽視。

~~~~~~

Lip-tē sêng-hut--pàng-siak

0314 立地成佛─(放捷)放捨

ㄌㄅ⁴ ㄉㄝ⁷ ㄒㄧㄥ⁵ ㄏㄨㄉ⁸ ─ ㄅㄤ³ ㄒㄧㄚㄍ⁴

【暗示】遺棄的意思。

【註解】放捷：背叛、離棄。立地成佛之前，必先放下屠刀，表示放棄殺生，故說「放捷」。台語「放捷」和「放捨」諧音。

【例句】和尚對屠夫說：「記得你上次答應我的條件嗎？現在你給我一斤豬肉。」「今天禁屠，現在就是要一兩也沒有，還說一斤？」「那也容易，你就把你身上的肉，割一兩下來給我也就算數了。」「你瘋了嗎？那我不是痛死了？」「我才叫你割一兩肉，你就想到痛，那你每天殺那麼多豬，怎麼沒有想到豬也會痛？」屠夫一聽，恍然大悟，於是「立地成佛──(放捷)放捨」屠具，跟著和尚出家修行去了，後來也證得羅漢果位。

~~~~~~

Koe-lē-á phah-m̄-kiⁿ khì--mō-sit

0315 瓜笠仔扑唔見去─(帽失)冒失

ㄍㄨㄝ ㄌㄝ⁷ ㄚ² ㄆㄚㄏ⁴ ㄇ⁷ ㄍㄧ³ ㄎㄧ³ ─ ㄇㄛ⁷ ㄒㄧㄉ⁴

【暗示】言談或行動魯莽的人

【註解】瓜笠：斗笠。扑唔見去：丟失了。丟了帽子叫「帽失」，與台語的「冒失」同音。

【例句】影星林林叫救護車，把捧著肚子哀痛的丈夫送到醫院，對醫師說：「陳醫師，我丈夫可能是急性盲腸炎。」「放心，我的大明星，」醫師對她說：「去年我已把妳老公的盲腸割掉了，我沒聽說過有兩條盲腸的人。」這位明星看了「瓜笠仔扑唔見去──(帽失)冒失」的醫師一眼後，說：「你沒聽說過一位明星，有幾位丈夫嗎？」

Kam-chià bô pak-hiō--bô-ba̍k

0316 甘蔗無剝葉—無目

《ㄚㄇ ㄐㄧㄚ³ ㄅㄛ⁵ ㄅㄚㄍ⁴ ㄏㄧㄛ⁷ —— ㄅㄛ⁵ ㄅㄚㄍ⁸

【暗示】沒長眼睛或短視。

【註解】甘蔗：植物名。多年生草本，莖多汁而甜，可製糖。甘蔗有節，節另稱目。每目距離約四五寸。甘蔗若沒把葉子剝下來，便看不到蔗目，以為無目。
「無目」，台語是沒有眼睛。

【例句】有前科男子陳沼鍠騎贓車於凌晨三時，在台北市內湖路三段見身材高挑、穿耳洞、戴手環、腳穿高跟鞋，還提著女用皮包的長髮女子獨行，見有機可乘，腳踹被害人機車，企圖踹倒對方再下手行搶。沒想到被被害人拉住，拖行十多公尺，在路人圍捕之下就擒。陳犯之所以遭到被害人有力還擊，原來那位被害人是男扮女裝。警方問他的性別傾向，他說是美容師，接觸客人都是女生，所以男扮女裝比較吃香。這樣說來，搶犯也真是「甘蔗無剝葉——無目」。

Kam-chià kui-ki khè--bô-chām-chat

0317 甘蔗歸枝齧—無斬節

《ㄚㄇ ㄐㄧㄚ³ 《ㄨㄧ 《ㄧ ㄎㄝ³ —— ㄅㄛ⁵ ㄗㄚㄇ⁷ ㄗㄚㄉ⁴

【暗示】逾越分寸、沒節制的意思。

【註解】歸枝：整枝。齧：咬。無斬節：沒分寸、沒節制。
一般食用甘蔗都斬成一節一節的，整枝吃就是「無斬節」。

【例句】2003年10月16日國民黨、親民黨立法委員提出多項資料，指稱考試院秘書長朱武獻利用上班時間密集參加宗教團體活動。立委痛批朱武獻此舉明顯違反行政中立，「甘蔗歸枝齧——無斬節」，對全國公務員做了最壞示範。

Ba̍k-chiu-phôe bô chiuⁿ-ám--iú-gán put-sek thài-san

0318 目睭皮無漿泔—有眼不識泰山

ㄅㄚㄍ⁸ ㄐㄧㄨ ㄆㄨㄝ⁵ ㄅㄛ⁵ ᵒㄐㄧㄨ ㄚㄇ² —— ㄧ² ㄍㄢ² ㄅㄨㄉ⁴ ㄙㄝㄍ⁴ ㄊㄞ³ ㄙㄢ

【暗示】沒長眼睛，不知危險。

【註解】目睭皮：眼皮。無漿泔：沒有用飯泔上漿。有眼不識泰山：分辨不出厲害。

【例句】剛於2004年4月9日從屏東縣長調升內政部長的蘇嘉全，於16日宣佈全面向詐騙集團宣戰。其曾任女警隊長的夫人洪恆珠女士，即於17日在屏東市被歹徒從轎車內搶走皮包。這位歹徒確實「目睭皮無漿泔——有眼不識泰山」，什麼人不搶，怎可以搶全國刑警首腦的老婆？這位膽大包天的搶匪，恰與前內政部長余政憲剛接任時，其妻鄭貴蓮的賓士轎車遭歹徒竊車勒贖如出一轍。

Iōng hóe-thòaⁿ chò chím-thâu--(o͘-kui)o͘-ku

0319 用火炭做枕頭—(烏頸)烏龜

ㄧㄛㄥ⁷ ㄏㄨㄝ² °ㄊㄨㄚ³ ㄗㄜ³ ㄐㄧㄇ² ㄊㄠ⁵ —— (ㄛ ㄍㄨ) ㄛ ㄍㄨ

【暗示】指男人戴綠帽子。

【註解】火炭：木炭。烏頸：脖子部位弄黑了，原指鳥禽喉下的嗉囊，在此指脖子部位，全稱叫「領頸」。烏龜：指老婆偷漢子的男人。用木炭當枕頭，脖子部位必會弄黑，台語說「烏頸」，與「烏龜」諧音。

【例句】影星阿B鍾鎮濤，在接受中國記者專訪時主動爆料，侃侃而談和章小蕙之間的恩恩怨怨。當時有三十幾位香港記者，當著他的面拿出章小蕙婚外情的照片給他看，他這才驚覺自己「用火炭做枕頭——（烏頸）烏龜」，戴了綠帽還不知道，當下痛心極了！

~~~~~~

Iōng kan-á siⁿ hō͘-chúi--kan-siⁿ

0320 用矸仔承雨水—(矸承)奸臣

ㄧㄛㄥ⁷ ㄍㄢ ㄚ² ㄒㄧㄣ⁵ ㄏㄛ⁷ ㄗㄨㄧ² —— ㄍㄢ ㄒㄧㄣ⁵

【暗示】陰險狡詐、善於搬弄是非的人。

【註解】用矸仔承雨水：用玻璃矸子承裝雨水，叫承雨。用矸仔承雨，與台語「奸臣」諧音。

【例句】2004年320總統選舉後，無論是落敗的國民黨或勝選的民進黨，都傳黨內有「用矸仔承雨水——（矸承）奸臣」吳三桂。
國民黨有人點名立委陳宏昌、陳學聖，選舉期間不看好連戰，與民進黨暗通款曲，惟當事人堅決否認。林重謨立委說民進黨內的吳三桂，選前看衰陳水扁，當選猛抱大腿。蔡啟芳原先承認自己是吳三桂，後來澄清嘉義縣陳水扁得票率排名第二，他絕不是奸臣吳三桂，不過承認自己是黨內三寶中的一寶。

~~~~~~

Iōng chiu-kan-á sîn hō͘-chúi--kan-sîn

0321 用酒矸仔承雨水—(矸承)奸臣

ㄧㄛㄥ⁷ ㄐㄧㄨ² ㄍㄢ ㄚ² ㄒㄧㄣ⁵ ㄏㄛ⁷ ㄗㄨㄧ² —— ㄍㄢ ㄒㄧㄣ⁵

【暗示】暗諷他人是奸臣。

【註解】酒矸仔：酒瓶。承：承接。用「酒矸仔」（酒瓶）承接雨水，取「矸」和「承」合為「矸承」。台語「矸承」和「奸臣」同音。

【例句】南宋秦檜，害死人人崇敬的民族英雄「岳飛」，讓小時候讀歷史書的人，想起來就咬牙切齒，說秦檜是真正「用酒矸仔承雨水——（矸承）奸臣」。

Iōng mī-sòaⁿ bang ah-bó/bú--it-khì bô-hôe

0322 用麵線網鴨母——一去無回

ㄧㄛㄥ˚ ㄇㄧㄧ˚ °ㄙㄨㄚ˚ ㄇㄤ ㄚㄏ˙ ㄇㄜˊ/ㄇㄨˊ —— ㄧㄉ˙ ㄎㄧˇ ㄇㄜˊ ㄏㄨㄝˊ

【暗示】一去不回頭的意思。

【註解】台灣民間故事〈憨囝婿〉，傻女婿要去給丈母娘做生日，路上看見河裡有鴨，隨手把要送給丈母娘當賀禮的麵線投到水裡，想要網住鴨子，誰知道麵線一遇到水，糊的糊，斷的斷，根本收不回來。

【例句】2001年8月15日，泰國警方破獲一個以香港國際金融中心，作為洗錢中心的跨國投資詐騙集團。超過一百名投資者，接到經紀人電話推銷，購入偽造的美國公司股票，結果所有投資都是「用麵線網鴨母——一去無回」。

~~~~~~

Chhân-tiong-ng khí-biō--chèng-keng

0323 田中央起廟——（種宮）正經

ㄊㄢˊ ㄉㄧㄛㄥ ㄥ ㄎㄧˊ ㄇㄜˊ —— ㄐㄧㄥˇ ㄍㄧㄥ

【暗示】影射要不正經的人正經之。

【註解】起廟：蓋廟。在田中央蓋廟，勢必要取名為某某宮，故戲稱「種宮」。
台語「種宮」和「正經」諧音。

【例句】安娜憶思寧是亨利米勒的情婦，在日記裡探索情慾的發展及對他人、丈夫之間的關係。她的感情相當澎湃，也是雙性戀，已為人妻，又有很多的情人，這些都記錄在日記裡。我年輕時認為她「不正經」，長大後再讀，發現女人是以另一種方式被定義，但女人自己也有其他發展空間，因此反而認為，安娜憶思寧是「田中央起廟——（種宮）正經」生活的人。

~~~~~~

Chhân-eⁿ keⁿ tiòh ti-tu-bāng--chin-put-hēng

0324 田蛉稽著蜘蛛網——真不幸

ㄊㄢˊ °ㄝ °ㄍㄝ ㄉㄧㄛㄏˊ ㄉㄧ ㄉㄨ ㄇㄤˊ —— ㄐㄧㄣ ㄅㄨㄉˋ ㄏㄥˊ

【暗示】運氣不好或生活艱難不愉快。

【註解】田蛉：蜻蜓。稽著：被纏住。

【例句】數三國風流人物，論文武兼備的青年才俊，當首推周瑜。這位東吳的中流砥柱出將入相，先憑一支軍隊為孫策打下江東一片天，再僅憑三萬兵馬大破曹操號稱的八十萬大軍於赤壁，立下不世功業。
這位東吳大都督，因後世戲曲及小說為了神化諸葛亮，把一代名將扭曲為遺臭萬年，周瑜的委屈真的是「田蛉稽著蜘蛛網——真不幸」！

Chhân-kap-á lám ō-kóaiⁿ--thang kóaiⁿ

0325 田蛤仔攬芋莖—蕩拐

ㄊㄢ⁵ ㄍㄚㄅ⁴ ㄚ² ㄌㄚㄇ² ㄛ⁷ ㄍㄨㄞ² —— ㄊㄤ⁵ °ㄍㄨㄞ²

【暗示】刁難，作怪；也有做拿蹺解。

【註解】田蛤仔：青蛙。青蛙有保護色，發現有動靜，會抱住具同樣色彩的芋莖保護自己。青蛙抱著芋莖，芋莖承受不了重量，會蕩來拐去，而有「蕩拐」之句，蕩拐意為挑剔，作怪，拿蹺。

【例句】同事看到即將新婚的小林悶悶不樂，問他：「你呀，追到一位富家千金，還有啥心事？」「玲玲是高家獨生女，嬌生慣養，我怕…」「你怕？怕什麼？」同事老劉說：「女生的折舊率很快，一夜之間便從新娘變成老婆了，還能像『田蛤仔攬芋莖——蕩拐』拿蹺嗎？」

~~~~~~

Chhân-liâu á ê thó͘-tī-kong--(chíuⁿ-sian) chíu-sian

0326 田寮仔个土地公—(守仙)酒仙

ㄊㄢ⁵ ㄌㄧㄠ⁵ ㄚ² ㄝ⁵ ㄊㄛ² ㄉㄧ⁷ ㄍㄛㄥ —— (°ㄐㄧㄨ² ㄒㄧㄢ) ㄐㄧㄨ² ㄒㄧㄢ

【暗示】嗜愛杯中物的人。

【註解】田寮仔个土地公：奉祀在田野間、草寮裡的福德正神。守仙：守候田園的仙人。「守仙」與喜愛杯中物的「酒仙」諧音。

【例句】在高速公路彰化路段巡邏的國道三隊黃、施姓警員，於晚間例行巡邏，攔截一名酒後駕車的許姓民眾。這位許姓民眾是「田寮仔个土地公——(守仙)酒仙」，自知難逃酒測，竟搶下兒子牛奶，將整瓶牛奶一口氣灌下肚子，這種粗魯大動作，不但嚇壞了太太，也把孩子嚇得嚎啕大哭。彰化秀傳醫院急診部主任阮祺文指出，警方的酒測儀器係測試呼氣的酒精濃度，牛奶入口後進入胃內，並不影響酒測值。

~~~~~~

Chhân-lê kâm-chúi tō kè tang--hāu-sî-ki

0327 田螺唅水度過冬—候時機

ㄊㄢ⁵ ㄌㄝ⁵ ㄍㄚㄇ⁵ ㄗㄨㄟ² ㄉㄛ⁷ ㄍㄝ³ ㄉㄤ —— ㄏㄠ⁷ ㄒㄧ⁵ ㄍㄧ

【暗示】等待機會的意思。

【註解】田螺唅著水冬眠，等待春天的到來，故說「候時機」。

【例句】李登輝先生當總統時，一直希望有機會到母校日本京都大學訪問，藉機讓台灣曝光於世界，但日本對中共壓力的顧慮，造成客觀形勢上仍有困難。因此，李總統訪問日本，仍是「田螺唅水度過冬——候時機」！

Chhân-lê sô kòe--ū-hûn

0328 田螺趖過─有痕

ㄘㄢ⁵ ㄌㆤ⁵ ㄙㆦ⁵ ㄍㄨㆤ³ ── ㄨ⁷ ㄏㄨㄣ⁵

【暗示】做事會留下痕跡。

【註解】趖：緩慢爬行。田螺有黏液，爬過的地方會留下痕跡。

【例句】恆春基督教醫院，以「耶穌愛人如己」的精神，給予台灣尾居民「身、心、靈」的全人醫治。歷任外籍宣教士、醫護人員有：吉貝克牧師、邵樂美、黃斯德、白信德、韓樹偉等醫師。韓玉文師母、任蒂、高美藍、包麗莎、莫美華、馬立娜、巴庭花、高樂娜、倪麗莎、吉安妮、賈貝粒等護士。他們對恆春地區醫護的貢獻，「田螺趖過──有痕」，南部居民都很感謝這些外籍人士！

~~~~~~

Kah-it-á koah kú-chhài--té à iau ū

0329 甲乙仔割韭菜─底仔夭有

ㄍㄚㆷ⁴ ㄧㆵ⁴ ㄚ² ㄍㄨㄚㆷ⁸ ㄍㄨ² ㄘㄞ³ ── ㄉㆤ² ㄚ² ㄧㄠ ㄨ⁷

【暗示】來源不斷。

【註解】甲乙：人名。韭菜：植物名，多年生草本，葉細長而扁，高尺餘，莖、葉、花俱可食用。甲乙看到韭菜長出來，便拿刀割，人家說還沒長好，怎麼就把它割下來？他總是回說：「沒關係，底仔還有！」

【例句】台灣2004年總統選舉，國親提名連戰、宋楚瑜，以些微之0.228%落選，支持群眾分別於台北、台中、高雄劇烈抗議選舉不公。高雄市親民黨立法委員邱毅站在廣播車上，鼓動群眾衝進高雄地方法院大門，撞毀了不銹鋼大門，已遭高雄地檢處搜證依「妨害公務」、「違反集會遊行法」、「傷害」、「毀損」等四項罪嫌提起公訴，具體求刑一年六個月。
邱毅說這是政治迫害、選擇性辦案、跡象顯示秋後算帳。「甲乙仔割韭菜──底仔夭有」，其他的嫌犯，檢方搜證完畢後一一起訴。

~~~~~~

Peh-kiuⁿ ùn chhó͘--sng koh hiam

0330 白薑搵醋─酸佫薟

ㄅㆤㆷ⁸ ㄍㄧㄨ ㄨㄣ³ ㄘㆦ² ── ㄙㄥ ㄍㄜㆷ ㄏㄧ㆐ㆬ

【暗示】環境氣氛或味道令人難受。

【註解】搵：沾。酸佫薟：雙關語，一、指味道又酸又薟；二、為人或講話尖酸刻薄。

【例句】「總經理，謝謝您提拔我，要把我調派到泰國工廠當副廠長，我想和您商量，請改調到中國東莞的工廠，什麼職位都沒關係，我的胃腸，無法適應泰國那種『白薑搵醋──酸佫薟』的料理。」

Pėh-pờ ka laū khì ní-kng lāi--sé bōe chheng-khì

0331 白布加落去染缸內─洗燴清氣

ㄅㄝㄏ⁸ ㄅㄛ³ ㄍㄚ ㄌㄠ⁷ ㄎㄧ³ ㄋㄧ² ㄍㄥ ㄌㄞ⁷ ── ㄙㄝ² 万ㄨㄝ⁷ ㄑㄧㄥ ㄎㄧ³

【暗示】冤屈無法洗清之意。

【註解】加落：掉落。洗燴清氣：洗不乾淨。白布掉落在染缸內，當然怎麼洗也洗不乾淨，故說「洗燴清」。

【例句】台北市民羅文壎遺失身分證，被冒用登記為高雄一家公司股東，去年收到高雄市國稅局稅單，要他繳交所得稅一百四十四萬元。羅文壎不服被冒用身分證，向地檢署提出告訴，檢方調查發現該公司負責人已死亡，裁定該公司負責人不起訴處分，他仍須繳納一百多萬元的所得稅。
羅姓市民的冤枉，宛如「白布加落去染缸內──洗燴清氣」。

~~~~~~

Pėh-pờ liâm tiòh tiám-á-ka--(pháiⁿ-sé)pháiⁿ-sè

0332 白布沾著歹仔膠─（歹洗）歹勢

ㄅㄝㄏ⁸ ㄅㄛ³ ㄌㄧㄚㄇ⁵ ㄉㄧㄛㄏ⁸ ㄉㄧㄚㄇ² ㄚ² ㄍㄚ ── (°ㄆㄞ² ㄙㄝ²) °ㄆㄞ² ㄙㄝ³

【暗示】影射「不好意思」之意。

【註解】沾著：沾染。歹仔膠：瀝青。相傳由外國傳教士Damas引進，故依其名譯音命名。歹勢：不好意思。白布沾到瀝青，一定很難洗，故說「歹洗」。
台語「歹洗」和不好意思的「歹勢」諧音。

【例句】某天在公車上，一個穿著超短迷你裙、高跟鞋的女孩，手裡抱著一大疊書本，跌跌撞撞上了公車，公車司機立即發動引擎，害女孩整個人往前跌在一位男人懷中，手上的書散了一地。她說：「啊！『白布沾著歹仔膠──（歹洗）歹勢』啦。」

~~~~~~

Pėh-kan-á té chheng-chúi--khòaⁿ thàng kòe

0333 白矸仔貯清水─看透過

ㄅㄝㄏ⁸ ㄍㄢ ㄚ² ㄅㄝ² ㄑㄧㄥ ㄗㄨㄧ² ── °ㄎㄨㄚ³ ㄊㄤ³ ㄍㄨㄝ³

【暗示】瞭解得非常透澈或對某人的能力瞭解得很深。

【註解】白矸仔：清色，也就是透明的玻璃矸仔。貯清水：白矸仔裝清水。
看透過：看得清清楚楚。

【例句】民進黨大老沈富雄立委與「台灣心聲」節目主持人汪笨湖，因國人要不要把「愛台灣」掛在嘴上，引起隔空叫罵。汪笨湖質問沈富雄，為什麼台灣人說愛台灣不可以？沈富雄說大家都愛台灣，把這句話掛在嘴上，選舉會撕裂族群，並罵汪笨湖是垃圾。汪笨湖自認為是隻小螞蟻，會被大委員踩死，自動停掉在華視的新節目「台灣起動」。沈富雄委員說，汪停掉「台灣起動」與他無關，是「白矸仔貯清水──看透過」，一個人主持兩個節目，江郎才盡。

Pėh-kan-á té bȧk-chúi--o͘ kàu sim

0334 白矸仔貯墨水─烏到心

ㄅㄝㄏ⁸ ㄍㄢ ㄚ² ㄅㄝ² ㄇㄚ⁸ ㄗㄨㄧ² ── ㄛ ㄍㄠ³ ㄒㄧㄇ

【暗示】壞心腸，沒良心。

【註解】矸仔：瓶子。貯：裝。烏到心：指連白瓶子裝墨水也變黑了，引申黑心腸之意。

【例句】圖書館如果公司化，每年可節省1億元。雲林縣議員李卓人質疑圖書館公司化，是政府「白矸仔貯墨水──烏到心」，藉增聘非公務員節省薪酬，甚至容許收廣告、收贊助等，會影響藏書政策的中立。

Pėh-chóa siá o͘-jī--o͘-pėh hun-bêng

0335 白紙寫烏字─烏白分明

ㄅㄝㄏ⁸ ㄗㄨㄚ² ㄒㄧㄚ² ㄛ ㄌㄧ⁷ ── ㄛ ㄅㄝㄏ⁸ ㄏㄨㄣ ㄅㄥ⁵

【暗示】是非善惡分得很清楚

【註解】毛筆沾墨水寫在白紙上，叫白紙烏字。烏白分明：好壞分得清清楚楚。

【例句】歌星羅大佑，在2004年國親在總統府前號召50萬人抗議總統選舉不公的大會，上台疾呼「不分藍綠，只問黑白」，把台下群眾的情緒挑到最高點。儘管社會各界贊同羅大佑的「不分藍綠、只問黑白」的主張，但台灣的族群已被政客撕成兩半，變成「白紙寫烏字──烏白分明」。
彰化市長溫國銘說：「有一理髮廳，老闆與顧客因支持對象不同吵了起來，顧客說：『我不給你理了！』理髮師不甘示弱，也說：『我不理你了！』而把顧客趕出去。」

Pėh-chhȧt-chhit-á kóng-kó͘--phiàn gōng-lâng

0336 白賊七仔講古─騙戇人

ㄅㄝㄏ⁸ ㄘㄚㄉ⁸ ㄑㄧㄉ⁴ ㄚ² ㄍㄛㄥ² ㄍㄛ² ── ㄆㄧㄢ³ ㆣㄛㄥ⁷ ㄌㄤ⁵

【暗示】說話不可信或別人好騙。

【註解】白賊七：民間故事中的人物，專事說謊行騙。白賊：說謊。講古：說故事。戇人：傻人。專事說謊行騙的白賊七，說的故事只有傻子才會相信，故說：騙戇人。

【例句】台灣大學法學院黃宗樂教授，在〈阿扁，我們唯一的選擇〉一文中說，試想，黑金包袱，連戰甩得掉嗎？宋楚瑜也說要解決黑金問題，他的「興票案」能洗得清嗎？這簡直是「白賊七仔講古──騙戇人」。

Chiō-hóe chhiùⁿ-koa--hôan-ló koh chài hoân-ló

0337 石火唱歌─煩惱佫再煩惱

ㄐㄧㄛ⁷ ㄏㄨㄝ² °ㄑㄧㄨ³ ㄍㄨㄚ ── ㄏㄨㄢ⁵ ㄌㄛ² ㄍㄛ⁴ ㄗㄞ³ ㄏㄨㄢ⁵ ㄌㄛ²

【暗示】無窮的煩惱。

【註解】石火：人名，員林人，他很喜歡唱歌，卻哼不出歌曲調子，老是「煩惱佫再煩惱」的連唱不完。

【例句】立法院長王金平2001年競選第五屆院長，因民進黨立委席次沒過半，推出院長無法當選，輕鬆坐上院長寶座，也讓阿扁政府吃足苦頭。2004年阿扁總統當選連任，誓言年底立委過半，並宣布張俊雄問鼎院長，令尋求立委九連霸的王金平想再爭取院長，困難度增加，變成「石火唱歌──煩惱佫再煩惱」。

Chiō-hóe chhiùⁿ-koa--hôan-ló bōe líau

0338 石火唱歌─煩惱燴了

ㄐㄧㄛ⁷ ㄏㄨㄝ² °ㄑㄧㄨ³ ㄍㄨㄚ ── ㄏㄨㄢ⁵ ㄌㄛ² ㄅㄨㄝ⁷ ㄌㄧㄠ²

【暗示】無窮無盡的煩惱。

【註解】石火：人名，員林鎮人，他很喜歡唱歌，卻唱不出什麼好歌好調來，老是「煩惱佫再煩惱」的唱個不完。

【例句】武永橋的老婆近來臉上流露著不安的臉色，她告訴同事，煩惱老公既不會喝酒，也不會賭博，真是要命。「老公不喝酒、不賭博，不是很好嗎？有什麼可煩惱的？」他的老婆說她之會「石火唱歌──煩惱燴了」，是老公不會喝酒，偏要喝；不會賭博，偏要去賭，真的煩惱燴了。

Chiō-ka-lō chhut-lâi ê--gōng-hoan

0339 石加路出來个─戇番

ㄐㄧㄛ⁷ ㄍㄚ ㄌㄛ⁷ ㄘㄨㄅ⁴ ㄌㄞ⁵ ㄝ⁵ ── ㄤㄛㄥ⁷ ㄏㄨㄢ

【暗示】憨直、不懂事故。

【註解】石加路：番社名，根據日人調查：苗栗縣泰安鄉有五大群，分別為：石加路群（錦水村）、汶水群（八卦、錦水、清安等村）、北勢群（梅園、象鼻、士林等村）、鹿場群（錦水村）、大湖群。戇番：早期對原住民輕視的稱呼。從番社石加路出來的，戲稱「戇番」。

【例句】南投縣竹山鎮林姓友人生活潦倒，某天拾獲一顆紅寶石，一位珠寶商出價二十五萬元，林某卻不賣。我當場笑謔說：「又是一個『石加路出來个──戇番』，二十五萬元，能過好幾年的好日子！」

Chiō-mîng-chúi-khòⁿ im tōa-chúi--tòng-bōe-tiâu

0340 石門水庫淹大水——擋𣍐牢

ㄐㄧㄛˊ ㄇㄥˊ ㄗㄨㄧˋ ㄎㆦˇ ㄧㆬ ㄉㄨㄚˊ ㄗㄨㄧˋ —— ㄉㆲˇ ㄇㄨㆤˊ ㄉㄧㄠˊ

【暗示】忍不住。

【註解】石門水庫：位於桃園縣龍潭鄉，有效蓄水量五千七百八十四萬立方公尺，石門水庫主要功能：防洪、灌溉、儲水、調節用水。

【例句】台南市鄭姓男子2001年花費十二萬元在福州市娶了中國新娘吳女，未及二年，吳女以「丈夫性虐待，不堪一夜求歡三十次」為由，令她像「石門水庫淹大水——擋𣍐牢」，訴請離婚。台南地院法官因吳女無具體證據證明丈夫那麼了不起，一夜求歡三十次，不予採信，但認為兩人已無婚姻基礎，准予離婚。

Chiō-kám-tong chhāi-ke--tìn-lō͘

0341 石敢當峙街——鎮路

ㄐㄧㄛˊ ㄍㄚㆬˋ ㄉㆲ ㄔㄞˇ ㄍㆤ —— ㄉㄧㄣˋ ㄌㆦˊ

【暗示】指事物很佔空間，或人不懂迴避。

【註解】石敢當：置於雙叉路口，當趨吉避凶之用的守護石。峙：豎立。鎮路：擋路、礙路。石敢當立在街上，當然很「鎮路」。

【例句】機車停滿騎樓，就像「石敢當峙街——鎮路」，妨礙行人通行權，也因此常常造成消防車無法進入巷弄救火，導致很多不幸死傷。

Chiō-piah tèng kǹg-teng--ngē-tú-ngē

0342 石壁釘鋼釘——硬拄硬

ㄐㄧㄛˊ ㄅㄧㄚˋ ㄉㄥˇ ㄍㄥˋ ㄉㄧㄥ —— ㆣㆤˊ ㄉㄨˋ ㆣㆤˊ

【暗示】硬碰硬的意思。

【註解】釘：敲打下去。硬拄硬：硬碰硬。硬梆梆的石壁，釘上堅硬的鋼釘，戲稱「硬拄硬」。

【例句】2002年9月1日美國網球公開賽，週末賽程有好幾場比賽，都打到第五場才分出勝負，讓場邊觀戰球迷大呼過癮，澳洲球王休伊特的衛冕戰，將是「石壁釘鋼釘——硬拄硬」！

Kha-chhng se^n liȧp-á--bōe chē

0343 尻川生粒仔──(獪坐)獪諓

ㄎㄚ ㄘㄥ °ㄙㄝ ㄌㄧㄚㄅ⁸ ㄚ² ── ㄅㄨㄝ⁷ ㄗㄝ⁷

【暗示】指人數或物品的數量不會很多。

【註解】尻川：屁股，即臀部也。生粒仔：皮膚長出顆粒狀的硬塊而腫爛的病變，如陳瘡、面瘡等。屁股生瘡，坐下去會很痛，所以不能坐下，不能坐下叫「獪坐」。
台語數量不會很多叫「獪諓」，兩者諧音。

【例句】台北市28歲青年陳哲南毒品戒治出獄一周，因向父親要錢，父親向他說了一句氣話：「沒錢？不會去搶？」陳哲南一氣之下，居然持刀跑去搶潘姓前房東，遭警逮捕。台灣像陳哲南這種父子，大概「尻川生粒仔──(獪坐)獪諓」，否則豈不很糟糕？

~~~~~~

Ka-chhng se^n liȧp-á--(bōe chē) bô chē

0344 尻川生粒仔──(獪坐)無諓

ㄎㄚ ㄘㄥ °ㄙㄝ ㄌㄧㄚㄅ⁸ ㄚ² ── ㄅㄨㄝ⁷ ㄗㄝ⁷

【暗示】不多的意思。

【註解】尻川：臀部、屁股。無諓：不多。屁股長了瘡，坐下來會痛得受不了，故戲稱「獪坐」

【例句】以前總統李登輝為總召集人的「台灣正名聯盟」，2003年9月6日號召十五萬人「會師總統府，進軍聯合國」。李登輝於大會中，根據歷史宣示，「中華民國」已經不存在。
次日前總統蔣經國次子蔣孝武遺孀蔣方智怡發起「捍衛中華民國」的反制遊行。前國民大會主席蘇南成說：「反制台灣正名的人，『尻川生粒仔──(獪坐)無諓』。」果然一如所料，只有四五千人參加而已。

~~~~~~

Kha-chhng ū kúi-ki mo͘--khòa^n-hiān-hiān leh

0345 尻川有幾支毛──看現現咧

ㄎㄚ ㄘㄥ ㄨ⁷ ㄍㄨㄟ² ㄍㄧ ㄇㄛ ── °ㄎㄨㄚ³ ㄏㄧㄢ⁷ ㄏㄧㄢ⁷ ㄌㄝㄏ⁴

【暗示】有多少本事，騙不了人家。

【註解】尻川：臀部、屁股。每個人身上會長毛的地方，包括頭髮、眉毛、睫毛、鼻孔毛、鬍鬚、胳下毛、胸毛、陰毛，其他部位如非特殊生理現象，長毛也不會很多。
屁股會長毛的人也不多，所以聽到人家自誇自己有多少本事，都以「尻川有幾支毛？」譏諷之。

【例句】北朝鮮共和國是當今世界中與古巴僅存抱著「無產階級專政的共產國家」，民生凋敝，卻擁有核子武器，而採取強硬的外交政策。其實縱使擁有核武，國民生活困苦，有多少能力對抗當今世界超強的美國，是「尻川幾支毛──看現現咧」。

Kha-chhng kiâⁿ-keng--(tng-âng) sīang-âng

0346 尻川行經──(當紅)上紅

ㄎㄚ ㄘㄥ °ㄍㄧㄚˋ ㄍㄧㄥ ── (ㄉㄥ ㄤˋ) ㄒㄧㄤˊ ㄤˋ

【暗示】炙手可熱。

【註解】尻川：屁股、臀部。行經：流血，誤以為月經來了。當紅：喻凡事順意。

【例句】世界名著《少年維特之煩惱》作者哥德，「尻川行經──（當紅）上紅」的時候，有次和音樂家貝多芬（1770-1827）在柏林街上散步，路上行人頻頻向他打招呼問候，哥德頻頻回禮，一段路後臉上的表情，已流露出不耐煩。貝多芬說：「老兄，你不必為此事煩惱，也許他們是向我打招呼」

~~~~~~

Kha-chhng kiâⁿ-keng--tng-âng

0347 尻川行經──當紅

ㄎㄚ ㄘㄥ °ㄍㄧㄚˋ ㄍㄧㄥ ── ㄉㄥ ㄤˋ

【暗示】當紅：最走運，另解為當做月事。

【註解】尻川：屁股、肛門都稱之為尻川。行經：月經來，屁股怎會行經？應該是肛門流血，誤當月經來了吧？

【例句】桃園縣檢警單位2003年8月12日，在龜山鄉查獲一名中國女子賣淫，發現身懷三萬元鉅款，有違常情深入探詢。原來是吳姓嫖客，剛與她完成性交易，因高女月經剛來下體有血，問她是否處女？中國女子吞吞吐吐，不知如何回答，吳姓嫖客竟誤認她「尻川行經──當紅」，覺得自己碰到處女「卯死啊！」塞給她三萬元「開苞費」，讓來台賣淫年餘的高女，高興得合不攏嘴。

~~~~~~

Kha-chhng giap hóe-kim-kơ--tèⁿ-chheⁿ

0348 尻川夾火金姑──筋星

ㄎㄚ ㄘㄥ ㄐㄧㄚㆴ ㄏㄨㆤˊ ㄍㄧㄇ ㄍㆦ ── °ㄉㆤˇ °ㄘㆤ

【暗示】「你真的很笨！或是你很故意？」影射裝蒜之意。

【註解】尻川：臀部。火金姑：螢火蟲。螢火蟲發光時一閃一閃像星星，故又稱火金星。

筋星：裝蒜。屁股夾著閃閃像星星的螢火蟲，上大號時恍如用力「筋星」，要把星星從肛門中排擠出來。

【例句】「阿強這下子慘了，品管課的黃淑媛跑去向人事主任投訴，說阿強利用簽到人多的時候，偷摸了她的屁股，還『尻川夾火金姑──筋星』，問她報表做好了沒有？」

Kha-chhng giȧp sǹg-pôaⁿ--pō-pō-sǹg

0349 尻川夾算盤—步步算

ㄎㄚ ㄘㄥ ㆣㄧㄚㆴ ㄙㄥ³ °ㄅㄨㄚ⁵ —— ㄅㆦ⁷ ㄅㆦ⁷ ㄙㄥ³

【暗示】精打細算。

【註解】尻川：臀部。步步算：走一步算一步。屁股在肛門夾一個算盤，表示每走一步就要算數一次。

【例句】2001年11月16日，台北市國民黨立委候選人陳鴻基和陳雪芬呼籲國民黨與民進黨應於選前進行合作，組聯合政府。國民黨中央立刻拒絕，而民進黨則未作明顯表示。兩黨都不願在選前合作組聯合政府。問題是選後合作的空間選項：既可以是「國民」，也可以是「國親」，當然也可能「民親」。所以是「尻川夾算盤——步步算」，各黨都在尋找自己最大的利益。（註：陳鴻基現爲台聯黨員）

Kha-chhng lih kàu chhùi--tōa-lih

0350 尻川裂到喙—大裂

ㄎㄚ ㄘㄥ ㄌㄧㅎ⁸ ㄍㄠ³ ㄘㄨㄧ³ —— ㄉㄨㄚ⁷ ㄌㄧㅎ⁸

【暗示】比喻事情很糟。

【註解】尻川：臀部。喙：嘴巴。大裂：雙關語，一、裂得很嚴重；二、喻事情很糟。從屁股裂到嘴巴，那實在是「大裂」了。

【例句】2004年總統大選，國民黨連戰的競選文宣，好像是把前總統李登輝當作對手打，令黨內本土派立委很不以為然，數度反應要抓對目標。
可是文宣仍然攻打李登輝，令人憂心總統選舉，連戰若再度落選，國民黨會像「尻川裂到喙——大裂」那樣，再一次大分裂。

Kha-chhng tàu-pèⁿ--(hó-giȧ-lâng)hó-giā-lâng

0351 尻川篏柄—(好攑人)好額人

ㄎㄚ ㄘㄥ ㄉㄠ³ °ㄅㆤ³ —— (ㄏㄛ² ㆣㄧㄚ⁵ ㄌㄤ⁵) ㄏㄛ² ㆣㄧㄚ⁷ ㄌㄤ⁵

【暗示】影射有錢人的意思。

【註解】尻川：臀部。篏：組裝。好額人：有錢人。屁股上裝上了柄，這個人就較容易被舉起來，故戲稱「好攑人」。台語「好攑人」和「好額人」諧音。

【例句】丹蒂斯聽到了法利亞長老所說，藏斯巴達寶藏的基度山，得到了寶藏，旦夕之間搖身一變「尻川篏柄——(好攑人)好額人」，成為基度山伯爵。

Kha-chhng pûn pi-á--pàng-phùi

0352 尻川歕嗶仔──放屁

ㄎㄚ ㄘㄥ ㄅㄨㄣ⁵ ㄅㄧ－ ㄚ² ── ㄅㄤ³ ㄆㄨㄧ³

【暗示】講廢話。

【註解】尻川：屁股。尻川歕嗶仔，是指屁股插哨子，放屁時會有屁聲，屁的聲音是為「屁話」。

【例句】花蓮縣2003年補選縣長，內政部長余政憲頻頻到花蓮縣主持查賄會報，花蓮地方法院檢察署主任檢察官楊大智說：「余政憲部長憑甚麼查賄？查個屁！」
法務部長陳定南派最高檢察署檢察官到花蓮地檢署，調查楊大智這番「尻川歕嗶仔──放屁」，有沒有政治動機？

Kha-chiah-phīaⁿ thâm-ô--kì chāi laⁿg pùi-nōa

0353 尻脊骿痰壺──據在人呸沤

ㄎㄚ ㄐㄧㄚㄏ⁴ °ㄆㄧㄚ⁷ ㄊㄚㄇ⁵ ㄛ⁵ ── ㄍㄧ³ ㄗㄞ⁷ ㄌㄤ⁵ ㄅㄨㄧ³ ㄋㄨㄚ⁷

【暗示】影射有不自愛，任人唾棄。

【註解】尻脊：脊椎，即背部。據在：任人。呸沤：吐口水。背部揹著痰壺，當然就任人吐痰或吐口水，故說「尻脊骿痰壺──據在人呸沤」。

【例句】2003年3月在德國沒有一條新聞能蓋過卡恩牧師和那位迪斯可吧女偷情的相關報導。卡恩目前在德國無異於一隻被追逐的野獸，他自己說：「我已被輿論宣判為謀殺者和強姦犯。」卡恩幾乎和騙子、背叛者成為同義詞。他拋妻棄子獨自偷歡的劣行，幾乎激起女性公憤。卡恩從神壇一下墜入「尻脊骿痰壺──據在人呸沤」的深淵。

Sian-seⁿ chat-meh--bóng-kóng

0354 先生節脈──(摸桄)罔講

ㄒㄧㄢ °ㄙㄝ ㄗㄚㄉ⁴ ㄇㄝㄏ⁸ ── ㄇㄛㄥ² ㄍㄛㄥ²

【暗示】講講看看，不一定會有效果。

【註解】先生：醫師。節脈：診脈。脈係血管，中醫節脈，也就是摸血管。節脈摸血管，台語叫：摸桄。「摸桄」恰與形容說說看，不一定有效的「罔講」諧音。

【例句】H大教授在凱悅酒店席開兩桌，慶祝遊說董事長加薪成功。他們爭取加薪三四年了，董事長均以教授工作時間不長，沒有加薪的必要回絕。
今年由獸醫系楊主任出面向董事長遊說，同事問他用什麼方法讓董事長改變初衷同意加薪？「其實，我並沒有把握，只是『先生節脈──(摸桄)罔講』而已。」楊主任回答他們：「我對董事長說，教授都像豬哥，其重要性不在工作時間的長短，而在工作的作用，董事長才點頭同意加薪。」

Sin-seⁿ-niû siá ê--sè-jī

0355 先生娘寫仝──(細字)細膩

ㄒㄧㄣ ˚ㄙㄝ ㄋㄧㄨ⁵ ㄒㄧㄚ² ㄝ⁵ ── ㄙㄝ³ ㄖㄧ⁷

【暗示】細膩，可做小心謹慎和客客氣氣解釋。

【註解】先生：昔日醫師的稱呼。先生娘：即醫師夫人。醫師在社會上的身分、地位、收入，都在中上以上，是少女心目中的白馬王子。醫師擇偶條件都要求很高，要漂亮、優雅、秀氣、出身背景，大體上說來，醫師夫人都很幼秀，客氣，寫字也細膩。

【例句】現代人，做事馬馬虎虎隨隨便便的，這樣是不對的，俗語說「買物愛看，關門要閂」，也就是「先生娘寫仝──(細字)細膩」，這樣小心謹慎，不會買錯東西，或把門窗關好，小偷就沒機可乘了。

Sian-siⁿ poaⁿ-chhù--chheh tiȯh sī chheh

0356 先生搬茨──(冊就是冊)恝就是恝

ㄒㄧㄢ ˚ㄙㄝ ˚ㄅㄨㄚ ㄘㄨ³ ──ㄘㄝㄏˇ ㄅㄧㄛㄏ⁸ ㄒㄧ⁷ ㄘㄝㄏˇ

【暗示】恨透了。

【註解】先生：老師、教師。搬茨：搬家。老師藏書豐富，搬家時家當都是書。書本台語叫做冊。(冊)與「恝恝」的「恝」諧音。

【例句】德國納粹黨領袖希特勒參觀兒童畫展，並召集得獎兒童茶敘。希特勒於茶會中，表現出很仁慈的抱著一個猶太兒童說：「我來做你們的爸爸，你有何感想？」有一位猶太孩子，聽到希特勒便像「先生搬茨──(冊就是冊)恝就是恝」的說：「我希望成為孤兒。」

Kā khè-hiaⁿ tòa-hà--m̄-chêng-goān

0357 共客兄戴孝──唔情願

ㄍㄚ⁷ ㄎㄝ³ ˚ㄏㄧㄚ ㄉㄚ³ ㄏㄚ³ ── ㄇ⁷ ㄑㄧㄥ⁵ ㄤㄨㄢ⁷

【暗示】心不甘，情不願。

【註解】共客兄：給姘夫。戴孝：死者的親友，在喪事一定日期內，穿孝服或配戴黑紗、紀念物，以示哀悼。唔情願：非心甘情願。

【例句】教授問呂姓女研究生，為何女孩子喜歡做未婚媽媽？女生回答：「為了傳宗接代。」「結婚不是更能傳宗接代嗎？」「結婚生子是替別人傳宗接代，未婚生子是替自己傳宗接代，」呂姓研究生回他說：「現代的女孩子，要她結婚生孩子，會像『共客兄戴孝──唔情願』。」

Kā é-káu mn̄g-lō͘--bô-chhái-kang

0358 共瘂口問路──無採工

ㄍㄚ⁷ ㄝ² ㄍㄠ² ㄇㄥ⁷ ㄌㄛ⁷ ── ㄅㄛ⁵ ㄘㄞ² ㄍㄤ

【暗示】白費工夫的意思。

【註解】共瘂口問路：向啞巴問路。無採工：啞巴不會講話又耳聾，所以是白費工夫的。

【例句】檢警憲調查偵破國內有史以來規模最大的搖頭丸製造工廠，成品十六萬顆，市價5000萬元。主嫌犯是國立台中二中特教老師呂子權。
呂老師說他因為房子貸款六百萬元壓力很大，自己是化學老師，從網站學習德國搖頭丸製造方法，下載配方研製搖頭丸，擬想販賣償還貸款，沒想到竟然「共瘂口問路──無採工」被捕入獄。

Tiàu-bah poah sí-niau--khòaⁿ-ū chiah-bô

0359 吊肉跋死貓──看有食無

ㄉㄧㄠ³ ㄅㄚㄏ⁴ ㄅㄨㄚㄏ⁸ ㄒㄧ² ㄋㄧㄠ ── °ㄎㄨㄚ³ ㄨ⁷ ㄐㄧㄚㄏ⁸ ㄅㄛ⁵

【暗示】過過乾癮而已。

【註解】貓是肉食的動物，把肉高高的掛起來，貓兒想吃便要衝上去，衝上去不但吃不到，也會跌落下來，甚至跌死。看有食無：看得到，吃不到。

【例句】派駐教育部服替代役的賴姓男子深夜在基隆市廟口附近，以藏在背包內的數位攝影機，偷拍女遊客裙內三角褲時，被鄭姓女受害者男友發現捉住後又被掙脫逃逸，幸經基隆海巡隊員李繼財、侯松谷兩人協力，才將賴某扭送警方。
警方對「偷窺狂」這種「吊肉跋死貓──看有食無」的動機，至感迷惑。賴嫌說他只要看到三角褲便會很興奮。

Tiàu-tiáⁿ--bô-bí thang-chú

0360 吊鼎──無米通煮

ㄉㄧㄠ³ °ㄉㄧㄚ² ── ㄅㄛ⁵ ㄅㄧ² ㄊㄤ ㄗㄨ²

【暗示】沒米下鍋，生活窮苦。

【註解】吊鼎：把燒飯的鼎鍋掛起來，形容窮得沒米煮飯。

【例句】中國國民黨於2004年總統敗選後，因為時不我予，決定進行黨務改革，其中因鑑於四、五月發不出薪水，讓黨工「吊鼎──無米通煮」，決定進行瘦身計劃。國民黨的瘦身計劃，即是遣散黨工，目前黨工1700多人，預定保留450人，遣散費50億元。遣散計劃是全部遣散，再擇優聘任，黨工頗不平的說：「為什麼每次敗選，都要黨工負責，身為主席兼候選人的連戰不必負任何責任？」

Hiòng-siān-á óan kong-sū--tú-á-hó

0361 向善仔援公事─拄仔好

ㄏㄧㆦㄥ³ ㄒㄧㄢ⁷ ㄚ² ㄨㄢ² ㄍㆦㄥ ㄙㄨ⁷ ── ㄉㄨ² ㄚ² ㄏㄜ²

【暗示】一本糊塗帳。

【註解】善仔：人名。援：處理事務的人。台語：拄仔好，即剛剛好。

【例句】學校家長委員會開會砲聲隆隆，有多位委員指責負責辦理建校100週年慶祝大會的張有樹會長收支帳目不清，校友捐款五百多萬元，支出也五百多萬元，那麼巧，豈非「向善仔援公事──拄仔好」？

Tē-kiû sī în ê--sio-tú ê tio̍h

0362 地球是圓仒─相拄會著

ㄉㆤ⁷ ㄍㄧㄨ⁵ ㄒㄧ⁷ ⁰ㄧ⁵ ㆤ⁵ ── ㄒㄧㄜ ㄉㄨ² ㆤ⁵ ㄉㄧㄜㄏ⁸

【暗示】總有一天等到你。

【註解】地球：太陽系中第三接近太陽的星球，是人類居住的星球。地球因公轉而有春夏秋冬四季，自轉一周二十四小時，繞太陽一周，約三百六十五日，即一年。又因依地軸由東向西自轉，而生明、暗的晝夜。

【例句】國民黨自中國撤退來台灣，統治台灣長達五十年，實施一些不符台灣人民願望的政策。2000年總統大選，民進黨陳水扁當選，戮力國家建設，專心拚經濟，並未秋後算帳，如果政黨惡鬥，冤冤相報，有上台便有下台，「地球是圓仒──相拄會著」，台灣政治將無安寧的日子。

Chāi châng n̂g ê--bô ún

0363 在欉黃仒─（無隱）無穩

ㄗㄞ⁷ ㄗㄤ⁵ ㆭ⁵ ㆤ⁵ ── ㄅㄜ⁵ ㄨㄣ²

【暗示】事情的結果不能如意確定。

【註解】在欉黃仒：水果在果樹上已經自然熟透可以摘下來吃了。「在欉黃仒」的水果，色澤、風味都比「隱仒」好吃。水果是還沒完全成熟前，為運輸、儲存、價格、防災問題，便將它摘下來，經過加工催熟後便能食用了。

【例句】鄉長選舉，施炳華和郭耀雄兩強爭奪，鹿死誰手兩人都「在欉黃仒──（無隱）無穩」。誠所謂：人人有機會，個個沒把握。

Hó-hoe chhah gû-sái--bô-chhái

0364 好花插牛屎—無採

ㄏㄜ² ㄏㄨㄝ ㄅㄚㄏ⁴ ㄤㄨ⁵ ㄙㄞ² —— ㄅㄜ⁵ ㄅㄞ²

【暗示】可惜的意思。

【註解】好花插牛屎：好一朵美麗的花朵，竟然插在牛糞上，是一種糟踏，也非常可惜。

【例句】動物園有一隻犀牛死了，負責飼養犀牛的工人，在旁邊流淚痛哭。這件事令遊客非常感動，竟然會有職工因犀牛死了，像「好花插牛屎——無採」到哭得死去活來，而報請市長獎賞。這位工人在市長頒獎後，接受記者訪問，說他是因想到要負責挖坑埋犀牛，才傷心的哭了。

~~~~~~

Chiam-to tú sim-koaⁿ-thâu--Jím chit ê

0365 尖刀拄心肝頭—(懍一个)忍一个

ㄐㄧㄚㄇ ㄉㄜ ㄉㄨ² ㄒㄧㄇ ㄍㄨㄚ⁵ ㄊㄠ⁵ —— ㄇㄧㄇ² ㄐㄧㄍ⁸ ㄝ⁵

【暗示】忍耐一下或忍一忍。

【註解】尖刀拄心肝頭：尖刀抵著心窩。懍一个：驚嚇戰慄了一下。「懍一个」與台語「忍一下」諧音。

【例句】文化大學2002年好戲連台，先有校長林彩梅女兒論文抄襲案，接著董事長張鏡湖夫人，也是立法委員穆閩珠，到創辦人張其昀墓前哭墓：「老夫子顯靈啊！讓張鏡湖清醒吧！！」穆閩珠對張鏡湖指控她暴力，說：「我哪有家庭暴力？充其量只是一個被昏庸老公蒙蔽的無奈妻子而已。張鏡湖只顧包庇林彩梅。」張鏡湖說林彩梅已調任商學院長，他也是「尖刀拄心肝頭——(懍一个)忍一个」，還不能沒事，日子都在家庭暴力下過的。

~~~~~~

Nî-bóe bô tńg-khì chhù--bô-bó

0366 年尾無返去茨—無姆

ㄋㄧ⁵ ㄅㄨㄝ² ㄅㄜ⁵ ㄉㄥ² ㄎㄧ³ ㄑㄨ³ —— ㄅㄜ⁵ ㄅㄛ²

【暗示】單身漢。

【註解】年尾：除夕。無返去茨：沒有回家圍爐團圓。除夕沒有回家過年，大都是還沒結婚，沒有妻子的人。

【例句】梁姓青年住在高雄市，是位「年尾無返去茨——無姆」的大學生。為了體驗性愛樂趣，酒後壯膽到賓館召來一位高姓大陸妹，要過一下「轉大人」的滋味。高姓大陸妹知道他還是處男特別好感，兩人洗完鴛鴦澡，裸體窩在棉被裡聊天後，正要做愛做的事，卻被臨檢的警察破壞了好事。梁姓大學生命中無姆就是無姆，連一個臨時的姆也告吹了。

Sêng-kit-su-hàn pàng-phùi--ū gôan-khì

0367 成吉思汗放屁—有元氣

ㄒㄧㄥ⁵ ㄍㄧㄉ⁴ ㄙㄨ ㄏㄢ³ ㄅㄤ³ ㄆㄨㄧ³ —— ㄨ⁷ ㄤㄨㄢ⁵ ㄎㄧ³

【暗示】精神飽滿。

【註解】成吉思汗：元太祖，名鐵木真，十二世紀尾十三世紀初，統一蒙古建立蒙古帝國。第一次西征佔領中亞大片土地。成吉思汗是元朝建國皇帝，形容其放屁為有元氣。

【例句】廿七歲男子吳松哲與周姓少年，都是機車行同事，吳看到周姓少年無精打采，遂開玩笑的跟他說，要讓他像「成吉思汗放屁——有元氣」，而把輪胎高壓打氣槍，插入他的肛門噴氣，造成腸道破損，切除七十公分才保住生命。台灣高等法院對於這件發生於2001年12月1日的惡整事件，以吳松哲觸犯了刑法「強制性交」的重罪，判刑三年二個月。

Ū koaⁿ-chhâ bô lêng-ūi--hi iú kî piáu

0368 有棺柴無靈位—虛有其表

ㄨ⁷ ㅇㄍㄨㄚ ㄔㄚ⁵ ㄅㄛ⁵ ㄌㄧㄥ⁵ ㄨㄧ⁷ —— ㄏㄧ ㄧㄨ² ㄍㄧ⁵ ㄅㄧㄠˋ

【暗示】外表好看，卻沒有內容。

【註解】有棺柴：有棺木。無靈位：沒有為死者設置供奉的牌位。

虛有其表：表面工夫沒有實質內容。

【例句】陳縣長從餐廳出來，邊走邊摸著大肚子說：「老婆，妳看！我沒有辜負這個肚子吧！」老婆知道老公只是一個「有棺柴無靈位——虛有其表」的人，便對他說：「你是沒有辜負大肚子，是這個大肚子辜負了你。」

Ū tàu-pèⁿ--(hó-giâ) hó-giâ

0369 有箌柄—(好攑)好額

ㄨ⁷ ㄉㄠ² ㅇㄅㄝ³ —— (ㄏㄛ² ㄍㄧㄚ⁵) ㄏㄛ² ㄍㄧㄚ⁷

【暗示】富人，也就是有錢的意思。

【註解】有箌柄：有裝上握把。好攑：比較好拿。比較好拿台語叫好攑。

「好攑」與台語「好額」諧音。

【例句】台灣受到國際不景氣影響，失業率居高不下，讓人感受到賺錢不容易，生活越來越困苦。雖然大家對未來都很悲觀，但有錢人仍然不少。台中新光三越公司，2004年春節前，來了一位「有箌柄——好額人」，刷卡消費一百三十多萬元。贈品冰箱有三台、電視機二部，令做上生意的專櫃小姐，個個合不攏嘴。

Iú-èng-kong tâng-ki--kóng-kúi-ōe

0370 有應公童乩──講鬼話

一ㄨ² 一ㄥ³ ㄍㄛㄥ ㄉㄤ⁵ ㄍㄧ ── ㄍㄛㄥ² ㄍㄨㄧ² ㄨㄝ⁷

【暗示】 所說的都是沒人會相信的鬼話或廢話。

【註解】 有應公：萬應公，大眾爺公，管孤魂野鬼的陰神。童乩：乩童，神附身發作時，介於神人間做溝通的人。有應公的乩童，溝通對象是孤魂野鬼，故講的是鬼話囉！

【例句】 彰化縣芬園鄉女乩童張如珍，體重屬於「偉人」級120公斤。她說農曆七月上門請求救助者被鬼壓驚，做鬼夢者特別多。張如珍認為平時多做善事，積陰德，就能避免災厄上身，顯然這番話，不是「有應公童乩──講鬼話」了。

~~~~~~

Iú-èng-kong-biō ê siōng-poe--kiat chò-hóe

0371 有應公廟个象杯──結做伙

一ㄨ² 一ㄥ³ ㄍㄛㄥ ㄅㄧㄛ⁷ ㄝ⁵ ㄒㄧㄛㄥ⁷ ㄅㄨㄝ ── ㄍㄧㄚㄉ⁴ ㄗㄛ³ ㄏㄨㄝ²

【暗示】 形影相隨在一起。

【註解】 有應公：見「有應公童乩──講鬼話」篇。有應公廟大都蓋在郊外荒野，廟小沒有專人管理，常常丟失象杯，所以把兩片象杯綁在一起。「象杯」是兩片上弦月形的占卜用具，信徒在神前禱告後擲在地上，兩片覆蓋叫「陰杯」；一仰一覆是「象杯」；兩片上仰是「笑杯」，分別表示：「非」、「是」、「再卜」。

【例句】 台灣連體嬰忠仁、忠義，在還沒分割前，兩小兄弟頗像「有應公廟个象杯──結做伙」。1979年9月台大醫院頂尖名醫為這對連體嬰進行分割手術成功，全國同胞都為這對兄弟歡喜、祝福。現在兩兄弟已成為個體，長大成人各擁一片天。

~~~~~~

Phò-á-kha hiuⁿ-lô͘--tōa-hīⁿ

0372 朴仔骹香爐──大耳

ㄆㄛ³ ㄚ² ㄎㄚ ⁿㄏㄧㄨ ㄌㄛ⁵ ── ㄉㄨㄚ⁷ ⁿㄏㄧ⁷

【暗示】 輕信人家的話。

【註解】 朴仔骹：嘉義縣朴子市，朴仔骹那個地方廟宇的香爐提柄，比其他地方香爐的提柄特別大。香爐的提柄，台語「提耳」，提耳特別大叫：大耳。
「大耳」與台語耳輕隨便聽信人家的話「大耳」，同字同音。

【例句】 台中縣沙鹿鎮五十二歲蔡姓尼姑，因為像「朴仔骹香爐──大耳」，聽信詐騙集團謊言，被騙四十五萬元。
這位蔡姓尼姑自稱接到一位叫高日昇的男子，電話調查訪問後，又接到某電子公司19周年慶祝活動傳單，附有刮刮樂，任何人刮中即可換現金。蔡姓尼姑在好奇心驅使之下即刻試刮，阿彌陀佛！菩薩顯靈！居然被她刮到一百萬元獎金的大獎，隨即電話詢問領獎方式，而被一步一步牽著鼻子走，騙了四十五萬元。

Sí-lâng hòa-chong--sí ài bīn-chú

0373 死人化粧—死愛面子

ㄒㄧ² ㄌㅊ⁵ ㄏㄨㄚ³ ㄗㄥ —— ㄒㄧ² ㄞ³ ㄅㄧㄣ⁷ ㄗㄨ²

【暗示】很重視面子形象的人。

【註解】死人化粧：人已經死了，還要化粧，那就是死要面子。

【例句】一位「死人化粧——死愛面子」的男士，表示他四十歲未結婚是一輩子為情所苦。他說：「在我英雄年少時，有位女生願意為我失去生命，她意志堅定說，你再纏著我，我就去死。在我負笈外地時，有個女生，她願意等我到下輩子，她堅決的對我說：『你要成為我的男朋友，等下輩子吧！』」他不勝唏噓的說：「世間女子何其痴情，令我至今仍然孤獨一人，不敢貿然結婚。」

~~~~~~

Sí-gín-á-bōng--bô-ǹg

0374 死囡仔墓—（無向）無盼

ㄒㄧ² ㆣㄧㄣ² ㄚ² ㄅㅊㄥ⁷ —— ㄅㄛ⁵ ㄥ³

【暗示】不敢有什麼指望。

【註解】死囡仔墓：小孩子死了，隨便什麼方向都可以埋葬。台灣的葬儀文化，埋葬死者都會依生辰八字、選擇風水面向埋葬。
「無向」與台語的「無盼」諧音。

【例句】泰國籍邱玉玫、邱玉蘭於18年前，隨母親改嫁彰化縣永靖鄉邱鉦佑來台。因司法問題無法取得戶籍，十多年來每次碰到戶口檢查，就得和警察捉迷藏，躲躲藏藏。這對異國姊妹，雖然有位愛她們如己出的爸爸，但始終無法取得在台居留證。正當對於台灣居留證，認為「死囡仔墓——（無向）無盼」之際，彰化縣達德商工劉維蓉老師獲悉積極奔走，向境管局、內政部、監委廖健南陳情，兩姊妹等了16年的居留證終於下來。

~~~~~~

Sí-chôa--bōe hoan-sin

0375 死蛇—燴翻身

ㄒㄧ² ㄗㄨㄚ⁵ —— ㄅㄨㆤ⁷ ㄏㄨㄢ ㄒㄧㄣ

【暗示】固執不能變通，不能重新來過。

【註解】蛇死了，是不可能翻身的。人如果堅持己意，或固執不接受其他意見，也如死蛇一樣，永遠無法翻身。

【例句】胡春樹那個傢伙，最令人痛心的是他嗜賭如命，導致傾家蕩產，朋友湊錢協助他，無非是要鼓勵他重新站起，沒想到本性難改，一天到晚仍在賭場進進出出，這樣下去還不是「死蛇——燴翻身」。

Tek-kong-té giap thô-tāu--it-liap-it

0376 竹栱底夾土豆仁──一粒一

ㄉㄝㄍ⁴ ㄍㄛㄥ² ㄉㄝ² ㄍㄧㄚㆴ⁸ ㄊㄛ⁵ ㄉㄠ⁷ ── 一ㄉ⁴ ㄉㄧㄚㆴ⁸ 一ㄉ⁴

【暗示】知己密切的好友。

【註解】土豆：花生也。花生，放在盤子或碟子之類的器皿上，可以用筷子夾的，也可以伸手去摼、去拿。但是放入竹栱裡，手伸不進去，便只有用筷子之類的長柄用具，伸進裡面一個一個的夾出花生來，而一個一個台語叫「一粒一」。

【例句】中華民國第十任總統陳水扁競選總統時，提名呂秀蓮搭配競選副總統。呂副總統於92年6月19日任滿三年後，發表《柔性佐國三周年》新書。
陳水扁總統親筆「最佳搭檔，最佳輔佐」題字贈序，由此可知正副總統兩人，確實是「竹栱底夾土豆──一粒一」。

~~~~~~

Tek-ko-bóe tîⁿ mī-soàⁿ--kô-kô-tîⁿ

0377 竹篙尾纏麵線──絞絞纏

ㄉㄝㄍ⁴ ㄍㆦ ㄅㄨㆤ² °ㄉㄧ⁻⁵ ㄇㄧ⁻⁷ °ㄙㄨㄚ³ ── ㄍㆦ⁵ ㄍㆦ⁵ °ㄉㄧ⁻⁵

【暗示】糾纏不清。

【註解】竹篙尾：竹竿子的末端。纏麵線：纏著麵線。
竹竿子纏著麵線，一定是無法理出頭緒了。

【例句】台北市信義區主要巷道，出現『號外！史上末代老淫魔』海報，有詳細老淫魔住址。據悉是位年近七旬，自商場成功退休的富翁，有錢有閒，包養一位小他三十歲的美眉楊女。兩人說好包養一年五百萬元，由T姓富翁開具五百萬元本票，每月另給零用金八萬元。一年期滿楊女認為已仁至義盡，要求分手並兌現本票。T姓富翁不願分手而扣留五百萬元本票不兌現，一個要領錢分手，一個留人不付錢。兩人像「竹篙尾纏麵線──絞絞纏」，才發生貼海報，昭告天下的趣事。

~~~~~~

Tek-nâ-á iúⁿ-chúi--chit-tiûⁿ-khang

0378 竹籃仔撈水──一場空

ㄉㄝㄍ⁴ ㄋㄚ⁵ ㄚ² °一ㄨ² ㄗㄨㄧ⁻² ── ㄐㄧㄉ⁸ °ㄉㄧㄨ⁵ ㄎㄤ

【暗示】一場空思夢想。

【註解】竹籃仔：用竹條編製的籃子。用竹籃子要撈水，是一場不實際的空想。

【例句】有前科的慣竊陳昶仁，涉嫌撬開車門偷財物，因三日兩夜未睡覺，進入車內竟累倒睡在車內，被車主報警逮獲。
這位原本想大撈一筆的慣竊陳昶仁，二十三歲台南縣人，涉嫌侵入台南市中華路二段，空地停車場行竊。他在車內僅偷到十元，便因多日行竊未睡而睡倒在車內，變成「竹籃仔撈水──一場空」，不但偷錢不著，還有牢獄之災。

Bí-kng-á kòng tâng-cheng--khong-khong-khong

0379 米缸仔摃銅鐘──空空空

ㄅㄧ² ㄍㄥ ㄚ² ㄍㄛㄥ³ ㄊㄤ⁵ ㄐㄧㄥ ── ㄎㄛㄥ ㄎㄛㄥ ㄎㄛㄥ

【暗示】窮中作樂或一無所有。

【註解】米缸：裝食米的缸子。摃銅鐘：米缸沒有米，當做銅鐘敲打。空空空：既形容米缸仔裡沒有米了，又形容敲打米缸發出的聲音。

【例句】波特是位著名鋼琴家，有次應邀到巴黎音樂廳演奏，報紙、電視大幅報導。波特以為會爆滿，想不到演奏開演前，會場依然像「米缸仔摃銅鐘──空空空」，寥寥幾個人，談吐幽默的波特，雖然很失望，但在演奏前致詞說：「我就是欣賞巴黎的有錢人，幾個人便把音樂廳包租下來。」

~~~~~~

Bí-thai-ba̍k pau-āⁿ--bōe-chò leh

0380 米篩目包餡──獪做咧

ㄅㄧ² ㄊㄞ ㄅㄚㄍ⁸ ㄅㄠ °ㄚ⁷ ── ㄅㄨㄝ⁷ ㄗㄛ³ ㄌㄝㄏ⁴

【暗示】沒辦法達成要求或做不來。

【註解】米篩目：米磨漿製成的圓條型食物，約有米篩目孔那麼大，叫做米篩目。米篩目，圓圓短短的，是不能包餡，所以說米篩目包餡，是做不到的事。

【例句】如果政府用高額獎金，頒給以自然生產方式生產三個孩子，都必須在同月同日出生，相信大家會說，這是「米篩目包餡──獪做咧」的戴誌。儘管獎金再多，能夠領到這十三萬三千二百十五分之一獎金機會的人，全台灣恐怕只有大甲鎮衛生所護理師余里花。這位曾任家庭計劃宣導員的媽媽，三個兒女謝維彥、謝睿哲、謝家禎，都算準在同月同日出生，親友揶揄她「不愧是做家庭計劃的輔導員。」余里花說：「她買一個蛋糕，便能給三個孩子做生日，既省錢又省事。」

~~~~~~

Bí-hún-tâng--(pah-pah-khang)tāi-chì chin chē

0381 米粉筒──(百百孔)代誌真誅

ㄅㄧ² ㄏㄨㄣ² ㄉㄤ⁵ ── (ㄅㄚㄏ⁴ ㄅㄚㄏ⁴ ㄎㄤ) ㄉㄞ⁷ ㄐㄧ³ ㄐㄧㄣ ㄗㄝ⁷

【暗示】事情很多或要花錢的項目很多。

【註解】米粉筒：米粉是米磨漿，倒入米粉筒流下來，加工煮熟而成的。米粉筒要讓倒在裡面的米漿滴落下來，所以有很多細孔，才叫百百孔。
事情很多或什麼都要花錢也叫「百百孔」。

【例句】1972年以「窗外」成名的電影明星林青霞，涉嫌320總統選舉亮票，違反「選罷法」。台北地檢署於2004年5月6日第二次傳訊，林青霞到案有問必答。她說自美返國即表態支持2號連宋，320投票亮票僅是應媒體要求，並非有意亮票企圖影響選舉。林青霞，台灣人，雖然嫁到香港但愛台灣，四月第一次傳訊，她因「米粉筒──(百百孔)代誌真誅」所以未到庭。林青霞主演「刀、劍、笑」、「笑傲江湖」、「東方不敗」。充分流露自信與性感，影迷跨越老、中、青三代。

Bí-àng-á lāng-lâu--bô-bí thang-chú

0382 米甕仔弆鐃──無米通煮

ㄅㄧ² ㄤ³ ㄚ² ㄌㄤ⁷ ㄌㄠ⁵ ── ㄅㄛ⁵ ㄅㄧ² ㄊㄤ ㄗㄨ²

【暗示】苦中作樂。

【註解】米甕仔：裝白米的容器。弆鐃：道士為人辦理喪事，一方面耍弄鐃鈸的特技，一方面唸經。沒有米可煮還有心情弆鐃，苦中作樂也。

【例句】1940、50年代，物資缺乏，人民生活困苦，當時又沒有節育觀念，各家各戶兒子都一大堆，男人要賺錢養活一家人，談何容易？夫妻之間性生活，也被生活重擔壓得毫無性趣。張姓農夫有一天因久雨賦閒在家，閒著沒事居然有了性趣，夫妻兩人廝磨一番後，老公終於爬了上去，老婆什麼時候不說，卻在此刻說：「老公，明天『米甕仔弆鐃──無米通煮』了。」
老公聽到沒有米煮飯了，霎時性趣消失，從老婆身上滑了下來。

Lāu-lâng chiảh âng-chîm--kóng bô-hāu

0383 老人食紅蟳──（椇無效）講無效

ㄌㄠ⁷ ㄌㄤ⁵ ㄐㄧㄚㄏ⁸ ㄤ⁵ ㄐㄧㄇ⁵ ── ㄍㄛㄥ² ㄅㄛ⁵ ㄏㄠ

【暗示】所講的話，發生不了作用。

【註解】老人：上了年紀的老年人，以現在標準六十五歲以上的人。老人食紅蟳：不像孩子那樣是想吃蟳椇，所以用蟳椇勸他們吃是沒效的。
「椇無效」與「講無效」諧音。

【例句】初次約會的男女朋友，因傾盆大雨不得不住進飯店，女生在床上用皮帶為中間線，對男友說：「我們初次約會就在外面住宿，要是被我爸媽知道會罵死了，所以你不能越過中間線，越過來便是禽獸了。」兩人就這樣同室而寢平安無事，早晨醒來女友面對這位『老人食紅蟳──（椇無效）講無效』的男友，一巴掌打過去，罵道：「你真的連禽獸都不如！」

Lāu-lâng chiảh-pó--lāu-jiảt

0384 老人食補──老熱

ㄌㄠ⁷ ㄌㄤ⁵ ㄐㄧㄚㄏ⁸ ㄅㄛ² ── ㄌㄠ⁷ ㄖㄧㄚㄉ⁸

【暗示】繁華盛況或人多喧鬧。

【註解】老人：見『老人食紅蟳──（椇無效）講無效』篇。老人家身體虛弱要進補，都食具有高熱能的食品和補品。使身體增加熱能叫「老熱」。

【例句】2004年連宋總統敗選後，持續在總統府前凱達格蘭大道上抗議選舉不公，要求重新選舉。海軍上校退役，中科院聘用技正廖唯懿於4月3日受到現場「老人食補──老熱」影響，忍不住情緒激動，上台說他是現役海軍上校，發表政治主張，支持連宋重新選舉。中科院表示廖某不具軍人身分，穿海軍軍服違反服務規則，已給予記過；至於「防害秩序罪」已移送法辦。

Lāu-lâng lâu chhùi-chhiu--lāu-put-siu

0385 老人留喙鬚—老不修

ㄌㄠ˙ ㄌㄤ⁵ ㄌㄠ⁵ ㄘㄨㄟ³ ㄑㄧㄨ ── ㄌㄠ˙ ㄅㄨㄉ⁴ ㄒㄧㄨ

【暗示】嘲罵好色的老人。

【註解】老人：見「老人食紅蟳—（梲無效）講無效」篇。留喙鬚：留鬍子，老人家不修鬍子叫老不修。老人家言行舉動，不三不四也叫「老不修」。

【例句】「靚阿嬤劈腿—老情敵互毆」，這是中國時報2004年4月6日19版的頭條新聞。新聞報導：南投縣竹山鎮三位加起來二百多歲的銀髮族老人，爆發感情糾紛。這件「老人留喙鬚——老不修」的新聞，是六十三歲張姓老嫗新認識八旬的徐姓老翁，而要與相處多年的六十四歲楊姓老翁分手。老情人不願分手，雙方談判破裂，大打出手而告上法院，檢方遂依傷害罪，將三位老人通通起訴。

~~~~~~

Lāu-lâng chhōa-bó·--bóng-chiām-tō·

0386 老人娶姆—罔暫渡

ㄌㄠ˙ ㄌㄤ⁵ ㄘㄨㄚ˙ ㄎㄛ² ── ㄎㄛㄥ² ㄐㄧㄚㆬ˙ ㄉㄛ˙

【暗示】將就一下的意思。

【註解】老人：見「老人食紅蟳—（梲無效）講無效」篇。娶姆：娶太太，又說娶老婆。罔暫渡：年紀大了，娶個老伴而已，不必精挑細選，有了女人就好了。

【例句】七十九歲蔡老先生與三十九歲的吳小姐，舉行婚宴宴請親友。蔡老先生兒孫成群，吳小姐第一次結婚，難掩嬌羞之情。這對新人在台北縣蘆州市一家藥膳餐廳宴請親友，有人戲諧質疑蔡老，是不是「老人娶姆——罔暫渡」？蔡老新郎老神在在的說，他是學中醫養生，兩人是從養生班認識結緣的，別的事不說，房間裡的事，不比年輕人差。

~~~~~~

Lāu-lâng lim chiú-chùi--lāu-hoan-tian

0387 老人飲酒醉—老番顛

ㄌㄠ˙ ㄌㄤ⁵ ㄌㄧㆬ ㄐㄧㄨ² ㄗㄨㄟ³ ── ㄌㄠ˙ ㄏㄨㄢ ㄅㄧㄢ

【暗示】老糊塗。

【註解】老人：年紀大的老年人。飲酒醉：飲酒過量而神智不清。

【例句】中華民國前總統李登輝於2003年8月23日，參加「511台灣正名運動聯盟」大會，公開懷疑中華民國在哪裡？他找不到這個地方。現任總統陳水扁，也有這個感覺，只是不方便講。李登輝大聲的講：「中華民國根本不存在。」絕對不是「老人飲酒醉——老番顛」。

Lāu-gû thoa-chhia--(chài-hè/hòe)chai-hō

0388 老牛拖車─（載貨）災禍

ㄌㄠ˙ ㄭㄨˊ ㄊㄨㄚ ㄑㄧㄚ ── （ㄗㄞˇ ㄏㄨㄝˋ）ㄗㄞ ㄏㄛ˙

【暗示】災難禍害。

【註解】牛：脊椎動物名，哺乳類反芻偶蹄目，體大力碩，能耕種、拖車，肉與乳均可食用。老牛拖車：年老的牛拖車載貨，「載貨」與台語「災禍」諧音。

【例句】于明潔、朱成典是大學同學，畢業五年後首次重逢。兩人互相打量了對方一陣，于明潔終於對瘦巴巴的朱成典說：「阿典，大家看到你，就會想到台灣『老牛拖車──災禍』的嚴重。」朱成典不甘示弱說：「沒錯，大家看到你這個胖嘟嘟的傢伙，便知道台灣『老牛拖車─（載貨）災禍』的原因。」

~~~~~~

Lāu-gû thoa-chhia--kiâⁿ-chit-pō sǹg-chit-pō

0389 老牛拖車─行一步算一步

ㄌㄠ˙ ㄭㄨˊ ㄊㄨㄚ ㄑㄧㄚ ── ˚ㄍㄧㄚˊ ㄐㄧㄅ˙ ㄅㄛ˙ ㄙㄥˇ ㄐㄧㄅ˙ ㄅㄛ˙

【暗示】苟安暫且。

【註解】老牛：見「老牛拖車─（載貨）災禍」篇。

【例句】台灣於2002年1月1日正式成為「世界貿易組織」會員國，對我國拓展世界各國貿易有正面的助益，但台灣農業耕作面積小，生產成本偏高，會受到相當大的衝擊。農民雖然樂觀台灣能成為WTO會員國，但對農業前途毫無信心，大都像「老牛拖車──行一步算一步」靜觀其變。

~~~~~~

Lāu-gû oāⁿ lāu-bé--siang-lâng-thiòng

0390 老牛換老馬─雙人暢

ㄌㄠ˙ ㄭㄨˊ ˚ㄨㄚˊ ㄌㄠ˙ ㄇㄝˊ ── ㄒㄧㄤ ㄌㄤˊ ㄊㄧㄛㄥˇ

【暗示】皆大歡喜。

【註解】老牛：牛齡大的牛。老馬：馬齡大的馬。
用老牛換老馬，或用老馬換牛，雙方面都覺得賺到便宜而高興。

【例句】台灣參加2004年在瑞士日內瓦舉辦的國際發明展，連續八年總冠軍。二十三件作品參賽，拿下十二金、七銀、四銅及四個特別獎的亮麗成績。在參展發明品中，轟動歐洲參觀人士排隊購買的是：林建豐發明的「老牛換老馬──雙人暢」的震動保險套，讓歐洲參觀者驚嘆不已，兩大箱樣品被搶購一空。

Ló-iū kai hó-lâng--tōa-sè-siān

0391 老幼皆好人─(大細善)大細疝

ㄌㄜ² ㄧㄨ⁷ ㄍㄞ ㄏㄜ² ㄌㄤ⁵ ── ㄉㄨㄚ⁷ ㄙㄝ³ ㄒㄧㄢ⁷

【暗示】姊妹的丈夫。

【註解】老幼皆好人：老的小的都是好人。「大細善」與連襟互相稱呼為「大細疝」諧音。

【例句】法官審理一件命案，對坐在被告席上性感的應召女郎說：「根據現有各種證據及供詞，對妳相當不利，妳還有什麼話可說？」
「法官！」嬌騷的女被告說：「命案發生的時間，我至少有十一位『老幼皆好人──（大小善）大細疝』的人，可以證明我不在場。」

~~~~~~

Lāu kam-chià-thâu--(lāu kin-chat) lāu chim-chiok

0392 老甘蔗頭─(老根節)老斟酌

ㄌㄠ⁷ ㄍㄚㄇ ㄐㄧㄚ³ ㄊㄠ⁵ ── (ㄌㄠ⁷ ㄍㄧㄣ ㄗㄚㄉ⁴) ㄌㄠ⁷ ㄐㄧㄇ ㄐㄧㄛㄍ⁴

【暗示】審度情理經驗豐富。

【註解】老甘蔗頭：已經種植很久的甘蔗根部。老根節：老的甘蔗頭，有甘蔗根和甘蔗節。「老根節」與經驗豐富面面俱到的「老斟酌」諧音。

【例句】「兩人在一起四十年了。」現年八十三歲的李陳玉枝說：「就完成他的心願吧！」李陳玉枝住在台中市南屯區，四十歲死了丈夫，一個人扶養六個子女，榮民陳昌全也是追求他的人士之一，但她為孩子有所矜持，不鋪第二春。但陳昌全追求她很積極，大老遠用腳踏車把她載到他家，雖然未辦結婚手續，但也同居四十多年了。
陳昌全目前住在療養院，這位「老甘蔗頭──（老根節）老斟酌」的李陳女士，已主動辦妥結婚證書，準備拿到療養院讓他高興。

~~~~~~

Lāu-hóe-á chhng-chiam--chhōe-khang chhōe-phāng

0393 老伙仔穿針 ─ 揩孔揩縫

ㄌㄠ⁷ ㄏㄨㄝ² ㄚ³ ㄘㄥ ㄐㄧㄚㄇ ── ㄑㄨㄝ⁷ ㄎㄤ ㄘㄨㄝ⁷ ㄆㄤ⁷

【暗示】故意為難，也就是找麻煩。

【註解】老伙仔：老人家。穿針：穿針引線。縫衣服要穿針引線並找衣服破孔縫補，故叫揩孔揩縫。

【例句】中國對台灣打壓，已經到「老伙仔穿針──揩孔揩縫」的程度。以前鄧小平說什麼中國人不打中國人，完全是一派胡言。外交部長陳唐山說：「台灣板橋市新埔國中生楊智淵，畫作入選『聯合國教科文組織』(UNESCO)國際和平日紀念郵票圖案。已彙整優勝作品，發行紀念郵票，因作品中有『中華民國』國旗，被中國政治力干預取消。」陳外長說中國連小孩子都不放過，怎能和平相處？

Lāu-ki-lí--nāi-chi

0394 老妓女──(耐膣)荔枝

ㄌㄠ⁷ ㄍㄧ ㄌㄧ² ──ㄋㄞ³ ㄐㄧ

【暗示】水果荔枝。

【註解】老妓女：出賣靈肉的老女人。年紀大還在出賣靈肉，表示陰部很耐折磨，陰部很耐折磨，台語形容為「耐膣」，恰與水果「荔枝」諧音。

【例句】今年氣候溫和，雨水充足，「老妓女──(耐膣)荔枝」豐收，價錢慘跌，不夠採收工錢，果農叫苦連天，非常盼望陳水扁總統，能為果農在總統府辦一場荔枝促銷會。

~~~~~~

Lāu-hôe-siūⁿ phah gín-á--bô chit-khóan tāi-chì

0395 老和尚扑囡仔──無即款戴誌

ㄌㄠ⁷ ㄏㄨㄝ⁵ °ㄒㄧㄨ⁷ ㄆㄚㄏ⁴ ㆣㄧㄣ ㄚ² ── ㄅㄜ⁵ ㄐㄧㆴ⁴ ㄎㄨㄢ² ㄉㄞ⁷ ㄐㄧ³

【暗示】沒這回事。

【註解】老和尚：出家唸佛修行的老人。扑囡仔：打孩子。和尚看破世情，四大皆空，焉會有孩子？

【例句】台北縣葉姓男子，被張姓高中女友控告在轎車上，對她性侵害三次得逞。板橋地檢署已婚楊姓女檢察官，依據被告指控，實地勘驗轎車，認為該國產轎車前座極小，原告又穿牛仔褲，轎車椅背沒放下的情況下，直接跨坐在該女生大腿上，對她「性侵害」是「老和尚扑囡仔──無即款戴誌」，將葉姓男子不起訴處分。

~~~~~~

Lāu-hôe-siūⁿ liām-keng--lāu-thò

0396 老和尚唸經──老套

ㄌㄠ⁷ ㄏㄨㄝ⁵ °ㄒㄧㄨ⁷ ㄌㄧㄚㆬ⁷ ㄍㄧㄥ ── ㄌㄠ⁷ ㄊㄜ³

【暗示】沒有變化，常用的方式。

【註解】老和尚：上了年紀的出家唸佛者。唸經：誦讀經書。老套：常用的方式，沒有新的方法。

【例句】國民黨「320總統選舉」敗選後，何去何從？國民黨新生代，組織「五六七聯盟」，2004年4月27日，發起「藍鷹行動」，公開要求中央承認敗選，展現魄力清理門戶，將黨產全部捐出，黨主席連戰及各縣市黨部主委辭職，以示負責。
新生代這場「深情告白、沉痛抉擇」的記者會，發起人郭家芬、邱德宏、蘇俊賓、吳志揚（副主席吳伯雄兒子）。他們認為國民黨中央還是「老和尚唸經──老套」，不浴火重生，將會被時代淘汰。

Lāu-kô-pô kè-ang--(kè lah)ke lò

0397 老姑婆嫁尪─(嫁了)加勞

ㄌㄠ⁷ ㄍㆦ ㄅㄛ⁵ ㄍㆤ³ ㄤ ── (ㄍㆤ³ ㄌㄚㄏ⁴)ㄍㆤ ㄌㄛ³

【暗示】白費工夫。

【註解】老姑婆：老處女。嫁尪：出嫁了。時代變了，男女結婚年齡相對延後，昔日女子十八九歲，媒人都會來提親，女孩子到了三十歲還沒嫁人，在地方是件大事，人家會指指點點。「嫁了」與台語增加工作與麻煩的「加勞」諧音。

【例句】彰化縣伸港鄉長曾春長，任用女兒為工友，觸犯「公職人員利益衝突迴避法」，遭監察院約詢，面臨一百萬元罰鍰。前基隆市成功國小校長陳素秋，任用自己女兒擔任學校工友，被處一百萬元罰鍰。機關工友工作繁重，月薪二萬元左右，若曾鄉長被處一百萬元罰鍰，那真是「老姑婆嫁尪──（嫁了）加勞」，實在得不償失。

~~~~~~

Lāu-a-peh peh-soaⁿ--piⁿ-á-chhoán

0398 老阿伯距山─邊仔喘

ㄌㄠ⁷ ㄚ ㄅㆤㄏ⁴ ㄅㆤㄏ⁴ ㆲㄨㄚ ── ⁿㄅㄧ ㄚ² ㄘㄨㄢ²

【暗示】閃開！到旁邊去，不要礙手礙腳。

【註解】老阿伯：上了年紀的老人。距山：爬山。邊仔喘：老人家爬山體力不勝負荷，邊走邊在路邊喘氣。也就是請到路邊站，不要妨害人家前進。

【例句】內政部長蘇嘉全夫人洪恆珠（曾任女警隊長）女士，於2004年4月17日上午，在屏東市被歹徒從車裡搶走皮包。警方五天便破案了，抓到嫌犯王南超、李克祥。這兩位「倒霉」嫌犯說：看到報導搶到部長夫人，心就涼了，開始繪食繪睏。警方之所以抓到王、李嫌犯，是過濾前科犯200人，電話通聯3,000次，才抓到這兩個傢伙。新竹縣竹東鎮民張曉明投書聯合報，他家丟了五萬元，報警還挨罵說家裡為什麼放那麼多錢？多數民眾，也覺得失竊到警局報案，會有「老阿伯距山──邊仔喘」的感覺。真是誰叫你朝內無官，怎可失竊財物？

~~~~~~

Lāu-a-pô seⁿ-kiáⁿ--chin-piàⁿ

0399 老阿婆生子─真拚

ㄌㄠ⁷ ㄚ ㄅㄛ⁵ ⁿㄙㆤ ⁿㄍㄧㄚ² ── ㄐㄧㄣ ⁿㄅㄧㄚ³

【暗示】很認真的幹，像拚老命，也有反諷不可能的意思。

【註解】老阿婆：有了年紀的老太太。按現代的標準，六十五歲以上的老太太可稱之為「老阿婆」。「老阿婆生子─真拚」有兩種解讀，一是老阿婆年紀那麼大了，不可能再生孩子；另一是年紀大了，生孩子會很辛苦，像拚命。

【例句】原住民蘇榮宗，因聽到阿扁總統競選時，談到政府將來與原住民是「新的伙伴」關係，腦筋一轉，立即成立「0808」台灣『高砂國』護國行動聯盟，並宣佈在高雄縣大發交流道附近建立『高砂國』，已有原住民四百多人進駐建屋。台糖以其侵佔該公司土地六公頃提出告訴，高雄地檢署檢察官李門驊2004年5月7日會勘『高砂國』，該國總監蘇榮宗表示：「中華民國政府派來檢察官，層級太低，不予理會。」李檢察官說：「原住民要在台灣建國，是『老阿婆生子──真拚』！」

Lāu-a-pô háh-hì--it bōng bû-gâi

0400　老阿婆哈肺─（一望無牙）一望無涯

ㄌㄠ˪ ㄚ ㄅㄜ⁵ ㄏㄚㄏ⁸ ㄏㄧ˫ ── 一ㄉ⁴ ㄅㄛㄥ˪ ㄅㄨ⁵ ㄍㄞ⁵

【暗示】地方廣大，放眼望去，看不到天涯邊際。

【註解】老阿婆：見「老阿婆生子─真拚」篇。哈肺：打哈欠。老阿婆打呵欠，一張開嘴巴，便看到嘴裡沒有牙齒，也就是「一望無牙」。
「一望無牙」跟「一望無涯」諧音。

【例句】檢調偵辦「中國貨櫃公司掏空案」，懷疑該公司董事長，國民黨立委林進春，涉及利用人頭購地，再以「低價高賣」，「左手賣給右手」方式，再轉賣給「中櫃公司」。於2004年5月5日，兵分八路在台北、彰化兩地大規模搜索「中櫃公司」及林宅，查扣大批帳冊。林進春涉嫌用妻舅陳春男名義，以三千七百萬元購入海埔地，幾度轉手後，以當初購地十倍的三億六千萬元，售給「中櫃公司」。這片海埔地，漲潮時像「老阿婆哈肺──（一望無牙）一望無涯」。

~~~~~~

Lāu-a-pô chhng-chiam--lî chin hn̄g leh

0401　老阿婆穿針─離真遠咧

ㄌㄠ˪ ㄚ ㄅㄜ⁵ ㄘㄥ ㄐㄧㄚㄇ ── ㄌㄧ⁵ ㄐㄧㄣ ㄏㄥ˫ ㄌㄝ⁴

【暗示】距離很遠。

【註解】上了年紀的老太太叫阿婆。阿婆年紀大了，不但手腳不再那麼靈活，眼力也差很多，縫補衣服要穿針線，眼睛老花了，都要拿得遠遠的才能看清楚穿過去。

【例句】台灣是個寶島，物產豐富，氣候溫和，人民又都很勤勉，只因為台灣距離中國太近，上帝又像「老阿婆穿針──離真遠咧」，那樣距離我們太遠，台灣外交才遭受中國一再打壓，恐嚇。

~~~~~~

Lāu-kâu peh tek-ko-bóe--bô-pō

0402　老猴跖竹篙尾─無步

ㄌㄠ˪ ㄍㄠ⁵ ㄅㄝㄏ⁴ ㄉㄝㄍ⁴ ㄍㄜ ㄅㄨㄝ² ── ㄅㄜ⁵ ㄅㄛ˫

【暗示】江郎才盡了。

【註解】老猴跖竹篙尾：老猴子爬竹竿，爬到頂端，再怎麼會爬，也無法可施了。

【例句】陳水扁總統於第10屆總統任內，深受朝小野大之苦，而於2004年當選連任總統後，宣稱年底立法委員選舉，民進黨一定要爭取過半，政策推行才能順利。台灣過去的選舉，國民黨用錢買就有，民進黨用命換嘛沒用。時代與環境都改變了，總統府秘書長邱義仁，鑑於320總統選舉，各種招數都已用盡，要贏得立委選舉，他說：「老猴跖竹篙尾──無步」。只有採取『割喉』戰術。
邱義仁『割喉之戰』一出，即被社會譏評為「血腥之論」。

Lāu-kâu chhēng hoe-saⁿ--bô-sù-phòe

0403 老猴穿花衫—無四配

ㄌㄠ⁷ ㄍㄠ⁵ ㄑㄧㄥ⁷ ㄏㄨㄝ °ㄙㄚ —— ㄅㄜ⁵ ㄙㄨ³ ㄆㄨㄝ³

【暗示】不相稱，不搭配。

【註解】老猴穿花衫：老猴子穿花花綠綠的衣服。無四配：不搭調。猴子不是人，給牠穿再漂亮的衣服，看起來總是怪怪的。

【例句】聽說某國小男生，愛上女老師，忍了很久後，終於向老師示愛。這絕對是「老猴穿花衫——無四配」，老師面有難色，卻怕傷到小孩子的心，期期艾艾說：「我們差得太遠了。」「老師，請相信我，我會愛妳一輩子…」「我不要孩子…」「老師，」學生很高興的說：「老師，妳放心，我會很小心…。」

~~~~~~

Lāu-iâ kòe-tō--(kai-chài) ka-chài

0404 老爺過渡—(該載)佳哉

ㄌㄠ⁷ ㄧㄚ⁵ ㄍㄨㄝ³ ㄉㄜ⁷ —— (ㄍㄞ ㄗㄞ³) ㄍㄚ ㄗㄞ³

【暗示】幸虧的意思。

【註解】台灣以前橋樑不多，故渡船頭很多。官方所設叫官渡；民間集資所設叫義渡；私人所設叫私渡。無論私渡、義渡、官渡，遇到地方官老爺，都要義務渡載，故曰：該載。台語「該載」與「幸虧」的「佳哉」諧音。

【例句】台東縣教育局長林永發，應美國國際美術學會邀請，於2003年8月赴美舉行畫展，並進行感恩之旅，答謝遠在美國助養父母艾斯納夫婦。林永發早年失怙，是家扶基金會扶助的兒童。艾斯納夫婦卅四年前，發現林永發的藝術天份，助養他完成學業，並曾來台探視鼓勵。林永發之有今日成就，「老爺過渡——(該載)佳哉」遇到艾斯納夫婦這對貴人。

~~~~~~

Lāu-tō-sū pàng-phùi--kù-kù chin-giân

0405 老道士放屁—句句真言

ㄌㄠ⁷ ㄉㄜ⁷ ㄙㄨ⁷ ㄅㄤ³ ㄆㄨㄧ³ —— ㄍㄨ³ ㄍㄨ³ ㄐㄧㄣ ㄍㄧㄢ⁵

【暗示】真知灼見。

【註解】老道士：信奉道教，為人執行喪葬、殯儀等道教儀式的老人。放屁，人身上由肛門排放出來的臭氣。真言，真知灼見。

【例句】電視觀眾對於立法委員吳敦義（曾兩任高雄市長），在「文茜小妹大」叩應節目中，對時政及執政者的批判，均認為是「老道士放屁——句句真言」。其實，吳敦義對蔡啟芳立委說：「熔金無灌銅，一定死丈人。」那句話才是真言。

Lāu-siū-chhiⁿ phah sǹg-pôaⁿ--lāu-bô chhim-soàn

0406 老壽星扑算盤—老謀深算

ㄌㄠ˙ ㄒㄧㄨˊ ˚ㄑㄧ ㄆㄚㄏˊ ㄙㄥˇ ˚ㄅㄨㄚˊ —— ㄌㄠˊ ㄎㆲˇ ㄑㄧㆬ ㄙㄨㄢˇ

【暗示】思慮周密，計算深遠。

【註解】老壽星：1. 南極老人星。2. 受人祝壽的老人。老壽星扑算盤：老人家打算盤，因為閱歷豐富，思慮深遠週到。

【例句】2004年2月29日，是彰化縣北斗鎮民，現年93歲的楊川老先生，送報紙的最後一天。他老人家自六十歲時，將經營數十年的水果批發事業，交棒給兒子後，32年來每天清早，風雨無阻地將報紙送到訂戶門口。訂戶對楊老伯伯都充滿感恩，每天在門口等待他老人家的蒞臨。有些當時的小孩，已成為中年人。楊老阿伯並非勞碌命，說來他是「老壽星扑算盤——老謀深算」。他謹記小時候日籍老師的啟示：「要活，就要動！」這也是他老人家養生之道。

Lāu-siū-chhiⁿ chhiùⁿ-khek--lāu-tiāu

0407 老壽星唱曲—老調

ㄌㄠˊ ㄒㄧㄨˊ ˚ㄑㄧ ˚ㄑㄧㄨˇ ㄎㆤㄍˋ —— ㄌㄠˊ ㄉㄧㄠˊ

【暗示】老的招式，沒有新花樣。

【註解】老壽星：見「老壽星扑算盤—老謀深算」篇。唱曲：唱歌曲。老調：老歌。

【例句】中國總理溫家寶訪問美國，向世界招手「把目光投向中國」，還是「老壽星唱曲——老調」，什麼中國有十三億人口的大市場等等。但是中國許多順口溜，充分反應中國政治、經濟、社會、文明現象，如「十億人口九億假，誰要不假誰就傻，誰要不吹誰吃虧」、「找清官，上舞台；要當官，靠後台；抓住權，喝茅台」、「業務一點不對，後門一走就對」、「總結工作用加法，接受任務用減法，遇見困難用除法」，「酒杯一端，政策放寬，筷子一提，可以，可以」，還有「中央幹部忙演說，省級幹部忙出國，縣市幹部忙吃喝，鄉里幹部忙賭博」。
誰會把目光投向這樣的中國？

Hīⁿ-khang that toh-pò͘--ké bô thiaⁿ tio̍h

0408 耳孔塞桌布—假無聽著

˚ㄏㄧˊ ㄎㄤ ㄊㄚㄉ ㄉㆤㄏˋ ㄅㆦˇ —— ㄍㆤˋ ㄎㆦˇ ˚ㄊㄧㄚ ㄉㄧㄛㄏˋ

【暗示】迴避是非，假裝不知道。

【註解】耳孔塞桌布：耳朵塞碎布。假無聽著：假裝沒聽到。

【例句】2004年320總統選舉連戰落選，國民黨輸得心不甘情不願，持續抗爭到520陳水扁就職典禮。國民黨基層對黨中央，從來沒檢討失敗原因，一直困在「沒有真相，沒有總統」的幻境中，紛紛流露出深切的憂慮，要黨主席連戰等人負責下台。
可是都沒有得到回應。國民黨副主席馬英九說：「黨中央對民意不能『耳空塞桌布——假無聽著』。」

Chū-tōng-chhia kàu sí gû--bô-sū

0409 自動車轓死牛—沒事

ㄗㄨ⁷ ㄉㄛㄥ⁷ ㄑㄧㄚ ㄍㄠ³ ㄒㄧ² ㄤㄨ⁵ —— ㄅㄛ⁵ ㄙㄨ⁷

【暗示】沒事情，放心的意思。

【註解】自動車：汽車。轓死牛：輾斃了牛隻。沒事：小事一椿，沒什麼。

【例句】一位寄宿女生洗澡時，瓦斯中毒了，送醫急救後已無大礙。電視記者前往採訪，女生頻說：「謝謝關心，已經是『自動車轓死牛——沒事』了。」記者又問是誰發現妳瓦斯中毒？「應該感謝房東，他無時不在偷窺，救了我一命。」

Kiâⁿ am̀-lō ké-sàu--chòng-táⁿ

0410 行暗路假嗽—壯膽

ᐤㄍㄧㄚ⁵ ㄚㄇ³ ㄌㄛ⁷ ㄍㄝ² ㄙㄠ³ —— ㄗㄛㄥ³ ᐤㄉㄚ²

【暗示】借助外力，增加膽量。

【註解】行暗路假嗽：晚上走在路上，怕遇到鬼魂，一邊走路一邊假裝咳嗽，壯自己的膽子。

【例句】台北政治大學宿舍在半山腰間，傳說有鬼魂出入，但誰也沒看過，不過每位學生都有心裡準備。有簡姓同學獨自夜歸，覺得背後似乎有人，走了一段路後，突然聽到女人的聲音問她：「妳這位同學，要不要看看我沒有頭？」簡姓女同學「行暗路假嗽——壯膽」，頭也沒回便說：「妳這位鬼魂，要不要看看我沒有胸部。」鬼魂聽到她說沒有胸部，竟嚇得一溜煙跑開了。

Sai-pak-hō--tōa-lȯh

0411 西北雨—大落

ㄙㄞ ㄅㄚㄍ⁴ ㄏㄛ⁷ —— ㄉㄨㄚ⁷ ㄌㄜㄏ⁸

【暗示】跌價幅度很大。

【註解】西北雨：夏季烏雲一到，突然傾盆而下的大雨。大落：西北雨下得很大。

【例句】台灣股市在2004年總統選舉前，維持一段時日在6,500點，至6,900點中間浮沈。股票投資者預測，選後會攀上8,000點。但是出乎預料的是大選前夕319，發生陳水扁、呂秀蓮遭槍擊事件，引發落選人連戰、宋楚瑜支持者，一波接一波大規模的抗爭，造成政局不穩，社會不安，外資卻步，股市吊在6,500點之間不上不下。股票族擔心，政府如果不能妥善處理，股市會像「西北雨——大落」，屆時會有人陣亡，也會造成很多未亡人。

Si-koe-tîn tah chhài-koe-pêⁿ--chhut-hong-thâu

0412 西瓜藤搭菜瓜棚—出鋒頭

ㄒㄧ ㄍㄨㄝ ㄅㄧㄣ⁵ ㄉㄚ ㄏ⁵ ㄘㄞ³ ㄍㄨㄝ °ㄅㄝ⁵ —— ㄘㄨㄉ⁴ ㄏㄛㄥ ㄊㄠ⁵

【暗示】出盡風頭（鋒頭）。

【註解】西瓜：通常栽植於溪埔。菜瓜：通常栽植於田園，搭棚。西瓜藤長到菜瓜棚上去，那當然出現在風（鋒）頭中了。

【例句】德國福斯汽車公司，2003年7月30日，正式揮別該公司招牌產品「金龜車」。全世界最後一輛金龜車，從墨西國柏拉布工廠生產出廠，即向世人說：「Bye—Bye！」福斯金龜車於二次世界大戰後，曾經是「西瓜藤搭菜瓜棚——出鋒頭」，幾乎成為世界的寵兒。

~~~~~~

Se-chong-sīa hioh-khùn--(bô-hok)put-hok

0413 西裝社歇睏—（無服）不服

ㄙㄝ ㄗㄛㄥ ㄒㄧㄚ⁷ ㄏㄧㄛㄏˊ ㄎㄨㄣ³ —— (ㄅㄛ⁵ ㄏㄛㄍ⁴) ㄅㄨㄉ⁴ ㄏㄛㄍ⁴

【暗示】不甘心或不服氣。

【註解】西裝社歇睏：做西裝的休假。無服：西裝社休假，原預定要穿的西服拿不到，便成無服裝。「無服」與台語不服氣的「不服」近音異字。

【例句】周賜彬和李友梅是一對歡喜冤家，沒事幹便頂嘴，而兩人像「西裝社歇睏——（無服）不服」，誰也不服誰。周賜彬對喜歡頂嘴的老婆說：「妳死後我會在妳的墓碑上刻著『我老婆長眠於此，如生前般冷感』。」李友梅不甘示弱說：「我也會送你一塊墓碑，刻著『我老公長眠於此，好不容易才真正硬起來』。」

~~~~~~

Sai-lê pùn-ki--kōaⁿ chit-ki-chhùi

0414 西螺畚箕—捾一支喙

ㄙㄞ ㄌㄝ⁵ ㄅㄨㄣ³ ㄍㄧ —— °ㄍㄨㄚ⁷ ㄐㄧㄉ⁸ ㄍㄧ ㄘㄨㄧ³

【暗示】一張嘴巴，光說不練。

【註解】西螺：位於雲林縣濁水溪下游北邊。西螺大橋：遠東第一大橋。全長1939公尺，寬7.3公尺。1937年發包施工，工程分二部分，1952年正式完工，1953年1月28日正式通車。畚箕：竹片編造，盛泥土或農作物，廢棄物的農具。西螺畚箕與其他地方，不一樣的是造型特殊，需由倒物出口的嘴部提起來，引申為全靠一張嘴。

【例句】玩股票的人，都會收看電視台股市分析節目，做為殺進殺出的參考。其實那些教人如何買賣股票賺錢的分析師，都是「西螺畚箕——捾一支喙」，常常連自己都被套牢得哀爸叫母。

Gín-á kiâⁿ-lō--siáu-jîn-pō

0415 囡仔行路—小人步

ㄫㄧㄣ² ㄚ² ⁰ㄍㄧㄚ⁵ ㄌㄛ⁷ —— ㄒㄧㄠ² ㄖㄧㄣ⁵ ㄅㄛ⁷

【暗示】使用不正當的手段或策略。

【註解】囡仔：小孩子。行路：走路。小人步：小孩子走路，人小步伐小，真正是「小人步」。

【例句】台北市卅歲孫姓男子，在某快遞公司服務，於護士節當天代客人送禮物，至大同區某中學保健室，竟趁蕭姓護士彎腰簽收時，用「囡仔行路——小人步」取出預藏的小鏡子，偷窺「裙底風光」，被護士當場給他一巴掌，還叫來校警將孫某扭送警局。士林地方法院簡易庭，依「社會秩序維護法」，妨害風化判處罰款六千元。

~~~~~~

Gín-á hôe-siūⁿ liām-keng--ū-kháu bô-sim

0416 囡仔和尚唸經—有口無心

ㄫㄧㄣ² ㄚ² ㄏㄨㄝ⁵ ⁰ㄒㄧㄨ⁷ ㄌㄧㄚㄇ⁷ ㄍㄧㄥ —— ㄨ⁷ ㄎㄠ² ㄅㄜ⁵ ㄒㄧㄇ

【暗示】沒有那份心情。

【註解】囡仔和尚：出家落髮唸佛修行的小和尚。小和尚童心未泯，貪玩沒心情唸佛。

【例句】彰化縣鹿港鎮婦人洪麗蓉，十年前出嫁，就表明有一天會出家。2003年7月出家因緣到了，辭別丈夫到台中市法雨寺落髮為尼，法號「釋廣性」。釋廣性出家，兩個兒子非但沒有哭泣、驚惶，竟懇求父親讓他們兄弟也出家唸佛。釋廣性母子三人在法雨寺食素唸佛修行，信徒看到兩位囡仔和尚，有板有眼的誦經唸佛，都不禁問道：「囡仔和尚唸經——有口無心」否？

~~~~~~

Gín-á chhēng tōa-lâng bak-kiah--chhun-aū

0417 囡仔穿大人木屐—(伸後)偆後

ㄫㄧㄣ² ㄚ² ㄑㄧㄥ⁷ ㄉㄨㄚ⁷ ㄌㄤ⁵ ㄅㄚㄍ⁸ ㄍㄧㄚㄏ⁸ —— ㄘㄨㄣ ㄠ⁷

【暗示】有春天以後及剩餘的在後頭兩種解釋。

【註解】囡仔：小孩子。小孩子穿大人的木屐，腳伸進去，後面還剩了一大截，剩了一截叫偆後。偆後：剩餘的留在後面。

【例句】秦莉莉在廣播電台主持節目，聲音甜美，又帶磁性，聽眾只要聽到她的聲音，就會深深著迷。許多廣播界老闆，知道她的月薪只有五萬多元，都爭相加薪挖角，但秦莉莉都無動於衷。朋友們罵她白痴，那麼好的條件也不想跳槽？其實秦莉莉主持節目，雖然待遇只有五萬多元，但是「囡仔穿大人木屐——(伸後)偆後」，少有人知道，那些歌星上她的節目打歌，一首歌紅包5,000元，每月平均也有20首，十萬元進入袋子裡，她會跳槽嗎？

Gín-á chiàh mô-hē--aì-kóng

0418 囡仔食毛蟹──(愛桬)愛講

兀ーㄣ² ㄚ² ㄐーㄚㄏ⁸ ㄇㄛ⁵ ㄏㄝ⁷ ── ㄞ³ ㄍㄛㄥ²

【暗示】愛講話。

【註解】囡仔：小孩子。毛蟹：螃蟹，種類很多。蟹的第一對腳特別大，叫前蟹桬。小孩子食毛蟹，愛吃蟹桬裡肉多，味鮮美。蟹「桬」與台語愛講話的「講」諧音，而被形容愛講話。

【例句】我們校長非常尊敬老議長，認為他為人謙虛，熱心公益，事業又有成，特別邀請他老人家蒞校，專題演講他的人生經驗與奮鬥過程，希望能做為學生學習榜樣。因為事先沒約束好學生，老議長演講中，同學們都像「囡仔食毛蟹──(愛桬)愛講」，講話之聲此起彼落，會場秩序很差，校長覺得很難堪。

~~~~~~

Gín-á chiàh kam-chià--chiàh-chió thò -chē

0419 囡仔食甘蔗──食少吐諳

兀ーㄣ² ㄚ² ㄐーㄚㄏ⁸ ㄍㄚㄇ ㄐーㄚ³ ── ㄐーㄚㄏ⁸ ㄐーㄛ² ㄊㄛ³ ㄗㄝ⁷

【暗示】得不償失。

【註解】囡仔：小孩子。小孩子吃甘蔗，用牙齒嚼甘蔗汁，力道不夠，吃到的蔗汁很少，倒是吐出來的蔗屑比較多。「食少吐諳」形容付出比得到的多。

【例句】有竹聯幫背景的『新生活無線電計程車』高姓台長，強迫車隊司機代售商品，遭提報流氓。高台長爆料，他是「囡仔食甘蔗──食少吐諳」。
他說雖然和多家廠商簽約，建立新生活電台計程車，代售商品通路，但遭天道盟濟公會會長邱阿德，率眾連續敲詐勒索及砸台，要脅交付一千萬元。

~~~~~~

Gín-á chiàh kam-chià--tam tiòh tiⁿ-thâu

0420 囡仔食甘蔗──嚐著甜頭

兀ーㄣ² ㄚ² ㄐーㄚㄏ⁸ ㄍㄚㄇ ㄐーㄚ³ ── ㄉㄚㄇ ㄉーㄜㄏ⁸ °ㄉー ㄊㄠ⁵

【暗示】得到了好處、利益。

【註解】囡仔：小孩子。小孩子吃甘蔗，嚐到甜頭，是說甘蔗甜甜的，吃了甘蔗也吃到甜頭好處。

【例句】日本雄龜和泰國雌龜出國觀光，在台灣屏東墾丁南灣海灘上一見鍾情。臨別前辦了牠們愛辦的事後，相約明年這一天老地方幽會。一年還剩下五天，日本那隻「囡仔食甘蔗──嚐著甜頭」的烏龜，迫不及待的來到南灣海灘，遠遠看到泰國母龜已等在那兒了，連忙跑過去興奮的說：「親愛的，沒想到妳比我先來。」「你去死啦！我比你先來？」泰國母龜抱怨說：「你去年辦完事便走，連替我翻身都沒有。」

Gín-á chiàh chhân-lê--chi-chi chuh-chuh

0421 囡仔食田螺──吱吱啾啾

ㄍㄧㄣ² ㄚ² ㄐㄧㄚㄏ⁸ ㄘㄢ⁵ ㄌㄝ⁵ ── ㄐㄧ ㄐㄧ ㄗㄨㄏ⁴ ㄗㄨㄏ⁴

【暗示】形容細碎煩雜的聲音。

【註解】囡仔：小孩子。田螺：軟體動物，殼圓錐形，生長在水田裡，胎生，肉可以吃，味道鮮美。吱吱啾啾：形容小孩子吃田螺的聲音。

【例句】桃園縣治平中學美容科近20位學生，參加蘆竹鄉「台茂購物中心」人體彩繪走秀，其中李依涵等六位擔任模特兒。六位模特兒當中，李依涵的彩繪走秀，為會場活動焦點，鎂光燈集中在她全裸彩繪身上。李依涵鄰居阿姆、阿嬸，看到她寸縷無著的走在伸展台上，無不像「囡仔食田螺──吱吱啾啾」指指點點，倒是她的媽媽看到女兒全裸演出頗為欣賞，而說：「這是藝術，顏料比衣服更美，更不易穿幫。」

Gín-á chiàh âng-chîm--aì-kóng

0422 囡仔食紅蟳──(愛梗)愛講

ㄍㄧㄣ² ㄚ² ㄐㄧㄚㄏ⁸ ㄤ⁵ ㄐㄧㄇ⁵ ── ㄞ³ ㄍㄜㄥ²

【暗示】愛講話。

【註解】囡仔：小孩子。食紅蟳：吃紅蟳。紅蟳：蟹類，體型較螃蟹大，肉鮮美。青殼為青蟳，紅殼為紅蟳。蟳前腳梗內多肉，小孩子喜歡吃蟳梗，叫愛梗。
「愛梗」與台語愛講話的「愛講」諧音。

【例句】台北縣籍民進黨立法委員張清芳，於2003年11月間，在立法院召開記者會，聲稱他擔任省議員期間，省議員王兆釧曾對他說：「楊雲黛是宋楚瑜的小老婆。」張清芳說他曾接獲檢舉：「楊雲黛以省長情婦身分，接掌省府台北市辦公室主任，囂張，作威作福。」楊雲黛認為，她是單身婦女，張清芳的言論嚴重損害她的名節，對這個「囡仔食紅蟳──(愛梗)愛講」的立法委員張清芳，提起名譽侵權訴訟。台北地方法院判決張清芳，應賠償楊雲黛二百萬元精神慰撫金。

Gín-á chiàh-toh--me-liáu

0423 囡仔食桌──(搣了)沒了

ㄍㄧㄣ² ㄚ² ㄐㄧㄚㄏ⁸ ㄅㄜㄏ⁴ ── ㄇㄝ ㄌㄧㄠ²

【暗示】沒了，空空如也。

【註解】囡仔食桌：小孩子參加宴席。搣了：宴席是很正式的宴會，通常都正襟危坐，遵守著一定的餐飲禮儀，小孩子可不來這一套，用手搣的比較快，用手「搣了」桌上的食物，與有沒有的「沒了」諧音。

【例句】彰化市一處商圈發生火警，連接五間木造商店，在烈火中燃燒五小時，商家眼看生財設備、貨品均付之一炬，都激動得痛哭起來。這場火災因火勢猛烈，共有十五輛消防車到場，六十多人參加救火，台灣獼猴專家黃漢福經營的鳥店，也首當其衝，一場火災下來，千多隻珍貴的小鳥，變成「囡仔食桌──(搣了)沒了」，黃氏夫婦望著烤焦的小鳥，不禁落淚。

Gín-á chò tōa-hì--chò-bōe-lâi

0424 囡仔做大戲──做𣍐來

ㄍㄧㄣ² ㄚ² ㄗㄛ³ ㄉㄨㄚ⁷ ㄏㄧ³ ── ㄗㄛ³ ㄅㄨㄝ⁷ ㄌㄞ⁵

【暗示】搞不起來。

【註解】囡仔：小孩子。做大戲：演京戲。做𣍐來：小孩子要表演京戲，卻演不出來。

【例句】台灣2004年320總統選舉前夕，民進黨候選人陳水扁、呂秀蓮，於台南市拜票時遭受槍擊，造成原自認能高票當選的國親候選人連戰、宋楚瑜，以些微的29,518票落選，而懷疑319槍擊案，是阿扁自導自演，發動一連串抗爭。
政府為澄清事實以釋群疑，邀請國際犯罪鑑識專家李昌鈺博士，及其團隊回國重建槍擊現場，鑑識真假。李昌鈺博士證明，陳水扁遭受外來槍擊，要說自導自演，是「囡仔做大戲──做𣍐來」。

Gín-á chhiùⁿ-koa--bô-phó

0425 囡仔唱歌──無譜

ㄍㄧㄣ² ㄚ² ㆢㄧㄨ³ ㄍㄨㄚ ── �ㆢㄛ⁵ ㄆㄛ²

【暗示】言行舉動偏離主題，也就是走樣的意思。

【註解】囡仔唱歌：小孩子唱歌。無譜：沒有歌譜。小孩子唱歌，口音相傳，沒有歌譜照樣唱得很好聽。「無譜」與台語離譜，不像樣的「無譜」同音同字。

【例句】台灣2004年3月19日，總統選舉投票前夕，陳水扁、呂秀蓮在台南市金華街掃街拜票，遭受槍擊後，引起社會議論紛云：有人說是陳水扁自導自演的苦肉計。許多人都扮演「福爾摩斯」投入探索真相。
親民黨立委周錫瑋4月9日，陪一位「福」小姐，舉行記者會，播放她所拍攝的陳水扁掃街錄影帶，質疑槍擊案是呂副總統隨扈盧孝民，從車內開槍的。民眾認為「福」小姐，這種說法是「囡仔唱歌──無譜」。

Gín-á thòng-hong lāu-lâng kam-chek--bô chit khóan tāi-chì

0426 囡仔痛風，老人疳積──無即款戴誌

ㄍㄧㄣ² ㄚ² ㄊㆲ³ ㄏㆲ ㄌㄠ⁷ ㄌㄤ⁵ ㄍㄚㆬ ㄗㄝ⁴ ── ㆠㄛ⁵ ㄐㄧㄉ⁴ ㄎㄨㄢ² ㄉㄞ⁷ ㄐㄧ³

【暗示】沒有這樣子的事。

【註解】囡仔：小孩子。痛風：中醫病名，屬關節病痛。老人：上了年紀的老人，現代標準65歲即可稱老人。疳積：小兒因營養不良，寄生蟲為害，而引起面色青黃的疾病。痛風是老人的疾病；疳積才是小兒的毛病。

【例句】彰化縣籍年已六十的張姓婦人，向彰化地方法院提出要與施姓丈夫離婚之訴。張婦是以發現七十歲的老公，買回牛奶瓶子，認定老公有外遇，在外面與姘婦生了孩子，才會買奶瓶。施老先生說他在外面有姘婦、生孩子，完全是「囡仔痛風，老人疳積──無即款戴誌」。他說買奶瓶是自己要吃牛奶。施姓老翁以妻子時常無理取鬧，不堪同居之苦，提出離婚之訴，兩者都被法官駁回。

Gín-á poàh-tó--ma-ma hu-hu

0427 囡仔跋倒─(媽媽撫膚)馬馬虎虎

ㄍㄧㄣ² ㄚ² ㄅㄨㄚㄏ⁸ ㄉㄜ² ── ㄇㄚ ㄇㄚ ㄏㄨ ㄏㄨ

【暗示】隨便，不計較，不認真。

【註解】囡仔：是小孩子的俗稱。小孩子跌倒了，媽媽一定會心疼，焦急，跑過去看有沒有跌傷，愛撫痛處？「媽媽撫膚」與台語隨便不計較的「馬馬虎虎」諧音。

【例句】法務部政風室，調查發現2003年台灣SARS病毒感染期間，衛生署先後發給第一線醫護人員，Ｎ95口罩65萬個，各地醫護人員收到的只有55萬個，統計起來卻減少十萬多個，尚且衛生署無帳可查。衛生署辦理SARS防疫，這麼重要的工作，竟然像「囡仔跋倒──(媽媽撫膚)馬馬虎虎」，真是不可思議。

Gín-á-lān--ngē-bô-kú

0428 囡仔羼─硬無久

ㄍㄧㄣ² ㄚ² ㄌㄢ⁷ ── ㄤㄝ⁷ ㄅㄜ⁵ ㄍㄨ²

【暗示】堅持不久或意志力不夠。

【註解】囡仔羼：小孩子的陽具，也就是陰莖。硬無久：勃起的時間不會久。諷刺意志力不夠。

【例句】越戰期間，越共俘擄一班美軍步兵，為防止逃亡，只准他們穿內衣褲。美軍後來利用機會逃亡跑到湄公河，他們知道只有涉水到對岸才算安全，可是他們也知道湄公河中，有鱷魚嗜食男人陽具，陽具必須用鐵套子保護，才可涉水過河。
美軍九人只有兩個套子，班長拿了一個要先過去察看地形，留給副班長一個，也不知道叫他們怎樣過河？班長察看地形回來，看到大伙兒已在岸上，平安的等他回來，嘖嘖稱奇。
後來副班長告訴他：「幸虧我們不是『囡仔羼──硬無久』，大家一個插一個，插在肛門上，才平安的過河。」

Léng-khì-keng kóng-ōe--léng-giân léng-gí

0429 冷氣間講話─冷言冷語

ㄌㄧㄥ² ㄎㄧ³ ㄍㄧㄥ ㄍㄛㄥ² ㄨㄝ⁷ ── ㄌㄧㄥ² ㄤㄧㄢ⁵ ㄌㄧㄥ² ㄤㄧ²

【暗示】說話嘲笑、諷刺。

【註解】冷氣間講話：在有冷氣的室內講話。冷言冷語：說話冷漠毫無感情。

【例句】彰化市民蕭淑華，不忍流浪貓、狗受人欺凌，三十年前開始收養，數量從二十多隻，增加到目前兩百多隻。他為照料「狗子」、「貓孫」生活、飲食，無法外出工作，耗盡家產，甚至遭受到「冷氣間講話──冷言冷語」。有些人還把她當做精神異常，但她都無怨無悔。蕭淑華說：「人若饑餓，也會找東西吃，何況是貓狗。」她看到人家棒打流浪狗，心裡很疼，她說：「打、罵我沒關係，別傷害貓狗。」

Lāi-to chhiat tāu-hū--lióng-biñ-kng

0430 利刀切豆腐─兩面光

ㄌㄞˊ ㄉㄜ ㄑㄧㄚㄉ ㄉㄠˊ ㄏㄨˊ ── ㄌㄧㄛㄥˊ ㄇㄧㄥˊ ㄍㄥ

【暗示】兩面討好。

【註解】利刀切豆腐：用鋒利的刀子切豆腐，切起來不但不會切碎，兩面的刀口還會很平滑光亮。

【例句】有個弟弟趁哥哥不在，跑進嫂嫂房間，趁黑幹了那件好事，一陣套弄後吵醒了嫂嫂，嫂嫂厲聲罵他：「你這樣做，對得起你哥哥嗎？」弟弟頓時感到慚愧萬分，拉上褲子要走，不料嫂嫂又厲聲罵道：「你這樣做，對得起嫂嫂嗎？」於是弟弟便像「利刀切豆腐──兩面光」那樣，在對不起哥哥，與對不起嫂嫂的為難中，陪嫂嫂繼續套弄到天亮。

Gô-koeh-hî á ké chhiah-chang--bô-kàu-añg

0431 吳郭魚仔假赤鯮─無夠紅

ㄨㄜˊ ㄍㄨㄝㄏ ㄏㄧˊ ㄚˊ ㄍㄝ ㄑㄧㄚㄏˋ ㄗㄤ ── ㄇㄜˊ ㄍㄠˇ ㄤˊ

【暗示】假裝或假冒得還差一截。

【註解】吳郭魚仔：外形頗像赤鯮魚，但赤鯮魚是紅色的，吳郭魚魚鱗是土色的，所以要以吳郭魚騙說是赤鯮魚，再怎麼說都還是差一大截，騙不了人家。

【例句】電視「全民亂講」叩應節目台上那些人，雖然裝扮目前政壇上檯面人物，言談舉止、手勢、表情，甚至音調都維肖維妙，幾可亂真。但是對政壇瞭解的人來說，「全民亂講」節目演出那些人，還是「吳郭魚仔假赤鯮──無夠紅」，仍需努力。

Lī-tōng-pin ê mî-phōe--kài-sian

0432 呂洞賓仝棉被─蓋仙

ㄌㄧˊ ㄉㄜㄥˊ ㄅㄧㄣ ㄝˊ ㄇㄧˊ ㄆㄨㄝˊ ── ㄍㄞˇ ㄒㄧㄢ

【暗示】光靠嘴巴亂蓋的人。

【註解】呂洞賓：唐京兆人，在終南山下得道，號純陽子，傳說為八仙人之一。呂洞賓是仙人，他的棉被，是用來蓋他的，也等於蓋仙。「蓋仙」台語是光說不練的人。

【例句】陳彥男在旅行社，掛牌副總經理，上網招募「炮兵團」，他要帶團到大陸找大陸妹打炮。陳彥男是位十足的「呂洞賓仝棉被──蓋仙」，自稱是炮兵團的專家，權威、至尊，宣稱「在台灣打一炮，到大陸找女子，可以找過夜的、吃、住，連同機票包你三萬元有找。」這位蓋仙還贈送春藥，五天四夜包打十炮以上，炮兵隊員還沒募到，他已經被警方抓到了。

Chē-chûn giā hō-sòaⁿ--bô-thiⁿ bô-tē

0433 坐船撐雨傘—無天無地

ㄗㄝ⁷ ㄗㄨㄣ⁵ ㄍㄧㄚ⁷ ㄏㆦ⁷ °ㄙㄨㄚ³ —— ㄅㆦ⁵ °ㄊㄧ ㄅㆦ⁵ ㄉㄝ⁷

【暗示】無法無天。

【註解】坐船撐雨傘：坐在船上就是已經離開陸地，手上又拿著雨傘，遮住天空，形容為無天無地。

【例句】台灣的立法委員，不以問政品質取勝，卻以專門羞辱政府官員為能事。尤其親民黨立委，前曾欲致贈行政院長游錫堃「無賴政客獎」與「語無倫次獎」。2004年4月16日，親民黨不分區立委李桐豪(2001-2004)，甚至表示：「要不要把陳水扁殺了，或是把立法院廢了，不然能怎麼辦？」
這位美國俄亥俄州立大學經濟學博士，又指責陳水扁說：「竊國者賊，這種賊就是大賊，可不可以要求老百姓，看到陳水扁就槍殺？」社會各界對於李桐豪，這種「坐船撐雨傘——無天無地」的言論，認為確實應該將立法院廢掉。

Hàu-lâm poah-tò--lè-táu

0434 孝男跋倒—捌斗

ㄏㄠ³ ㄅㄚㄇ⁵ ㄅㄨㄚㄏ⁸ ㄉㆦ³ —— ㄉㄝ³ ㄉㄠ²

【暗示】很棒或很讚的意思。

【註解】孝男：居父母喪的男子；孝順父母的男子。台灣送葬儀式，孝男要捧斗，斗中放置神主牌靈位，孝男捧著神主牌跌倒，手中所捧的斗，會掉落擦到地上，叫做捌斗。「捌斗」，台語是很棒，很完美的意思。

【例句】新竹市「風城購物中心」電視牆，2004年4月26日下午，突然播出「心怡！嫁給我吧！」的生動求婚畫面。這個令女主角心怡，感動得喜極而泣的廣告，大家都稱讚「孝男跋倒——捌斗」。推出這一仿日劇「戀愛世代」求婚電視牆的吳嘉茂，在新竹科學園區擔任工程師，與女主角劉心怡緣起兩年前，挑出兩年來同遊拍攝的照片，藉電視牆一張張播出，最後畫面停在「心怡，嫁給我吧！」而贏得芳心。

Hàu tē tiong sìn lé gī liâm--bû-thí

0435 孝悌忠信禮義廉—無恥

ㄏㄠ³ ㄉㄝ⁷ ㄉㄧㆦㄥ ㄒㄧㄣ⁵ ㄉㄝ² ㆣㄧ⁷ ㄉㄧㄚㄇ⁵ —— ㄅㄨ⁵ ㄊㄧ²

【暗示】不懂廉恥。

【註解】孝悌忠信禮義廉恥：是中國自古沿襲傳承的，居家立身處世明訓。孝悌忠信禮義廉而缺恥，等於無恥，沒有榮辱觀念。

【例句】蔡榮景啤酒喝多了尿急，為了不跑三樓男廁，就近在二樓的女廁方便，恰巧被一位女士看到，破口罵他：「你這個人，真是『孝悌忠信禮義廉——無恥』到這種地步，跑到女人專用廁所來尿尿！」
「妳說什麼？」老蔡不服氣的說：「我尿尿這個東西，也是女人專用的呀！」

Jiō-tháng khì-chhùi--gāi-lān

0436 尿桶缺喙—礙羼

ㄖㄧㆤ⁷ ㄊㄤ² ㄎㄧ³ ㄘㄨㄧ³ —— ㄫㄞ⁷ ㄌㄢ⁷

【暗示】影響到別人的計劃或工作，令人厭惡。

【註解】尿桶缺喙：讓人尿尿的尿桶有缺口，會妨害羼屌尿尿的安全。這是一句形容詞，意為影響到人家正常工作，令人厭煩。

【例句】變性人利菁，東吳大學畢業，現為東森購物電視台的鎮台之寶（2004年），紀錄65分鐘內賣出380顆一克拉鑽石；65分鐘內賣出265輛，平均價格825000元的休旅車。著作有《歷經過去，利菁未來》。利菁說他像穿錯鞋，一穿就是二十年。她原本是雙性人，大三時總感覺到男性性徵對她來說是「尿桶缺喙——礙羼」得很，才做了變性手術。利菁說天下沒有事是永遠的，不會永遠壞，也不會永遠好。她很珍惜自己當女人，很享受當女人的快樂。

~~~~~~

Jiō-tháng khui-hoe--sòaⁿ-liáu-liáu

0437 尿桶開花—散了了

ㄖㄧㆤ⁷ ㄊㄤ² ㄎㄨㄧ ㄏㄨㆤ —— ⁰ㄙㄨㄚ³ ㄌㄧㄠ² ㄌㄧㄠ²

【暗示】分散不集中，即分開了。

【註解】尿桶：讓人尿尿的桶子。尿桶開花：是用於箍住尿桶木片的圓箍斷了或鬆了，致木片散開了。散了了：分散了。

【例句】台南市已婚的施姓男子，五年前在網路上認識小他十歲的陳姓女子，背著妻子金屋藏嬌，近日異想天開上網，自以為妻子不會電腦很安全，卻被她發現，控告兩人妨害家庭，訴請離婚獲准。陳女挨告後，始知施某已有妻室，且對於施某將兩人情愛上網，令她羞愧難抑，控告施某妨害風化及名譽，兩女先後揮手仳離，施某家庭已成為「尿桶開花——散了了」。

~~~~~~

Jio-tháng giâ-kang--kiaⁿ-lâng ê lān

0438 尿桶蜈蚣—驚人仐羼

ㄖㄧㆤ ㄊㄤ² ㄫㄧㄚ⁵ ㄍㄤ —— ⁰ㄍㄧㄚ ㄌㄤ⁵ ㆤ⁵ ㄌㄢ⁷

【暗示】嚇不倒人。

【註解】尿桶：是讓人尿尿的桶子，尿桶裡有蜈蚣，愛驚的應該是男人的羼屌。驚人仐羼，是句反問式的形容詞，意思是嚇不了人。

【例句】國親320總統敗選後，把希望放在2004年底立委選舉，誓言一定要贏得立委選舉，讓民進黨政府繼續吃苦頭。民進黨總統府秘書長邱義仁，對於國親的威脅，顯得完全不在乎，他說面對國親的放言，「尿桶蜈蚣——驚人仐羼」，一定跟在野黨進行「割喉之戰」，割到斷為止。輿論批評邱義仁，身為總統府秘書長（2004年4月），提出「割喉之戰」很血腥。

Lòng-phòa ah-nn̄g--(pôe-jîn)put-jîn

0439 弄破鴨蛋─（抔仁）不仁

ㄌㄛㄥ³ ㄆㄨㄚ³ ㄚㄏ⁴ ㄋㄥ⁷ ── （ㄅㄨㄝ⁵ ㄌㄧㄣ⁵）ㄅㄨㄉ⁴ ㄌㄧㄣ⁵

【暗示】沒有仁義愛心。

【註解】弄破鴨蛋：鴨蛋破了。抔仁，就是用雙手把蛋黃抔起來。
「抔仁」與缺乏仁慈愛心的「不仁」諧音。

【例句】陳水扁總統為求國泰民安，2003年委託豬農林福俊先生，飼養了一頭重達一千二百多斤的
「賽神豬」，要參加新竹縣新埔義民廟中元普渡，叩謝神恩。釋昭慧法師，基於佛陀慈悲
為懷，眾生平等，為文呼籲〈刀下請留總統豬〉，並指「飼養大神豬，農民的邏輯是賄賂神
明」。林俊福說飼養賽神豬酬神，是北台灣客族行已二百多年的傳統民俗和集體信仰，應
受尊重。「總統豬殺與不殺」在網路發燒，到底殺豬拜神是「弄破鴨蛋──（抔仁）不
仁」，抑或感恩圖報的善良風俗，恐難定論。

~~~~~~

Chhoan-tiúⁿ khòaⁿ-phe--khó-sioh

0440 村長看批─可惜

ㄘㄨㄢ °ㄉㄧㄨ² °ㄎㄨㄚ³ ㄆㄝ ── ㄎㄜ² ㄒㄧㄛㄏ⁴

【暗示】令人惋惜的意思。

【註解】村長看批：村長看信。有位婦人把孩子從金門寄回的信，請村長解讀，村長不識字一連
「可惜，可惜」的不停，害村婦誤以為兒子在前線發生意外，嚎啕痛哭起來。

【例句】台大登山社隊友，約定要登阿里山，沒想到一隊人馬到了阿里山，連續下了幾天大雨，把
他們困在旅社寸步難行，大家紛紛怪罪老天爺。
「誰都會罵老天爺，」張淑貞對七舌八嘴的隊友說：「可是『村長看批──可惜』，誰也拿
祂沒辦法。」

~~~~~~

Chhoan-tíuⁿ lián lián-tâu á -- kín tiȯh khòaⁿ-bô

0441 村長攄撚骰仔─緊著看無

ㄘㄨㄢ °ㄉㄧㄨ² ㄌㄧㄢ² ㄌㄧㄢ² ㄠ⁵ ㄚ² ── ㄍㄧㄣ² ㄉㄧㄜㄏ⁸ ㄎㄨㄚ³ ㄅㄜ⁵

【暗示】馬虎，不必那麼細心斟酌。

【註解】村長攄撚骰仔：是說村長做東，玩旋轉骰子的賭博。他在骰子裡面做手腳詐賭，要人家不
用再想再猜了，趕快下賭就是了，所以一再催說「緊著看無！」看無：看不到或看不清
楚。村長沒想到把蓋骰子的蓋子掀開來，果然大家都沒看到骰子，原來骰子是被吸鐵吸
到蓋子上面去了。

【例句】台灣曾經風靡「大家樂」賭博，當時整個台灣幾乎為之瘋狂起來。那時候開獎前，大家都
無心工作，到處尋求明牌，大廟小祠常常有成群的人，圍著香爐、細心觀察沙盤，要悟出
明牌。有的人等得不耐煩，會說：「村長攄撚骰仔──緊著看無」。

Tō-khng kōe-sin--chiú-kúi

0442 杜康過身──酒鬼

ㄉㄛ⁷ ㄎㄥ ㄍㄨㄝ⁷ ㄒㄧㄣ ── ㄐㄧㄨ² ㄍㄨㄧ²

【暗示】嗜酒成病，已失節制的人。

【註解】杜康：唐·王績著《酒譜》（公元前2100年）夏朝第五代王相兒子，造酒祖師。過身：逝世。造酒祖師逝世，成為名副其實的酒鬼。

【例句】法官問警察：「你憑什麼證明被告是『杜康過身──酒鬼』？」「那天他喝得不省人事，我扶他上公寓，他說『這是我的家』。」「憑這樣一句話，怎能斷定他是個酒鬼？」「我們進入房間裡，看到床上有個女人，他說那是他的老婆。」「荒唐！」法官生氣起來，「這樣怎能證明他是無藥可救的酒鬼？」我再問他，「睡在女人旁邊那個男人又是誰？」他說：「那是我！」

~~~~~~

Sam-á-hâng--(chhâ-chē-leh)chha-chē-leh

0443 杉仔行──（柴諸咧）差諸咧

ㄙㄚㄇ ㄚ² ㄏㄤ⁵ ── (ㄘㄚ⁵ ㄗㄝ⁷ ㄌㄝ厂⁴) ㄘㄚ ㄗㄝ⁷ ㄌㄝ厂⁴

【暗示】天南地北相差很大。

【註解】杉：植物名。常綠針葉喬木，樹幹高可達二十公尺以上，木質輕，有香味，木紋平直，加工容易，可做建材、傢俱、器具。杉仔行：專門買賣材木的木材行，木材或稱木柴，木材行當然柴多，「柴諸」與「差諸」諧音。

【例句】立法委員組團到歐洲考察，夜宿維也納，導遊交代早上五點集合森林浴。林立委聽到森林浴，誤以為能展現姣好身材與泳技的游泳，五點未到便到大廳等大家。大夥兒看她身穿泳裝，都睜大眼珠。她看到人人穿運動服裝，更是一頭霧水。
有人打趣說：「林立委家裏大概是開『杉仔行──（柴諸咧）差諸咧』，才會穿泳裝參加森林浴？」

~~~~~~

Chàu-kun chiūⁿ thian-têng--chàu-ōe

0444 灶君上天庭──（灶話）奏話

ㄗㄠ³ ㄍㄨㄣ °ㄐㄧㄨ⁷ ㄊㄧㄢ ㄉㄧㄥ⁵ ── ㄗㄠ³ ㄨㄝ⁷

【暗示】打小報告。

【註解】灶君：司命灶君，又稱灶神。古時候認為掌管廚房及一家禍福財運之神，都供奉於廚房灶上。傳說灶君每年除夕都要回天庭述職，向玉皇上帝稟奏所掌管家庭之善行惡事。

【例句】發起「五三青年政治改革運動」的學生，點名國民黨羅明才、穆閩珠、侯彩鳳、楊瓊櫻、許舒博、洪秀柱、黃健庭等，為圖利財團及學店立委，要求國民黨不得再提名。學生代表李佳欣，如「灶君上天庭──（灶話）奏話」要求不提名。他們指羅明才提案支持土地增值稅減半及圖利財團，穆閩珠、洪秀全、許舒博等，擔任私校董事，又任教育委員會委員，違反利益迴避法。

Chàu-kha ê toh-pò--khà-iû

0445 灶骹个桌布─揩油

ㄗㄠ³ ㄎㄚ ㄝ⁵ ㄉㄜ˪ ㄅㄛˋ ㄅㄛ³ ── ㄎㄚˋ ㄧ─ㄨ⁵

【暗示】佔別人或公家便宜，舞弊謀利。

【註解】灶骹个桌布：廚房裡的抹布。廚房裡的抹布，揩拭的大都是油脂的污物，所以形容為揩油。

【例句】桃園縣地檢署許炳、張春暉檢察官，偵辦一件大陸女子被迫賣淫時，意外發現台中縣警察局清水分局組長黃博裕，台中港警陳有仁，是「灶骹个桌布──揩油」，白嫖大陸妹，併案偵辦。據經營應召站的台中縣民陳木樹，及大陸妹黃姓、項性少女指出，應召業者若有新貨，這些官警都會要求先行嚐鮮驗貨。
因此檢察官提出員警照片，請他們指認，一眼便認出黃、陳員警。

~~~~~~

Siù-châi chhiú-kin-á--pau-su

0446 秀才手巾仔─(包書)包輸

ㄒㄧㄨ³ ㄗㄞ⁵ ㄑㄧㄨ² ㄍㄧㄣ ㄚ² ── ㄅㄠ ㄨㄨ

【暗示】準輸無疑。

【註解】秀才：古科舉有「秀才」科，後廢除。明清以後入府、州、縣學的生員稱秀才。讀書人、教師也統稱秀才。秀才是讀書人，他的手巾大都用來包書。
「包書」與台語穩贏的「包輸」諧音。

【例句】桃園縣民眾都對梁姓母女，為同一個男人上法庭，這場官司誰會是「秀才手巾仔──(包書)包輸？」而打賭。這對俏母女梁姓母親，結識42歲李姓男子，該男子暗中又與她的20歲女兒發生關係。
梁姓婦人因遭冷落引發醋勁，為阻止女兒跟她搶情人，憤而告李姓男人妨害性自主，並要求女兒「不要和大人爭男人」，其女兒上法庭強調「自己有戀愛的自由」。

~~~~~~

Siù-châi kìⁿ-koaⁿ--(put-kūi)put-kùi

0447 秀才見官─(不跪)不貴

ㄒㄧㄨ³ ㄗㄞ⁵ ⁰ㄍㄧ─³ ⁰ㄍㄨㄚ ── (ㄅㄨㄉ⁴ ㄍㄨㄧ⁻⁷) ㄅㄨㄉ⁴ ㄍㄨㄧ³

【暗示】價錢公道。

【註解】秀才：漢代定為科舉職等科目，唐初有秀才科旋停廢。後來凡參加科舉統稱之為秀才。秀才參加京考，見到官員不必下跪，不必下跪台語「不跪」，與物品價錢公道的「不貴」諧音。古早教師都稱之為秀才，故有「窮酸秀才」之句。

【例句】台灣2003年，遭受中國大陸感染SARS病疫，世界衛生組織5月21日宣布台灣為疫區，各行業受到嚴重影響。尤其觀光事業生意一落千丈，像「凱悅」那種五星級觀光大飯店，最低房租均在六千元以上，竟降價優待一夜只要三千元，「秀才見官──(不跪)不貴」，多少也招攬了一些客人。

Siù-châi khòaⁿ î-su--thák-sí-chheh

0448 秀才看遺書─讀死冊

ㄒㄧㄡ³ ㄗㄞ⁵ °ㄎㄨㄚ³ ㄧ⁵ ㄙㄨ── ㄊㄚ⁸ ㄒㄧ² ㄘㄝㄏ⁴

【暗示】死背書本，不能活用。

【註解】秀才：見「秀才見官──（不跪）不貴」篇。遺書：人死亡前所寫交代後事的文書，或臨死前遺留的書信。
死人留下的文書，活人閱讀等於是讀死書，台語叫「讀死冊」。

【例句】台灣2003年大學考試，嘉義私立仁義中學劉涵中，以未滿十五歲創下全國最年輕，考上高雄醫學院醫學系。劉涵中從幼稚園開始，一路跳級升學，連昇四級。
劉媽媽說涵中讀書沒有什麼特別，不但學科成績好，棋、琴、書、畫樣樣精通，也經常參加繪畫、書法、游泳比賽。他的讀書方法，不是「秀才看遺書──讀死冊」，而是能充分活用。

Thut-á sái phùn-siā-ki--thút hui béng chìn

0449 禿仔駛噴射機─突飛猛進

ㄊㄨㄉ⁴ ㄚ² ㄙㄞ² ㄆㄨㄣ³ ㄒㄧㄚ⁷ ㄍㄧ ── ㄊㄨㄉ⁸ ㄏㄨㄧ ㄇㄥ² ㄐㄧㄣ³

【暗示】進步神速。

【註解】噴射機：是利用噴射的反作用力推動飛機，在高空中快速飛行。
「禿仔駛噴射機」這句歇後語，「禿仔」的「禿」、「噴射機」的「快」，組成「突飛猛進」的諧趣情境。

【例句】陳水扁總統偕大陸委員會主任委員蔡英文進入校門。蔡英文對大學生說：「成績好壞不等於日後的工作表現。」她又說：「雖然我的名字叫蔡英文，但是英文並不好。」蔡英文說她大學英文只考四十幾分。英文是出國唸書時，才像「禿仔駛噴射機──突飛猛進」。

Thut-thâu chhut-ke chò hôe-siūⁿ--bián-hùi-khì

0450 禿頭出家做和尚─免費氣

ㄊㄨㄉ⁴ ㄊㄠ⁵ ㄘㄨㄉ⁴ ㄍㄝ ㄗㄜ³ ㄏㄨㄝ⁵ °ㄒㄧㄡ⁷ ── ㄇㄧㄢ² ㄏㄨㄟ³ ㄎㄧ³

【暗示】省得麻煩。

【註解】禿頭：頭髮掉光了的人。和尚是落髮唸佛的出家人。禿頭要出家唸佛做和尚，省得剃頭這一前奏工作，也省得許多麻煩。

【例句】林棋說他婚後最困擾的是，陪老婆到百貨公司，老婆一進到裡面，簡直就會忘了出來。
「我沒有這個問題，我老婆也很愛到百貨公司，」朋友老賴說：「但是很快我就會讓她跑出來！」「你是怎麼辦到的？」「我告訴你一個『禿頭出家做和尚──免費氣』的好辦法。」老賴傳授他：「你只要在門口找位小姐聊天，老婆很快便會拉著你回家。」

Tō-châi-khang pàng-phùi--(koài-khì)koài-sū

0451 肚臍孔放屁─(怪氣)怪事

ㄉㄛ˙ ㄗㄞˊ ㄎㄤ ㄅㄤˇ ㄆㄨㄧˇ ── (ㄍㄨㄞˇ ㄎㄧˇ)ㄍㄨㄞˇ ㄙㄨ˙

【暗示】胡言亂語或行為怪異。

【註解】肚臍孔：肚臍眼，肚子的中央，臍帶脫落處。放屁：從肛門排洩出臭氣。
若屁從肚臍眼排放出來，一定是很怪的氣，「怪氣」與台語「怪事」諧音。

【例句】2002年選舉台北市長，民進黨提名李應元，挑戰尋求連任的馬英九。馬市長形象良好，民意調查高居80%左右。民進黨不信邪，傾府院之力要拉馬下來。馬英九則低調處理，持盈保泰，估計只要不出狀況，會贏到倒掉。
沒想到距離12月7日選舉前三天，前省長宋楚瑜於替親民黨議員站台時，激情演出下跪，請台北市民票投馬英九，令全國譁然，不知怎會發生這種「肚臍孔放屁──(怪氣)怪事」？害馬英九陣營立即進行消毒，深怕選情受到影響。

Tō-châi bòa-hún--bái-châi

0452 肚臍抹粉─(穤臍)穤才

ㄉㄛ˙ ㄗㄞˊ ㄇㄨㄚˇ ㄏㄨㄣˊ ── ㄅㄞˊ ㄗㄞˇ

【暗示】有不成才與難處理的兩種意思。

【註解】肚臍：腹部中間凹進去的小孔。肚臍化粧抹粉，一定是很難看才需要抹粉美化？很難看的肚臍，與台語不成才的「穤才」諧音。

【例句】立法委員蔡同榮，多年來主張人民基本政治人權的「公民投票法」，終於在2003年11月27日，經立法院以115－95票，通過「公民投票法」。立法院通過的「公投法」版本，並非行政院版，亦非「蔡公投版」，而是國親版本。
這部「公投法」排除行政院提案公投。並規定立法院及人民始能提出公民投票案，有諸多限制，輿論譏為「不能公投的公投法」，讓提案舉辦公投變成「肚臍抹粉──(穤臍)穤才」。

Tō-châi kóng-ōe--iâu-giân

0453 肚臍講話─(腰言)謠言

ㄉㄛ˙ ㄗㄞˊ ㄍㄛㄥˊ ㄨㄝˇ ── ㄧㄠˊ ㄫㄧㄢˊ

【暗示】沒有事實根據的傳言。

【註解】肚臍講話：人的肚臍，是在腰部，肚臍講話被形容為腰部的語言，腰部的語言，簡說為腰言。「腰言」與沒有事實根據的「謠言」諧音。

【例句】日月潭於1980年8月發生翻船事件，奪走57條人命。事後十四年來，不斷有靈異事件傳出，令人毛骨悚然。這件「肚臍講話──(腰言)謠言」，是當時『蜆殼石油公司』57名員工乘船遊日月潭，不幸翻船，船上遊客全部溺水。
當時「興業號」遊艇，因罹難家屬要求國賠訴訟尚未結案，遊艇無法處理還擺放在日月潭，但無論擺在哪兒，哪兒就有靈異傳說。在日月潭擔任打撈的王龍池最不信邪，可是每次接近「興業號」，他都起雞皮疙瘩。

Ō-á chhá bí-hún--chiàⁿ-bī

0454 芋仔炒米粉——正味

ㄛ⁷ ㄚ² ㄘㄚ² ㄇㄧ⁻² ㄏㄨㄣ² —— ⁰ㄐㄧㄚ³ ㄇㄧ⁻⁷

【暗示】合口味。

【註解】芋仔：植物名，多年生草本，俗稱「芋頭」。米粉：食品名，米磨成粉漿，加工作成細條狀，可煮、炒而食。
芋仔炒米粉，是一道很好吃、合胃口的台灣美食或點心。

【例句】兩個司機開車，同時開到狹橋的中央，誰也不願倒車讓路，僅持了一會兒，甲司機拿出報紙坐在欄杆上看報，乙司機也從駕駛座走下來，對他說：「喂！老兄，你看完後借我看看。」這兩位司機，真正是「芋仔炒米粉——正味」寶貝一對。

~~~~~~

Kìⁿ-bīn lâu phīⁿ-hoeh--chhin tiòh sī chhin

0455 見面流鼻血——親就是親

⁰ㄍㄧ³ ㄇㄧㄣ⁷ ㄌㄠ⁵ ⁰ㄆㄧ⁻⁷ ㄏㄨㄝㄏ⁴ —— ㄑㄧㄣ ㄉㄧㄛㄏ⁸ ㄒㄧ⁻⁷ ㄑㄧㄣ

【暗示】親情自然流露。

【註解】流鼻血：鼻孔流血。民間傳說在外枉死，或無名屍，見到親人認屍，鼻孔會流血。

【例句】嘉義市七十八歲老婦人林能珠，五十一年前喪夫，食指浩繁，生活艱難，含淚將么兒王雲龍，送給王姓榮民收養。五十年來思子心切，責由子女到處尋訪，打聽么子下落，仍無音訊。後經嘉義市西區戶政所張寬煜主任協助，終在桃園縣平鎮市尋獲王雲龍，王氏一家人見面團圓，雖然沒有「見面流鼻血——親就是親」，但兄弟長相一模一樣，愈看愈親。

~~~~~~

Tāu-hū kòng chiòh-thâu--bô-lō-iōng

0456 豆腐摃石頭——無路用

ㄉㄠ⁷ ㄏㄨ⁵ ㄍㄛㄥ³ ㄐㄧㄛㄏ⁸ ㄊㄠ⁵ —— ㄅㄛ⁵ ㄌㄛ⁷ ㄧㄛㄥ⁷

【暗示】沒用處或發揮不了作用。

【註解】豆腐：黃豆磨成豆汁，製成的食品，可做菜肴。用豆腐這麼細軟易碎的東西，敲打石頭，那是沒用的。

【例句】公司職員出缺，總經理從一百多位應徵者中錄取王甲乙，是從他的自傳中，認為這個人誠實足堪任用。他的自傳是這樣寫的：「我是一個『豆腐摃石頭——無路用』的人，小時候抽煙怕爸爸知道；現在做爸爸了，抽煙卻怕孩子知道。唉！我竟是這樣一位無路用的人。」

Chhiah-cha-bớ khū-lȯk-pō--sai-chú-hōe

0457 赤查姆俱樂部—獅子會

ㄑㄧㄚㄏ⁴ ㄗㄚ ㄅㄛˊ ㄎㄨ⁷ ㄌㄜㄍˋ⁸ ㄅㄛ⁷ ── ㄙㄞ ㄗㄨˊ ㄏㄨㄝ⁷

【暗示】國際性的服務社團。

【註解】赤查姆：是指很凶的女人或老婆。俱樂部，是某種團體聚會，共同娛樂的地方。
獅子會，國際性民間社會團體，以工商界人士為主要成員，支持學術研究發展，社會服務
為宗旨。

【例句】紀月梅大姐，今年度聽說受聘「赤查姆俱樂部──獅子會」國際婦女部長，忙得很少參加
同班同學的月會。

~~~~~~

Sin-thé kám-hong-siâ--khì mn̄g tāi-chiòng-iâ

0458 身體感風邪—去問大眾爺

ㄒㄧㄣ ㄊㄝˊ ㄍㄚㄇˋ ㄏㄛㄥ ㄒㄧㄚˊ ── ㄎㄧˇ ㄇㄥ⁷ ㄉㄞ⁷ ㄐㄧㄜㄥˇ ㄧㄚˊ

【暗示】倩鬼醫病。

【註解】身體感風邪：覺得身體染患感冒。大眾爺：有應公，無名鬼神。身體感冒不舒服，不看醫
師，去請示大眾爺，等於倩鬼醫病。

【例句】國民黨主席連戰，在毫無預警下，突然於2004年5月17日，宣布國民黨與親民黨合併。連
戰兩黨合併一出，立即引起反彈，副主席也就是台北市長馬英九，主張決策不應該由上而
下，要採民主機制由下而上。本土立委徐中雄、陳學聖、陳宏昌、許舒博、陳健治等人，
認為連戰此舉有如「身體感風邪──去問大眾爺」（倩鬼醫病），陳宏昌更明白指出，國親
合併是把毒藥當補藥來吃。

~~~~~~

Kap jit-pún-lâng lim chiú--tōa-kan

0459 伬日本人飲酒—(大矸)大奸

ㄍㄚㄅ⁴ ㄌㄧㄅ⁸ ㄅㄨㄣˊ ㄌㄤˊ ㄌㄧㄇ ㄐㄧㄨˊ ── ㄉㄨㄚ⁷ ㄍㄢ

【暗示】很奸詐陰險的人。

【註解】伬日本人飲酒：與日本人在一起喝酒。大矸：日本人喜歡喝清酒，日本清酒都是大瓶裝。
大瓶的清酒叫大矸，「大矸」與台語很奸詐的人叫「大奸」諧音。

【例句】被告告訴律師，這場官司不能輸，輸了他一生就完蛋了，他準備用金條賄賂法官。「你千
萬不能這樣做，這位法官非常討厭走後門的人，他認為是侮辱他的人格，會弄巧成拙。」
判決結果被告獲勝，律師對被告說：「幸虧你聽我的話，沒送金條賄賂法官，我們才獲得
勝訴。」這位被告是位「伬日本人飲酒──（大矸）大奸」，他冷笑的告訴律師，他是送了
金條給法官，不過上面寫著原告的名字。

Thâi ti-á sàng-lé--thê-sim tiàu-táⁿ

0460 刣豬仔送禮──提心吊膽

ㄊㄞ⁵ ㄅㄧ ㄚ² ㄙㄤ³ ㄌㄝ² ── ㄊㄝ⁵ ㄒㄧㄇ ㄉㄧㄠ³ °ㄉㄚ²

【暗示】擔心驚恐的樣子。

【註解】刣豬仔：殺豬的人。殺豬的屠夫送禮物，所提的是自己生產的東西──豬的內臟，如豬心、豬膽之類的東西。提豬心，豬膽做禮物，與令人驚嚇的「提心吊膽」諧音。

【例句】台灣自2003年10月27日，發現「白米炸彈客」，「放置白米炸彈」，警告政府「不要進口稻米，政府要照顧農民」，已連續發現十多枚。白米炸彈引爆準確性，已從2004年2月2日，台鐵中壢火車站在下午5點10分，誤差十分鐘引爆，提升到台北市松山火車站，引爆時間誤差三分鐘，一次比一次精準，令警方像「刣豬仔送禮──提心吊膽」。這位「白米炸彈客」，神出鬼沒從容放置炸彈，已成警方頭痛人物。（註：白米炸彈客楊儒門已落網，彰化縣二林鎮人，現住基隆市）

Chng-kha lô-kò-tīn--(tong-tong-chháⁿ)tang-tang-chhám

0461 庄骹鑼鼓陣──(咚咚喳)冬冬慘

ㄗㄥ ㄎㄚ ㄌㄛ⁵ ㄍㄛ³ ㄉㄧㄣ⁷ ── (ㄉㄛㄥ ㄉㄛㄥ °ㄘㄚ²) ㄉㄤ ㄉㄤ ㄘㄚㄇ³

【暗示】景氣一年不如一年。

【註解】庄骹：鄉下，也就是鄉村。鑼鼓陣：樂隊，草地的樂隊係鑼鼓為主的中樂。咚咚喳：庄骹鑼鼓陣以鑼鼓為主要樂器，打擊的樂聲「咚咚喳」，與台語一年比一年悽慘的「冬冬慘」諧音。

【例句】台灣2000年總統選舉，民進黨陳水扁擊敗國民黨連戰執政，恰遇國際經濟衰退，台灣的經濟像「庄骹鑼鼓陣──(咚咚喳)冬冬慘」，失業率攀高至5.32%。政府為了降低失業率，採取多項緊急措施，其中『擴大就業方案』，約有十五萬人獲得為期一年的臨時工作，月約二萬元，解決了當前的生活困難。

Lióng-tāi ê kóaⁿ-hū--bô-kang-hu

0462 兩代仒寡婦──(無公夫)無工夫

ㄌㄧㄛㄥ² ㄉㄞ⁷ ㄝ⁵ °ㄍㄨㄚ² ㄏㄨ⁷ ── ㄅㄛ⁵ ㄍㄤ ㄏㄨ

【暗示】沒有技術或技巧。

【註解】兩代仒寡婦：婆媳兩代都是死了丈夫的寡婦。公夫：男人，男人屬雄性，雄性一般稱之為公的，如：公豬，公雞。
「無公夫」：沒有公的丈夫，與台語沒有技術的「無工夫」同音。

【例句】總統府公共事務室主任黃志芳，公布2004年520就職大典精神徽章：「LOVE」、「心愛台灣」，被指類似羅伯特・印第安那的作品。負責該徽章設計的格林文化，負責人郝廣才否認抄襲。他說黃主任所公布是幾個設計案之一，並已決定將「LOVE」改為橫排。印第安那，現年七十六歲，1960年代即享譽國際藝壇。他的「LOVE」系列，廣泛出現在雕塑與版畫中。
藝文界指出，連總統就職這麼重大的徽章，竟然「兩代仒寡婦──(無公夫)無工夫」，疑似抄襲他人，不但好遜，好險，幸虧早日發現，否則成為國際笑話。

Nn̄g ê sái-hảk saⁿ ê lâng pàng-sái--(bô-piān) bô-piàn

0463 兩个屎礐三个人放屎—(無便)無變

ㄋㄥ⁷ ㄝ⁵ ㄙㄞ² ㄏㄚㄍ⁸ °ㄙㄚ ㄝ⁵ ㄌㄤ⁵ ㄅㄤ³ ㄙㄞ² —— (ㄅㄜ⁵ ㄅㄧㄢ⁷) ㄅㄜ⁵ ㄅㄧㄢ³

【暗示】照原來一樣，沒有變化。

【註解】兩個屎礐：兩間廁所。三个人放屎：三個人要解屎。兩間廁所三個人要解屎，很不方便，很不方便叫「無便」。「無便」與台語毫無變化的「無變」諧音。

【例句】1984年『諾貝爾和平獎』得主圖屠主教，應美國紐約基督教會邀請，專題演講＜聖經與土地＞。他說：「傳教士到了非洲那麼多年，唯有＜聖經與土地＞，像『兩個屎礐三个人放屎——(無便)無變』，首先黑人手中有土地，傳教士手中有聖經，後來是傳教士有土地，黑人手中有聖經。」

~~~~~~

Nn̄g ê su-seng sio-phah--bī-pit

0464 兩个書生相扑—(覓筆)未必

ㄋㄥ⁷ ㄝ⁵ ㄙㄨ ㄒㄧㄥ ㄒㄧㄜ ㄆㄚㄏ⁴ —— ㄇㄧ⁷ ㄅㄧㄉ⁴

【暗示】不一定如此。

【註解】兩个書生相扑：兩個讀書人打架。覓筆：有找筆與藏筆的意思。兩個讀書人為了筆打架。「覓筆」與台語不一定的「未必」諧音。

【例句】人類自古迄今，男女之間做愛做的事，像「兩个書生相扑——(覓筆)未必」要有一定的方式，但現代的教育，已將做愛列入課程。國立溪湖高中，已進行教導高三男女生，學習使用保險套，並以模型生殖器，讓學生實際操作套用。校護仲雯儀希望學生「享受青春，不要負擔」的兩性關係。兩性交往要遵守「ＡＢＣ」三原則，Ａ避免發生性行為，若發生性行為要採Ｂ固定單一性伴侶，及Ｃ使用保險套避孕。

~~~~~~

Hôe-siūⁿ pun-ke--(to-sī)to-sū

0465 和尚分家—(多寺)多事

ㄏㄨㄝ⁵ °ㄒㄧㄨ⁷ ㄅㄨㄣ ㄍㄝ —— (ㄉㄜ ㄒㄧ⁷) ㄉㄜ ㄙㄨ⁷

【暗示】多事的意思。

【註解】和尚：削髮出家唸佛修行的人。和尚是以佛寺為家，要分家當然要另建新寺，另建新寺，等於多了寺。「多寺」與台語「多事」同音。

【例句】南投市新興里長蔡國涼，向立委湯火聖投訴，2004年2月22日開車，載許漢卿等四位鄰長，到古坑鄉劍湖山遊樂區玩。因未繫安全帶，被斗南分局李佶昌巡佐攔截舉發，罰單寫著：「前載女人」。害他們夫婦為此天天吵架而瀕臨離婚。
蔡里長說：「我的車子載男人或女人，和交通違規有什麼關係？警察執法一定要這麼惡劣嗎？」湯立委也感嘆說：「交通違規舉發非常單純，警方何必『和尚分家——(多寺)多事』？」

Hôe-siūⁿ hòa-iân--bô-sī

0466 和尚化緣──(無寺)無是

ㄏㄨㄝ⁵ °ㄒㄧㄨ⁷ ㄏㄨㄚ³ ㄧㄢ⁵ ── ㄅㄛˇ⁵ ㄒㄧ⁷

【暗示】不算數。

【註解】和尚：見「和尚分家──(多寺)多事」篇。和尚因為沒有佛寺落腳誦經唸佛，必須化緣募捐建寺。「無寺」與台語不算數的「無是」諧音。

【例句】台南縣大內鄉，八十六歲老人曾達球和七十七歲杜愛香，於2004年4月6日，在十一位子孫見證下，補辦結婚儀式。杜愛香原係曾達球二房，大房和二房各生五名子女，二十年前大房過世，他們忙於農務，沒把杜愛香扶正。最近曾達球可以辦農保，杜愛香不是法定配偶，五十年同居，如「和尚化緣──(無寺)無是」，所以補辦結婚儀式，杜愛香獲得正名，很高興。
他們的証婚人張春長，主婚人楊林金花，都比新郎新娘晚生好多年。

Hôe-siūⁿ kiâⁿ tǹg-tiàm--(miāu kip) miāu kik

0467 和尚行當店──(廟急)妙極

ㄏㄨㄝ⁵ °ㄒㄧㄨ⁷ ㄍㄧㄚ⁵ ㄉㄥ³ ㄉㄧㄚㄇ³ ── (ㄇㄧㄠ⁷ ㄍㄧㄣ⁴) ㄇㄧㄠ⁷ ㄍㄧㄍ⁸

【暗示】美好巧妙的意思。

【註解】和尚：見「和尚分家──(多寺)多事」篇。行當店：跑當店。和尚大都是四大皆空，沒有強烈慾望，會跑到當店一定是廟裡有緊急的事。廟裡有急事，叫廟急，「廟急」與美好的「妙極」諧音。

【例句】年輕的站務員，好不容易幫旅客拿行李上車後，發現那位妙齡少女，又要下車來，連忙說：「妳要做什麼？火車要開了。」「我要跟我姊姊擁抱道別。」站務員當下覺得是「和尚行當店──(廟急)妙極」了，對她說：「來不及了，我來替代妳吧？」

Hôe-siūⁿ tńg khì pak-kiaⁿ--oá-kui-pêng

0468 和尚返去北京──倚歸爿

ㄏㄨㄝ⁵ °ㄒㄧㄨ⁷ ㄉㄥ² ㄎㄧ³ ㄅㄚㄍ⁴ °ㄍㄧㄚ ── ㄨㄚ² ㄍㄨㄧ ㄅㄥ⁵

【暗示】選邊站。

【註解】和尚：削髮出家修行念佛的男人。返去北京：回到北京。倚歸爿：選邊站。

【例句】中國國民黨於1949年，被中國共產黨追殺下，逃亡到台灣厲行獨裁統治，發生228事件，台灣許多精英，被殺的被殺，被關的被關，造成台灣人與外省人族群關係緊張。李登輝於1988年接任總統後，政權落入台灣人手中，實行民主政治，自然造成既得利益者權力的旁落，昔日的統治者產生危機，導致每屆總統選舉，外省人及其後裔，像「和尚返去北京──倚歸爿」，把族群關係撕裂成兩半，總統選舉形成所謂的「統派」與「獨派」割喉戰。

Hôe-sīuⁿ pài tīuⁿ-ḿ-nîu--chhe-sin-hô-chhù

0469 和尚拜丈姆娘─(妻身何處)棲身何處

ㄏㄨㄝ⁵ °ㄒㄧㄨ⁷ ㄅㄞ³ °ㄉㄧㄨ⁷ ㄇ² ㄋㄧㄨ⁵ ── ㄑㄝ ㄒㄧㄣ ㄏㄛ⁵ ㄔㄨ³

【暗示】何處是我家？

【註解】和尚：削髮出家，修行唸佛的僧人。僧人戒婚。

【例句】高雄市議長朱安雄，因市議員選舉賄選案，遭高等法院二審判刑一年十月，褫奪公權三年定讞後，棄保潛逃。高雄地檢署於2003年10月20日，發佈全面通緝令。朱安雄在檢警監視下，從容逃亡，到底朱議長「和尚拜丈姆娘──(妻身何處)棲身何處？」眾說紛紜，有說中國大陸，有說澳洲，更有說新加坡？

~~~~~~

Hôe-siuⁿ theⁿ-chûn--bô-hoat-tō

0470 和尚撐船─(無髮渡)無法度

ㄏㄨㄝ⁵ °ㄒㄧㄨ ㄊㄝ °ㄗㄨㄣ⁵ ── ㄅㄛ⁵ ㄏㄨㄚㄉ⁴ ㄉㄛ⁷

【暗示】沒有辦法。

【註解】和尚：見「和尚分家──(多寺)多事」篇。
撐船：用竹篙推舟前進。和尚是落髮出家人，沒有頭髮的和尚，撐船渡人過岸，是無髮的人渡河過去。「無髮渡」與台語沒辦法的「無法度」諧音。

【例句】「大陸拜金主播靠巨乳闖風塵」，這是2004年5月4日《中國時報》社會新聞標題：『嫁來台灣奢華美夢碎，她「自力救濟」火辣身材警察都快噴鼻血』。這位擁有36G傲人身材的中國貴州電視台廖姓主播，不滿足每月一千元月薪，嫁給台灣一位劉姓老公，原以為從此能過奢華日子，來台後始知老公是位小廚師，「和尚撐船──(無髮渡)無法度」滿足她的名牌生活，遂憑其傲人身體下海，所向披靡。

~~~~~~

Hôe-siūⁿ-thâu chhōe sat-bó--bô-toan seng-iú

0471 和尚頭找虱母─無端生有

ㄏㄨㄝ⁵ °ㄒㄧㄨ⁷ ㄊㄠ⁵ ㄘㄨㄝ⁷ ㄙㄚㄉ⁴ ㄅㄛ² ── ㄅㄛ⁵ ㄉㄨㄢ ㄒㄧㄥ ㄧㄨ²

【暗示】憑空捏造的事情。

【註解】和尚：見「和尚分家──(多寺)多事」篇。虱母：頭虱。存活於毛髮裡。和尚都是削髮的出家人，頭上沒有毛髮，頭虱無法存活，要在和尚頭上找頭虱，是憑空捏造，惹事端。

【例句】南投縣埔里鎮2000年5月3日，發生一件女生被誤會偷拿同學物品，想不開上吊自殺的悲劇。這位令親友非常傷心難過的女主角，是埔里國中二年級的姚姓同學，她留下三封遺書給要好的同學，對於這件同學失竊，「和尚頭找虱母──無端生有」誣賴其偷竊，一直想不開。老師的懷疑，雖然極力否認，卻未獲見諒，遺書還說：「我雖不愛讀書，但真的沒做壞事，請老師一定要相信。」

Hôe-siūⁿ phiàn gín-á--ke-kàn

0472 和尚騙囝仔──(雞姦)加幹

ㄏㄨㄝ⁵ ⁰ㄒㄧㄨ⁷ ㄆㄧㄢ² ㆣㄧㄥ² ㄚ² ── ㄍㄝ ㄍㄢ³

【暗示】多做的，幾近白幹的。

【註解】和尚：信奉佛教落髮出家唸佛的僧徒。騙囝仔：欺騙小孩子。雞姦：男人與男人相姦曰：「雞姦」。「雞姦」與台語多做的「加幹」諧音。

【例句】台北市一家知名制服酒店，發生性侵害羅生門事件。受到重創的酒店新進服務生康女，報案指出她原僅答應和賴姓帥哥外出開房間休息。但因喝酒過多，身體支撐不住，才接受賴姓客人給她的飲料。喝下去後便不省人事。當她醒來時，身邊躺著四個全身裸露的男生，而且下體異常痛楚，顯然這些人是：「和尚騙囝仔──(雞姦)加幹」，才報警控告他們性侵害。

~~~~~~

Hôe-sīuⁿ gîa hō-sòaⁿ--bû-hoat-bû-thian

0473 和尚攑雨傘──(無髮無天)無法無天

ㄏㄨㄝ⁵ ⁰ㄒㄧㄨ⁷ ㆣㄧㄚ⁵ ㄏㄛ⁷ ⁰ㄙㄨㄚ³ ── ㄅㄨ⁵ ㄏㄨㄚㄉ⁴ ㄅㄨ⁵ ㄊㄧㄢ

【暗示】目中沒有法律與天理。

【註解】和尚：削髮修行的佛教徒。和尚攑雨傘，頭上本來沒有頭髮，又撐雨傘，遮著天空，所以形容「無髮無天」，與台語「無法無天」諧音。

【例句】台灣各地飆車族車隊，經常利用深夜聚眾飆車，時速高達200多公里，有「300俱樂部」等組織。他們在中二高及其他地方平坦道路，無視生命危險飆車，享受所謂「極速」樂趣。警政署要求各地員警嚴加取締，員警許譙飆車族時速都高達200公里以上，險象環生，誰敢上前攔車取締？這種「和尚攑雨傘──(無髮無天)無法無天」的飆車行為，已成為社會公共危險的火藥。

~~~~~~

Ko-jî-īⁿ--lāu-put-siu

0474 孤兒院──(老不收)老不修

ㄍㄛ ㄖㄧ⁵ ⁰ㄧ⁷ ── ㄌㄠ⁷ ㄅㄨㄉ⁴ ㄒㄧㄨ

【暗示】譏諷好色的老人。

【註解】孤兒院：收容教養失去父母的兒童，施以撫養教育的機構。這是專門收容孤兒的地方，不收老人家。不收老人家，另叫：老不收。
「老不收」與指老人言行舉止好色的「老不修」諧音。

【例句】第一金控董事長謝壽夫，為了詮釋服務真諦，在「組織改造說明」中，舉例第一金控改造背後涵意說：「日本和尚在第二次世界大戰時，替女性信眾『性』服務。」謝董事長以和尚性服務，闡釋服務真諦一出，立即引起第一金控女性員工不齒，紛紛指責董事長「孤兒院──(老不收)老不修」，涉性騷擾。孫大千立委據此向財政部長林全質詢。

Té-phìⁿ cháu-kng--bô-iáⁿ

0475 底片 走光─無影

ㄉㄝ² °ㄆㄧ³ ㄗㄠ² ㄍㄥ ── ㄅㄛ⁵ °ㄧㄚ²

【暗示】沒有這回事。

【註解】底片：照相機用的膠片。走光：漏光或叫洩光。底片洩光：所拍攝的景物，會變成一片空白，沒有影像。

【例句】南投縣信義鄉民張誌雄、古秀珠，在父親張姓村長重病住院，身體狀況未符合出院，即逕行為他辦理出院。返家後又讓他在客廳打地舖，還連絡道士辦理後事。被南投法院以犯遺棄罪，分別判處這對兒媳，各一年十月有期徒刑。張誌雄夫婦，對於檢察官指控，認為是「底片走光──無影」。

他們辯說是父親執意出院。但張村長的陳姓外甥，看到舅舅病重，逕自送往彰化基督教醫院醫治，病情穩定後，接回草屯外甥女家安養。法官認為張姓村長，在地方有一定聲望，人未往生前，兒媳即明目張膽，為父親準備喪事，犯意明確。

Thiu-chhiam sé-sin-khu--khau-sé

0476 抽籤洗身軀─摳洗

ㄊㄧㄨ ㄑㄧㄚㄇ ㄙㄝ² ㄒㄧㄣ ㄎㄨ ── ㄎㄠ ㄙㄝ²

【暗示】講話挖苦諷刺。

【註解】抽籤洗身軀：抽籤輪流洗澡，抽籤台語叫抽摳仔。台語冷言冷語，話中帶刺叫：「摳洗」。

【例句】羅四海人高馬大，常在有意無意間捉弄薛家棋，看準他不敢對他怎麼樣。薛家棋明知受人欺侮，也不敢吭氣。有次薛家棋看到羅四海牽著一隻狗，在公園裡和朋友們聊天，幾個人有說有笑，認為逮到報復的機會，便走過去問他：「四海，你帶這隻豬到公園幹什麼？」「你眼睛瞎了？」羅四海嘲笑他：「這是隻狗，怎麼說是豬？」薛家棋趁機「抽籤洗身軀──摳洗」他說：「我是問那隻狗，又不是問你。」

Phà-bē hòe-té--chhín-chhái kóng kóng leh

0477 拍賣貨底─清採講講咧

ㄆㄚ³ ㄅㄝ⁷ ㄏㄨㄝ³ ㄉㄝ² ── ㄑㄧㄣ² ㄘㄞ² ㄍㄛㄥ² ㄍㄛㄥ² ㄉㄝㄏ⁴

【暗示】說話不負責任。

【註解】拍賣：公開叫賣。清採講講咧：隨便說說而已。拍賣貨底，不計成本隨便賣掉，故曰「清採講講咧」。

【例句】諾貝爾文學獎得主高行健，要控告「壹週刊」報導他與佛光大學前校長龔鵬程，到酒家喝花酒毀謗他的名譽。現在身為記者的人，不能因為人家「拍賣貨底──清採講講咧」的消息，沒經過查證就撰稿發表，這樣會吃官司的。

Pàng-phùi thǹg-khò͘--to-chhú it-kí

0478 放屁脫褲──多此一舉

ㄅㅈ³ ㄆㄨㄧ³ ㄊㄥ³ ㄎㄜ³ ── ㄉㄜ ㄘㄨ² ㄧㄍ⁴ ㄍㄧ²

【暗示】多此一舉或自找麻煩。

【註解】放屁：是人體經由肛門排出來的臭氣。放屁不是尿尿，也非拉屎，脫褲子放屁，實在是多此一舉，不必要的事。

【例句】親民黨立法委員高明見，是位名醫，代表中國出席世界衛生組織WHO，在馬來西亞吉隆坡召開的世界SARS防疫會議，引起全國譁然。指責他此舉是賣國行為，他覺得很委屈，又有口難辯而淚灑機場。
有人說高立委不出席就沒事，何必「脫褲子放屁──多此一舉」，咎由自取。

Pàng-jiō me kiâm-chhài--sūn-sòa-kang

0479 放尿搣鹹菜──順續工

ㄅㅈ³ ㄖㄧㄜ⁷ ㄇㄝ ㄍㄧㄚㄇ⁵ ㄘㄞ³ ── ㄙㄨㄣ⁷ ㄙㄨㄚ³ ㄍㄤ

【暗示】趁便順手的意思。

【註解】放尿：即尿尿，尿有尿酸味道，薟薟。鹹菜也有薟薟酸酸的味道，所以尿尿不必洗手，順手再抓把鹹菜，味道也差不多吧！

【例句】「大姐，君君原來讀鄉內國小，離家近，上下學很方便，妳將她遷到員林國小讀資優班，天天接送不是很麻煩，自討苦吃嗎？」「怎麼會呢，我上班的地方在員林，每天『放尿搣鹹菜──順續工』，載她上下學，怎會麻煩？」

Pàng-jiō kiáu-soa--bōe-chò-tui

0480 放尿攪沙──艙做堆

ㄅㅈ³ ㄖㄧㄜ⁷ ㄍㄧㄠ² ㄙㄨㄚ ── ㄅㄨㄝ⁷ ㄗㄜ³ ㄉㄨㄧ

【暗示】無法相處。

【註解】放尿：排放尿液，即尿尿。攪沙：沙土通常要用水泥和水攪合才會凝固，用尿攪沙是不會凝固的。不會凝固台語稱艙做堆。

【例句】前台東縣長、立法委員黃順興，是黨外時代著名民主鬥士。他對於台灣人每次選舉，都把神聖的選票，隨便出賣給國民黨候選人，致使無法使台灣政治加速民主化，非常感嘆。黃順興說：1907台灣總督府，民政長官後藤新平說：台灣人「愛錢、愛名、驚死」，一點也不錯。台灣人「放尿攪沙──艙做堆」，要用血來教訓，才知道自己如何才能做自己的主人。

Hâng-chiu-kheh--tùi-pòa^{n}-seh

0481 杭州客—對半說

ㄏㄤ⁵ ㄐㄧㄨ ㄎㄝㄏ⁴ —— ㄉㄨㄧ³ ⁰ㄅㄨㄚ³ ㄙㄝㄏ⁴

【暗示】說話可靠性要打對折。

【註解】杭州：中國浙江省杭州市，公元1895年，中日馬關條約開為商埠。「杭州客—對半說」，是說杭州人講話只能相信一半，也就是不大可靠。

【例句】彰化市唐婚姻介紹所唐先生，受理今年28歲、大專畢業的郭嘉齡徵婚登記，郭女身高157公分，體重卻達95公斤，每次相親人家都嫌太胖；另一男士丘金法，國中畢業，身高172公分，體重僅50公斤，也因為人家嫌太瘦，無法撮合親事。唐先生對這對身高、體重都很懸殊的男女，另類思考認為把這對男女，以「杭州客——對半說」方式，說明將兩人身高、體重、學歷各加起來除二，不是「恰恰好」嗎？結果瘦男胖妹真的來電，結成連理。

~~~~~~

Tang-pơ ê gê-mn̂g--bô-leh-thia^{n}

0482 東埔仝衙門—無咧聽

ㄉㄤ ㄅㄛ ㄝ⁵ ㄫㄝ⁵ ㄇㄥ⁵ —— ㄅㄜ⁵ ㄌㄝㄏ⁴ ⁰ㄊㄧㄚ

【暗示】不當一回事。

【註解】東埔，南投縣信義鄉東埔村，有溫泉旅社。衙門：警察局派出所。東埔在偏僻的山頂，設派出所管制出入，以前要「入山證」才准到東埔。
東埔天高皇帝遠，派出所員警，對於居民投訴事件，都愛理不理，有聽沒知道。

【例句】2003年花蓮縣長補選，原是一場地方選舉，泛藍的國民、親民兩黨；泛綠的民進黨、台聯黨兩陣營，將它炒成2004年總統選舉前哨戰。民進黨利用執政優勢強力輔選，甚至設路哨全天候檢查出入車輛、行人。呂秀蓮副總統對於路檢，提醒檢警單位檢討。無奈「東埔仝衙門——無咧聽」，才導致民眾反感，民進黨游盈隆慘敗，國民黨謝深山當選。

~~~~~~

Tang-pơ ê sûn-cha--(siông-pún)siong-pún

0483 東埔仝巡查—(松本)傷本

ㄉㄤ ㄅㄛ ㄝ⁵ ㄙㄨㄣ⁵ ㄗㄚ —— (ㄒㄧㄛㄥ⁵ ㄅㄨㄣ²) ㄒㄧㄛㄥ ㄅㄨㄣ²

【暗示】成本高、本錢多。

【註解】東埔：南投縣信義鄉東埔村，係溫泉風景區。巡查：日治時代警察人員的職稱。松本：日本人姓氏。「松本」與台語本錢很多的「傷本」諧音。

【例句】日本本田2003年「ASIMO機器人」，具備行動功能及各種人類肢體動作，更擁有人工智慧，可依據人類聲音、手勢、指令，從事各種工作，也有基本的記憶與辨識能力，重約52公斤，高120公分。本田公司機器人只租不賣，可租給公司做公關行銷使用，租金高達2,000萬日元，租用「ASIMO機器人」，確如「東埔仝巡查——(松本)傷本」。

Lîm seng châi--ē-kha chit-tiâu

0484 林生財─下骹呈條

ㄌㄧㄇ⁵ ㄒㄧㄥ ㄗㄞ⁵ ── ㄝ⁷ ㄍㄚ ㄐㄧㄉ⁴ ㄉㄧㄠ⁵

【暗示】鄙視，不屑一顧。

【註解】林生財是彰化縣農田水利會長，粗線條型首長，有一年颱風造成土石流災害，該會所屬鄉鎮有一橋樑被大水沖走，由李姓水利代表承包重建。另一沒拿到工程的楊代表，會議席上炮轟林會長重建橋樑，根據那一條由李代表承包？

林生財會長靜靜聽他罵了將近半個鐘頭，氣憤之餘站起來比著下面說：「根據哪一條？根據『林生財──下骹呈條！』知道嗎？」

【例句】香港1997年回歸大陸，中國總理溫家寶於2003年7月2日，參加慶祝回歸六週年大會，有多達十分之一人口，約五十萬人反對特首董建華，依「基本法」設定「國家安全法」，限制人民思想，言論自由之示威遊行。香港居民劇烈反對「林生財──下骹呈條」是國安法第23條。

~~~~~~

Lâⁿ-tâu-hio̍h chhit kha-chhng--khì tó lī

0485 林投葉拭尻川─去倒裂

⁰ㄌㄚ⁵ ㄉㄠ⁵ ㄏㄧㆦㄏ⁸ ㄑㄧㄉ⁴ ㄎㄚ ㄘㄥ ── ㄎㄧ³ ㄉㆦ² ㄌㄧ⁷

【暗示】弄得反而更糟糕。

【註解】林投是生長在海邊或溝邊的野生植物，無經濟價值。林投葉像鋸子，有鋸齒，用林投葉擦屁股，不但擦不乾淨，還會弄得皮破血流哩！

【例句】花蓮縣長張福興逝世補選(2003)，國親兩黨共推謝深山，民進黨提名游盈隆，無黨籍吳國棟三強車拚。內政部長余政憲，頻頻抵花蓮主持會議，宣示查賄決心，調派數千員警進入花蓮，設哨進行路檢。花蓮地檢署主任檢察官楊大智，指路檢侵犯人權，違憲。余部長不為所動，仍然全天候路檢，選舉結果謝深山73,710高票當選，游盈隆41,508票落選，余政憲強勢路檢，對游盈隆來說是「林投葉拭尻川──去倒裂」。

~~~~~~

Bú-khì gōa-siau--chhut-kháu siong-jîn

0486 武器外銷─出口傷人

ㄅㄨ² ㄎㄧ² ㆣㄨㄚ⁷ ㄒㄧㄠ ── ㄘㄨㄉ⁴ ㄎㄠ² ㄒㄧㆦㄥ ㄖㄧㄣ⁵

【暗示】開口說話傷害人家或得罪人家。

【註解】武器：以攻擊敵人，發揮殺傷敵人的軍械及砲彈。外銷：銷售到外國，藉以賺取外匯。武器出口到外國，做為殺傷用途。

「出口傷人」與台語開口罵人的「出口傷人」諧音。

【例句】前民進黨立委周伯倫說：「無黨籍立法委員陳文茜，先後幹掉民進黨許信良、施明德兩位主席。」2004年總統大選，陳文茜轉投泛藍陣營，幫連戰、宋楚瑜操刀，主持文宣大計。民進黨立委林重謨說：國親這兩位黨主席，一定又會被她幹掉。選後結果陳呂當選，連宋落選，印證林重謨預言，又幹掉兩位主席。她在3月19日晚記者會上，說陳呂遭受槍擊是自導自演，像陳文茜這種「武器外銷──出口傷人」引起全國選民反感，才又幹掉了國親兩黨主席。

Nî-pho-sat sé-bīn--(sip-bīn-chú) sit-bīn-chú

0487 泥菩薩洗面─(濕面子)失面子

ㄋㄧˊ ㄆㄛ ㄙㄚˋ ㄒㄧㄝˇ ㄇㄧㄣ⁷ ── （ㄒㄧㄣˋ ㄇㄧㄣ⁷ ㄗㄨˊ） ㄒㄧㄣˋ ㄇㄧㄣ⁷ ㄗㄨˊ

【暗示】丟人現眼。

【註解】泥菩薩：用泥土塑製的菩薩。洗面：洗臉。濕面子：泥菩薩洗面，用水洗自然會弄濕了臉孔，臉孔濕了叫「濕面子」。
「濕面子」與台語丟臉、沒面子的「失面子」諧音。

【例句】刑事警察局為了追捕綁票大盜張錫銘，成立「獵龍專案」於2004年7月2日，發現張犯藏身高雄縣大寮鄉鳳林路附近工寮。由侯友宜局長親自指揮數百名員警圍捕，雙方發生劇烈槍戰，共射數千發子彈，最後被張錫銘從容逃走，還在附近三公里處加油站加油。民眾在電視上看到警方，在絕對優勢的警力下，仍被要犯從容逃脫，侯友宜真的「泥菩薩洗面──（濕面子）失面子」。

Chhá sėk ê hê-á--âng-jîn

0488 炒熟个蝦仔─(紅仁)紅人

ㄔㄚˊ ㄒㄧㄝㄍˋ ㄝˊ ㄏㄝˊ ㄚˊ ── ㄤˊ ㄖㄧㄣˊ

【暗示】受寵的人。

【註解】蝦仔：甲殼節肢動物，体有環節，頭上二對觸鬚，善跳，種類很多，肉味鮮美，可食用。蝦子炒熟了變成紅色，蝦仁叫做紅仁，與台灣受信任重用的人曰「紅人」，字異音同。

【例句】世界排名第十七大輪胎廠─台灣建大輪胎，是英國高爾夫球公開賽，冠軍柯堤斯的獨家贊助者。建大董事長楊銀明，述說與柯堤斯結緣的經過，有一天發現美國公司附近球場的高爾夫球場，全部車輛都用建大輪胎，遂與經理聊天，發現經理兒子柯堤斯是值得栽培的新人，決定獨家贊助圓他的夢。皇天不負苦心人，柯堤斯不但獲得世界冠軍，成為「炒熟个蝦仔──（紅仁）紅人」，也使「建大」輪胎標誌登上世界媒體。

Káu pūi lûi--bô-chhái-kang

0489 狗吠雷─無採工

ㄍㄠˊ ㄅㄨㄧ⁷ ㄉㄨㄟˊ ── ㄅㄛˊ ㄘㄞˊ ㄍㄤ

【暗示】白費工夫。

【註解】狗：見「狗母放尿─軟骹」篇。天上打雷，雷聲隆隆，雷電閃閃發光，狗狗對著天上吠叫，是不會讓雷聲停下來的。

【例句】台諺「會吠个狗艙咬人；艙吠个狗會咬人」，也真是這樣，有的狗狗，看到影子才會叫；有的狗狗，只要聽到聲音便會亂叫。人也一樣，亂叫亂罵，像「狗吠雷──無採工」，人家是不會怕你的。會讓人感到害怕的，大都是那些瞪著你，不說話的傢伙。

Káu kā o͘-ku--chhōe-bô-thâu

0490 狗咬烏龜—搭無頭

《ㄠ² 《ㄚ⁷ ㄛ 《ㄨ — ㄘㄨㄝ⁷ ㄅㄛ⁵ ㄊㄠ⁵

【暗示】找不到頭家或負責人

【註解】狗：家畜，具守戶與助獵能力。烏龜：爬行動物，壽命很長，身體藏在硬甲殼中的爬行動物，遇到狗狗會把首足和尾巴縮入殼中。狗咬到烏龜，龜頭縮入殼中找不到。

【例句】2004年國、親於台北市凱達格蘭大道集會，抗議總統選舉不公，台北市中正分局，准到四月三日下午11時59分截止。社會強烈要求國親領導人，在法定截止時間前解散群眾，還給台北市民寧靜的生活空間。國親同時否認群眾是他們帶出來的，群眾是自發要求政府，公佈「319槍擊真相」。警方在「狗咬烏龜——搭無頭」之下，於四日凌晨強制驅離，造成官民多人受傷。

~~~~~~

Káu-kā niáu-chhú/chhí--koán-eng-sū

0491 狗咬鳥鼠—管閒事

《ㄠ² 《ㄚ⁷ ㄋㄧㄠ² ㄑㄧ² — 《ㄨㄢ² ㄧㄥ⁵ ㄙㄨ⁷

【暗示】逾越職責，管到別的事物。

【註解】狗、牛、羊均為家畜。狗具守戶與助獵的能力，但咬老鼠是貓的職責。狗咬老鼠，就有點管閒事，管得太多了。

【例句】彰化縣選出的立法委員游月霞，在立法院開會期間，發言常常偏離議事主題，無關立法委員職責。她在立法院大會中，指責大陸委員會主任委員蔡英文：「妳是個老處女，自己都不通了，怎能搞好三通？」她又說民進黨籍的周姓委員討契兄。大家都說游委員「狗咬鳥鼠——管閒事」！

~~~~~~

Káu chiah bē-phìⁿ--chiah-bōe-siau

0492 狗食麥片 —食𣬠消

《ㄠ² ㄐㄧㄚㄏ⁸ ㄅㄝ⁷ °ㄆㄧ³ — ㄐㄧㄚㄏ⁸ ㄅㄨㄝ⁷ ㄒㄧㄠ

【暗示】受不了。

【註解】狗：屬哺乳類家畜。具守護及助獵的能力。麥：植物名，五穀之一，分大麥、小麥、黑麥、燕麥。種子可磨粉做糧食，釀酒。麥片：用麥子壓成的食品，呈小薄片狀。食𣬠消：吃不消，不能消化。

【例句】台聯黨2003年8月4日中常會，正式開除有唐‧吉訶德之稱的立委蘇盈貴黨籍。蘇盈貴說他「求仁得仁，無怨無悔」。蘇盈貴因指責同黨羅志明立委，涉及電玩弊案關說。羅氏大呼冤枉，指蘇「踩著同志鮮血，塑造個人正義形象」。蘇立委嫉惡如仇，敢言敢講，泛藍泛綠各黨立法委員，得罪得差不多了，頗讓台聯黨「狗食麥片——食𣬠消」。

Káu chia̍h chu̍t-bí--bōe-pìⁿ

0493 狗食糯米—艙變

ㄍㄠ² ㄐㄧㄚㄏ⁸ ㄗㄨㄉ⁸ ㄅㄧ² —— ㄅㄨㄝ⁷ ⁰ㄅㄧ³

【暗示】不會改變。

【註解】狗食糯米：狗吃糯米。艙變：不會改變。狗雖然改吃糯米製成的食品，還是一樣沒有什麼改變。

【例句】苗栗縣公館鄉蘇阿富、楊德坤兄弟失散八十年。兄弟重逢已是九十多歲的老人了。蘇阿富說父親入贅楊家，他冠父姓，弟弟楊德坤冠母姓。他十四歲時到雲林縣虎尾當長工，六年後回苗栗卻不認得回家的路。而弟弟楊德坤住在距離不到十公里之處，卻無緣見面。2003年4月1日兄弟重逢，兩人坐在一起，體型、面相「狗食糯米——艙變」，一看就知道是親兄弟。

~~~~~~

Káu chīⁿ chhián-pôaⁿ--phīⁿ-ū chia̍h-bô

0494 狗舐淺盤—鼻有食無

ㄍㄠ² ⁰ㄐㄧ⁷ ㄑㄧㄢ² ⁰ㄅㄨㄚ⁵ —— ⁰ㄆㄧ⁷ ㄨ⁷ ㄐㄧㄚㄏ⁸ ㄅㄜ⁵

【暗示】過乾癮而已。

【註解】狗喜歡用舌頭舐東西，舐著淺盤，並沒有可吃的東西，只能過乾癮。

【例句】台北地方法院，判決以「電子情書」為證據，起訴陳姓丈夫「婚外情」，請求賠償損害，林女敗訴。林女起訴狀指出，丈夫自去年在網路上，認識長年旅居國外的洪姓女子，兩人陸續以電子郵件傳遞情書，內容火辣，包括：「我可以愛你嗎？」「現在好想給你一個吻」「希望今晚和你上床」等。讓她感到悲憤，羞辱，沮喪，名譽受損，自由權被侵害，請求精神撫慰金。法官對於陳姓丈夫這種網上談愛，認為「狗舐淺盤——鼻有食無」，判決林女敗訴，讓她的丈夫鬆了一口氣。

~~~~~~

Káu-thâu tih tio̍h môa-iû-tái--chia̍h-bōe-tio̍h

0495 狗頭滴著麻油滓—食艙著

ㄍㄠ² ㄊㄠ⁵ ㄉㄧㄏ⁴ ㄉㄧㄜㄏ⁸ ㄇㄨㄚ⁵ ㄧㄨ⁵ ㄉㄞ² —— ㄐㄧㄚㄏ⁸ ㄅㄨㄝ⁷ ㄉㄧㄜㄏ⁸

【暗示】不能吃或吃不到。

【註解】麻油滓：麻，植物名，有大麻、胡麻等多種。麻油滓是麻提煉油脂的油渣。麻油渣也是很香的東西，狗很愛吃，可是滴到狗頭上也是吃不到。

吃不到，台語稱「食艙著」。

【例句】剛死丈夫的伍太太，向朋友抱怨她的老公，留給她三千萬，簡直是「狗頭滴著麻油滓——食艙著」。

「什麼？」她的朋友驚叫起來，「三千萬喔，食艙著？」「是呀！」伍太太幽怨的訴說：「一千萬要照顧孩子，二千萬要孝順父母，有這三千萬不要再嫁。」

Khang-sim chhài-thâu--ē khòaⁿ bē chiảh lẻh

0496 空心菜頭─會看燴食咧

ㄎㄤ ㄒㄧㄇ ㄘㄞ³ ㄊㄠ⁵ ── ㄝ⁷ °ㄎㄨㄚ³ ㄇㄝ⁷ ㄐㄧㄚㄏ⁸ ㄌㄝㄏ⁸

【暗示】中看不中用。

【註解】空心菜頭:菜頭,蘿蔔,空心的蘿蔔,一顆外表看起來滿結實的蘿蔔,裡面卻是空心的。

【例句】周教授利用周休二日,偕老婆到宜蘭縣礁溪泡溫泉,老婆臨下池時有點兒退卻,對老公說:「電視報導說,這兒的飯店都暗藏錄影機,偷拍遊客的裸照,要是被拍到了,怎麼辦?」周教授看了一眼老婆,橡桶型那種「空心菜頭──會看燴食咧」的身體,開玩笑說:「妳儘可放心,萬一被偷拍了,他們也會剪掉!」

Khang-chhiú hò-hî--bô-bāng

0497 空手摣魚─(無網)無望

ㄎㄤ ㄑㄧㄨ² ㄏㄛ³ ㄏㄧ⁵ ── ㄇㄛ⁵ ㄇㄤ⁷

【暗示】事情結果毫無希望。

【註解】空手摣魚:捕魚大都用漁網,空手捕魚而沒有漁網。沒有漁網叫做無網。「無網」與台語沒有希望的「無望」諧音。

【例句】林議員嗜杯中物,有酒必醉,醉後必如一灘爛泥東倒西歪,與他同一考察團的邱淑梅議員很瞧不起他,開口罵他:「像你這種人,也能當議員。」林議員沒待她說完,便叫起來:「老天,邱議員妳怎麼長得這麼醜?」「你這個醉鬼,怎麼向女士說這種話?酒鬼!」「邱議員或許我是醉了。」林議員對他說:「可是我雖然醉了,明天還會清醒過來,妳卻永遠都會那麼醜,想漂亮起來,那是『空手摣魚──(無網)無望』,我不騙你。」

Khang-chhùi pō-chỉh--sit-giân

0498 空喙哺舌─食言

ㄎㄤ ㄘㄨㄧ³ ㄅㄛ⁷ ㄐㄧㄏ⁸ ── ㄒㄧㄉ⁴ ㄍㄧㄢ⁵

【暗示】不實在、不負責任的話。

【註解】空喙哺舌:空口說白話。

【例句】台灣鐵路工會2003年10月29日改選,由鷹派陳漢卿當選理事長,隨即宣佈將帶領員工2004年1月21日至27日春節罷工。台鐵副局長徐達又質疑:「法令容許他們這樣做嗎?」陳漢卿說阿扁總統,在全國產業工會成立大會說:「法律沒有規定不可以的,那就是可以。」看來交通部要消弭這場大規模罷工,應與台鐵工會積極展開協商,才不致再互指對方「空喙哺舌──食言」,以致不可收拾。

Khang pat-tó͘ chhiùⁿ-koa--khàu-iau

0499 空腹肚唱歌─哭枵

ㄎㅤㅤㄅㄚㄉ⁴ ㄉㄛ² ⁰ㄑㄧㄨ³ ㄍㄨㄚ ── ㄎㄠ³ ㄧㄠ

【暗示】哭叫肚子餓，另有指責別人，怎弄成那個樣子的意思。

【註解】空腹肚：空著肚子。也就是餓著肚子。空著肚子唱歌，形容哭叫肚子餓了。

【例句】台中市吳姓婦人，在榮總醫院花圃，聽到氣如游絲的「空腹肚唱歌──哭枵」聲音，循聲音找去，發現一個奄奄一息的棄嬰，身邊圍著幾隻虎視眈眈的野狗。這位棄嬰，是台灣每年一千多名棄嬰之一。台灣2003年嬰兒出生數，已從過去的28萬名，降至21萬名，其中非婚生子女8030名，「父不詳」6184名。兒童福利聯盟執行長王育敏，希望家長若因經濟或各種理由無法扶養，可諮詢出養可能性，千萬不可棄嬰。

Sat-ba̍k-hî lo̍h-tiáⁿ--gí gí kiò

0500 虱目魚落鼎─噫噫叫

ㄙㄚㄉ⁴ ㄅㄚㄍ⁸ ㄏㄧ⁵ ㄌㄛㄏ⁸ ⁰ㄉㄧㄚ² ── ㆣㄧ² ㆣㄧ² ㄍㄧㄛ²

【暗示】低微的哀叫聲。

【註解】落鼎：放入鍋中。噫噫叫：臨死前的掙扎，哀鳴。

【例句】民進黨高雄市長謝長廷上任後，積極進行愛河整治工作，現已水清見魚，成為遊憩、休閒散步的好地方。愛河2004年5月21日突然出現大量魚群，一條條魚兒翻著肚子，在愛河中像「虱目魚落鼎──噫噫叫」，其中有虱目魚、豆仔魚、土園仔魚，高雄市環保局對暴斃魚群的來源、水質的污染，進行調查並研究防止辦法。

Chhe-it-chá kìⁿ-bīn--lóng-kóng-hó-ōe

0501 初一早見面─攏講好話

ㄑㄝ ㄧㄉ⁴ ㄗㄚ² ⁰ㄍㄧ³ ㄅㄧㄣ⁷ ── ㄌㄛㄥ² ㄍㄛㄥ² ㄏㄜ² ㄨㄝ⁷

【暗示】見面都講吉利的好話。

【註解】初一早見面：大年初一早上見面。攏講好話，台灣人不僅僅是大年初一，就是新春期間，親友見面都會講吉祥話，互祝新年財運亨通、健康、心想事成。

【例句】民進黨前主席林義雄，非常堅持台灣應成為非核家園，更念念不忘國會席次減半問題，於立法院2004年8月23日，臨時會表決「國會改革修憲案」時，在立法院四周舉牌遊行，要求政治人物誠信，不要再欺騙民眾。
　林義雄登高一呼，大家除了像「初一早相見面──攏講好話」外，沒有人敢有其他的意見，但民進黨新潮流理論大師林濁水立委，堅持沒有配套措施，堅決反國會席次減半。林濁水說：「聖人也會犯錯！」

Chhe-jī-saⁿ ê go̍eh-niû--put-bêng put-pe̍h

0502 初二三仒月娘—不明不白

ㄘㄝ ㄖㄧ⁷ ⁰ㄙㄚ ㄝ⁵ ㄫㄨㄝㄏ⁸ ㄋㄧㄨ⁵ —— ㄅㄨㄉ⁴ ㄪㄧㄥ⁵ ㄅㄨㄉ⁴ ㄅㄝㄏ⁸

【暗示】含糊不清楚。

【註解】初二三仒月娘：農曆初二初三晚的月亮。月有陰晴陽缺，農曆月初叫朔月，月亮成孤形，不明不白：光線晦暗。

【例句】全民健保全面換IC卡後，健保局對外宣稱2003年7月上路健保卡，藉由IC卡的即時上傳，可遏阻逛醫院及醫療浪費。事實不然，台北一位澎姓老先生，仍天天上醫院，一年竟領九百多天份量的葯品，至少一百多萬元。
台灣健保包括老兵領葯寄回大陸，外籍勞工假看病真領葯寄回老家者，比比皆是。台灣納稅人「初二三仒月娘——不明不白」的冤枉錢，不知哪一天才能遏止。

~~~~~~

Kim-san cha-bò͘--(khōng-khu-lí)khōng-kū-lí

0503 金山查姆—(礦區女)控固力

ㄍㄧㄇ ㄙㄢ ㄗㄚ ㄪㄛ² —— (ㄎㄛㄥ⁷ ㄎㄨ ㄌㄧ²)ㄎㄛㄥ⁷ ㄍㄨ⁷ ㄌㄧ²

【暗示】腦筋遲滯，不靈活。

【註解】金山鄉：位於台北縣，是古早有名的金礦區。查姆：女人也。「礦區女」係指住在或生活在礦區內的女人。
「控固力」是日語，指腦筋不靈光，與「礦區女」諧音。

【例句】行政院教育改革委員會十年教改，落得怨聲載道。由台大黃光國教授為首的百名教授，發表終結教改亂象「重建教育萬言書」，指教改原要讓孩子快樂學習，多元入學，卻增加孩子學習壓力，快樂不起來；多元入學變成多「元」入學。教改當真畫虎不成反類犬嗎？教改委員李遠哲等人，頭腦都是「金山查姆——控固力」嗎？

~~~~~~

Kim-táu-àng ji̍p-chúi--kek-kut

0504 金斗甕入水—激骨

ㄍㄧㄇ ㄉㄠ² ㄤ³ ㄖㄧㄅ⁸ ㄗㄨㄧ² —— ㄍㄝㄍ⁴ ㄍㄨㄉ⁴

【暗示】故意或故意與眾不同。

【註解】金斗甕：放置屍骨的瓷缸。放置屍骨的瓷缸進了水，會沖激到裡面的屍骨，水沖激到屍骨叫「激骨」，與台語故意的「激骨」同音同字。

【例句】台南縣六甲鄉黃耀慶、黃文忠兩兄弟，在市場分別販售蛤仔和水餃，兄弟兩感情很好，但碰到有些事情，兄弟會「金斗甕入水——激骨」互唱反調。總統選舉，賣水餃的黃文忠認為阿扁穩贏，賣蛤仔的黃耀慶，堅持連宋一定勝選。
兩兄弟打賭扁呂連宋得票數差額，輸的人購買蛤仔或水餃免費請民眾吃。選舉結果，哥哥黃耀慶輸了這場打賭，向弟弟黃文忠購買扁呂連宋票數差額29,518顆水餃，於2004年5月15日，在阿扁故鄉官田村，惠安宮前免費請民眾吃水餃。

Kim-kong tảh sió-kúi--bô-pān

0505 金剛踏小鬼─無範

《一ㄇ 《ㄛㄥ ㄉㄚㄏ⁸ ㄒㄧㄜ² 《ㄨㄟ² ── ㄅㄛ⁵ ㄅㄢ⁷

【暗示】沒有架勢或以大欺小不像樣。

【註解】金剛：電影，漫畫，卡通故事中的主角，也就是鐵金剛，是龐然大物的猩猩。龐然大物的金剛，踐踏小東西，給人的印象，是以大欺小。

【例句】許信良，曾任台灣省議員、桃園縣長、民進黨主席，於2000年參加台灣第十任總統競選落選。陳水扁當選總統後，即聘請許信良為總統府有給職資政。朋友認為既然與陳水扁競逐大位，落敗接受其安排，會被批評「金剛踏小鬼──無範」。許信良則另有看法，他說：「失敗者，無拒絕的權利。」

~~~~~~

Kim-óaⁿ té-môai--phah-sńg

0506 金碗貯糜─扑損

《一ㄇ °ㄨㄚ² ㄉㄝ² ㄇㄨㄞ⁵ ── ㄆㄚㄏ⁴ ㄙㄥ²

【暗示】令人惋惜或不值得這樣做。

【註解】金碗：用黃金製成的食碗。貯糜：盛稀飯。扑損：不值得或浪費。金碗貯糜：用那麼高貴的金碗，盛稀鬆平常的稀飯，委實很浪費。

【例句】林校長夜歸，經過學生宿舍，突然飛下一件東西打在額頭，伸手一摸黏ㄅㄅ的，是剛用完的保險套。他到樓上召集學生，學生從來沒看過校長來到宿舍，紛紛問他：「校長，有什麼事嗎？」
校長拿出髒ㄅㄅ的保險套，像看到「金碗貯糜──扑損」的對學生說：「剛才不知是誰的孩子墜樓，你們身為父母者，要多注意孩子的安全。」

~~~~~~

Tn̂g-kang hèng lòh-hō--hoaⁿ-hí hioh-khùn

0507 長工懺落雨─歡喜歇睏

ㄉㄥ⁵ 《ㄤ ㄏㄧㄥ³ ㄌㄛㄏ⁸ ㄏㄛ⁷ ── °ㄏㄨㄚ ㄏㄧ² ㄏㄧㄜㄏ⁴ ㄎㄨㄣ³

【暗示】惡勞貪逸，喜歡休息。

【註解】長工：長期雇用的工人。懺落雨：喜歡下雨。長期雇用的工人，之所以喜歡下雨，是下雨天不必到外面做工作。

【例句】桃園縣偷車賊劉昇，慶祝女友陳奕璇十八歲生日，兩人狂歡至凌晨三點，摸入平鎮市一社區地下停車場，撬開車門準備開走時，兩人不知喝了酒或是太累了，竟然「長工懺落雨──歡喜歇睏」，在車內相擁而眠。林姓車主清晨七時多準備上班時，發現有對男女睡在車內，立即向警方報案。

Tn̂g-ām-lȯk koaiⁿ tī iûⁿ-kûn--hui-siông thu̍t-chhut

0508 長頸鹿關咗羊群──非常突出

ㄉㄥ⁵ ㄚㄇ⁷ ㄌㄛㄍ⁸ ⁰ㄍㄨㄞ ㄍㄧ⁷ ⁰ㄧㄨ⁵ ㄍㄨㄣ⁵ ── ㄏㄨㄧ ㄒㄧㆲ⁵ ㄊㄨㄉ⁸ ㄘㄨㄉ⁴

【暗示】特別得讓人注目。

【註解】長頸鹿：動物名，反芻偶蹄類，頭小頸特別長，體長一丈五六尺，高一丈八尺左右，性溫順，食草木嫩芽。長頸鹿，又名長頜鹿，身體那麼高，與羊群關在一起，那一定是非常突出了。

【例句】台灣近年來電視節目，流行邀請政學界名嘴，舉辦專題座談會，並開放觀眾叩應。這個電視座談叩應節目，始作俑者是李濤的「2001全民開講」。各台發現有錢可賺紛紛跟進，已成為媒體流行時尚，節目內容不僅意識型態掛帥，且極盡詆毀侮辱之能事。電視座談叩應節目，在一片辱罵本土意識節目中，由汪笨湖所主持的「台灣心聲」標榜台灣意識，異軍突起，成為「長頸鹿關咗羊群──非常突出」，受到台灣民眾熱烈歡迎。

Mn̂g-pâi kái it-hō--oāⁿ-thâu-ke

0509 門牌改一號──換頭家

ㄇㄥ⁵ ㄅㄞ⁵ ㄍㄞ² ㄧㄉ⁴ ㄏㆤ⁷ ── ⁰ㄨㄚ⁷ ㄊㄠ⁵ ㄍㆤ

【暗示】換老闆。

【註解】門牌：見「門牌第一號──頭家」篇。改一號：門牌號碼重新整編排序，把原來的二號改了，變成第一號，就是換為頭一家，即頭家。

【例句】國民黨主席連戰，再度披掛參選2004年總統。敗選以來，雖然還沒聽到連主席下詔罪己，但黨內本土派人士洪玉欽、徐中雄、陳宏昌等人，主張黨務改革，順應民意主流，將黨名改為「台灣國民黨」重新站起來。 另有中央委員及中常委，主張「門牌改一號──換頭家」，看來連戰主席的挑戰，才剛要開始。

Mn̂g-pâi tē-it-hō--thâu-ke

0510 門牌第一號──頭家

ㄇㄥ⁵ ㄅㄞ⁵ ㄉㆤ⁷ ㄧㄉ⁸ ㄏㆤ⁷ ── ㄊㄠ⁵ ㄍㆤ

【暗示】老闆的意思。

【註解】門牌：街道巷路兩邊住宅商家之建築物，按序編號，所編號碼叫：門牌號。第一號：街道路巷第一家，台語第一家叫「頭家」。「頭家」也等於是對老闆的稱呼。

【例句】台灣2000年第十任總統選舉，國民黨提名連戰，選舉結果陳水扁當選，當時國民黨「門牌第一號──頭家」即黨主席李登輝，被迫為連戰落選負責辭職，並被開除黨籍。2004年總統選舉，連戰是國民黨「門牌第一號──頭家」，他以黨主席身分二度參選總統。選舉結果陳水扁當選連任，沒有人聽到連戰為落選辭職負責，卻聽到秘書長林豐正、發言人蔡正元、組工會主任丁守中等人，引咎提出辭呈。

A-kong chia̍h n̂g-liân--(khó͘-iâ)khó͘-ià

0511 阿公食黃蓮—(苦爺)苦也

ㄚ ㄍㄛㄥ ㄐㄧㄚㄏ⁸ ㄥ⁵ ㄌㄧㄢ⁵ —— (ㄎㄛ² ㄧㄚ⁵) ㄎㄛ² ㄧㄚ³

【暗示】困苦或運命不好。

【註解】阿公：祖父。黃蓮：草本植物，羽狀複葉，花小呈白色，味苦，根可做藥。爺爺食黃蓮，苦了爺，「苦爺」與台語命運多舛的「苦也」諧音。

【例句】『無學籍未求學台日混血兒，暗暗活了二十年』這是中國時報2004年8月15日「社會震動」版頭條新聞。這位「阿公食黃蓮——(苦爺)苦也」的台日混血兒李正博，二十年前由母親李淑基，自日本帶回台灣，因當時與日籍丈夫未辦理結婚手續，致使李正博無法在台灣取得戶籍。李正博因於2004年8月13日發生車禍，始才爆出二十三年沒有戶籍，不能上學，沒有健保，無法就業的問題。

~~~~~~

A-kong chhōa-bó͘--ke-pô

0512 阿公娶媠—加婆

ㄚ ㄍㄛㄥ ㄘㄨㄚ⁷ ㄅㄛ² —— ㄍㄝ ㄅㄜ⁵

【暗示】多管閒事。

【註解】阿公：祖父。祖父的媠：阿公的老婆。阿公娶媠，等於增加了一位婆婆，增加了一位婆婆，台語叫：「加婆」，與愛管閒事的「加婆」字同音同。

【例句】交通部長林陵三2003年把專門表揚交通工程養護的「金路獎」，首度頒給家住南投縣水里鄉的陳梅玉、卓黃足兩位女士。表揚她們熱心公益，十二年來默默打掃台廿一線龍神橋路段路面。陳、卓兩女士北上接受部長表揚，感到很尷尬。她們謙虛說：「我們兩人十二年來，每天早上七點至七點半掃街，只是『阿公娶媠——加婆』而已，領獎反而疲疲掣。」

~~~~~~

A-peh-a peh-soaⁿ--piⁿ á chhoán

0513 阿伯仔跖山—邊仔喘

ㄚ ㄅㄝㄏ⁴ ㄚ² ㄅㄝㄏ⁴ ⁰ㄙㄨㄚ —— ⁰ㄅㄧ ㄚ² ㄘㄨㄢ²

【暗示】跟你沒關係，沒你的事。

【註解】阿伯仔：爸爸的哥哥、比爸爸年歲大的友輩，泛稱阿伯。跖山：爬山。阿伯年紀大了，爬山會力不從心，氣喘。小孩子好奇的看大人氣喘如牛；大人喝斥他們，沒你們的事，走開！

【例句】台灣2004年總統大選，引起的抗爭與族群撕裂，令各界憂心忡忡，無不希望陳呂連宋坐下來詳談善後。陳呂連宋座談，已經由總統府邱義仁，國親兩黨林豊正、蔡鐘雄等三位秘書長先行洽商，邱義仁說阿扁要以總統身分與會，林蔡定位以黨主席會商，台聯秘書長林志嘉表示，台聯黨主席黃主文也要參加。台聯總統大選並沒人參選，因此國親兩黨說，台聯要求參加會談，完全是「阿伯仔跖山——邊仔喘」。

A-lí-san hóe-chhia--pōng-piah

0514 阿里山火車─碰壁

ㄚ ㄌㄧ² ㄙㄢ ㄏㄨㆤ² ㄑㄧㄚ ── ㄅㆲ⁷ ㄅㄧㄚㆷ⁴

【暗示】受到挫折，失敗。

【註解】阿里山：在玉山的西北，位於嘉義、南投縣境內，最高處2663公尺，有千年紅檜木。「阿里山日出」、「雲海」是著名觀光景點。到阿里山有森林小火車，從嘉義市出發，鐵路環山而造，迂迴曲折上山，常覺得快要碰到山壁而又轉彎，遠處看來像碰壁。

【例句】公投是國民的基本政治人權之一，陳水扁總統宣佈，要對國家重大議題進行公民投票。國民黨、親民黨堅決反對，他們擔心蔡同榮版的「台灣獨立」，也「放尿摵鹹菜──順續工」，挾帶進行公投，給中共攻打台灣的藉口。「公投法」會不會在立法院「阿里山火車──碰壁」，大家頗為關心。

A-lí-san tō-tēng--(chheⁿ kha) chheⁿ chhiú

0515 阿里山杜定─（青骹）生手

ㄚ ㄌㄧ² ㄙㄢ ㄉㆦ⁷ ㄉㄧㄥ⁷ ── (°ㄑㆤ ㄎㄚ) °ㄑㆤ ㄑㄧㄨ²

【暗示】沒有經驗，也就是所謂菜鳥仔。

【註解】阿里山：見「阿里山火車──碰壁」篇。杜定：蜥蜴之一種，阿里山地區的蜥蜴，腳屬青色，故叫青骹。「青骹」台語是「生手」的意思。

【例句】縣議會議員針對消防警察局，接到民眾火警報案，6公里路消防車二十三分鐘才抵達，遲延救災造成五死七傷，召開臨時會議，把消防警察長釘得滿頭包，並將全案移送法辦。葉局長很無辜的說，這件怠忽職守，都是消防隊新來一位「阿里山杜定──（青骹）生手」造成的災難。他說：「那位青骹消防警員，接到一個小男生報案電話，問他說：『在什麼地方？』對方說：『在我家。』警員又問：「你家哪裡？」對方說：『廚房。』『怎麼去？』小男生反問：『你們不是有車子嗎？』『對！對！我們有消防車。』這位青骹警員把消防車開出去了，大夥兒卻找不到現場，才燒死了那麼多人。」

A-bêng bē hî-á--liōng-iok

0516 阿明賣魚仔─量約

ㄚ ㄅㄧㄥ⁵ ㄅㆤ⁷ ㄏㄧ⁵ ㄚ² ── ㄌㄧㆲ⁷ ㄧㄛㆶ⁴

【暗示】隨便，大概就好了。

【註解】阿明：人名。量約：買賣通常都是論斤秤兩計錢。阿明賣魚算尾不算斤，看大小收錢，意為大概，馬馬虎虎。

【例句】父親看到兒子為資金短缺愁容滿臉，要變賣農地給他，又因價錢低捨不得賣，安慰兒子說：「阿亮，現在除了銀行債權增值外，任何人的財產都縮水了，我看那塊地『阿明賣魚仔──量約』賣掉，你才不致為了週轉金而瘦了一身肉。」

A-tok-á chhēng se-chong--tōa-su

0517 阿啄仔穿西裝──(大軀)大輸

ㄚ ㄉㄨㄏˋ ㄚˊ ㄑㄧㄥˊ ㄒㄝ ㄗㄛㄥ ── ㄉㄨㄚˇ ㄙㄨ

【暗示】輸得很慘。

【註解】阿啄仔：西洋人。西裝：歐美式的服裝，在台灣成為男人翻領式的正式服裝。西裝通常都是量身訂做。大軀是吋尺號碼比身材大。

【例句】著名律師徐小波、陳長文、宋耀明、蔣大中等十多人，合夥經營全國規模最大「理律法律事務所」。「理律」2003年10月發生內控出了大紕漏，法務專員劉偉杰盜賣美商「新帝公司」寄放股票三十億元潛逃。
「理律」已提出告訴，並宣佈依合約賠償「新帝」，「理律」官司常贏，這回卻是「阿啄仔穿西裝──(大軀)大輸」，而且輸得很慘。

A-bí bong tiȯh lān-chiáu--á-mí-tō-hut

0518 阿美摸著羼屌──阿彌陀佛

ㄚ ㄅㄞˊ ㄅㄛㄥ ㄉㄧㄜㄏ˙ ㄌㄢˊ ㄐㄧㄠˊ ── ㄚˊ ㄇㄧˊ ㄉㄛˊ ㄏㄨㄉ˙

【暗示】未嘗不是好事。

【註解】阿美的老公信佛後，都沒有和她敦倫燕好，害她以為老公吃素後，喪失性行為能力，很苦惱又不便明問。晚上輾轉床笫難眠，無意中伸手觸摸到老公那個東西。「嘻！嘻！」居然十七兩翹翹，老公卻連聲唸著：「阿彌陀佛！」她也興奮得隨口唸道：「善哉！善哉！」

【例句】阿扁總統委託新竹縣林姓養豬戶飼養神豬，準備於2003年農曆7月20日新埔義民節，祭拜義民爺祈求國泰民安。事經釋昭慧法師為文於『自由時報』發表「刀下請留總統豬」，引起廣泛討論。有謂殺豬祭神屬傳統民俗，應予保留；有謂眾生平等，殺豬祭神應即廢除。其實大家能平心靜氣討論，該不該殺豬祭神？也未嘗不是「阿美摸著羼屌──阿彌陀佛」，善哉善哉！

A-ko tóa lâu-téng--ko-ko chāi siōng

0519 阿哥蹛樓頂──(哥哥在上)高高在上

ㄚ ㄍㄜ ㄉㄨㄚˇ ㄌㄠˇ ㄉㄧㄥˊ ── ㄍㄜ ㄍㄜ ㄗㄞˇ ㄒㄧㄛㄥˇ

【暗示】既讚美又羨慕人家的句子。

【註解】哥哥住在樓上，弟弟住在樓下，有人來找哥哥，問哥哥在哪裡？用手指頭指向上面，回說：「哥哥在上。」既實在又幽默。對於他人的學問、能力、技術、為人處世、修養等各方面的成就，都可用「你比我高高在上」恭維稱讚。

【例句】2003年6月30日陳水扁總統、馬英九市長，雙雙應邀參加「台北101金融大樓」上最後一根鋼樑典禮。「台北101金融大樓」總高508公尺，耗資580億元，超過目前位於馬來西亞吉隆坡「雙子星大樓」，成為全世界最高大樓，2004年落成後，真正是「阿哥蹛樓頂──(哥哥在上)高高在上」。

A-pô-à tōa-pak-tó--(kong-thiòng) kóng-thiòng

0520 阿婆仔大腹肚─(公暢)講暢

ㄚ ㄅㄜ⁵ ㄚ² ㄉㄨㄚ⁷ ㄅㄚ⁴ ㄉㄜ² ── (ㄍㄜㄥ ㄊㄧㄛㄥ³) ㄍㄜㄥ² ㄊㄧㄛㄥ³

【暗示】講玩的。

【註解】阿婆：老婦人的統稱。大腹肚：懷孕。公暢：阿婆年紀那麼大了，還會懷孕，公公一定很高興。公公高興台語是「公暢」，「公暢」與講話講玩的「講暢」諧音。

【例句】嘉義縣民雄鄉蔡董事長，向來認真做生意，不過問政治。2004年總統大選，忽然特別關心，與友人打賭連戰一定當選，如果落選他願意從民雄步行到總統府。選舉結果陳水扁當選連任，連戰落選。
他們的打賭，大家原本認為是「阿婆仔大腹肚──(公暢)講暢」的，沒有人在意。但蔡董堅持男子漢大丈夫說話算話，已擇期要完成這段300多公里的行程。

A-kiông-á chiảh khí-hún--liâng-liâng

0521 阿強仔食齒粉─涼涼

ㄚ ㄍㄧㄛㄥ⁵ ㄚ² ㄐㄧㄚㄏ⁸ ㄎㄧ² ㄏㄨㄣ² ── ㄉㄧㄤ⁵ ㄉㄧㄤ⁵

【暗示】沒有壓力，心情輕鬆。

【註解】阿強仔：人名。齒粉：口腔清潔保健用品。在牙膏還未被普遍使用前，多數的人都用齒粉刷牙。齒粉有薄荷的味道，有涼涼的感覺。

【例句】陳東舜爭取鄉長連任，鄉民代表會主席李朝成跳出來和他競選。因為他們兩人實力相當，鹿死誰手？沒人敢預測。鄉長候選人登記前夕，李主席突然發表公開信，表示為了鄉內團結，無條件退出選戰。陳東舜鄉長在沒有人競選之下，已經篤定當選，變成「阿強仔食齒粉──涼涼」，沒有壓力。不過鄉民傳說，他用一千萬元把李主席搓掉。

A-kî thun chiò-kì--ai! tiỏh lỏh khì ảh

0522 阿棋吞借據─哎！就落去矣

ㄚ ㄍㄧ⁵ ㄊㄨㄣ ㄐㄜ³ ㄍㄧ³ ── ㄞ ㄅㄜㄏ⁸ ㄌㄜㄏ⁸ ㄎㄧ³ ㄚㄏ⁸

【暗示】忍耐一下就沒事了。

【註解】阿棋向放高利貸的魔辰伯借錢，要償還母金和利息，合計起來比原借多了五倍。阿棋說魔辰伯一定算錯了。魔辰伯把借據拿給他，叫阿棋自己算算，保證不會算錯。阿棋接過借據，二話不說便把它塞入口中，吞入肚子裡。魔辰伯發現後「唉！」的驚叫了一聲，已經來不及阻止而被吞下去了。

【例句】這是他們認識後的第一次幽會，房間燈光朦朧充滿羅曼蒂克氣氛，她全身香汗涔涔，散發著少女的體香，瞇著眼睛，輕咬著唇，忍受他的衝撞所帶來的痛楚。他既緊張、興奮又心疼，只是本能的逐漸增加力道衝撞，一次一次由輕而重，由徐而快的，只覺得她像「阿棋吞借據──唉！就落去矣」。

A-chhiau hoat lān-mo͘--kù chāi i khì

0523 阿超發屌毛——據在伊去

ㄚ ㄑㄧㄠ ㄏㄨㄚㄉ⁴ ㄌㄢ⁷ ㄇㄛ —— ㄍㄨ³ ㄗㄞ⁷ ㄧ ㄎㄧ³

【暗示】管不了的意思。

【註解】阿超讀國中的時候，生理開始發育，特徵之一是陰部開始長出陰毛，起先很驚訝，把長出來的陰毛一根一根拔掉。後來發現陰毛越拔長得越多，多到實在拔不完了，便不再理它而讓陰毛愛長多少，就長多少吧！

【例句】黃進益在上課中跑到網咖，被管區警員把他帶回學校，唐訓導主任處罰他打掃廁所，竟引起家長到校抗議，揚言要到縣府告發唐主任不當處罰，令他非常洩氣。
同事們都勸告他，以後黃進益有犯規情形，都要「阿超發屌毛——據在伊去」，省得惹麻煩。

~~~~~~

A-tok-á chiah ke-ñg-ko--kheh-khì

0524 阿督仔食雞蛋糕——客氣(cake)

ㄚ ㄉㄜㄍ⁸ ㄚ² ㄐㄧㄚㄏ⁸ ㄍㄝ ㄋㄥ⁷ ㄍㄜ —— ㄎㄝㄏ⁴ ㄎㄧ³

【暗示】態度謙恭有禮，另解為細膩。

【註解】阿督仔：美國人，或白種人的統稱。雞蛋糕：蛋糕。cake與台語「客氣」諧音。

【例句】黃順興係前台東縣長、立法委員、中國人代會常務代表。是台灣及中國兩地，第一位提倡環境保育的人士。黃氏早年留學日本，有穿和服習慣。有次我突然去拜訪他，聊天聊了一陣子，我才發現和服內沒穿內褲，幾次想提醒他又不知怎樣開口。後來他好像看到我的表情有異，而發現到自己沒有穿內褲，笑著說：「阿禮啊！看到這種事，不必像『阿督仔食雞蛋糕——客氣』，一定要提醒我一下。」

~~~~~~

A-gōng chhōa súi-bó͘--chîⁿ ê koan-hē

0525 阿戇娶婿姆——錢个關係

ㄚ ㄫㄛㄥ⁷ ㄘㄨㄚ⁷ ㄙㄨㄧ² ㄅㄛ² —— ⁰ㄐㄧ⁵ ㄝ⁵ ㄍㄨㄢ ㄏㄝ⁷

【暗示】阿戇，看字解說是愚笨的人。

【註解】娶婿姆：娶了漂亮的太太。漂亮的女人，會嫁給愚笨的阿戇，一定是聘金多，條件好，人家才願意嫁他。

【例句】韓裔日商德原送給TVBS主播薛楷莉，新台幣60萬元的珍珠項鍊，薛楷莉又帶德原到「香奈兒」和「夏姿」購買鑽錶和服飾，一小時內把他刷掉二百多萬元。德原指薛主播有國際詐欺嫌疑，薛楷莉說德原對她毛手毛腳，提議去HOTEL。
誰是誰非有如一齣「羅生門」。有人說薛楷莉長得那麼美麗，怎麼隨便跟男人出去？其實還不是「阿戇娶婿姆——錢个關係」。

Chheⁿ-thî-á seⁿ gô-ñng--chin-piàⁿ-lè

0526 青啼仔生鵝蛋─真拚咧

°ㄘㄝ ㄊㄧ⁵ ㄚ² °ㄙㄝ ㄤㄜ⁵ ㄋㄥ⁷ ── ㄐㄧㄣ °ㄅㄧㄚ³ ㄌㄝ³

【暗示】譏諷不可能。

【註解】青啼仔：學名叫綠繡眼，全身呈淡黃色，羽毛是黃綠色夾雜黑、棕色。
青啼是一種小鳥，要生鵝蛋那麼大的蛋，不但真拚咧，也是不可能的事。

【例句】台灣第十一任總統選舉結果，陳水扁、呂秀蓮在12,914,422票中，得到6,471,970票，連戰、宋楚瑜得到6,442452票，陳呂以29,518票險勝。廢票339,297票，佔2.5%，比上屆122,000票，多出很多。連宋認為阿扁做票，提出當選無效之訴，訴請驗票。各方認為中央選委會，在主委黃石城主持下，已建立公正超然的形象，連宋想透過驗票翻盤，是「青啼仔生鵝蛋──真拚咧」。

Chheⁿ-mê peh lâu-thui--chū-bong

0527 青暝踤樓梯─自摸

°ㄘㄝ ㄇㄝ⁵ ㄅㄝㄏ⁴ ㄌㄠ⁵ ㄊㄨㄧ ── ㄗㄨ⁷ ㄇㄛㄥ

【暗示】自慰的意思。

【註解】青暝：瞎子。踤樓梯：爬樓梯上樓。瞎子自己摸著梯子上樓。「摸著去」台語叫「自摸」。

【例句】「叫春有罪嗎？」這是引起女同志、婦援團體抗議爭論的議題，她們抗議行政院新聞局，對嘉雲地區「姊妹電台」主持人維維播出「床上叫春」節目，內容妨害風化處罰款九千元。主持人維維在節目中說，叫床可以展現情慾。她模仿俄羅斯、日本、英、美、法、德國等婦女，各種不同的叫聲和叫法。婦女團體抗議理由之一是，維維模仿床上叫春，沒有男人還得像「青暝踤樓梯──自摸」，不是自然法則，聽起來很辛苦呢，沒嘉獎怎還處罰？

Chheⁿ-mê e hiân-á--bô-phó͘

0528 青暝挨弦仔─無譜

°ㄘㄝ ㄇㄝ⁵ ㄝ ㄏㄧㄢ⁵ ㄚ² ── ㄇㄛ⁵ ㄆㄛ²

【暗示】沒有根據又不像話。

【註解】青暝：瞎子。挨弦：拉胡琴。無譜：沒有樂譜。瞎子拉胡琴，眼睛看不到樂譜，所以形容為無譜。無譜，台語的意思是不像樣。

【例句】台灣於2004年3月20日選舉第十一任總統，選情空前劇烈，選舉結果陳水扁、呂秀蓮當選連任正副總統，連戰、宋楚瑜落選。泛藍陣營抗議做票之聲四起，並一路從高雄、台中，延燒到台北凱達格蘭大道，還於327發動50萬人的抗爭活動，要求重新驗票。各方認為連宋輸了就要認了，下屆再來；要求重新選舉，是「青暝挨弦仔──無譜」。

Chheⁿ-mê kiâⁿ àm-lō͘--se̍k-tē

0529 青瞑行暗路—熟地

ㄑㄝ⁰ ㄇㄝ⁵ ㄍㄧㄚ⁵ ㄚㄇ³ ㄌㄛ⁷ —— ㄙㄝㄍ⁸ ㄉㄝ⁷

【暗示】熟悉的地方。

【註解】熟地：又名熟地黃，中藥藥材。味甘而溫，功能滋腎水，益真陰，填骨髓，生精血，聰耳明目，治勞傷、風痺，補血之上劑。

【例句】大型倉儲公司「萬客隆」台中烏日分公司，發生運鈔車被劫事件，損失五千多萬元。據運鈔車駕駛說，劫鈔過程只有三分鐘，並從偏僻的小路，迅速逃離現場。警方研判，劫匪「青瞑行暗路——熟地」，才會選擇偏僻小路逃走，出警方追緝意外。

~~~~~~

Chheⁿ-mê pàng-phàu--o͘-pe̍h-tōaⁿ

0530 青瞑放炮—黑白彈

ㄑㄝ⁰ ㄇㄝ⁵ ㄅㄤ³ ㄆㄠ³ —— ㄛ ㄅㄝㄏ⁸ ㄉㄨㄚ⁷

【暗示】亂放話。

【註解】青瞑：瞎子，目盲者。放炮：放鞭炮。黑白彈：瞎子眼睛看不到，拿到了鞭炮也看不到地方，是否可以放鞭炮，隨便點火亂放。亂放鞭炮叫黑白彈。

【例句】電影武打明星成龍，於台灣總統選後的2004年3月31日在上海，指台灣總統選舉為「天下最大笑話」。民眾認為成龍不瞭解台灣政治。立法委員張旭成，要新聞局長黃輝珍禁演成龍電影，發動民眾拒看成龍電影，也拒絕到香港觀光旅遊。這位於台灣總統選舉，「青瞑放炮——黑白彈」的武俠明星，本名陳港生，生於1954年4月7日，1978年以「醉拳」一片建立武打明星地位，曾犯過並說過：「天下男人都會犯的錯誤。」

~~~~~~

Chheⁿ-mê pàng hún-chiáu--m̄-chai khì-hiòng

0531 青瞑放粉鳥—唔知去向

ㄑㄝ⁰ ㄇㄝ⁵ ㄅㄤ³ ㄏㄨㄣ² ㄐㄧㄠ² —— ㄇ⁷ ㄗㄞ ㄎㄧ³ ㄏㄧㄛㄥ³

【暗示】不知下落或下落不明。

【註解】青瞑：瞎子。粉鳥：鴿子；動物名，鳥類鳩鴿類。有野鴿、家鴿之別，種類很多，飛翔迅速，記憶力極強，能傳遞書信。不知去向：不知飛到哪兒去。

【例句】2004年4月8日聯合報載：「《小王子》作者遺骨發現。」這是六十年前，留下來的世紀之謎。六十年前，享譽全球童書《小王子》作者聖修伯里，突然像「青瞑放粉鳥——唔知去向」。
法國海洋考古研究所人員，在地中海濱馬賽附近外海，發現當年聖修伯里駕駛的洛克希德P38閃電戰鬥機殘骸。他是在1944年7月31日，進行偵察任務時，連人帶機突然消失。
《小王子》英譯本，1943在紐約出版，已譯成一百多種語文。

Chheⁿ-mê sé sin-khu--lōan-chhiong

0532 青暝洗身軀──(亂沖)亂衝

ㄗㆤ˙ ㄇㆤ⁵ ㄙㆤ² ㄒㄧㄣ ㄎㄨ ── ㄌㄨㄢ⁷ ㄑㄧㆦㄥ⁵

【暗示】超過限速、限量或範圍。

【註解】青暝：瞎子。洗身軀：洗澡。這是一句形容瞎子，看不到自己器官部位，洗澡時候只好用水亂沖。

【例句】王姓婦人指黃半仙騙她錢，她花五千元買一張神符，給孩子掛在機車上，結果還是發生車禍，鋸掉一條腿。黃半仙一再喊冤，說她的兒子騎機車，像「青暝洗身軀──(亂沖)亂衝」，時速超過八十公里，連神明都嚇得不敢坐了，還能保祐他平安？

~~~~~~

Chheⁿ-mê khòaⁿ kò-sī--khòaⁿ-bô

0533 青暝看告示──看無

ㄗㆤ˙ ㄇㆤ⁵ ㄎㄨㄚ˙ ㄍㆦ³ ㄒㄧ⁷ ── ㄎㄨㄚ³ ㆠㆦ⁵

【暗示】所作所為讓人無法瞭解。

【註解】不管公家機關、公司廠商或私人機構，告示一定要內容說明白、講清楚，才能達到張貼告示的目的。青暝看不到告示的內容，那是當然的事，此句比喻：所作所為讓人無法理解。

【例句】財政部口口聲聲說，為了租稅公平，計劃向全國軍、教人員開徵所得稅。但是經過全國教師聯合會於2002年9月28日教師節，發動示威遊行後，要向軍、教人員課徵所得稅又喊停了。政府這種租稅政策，真叫人如「青暝看告示──看無」。

~~~~~~

Chheⁿ-mê khòaⁿ tiān-iáⁿ--bák-tiong bû-jîn

0534 青暝看電影──目中無人

ㄗㆤ˙ ㄇㆤ⁵ ㄎㄨㄚ³ ㄉㄧㄢ⁷ ㄧㄚ² ── ㆠㄚㄍ⁸ ㄉㄧㆦㄥ ㆠㄨ⁵ ㄖㄧㄣ⁵

【暗示】批評不懂謙虛，態度高傲。

【註解】青暝：瞎子。瞎子看電影，只能用聽的，憑感受，是看不到電影中的演員。以瞎子看不到電影中的演員，情節，暗諷目中無人。

【例句】我們的班代表杜閔卿，雖然各種考試都在全年級的前三名之內，又集各學科老師寵愛於一身，那也沒什麼了不起，看她對待同學，彷彿「青暝看電影──目中無人」的態度，很想揍她幾下。

Chheⁿ-mê khòaⁿ-hì--tòe-lâng-chhiò

0535 青瞑看戲─迨人笑

^{0}ㄑㄝ　ㄇㄝ^5　^{0}ㄎㄨㄚ^3　ㄏㄧ^3 ── ㄉㄨㄝ^3　ㄉㄤ^5　ㄑㄧㄛ^3

【暗示】跟著人家發笑。

【註解】青瞑：瞎子。瞎子看不到戲中的表演，隨著其他觀眾嬉笑。

【例句】李立委由陳助理陪伴，參加一位周姓椿腳娶媳婦的喜宴，喜宴進行中李立委受到主人家邀請致賀詞。陳助理聽到老闆李立委致賀時，像「青瞑看戲──迨人笑」。回程時，李立委問陳助理：「我剛才致詞講得精不精彩？我看你一直笑個不停。」「我看大家笑成那樣子，才跟他們笑起來，」陳助理老實說：「立委，你把周家說成趙家。」

Chheⁿ-mê chiàh îⁿ-á--sim-lāi iú-sò͘

0536 青瞑食圓仔─心內有數

^{0}ㄑㄝ　ㄇㄝ^5　ㄐㄧㄚㄏ^8　^{0}ㄧ^5　ㄚ^2 ── ㄒㄧㄇ　ㄉㄞ^7　ㄧㄨ^2　ㄙㄛ^2

【暗示】天知地知，還有自己知道。

【註解】青瞑：瞎子。瞎子吃東西，當然看不到所吃的東西形狀，也看不到數量，所以都憑感覺在心中默數。因此，瞎子吃了多少個湯圓，心裡是有算數的，所以叫做「青瞑食圓仔──心內有數」。

【例句】台灣於2003年3月爆發SARS病毒感染，行政院衛生署訂購N95口罩，要分送給防治SARS的醫護人員。誰知衛生署訂購65萬個口罩，發給各醫護院所只有55萬個，落差10萬個到哪兒去了？法務部政風室說無帳可查，到底誰Ａ走了？主辦人應該是「青瞑食圓仔─心內有數」。

Chheⁿ-mê bán pàt-á--ún-tàng

0537 青瞑挽菝仔─穩當

^{0}ㄑㄝ　ㄇㄝ^5　ㄅㄞ^2　ㄅㄚㄉ^8　ㄚ^2 ── ㄨㄣ^2　ㄉㄤ^3

【暗示】確定妥當。

【註解】青瞑挽菝仔：瞎子摘蕃石榴。青瞑雖然眼睛看不到，但蕃石榴是顆粒狀的水菓，看不到卻摸得到，摘得到。

【例句】台灣棒球隊2003年11月上旬到日本札幌，參加中、日、韓、台亞洲棒球錦標賽。冠、亞軍代表亞洲參加2004年希臘雅典的奧運棒球比賽。台灣棒球隊於1984、1988、1992三度參加奧運棒賽，1984銅牌、1992敗於古巴得到銀牌。今年亞洲錦標賽，全國期待很高，希望能進軍雅典奧運。
球迷千人到日本加油，台灣力克韓國、中國，卻敗給日本九分，幸虧日本又以3：0打敗韓國，台灣隊獲得亞軍，「青瞑挽菝仔──穩當」進軍雅典奧運。

Chheⁿ-mê chhōa-bớ--àm-sóng

0538 青暝娶姆—暗爽

ㆡㄑㄝ ㄇㄝ⁵ ㄘㄨㄚ⁷ ㄎㄛ² —— ㄚㄇ³ ㄙㆲ²

【暗示】暗中高興或幸災樂禍。

【註解】青暝就是瞎子，瞎子雖然眼睛看不到週遭事物，生活比一般人不方便，但人總都有人性上的七情六慾。青暝結婚雖然看不到美嬌娘，心中的高興，是可以想像的。

【例句】何志強和董先平是同班同學，他們兩人都愛上班花盧秋月，常常暗地裡獻殷勤，互相較勁。這學期何志強的「世界文學史」和「理則學」兩科被當掉。董先平聽到後，有如「青暝娶姆——暗爽」得很，覺得有利於他和盧秋月的感情。

~~~~~~

Chheⁿ-mê liàh-lêng--chhiú-bīn thàn-chiàh

0539 青暝掠龍—手面趁食

ㆡㄑㄝ ㄇㄝ⁵ ㄌㄧㄚㄏ⁸ ㄌㄧㄥ⁵ —— ㄑㄧㄨ² ㄅㄧㄣ⁷ ㄊㄢ³ ㄐㄧㄚㄏ⁸

【暗示】靠手工藝賺小錢謀生。

【註解】青暝：瞎子。掠龍：按摩。
瞎子生活上是弱勢者，大都以按摩賺取有限的服務費謀生。

【例句】全美國規模最大的威力球樂透獎，2003年8月9日這一期開獎，頭獎二人，獎金二億六千一百三十萬元美金，台幣九十億元。住在密蘇里河畔的渥肯‧巴赫夫婦，中了兩個頭獎，可分到45億萬元獎金。渥太太中大獎後，想要實現的願望是，換掉那一台用了三十年的冰箱，她說：「我們夫妻是『青暝掠龍——手面趁食』，奢求不多。」

~~~~~~

Chheⁿ-mê kòa bàk-kiàⁿ--bô-lō-iōng

0540 青暝掛目鏡—無路用

ㆡㄑㄝ ㄇㄝ⁵ ㄍㄨㄚ³ ㄅㄚ⁸ ㆡㄍㄧㄚ³ —— ㄅㄛ⁵ ㄌㄛ⁷ ㄧㄥ⁷

【暗示】沒用的東西。

【註解】青暝：瞎子。掛目鏡：戴眼鏡。瞎子眼睛看不見，戴眼鏡也是多餘，用不著的東西。「用不著」台語叫「無路用」。

【例句】彰化縣埔心鄉愛鳥人陳耀伶，連日來在全縣四處張貼，尋找愛鳥「寶寶」的彩色海報。陳耀伶說「寶寶」是隻母鸚鵡，二月中才從菲律賓進口的種鳥。她把「寶寶」和另隻公鸚鵡「金鋼」關在一起，日前「寶寶」突然失蹤，害「金鋼」整日沉默不語，好像為情所困。民眾看到尋鳥海報，認為鸚鵡又看不懂，張貼海報實在是「青暝掛目鏡——無路用」。

Chheⁿ-mê bô koái-á--(bong-khì) boŋ-khì

0541 青瞑無枴仔──(摸去)罔去

°ㄘㄝ ㄇㄝ⁵ ㆠㄛ⁵ ㄍㄨㄞ² ㄚ² ──（ㄇㆦㄥ ㄅㄧ⁻³）ㄇㆦㄥ² ㄅㄧ⁻³

【暗示】將就的意思。

【註解】青瞑：瞎子。枴仔：枴杖。瞎子沒有枴杖，只有用摸著去。

「摸著去」台語叫「罔去」，意思是還不錯，還算可以。

【例句】台灣2004年總統選舉，陳水扁、呂秀蓮當選連任，論功行賞大家都有官做，有安排入閣，有總統府資政、顧問、行政院顧問、省諮議會議員。只要在這場總統選舉割喉戰期間相挺，阿扁原則上都會有安排。其實連公營事業董監事，數千職位，有無限的彈性空間。彰化縣民主前輩陳老先生，安排出任省府諮議員，他還不滿意，想要國策顧問。朋友勸告他省諮議員，每月也有七萬多元可入袋，「青瞑無枴仔──（摸去）罔去」。

Chheⁿ-mê-niau kā tiȯh sí-niáu-chhú--hok-khì lah

0542 青瞑貓咬著死鳥鼠──福氣啦

°ㄘㄝ ㄇㄝ⁵ ㄋㄧㄠ ㄍㄚ⁷ ㄉㄧㆦㄏ⁸ ㄒㄧ⁻² ㄋㄧㄠ³ ㄘㄨ² ── ㄏㄛㄍ⁴ ㄎㄧ⁻³ ㄌㄚㄏ⁴

【暗示】難得的幸運。

【註解】青瞑：瞎眼。貓：動物名，哺乳綱食肉目，面圓齒銳利，腳底有柔肉，行走無聲，聽覺、視覺靈敏，畜養以捕鼠。

瞎了眼睛的貓，還能咬到死耗子，也算很幸運了。

【例句】台北市大安分局敦化南路派出所員警，據報忠孝東路「錢櫃KTV」有許姓青年持玩具槍滋事，前往帶回派出所偵訊。該許姓青年爆料，自己是嘉義縣籍立法委員蔡啟芳，非婚生兒子。這位自稱立法院「三寶」之一的民進黨籍立委，突然冒出一個私生子，認為是「青瞑貓咬著死鳥鼠──福氣啦」。他願驗DNA，如果是他的孩子，願給他兩份遺產，彌補其流浪之苦。

Chheⁿ-mê-niau kā tiȯh sí-ke--sí mā m̄-pàng

0543 青瞑貓咬著死雞──死嘛唔放

°ㄘㄝ ㄇㄝ⁵ ㄋㄧㄠ ㄍㄚ⁷ ㄉㄧㆦㄏ⁸ ㄒㄧ⁻² ㄍㄝ ── ㄒㄧ⁻² ㄇㄚㄏ⁷ ㄇ⁷ ㄅㄤ³

【暗示】不願割捨。

【註解】青瞑：瞎子。瞎貓難得咬到死雞，捨不得鬆口放手。

【例句】陳縣長到佛寺行香，告訴淨心法師已看破官場冷暖，要退出政治，請法師給予開示。淨心法師信手拈筆，寫了《紅樓夢》書中〈好了歌〉送給陳縣長：「世人都曉神仙好，只有功名忘不了；古今縣長在何方，荒漠一堆草沒了」。淨心法師知道權力像春藥，擁有者一定如「青瞑貓咬著死雞──死嘛唔放」，才會寫那首詩送他。

Chheⁿ-mê pûn-kó-chhoe--(chheⁿ-chhoe peh-chhoe)chheⁿ-chhūi peh-chhūi

0544 青暝歕鼓吹─(青吹白吹)青催白催

ㆴ°ㄘㄝ ㄇㄝ⁵ ㄅㄨㄣ⁵ ㄍㄛ² ㄘㄨㄝ ── (ㆴ°ㄘㄝ ㄘㄨㄝ ㄅㄝㄏ⁸ ㄘㄨㄝ) ㆴ°ㄘㄝ ㄘㄨㄟ⁷ ㄅㄝㄏ⁸ ㄘㄨㄟ⁷

【暗示】有匆促催趕及瞎吹的兩種含意。

【註解】青暝：瞎子。歕鼓吹：吹喇叭。青催白催：不斷催趕的意思。

【例句】林永福老先生，是虔誠天主教徒，與賈神父互動密切，臨終前神父「青暝歕鼓吹──（青吹白吹）青催白催」，要他懺悔告白，令他很生氣，便說：「我一輩子最大的錯誤，是信奉天主教，天主教實在太可惡了，竟然不肯讓我安靜離開人間。」

Chheⁿ-mê tiám-teng--bô-chhái-kang

0545 青暝點燈─無採工

ㆴ°ㄘㄝ ㄇㄝ⁵ ㄅㄧㄚㄇ² ㄅㄧㄥ ── ㄅㄛ⁵ ㄘㄞ² ㄍㄤ

【暗示】白費心血或工夫。

【註解】青暝：瞎子。點燈：點亮燈光或開燈。瞎子眼睛看不到，開燈也是白費工夫的。白費工夫，台語稱「無採工」。

【例句】非洲之父史懷哲，把1928年榮獲「歌德獎」的獎金，於非洲蘭巴侖蓋了一所醫院。他一生奉獻於非洲醫療及傳教。他告訴非洲土人們，歐洲所發生的戰事。食人族長老問他：「有十個人被殺嗎？」「不！被殺死的有幾千人。」那位酋長聽後，覺得是「青暝點燈──無採工」而說：「白人又不吃人肉，一次殺那麼多人，未免太糟蹋食物了。」

Chheⁿ-mê kò͘ kam-á--bóng-hoah

0546 青暝顧柑仔─罔嘩

ㆴ°ㄘㄝ ㄇㄝ⁵ ㄍㄛ³ ㄍㄚㄇ ㄚ² ── ㄅㄛㄥ² ㄏㄨㄚㄏ⁴

【暗示】隨便叫叫。

【註解】青暝：瞎子。顧柑子：受雇看守桔子。罔嘩：瞎子眼睛看不到，有沒有人來偷桔子也不知道，只有隨便叫嚷而已。

【例句】台灣2004年320總統選舉後，國親支持者繼續在總統府前，凱達格蘭大道上聚眾，抗議民進黨政府選舉做票。而於410引爆官民衝突，並有民眾向警方投擲汽油彈。刑事警察局秋後算帳，抓到當晚站在宣傳車上，揮舞國旗煽動群眾的李展騰。他向偵訊的檢察官承認，當晚他確實在現場揮舞國旗，不過堅決否認鼓動情緒，煽動暴亂。他說：「我當時只是『青暝顧柑子──罔嘩』，我叫喊的口號，不是：『要真相！』、『要驗票！』、而是『要便當！』『要飲料！』。何罪之有？」

Chheⁿ-mê thak-chheh--bóng-khòaⁿ

0547 青瞑讀冊—罔看

⁰ㄘㆤ ㄇㆤ⁵ ㄊㄚㄍ⁸ ㄘㆤㄏ⁴ —— ㆠㆦㆲ² ⁰ㄎㄨㄚ³

【暗示】隨意看看。

【註解】青瞑：瞎子。讀冊：讀書。

瞎子讀書，因眼睛看不到書本內容，只是隨便翻翻而已。

【例句】國民黨連戰、親民黨宋楚瑜，選輸總統後，以投票前一日，台南市發生槍擊陳水扁事件，頗多疑點，於總統府前發起327包圍總統府，「拚台灣！救民主！」運動，有50萬人參加。我在電視上看到鄰居黃永春，也在示威人群中搖旗吶喊，覺得很訝異，打電話問他，我是否看錯了人？他說電視畫面中確實是他本人，他只是「青瞑讀冊——罔看」，湊熱鬧而已。

~~~~~~

M̄-chai khin-tāng--bô-tō-liōng

0548 呣知輕重—(無度量)無肚量

ㄇ⁷ ㄗㄞ ㄎㄧㄣ ㄉㄤ⁷ —— ㆠㄜ⁵ ㄉㆦ⁷ ㄌㄧㆦㆲ⁷

【暗示】沒有氣度或同情心。

【註解】東西的重量有多少，要經過一番度量衡。人，氣度很小，叫無肚量。

「無肚量」與台語物品沒有度量的「無度量」諧音。

【例句】謝老爺請了一位菲傭，按照勞基法規定，每月薪水15800元。有一天，菲傭不小心打破了一對價值30萬元的古董花瓶。謝老爺每個月從薪水中，扣除15000元賠償，讓菲傭足足白做了二十個月的工作。謝老爺是有錢人，「呣知輕重——(無度量)無肚量」，令人搖頭不已。

~~~~~~

Khioh chio̍h-thâu tòng-lō͘--cho̍at-kau

0549 抾石頭擋路—絕交

ㄎㄧㄜㄏ⁴ ㄐㄧㄜㄏ⁸ ㄊㄠ⁵ ㄉㆦㆲ³ ㄌㆦ⁷ —— ㄗㄨㄚㄉ⁸ ㄍㄠ

【暗示】斷絕來往。

【註解】抾石頭：撿石頭。擋路：把石頭擺放在路中間，表明不相往來。

【例句】賴比瑞亞：非洲小國，曾數度與台灣建交、斷交，外交游走於台灣、中國之間取利。賴比瑞亞2003年因國內叛亂，總統被迫下台，聯合國派維和部隊前往維護和平，因與台灣有邦交，受到擁有聯合國常任理事國的中國抵制，便與吾國「抾石頭擋路——絕交」。1960年代，賴國有位譯音叫賴什麼的總統來訪，台北市賴氏宗親會，特贈送「宗親之光」錦旗，給賴什麼總統，令人回想起來不禁莞爾。

Tēⁿ-tiȯh lān-chiáu--m̄-chai thâu-bóe

0550 扐著羼屌─唔知頭尾

ㄉㄝ⁷ ㄅㄧ˙ㄜㄏ˙⁸ ㄌㄤ⁷ ㄐㄧㄠ² ── ㄇ⁷ ㄗㄞ ㄊㄠ⁵ ㄇㄨㄝ²

【暗示】不知來龍去脈。

【註解】扐著：握或抓著。羼屌：男人的生殖器，陽具，又名陰莖。陰莖從根部到龜頭，到底根部或龜頭，哪邊是頭？哪邊是尾？

【例句】雲林縣林內鄉長陳河山，對於鄉民連署要罷免他，已達法定人數非常痛心。陳河山自稱林內鄉設垃圾焚化爐，不是他爭取來的，而是縣政府選定要設在林內鄉，做為下屬機關只有接受而已。那些反對設立焚化爐鄉民，「扐著羼屌──唔知頭尾」要罷免他，政治淪落至此，夫復何言？

~~~~~~

Piān-só͘-lāi tôaⁿ gí-tà--chhàu-tōaⁿ

0551 便所內彈吉他─臭彈

ㄅㄧㄢ⁷ ㄙㄛ² ㄌㄞ⁷ ㄉㄨㄚ⁵ ㄍㄧ⁻² ㄉㄚ³ ── ㄘㄠ³ ˙ㄉㄨㄚ⁷

【暗示】愛吹牛。

【註解】便所：廁所，又稱糞坑、屎礐。吉他：彈奏樂器。臭彈：形容愛放話或吹牛。

【例句】台灣電視有一怪異現像，是叩應節目特別多，無論要探討的是怎樣的主題，主持人所邀請與會人士，都是那幾個臉孔。令人莞爾一笑的是這些受邀人士，無論太空上的星星，或地層底下的螞蟻，無所不知，說起來口沫橫飛，而不知東方之既白。
觀眾對於這些「便所內彈吉他──臭彈」的所謂專家、學者、教授，都會搖頭苦笑。

~~~~~~

Piān-só͘ la̍h-chek--chhàu-iāng

0552 便所蠟燭─（臭火）臭颺

ㄅㄧㄢ⁷ ㄙㄛ² ㄌㄚㄏ⁸ ㄗㄝㄍ⁴ ──（ㄘㄠ³ ㄏㄨㄝ²）ㄘㄠ³ ㄧㄤ⁷

【暗示】臭屁。

【註解】便所：廁所，糞坑。蠟燭：油脂製成之一種點火照明用品。臭火：臭氣裡面的火光。含譏諷吹牛的意思。

【例句】林姓老翁找醫師說他的性慾很高，請醫師幫忙降低下來。黃醫師覺得這個老頭子，是「便所蠟燭──（臭火）臭颺」。便笑著說：「阿伯，性慾高是好事，你要我幫些什麼忙？」
「請你把我的性慾，從頭上降到兩腿之間。」

Thì-thâu-tiàm sit-tiān--pháiⁿ-thì-thâu

0553 剃頭店失電—歹剃頭

ㄊㄧ³ ㄊㄠ⁵ ㄉㄧㄚㄇ³ ㄒㄧㄉ⁴ ㄉㄧㄢ⁷ —— °ㄆㄞ² ㄊㄧ³ ㄊㄠ⁵

【暗示】難應付。

【註解】剃頭店：理髮院，理髮廳。失電：停電。

【例句】信誼機械公司，長期為日本豐田會社代工製造汽車零件，每年營業額均高達二億元左右。台灣工商界，對於與日本做生意，普遍都有日本人「剃頭店失電——歹剃頭」的感受。可是信誼公司高董事長則持另種看法，他認為日本人做事一絲不苟，品質要求非常嚴格，是基於要生產最佳品質的產品取悅顧客，為顧客提供最好的服務，對下游廠商嚴格要求品質是合理的。

Thì-thâu-tiàm hioh-khùn--bô-lí-hoat

0554 剃頭店歇眠—(無理髮)無汝法

ㄊㄧ³ ㄊㄠ⁵ ㄉㄧㄚㄇ³ ㄏㄧㄜㄏ⁴ ㄎㄨㄣ³ —— ㄅㄜ⁵ ㄉㄧ² ㄏㄨㄚㄉ⁴

【暗示】拿你沒辦法。

【註解】剃頭店：理髮院，理髮廳。歇眠：休息，公休。

【例句】「蔡公投」，是民進黨立法委員蔡同榮的綽號。蔡同榮在旅美期間，熱中台灣反對運動，主張公投不遺餘力。他認為「公民投票是國民最基本的政治人權」。蔡公投樂此不疲，而且長袖善舞，是著名募款專家。「民視」也是這樣無中生有募款出來的。所以朋友對他都儘量敬而遠之，被他逮到只好苦笑說：「我真是『剃頭店歇眠——(無理髮)無汝法』了。」

Thì-thâu sai-hū kà tô-tē--tùi-thâu khai-sí

0555 剃頭師父教徒弟—對頭開始

ㄊㄧ³ ㄊㄠ⁵ ㄙㄞ ㄏㄨ⁷ ㄍㄚ³ ㄉㄜ⁵ ㄉㄝ⁷ —— ㄉㄨㄧ³ ㄊㄠ⁵ ㄎㄞ ㄒㄧ²

【暗示】從頭做起。

【註解】剃頭店：理髮院、理髮廳。教徒弟：教學徒。

【例句】彰化縣二林鎮各界於2003年9月26日，為「喜樂保育院」創辦人瑪喜樂阿嬤，慶祝九十歲生日。鎮長傅黎興，縣議員鄭汝芬及民眾五百多人，陪伴坐在三輪車上的阿嬤遊街，沿途分發2000個紅蛋，讓民眾一起為阿嬤祝壽，並讓民眾感受美國籍阿嬤，對我國殘障人士的關心貢獻。阿嬤於1960年來台，有感於我國小兒麻痺病童缺乏專人照顧，1974年於偏僻的二林鎮，像「剃頭師父教徒弟——對頭開始」，創立「喜樂保育院」，收容小兒麻痺病童迄今。

Sêng-hông-iâ chhut-sûn--tōa-tāi-chì

0556 城隍爺出巡—大戴誌

ㄒㄧㄥ5 ㄏㄛㄥ5 ㄧㄚ5 ㄘㄨㄉ4 ㄙㄨㄣ5 —— ㄉㄨㄚ7 ㄉㄞ7 ㄐㄧ3

【暗示】大事件。

【註解】城隍：傳說城隍是陰間的判官，各地建廟祀之。城隍屬陰間的神，非重大事故不會出巡，所以城隍爺出巡，即有大戴誌。

【例句】2003年10月15日，有一件「城隍爺出巡——大戴誌」。那是中國發射首艘載人太空船「神舟五號」進入太空。繞地球十四圈後，於16日早晨6時23分，降落在內蒙古大草原。

~~~~~~

Khiong-chú-gâ tiò-hî--soàn-sian

0557 姜子牙釣魚—線仙

ㄎㄧㄛㄥ ㄗㄨ2 ㄫㄚ5 ㄉㄧㄜ3 ㄏㄧ5 —— 0ㄙㄨㄚ3 ㄒㄧㄢ

【暗示】懶散不積極的傢伙。

【註解】姜子牙：姜太公，《封神演義》書中人物，曾在崑崙山學道，後奉師公命輔佐周室。八十歲在渭水河邊釣魚，為周文王訪得，協助完成周業，被神化。姜子牙釣魚，只有釣線沒有餌，被形容為線仙。

【例句】朋友的孩子曾信隆，大學畢業後，也不出去找個工作，或做些生意，整天無所事事，泡茶聊天，我朋友實在看不下去了，每次見到他，都會數落他說「姜子牙釣魚——線仙」幾句。「爸，你不要怨嘆了。」曾信隆回老人家說：「誰叫我老爸，比你老爸有辦法？」

~~~~~~

Khiong-thài-kong tiò-hî--gōan-chià sêng-kau

0558 姜太公釣魚—(願者上鉤)願者成交

ㄎㄧㄛㄥ ㄊㄞ3 ㄍㄛㄥ ㄉㄧㄜ3 ㄏㄧ5 —— ㄫㄨㄢ7 ㄐㄧㄚ3 ㄒㄧㄥ5 ㄍㄠ

【暗示】心甘情願，毫無強迫。

【註解】姜太公：見「姜子牙釣魚——線仙」篇。另一傳說姜太公釣魚時，釣鉤與魚餌離水面三寸，故有「姜太公釣魚——(願者上鉤)願者成交」的歇後語。

【例句】屏東縣自蘇嘉全上任縣長後，每年在東港鎮舉辦「鮪魚節」，拍賣鮪魚，成為觀光旺季。2004年，蘇嘉全雖已高升內政部長，仍然回屏東主持這個「姜太公釣魚——(願者上鉤)願者成交」的拍賣會。今年第一條拍賣的鮪魚，是金昇鴻號船長陳文周捕獲，重達248公斤，以每公斤7,800元，被一張姓婦人標得，蘇部長向張婦致賀，張婦並接受電視專訪，付款時始知不是算尾，一尾7,800元，而是以公斤計價，要2,215,200元，差點嚇暈。最後由東港知名的張泰芳海鮮店，照標價承購，才結束這一烏龍事件。

Kheh-lâng-á chhēng phôe-ê--chiok pi-ai

0559 客人仔穿皮鞋—(著皮鞋)足悲哀

ㄎㄝㄏˋ ㄌㄤˊ ㄚ² ㄑㄧㄥ⁷ ㄆㄨㄝˊ ㄝˊ —— ㄐㄧㄜㄍˋ ㄅㄧˉ ㄞ

【暗示】很悲哀。

【註解】客人仔：客家人。客家人講話的腔調，講腳上穿皮鞋，叫做：著皮鞋。「著皮鞋」台語音近很悲哀的「足悲哀」。

【例句】鄭志龍是位籃球健將，因形象良好而被親民黨提名，當選台北縣立法委員（2001－2004）。他在體壇非常活躍，但進入立法院後卻少有表現。倒是與高金素梅立委的緋聞甚囂塵上，尤其鄭志龍喜歡夜店，終於與妻子呂祖穎分手。行政院以國親版本通過的「319槍擊事件真相調查特別委員會條例」違憲，提請立法院覆議。朝野政黨於2004年9月15日表決的決戰時刻，鄭志龍又落跑，終被親民黨開除黨籍。
下一屆立委肯定「韓信分粿——乞食無份」。鄭志龍的朋友，對於他落到這樣的下場，都說：「鄭志龍真是『客人仔穿皮鞋——（著皮鞋）足悲哀』。」

Kheh-lâng-á chhēng-ê--chiok-hāi

0560 客人仔穿鞋—(著靴)足壞

ㄎㄝㄏˋ ㄌㄤˊ ㄚ² ㄑㄧㄥ⁷ ㄝˊ —— ㄐㄧㄜㄍˋ ㄏㄞ⁷

【暗示】壞透了的意思。

【註解】客人就是客家人，台灣居民福佬人佔多數，客家人其次。在台灣的新竹、苗栗、台中、高雄、屏東及花東等地，都住有客家人。客家人的語言與福佬話音、調、腔都有顯著差別，不熟悉的福佬人聽起來，有時候會啼笑皆非。

【例句】提到兒子我就一把火，大學畢業五年了，也有了兩個孩子，卻整天跟朋友泡茶聊天，再不然便是玩電腦遊戲，更常出國觀光旅遊。我問兒子哪裡有人像他這樣游手好閒？他竟說：「爸，你不要怨嘆，誰叫我爸比你爸有錢？」這孩子真是「客人仔穿鞋——（著靴）足壞」，連這種話也敢講出來。

Kheh-lâng-á chiảh lêng-géng--sí-giān-giān

0561 客人仔食龍眼—死懨懨

ㄎㄝㄏˋ ㄌㄤˊ ㄚ² ㄐㄧㄚㄏ⁸ ㄌㄧㄥˊ ㄧㄥ² —— ㄒㄧˊ ㄧㄢ⁷ ㄧㄢ⁷

【暗示】篤定沒辦法了或束手無策。

【註解】客人仔：客家人。龍眼：複葉常綠喬木，花黃白色，果實呈黃褐色，乳白色透明果肉，甜美可食，可加工晒成龍眼乾。死懨懨：已經沒有辦法挽救了。

【例句】高雄縣林園鄉車床工廠老闆陳恆智，2004年4月12日獨自到檳榔攤附設投幣式卡拉OK唱歌。當時周姓老闆娘因他一個人獨自唱歌，印象深刻。陳恆智唱到凌晨一時，周老闆娘發現他所點唱「最後一夜」的音樂持續播放，卻沒有聽到陳恆智的歌聲，進入探視發現他坐在椅子上，已經是「客人仔食龍眼——死懨懨」，立即報警。陳恆智家屬，對於他在「最後一夜」歌聲中猝死，難以接受，要求查明死因。

Kheh-lâng--á chèng han-chî--chhūn-pān-sí

0562 客人仔種蕃薯─存辦死

ㄎㄝㄏ⁴ ㄌㄤ⁵ ㄚ² ㄐㄧㄥ³ ㄏㄢ ·ㄐㄧ⁵ ── ㄔㄨㄣ⁷ ㄅㄢ⁷ ㄒㄧ²

【暗示】有死的準備。

【註解】客人仔：客家人，台灣苗栗、新竹、台中、高雄、屏東，及花東等地，都有客家人群居。
蕃薯：地瓜。語云：「蕃薯呣驚落塗爛，只求枝葉代代湠」。客家話「種蕃薯」音似台語「存辦死」。

【例句】美國魔術師布雷恩，2003年9月5日，把自己懸吊在英國泰晤士河上方十二公尺透明塑膠箱中，表演為期44天絕食。每天有數以萬計民眾圍觀、監視、嘲諷與加油、鼓勵。布雷恩這種「客人仔種蕃薯──存辦死」的表演，營養學家警告只靠喝水維生，會對心臟器官造成永久傷害。

~~~~~~~~~~~~~~~~~~~~~~~~~~~~~~~~

Kheh-lâng-á bē hoe-kan--bōe-hō-lâng-kàn

0563 客人仔賣花矸─𣍐恆人姦

ㄎㄝㄏ⁴ ㄌㄤ⁵ ㄚ² ㄅㄝ⁷ ㄏㄨㄝ ㄍㄢ ── ㄅㄨㄝ⁷ ㄏㆤ⁷ ㄌㄤ⁵ ㄍㄢ³

【暗示】沒本領或沒本事。

【註解】客人仔：客家人。台灣話有一句罵人沒本事叫做「𣍐恆人姦」，恰與客家人「賣花矸」諧音。

【例句】雲林縣斗南分局新崙派出所警員周慶祥，與妻子感情不睦分居。周於2004年4月13日，由一李姓女子開車相偕，到『虎尾汽車旅館』710號房休息，未久這位新婚不久的大陸李姓女子，打電話到櫃檯求救，幫忙報案。警方人員趕到時，周慶祥赤裸裸躺在床上，已無生命跡象。周某友人惋惜的說：「美嬌娘當前『客人仔賣花矸──𣍐恆人姦』，命該如此？」

~~~~~~~~~~~~~~~~~~~~~~~~~~~~~~~~

Kheh-lâng--á bôa ka-to--bô-kán-tan

0564 客人仔磨鉸刀─無簡單

ㄎㄝㄏ⁴ ㄌㄤ⁵ ㄚ² ㄅㄨㄚ⁵ ㄍㄚ ㄉㄛ ── ㄅㄛ⁵ ㄍㄢ² ㄉㄢ

【暗示】成就不簡單或不容易。

【註解】鉸刀：剪刀。磨鉸刀，客家話聽起來，很像「無簡單」，才有這樣的歇後語。

【例句】台灣電玩小子陳志成、黃裕貴、吳右任三人，2003年7月13日，參加在歐洲捷克舉行的世界電玩小子「神話世紀」聯賽，大獲全勝，包辦前三名。
他們很高興證明「台灣人真厲害」。這些小伙子真是「客人仔磨鉸刀──無簡單」，也為台灣做了很好的國際宣傳。

Kheh-lâng-á ke-sái--kai-sí

0565 客人仔雞屎──(雞屎)該死

ㄎㄝㄏ⁴ ㄌㄤ⁵ ㄚ² ㄍㄝ ㄙㄞ² ── ㄍㄞ ㄒㄧ⁻²

【暗示】很倒霉。

【註解】客人仔：客家人。雞屎：雞的糞便。客家人說雞的糞便，音腔近似台語「該死」。

【例句】1979年「高雄美麗島事件」，當時黨外人士黃信介、康寧祥、林義雄、姚嘉文、呂秀蓮、陳菊、王拓、楊青矗等人，申請12月10日國際人權日在高雄市遊行。警方突然舉行「冬防演習」，禁止一切集會，引起黨外人士不滿，政府說當時軍、警、憲人員，忍辱負重「罵不還口，打不還手」。但旅美作家陳若曦向蔣經國總統反應事實是，軍方封鎖現場『先鎮後暴』。當晚在高雄市開機車行的林文榮，站在店外看黨外人士遊行，遊行隊伍中有個人說要小便，拜託替他拿一下火把，害他被警總抓去刑求，判刑一年六個月。林文榮說「客人仔雞屎──(雞屎)該死」，就該死在他被人家拜託，替他拿火把，被錄影到成為證據充分，百口莫辯。

Kheh-lâng pûn kó-chhoe--tú-tú-hó

0566 客人歕鼓吹──(嘟嘟吼)拄拄好

ㄎㄝㄏ⁴ ㄌㄤ⁵ ㄅㄨㄣ⁵ ㄍㄛ² ㄘㄨㄝ ── ㄉㄨ² ㄉㄨ² ㄏㄛ²

【暗示】剛好。

【註解】客人：客家人。歕鼓吹：吹喇叭。台語剛好「拄拄好」與喇叭「嘟嘟吼」諧音。

【例句】這是令人鼻酸的車禍，徐志康、黃家昌兩人在桃園憲兵隊服役，放假要回台東，車子開到蘇花公路秀林鄉和仁段時，在對向車道被陳永克駕駛的砂石車撞上。徐黃兩位阿兵哥，被卡在車內當場死亡，黃家昌的手機「客人歕鼓吹──(嘟嘟吼)拄拄好」，簡訊跑出妻子的叮嚀：「車子慢慢開，不要因很久沒休假，開很快趕回來，我跟妹妹會等你，不要緊張。」

Sái-tháng siūⁿ-chhián--tū-lān

0567 屎桶傰淺──(拄屧)賭爛

ㄙㄞ² ㄊㄤ² °ㄒㄧㄨ⁷ ㄑㄧㄢ² ── ㄉㄨ⁷ ㄌㄢ⁷

【暗示】令人反感討厭。

【註解】屎桶傰淺：讓人尿尿的桶子很淺，會讓尿尿的人碰到屧屑(陰莖)的意思。這是一句形容詞，有反感、討厭的含意。

【例句】軍機大臣心儀皇后美色，一心想親芳澤，卻苦無機會，便找御醫幫忙安排，只要能親到皇后，願給一千兩銀子酬謝。御醫為了要賺一千兩銀子，也不怕殺頭，便在皇后的奶罩內噴了藥水。皇后洗完澡穿上衣服後，胸部奇癢無比，皇帝慌了立即召見御醫，要求想辦法止癢。御醫說這種癢病，全國只有軍機大臣的唾液有效，不過要四五個鐘頭時間，慢慢的舔才會好起來。軍機大臣終於有機會親到芳澤，好好用舌頭舔吻皇后胸部。可是事後卻不認帳，不但不付一千兩銀子給御醫，更賴帳說沒有這回事，要嘛請皇上聖斷。御醫受騙後，像「屎桶傰淺──(拄屧)賭爛」，為了報復軍機大臣，便在皇帝的內褲裡，噴了同樣的藥水，害皇帝的肛門也奇癢無比。

Sái-tháng gō-hun-tīⁿ--pòaⁿ-tháng sai-á

0568 屎桶五分滇—(半桶屎仔)半桶師仔

ㄙㄞ² ㄊㅊ² ㄍㆤ⁷ ㄏㄨㄣ ㆪㄉㅡ⁷ —— ㆴㄅㄨㄚ³ ㄊㅊ² ㄙㄞ² ㄚ²

【暗示】工夫不專，只學了皮毛而已。

【註解】屎桶：裝糞便的桶子。五分滇：裝滿半桶。糞桶五分滇，也就是半桶糞便，台語叫半桶屎仔。「半桶屎」也就是一個人工夫只學會皮毛而已。

【範句】母親帶孩子去看醫師，醫師為了測試小患者對人體器官的了解，指著孩子的耳朵，問他這是你的鼻子嗎？孩子聽了，誤以為眼前這位醫師，是「屎桶五分滇——（半桶屎仔）半桶師仔」，轉過身對陪他來的母親說：「媽！我們最好另找一位醫師吧！」

~~~~~~

Sái-tháng khui-hoe--sū-tōa-liàu

0569 屎桶開花—(屎大了)事大了

ㄙㄞ² ㄊㅊ² ㄎㄨㄧ ㄏㄨㆤ —— ㄙㄨ⁷ ㄉㄨㄚ⁷ ㄉㄧㄠ³

【暗示】事情鬧大了。

【註解】屎桶開花：裝糞便的桶子裂開了。糞桶裂開了，糞便會四溢弄得滿地都是，所以叫屎大了。「屎大了」與台語把事情鬧大了的「事大了」諧音。

【範句】英國足球金童貝克漢與女助理瑞蓓佳的不倫之戀，成為世界體壇頭條新聞，也已幾近「屎桶開花——（屎大了）事大了」越演越烈，又增加模特兒莎拉、瑪碧珂及前私人助理路絲幾個妞兒。貝克漢雖然強調，他和高貴辣妹維多莉亞的婚姻美滿、幸福，妻子賢慧可人，兩個兒子可愛讓人疼，沒有任何第三者可以介入改變這些事實。但是路絲和莎拉、瑪碧珂，卻大膽爆料小貝床上工夫了得。貝克漢與「百事可樂」、「西門子」簽有廣告協議，品牌價值估計3.7億美元，『不倫之戀』對廣告會有影響。

~~~~~~

Sái-hak-á lāi iúⁿ-sái--chin-piān

0570 屎礐仔內摺屎—真便

ㄙㄞ² ㄏㄚㄍ⁸ ㄚ² ㄌㄞ⁷ ㆪㄧㄨ² ㄙㄞ² —— ㄐㄧㄣ ㄅㄧㄢ⁷

【暗示】很方便。

【註解】屎礐：廁所，又叫便所、毛坑。在廁所裡摺便，摺起來的當然是真的糞便。真的糞便，台語叫「真便」，與真便利同音同字。

【範句】台灣過去乘坐火車，訂車位都要跑到火車站去預購車票，有時候跑了幾趟，還不一定能訂到車票。現在台灣鐵路局售票系統已經電腦化，乘客要預購車票，在電腦上就能預定車票，實在「屎礐仔內摺屎——真便」。

Tè-iâ-kong tâng-ki--sū-sū kài chāi lí ka-kī

0571 帝爺公童乩—事事介在汝家己

ㄉㄝ³ ㄧㄚ⁵ ㄍㄛㄥ ㄉㄤ⁵ ㄍㄧ —— ㄙㄨ⁷ ㄙㄨ⁷ ㄍㄞ³ ㄗㄞ⁷ ㄌㄧ² ㄍㄚ ㄍㄧ⁷

【暗示】凡事全靠你自己。

【註解】帝爺公：俗稱玄天上帝。童乩：乩童，神附在其身上，是神的代言人。事事介在你家己：
凡事要靠你自己。

【範句】蘇明漢拿到美國耶魯大學獎學金，出國當天老爸送他到機場，紅著眼睛，只說：「你已長
大了，到美國那麼遠的地方讀書，沒有父母兄弟在身邊，你要像『帝爺公童乩——事事介
在汝家己』，身體更要照顧好。」

Hēng-chhun siat ki-tiûⁿ--iú ki khó sēng

0572 恆春設機場—有機可乘

ㄏㄧㄥ⁷ ㄘㄨㄣ ㄒㄧㄚㄉ⁴ ㄍㄧ °ㄉㄨㄨ⁵ —— ㄧㄨ² ㄍㄧ ㄎㄜ² ㄒㄧㄥ⁷

【暗示】有機會可以利用。

【註解】恆春：屏東縣轄恆春鎮，為南台灣名風景區，恆春半島有墾丁森林遊樂區、南灣等八景。
交通部2004年1月11日，在恆春五里亭設立機場，有復興和華信班機。

【範句】南台灣的屏東縣，過去要北上到台北的民眾，唯一方便的是搭乘火車，從屏東縣轄內各車
站，乘車到高雄站再轉車往台北。交通部在屏東縣「恆春設機場——有機可乘」到台北，
非常方便。

Chiam-taⁿ kńg chháu-chhiòh--siang-thâu-chiam

0573 尖擔捲草蓆—雙頭尖

ㄐㄧㄚㄇ °ㄉㄚ ㄍㄥ² ㄘㄠ² ㄑㄧㄛㄏ⁸ —— ㄒㄧㄤ ㄊㄠ⁵ ㄐㄧㄚㄇ

【暗示】雙方都厲害。

【註解】尖擔：用竹子削成，做為挑東西的用具。以尖擔為軸捲草蓆，捲好了也露出兩頭尖尖的尖
擔來，故叫「雙頭尖」。

【範句】「聯明」與「宇宙」是國內兩大電腦量販店，合併為「聯宇電腦量販店」。撮合這件資本
額高達八億元的合併案，是大智顧問公司江總經理。同業間很羨慕他仲介這件合併案成
功，問他獲利多少？江總經理說：「不多啦，『尖擔捲草蓆——雙頭尖』，雙方事先說
好，只給我0.5%佣金而已。」

Chhun-thiⁿ ê kóe-chí-hn̂g--ū tō-lí

0574 春天个菓子園─(有桃李)有道理

ㄘㄨㄣ °ㄊㄧ ㄝ⁵ ㄍㄨㄝ² ㄐㄧ² ㄏㄥ⁵ ── ㄨ⁷ ㄉㄜ⁷ ㄌㄧ²

【暗示】正常的事理。

【註解】春天：春季。一年分春、夏、秋、冬四季，每季三個月。菓子園：水菓園。有桃李：桃樹，植物名，落葉喬木，花紅白色，果味酸甘。李樹，植物名，落葉亞喬木，果味甘酸，桃子、李子都是春天的水菓。

【範句】中央研究院長李遠哲博士，到南投清境農場朱銘工作室，拜訪名滿天下的彫塑大師朱銘。李遠哲因已知朱銘只受國小教育，而於無意間問朱銘，他的彫塑技法向誰學習而來？朱銘反問他：「李博士，愛因斯坦的相對論是學來的嗎？」朱銘的話，讓李遠哲越想越覺得「春天个菓子園──（有桃李）有道理」。

~~~~~~

Ní-pò ê pàng-sái--tèⁿ-chheⁿ

0575 染布个放屎─戥星

ㄋㄧ² ㄅㄜ³ ㄝ⁵ ㄅㄤ³ ㄙㄞ² ── °ㄉㄝ³ °ㄘㄝ

【暗示】假惺惺。

【註解】染布个放屎：布匹漂染師解便。戥星：戥星是用力解便，解出來的糞便，有染料的青色。「青」與「星」同音。

【範句】男朋友像「染布个放屎──戥星」的對女友說：「我昨天晚上夢見，我拿著一束花向妳求婚，這是表示什麼？」
「很簡單，」她的女友說：「這表示你睡覺時，比醒的時候還要聰明。」

~~~~~~

Cha-bò-lâng chhùi-khí--(lú gê)lú-ê

0576 查姆人喙齒─(女牙)汝个

ㄗㄚ 万ㄜ² ㄌㄤ⁵ ㄘㄨㄧ³ ㄎㄧ² ── (ㄉㄨ² ㆣㄝ⁵) ㄌㄧ²/ㄉㄨ² ㄝ⁵

【暗示】懷疑物品所屬或肯定所屬是你的問話。

【註解】查姆人：婦女。喙齒：牙齒。汝个：你的。婦女牙齒叫做「女牙」。

「女牙」與台語問物品所屬「你的」同音。

【範句】「你不是說照相機掉了嗎？」「是啊！幸虧有同學撿到送訓導處，我馬上去找柳主任，他問我說照相機，『查姆人喙齒──（女牙）汝个』？你用什麼證明？」我告訴主任，裡面裝的是柯達200底片，他查對後，便交我領回來。

Cha-bó͘-lâng pàng-jiō--(tōa-chā)tōa-chha

0577 查姆人放尿—(大喳)大差

ㄗㄚ ㄅㄛˊ ㄌㄤˊ ㄅㄤˋ ㄖㄧㄛˋ —— (ㄉㄨㄚˋ ㄗㄚˊ)ㄉㄨㄚˋ ㄔㄚ

【暗示】很差或太差勁。

【註解】男女生理有別，男生站著尿尿，女生尿尿要用蹲的。女生膀胱大，尿儲量多，尿尿次數又比男生少，生理構造不方便站著尿尿。女生尿多會發出「大喳」尿聲，「大喳」聲與「大差」語音相近，成為一句嬉謔用語。

【例句】台灣民主先輩、民進黨主席黃信介（第3任）曾說：「獨立可做不可說；統一可說不可做」的名言。他對於該黨有位吳勇什麼的立法委員，要求國泰機構贊助服務處經費，國泰當即樂捐壹佰萬元給他，卻嫌人家給的太少退回。
黃信介罵這位吳立委品格，像「查姆人放尿——（大喳）大差」。

~~~~~~

Cha-bó͘-lâng thǹg-saⁿ--(hiān-ni)hiān-ná

0578 查姆人褪衫—(現乳)現拿

ㄗㄚ ㄅㄛˊ ㄌㄤˊ ㄊㄥˋ ㄙㄚ —— (ㄏㄧㄢˋ ㄋㄧ)ㄏㄧㄢˋ ㄋㄚˊ

【暗示】現拿，現金，沒有賒欠。

【註解】查姆人褪衫：女人脫掉衣服。現乳：衣服脫掉後，雙乳就會現露出來。
「現乳」與台語「現拿」諧音。

【例句】日本巨乳女優草風純，廿五歲，已經拍了三十部AV電影，七本寫真集。2003年7月4日應邀來台，參加「2003台北媒體大展」，穿上火辣比基尼裝，施展誘惑的魅力。草風純在會場臀部一翹，再把雙峰一擠，連空氣都發生陣陣騷動。據說她這趟來台，「查姆人褪衫——（現乳）現拿」新台幣七十萬元。

~~~~~~

Cha-bó͘-gín-á tōa-hàn--hó-kè

0579 查姆囡仔大漢—(好嫁)好價

ㄗㄚ ㄅㄛˊ ㄗㄧㄣˊ ㄚˊ ㄉㄨㄚˋ ㄏㄢˇ —— ㄏㄜˊ ㄍㄝˇ

【暗示】好價錢。

【註解】查姆囡仔：女孩子。查姆囡仔大漢，就是小丫頭長大，亭亭玉立了，已達適婚年齡，可以找個對象嫁出去。可以嫁出去，台語叫做「好嫁」，與價錢好的「好價」同音，成為談話中的諧趣。

【例句】台灣加入世界貿易組織WTO後，與各國自由通商貿易，台灣農業因成本高，比較缺乏競爭力，鳳梨傳說能防治SARS，今年「查姆囡仔大漢——（好嫁）好價」的機會，可能沒有了。

Cha-bó͘-kán kè-tōa-iâ--hó-miâ-siaⁿ

0580 查姆嫺嫁大爺──好名聲

ㄗㄚ ㄅㄜˇ ㄍㄢˇ ㄍㄝˇ ㄉㄨㄚˇ ㄧㄚˋ ── ㄏㄜˇ ㄇㄧㄚˋ °ㄒㄧㄚ

【暗示】聲譽美好，名聞遐邇。

【註解】查姆嫺：昔日富家人嫁女兒，陪嫁過來的俾僕。嫁大爺：查姆嫺地位卑微，嫁給有錢人家。好名聲：查姆嫺能嫁給有錢有身分的人，是令人羨慕的。

【例句】親民黨彰化縣籍立法委員謝章捷，是以服務熱忱、問政認真而有「查姆嫺嫁大爺──好名聲」。謝章捷近日傳出緋聞，女主角劉佩雯長得很漂亮，兩人各以名字一字「捷雯商行」為店名，在三重市開設精品店。謝章捷說《壹週刊》是看圖說故事，記者那麼厲害，應該能找到「319」槍擊陳水扁那兩顆子彈是誰打的？有人說國會議員「白天問政砲力猛，夜晚餘興花樣多」是耶非耶？

~~~~~~

Cha-po͘-lâng chhēng leng-ká--á--bōe-phok ké-phok

0581 查仪人穿奶裇仔──獪博假博

ㄗㄚ ㄅㄜ ㄉㄤˋ ㄑㄧㄥˇ ㄌㄧㄥ ㄍㄚˊ ㄚˊ ── ㄅㄨㄝˇ ㄆㄜㄍˋ ㄍㄝˊ ㄆㄜㄍˋ

【暗示】不懂假懂，不會假裝會的意思。

【註解】查仪人：男人。穿奶裇仔：穿奶罩。男人的胸膛平坦，不像女人有高聳雙峰，故穿奶罩假裝凸出來騙人。

【例句】2004年「320總統選舉」前夕，民進黨正副總統候選人陳水扁、呂秀蓮，在台南市金華路掃街拜票時遭到槍擊，兇手逍遙法外，動機未明，真相不白。國親兩黨正副總統候選人連戰、宋楚瑜，發動多次示威抗議。410那天甚至50萬人群集總統府前，要求「真相大白」。有位「查仪人穿奶裇仔──獪博假博」的仁兄，打電話進去「火線雙嬌」電視叩應節目，說他知道「真相大白」，全國觀眾為之一怔。這位仁兄說他的朋友，生了三個白白胖胖的兒子，分別取名：「大白，二白，三白，其中老二長得『真像大白』。」

~~~~~~

Cha-po͘-lâng bāng-siat--cháu-cheng

0582 查仪人夢洩──走精

ㄗㄚ ㄅㄜ ㄉㄤˋ ㄅㄚㄥˇ ㄒㄧㄚㄉˋ ── ㄗㄠˊ ㄐㄧㄥ

【暗示】看走了眼或有差距。

【註解】查仪人：男人。夢洩：夢遺。走精：夢遺丟失精子。說話發音不準，也叫走精。

【例句】中山先生遺言：「和平、奮鬥、救中國！」據現代精密儀器做聲紋比對，發現是「查仪人夢洩──走精」演變而來的。孫中山臨死前，在北平協和醫院口渴想喝水，卻沒有氣力叫出來，只聽到他不斷的「ㄏ…ㄏ…」。守護的黨國大員，誤以為國父要交代遺言，馬上提筆紀錄：「和…和平」。孫先生聽了很氣，想罵他們「混蛋」，因沒力氣，一直「ㄏ…ㄨ…ㄏ…ㄨ…」，眾大員猜了一會兒，終於猜出來，而寫下「奮鬥」兩字。孫中山看到這批混蛋更加生氣，無奈體力不支，想說「救救…我…」，但只說到「救…救…」，終因缺水而逝。黨國大員們，聽後討論了一會兒，對於孫中山臨終前，仍然不忘「救中國」大為感動，除相擁哭成一團，也將孫中山臨終的「喝水」、「混蛋」、「救救我」。變成「和平！」「奮鬥！」「求中國！」

Oai-chhùi-á chiò-kiàⁿ--hiàn-thiú

0583 歪喙仔照鏡──(現醜)獻醜

ㄨㄞ ㄘㄨㄧˇ ㄚˋ ㄐㄧㄛˇ ㄍㄧㄚˇ ── ㄏㄧㄢˇ ㄊㄨˋ

【暗示】當眾難堪或謙稱才能不足。

【註解】歪喙仔照鏡：嘴巴歪斜的人，照鏡子所呈現出來的形象，是很醜的，等於現醜。「現醜」與「獻醜」台語諧音。

【例句】徐淑貞的媽媽，要她帶許姓男朋友，回來給她認識認識。許紹卿聽到未來丈母娘要召見，喜出望外，除了穿著入時，也想在言行舉止上留下好印象。中午吃飯，許紹卿忍不住放了一屁，他為了掩飾放屁，在有意無意間，用腳尖敲打地板，發出如屁聲的聲響，以免「歪喙仔照鏡──(現醜)獻醜」。沒想到徐淑貞，竟然給他漏氣的說：「紹卿，你想用踏腳地板掩蓋屁聲，那麼氣味呢？」

Chôan-chiu-lâng bē bí-hún--bô-lí-hūn

0584 泉州人賣米粉──無汝份

ㄗㄨㄢˊ ㄐㄧㄨ ㄌㄤˊ ㄅㄝ˙ ㄅㄧˋ ㄏㄨㄣˋ ── ㄅㄛˊ ㄌㄧˋ ㄏㄨㄣ˙

【暗示】沒有你的份兒。

【註解】泉州：位於福建省東南沿海，晉江下游，人口44.4萬人(1986)，有僑鄉之稱。泉州人講話有地方腔調，他們叫賣米粉，給人聽起來頗像「無汝份」。

【例句】行政院長游錫堃於2004年3月17日，總統大選前3天，率領車隊從宜蘭縣頭城鎮出發，花費40分鐘，穿越12.9公里的雪山隧道，抵達台北縣坪林鄉。雪山隧道於1991年7月15日動工，從台北南港到頭城31公里，工程費60億，是全世界地質最惡劣，湧水量最大的隧道，預定明年底通車。通車後台北到宜蘭只要30分鐘。連戰於總統選舉時說：「北宜高速公路，是他行政院長任內施工。」但是政黨已輪替，明年的通車典禮，邀請貴賓的對象，連戰可能是「泉州人賣米粉──無汝份」。

Tōng-siau tiàu chhùi-chhiu--tīn-tōng-hàiⁿ

0585 洞簫吊喙鬚──震動挨

ㄉㄛㄥ˙ ㄒㄧㄠ ㄉㄧㄠˇ ㄘㄨㄧˇ ㄑㄧㄨ ── ㄉㄧㄣ˙ ㄉㄛㄥ˙ ㄏㄞˇ

【暗示】洞簫：竹管做的單管直吹樂器，音色清幽。

【註解】喙鬚：鬍鬚。震動挨：左右擺動。

【例句】台北市有一對羅姓夫妻，開車行經高速公路士林交流道，一時興起把車子停在交流道橋下，見四下無人，便學車床族在車內做愛做的事。因車子像「洞簫吊喙鬚──震動挨」，引起路過交通警察前往察看，看到兩夫妻光著身子正在嘿咻，口中唸著：「南無阿彌陀佛」而離開。

Phàu-á chìm-chúi--chit-siaⁿ put-hiáng

0586 炮仔浸水──一聲不響

ㄆㄠ³ ㄚ² ㄐㄧㄇ³ ㄗㄨㄟ² ── ㄐㄧㄉ⁸ °ㄒㄧㄚ ㄅㄨㄉ⁴ ㄏㄧㄤ⁸

【暗示】沒有反應或不吭氣。

【註解】炮仔浸水：鞭炮浸水潮濕，引信不能導火，便不會爆開，自然一聲不響。

【例句】大陸妹呂素藝投書報紙，請大家幫忙代尋女兒的爸爸吳東信。這位大陸妹說吳東信，前在東莞台商公司服務，兩人相知相愛，進而同居生下一女後，吳東信便像「炮仔浸水──一聲不響」，拋下她們母女迄今三年。呂素藝說如果吳東信不愛她，另結新歡，她遇到薄倖人只能認命。但女兒是他的骨肉，請吳東信帶回台灣扶養。

~~~~~~

Hông-tè jiō-ô--(kok pih) kò·-chip

0587 皇帝尿壺──(國鱉)固執

ㄏㄛㄥ⁵ ㄅㄝ² ㄌㄧㄜ⁷ ㄛ⁵ ── (ㄍㄜㄍ⁴ ㄅㄧㄏ⁴)ㄍㄛ³ ㄐㄧㄅ⁴

【暗示】堅持到底，頑固。

【註解】皇帝：君主國的國家元首尊稱，世襲並終身任職。皇帝專用的尿壺造型像鱉，故叫「國鱉」與台語「固執」諧音。

【例句】中國江西三十三歲女子夏愛風，身高160公分，頭髮卻長達192公分，每星期洗髮一次，每次要花90分鐘。夏愛風是一位頗像「皇帝尿壺──(國鱉)固執」的人。她從二十歲開始留髮，十年來未曾剪過頭髮，她表示要「再接再厲」把頭髮留到2008年北京奧運會。

~~~~~~

Hông-tè ê bó·--liâng-liâng

0588 皇帝仒姆──(娘娘)涼涼

ㄏㄛㄥ⁵ ㄅㄝ³ ㄝ⁵ ㄇㄛ² ── ㄌㄧㄤ⁵ ㄌㄧㄤ⁵

【暗示】輕鬆舒服。

【註解】皇帝仒姆：皇后。娘娘：皇后的另一個尊稱。
「娘娘」與台語輕鬆無所事事的「涼涼」諧音。

【例句】母親節那天，媽媽跟往常一樣，把全家人的髒衣服，放進洗衣機洗，被女兒看到搶走了。「媽，今天是母親節，您不用洗衣服。」媽聽到女兒這麼說頗感窩心，眼眶也紅了起來，想到多年的辛苦，有這樣貼心的女兒，今後可以像「皇帝仒姆──(娘娘)涼涼」了，便把籃子交給女兒：「好！妳洗。」「不是我要洗！」女兒說：「今天是母親節，妳明天再洗吧！」

Séng-chú-sėk--sa-sí-mih

0589 省主席—(省煮熟)沙西米

ㄒㄧㄥ² ㄗㄨˊ ㄙㄜㄍ⁸ —— ㄙㄚ ㄒㄧˊ ㄇㄧㄏ⁴

【暗示】一流的廚藝。

【註解】省主席：前台灣省政府首長，省政府是委員制，委員會的首腦叫省主席。沙西米：日語生魚片。「省主席」與台語生吃省得煮熟的「省煮熟」諧音。

【例句】台灣各縣市為促進生活產業，接連舉辦大型活動，以中部而論，彰化縣「花卉博覽會」、台中縣「大甲媽祖文化節」、南投縣「花卉嘉年華」，無不卯盡全力，但未能大量用在地資材飽受批評。台中市長胡志強，明知黑鮪魚非台中市產物，卻舉辦「促銷黑鮪魚」活動。他「睜著眼睛說瞎話」，說黑鮪魚產自何方不重要，重要是台中市的各廚師，烹調「省主席——(省煮熟)沙西米」黑鮪魚一流，讚！很成功的將台中市的「廚藝」推銷出去。

Khòaⁿ sam-kok ián-gī lâu bảk-sái--thè kó-jîn tam-iu

0590 看三國演義流目屎—替古人擔憂

⁰ㄎㄨㄚˇ ㄙㄚㄇ ㄍㄜㄍˋ ㄧㄢˊ ㄍㄧˉ ㄌㄠˋ ㄅㄚㄍ⁸ ㄙㄞˊ —— ㄊㄜˇ ㄍㄜˊ ㄖㄧㄣˋ ㄉㄚㄇ ㄧㄨ

【暗示】不必要的憂慮或擔心。

【註解】《三國演義》：長篇小說名著。明朝羅貫中著，演述三國時代故事，根據陳壽《三國志》裴松之注及范曄《後漢書》有關傳說，熔裁綜合創作而成。替古人擔憂：《三國演義》所寫係古代的歷史人物，看書替書中人物遭遇及立身處地擔心，是多餘的。

【例句】華人，尤其是中國人與台灣人，長期以來被灌輸南宋抗金英雄岳飛，背上被其母親刺上「精忠報國」，要老百姓學習岳飛對國家「精忠報國」。中國史學家游彪教授，認為岳母姚氏農村婦女，不識半字，不可能為岳飛刺字，是請人在岳飛背上刺字；另有「看三國演義流目屎——替古人擔憂」的學者，認為背上刺字是宋代募兵制，怕軍人逃亡而刺字預防，是耶非耶？

Khòaⁿ-hì lâu bảk-sái--thè-lâng tam-iu

0591 看戲流目屎—替人擔憂

⁰ㄎㄨㄚˇ ㄏㄧˇ ㄌㄠˋ ㄅㄚㄍ⁸ ㄙㄞˊ —— ㄊㄜˇ ㄌㄤˋ ㄉㄚㄇ ㄧㄨ

【暗示】杞人憂天。

【註解】看戲流目屎：欣賞戲劇演出，隨著劇中人物悲慘、不幸遭遇，而感懷流淚。替人擔憂：替別人操心憂慮。

【例句】孫大衛是位在台灣、美國、中國的「金士頓科技集團」的負責人。1996年偕創辦人杜紀川，將手中所持美國公司80%股票，售予日本軟體銀行，得款15億元，拿出其中1億美金，做為員工年終獎金，522位員工，每人平均得到600萬元獎金。這位「不吝與人共享」的實業家，對於國內總統選舉，引發重新驗票訴訟，至今連、宋、陳、呂，對於驗票費用一億多元，到底該由誰負擔？未達成協議。致令這位關心台灣經濟受到影響的科技界大亨，「看戲流目屎——替人擔憂」，捐助1億元的驗票費用，希望選舉紛爭早日落幕。

Chhēng nâi-lóng ê--khòaⁿ-hiān-hiān

0592 穿尼龍仒─看現現

ㄑㄧㄥ⁷ ㄋㄞ⁵ ㄌㄛㄥ² ㄝ⁵ ─ °ㄎㄨㄚ³ ㄏㄧㄢ⁷ ㄏㄧㄢ⁷

【暗示】一清二楚。

【註解】尼龍：工業上一種合成纖維，具有羊毛的性質，用途很多，衣服、玻璃絲襪、杯、盤、地毯、手套等。

【例句】柯耀明和程東興到清境農場露營。他們搭好帳棚，就鑽進裡面睡覺，直到夜深凌晨柯耀明突然起來，發現天上的星星，像「穿龍尼仒──看現現」，搖醒程東興，指著滿天星星問他有何感想？「看到天上那麼多星星，我才瞭解，」程東興滿詩情畫意的說：「人類確實很渺小，應該要謙卑，你呢？」柯耀明對他說：「我看到我們的帳棚被偷了。」

~~~~~~

Chhēng ká-á khiú kah bô-ńg--pún-lâi tiȯh bô

0593 穿裀仔扭伊無裀─本來就無

ㄑㄧㄥ⁷ ㄍㄚ² ㄚ² ㄎㄧㄨ² ㄍㄚㄏ⁸ ㄅㄜ⁵ ㄥ² ── ㄅㄨㄣ² ㄌㄞ⁵ ㄐㄧㄛㄏ⁸ ㄅㄜ⁵

【暗示】無中生有。

【註解】穿裀仔：穿背心。扭伊無裀：被拉到連袖子也不見了。背心本來就沒有袖子，會有這句形容詞，有受到極為熱忱接待，或吹牛與實際不符的意思。

【例句】2000年11月16日，由王健壯擔任董事長，楊照總編輯的「新新聞周刊」715期，指副總統呂秀蓮致電媒體高層，以「嘿嘿嘿」口吻，散布總統府緋聞。呂副總統隨即舉行記者會，表示媒體報導不實。強調這是一宗政治鬥爭陰謀，要求「新新聞」道歉。王健壯回應無道歉問題，是副總統打壓新聞自由。呂秀蓮於12月21日遞狀，要求「新新聞」登報道歉，電視廣告恢復她的名譽。這件「穿裀仔扭伊無裀──本來就無」的「嘿嘿案」，最高法院於2004年4月29日宣判「新新聞」敗訴定讞。

~~~~~~

Âng-mô-thô kiáu-chúi--kâu téng

0594 紅毛塗攪水─(搞硬)搞定

ㄤ⁵ ㄇㄛ⁵ ㄊㄛ⁵ ㄍㄧㄠ² ㄗㄨㄟ² ── ㄍㄠ⁵ ㄉㄧㄥ²

【暗示】抓住目標，搞定對象。

【註解】紅毛塗：水泥。水泥攪沙，會凝結變硬。變硬：即搞硬。
「搞硬」與台語「搞定」諧音。

【例句】台灣金融界貪圖暴利，競相發行「現金卡」產品。第一銀行「增資卡」出現大烏龍，被台南縣仁德鄉潘姓客戶領走3,000萬元。潘姓客戶持有可借額度二萬元的「增資卡」，合約規定半年內若繳息正常，可借最高額度三十萬元。潘姓客戶於2003年8月初，借了第一筆二萬元，其後支付利息二千多元，借用額度隨著借款還款，幾何級數跳到3,000萬元。他突然福至心靈「紅毛塗攪沙──(搞硬)搞定」，向第一銀行借3,000萬元，銀行發現後要追訴，卻是民事借貸關係，徒嘆奈何。

Âng-mô-thô kiáu-soa--(ket-tēng) koat-tēng

0595 紅毛塗攪砂──(結硬)決定

ㄤ⁵ ㄇㄛ⁵ ㄊㄛ⁵ ㄍㄧㄠ² ㄙㄨㄚ ── (ㄍㄝㄉ⁴ ㄅㄧㄥ⁷) ㄍㄨㄚㄉ⁴ ㄅㄧㄥ⁷

【暗示】事情已有定奪了。

【註解】紅毛塗：水泥，因自紅毛荷蘭人傳入，故叫紅毛塗。水泥是苛性石灰與黏土混合燒成硬塊，磨成粉末而成的建築材料，攪砂、砌磚等用途廣又堅硬。
堅硬台語音近「結硬」，「結硬」又與台語「決定」諧音。

【例句】台中女中畢業生張穎華，大學聯考成績達到台大法律系，惟張女家逢921震災，經濟困難，希望繼兩位姐姐之後就讀國防管理學院，將來掛星星，因備取苦惱不已。高雄女中畢業，考上國防管理學院的雷家佳聞悉，「紅毛土攪砂──（結硬）決定」把機會讓給張穎華。雷家成人之美，普獲各界讚揚。

~~~~~~

Âng-ku-kóe pau kiâm-chhài--bô-hó-hòe

0596 紅龜粿包鹹菜──無好貨

ㄤ⁵ ㄍㄨ ㄍㄨㄝ² ㄅㄠ ㄍㄧㄚㄇ⁵ ㄘㄞ³ ── ㄅㄛ⁵ ㄏㄛ² ㄏㄨㄝ³

【暗示】不是好東西。

【註解】紅龜粿：糯米磨成漿，榨乾用粿模印製蒸熟的食品。通常做為喜慶或喪葬祭拜之供品。包鹹菜：紅龜粿大都用甜紅豆或芝麻做餡，若用鹹菜做餡，確實不好吃，也就是無好貨。

【例句】所謂一樣米飼百樣人，確實印證多元社會什麼樣的人都有。「320總統選舉」民進黨提名陳水扁、呂秀蓮、國親推出連戰、宋楚瑜參選正副總統，都是黨內最優秀、最具人望的候選人。但參加「當選無效」及「選舉無效」之訴，驗票工作的新竹區律師羅秉成說，有選民自刻印章，在陳呂連宋四人的照片上，蓋上「都是王八蛋」，顯然在這位仁兄心目中，這四位候選人是「紅龜粿包鹹菜──無好貨」。

~~~~~~

Âng-ku-kóe bòa-iû--súi-bīn

0597 紅龜粿抹油──嬌面

ㄤ⁵ ㄍㄨ ㄍㄨㄝ² ㄅㄨㄚ³ ㄧㄨ⁵ ── ㄙㄨㄧ² ㄅㄧㄣ⁷

【暗示】有面子。

【註解】紅龜粿：以糯米磨漿或麵粉做原料，染紅色，再由龜型粿模印製而成的粿，都用於喜慶祭拜或食用。紅龜粿表面抹油，會亮光好看。

【例句】彰化縣田尾鄉陳姓富家，為了傳宗接代，用錢買了一貧家少女為媳婦。一日兒子從外面回來，看到妻子與母親等人，忙於給一塊塊「紅龜粿抹油──嬌面」一下，竟笑嘻嘻的說：「妳的手，昨晚才摸我的屁屁，沒人敢吃紅龜粿了。」
他的妻子羞愧得無地自容，跑入臥房裡，上吊自殺。

Bí-iông-su--hō͘ lí hó-khòaⁿ

0598 美容師──恆你好看

ㄅㄧ˘² ㄧㄛㄥˊ⁵ ㄙㄨ ── ㄏㄛ˘⁷ ㄌㄧ˘² ㄏㄜ˘² ⁰ㄎㄨㄚ³

【暗示】有給你為難，難看的含意。

【註解】美容師：在女子美容院，為女子做頭髮美容的師傅。美容師的主要工作，是要給女客人美麗好看。
「恆你好看」是美容師主要職責，也是仕女們到美容院的主要目的。

【例句】台中市東區東門里民游某，家中諸事不順，跑到「駐區」土地公廟，祈求土地公伯保佑。並揚言土地公對他的困難若不聞不問，要像「美容師──恆你好看」威脅土地公。土地公不知是忘記或有聽沒有懂，或力有未逮，沒給他幫忙。
游某發起脾氣，找土地公興師問罪，不但把神桌上香爐、供品掃落滿地，還揮拳揍祂老人家。里長蔣錦聰用象杯，問土地公都沒杯，覺得很奇怪，跑到城隍廟問卜，城隍爺才告知蔣里長：「土地公嚇壞了，躲在城隍廟不敢回家。」

~~~~~~

Bí-iông-īⁿ--sêng jîn chi bí

0599 美容院──成人之美

ㄅㄧ˘² ㄧㄛㄥˊ⁵ ⁰ㄧ˘⁷ ── ㄒㄧㄥˊ⁵ ㄖㄧㄣˊ⁵ ㄐㄧ ㄅㄧ˘²

【暗示】助人成功的美事。

【註解】美容院：利用手藝或化粧品，使婦女容貌更漂亮的場所。
謎語有：「美容院」猜成語一句；謎底是「成人之美」。

【例句】同班同學都感到很納悶，林敏雄和黃健二兩個人，都愛上班花劉秀惠，也互不相讓的追求她，畢業後聽說林敏雄和劉秀惠訂婚了，後來怎麼跟黃健二結婚？有人說林敏雄之所以會「美容院──成人之美」，把未婚妻讓給黃健二，是劉秀惠已懷了黃的孩子。

~~~~~~

Bí-kok se-chong--tōa-su

0600 美國西裝──（大軀）大輸

ㄅㄧ˘² ㄍㄜㄍ⁴ ㄙㄝ ㄗㄛㄥ ── ㄉㄨㄚ˘⁷ ㄙㄨ

【暗示】輸得很難看或很慘。

【註解】歐美人士屬白種人，身材、體格都比東方的黃種人高大魁梧，他們穿的西裝，在東方人看起來，都是大號的衣服，台語叫做「大軀」，與輸贏的「輸」同音。

【例句】世界杯足球大賽2002年5-6月，於韓國、日本兩地同步舉行。中國隊磨刀霍霍，計劃至少要踢進世界杯足球大賽十六強之內，結果天不從人願，中國隊「美國西裝──（大軀）大輸」。

Ô-bān-li̍p khiâ o͘-tó͘-bái--chia̍h kah kin-á-ji̍t

0601 胡萬立騎烏托穗─食到今旦日

ㆦ⁵ 万ㄢ⁷ ㄎㄧㄚ⁸ ㄎㄧㄚ⁵ ㆦ ㄉㆦ² 万ㄞ² ── ㄐㄧㄚㄏ⁸ ㄍㄚㆷ ㄍㄧㄣ ㄚ² ㄖㄧㄉ⁸

【暗示】亡命之徒。

【註解】胡萬立：彰化縣永靖鄉醫師。烏托穗：機車。1950年代台灣烏托穗剛上市，價錢昂貴，一縣市沒幾輛，稀罕得很。胡醫師搶先買了一輛，做為往診交通工具，騎上去不會煞車，旁邊的人大聲叫喊：「大家閃開！胡萬立騎烏托穗─食到今旦日！」

【例句】我看到飆車族，那種「愛快不要命」，享受什麼極速快感的年輕人，居然組織200公里車友會，就想到「胡萬立騎烏托穗──食到今旦日」，隨時都會粉身碎骨，飆車有啥意義？

Hô-sîn pôah lo̍h ló͘-kng--o̍ah-o̍ah ló͘-sì

0602 胡蠅跋落滷缸─（活活滷死）活活累死

ㄏㆦ⁵ ㄒㄧㄣ⁵ ㄅㄨㄚㄏ⁸ ㄌㆤㄏ⁸ ㄌㆦ² ㄍㄥ ── ㄨㄚㄏ⁸ ㄨㄚㄏ⁸ ㄌㆦ² ㄒㄧ³

【暗示】活活累死，就是被折磨得快要累死。

【註解】胡蠅：蒼蠅。滷缸：燉滷味食品的缸，叫滷缸。缸是用陶瓷或玻璃等材質製成的，底小、腹大、口窄的貯物器具。
胡蠅跋落滷缸，滷缸裡的滷物都是鹹篤篤，一定會被滷死。

【例句】現代年輕媽媽，遇到還沒出嫁的同學，常常說她們又要上班，又要處理家務，孩子又吵又鬧很難帶，簡直像「胡蠅跋落滷缸──（活活滷死）活活累死」，勸同學最好戀愛不要結婚。

Kîo-á khui n̂g-hoe--piàn-siòng

0603 茄仔開黃花─變相

ㄍㄧㆦ⁵ ㄚ² ㄎㄨㄧ ㄥ⁵ ㄏㄨㆤ ── ㄅㄧㄢ³ ㄒㄧㆦㄥ³

【暗示】本質不變，外表改變。

【註解】茄仔：俗叫「落蘇」。一年生草本，茄科，葉橢圓形，果實長圓形或球形，果皮多紫色，光澤，蔬菜之一。茄子開白花或淡紫色花，開黃花屬變相或變種的茄子。

【例句】農委會農業試驗所王強生博士2003年7月9日宣佈，他們用八年時間，研發彩色米成功，從黑、紅、黃到褐色約12種顏色，是全世界首創百分之百純天然彩色米。這種「茄仔開黃花──變相」的彩色米，相當好看。

Hui-hêng-ki siō-siám--sit-tú-sit

0604 飛行機相閃—(翅拄翅)實拄實

ㄏㄨㄟ ㄏㄧㄥ⁵ ㄍㄧ ㄒㄧㄛ⁷ ㄒㄧㄚㄇ² —— ㄒㄧㄍ⁸ ㄌㄨ² ㄒㄧㄍ⁸

【暗示】旗鼓相當，實力雄厚。

【註解】飛行機：飛機。藉機械或噴射力，在空中飛行的一種交通工具。相閃：擦身而過，飛機擦身而過，會驚險萬分，機翅相碰叫翅拄翅。「翅拄翅」與台語老實人相處，或有實力的人，碰到有實力的人，也叫「實拄實」諧音。

【例句】台灣量販商界，於2004年4月間，傳出潤泰集團「大潤發」，將與遠東集團「愛買」，先友後婚進行合併。「大潤發」年營業額400億元，「愛買」100億元。兩大集團負責人尹衍樑、徐旭東，認為合併並不在於消滅敵人，而是加強競爭力，他們的對手是「家樂福」。「大潤發」與「愛買」兩者合併，是「飛行機相閃——(翅拄翅)實拄實」，希望不要變成量販店的怪獸，為害消費者。

~~~~~~

Hui-hêng-ki téng liâu-thian--ko-tâm

0605 飛行機頂聊天—高談

ㄏㄨㄟ ㄏㄧㄥ⁵ ㄍㄧ ㄉㄧㄥ² ㄉㄧㄠ⁵ ㄊㄧㄢ —— ㄍㄜ ㄉㄚㄇ⁵

【暗示】高談闊論。

【註解】飛行機頂聊天：在飛機上閑聊。

高談：1.高明遠大的論述。2.不切實際的議論。

【例句】《憤怒的葡萄》作者史坦貝克，於1957年出席日本東京筆會時，受到日本文學界熱烈款待，深感吃不消。回國後，這位諾貝爾文學獎得主，像在「飛行機頂聊天——高談」日本之行時，他說：「款待是人所能想出來的，最具有魅力的折磨人的方式。」

~~~~~~

Hui-hêng-ki téng siá bûn-chiuⁿ--ko-lūn

0606 飛行機頂寫文章—高論

ㄏㄨㄟ ㄏㄧㄥ⁵ ㄍㄧ ㄉㄧㄥ² ㄒㄧㄚ² ㄅㄨㄣ ᵒㄐㄧㄨ —— ㄍㄜ ㄌㄨㄣ⁷

【暗示】不切實際的論調。

【註解】飛行機頂寫文章：在飛機上寫作。

高論：1.高明遠大的高論。2.難以實踐的論談。

【例句】法國劇作家馬賽‧阿夏爾，有次應邀演講：「樂觀與悲觀」，他像「飛行機頂寫文章——高論」「樂觀」時說：「所謂『樂觀』也者，是指女人在電話中說『再見』，以為話就會結束的男人。」

Hui-hêng-ki téng toâⁿ-khîm--ko-tiāu

0607 飛行機頂彈琴—高調

ㄏㄨㄧ ㄏㄧㄥ⁵ ㄍㄧ ㄅㄧㄥ² ˙ㄉㄨㄚ⁵ ㄎㄧㆬ⁵ —— ㄍㄜ ㄉㄧㄠ⁷

【暗示】高格調或高調子。

【註解】飛行機頂彈琴：在飛機上彈琴。

高調：1. 不切實際的論調。2. 只會談不去實行或無法實現的論調。

【例句】法國自然主義作家左拉，對於解放女性有獨特的看法。他的獨特看法，也就是他像在「飛行機頂彈琴——高調」。左拉說：「要解放女人之前，我們必先教她如何使用自由。」

~~~~~~

Chiáh keng-chio-phôe--sit-lôan

0608 食芎蕉皮—失戀

ㄐㄧㄚㆷ⁸ ㄍㄧㄥ ㄐㄧㄜ ㄆㄨㆤ⁵ —— ㄒㄧㄉ⁴ ㄉㄨㄢ⁵

【暗示】情場失意。

【註解】食芎蕉皮：吃香蕉皮；這是一句通俗的形容詞。叫失戀的人去吃芎蕉皮，便會好起來。

【例句】2004年5月16日桃園縣中壢市，有一名叫程寶蓮的女子，因「食芎蕉皮——失戀」，跑到威尼斯影城二十二樓女兒牆上，揚言跳樓自殺，與消防隊僵持三個多鐘頭，才結束了這一驚險的命案。

消防隊員為了安撫這位失戀的程女，找來她的男朋友，並帶來結婚證書，半哄半騙她下來，可是程女非常清楚，結婚證書雖有男友簽名蓋章，並有雙方主婚人，但無證婚人，拒絕下來，最後救人要緊，消防隊員才簽下證婚人，而救了程女一命。

~~~~~~

Chiáh âng-khī phòe sio-chiú--chhûn-pān-sí

0609 食紅柿配燒酒—存辦死

ㄐㄧㄚㆷ⁸ ㄤ⁵ ㄎㄧ⁷ ㄆㄨㆤ³ ㄒㄧㄜ ㄐㄧㄨ² —— ㄘㄨㄣ⁵ ㄅㄢ⁷ ㄒㄧ²

【暗示】有死的心理準備。

【註解】紅柿：植物名，柿樹科，落葉喬木，果紅味甜。傳說紅柿忌燒酒，若紅柿與燒酒一同吃喝，會中毒死亡，但未見證實。

【例句】台灣2004年320總統選舉，訴訟還沒落幕，販賣「能量水」的賴注醒，突然以「革命黨」創黨人，散佈傳單將於520第十一任總統就職日，下達終身追殺令，要刺殺陳水扁總統，及前總統李登輝。這位「食紅柿配燒酒——存辦死」的革命黨賴主席，之所以要採取激進手段，是對大選非常不滿。他說當一切和平的體制內手段，都已經用盡，卻無法還原事情真相時，未來不排除更激烈的手段。

Chiàh-pá chò pá-kúi--phòng-tō té-mīa

0610 食飽做飽鬼──脬肚短命

ㄐㄧㄚㄏ⁸ ㄅㄚ² ㄗㄜ³ ㄅㄚ² ㄍㄨㄧ² ── ㄆㄜㄥ³ ㄅㄜ⁷ ㄅㄝ² ㄇㄧㄚ⁷

【暗示】詛咒不得好死。

【註解】食飽做飽鬼：形容吃飽飯沒事幹。脬肚短命：詛咒不得好死之意。

【例句】台南市有一蘇姓十六歲少女，由祖父陪同到警局控告黃姓男友，妨害性自主罪嫌。蘇女指與男友同居懷孕，對方不願支付墮胎費。黃姓男友說和她上床又不只他一個人，要他個人負責不合理。
蘇女說與其他男友做愛，他們都戴保險套，只有姓黃的不戴，當然是要他負責墮胎費，蘇女還指他的鼻尖罵他：「你呀！『食飽做飽鬼──脬肚短命』不得好死。」

Chiàh kún-chúi pàng tê-bí-tê--hóe-tōa

0611 食滾水放茶米茶──火大

ㄐㄧㄚㄏ⁸ ㄍㄨㄣ² ㄗㄨㄧ² ㄅㄤ³ ㄅㄝ⁵ ㄅㄧ² ㄅㄝ⁵ ── ㄏㄨㄝ² ㄅㄨㄚ⁷

【暗示】滿肚子火氣。

【註解】食滾水：喝白開水。喝白開水排放出來的尿，不是白色尿液，竟然是茶水那種褐色，表示此人不是發燒，便是滿肚子火。滿肚子的火氣，台語叫「火大」。

【例句】桃園縣福豐國中校長鄭勝期，到議會報告「老師罰學生脫褲子」事件。鄭校長在議會，受到議員們輪番修理得體無完膚，回校立即召開校務會議，他「食滾水放茶米茶──火大」得不得了，罵李秀珍老師，足足罵了一個多鐘頭。
李秀珍老師因曾、王、吳姓三位同學，強迫其他同學脫褲子，才處罰他們三人在班上當眾脫褲子，讓他們感受一下被脫褲子的滋味。

Chiàh ló͘-n̄ng phòe ko-liâng-chiú--un̄-sí

0612 食滷蛋配高粱酒──穩死

ㄐㄧㄚㄏ⁸ ㄅㄜ² ㄋㄥ⁷ ㄆㄨㄝ³ ㄍㄜ ㄌㄧㄤ⁵ ㄐㄧㄨ² ── ㄨㄣ² ㄒㄧ²

【暗示】必死無疑。

【註解】滷蛋：用醬油、香料、鹽、味素等煮熟的蛋。昔日犯人行刑前加菜，給予滷蛋、高粱酒的豐盛餐食，犯人都知道這是最後一餐了。

【例句】陳美琪突然發現老公右邊睪丸變青色，立即拉他到醫院看診。老醫師說：「以我廿年行醫經驗，那是睪丸癌，必須割掉！」否則「食滷蛋配高粱酒──穩死」。生命要緊，不得不把右睪丸割掉。可是曾幾何時，左邊的睪丸，也不知道是什麼時候，又變成青色。高醫師還是以他廿年行醫經驗，認為這是癌細胞擴散。警告一定也要把那個睪丸割掉，否則她會變成寡婦。兩夫妻擁抱哭了一晚後，也只有接受命運的安排。可是幾天後，老公的陰莖又發現青色。這下子，夫妻哭哭啼啼找老醫師救命。老醫師詳細檢查後，皺著眉頭說：「以我廿年行醫經驗，一定是內褲褪色，絕對沒錯！」

Chiàh-chîm--ài-kóng

0613 食蟳─(愛桸)愛講

ㄐㄧㄚㆷ⁸ ㄐㄧㆬ⁵ ── ㄞ³ ㄍㆲ²

【暗示】愛發言講話。

【註解】蟳：蟹類。蟳桸堅實，桸內蟳仁多，民間視為補品。愛桸：愛吃蟳的腳桸。「愛桸」與台語愛講話的「愛講」同音異字。

【例句】嘉義縣籍民進黨立法委員蔡啟芳，自認為是立法院三寶之一。他在立法院屬於「食蟳──(愛桸)愛講」的立委，曾先後兩次指責教師是混蛋，並先後向全國教師道歉。立法院程序委員會，國親提案替1949~1954年度，駐守大陸江閩浙粵一帶，一萬五千名國軍爭取補償金。
蔡啟芳反諷大喊「我贊成三『眠』主義統一中國！」台聯立委羅志明說，蔡啟芳的三眠主義就是和大陸妹睡三眠。

Hiang-káng-kha hoat-chok--phôe-chiūⁿ

0614 香港骹發作─皮癢

ㄏㄧㄤ ㄍㄤ² ㄎㄚ ㄏㄨㄚㄉ⁴ ㄗㄜㄍ⁴ ── ㄆㄨㆤ⁵ ˚ㄐㄧㄨ⁷

【暗示】言行惹人生氣。

【註解】香港骹：腳趾間之一種濕疹病，也是皮膚病之一。香港骹之特質，是腳趾間會癢，越抓越癢。皮癢的意思是指行為言談惹人家生氣。

【例句】爸爸罵兒子：「你『香港骹發作──皮癢』嗎？怎麼把電視機拆開？」「爸！我是要看看裡面的結構！」「你要是把零件弄丟了，小心我修理你！」
「爸，你放心啦！」兒子說：「我還多出了十多個零件哩。」

Chhò tōa-chhiū liàh poe-chiáu--gōng-tōa-tai

0615 剉大樹掠飛鳥─愚大呆

ㄘㄜ³ ㄉㄨㄚ⁷ ㄑㄧㄨ⁷ ㄌㄧㄚㆷ⁸ ㄅㄨㆤ ㄐㄧㄠ² ── ㄨㆲ⁷ ㄉㄨㄚ⁷ ㄉㄞ

【暗示】愚不可及。

【註解】剉大樹：砍大樹。掠飛鳥：捉樹上的鳥兒。飛鳥棲息在大樹上，高在半空中捉不到，想用砍樹的方法，讓大樹倒下來方便捉鳥，是愚笨的方法。

【例句】所謂「戀愛中的男女，大都是盲目的。」這句話用來形容二十出頭的葉小姐，是非常恰當的。她向台北市松山分局報案，哭訴她在新竹市某飯店擔任服務生，工作繁重，而男友失業在家，較多時間幽會，為了省得沈姓男友約會奔跑，刷卡貸款購買轎車給男友代步，男友竟將轎車登記在另位女友名下。這位「剉大樹掠飛鳥──愚大呆」的葉小姐，不甘人財兩失，控告男朋友涉嫌詐欺及偽造文書。

Pó-hō sī-le̍k--sió-sim-gán

0616 保護視力——小心眼

ㄅㄜ² ㄏㄜ⁷ ㄒㄧ⁷ ㄌㄝㄍ⁸ —— ㄒㄧㄜ² ㄒㄧㄇ ㄤㄢ²

【暗示】肚量窄小。

【註解】保護視力：保護眼睛。小心眼：小心眼睛。

【例句】我陪阿公、阿嬤到台北姑姑家，準備順便到百貨公司，替媽媽買些漂亮的衣服。但是阿公堅持不去百貨公司，我問他老人家，為什麼不去？他說：「台北百貨公司的店員，個個像『保護視力——小心眼』，一半把客人當凱子，一半把客人當小偷，何必到那裡自取其辱。」

Lín-tau bē hóe-thòaⁿ--(o͘-phīⁿ-kóng)o͘-pe̍h-kóng

0617 恁兜賣火炭——(烏鼻孔)黑白講

ㄌㄧㄣ² ㄉㄠ ㄅㄝ⁷ ㄏㄨㄝ² ⁰ㄊㄨㄚ³ —— (ㄛ ⁰ㄆㄧ⁷ ㄍㄛㄥ²)ㄛ ㄅㄝㄏ⁸ ㄍㄛㄥ²

【暗示】亂講話。

【註解】恁兜：你家。賣火炭：賣木炭。木炭是燒了半焦的木料，賣木炭人會弄髒手腳身體，鼻孔弄髒了，叫「烏鼻孔」，與台語亂講話的「黑白講」諧音。

【例句】羅呂兩位教師，是比較談得來的男女同事，也是走得很近的朋友，私底下有沒什麼，也沒人知道，可是同事中卻傳說，兩人經常到賓館開房間。校長利用他們兩人，都外出參加研習的機會，在校務會議上，語重心長的叮嚀大家說：「我們都是教育工作者，不是謠言製造者，千萬不要『恁兜賣火炭——(烏鼻孔)黑白講』，以免妨害別人的家庭。」

Siáu-káu sì-kè-cháu--sí-á

0618 猾狗四界走——死啊

ㄒㄧㄠ² ㄍㄠ² ㄒㄧ³ ㄍㄝ³ ㄗㄠ² —— ㄒㄧ² ㄚ²

【暗示】無目的亂跑，跑到死。

【註解】猾狗：瘋狗，發狂的狗，此句係形容人發狂。四界走：到處亂跑。

【例句】王老先生是位很愛面子的退休醫院院長。有位醫界名人在鄰近買了一幢別墅。新居落成賓客車水馬龍，讓他感到太囂張了，也決定舉辦一場慶祝八十壽誕盛會，給他顏色看看。結果王老先生生日那天，客人一個也沒來，讓他積鬱在胸，整天像「猾狗四界走——死啊」，那樣喃喃自語而終。

王家辦喪事，才發現老院長壽辰請柬，放在儲藏室一張也沒寄出去。

Chhiàⁿ-kúi theh ioh-toaⁿ--uń-sí

0619 倩鬼提藥單—穩死

^{0}ㄑㄧㄚ^3 ㄍㄨ一^2 ㄊㄝㄏ^8 一ㄜㄏ^8 ^{0}ㄉㄨㄚ —— ㄨㄣ^2 ㄒㄧ^2

【暗示】更慘或活不了的意思。

【註解】倩鬼：請鬼魂。提藥單：拿處方。人有病拿著處方到藥房配藥，是希望治癒，如果是請鬼魂去拿藥回來，鬼魂怎會放過你而不索命呢？所以穩死無疑。

【例句】立法院2004年4月28日，邀請內政部長蘇嘉全、警政署長謝銀黨說明「總統遭槍擊案調查進度」。民進黨高雄市籍立法委員郭玫成，對警政署長謝銀黨能力提出質疑。郭玫成指控謝銀黨靠吃案升官，能力不佳，沒有資格當警政署長。讓他偵辦槍擊案無異是「倩鬼提藥單——穩死」。
謝銀黨駁斥絕對沒有靠吃案升官，他從基層做起，早將生命奉獻給台灣社會了。

Chhiàⁿ-kúi i-pēⁿ--pau-sí

0620 倩鬼醫病—包死

^{0}ㄑㄧㄚ^3 ㄍㄨ一^2 一 ^{0}ㄅㄝ^7 —— ㄅㄠ ㄒㄧ^2

【暗示】準死無疑。

【註解】倩鬼：請鬼。醫病：診治疾病。人身體不舒服、有病，要找醫師診病治療，醫師不找找鬼，連命都會沒有。

【例句】台北市18歲男子莊庭語，單戀大他6歲的女子吳淑晴，竟跑到樹林市台北監理所前，吳女工作的富邦保險公司迴龍辦事處守候。這位當美容師的莊庭語，突然拿出一瓶裝滿汽油的寶特瓶衝入室內，然後用汽油淋在吳淑晴的身上，再倒在自己頭上，緊緊抱住她，用打火機點燃。
這種引火共焚的追求方式，有如「倩鬼醫病——包死」，小姐們能不慎乎？

Phòa-pak theh gín-á--phò-sán

0621 剖腹提囡仔—破產

ㄆㄨㄚ^3 ㄅㄚㄍ ㄊㄝㄏ^8 ㄍㄧㄣ^2 ㄚ^2 —— ㄆㄜ^3 ㄙㄢ^2

【暗示】一無所有。

【註解】剖腹提囡仔：係基於產婦生命、身体安全，以外科手術之非自然方法，將嬰兒從母体開刀提出來。破產：法律名詞。債務人盡其所有財產，不足以清償債額，而陷於停止給付，法院依本人或債權人之聲請，所宣告之一種裁定。

【例句】「光泉公司」民國77年，轉投資加盟超商「萊爾富便利商店」，2003年6月20日因虧損15億，聲請「剖腹提囡仔——破產」。「萊爾富」董事長係光泉第三代汪林祥，行銷主任彭傳偉強調公司體質健康，獲利穩定，之所以傳出向法院聲請破產，是光泉家族一成員，因分產有意見，才做出如此大動作，公司並未破產。

Ko-ko put-chāi-ka--sâu-lâi

0622 哥哥不在家—(嫂來)少來

《ㄜ 《ㄜ ㄅㄨㄉ⁴ ㄗㄞ⁷ 《ㄚ — ㄙㄠ⁵ ㄌㄞ⁵

【暗示】不要來那一套。

【註解】哥哥不在家：哥哥出去了。少來：哥哥不在家，人家來找哥哥，嫂嫂出來接待客人，叫嫂來。

【例句】台灣立法院2004年4月爆發一件前無古人，後亦可能無來者的政務官訓誡立法委員「垃圾」事件。這位訓誡朱鳳芝立委的是中央選委會主委黃石城。他在立法院報告總統選舉十大缺失後，請立委提供其他缺失，俾便日後把選務辦得更好。朱立委隨即就黃石城提出的缺失炒冷飯。黃主委說：「你要講的我已講過了，都知道了。」沒想到朱立委竟反問：「你是我肚子裡面的蛔蟲嗎？」
黃主委要她們這些立委「哥哥不在家——(嫂來)少來」做秀，怒指朱委員：「垃圾！我看不起你們這些立法委員！」

~~~~~~

Oân-liîm chhia-thâu--phó͘-thong phó͘-thong

0623 員林車頭—普通普通

ㄨㄢ⁵ ㄌㄧㄇ⁵ ㄑㄧㄚ ㄊㄠ⁵ —— ㄆㄛ² ㄊㄛㄥ ㄆㄛ² ㄊㄛㄥ

【暗示】很尋常，沒有什麼特別。

【註解】員林：彰化縣轄，位於縱貫鐵路花壇鄉、社頭鄉中間。員林鎮係鄉村小都市，人口約15萬人，公共設施都不能與彰化市、台中市相比。員林火車站也一樣，沒有什麼特別，普通普通而已。

【例句】第二屆世紀電玩高峰比賽，2003年8月2日，在台中市「凱撒大飯店」舉行，共有七國十八位頂尖高手參加。台灣美眉SSQ在「魔獸爭霸戰」中，打敗韓國電玩公主。各方對其採用干擾對手的戰術，影響對方資源運用而獲勝，甚為佩服。SSQ很謙虛的說：「員林車頭——普通普通」而已。

~~~~~~

Sun-ngō͘-khong kiò pat-kài--(su-tē) su-chē

0624 孫悟空叫八戒—(師弟)輸諸

ㄙㄨㄣ ㄧㄛ⁷ ㄎㄛㄥ 《ㄧㄜ³ ㄅㄚ⁴ 《ㄞ³ —— (ㄙㄨ ㄉㄝ⁷) ㄙㄨ ㄗㄝ⁷

【暗示】輸了很多。

【註解】孫悟空、豬八戒，是唐三藏西域取經，隨行的徒弟，也就是與沙悟淨同為西遊記中師兄弟。唐三藏徒弟排序，孫悟空為首，豬八戒老二，沙悟淨老三。
豬八戒是孫悟空的師弟，「師弟」與台語輸很多的「輸諸」諧音。

【例句】台灣2004年總統大選前夕，3月19日發生槍擊陳水扁、呂秀蓮事件。有人直接猜測兇手有可能是六合彩組頭。這場總統大選，賭盤原先是陳水扁、呂秀蓮與連戰、宋楚瑜一比五十，到後來越接近投票，連宋民調越高。押住阿扁這邊的組頭，眼看這一局選戰，他們一定是「孫悟空叫八戒——(師弟)輸諸」，橫了心而開槍，是耶非耶？破案便知分曉。

Ka-kī sio-hiu^{n}--bōe kóng phái^{n}-oē

0625 家己燒香—𩑾講歹話

ㄍㄚ ㄍㄧ⁷ ㄒㄧㄜ ⁰ㄏㄧㄨ —— ㄪㄨㄝ⁷ ㄍㄛㄥ ⁰ㄆㄞ² ㄨㄝ⁷

【暗示】不會說自己的壞話。

【註解】家己：自己。家己燒香：自己燒香祈求神明，是不會向神明說自己的壞話。台灣有句諺語：「咒詛恆別人死！」是會有這樣的人，但沒有與自己過不去的人。

【例句】陳水扁總統2004年520就職徽章「心愛台灣」，文化界指出與美國普普藝術家印第安那的「LOVE」系列，「火燒豬頭皮—面熟面熟」。負責籌備的格林文化負責人郝廣才說：「沒有抄襲意圖，而且已經把『LOVE』字體改為橫列。」幸虧「家己燒香——𩑾講歹話」。但是把印第安那『LOVE』系列，引進台北「101公共藝術」設置案的杜象藝術負責人白雅玲認為，應正視「著作人格權問題」。她強調：「視覺背後的文化意涵，應該較視覺上的『像不像』重要。」文化界人士認為，郝廣才既說非抄襲，是原創性作品，那何必更換字體排列？

~~~~~~

Kiong-tiong thài-kàm--tāi-sè í-khì

0626 宮中太監—大勢已去

ㄍㄧㄛㄥ ㄉㄧㄛㄥ ㄊㄞ³ ㄍㄚㄇ³ —— ㄉㄞ⁷ ㄙㄝ³ ㄧ² ㄎㄧ³

【暗示】時勢已經過去了，即時不我予也。

【註解】太監：即宦官，古代在宮中服侍皇上及皇妃等的侍官。侍官被選入官內，須割去生殖器。大勢已去：優勢已經過去了。

【例句】台灣第十一屆總統大選，開票時高潮迭起，忽然連宋勝過陳呂，忽見陳呂超過連宋，讓守候在電視機前，關心開票結果的民眾，個個心跳一百。中央選委會開票開到七點多鐘時，仍然是連宋領先，到了八點多鐘陳呂反敗為勝，一直到開票將近結束，陳呂仍然維持領先，最後由陳呂以6,471,970票，比連宋6,442,452票，多29,518票當選，泛藍陣營這才發現「宮中太監——大勢已去」。

~~~~~~

Sai-kong chhoe hoat-lê--heh-kúi

0627 師公吹法螺—嚇鬼

ㄙㄞ ㄍㄛㄥ ㄘㄨㄝ ㄏㄨㄚㄉ⁴ ㄌㄝ⁵ —— ㄏㄝㄏ⁴ ㄍㄨㄧ²

【暗示】驚嚇鬼魂，有反責問的含義。

【註解】師公：崇奉道教為人處理喪事的道士。吹法螺：法螺是道士的法器，在辦理法事過程中吹用。

【例句】柯先生對律師說：「我兒子把菲傭的肚子搞大了。」「柯先生，你這是『師公吹法螺——嚇鬼』嗎？」律師持疑的說：「貴公子不是才讀國小四年級嗎？」「這小混蛋應該打屁股，」柯先生說：「沒東西玩，竟把每個保險套，都用針把它戳破。」

Sai-kong liām-chiù--(ho·-sîn) hong-sîn

0628 師公唸咒——(呼神)風神

ㄙㄞ ㄍㆤㄥ ㄅㄧㄚㆬ⁷ ㄐㄧㄨ³ ——(ㄏㆦ ㄒㄧㄣ⁵) ㄏㆤㄥ ㄒㄧㄣ⁵

【暗示】態度傲慢不可一世。

【註解】師公：道士，為人處理喪葬祭拜儀式的人。唸咒：宗教中的一種密語，希望他人不順遂的咒罵。道士唸咒是向神明呼請祈求，也就是呼神。
「呼神」與台語愛張揚、愛現的「風神」諧音。

【例句】親民黨籍高雄市立法委員邱毅，於總統選舉當夜，2004年3月21日凌晨，率領泛藍支持群眾，衝撞高雄地方法院及地檢署大門，造成大門毀損，多名員警受傷。高雄地檢署檢察官黃嘉俊、李靜文依「妨害公務」、「違反集會遊行法」、「傷害」、「毀損」等四項罪嫌起訴，具體求刑一年六個月。
邱毅當晚站在指揮車上，衝撞法院大門時，像「師公唸咒——(呼神)風神」得很，還說「暴動就是暴動」、「我們就是搞革命」，檢察官對其起訴後，他說這是民進黨政府對他的「政治謀殺」。

~~~~~~

Sai-kong liām-chiù--sí-koat

0629 師公唸咒——死訣

ㄙㄞ ㄍㆤㄥ ㄅㄧㄚㆬ⁷ ㄐㄧㄨ³ —— ㄒㄧ² ㄍㄨㄚㄉ⁴

【暗示】固定不變的方式或方法。

【註解】師公：道士，為人執行喪葬祭拜、誦經法事的人。師公做法事所唸的咒語，都是那一套內容與方法。

【例句】台灣的民主政治，已經逐漸成熟，人民生活也達到一定的水準，過去各種公職人員選舉，國民黨提名的人選，都是「師公唸咒——死訣」，提名那些具有黑金爭議性的人物。如果不改變策略，可預見的將來，國民黨會死得很難看。

~~~~~~

Sai-kong-tôaⁿ ū-kúi--bô-khó-lêng

0630 師公壇有鬼——無可能

ㄙㄞ ㄍㆤㄥ °ㄉㄨㄚ⁵ ㄨ⁷ ㄍㄨㄧ² —— ㄅㄛ⁵ ㄎㄜ² ㄌㄧㄥ⁵

【暗示】不可能有這回事。

【註解】師公：見「師公唸咒——死訣」篇。師公有法術驅鬼，所以說師公壇有鬼，是不可能的。

【例句】立法院自從前委員朱高正跳上桌子訐譙資深立委後，扭成一團打架已是司空見慣的事。有人因立法院政黨嚴重衝突、對立，而擔憂台灣的前途。這些憂慮都是多餘的，立法委員在「國會殿堂舞春風」，私底下經常相偕欣賞「桃花處處開」。甚至傳說他們好到如「公器私用」、「私器公用」。不過瞭解立法院生態者說：說什麼私器公用啦、公器私用啦，都「師公壇有鬼——無可能」，也太誇張了吧！若說組織「炮兵團」遠征國外，倒是聽說有這麼一回事！

Sai-kong in-tau hóe-sio-chhù--bē-jiáng-leh

0631 師公佢兜火燒茨──獪嚷咧

ㄙㄞ ㄍㆲ ㄧㄣ ㄉㄠ ㄏㄨㆤ˙ ㄒㄧㆦ ㄘㄨ² ── ㆠㆤ⁷ ㆢㄧㄤ² ㄌㆤㄏ⁴

【暗示】理虧或得到好處，不會再嚷叫了。

【註解】師公佢兜：道士的家裡。火燒茨：火災。獪嚷：師公唸經呼咒，聲音很大像用嚷的，所以形容道士家裡發生火災，慌張得要嚷也嚷不出來。

【例句】理髮小姐給一位阿公級老人家理髮，當修面時問他：「阿伯，你的鬍子要修掉或留下來？」「唔剃要留咧！」理髮小姐自忖一下，把話解讀為不剃難道要留下來嗎？一二三便把老人家的鬍子剃掉。後來鬧到派出所，所長聽完兩人的投訴後說：「這件事，你們兩人都是『師公佢兜火燒茨──獪嚷咧』，至於怎樣解決我也不知道。」

~~~~~~

Sai-kong ê lak-tē-á--tē hû-á

0632 師公个橐袋仔──（袋符仔）弟婦仔

ㄙㄞ ㄍㆲ ㆤ⁵ ㄌㄚㆻ⁴ ㄉㆤ⁷ ㄚ² ── ㄉㆤ⁷ ㄏㄨ⁵ ㄚ²

【暗示】弟媳的意思。

【註解】師公：崇奉道教為人處理喪事的道士。橐袋仔：道士所用的提袋。道士的提袋是要放神符，所以叫袋符仔。「袋符仔」與台語弟媳的「弟婦仔」諧音。

【例句】台灣戶政機關統計，國人娶外籍新娘越來越多，外籍新娘已逐漸威脅到台灣女子的結婚和就業機會。林俊夫村長說，他們四個兄弟，「師公个橐袋仔──（袋符仔）弟婦仔」便有兩位大陸妹。林村長說中國只要推行三床政策，台灣就很難應付了。他說中國對台三床政策是：1. 眠床：大陸妹來佔台灣女子的眠床。2. 車床：大陸的勞工來佔台灣工人的車床。3. 病床：大陸老人以依親、探親到台灣佔據老人的病床。

~~~~~~

Têng-chhiu-á phah-chhiú-chhèng--ū kì-lók ō͘

0633 庭鷲仔拍手槍──有紀錄喔

ㄅㄧㄥ⁵ ㄑㄧㄨ ㄚ² ㄆㄚㄏ⁴ ㄑㄧㄨ² ㄑㄧㄥ³ ── ㄨ⁷ ㄍㄧ³ ㄌㄜㆻ⁸ ㆦ⁷

【暗示】資料有記錄，不容否認。

【註解】庭鷲仔拍手槍：是說有個名叫庭鷲的男孩子手淫。
庭鷲仔年輕力壯，發育期間性衝動，宣洩性慾方法是將硬硞硞的陽具，夾在筆記簿裡套弄手淫，讓精子射在裡面，再紀錄日期，統計一個月手淫幾次。

【例句】教育部長黃榮村2003年8月15日，邀請歷任教育部長李煥、毛高文、郭為藩、吳京、楊朝祥、曾志朗座談。黃部長說：「『多元入學』和『九年一貫』政策，這兩艘超級航空母艦撞在一起，爆出『十二年國教火花』，很難釐清誰的功過，誰該負教改失敗責任。」參加座談會的部長都說：「教改還沒結束，沒有成敗問題。」
依歷任部長說法，教改像一堆雞蛋，要全部吃完，才有臭雞蛋的問題。其實歷任部長教改DIY，「庭鷲仔拍手槍──有紀錄喔」，歷史會定功過。

Hāu-tiúⁿ bô-lâi--sûi-lâng chiàh ka-kī

0634 校長無來─隨人食家己

ㄏㄠ⁷ °ㄅㄧㄨ² 万ㄜ⁵ ㄌㄞ⁵ ── ㄙㄨㄧ⁵ ㄌㄤ⁵ ㄐㄧㄚㄏ⁸ 《ㄚ 《ㄧ⁷

【暗示】各自處理。

【註解】彰化縣社頭鄉傳說有一盧姓國中教師,村裡拜平安謝神,盧老師乘機要宴請校長,也力邀同事們當陪客。校長很高興的答應了,卻臨時有事不能赴約。

盧老師失望之餘,便對其他應邀而來做陪賓的同事說:「我有買沒煮,『校長無來──隨人食家己』,對不起。」

【例句】李登輝,中華民國第7-9任總統(1988-2000),並任國民黨主席。2000年總統大選,民進黨陳水扁當選,國民黨連戰落選當日(2000年3月18日),新黨人士謝啟大、馮滬祥等人,竟發動群眾到國民黨中央黨部示威抗議,要求國民黨主席李登輝下台。2000年9月20日,國民黨正式撤銷李登輝黨籍,李登輝求仁得仁,變成與國民黨「校長無來──隨人食家己」。

Toh-téng ê toh-pò--ún-khí

0635 桌頂个桌布─(搵起)穩起

ㄅㄜㄏ⁴ ㄅㄧㄥ² ㄝ⁵ ㄅㄜㄏ⁴ ㄅㄜ³ ── ㄨㄣ² ㄎㄧ²

【暗示】一定漲價。

【註解】桌頂:桌子上。桌頂个桌布:桌子上的抹布,是要用來擦拭桌子的,所以都已經搵了水,準備要擦桌子的。「搵起」與台語穩漲價的「穩起」諧音。

【例句】2004年「520總統就職大典」即將來臨,股票族無不信誓旦旦,看準這一波就職熱,股市一定會翻騰,預估會衝破8,000點。沒人會想到股市「桌頂个桌布──(搵起)穩起」的趨勢,卻因中國總理溫家寶,為了怕經濟過熱,造成通貨澎漲,宣佈宏觀控管。中國宏觀控管,造成台灣股市應聲兵倒如山,甚至2004年5月5日無緣無故,狂洩333點,股價不僅未攀上8,000點,竟跌落到5,854點,已經多人受創陣亡,未亡人也哀鴻遍野。

Mî-se chìm-chúi--pháiⁿ-pháng

0636 棉紗浸水─歹紡

ㄇㄧ⁵ ㄙㄝ ㄐㄧㄇ³ ㄗㄨ² ── °ㄆㄞ² ㄆㄤ²

【暗示】不好應付、難纏。

【註解】棉紗是紡織布匹的半成品原料,要再加工處理,才能成為織布的原料。棉紗浸水,不但會膨脹,也會糾纏在一起,無法紡織,所以叫「歹紡」。

台語「難纏」也叫「歹紡」。

【例句】今天地方法院檢察署開票,終於送到江明祥手中。江明祥之會被告「妨害家庭」,也是活該。朋友都一再提醒他,人家張筱卿是有夫之婦,雖然夫妻感情不好分居,但是夫妻名份還在,不要去惹麻煩。江明祥偏偏不信邪,現在東窗事發,人家張筱卿老公告他妨害家庭,江明祥這下子「棉紗浸水──歹紡」了。

Hái-kháu gín-á poȧh-pâi-á--bô-chhap

0637 海口囝仔拔牌仔──無插

ㄏㄞ² ㄎㄠ² ㆣㄧㄣ² ㄚ² ㄅㄨㄚㄏ⁸ ㄅㄞ⁵ ㄚ² ── ㄅㆦ⁵ ㄘㄚㆴ⁴

【暗示】不管事或不介入。

【註解】海口囝仔:居住在沿海地區的小孩子。拔牌仔:玩牌子或橋牌。玩橋牌要洗牌,但沿海那邊的小孩子,玩橋牌沒有洗牌,也照玩不誤。沒洗牌台語「無插」與不介入事件的「無插」同音同字。

【例句】「民主死了,你難道不難過嗎?」這句話是在中正紀念堂前,靜坐抗議的大學生,2004年4月4日被架離時,對架離他們的警察講的話。儘管民進黨文宣部副主任鄭文燦,指出靜坐示威發起人陳信儒、陳政峰,分別與國親有淵源。和平示威的學生說,關於政黨爭議,他們學生「海口囝仔拔牌仔──無插」。他們和平示威只要求「要真相、反歧視、爭未來」的訴求。

Hái-té chèng-chhang--kin-té-chhim

0638 海底種蔥──根底深

ㄏㄞ² ㄅㆤ² ㄐㄧㄥ³ ㄘㄤ ── ㄍㄧㄣ ㄅㆤ² ㄑㄧㆬ

【暗示】基礎雄厚。

【註解】海底種蔥:在海底裡種蔥。根底深:底層深厚,很紮實。

【例句】曾啟造是一個生長在「海底種蔥──根底深」的富家子弟,大學畢業已經好幾年了,不但不去找個工作做,一天到晚不是和朋友泡茶、聊天、喝咖啡,便是在電腦前玩遊戲,老爸看在眼裡,都會數落他幾句,沒想到曾啟造不但不以為意,還會笑著對老人家說:「爸,您老人家不用怨嘆,我之能這樣過日子,是我老爸比您老爸有辦法。」

Hái-kat-á bô boah-iû--khàm-thâu khàm-biñ

0639 海結仔無抹油──憨頭憨面

ㄏㄞ² ㄍㄚㆵ⁴ ㄚ² ㄅㆦ⁵ ㄅㄨㄚㄏ⁴ ㄧㄨ⁵ ── ㄎㄚㆬ³ ㄊㄠ⁵ ㄎㄚㆬ³ ㄅㄧㄣ⁷

【暗示】搞不清楚情況。

【註解】海結仔:是男士留髮的一種紳士頭。無抹油:沒用抹髮油。憨頭憨面:缺乏警覺性或態度隨便。

【例句】學校下課後,四位老師準備打麻將消遣,又怕警察來,拿一百元交給新來的工友,叫他到外面看看有沒有警察?他們等了半點鐘,才看到這位「海結仔無抹油──憨頭憨面」的工友,氣喘吁吁的跑回來說:「外面沒有警察,所以我跑到分駐所,去叫了一個來。」

Hái-lêng-ông sî-chúi--ké-sè-jī

0640 海龍王辭水──假細膩

ㄏㄞ² ㄌㄧㄥ⁵ ㆦㄥ⁵ ㄒㄧ⁻⁵ ㄗㄨㄧ⁻² ── ㄍㆤ² ㄙㆤ³ ㄌㄧ⁻⁷

【暗示】假裝客客氣氣。

【註解】海龍王：傳說住在海底龍宮，統治魚蝦水族的首領。海龍王是生活在海中的神，說不要水，要辭別海水，都是假的。

【例句】桃園市16歲小女孩小玟，在網路結識24歲水泥工阿成，迸出愛的火花，跑到板橋市和他同居。小玟泰國籍的寡母，無法接受她與網友同居的作法，跑到板橋把小玟帶回家。阿成無法忍受相思之苦，也搬到桃園小玟家同居。同居期間小玟母看著女婿，越看越可愛，而阿成不像一般人「海龍王辭水──假細膩」，也上了岳母。岳母又拉著妹妹、姑姑，親族四人有志一同，與阿成玩起5P遊戲，鄰居看到這一家人，玩亂倫床戲都搖頭不已。

Hang chhân-kap-á--sio-kap

0641 烘田蛤仔──(燒蛤)相容

ㄏㄤ⁵ ㄘㄢ⁵ ㄍㄚㆴ⁴ ㄚ² ── ㄒㄧㄛ ㄍㄚㆴ⁴

【暗示】合併或合作的意思。

【註解】田蛤仔：青蛙、水雞仔，屬兩棲動物，眼大嘴闊，頭寬扁，會游泳，叫聲「合！合！」有些地方叫它「田蛤仔」。昔日農村孩子常常三五成群，到田野釣田蛤仔，回家用火烤食，叫「烘田蛤仔」，也叫「燒蛤」。

【例句】台灣2000年選舉總統，國民黨分裂，宋楚瑜另創親民黨，形成民進黨陳水扁、國民黨連戰、親民黨宋楚瑜，爭奪總統寶座。結果陳水扁拜國民黨分裂之賜，當選中華民國第十任總統。國親兩黨受此教訓，2004年總統選舉，兩黨都認為連宋兩人要「烘田蛤仔──(燒蛤)相容」參選正副總統。

Hang siān-hî--sio-môa

0642 烘鱔魚──(燒鰻)相瞞

ㄏㄤ ㄒㄧㄢ⁷ ㄏㄧ⁵ ── ㄒㄧㄛ ㄇㄨㄚ⁵

【暗示】彼此欺瞞。

【註解】鱔魚：另叫黃鱔，類似鰻魚；魚類，體長呈圓形像鰻魚，常伏水岸溝邊泥洞裡。烘鱔魚：烤鱔魚。烤鱔魚：簡稱燒鱔，常誤為燒鰻。
「燒鰻」與台語互相欺騙的「相瞞」諧音。

【例句】台北市謝姓男子，於2004年6月間，與詹姓少女相戀，因詹女懷孕「奉子之命」步上紅地毯。然而孩子愈大愈不像他，讓他感覺到詹女對他「烘鱔魚──(燒鰻)相瞞」，經DNA比對，才知道他不是孩子的爸爸。謝姓男子說他深愛太太，不想離婚，但也不願當別人的爸爸，提出「親子關係不存在」之訴，儘管太太至死否認和別人上過床，但法院判決「謝與兒子無親子關係」。

O͘-lâng chiảh hóe-thòaⁿ--o͘ chiảh o͘

0643 烏人食火炭—烏食烏

ㄛ ㄌㄤ⁵ ㄐㄧㄚㄏ⁸ ㄏㄨㄝ² °ㄊㄨㄚ³ —— ㄛ ㄐㄧㄚㄏ⁸ ㄛ

【暗示】黑社會強欺弱。

【註解】烏人：黑人。火炭：木炭，木材燒成的燃料。木炭是黑色的，黑人皮膚也是黑色的，以此形容以大欺小，弱肉強食。

【例句】台南地檢署檢察官宋宗儀，涉嫌收賄弊案「烏人食火炭——烏食烏」。台南地檢署已完成第一階段偵察，於2004年4月20日收押禁見。這位司法界多人認為早晚會出事的宋檢察官，涉嫌收賄六千多萬元開賭場；「曾讓遭槍擊退休老師，變成『自導自演』的被告」；也「讓兄弟拿槍指著議長的頭」等八大案。民眾覺得政府讓這樣的檢察官橫行十年也算是奇蹟吧！

~~~~~~

O͘-lâng oē o͘-lâng--bô-iáⁿ bô-chiah

0644 烏人繪烏人—無影無跡

ㄛ ㄌㄤ⁵ ㄨㄝ⁷ ㄛ ㄌㄤ⁵ —— ㄇㄛ⁵ °ㄧㄚ² ㄇㄛ⁵ ㄐㄧㄚㄏ⁴

【暗示】沒有這回事。

【註解】烏人：黑人。烏人繪烏人：黑人描畫黑人，黑畫黑，無影無蹤。

【例句】自知不久人世的婦人，問攝影師以他的技術，能不能在她的脖子上，合成佩戴鑽石項鍊，手指上戴鑽戒？攝影師說沒問題，只是對這種「烏人繪烏人——無影無跡」的戴誌，問婦人這樣做的目的？「我死後我老公一定會把那個狐狸精娶進門來，我要讓她天天在找項鍊和鑽戒。」

~~~~~~

O͘-gû tōa-iáⁿ--hó-khòaⁿ bô hó-chiảh

0645 烏牛大影—好看無好食

ㄛ ㄫㄨ⁵ ㄉㄨㄚ⁷ °ㄧㄚ² —— ㄏㄛ² °ㄎㄨㄚ³ ㄇㄛ⁵ ㄏㄛ² ㄐㄧㄚㄏ⁸

【暗示】虛有其表或中看不中用。

【註解】烏牛：水牛。大影：牛體積大，影子也大。好看無好食：樣子看起來滿大滿好看的，但影子又不能吃。

【例句】張三和李四聽說應召站新來了一位叫安娜的大陸妹，說什麼功夫好又怎麼好，便相偕去應召站找她溫存。他們兩人先後和安娜一番巫山雲雨後，張三覺得安娜只不過「烏牛大影——好看無好食」而說：「還是我的太太好！」
「真的！」李四隨口說：「還是你的太太好！」

O-á-hî chìⁿ-chúi--m̄-jīn-su

0646 烏仔魚箭水──嘸認輸

ㄛ ㄚˊ ㄏㄧ⁵ ˙ㄐㄧˇ ㄗㄨㄟ² ── ㄇ⁷ ㄌㄧㄣ⁷ ㄙㄨ

【暗示】有信心不認輸。

【註解】烏仔魚箭水：烏仔魚習性喜歡逆水而游。嘸認輸：好強不認輸。

【例句】2004年320總統選舉後，國親兩黨指控陳水扁利用319槍擊事件操控選舉，先後發動327、410等「要驗票」、「要真相」的群集抗爭活動，繼則進行內部檢討批判。國民黨中常委陳健治立委等人，則要求包括秘書長林豐正等人，為輔選失敗下台負責。國民黨主席連戰，對於這場選舉，依然如「烏仔魚箭水──嘸認輸」，對其提出「當選無效」之訴充滿信心。認為翻盤機會很大，迫使陳健治收回要求林豐正為敗選負責的發言。

～～～～～～～～～～～～～～～～～～～～～～～～～～～～

O·-chut-á kòe-hô--lāu-kòe-kài

0647 烏卒仔過河──撈過界

ㄛ ㄗㄨㄉ⁴ ㄚˊ ㄍㄨㄝ³ ㄏㄜ⁵ ── ㄌㄠ⁷ ㄍㄨㄝ³ ㄍㄞ³

【暗示】越界，逾越本身職掌或範圍。

【註解】烏卒仔：象棋分紅黑二種棋子，其中「烏卒」與「紅兵」，過了中間的楚河漢界，便能橫衝直走。過了楚河漢界，形容為撈過界。

【例句】新竹市黃姓婦人，懷疑老公有外遇，雇請劉姓徵信員追蹤，發現老公偕女子進入汽車旅館，旋即會同警員，衝入房間時看到老公穿小YG，賴女裹著棉被躺在床上。捉姦搜證過程中，劉徵信員掀開棉被，露出賴女全裸身體拍照存證，兩女並打成一團。事後，黃女告賴女妨害家庭，賴女告黃女傷害，並告劉徵信員妨害自由。新竹法院以兩女均無具體證據各判無罪，但對於劉徵信員「烏卒仔過河──撈過界」強行拍照，認為「讓人行無義務之罪」，判處五個月徒刑。

～～～～～～～～～～～～～～～～～～～～～～～～～～～～

O·-kan-á té tāu-iû-- khòaⁿ bōe chhut lâi

0648 烏矸仔貯豆油──看繪出來

ㄛ ㄍㄢ ㄚˊ ㄅㄝ² ㄅㄠ⁷ ㄧㄨ⁵ ── ˙ㄎㄨㄚˇ ㄇㄨㄝ⁷ ㄘㄨㄉ⁴ ㄌㄞ⁵

【暗示】很意外，沒想到會這樣。

【註解】烏矸：黑色的玻璃罐子。貯豆油：裝醬油。醬油是黑色的，放在黑色的罐子裡，人家是看不出來的。

【例句】羅神父為一對新婚夫婦主持婚禮時，由於新郎、新娘都留長髮，害他像「烏矸仔貯豆油──看繪出來」誰是新郎、誰是新娘？只好笑著對他們說：「請你們當中，哪一位是新郎，吻一下新娘吧？」

Ơ-kan-á té tāu-iû--bô té khòaⁿ

0649 烏矸仔貯豆油─無底看

ㄛ ㄍㄢ ㄚ² ㄉㄝ² ㄉㄠ⁷ ㄧㄨ⁵ ── ㄅㄛ⁵ ㄉㄝ² °ㄎㄨㄚ³

【暗示】看不出來。

【註解】烏矸仔貯豆油：黑的玻璃矸裝醬油。無底看：看不出來。

【例句】「你們知道周董事長的乘龍快婿是誰嗎？」「聽說營業課那個小李子，是嗎？」涂仕強不屑的說：「周小姐眼睛綁起來，也不致於摸到那位瘦哥吧？」「真是『黑矸仔貯豆油──無底看』，小李子竟然雀屏中選周家女婿。」

~~~~~~

Ơ-thôg chìm-chúi--iûⁿ-liáu-liáu

0650 烏糖浸水─溶了了

ㄛ ㄊㄥ⁵ ㄐㄧㄇ³ ㄗㄨㄧ² ── °ㄧㄨ⁵ ㄌㄧㄠ² ㄌㄧㄠ²

【暗示】一無所有或花光了。

【註解】烏糖：黑砂糖。浸水：浸在水裡。黑砂糖是易溶的粉狀物體，浸了水會被水溶化。無了了：什麼都沒有了。

【例句】中國國民黨在台灣，利用長期執政、特權搜刮、侵佔取得不法黨產多達四五千億元，成為每次總統、立委選舉，對手主要攻擊議題，有錢變成選舉的負數。民進黨雖然口口聲聲，要追回黨產歸還全體國民。2000年陳水扁執政後，並未積極進行追討，留做每次選舉有利的競選話題。2004年總統選舉後的四五月份，傳聞國民黨黨產，像「烏糖浸水──溶了了」發不出薪水，顯然快要週轉不靈了。

~~~~~~

Ơ-thôg kiáu-ám--bí-ko-siûⁿ

0651 烏糖攪泔─米糕滒

ㄛ ㄊㄥ⁵ ㄍㄧㄠ² ㄚㄇ² ── ㄅㄧ² ㄍㄜ °ㄒㄧㄨ⁵

【暗示】糾纏不放，藉機吃豆腐。

【註解】糖有烏糖、白糖等多種。泔：煮飯時取出來的米汁，是稀稀的米湯。米糕是糯米飯，有甜的、鹹的。米糕滒：烏糖攪泔，變成黏稠帶滑的髒物，令人不喜歡。

【例句】方天福那個傢伙，好像也不抽煙也不吃檳榔，而且為人一毛不拔，最近卻頻頻買檳榔請大家，讓人好生奇怪。後來有人發現原來是檳榔攤子，最近來了一位很漂亮的檳榔西施，他是藉買檳榔「烏糖攪泔──米糕滒」檳榔西施。

Oˑ-ku sio-phah--khòaⁿ siâng ngē

0652 烏龜相扑──看誰硬

ㆦ ㄍㄨ ㄒㄧㄜ ㄆㄚㄏ⁴ ── ⁰ㄎㄨㄚ³ ㄒㄧㄤ⁵ ㆣㄝ⁷

【暗示】僵持不服輸。

【註解】烏龜：爬蟲類的一種，四腳能爬，腹背都是硬甲。硬甲跟硬甲的兩隻烏龜打架，不但誰也不認輸，而且比誰硬。

【例句】台灣人之所以福氣，就是過了一段熱鬧非凡的總統選舉『假期』，3月20日選後，一幕幕的抗爭好戲接連上演。國親兩黨2004年總統選輸，投票揭曉後即號召泛藍支持者，到凱達格蘭大道上，抗議選舉不公，要求會見陳水扁。陳水扁也不是省油的燈，採取相應不理，連宋則繼續堅持抗爭，陳水扁也繼續視若無睹。
泛藍泛綠變成「烏龜相扑──看誰硬」的比賽。

Oˑ-ku pōng tiòh piah--bóng-liàh

0653 烏龜碰著壁──罔掠

ㆦ ㄍㄨ ㄅㆦㄥ⁷ ㄉㄧㄜㄏ⁸ ㄅㄧㄚㄏ⁴ ── ㆠㆦㄥ² ㄌㄧㄚㄏ⁸

【暗示】不費多少工夫，放棄可惜。

【註解】烏龜：身體藏在硬甲殼中爬行的動物，頭似蛇，有尾，遇敵頭足尾縮入殼中。俗稱王八，長壽。烏龜跑入室內，要出去爬到哪兒都會碰到牆壁，伸手便能捉到。

【例句】人家形容「烏龜碰著壁──罔掠」，是說不必費很大力氣，放棄可惜，但是這句歇後語，用在目前騎著電動代步車，兜售彩券的阮登村身上，則不能說他賣彩券，也是罔賣。阮登村大學畢業，曾是國中教師、主任，當選過台南縣仁德鄉長，後因投資土地開發失敗，又患糖尿病鋸掉一隻腳，生活所迫又不願依賴子女，每日大街小巷，賣彩券笑看人生。
阮登村認為只要不向環境低頭，自我調適，不被自己打敗，就能面對明天。

Oˑ-ke-bó seⁿ pèh-ke-ñg--bô-hi-kî

0654 烏雞母生白雞蛋──無稀奇

ㆦ ㄍㆤ ㆠㆦ² ⁰ㄙㆤ ㄅㆤㄏ⁸ ㄍㆤ ㄋㄥ⁷ ── ㆠㆦ⁵ ㄏㄧ ㄍㄧ⁵

【暗示】事實就是事實，不稀奇。

【註解】雞母生雞蛋，鴨母生鴨蛋，鵝母生鵝蛋，事實如此。雞的品種很多，毛色也不一樣，但是生下來的雞蛋，大多是白色或土紅色的雞蛋。烏雞母生下來的，也有的是白雞蛋，事實如此，沒什麼稀奇。

【例句】2003年6月17日世界衛生組織在馬來西亞吉隆坡，召開SARS防疫會議。吾國蘇益仁、何美鄉、張上淳、陳培哲等，以台灣名義應邀出席，親民黨立法委員高明見醫師，竟以「中國額外代表」名義出席，舉國譁然。高立委辯稱「中國利用我，台灣打壓我」，說高氏被中國利用「烏雞母生白雞蛋──無稀奇」。

O͘-ke seⁿ pėh-ke-nn̄g--sū-sit jû-chhú

0655 烏雞生白雞蛋──事實如此

ㄛ ㄍㆤ ㄎㆤ ㄅㆤㄏ8 ㄍㆤ ㄋㆭ7 ── ㄙㄨ7 ㄒㄧㆵ8 ㄖㄨ5 ㄘㄨ2

【暗示】沒什麼可奇怪的。

【註解】烏雞生白雞蛋：黑母雞下的是白雞蛋。養雞除非在飼料中特別加入某種色素，母雞下的蛋，通常是白色或土黃色而已。事實如此：本來就這樣了，沒什麼可奇怪的。

【例句】黃順興曾任「台東縣長」、「立法委員」、「中國人民大會常務代表」。在他台東縣長任內，有一次帶我到綠島觀光，他指著政治犯監獄說：「國民黨把凡人抓到這裡來，而從這裡回去的則是台灣民主英雄。」嗚呼！「烏雞生白雞蛋──事實如此」，確實令人三思。

O͘-chhiu khîa chúi-gû--bô-sù-phòe

0656 烏鶖騎水牛──無四配

ㄛ ㄑㄧㄨ ㄎㄧㄚ5 ㄗㄨㄧ2 ㆣㄨ5 ── ㄅㄜ5 ㄙㄨ3 ㄆㄨㆤ3

【暗示】不相稱。

【註解】烏鶖：鳥類之一種。喜食水牛身上的小蟲牛蜱，田野裡常看到烏鶖站在牛背上。

【例句】台中市施姓婦人因卵巢功能衰竭無法生育，大她兩歲的姐姐，五年來先後捐了十二次卵給她做試管嬰兒，曾三度懷孕，不幸均告流產。這對姐妹情深，姐姐為了幫妹妹圓育子之夢，忍受捐卵前後醫療措施所帶給她的不適，卻無法圓妹妹生育之夢。醫師頗遺憾的說：姐姐要給妹妹的卵子，大概是「烏鶖騎水牛──無四配」吧。

Bîn-chhn̂g-kha pàng-hong-chhoe--bē-chhiong

0657 眠床骹放風吹──燴衝

ㄇㄧㄣ5 ㄘㆭ5 ㄎㄚ ㄅㄤ3 ㄏㆲ ㄘㄨㆤ ── ㄅㆤ7 ㄑㄧㆲ

【暗示】受限制難發揮。

【註解】眠床骹：床底下。放風吹：放風箏。放風箏，本來就要到野外空曠的地方，風箏才會隨風節節高升飄飛。床底下放風箏，根本不可能，是形容環境受限制，不能大展身手。

【例句】台灣政治體制，到底是總統制抑或內閣制？至今解讀不同。有說總統常常發表類似政策的談話，要行政院執行，是總統制；也有說行政院長是全國最高行政首長，有執行權，是內閣制。台灣不管要走總統制或內閣制，應該修憲明文規定，才不致於像「眠床骹放風吹──燴衝」。

Bîn-chhn̂g-kha pûn-kó-chhoe--tē siaⁿ hā khì

0658 眠床骹歕鼓吹—低聲下氣

ㄅㄧㄣ⁵ ㄔㄥ⁵ ㄎㄚ ㄅㄨㄣ⁵ ㄍㄛ² ㄔㄨㄝ —— ㄅㄝ⁷ °ㄒㄧㄚ ㄏㄚ⁷ ㄎㄧ³

【暗示】恭順害怕言行龜縮。

【註解】眠床骹：床底下。歕鼓吹：吹喇叭。低聲下氣：畏懼害怕小聲謹慎的樣子。人在床底下吹喇叭，必須欠下身子，氣也吹在下面，所以叫做低聲下氣。

【例句】國民黨立法委員初選，於2004年7月間完成，有心角逐第六屆立法委員的準侯選人，每一個都像「眠床骹歕鼓吹——低聲下氣」的走訪基層拜託、拉票。
但是國民黨初選由黨員投票，出現與民意極大落差，因一般人不重視初選往往棄權。倒是黃復興黨部的老兵，則多被動員出席投票，因此造成長期居住香港的影星柯俊雄高票獲得提名，所以有人形容國民黨初選結束，紛爭便開始。

Bîn-bāng chia̍h n̂g-liân--siūⁿ chia̍h-khó͘

0659 眠夢食黃蓮—想食苦

ㄅㄧㄣ⁵ ㄅㄤ⁷ ㄐㄧㄚㄏ⁸ ㄥ⁵ ㄌㄧㄢ⁵ —— °ㄒㄧㄨ⁷ ㄐㄧㄚㄏ⁸ ㄎㄛ²

【暗示】貪圖享受會受苦。

【註解】眠夢：做夢。黃蓮：植物名，多年生草本，高三、四寸至一尺餘，提供藥用，很苦。

【例句】陳玲玉購物刷卡，每個月寄來的帳單越來越多，令老爸非常焦急，問她入不敷出，怎可毫無節制的消費？陳玲玉告訴老爸：時代不同了，有現金才能買東西，那是落伍的觀念。她對老爸展示信用卡說：「一卡在手，行遍天下。」老爸看到她張揚信用卡，罵道：「妳真是『眠夢食黃蓮——想食苦』，是不是？」

Phòa-khà-á pòah pâi-á--chia̍h chi̍t-chiah chhiūⁿ

0660 破卡仔跋牌仔—食一隻象

ㄆㄨㄚ³ ㄎㄚ³ ㄚ² ㄅㄨㄚㄏ⁸ ㄅㄞ⁵ ㄚ² —— ㄐㄧㄚㄏ⁸ ㄐㄧㄉ⁸ ㄐㄧㄚㄏ⁴ °ㄑㄧㄨ⁷

【暗示】口氣大得驚人。

【註解】破卡仔：人名。跋牌仔：用紙牌賭博。牌仔：賭具，如撲克牌、天九牌、四色牌等。食一隻象：是作弊，把關鍵的「象」牌，吞到肚子裡去。

【例句】台北市長馬英九2001年10月4日宣佈：「一個月內要把色情掃出台北市！」台北市警察局一個月下來，查獲色情案535件，逮捕媒介及從事色情交易人數843人，成績雖然輝煌，但是台北市色情業明的何止萬千，暗的更多。非常難抓，也不容易抓完。倒是馬市長，頗和當初任內政部長的林洋港，宣示「要在四個月內，讓鐵窗業蕭條」一樣，都是「破卡仔跋牌仔——食一隻象」，好大的口氣。

Phòa hō͘-soàⁿ--hèng-tián

0661 破雨傘—興展

ㄆㄨㄚ³ ㄏㄛ⁷ ⁰ㄙㄨㄚ³ —— ㄏㄧㄥ³ ㄉㄧㄢ²

【暗示】愛展示，愛張揚。

【註解】雨傘是遮雨的工具，破的雨傘，自然遮不了雨，遮不了雨的雨傘，還要撐開來，雖然已經沒有作用，目的是要人家知道，他也有這樣的「寶貝」。

【例句】邱校長大概是年紀大了，老人囡仔性，只要有人家探望他，他老人家都會搬出二十年前，當校長時的許多「珍貴」活動照片，一張一張敘述當年的往事，「破雨傘——興展」，大家都有點受不了。

~~~~~~

Phòa-chûn thoa-ji̍p-káng--lāu-put-siu

0662 破船拖入港—(漏不修)老不修

ㄆㄨㄚ³ ㄗㄨㄣ⁵ ㄊㄨㄚ ㄖㄧㄅ⁸ ㄍㄤ² —— ㄌㄠ⁷ ㄅㄨㄉ⁴ ㄒㄧㄨ

【暗示】老人修養不好。

【註解】破船就是船破了，壞了。船壞了，破了，要進港修理。有的船老了，也壞得不值得再花錢修理，便閒置港內不修，叫漏不修。

「漏不修」與老人家言行舉動輕浮的「老不修」諧音。

【例句】美國著名諧星鮑霍伯(1903年5月29日－2003年7月27日)享年100歲，以脫口秀笑話風靡全球。金氏世界記錄列為：「有史以來，最受推崇的藝人。」鮑霍伯說：「當你發覺蠟燭的花費，比生日蛋糕多時，就表示你已經老了。」
人老了，要謹言慎行，不要像「破船拖入港——(漏不修)老不修」。

~~~~~~

Phòa la-pà--bē-pûn-leh

0663 破喇叭—獪歕咧

ㄆㄨㄚ³ ㄌㄚ ㄅㄚ³ —— ㄪㄝ⁷ ㄅㄨㄣ⁵ ㄌㄝㄏ⁴

【暗示】不是說大話的場所，或強中還有強中手。

【註解】破喇叭：壞去的喇叭。獪歕咧：不能吹了。

誇口講話，要看場所，不是隨便可說的。

【例句】富婆在喜宴中，展示身上的手飾，對其他女士說：「我都是用白蘭地洗紅寶石，紅酒洗藍寶石，陳年XO洗鑽戒，妳們呢？」富婆不知這個場面，是「破喇叭—獪歕咧」。因為有位女士，以不屑的口吻回她說：「我根本不管它是紅寶石、藍寶石或鑽戒，只要發現有塵埃，便扔掉重買。」

Sîn-bêng poah loh kau-té--liû-sîn

0664 神明跋落溝底──（流神）留神

ㄒㄧㄣ⁵ ㄅㄧㄥ⁵ ㄅㄨㄚㄏ⁸ ㄌㄛㄏ⁸ ㄍㄠ ㄅㄝ² ── ㄌㄧㄨ⁵ ㄒㄧㄣ⁵

【暗示】小心謹慎的意思。

【註解】神明：天神，一般民眾所膜拜的神像。跋落溝底：掉入水溝裡。流神：神像掉落水溝裡，被水流走了。「流神」與台語小心謹慎的「留神」諧音。

【例句】民進黨已經四連霸的立法委員沈富雄，於520總統選舉後，請阿扁總統規定要參加2004年立委選舉的黨員同志，不要把「愛台灣」當做競選口號，引起深綠支持者極大反彈。雖然沈富雄在民調上，遙遙領先其他同志，獲得提名競選連任，可是觀察家說現在民調的票，是泛藍支持者給他的，真正立委選舉時，便『諾是了』，是否如此，看來沈富雄還是要「神明跋落溝底──（流神）留神」，否則會被脫褲子。

~~~~~~

Khih-chhùi hèng lâu chhùi-chhiu--kè-sè

0665 缺喙興留喙鬚──（假勢）架勢

ㄎㄧㄏ⁴ ㄘㄨㄧ³ ㄏㄧㄥ³ ㄌㄠ⁵ ㄘㄨㄧ³ ㄑㄧㄨ ── ㄍㄝ³ ㄙㄝ³

【暗示】擺架子。

【註解】缺喙：兔唇。興留喙鬚：喜歡留鬍子。假勢：裝腔作勢。

【例句】台灣有史以來最大規模的群眾活動，是2004年「327」在總統府前，「救台灣！拚民主！」的抗爭。這場泛藍陣營抗議320總統選舉不公的抗爭活動，由被民進黨開除黨籍的鄭麗文主持。鄭麗文主持這場抗爭，「缺喙興留喙鬚──架勢」十足，極盡諷刺煽動之能事，台下群眾情緒被她一句句挑動起來，沸騰到極點。
有人說鄭麗文這個妞兒，應該積些口德。

~~~~~~

Khih-chhùi kiò mōe-sài--bā-sà

0666 缺喙叫妹婿──密煞

ㄎㄧㄏ⁴ ㄘㄨㄧ³ ㄍㄧㄛ³ ㄇㄨㄝ⁷ ㄙㄞ³ ── ㄅㄚ⁷ ㄙㄚ³

【暗示】緊密結合在一起。

【註解】缺喙：缺唇，亦稱兔唇。兔唇的人講話會因嘴唇缺裂而漏風走音，叫「妹婿」令人聽起來，頗像緊密的「密煞」。

【例句】發生於2004年3月20日，台灣總統選舉前一天，陳水扁總統、呂秀蓮副總統，在台南市遊街拜票時被槍擊案，最令泛藍陣營無法接受，讓原本民調一直高於陳呂的連戰、宋楚瑜變成落選。連宋陣營認為這兩顆子彈，怎麼像「缺喙叫妹婿──密煞」，那麼恰巧只造成陳、呂兩人皮肉之痛的輕傷。

Khih-chhùi chiàh-hun--ū-phó͘

0667 缺喙食薰─(有噗)有譜

ㄎㄧㄏ⁴ ㄘㄨㄟ³ ㄐㄧㄚㄏ⁸ ㄏㄨㄣ ── ㄨ⁷ ㄆㄛ²

【暗示】有眉目或有道理。

【註解】缺喙：兔唇。食薰：抽煙。有噗：抽煙時吞雲吐霧，台語叫「有噗」。

「有噗」與台語有眉目、有道理的「有譜」諧音。

【例句】農會供銷部日用品大賣場，營業額一直拉不起來。總幹事召開全體職員會議，希望能把生意搞起來。信用部胡主任提議，每位職員每個月負擔一萬元銷售額，為期一年。胡主任估計職員80人，每人每月一萬元，一年消費額高達960萬元。劉總幹事聽到胡主任的計劃後說：「胡主任的建議，『缺喙食薰──(有噗)有譜』，請人事主任研擬獎懲辦法。」

Khih-chhùi chiàh kiâm-chhài--hâu-siân

0668 缺喙食鹹菜─(好鹹)好險

ㄎㄧㄏ⁴ ㄘㄨㄟ³ ㄐㄧㄚㄏ⁸ ㄍㄧㄚㄇ⁵ ㄘㄞ³ ── ㄏㄠ⁵ ㄒㄧㄢ⁵

【暗示】好危險的事。

【註解】缺喙：兔唇。鹹菜：用鹽醃漬的青菜。兔唇因嘴唇缺陷，講話漏氣聲音不清楚，把鹹菜「好鹹」叫做危險的「好險」。

【例句】衛生署長涂醒哲，人稱「預防政治專家」，預防自己職位比預防全民健康更用心。立法委員李慶安硬拗涂氏於2002年10月間在KTV，酒後對鄭可榮舔耳性騷擾。他一邊召開記者會否認，一邊到KTV與小鄭對質，展現十足「過動兒」特性。

涂署長後因衛生署「告訴你SARS和匪諜都來自中國大陸，SARS沒有匪諜多」廣告，被指吊兒郎噹，防疫不力下台。

涂醒哲於交接時說：「我卸任後頭腦即刻清醒起來。」果真如此，叫這種人當全民保健首長，也真是「缺嘴食鹹菜──(好鹹)好險」。

Khih-chhùi bē lâ-bah--bâ-bā

0669 缺喙賣蜊肉─冇冇

ㄎㄧㄏ⁴ ㄘㄨㄟ³ ㄇㄝ⁷ ㄌㄚ⁵ ㄇㄚㄏ⁴ ── ㄇㄚ⁵ ㄇㄚ⁷

【暗示】緊密無間。

【註解】缺喙：兔唇。蜊：蛤蜊，水產軟體動物，瓣鰓類，棲息海沙中。

【例句】2004年3月20日總統選舉結果，陳水扁以些微差距當選連任，泛藍陣營認為3月19日槍擊陳水扁，政府啟動「國安機制」，數十萬軍、憲、警，無法投票影響選舉，定327號召50萬人，於總統府前「拚民主、救台灣」抗爭。

陳水扁為了推動兩岸關係，於3月26日邀請中央研究院長李遠哲，共商大陸政策。政治觀察家認為總統選舉，已經把台灣族群撕裂，如不用心修補到「缺喙賣蜊肉──冇冇」，談兩岸關係都是多餘的。

Khì-chhùi--(pháiⁿ-chim)pháiⁿ-sim

0670 缺喙——(歹唚)歹心

ㄎㄧ³ ㄘㄨㄧ³ —— (˚ㄆㄞ² ㄐㄧ-ㄇ) ˚ㄆㄞ² ㄒㄧ-ㄇ

【暗示】壞心腸或壞心地。

【註解】缺喙：缺唇或稱兔唇。歹唚：兔唇因嘴唇缺陷很難親吻，很難親吻叫「歹唚」。「歹唚」與台語心地不好的「歹心」諧音。

【例句】台北縣黃姓男子，懷疑吳姓妻子有外遇，請徵信社跟監，偷拍到與他人當街擁抱親吻的鏡頭，而訴請離婚。吳姓女子當庭說，她早就知道有「缺喙——（歹唚）歹心」的人跟監她；以為是情夫的老婆派來的，故意當街表演親密狀，要氣對方的老婆。板橋地方法院法官，判准這對怨偶離婚。

~~~~~~

Khì-chhùi pûn kó-chhoe--bâ-bā

0671 缺喙歕鼓吹——峇峇

ㄎㄧ² ㄘㄨㄧ³ ㄅㄨㄣ⁵ ㄍㄛ² ㄘㄨㄝ —— ㄇㄚ⁵ ㄇㄚ⁷

【暗示】恰到好處。

【註解】缺喙：天生上唇有缺裂。鼓吹：樂器，鼓、鈸、簫等合奏的樂器。峇峇：密合得恰到好處。鼓吹有個吹氣口，吹氣口有一個銅幣大小的薄片抵住嘴唇，兔唇的人把吹氣口含在口中，因銅幣抵著剛好看不出兔唇。

【例句】在網路上標榜是「台灣水電工」、「台灣宋慧喬」的本土A片演員「阿賢」與「萱萱」，因公然演出性交畫面，被依「妨害風化罪」，函送台北地檢署偵辦。
「阿賢」與「萱萱」在地檢署，均承認三點全露真槍實彈演出，但不知有罪。他們辯說包括檢察官本人，大家天天都在演同樣的戲碼，何罪之有？男女主角倆人供詞「缺喙歕鼓吹——峇峇」，令檢察官苦笑不已。

~~~~~~

Chhàu-hīⁿ-lâng i-seng--bô thiaⁿ pēⁿ-lâng leh haiⁿ

0672 臭耳聾醫生——無聽病人咧呻

ㄘㄠ³ ˚ㄏㄧ⁷ ㄌㄤ⁵ ㄧ ㄒㄧㄥ —— ㄇㄛ⁵ ˚ㄊㄧㄚ ˚ㄅㄝ⁷ ㄌㄤ⁵ ㄌㄝ ㄏㄞ⁴ ˚ㄏㄞ

【暗示】麻木不仁。

【註解】臭耳聾醫生：耳朵聾的醫師。無聽病人咧呻：沒聽到病患呻吟叫苦。

【例句】國民黨、親民黨2004年提名正副總統候選人連戰、宋楚瑜競選敗選後，至今未曾深切反省，改革圖強，卻還在一味指責民進黨作假，忽視基層黨員要求中央為敗選下台負責。國民黨2004年5月21日依例召開中常會，曾要求秘書長林豐正為敗選下台負責的陳健治，又再度指責林豐正，是「臭耳聾醫生——無聽病人咧呻」，要他引咎辭職，不要藉口國親合併，拖延不下台。

Chhàu-thâu pau-pò--(hông-sîn)　hong-sîn

0673 臭頭包布─(防蠅)風神

ㄘㄠ³ ㄊㄠ⁵ ㄅㄠ ㄅㄛ³ ── (ㄏㄥ⁵ ㄒㄧㄣ⁵) ㄏㄥ ㄒㄧㄣ⁵

【暗示】愛出風頭或愛現。

【註解】臭頭：癩痢頭。包布：癩痢頭有臭腥味，會招來蒼蠅，以防止蒼蠅飛來沾食。防止蒼蠅的「防蠅」，與台語愛張揚臭屁的「風神」諧音。

【例句】林奕銘是遠近馳名的「臭頭包布──(防蠅)風神」的法官，他很傲慢的問修鞋童說：「很多人還搞不懂到底是法律重要，還是法官重要，你認為呢？」「當然是法官重要！」修鞋匠說：「那還用說！」林法官很高興的多給了他小費，然後問他：「能告訴我，為什麼法官重要？」
「因為，」修鞋匠據實說：「因為法律沒有鞋子讓我修理。」

Bông-bū khòaⁿ-hoe--ná-khòaⁿ ná-hoe

0674 茫霧看花─愈看愈花

ㄅㄛㄥ⁵ ㄅㄨ⁷ °ㄎㄨㄚ³ ㄏㄨㄝ ── ㄋㄚ² °ㄎㄨㄚ³ ㄋㄚ² ㄏㄨㄝ

【暗示】越看越不知所以。

【註解】茫霧：是迷茫的水蒸氣，水蒸氣凝聚成為水滴，接近地面成迷茫的形狀。茫霧看花：視力昏花看不清楚。

【例句】台灣2004年3月20日總統選舉，總統府秘書長邱義仁說是「割喉之戰。」政務委員陳其南博士說是「打歹行情的選舉」。選舉開始，國親兩黨提名的連戰、宋楚瑜，即與民進黨提名尋求連任的陳水扁、呂秀蓮對上。藍綠兩大陣營，即將競選主題，由國計民生轉向抹黑比賽，而且越抹越黑，高潮迭起，讓全國民眾，像「茫霧看花──愈看愈花」，不知選哪位好，簡錫堦的『廢票聯盟』因而產生。

Chháu-lâng phah-hóe--chū-sin lân-pó

0675 草人扑火─自身難保

ㄘㄠ² ㄌㄤ⁵ ㄆㄚㄏ⁴ ㄏㄨㄝ² ── ㄗㄨ⁷ ㄒㄧㄣ ㄌㄢ⁵ ㄅㄛ²

【暗示】自顧不暇。

【註解】草人：用稻草綁成的假人，嚇唬小鳥飛下來吃農作物。扑火：救火。草人本身就是易燃物，怎能打火？

【例句】游立強偕新婚妻子回娘家，老丈人看到小兩口子恩恩愛愛，便拉著女婿到旁邊，低聲說：「阿強，你一定要好好照顧…」游立強沒待丈人說完，便接說下去：「爸，你老人家放心，我一定會好好照顧阿珍。」老丈人看看嬌豔女兒，又看看虛弱的女婿，對他說：「我是要你好好照顧自己的身體，不要『草人扑火──自身難保』，還想照顧阿珍？」

Chháu-lâng moa chang-sui--ké-kúi ké-kòai

0676 草人襪榙蓑──假鬼假怪

ㄘㄠ² ㄌㄤ⁵ °ㄇㄨㄚ ㄗㄤ ㄙㄨㄧ ── 《ㄝ² 《ㄨㄧ² 《ㄝ² 《ㄨㄞ³

【暗示】假裝鬼怪嚇人。

【註解】草人：見「草人扑火──自身難保」篇。草人襪榙：是要假鬼怪嚇人。

【例句】西洋人的萬聖節傳到台灣來，連我們學校也投學生所好，舉辦萬聖節「草人襪榙蓑──假鬼假怪」的表演，自由報名參加比賽，由學生和老師共同評選，前五名還有獎品哩！

Chháu-tē chhin-ke chē tōa-uī--lâng-sông lé bē-gōng

0677 草地親家坐大位──人㑖禮獪戇

ㄘㄠ² ㄉㄝ⁷ ㄑㄧㄣ 《ㄝ ㄗㄝ⁷ ㄉㄨㄚ⁷ ㄨㄧ⁷ ── ㄌㄤ⁵ ㄙㄛㄥ⁵ ㄌㄝ² ㄎㄝ⁷ ㄍㄛㄥ⁷

【暗示】言談舉止，進退有據。

【註解】草地親家：鄉下的親家翁。坐大位：坐首席。人㑖禮獪戇：草地來的親家翁，看來有點像土包子，但禮節還是相當有水準的。

【例句】社興國小舉辦建校一百周年慶祝活動，校長和家長會決定敦請陳水扁總統，以及年齡最高的老校友──蘇錦樹老先生，共同主持剪彩儀式。
這位年齡高達一百零六歲的蘇老校友，「草地親家坐大位──人㑖禮獪戇」，能和阿扁總統共同主持校慶，高興得不得了，當場宣佈樂捐母校新台幣壹佰萬元。

Chháu-hoe-láng--kan-khó chē-kòa

0678 草花籠──（干焦誮蓋）艱苦誮卦

ㄘㄠ² ㄏㄨㄝ ㄌㄤ² ── 《ㄢ ㄎㄛ² ㄗㄝ⁷ 《ㄨㄚ³

【暗示】辛苦得不斷抱怨。

【註解】草花籠：裝草花的籠子。草花重量很輕，為節省運輸成本，各種草花裝在一個籠裡，為提取方便，一個籠子有幾個口，這種籠子優點好像只有蓋子多而已。
「蓋子多而已」台語叫「干焦誮蓋」與辛苦得要死的「艱苦誮卦」諧音。

【例句】台灣2004年3月總統大選只剩五個月，民進黨總統候選人陳水扁，尚未推出副手人選，僅暗示「扁蓮配」繼續爭取連任。引起民進黨內派系熱烈爭論，尤其「新潮流系」是「草花籠──（干焦誮蓋）艱苦誮卦」。
民進黨立法院黨團總召集人段宜康說：「阿扁總統天威難測，但如果提名呂秀蓮，公職人員再怎麼感到失落，都會含淚輔選。」

Chháu-soh á pak tāu-hū--khì-liáu-liáu

0679 草索仔縛豆腐—去了了

ㄘㄠ² ㄙㄛ ㄏˋ ㄚ² ㄅㄚㄍˋ⁸ ㄉㄠ⁷ ㄏㄨ⁷ —— ㄎㄧ³ ㄌㄧㄠ² ㄌㄧㄠ²

【暗示】完了。

【註解】草索仔：用稻草編織的繩子。縛豆腐：用草織繩子綁軟綿綿的豆腐，會碎掉。

【例句】立法院於2003年11月27日，以115票對95票，表決通過我國第一部「公民投票法」。院長王金平於是敲下議事槌，宣佈「公民投票法」通過。
「公民投票」是民進黨長期主張的公民基本政治權利，也是被譽為「蔡公投」的立法委員蔡同榮，長期奮鬥的目標。可是表決當天，民進黨總召柯建銘示意棄守，不再堅持行政院版本，導致「草索仔縛豆腐——去了了」，通過國民黨、親民黨的「公投法版本」，被譏為「不能公投的公投法」。

~~~~~~

Chháu-chhù kòa ian-tâng--hi-hán

0680 草茨掛煙囪—稀罕

ㄘㄠ² ㄘㄨ³ ㄍㄨㄚ³ ㄧㄢ ㄉㄤ⁵ —— ㄏㄧ ㄏㄢ²

【暗示】稀有的東西或景物。

【註解】草茨：用稻草搭成的房子。稻草搭建的草房子，要裝設煙囪，是少見的稀罕裝設。民國卅六年，騎腳踏車要行車執照，而且行車執照是薄薄一張紙，你相信嗎？

【例句】彰化縣社頭鄉民楊秋東，保留著一張腳踏車「行車執照」，像「草茨掛煙囪——稀罕」得很，各地方舉辦文物展覽，也經常向他租借展出。

~~~~~~

Chháu-chhù chīng thih-thang--bô sù-phòe

0681 草茨裝鐵窗—無四配

ㄘㄠ² ㄘㄨ³ ㄗㄥ⁷ ㄊㄧㄏ⁴ ㄊㄤ —— ㄅㄛ⁵ ㄙㄨ³ ㄆㄨㄝ³

【暗示】不搭調。

【註解】草茨：用稻草搭成的房子。鐵窗：鐵框做成的窗子。稻草搭建的草茅，已經很簡陋了，還要裝設鐵窗，不搭調會令人感到怪怪的。

【例句】台灣省某局長的兒子，許X仁是留美博士，長得又帥，娶了某財團董事長的女兒。財團董事長這位女兒聽說智商不高，可說有點問題，當時很多人說這對名門聯婚，「草茨裝鐵窗——無四配」，到底四不四配，只有當事人知道。

Chháu-bō nōa liáu piⁿ--bô-iân

0682 草帽爛了邊─（無沿）無緣

ㄘㄠ² ㄇㄛ⁷ ㄋㄨㄚ⁷ ㄌㄧㄠ² ㄅㄧ ── ㄇㄛ⁵ ㄧㄢ⁵

【暗示】沒有情緣。

【註解】草帽：用草編織的帽子。帽子邊沿爛了邊，等於變成「頂好」的無沿帽子。「無沿」與台語沒有情份姻緣的「無緣」諧音。

【例句】「有緣、無緣、大家來做伙，燒酒飲一杯，乎乾啦，乎乾啦！」這首「流浪到淡水」的流行歌，是由陳明章所作，由一向於淡水地區茶室「那卡西」走唱的金門王和李炳輝，兩位相依為命的盲者唱紅起來。這首市井俗味，由金門王、李炳輝唱紅後，成為2000年代，台灣大人小孩都會唱的流行歌。金門王在「台灣紅歌星」節目，錄製時唱完「媽媽，請你也保重」後，於2002年5月6日逝世，金門王和李炳輝兩人「草帽爛了邊──（無沿）無緣」再走唱，從此天人永隔。

~~~~~~

Hoe-iô lî-pa--bē-bong-leh

0683 茴窯籬笆─𣍐摸咧

ㄏㄨㄝ ㄧㄛ⁵ ㄌㄧ⁵ ㄅㄚ ── ㄇㄝ⁷ ㄇㄛㄥ ㄌㄝ厂⁴

【暗示】有一點貴氣和惹不得的雙關意思。

【註解】茴窯：在南投縣竹山鎮轄南邊，清朝時代以製窯聞名。𣍐摸咧：摸一下也不行，惹不得的意思。製窯業主將要丟棄的窯製瑕疵品，堆放在一起做為籬笆。因沒用水泥凝固，籬笆搖搖欲墜，用手摸它恐會倒下來。
「𣍐摸咧」與台語「惹不得」意義相近。

【例句】黃文欽和蘇筱梅兩夫妻，看來都滿健康，不知是哪一位先天遺傳，或是什麼原因，生了兩個孩子，一男一女都是玻璃兒，像「茴窯籬笆──𣍐摸咧」那樣，要非常小心照護，也真是苦了這對年輕夫妻。

~~~~~~

Tê-kớ lāi kơ ti-bah--(kơ-bô) kơ-pô

0684 茶鈷內摎豬肉─（摎無）姑婆

ㄉㄝ⁵ ㄍㄛ² ㄌㄞ⁷ ㄍㄛ ㄅㄧ ㄇㄚ厂⁴ ── （ㄍㄛ ㄇㄛ⁵）ㄍㄛ ㄅㄛ⁵

【暗示】姑婆。

【註解】茶鈷是煎茶的壺具，不是燉、炒、煮豬肉的鍋或炊具。要從茶鈷裡撈豬肉，當然撈不到，撈不到台語「摎無」與「姑婆」諧音。姑婆：祖父的姐妹，老處女也稱姑婆。退而求其次叫「摎無湯嘛好」。

【例句】薛莉莉是個年紀輕輕，大概只有十五六歲的小丫頭，可是不要小看她，她在親族裡面輩份很高，有不少年紀很大的人，都要叫她「茶鈷內摎豬肉──（摎無）姑婆」，害她臉紅紅的，感到很不好意思。

Tê-koàn phòa-khang--lāu-tê

0685 茶罐破孔—(漏茶)漏題

ㄉㄝ⁵ ㄍㄨㄢ³ ㄆㄨㄚ³ ㄎㄤ ── ㄌㄠ⁷ ㄉㄝ⁵

【暗示】洩漏考試試題。

【註解】茶罐破了,裡面的茶水會流出來,茶水流出來叫「漏茶」。
「漏茶」與台語考試洩題叫「漏題」諧音。

【例句】台灣警察大學1998年8月9日爆發招生弊案。該校電腦計算中心主任郭振源,扮演主謀者
角色,利用職務之便,篡改考生成績紀錄,被以偽造文書罪嫌移送法辦。
這宗警察大學招生弊案,比當初爆發員警集體捲入周人蔘「電玩弊案」還可恥,也印證傳
言「有錢就能進警大」為事實,都是考試「茶罐破孔──(漏茶)漏題」,令人很痛心。

Chhù-téng-bóe hoat pe̍h-chhài--kiông-hoat

0686 茨頂尾發白菜—強發

ㄘㄨ³ ㄅㄧㄥ² ㄎㄨㄝ² ㄏㄨㄚㄉ⁴ ㄅㄝㄏ⁸ ㄘㄞ³ ── ㄍㄧㄛㄥ⁵ ㄏㄨㄚㄉ⁴

【暗示】勉強發展。

【註解】茨頂尾:屋頂上。發白菜:長出白菜來。屋頂上還會長出白菜?形容是很勉強長出來的。

【例句】彰化縣T國小網球隊,是全國首屈一指的少年網球隊‧屢次出國比賽都載譽歸國。這一段
「茨頂尾發白菜──強發」的歷史,可說是無心插柳柳成蔭的奇蹟,聽說電影公司要把它
搬上銀幕。

Chhù-keng-lāi that kha-kîu--sì-kè pōng-piah

0687 茨間內踢骹球—四界碰壁

ㄘㄨ³ ㄍㄧㄥ ㄌㄞ⁷ ㄊㄚㄉ⁴ ㄎㄚ ㄍㄧㄨ⁵ ── ㄒㄧ³ ㄍㄝ³ ㄅㄛㄥ⁷ ㄅㄧㄚㄏ⁴

【暗示】到處被拒絕。

【註解】茨間內:房內或房間裡。骹球:足球。在房間那麼小的地方踢足球,當然會四處碰壁。

【例句】俗語說:「屋漏偏逢連夜雨」,用來形容「錦記食品」的處境,最恰當不過了。前幾年景
氣好的時候,各行庫經理經常拜訪錦記老董,要貸款讓他擴展業務。但自從傳出大陸投資
虧損一億多元後,錦記所有紓困計劃送到各行庫,都像「茨間內踢骹球──四界碰壁」,
經營陷入困境。

Khí-chhù aǹ pòaⁿ-liāu--gō-soàn

0688 起茨按半料─誤算

ㄎㄧˊ ㄘㄨˇ ㄢˇ ⁿㄅㄨㄚˇ ㄌㄧㄠ⁷ ── ㄥㄛ⁷ ㄙㄨㄢˇ

【暗示】判斷錯誤。

【註解】起茨：蓋房子。按半料：一般蓋房子的人，購買建材都很保守，也就是預估的經費、建材都在50%，半數而已。誤算：因建材少估些，誤算經費。

【例句】台灣立法院2004年4月6日，爆發總統選舉後遺症。國民黨立法委員朱鳳芝，「起茨按半料──誤算」中央選委會主委黃石城的堅持，導致黃主委當場發飆，指責朱鳳芝立委垃圾。中選會黃主委，總統選後第一次到立法院專案報告選務的疏失。朱立委抓住機會，一再指責維護選舉公平、中立，不遺餘力的黃主委，選舉舞弊失職。惹毛了一向無欲則剛的黃石城發飆。

Khí-chhù liȧh-lāu--liȧh khang liȧh phāng

0689 起茨掠漏─掠孔掠縫

ㄎㄧˊ ㄘㄨˇ ㄌㄧㄚ厂⁸ ㄌㄠ⁷ ── ㄌㄧㄚ厂⁸ ㄎㄤ ㄌㄧㄚ厂⁸ ㄆㄤ⁷

【暗示】找麻煩、為難。

【註解】起茨：蓋房屋。掠漏，是尋找屋頂有沒裂縫、空隙漏水、漏雨的地方，彌補修繕。

【例句】我還是認為同事間，雖然要互相關懷、協助，但也要保持一定的距離。像方明德和黃慶祥主任，兩人好的時候，你兄我弟無話不說，兩家人還經常一同出去郊遊。現在友情生變，黃主任「起茨掠漏──掠孔掠縫」，處處找方明德麻煩，讓他苦不堪言。

Chiú-cheng tiám-hóe--tong-jiân

0690 酒精點火─(當燃)當然

ㄐㄧㄨˊ ㄐㄧㄥ ㄅㄧㄚㄇˊ ㄏㄨㄝˇ ── ㄅㄛㄥ ㄖㄧㄢˊ

【暗示】必然，也可解釋應該如此。

【註解】用酒蒸餾成的無色液體，稱為「乙醇」，能燃燒，火力很強，可做醫療上的消毒用。點火：燃燒或放火。酒精是易燃液體，點上火當然會燃燒。

【例句】牧師和和尚爭論天堂與地獄的事情，爭得面紅耳赤，又分不出軒輊，最後他們兩人要求旁聽的信眾，判斷誰說得有理？這位信眾只是苦笑而不敢斷定是非，因而惹毛了和尚和牧師，兩人同時指責他沒有道德勇氣。信眾當場承認他是「酒精點火──(當燃)當然」沒有勇氣。他說：「地獄和天堂，我都有朋友在那裡，兩邊我都得罪不起。」

Siám-khui chioh-kòe--(mài-tòng-lō)mái-tang-lâu

0691 閃開借過──(嬡擋路)麥當勞

ㄒㄧㄚㄇ² ㄎㄨㄟ ㄐㄧㄜㄏ⁴ ㄍㄨㄝ³ ── (ㄇㄞ³ ㄉㄜㄥ³ ㄌㄜ˙) ㄇㄞ² ㄉㄤ ㄌㄠ⁵

【暗示】世界著名速食商店。

【註解】閃開借過：有人擋著路，請他閃開給你過去。

【例句】中國國民黨提名總統候選人連戰，於2004年3月20日選舉落選後，雖然連續幾次在總統府前凱達格蘭大道上抗議，要求319槍擊陳水扁、呂秀蓮的真相並提出「沒有真相」、「沒有總統」的訴求。但是國民黨本土派立法委員陳健治、陳宏昌、徐中雄等人，即一再要求連戰主席、林豐正秘書長等人，要為落選辭職負責。

國民黨新生代邱德宏還當面指著連戰是懶惰蟲，林豐正等是毛毛蟲，他們逼宮主要是叫連戰等人「閃開借過──(嬡擋路)麥當勞」，年輕人才有得吃。

~~~~~~

Ko-khong thiàu-sòaⁿ--it-lòh chhian-tīng

0692 高空跳傘──一落千丈

ㄍㄜ ㄎㄜㄥ ㄊㄧㄠ³ °ㄙㄨㄚ³ ── ㄧㄉ⁴ ㄌㄜㄏ⁸ ㄑㄧㄢ ㄉㄥ⁷

【暗示】急速下降，也可解釋迅速貶值。

【註解】高空跳傘：從飛機上乘降落傘跳下來。

【例句】空軍桃園指揮部二架RF-5偵察機，2003年10月12日從台中清泉崗基地起飛，執行例行性訓練。其中5502號偵察機，於上午十一時，在新竹外海30浬，高度1100公尺，發生「操縱困難」墜海，飛行員李慶熙「高空跳傘──一落千丈」獲救。我們老百姓的血汗錢，一眨眼又損失好幾千萬美金。

~~~~~~

Ko-siā-phàu chhiú--kiàn-ki hêng-sū

0693 高射炮手──見機行事

ㄍㄜ ㄒㄧㄚ⁷ ㄆㄠ³ ㄑㄧㄨ² ── ㄍㄧㄢ³ ㄍㄧ ㄏㄧㄥ⁵ ㄙㄨ⁷

【暗示】掌握機會，爭取勝利。

【註解】高射炮：重武器。地面或軍艦上防空武器之一。高射炮手主要任務，是防止敵人飛機空襲，見到敵人飛機，要發射攻擊，所以形容為「見機行事」。

【例句】證券公司總經理室徵求秘書，人事室篩選剩下四位美女，由總經理親自面試。他提出「一個女人上下兩張口，有何區別？」要這四位美女回答，美女A立即說：「一張橫的，一張直的。」總經理不置可否，等待美女B，她說：「一張會說話，一張不會說話。」總經理聽後，縐了縐眉頭。「一張無毛，一張有毛。」總經理對美女C的回答，嘆息不語。美女D急著要這份工作，像「高射炮手──見機行事」，向總經理拋了一個媚眼說：「一張自己用的，一張給老闆用的。」果然她得到這份差事。

Ko-sok-kong-lō--bô-jîn-tō

0694 高速公路──無人道

《ㄜ ㄙㄜ《⁴ 《ㄛㄥ ㄌㄜ⁷ ── ㄅㄜ⁵ ㄖㄧㄣ⁵ ㄉㄜ⁷

【暗示】忽視人權、正義。

【註解】高速公路是行駛汽車的專用道路，沒有紅、黃、綠燈和岔路，也沒有人行道。台灣高速公路有中山高速公路；第二高速公路（國道三號）於2004年1月11日通車，北自基隆市大武崙，南至屏東縣林邊鄉，主線全長432公里，另外多條環支線，合計總長度518公里。

【例句】台灣申請加入「世界衛生組織WHO」，遭到中國代表吳儀阻撓反對，致使不能成為WHO會員國，獲得WHO協助對抗SARS病毒。防疫是人類共同課題，台灣受到中國SARS病毒感染，又遭受中國蠻橫打壓，吳儀竟然對台灣的防疫，斥曰：「誰理你們！」令台灣人同仇敵愾，都說：「中國是『高速公路──無人道』的國家。」

Kúi-á bōng giâm-lô-ông kha-chhng--hó-táⁿ

0695 鬼仔摸閻羅王尻川──好膽

《ㄨㄧ² ㄚ² ㄅㄛㄥ ㄐㄧㄚㄇ⁵ ㄌㄜ⁵ ㄛㄥ⁵ ㄎㄚ ㄑㄥ ── ㄏㄜ² ⁰ㄉㄚ

【暗示】膽子好大。

【註解】鬼仔：見「鬼仔啞食餞飯──（要鹽）謠言」篇。鬼：人死後的靈魂。尻川：屁股。小鬼敢摸閻羅王的屁股，那實在是好大的膽子。

【例句】台灣是一個不甚尊重著作權的國家，各種出版品盜版非常嚴重，猖獗到人家美國幾億美元拍攝的電影，在台灣夜市仔，光碟一片三十元同步發行。法務部長陳定南特別拍了一支「鬼仔摸閻羅王尻川──好膽」嘜走的廣告片，想嚇止盜版，效果如何只有鬼曉得？

Kúi-á sǹg kū-siàu--hô-kai

0696 鬼仔算舊帳──活該

《ㄨㄧ² ㄚ² ㄙㄥ³ 《ㄨ⁷ ㄒㄧㄠ³ ── ㄏㄨㄜ⁵ 《ㄞ

【暗示】嘲諷罪有應得或該受此下場。

【註解】鬼仔：人死後的靈魂。俗語說「親兄弟明算帳」。人與人之間活著的時候，帳目就應該算清楚了，怎可留到死後才算？

【例句】詹清泉老師一家人利用周休二日到南投縣信義鄉東埔泡溫泉；上星期剛從東埔泡湯回來，車子被卡在河床的董主任，勸告詹老師說路還沒修好，千萬不要到東埔泡湯。詹老師不聽勸告，執意要走一趟。
結果車子還沒開到東埔，在半路上便被土石流堵了一個晚上，一家人在車上過夜，大家說他是「鬼仔算舊帳──活該」。

Kúi-á phiàn sêng-hông--bô hiah kán-tan

0697 鬼仔騙城隍—無赫簡單

ㄍㄨㄧ² ㄚ² ㄆㄧㄢ³ ㄒㄧㄥ⁵ ㄏㄛㄥ⁵ —— ㄅㄛ⁵ ㄏㄧㄚㄏ⁴ ㄍㄢ² ㄉㄢ

【暗示】沒那麼容易。

【註解】鬼仔：人死後的靈魂。城隍：城的主神，傳說是陰間的判官。

【例句】立法院以「國親版」通過「公民投票法」，排除行政院提案公投權利外，雖賦予人民及立法院提案權，但諸多限制，變成是一部「不能公投的公投法」。行政院長游錫堃指這樣的公投法，是在野黨的手伸進行政院」，行政院不排除提請立法院覆議。政治觀察家認為覆議是「鬼仔騙城隍——為赫簡單」，且冒政治風險，以現在立法院朝小野大，覆議失敗，可能導至倒閣。

~~~~~~

Kúi-á m̄ chiàh chiáⁿ-pn̄g--(iàu-iâm） iâu-giân

0698 鬼仔唔食嘗飯—（要鹽）謠言

ㄍㄨㄧ² ㄚ² ㄇ⁷ ㄐㄧㄚㄏ⁸ °ㄐㄧㄚ² ㄅㄥ⁷ —— （ㄧㄠ³ ㄧㄚㄇ⁵) ㄧㄠ⁵ ㄍㄧㄢ⁵

【暗示】鬼仔：人死之後的靈魂曰鬼。

【註解】唔食嘗飯：不要吃淡而沒有鹹分的飯。飯要讓它有鹹味，便要加鹽，要加鹽叫「要鹽」，與台語「謠言」諧音。

【例句】中國領導人，每年八月都在北戴河避暑議事。這是自毛澤東、鄧小平、江澤民以來，長達半世紀的傳統。新任國家主席胡錦濤，史無前例取消今年北戴河會議。
胡錦濤此舉是正式打破中共傳統，傳達強烈訊息，胡錦濤要削弱大老插手政治。他認為北戴河會議，常成為已失官銜元老「鬼仔唔食嘗飯——（要鹽）謠言」交換中心，與官場新秀交耳攀緣的場所。

~~~~~~

Khiā-poe-hî pàng-phùi--chhàu-khì chhiong-thian

0699 徛飛魚放屁—臭氣衝天

ㄎㄧㄚ⁷ ㄅㄨㄝ ㄏㄧ⁵ ㄅㄤ³ ㄆㄨㄧ³ —— ㄘㄠ³ ㄎㄧ³ ㄑㄧㄛㄥ ㄊㄧㄢ

【暗示】整個環境都是臭氣難聞，令人受不了。

【註解】徛飛魚：頭下腳上，倒立。放屁：由肛門排出之臭氣。臭氣衝天：臭味迷漫在空氣中，令人難受。

【例句】清潔公司的水肥車，受雇抽取廁所淤塞的糞便，抽了一整車，要從小巷倒車出去，工人阿斗下車指揮交通。「八股！八股！」他下車來，用日語不斷的叫著。阿斗看司機倒車好像倒得不怎麼順手，以為是聽不懂他叫後退的日語「八股！」改用台語叫著：「倒駛！倒駛！」司機聽到「倒屎！」的叫聲，當即按鈕打開出糞口，車子裡的糞便，頃刻間傾洩在巷子裡，整個巷子，像「徛飛魚放屁——臭氣衝天」。

Ka-lé-añg-á--ū thiu chiah ū tín-tāng

0700 傀儡尪仔──有抽即有震動

ㄍㄚ ㄌㄝ² ㄤ⁵ ㄚ² ── ㄨ⁷ ㄊㄧㄨ ㄐㄧㄚㄏ⁸ ㄨ⁷ ㄉㄧㄣ² ㄉㄤ⁷

【暗示】懶惰被動。

【註解】傀儡尪仔：演傀儡戲的木偶。傀儡戲係用繩子懸吊操縱，配合劇情需要抽動動作，是民間技藝之一。

【例句】黃校長在慶祝創校百年籌備會議上，指出現在大家都變成很被動，做事像「傀儡尪仔──有抽即有震動」。希望各位同事積極的，先把個人分配到的工作做好，然後再協助其他同事，務必讓慶祝活動做到盡善盡美。

~~~~~~

Chò-sāi-kong baùh-khàu--pau-sí

0701 做師公攬哭──包死

ㄗㄜ³ ㄙㄞ⁷ ㄍㄛㄥ ㄇㄠㄏ⁸ ㄎㄠ³ ── ㄅㄠ ㄒㄧ²

【暗示】準死無疑。

【註解】師公是為死人唸經超渡的道士，做師公又要代哭，等於大小包辦了。「攬哭」是近年殯葬禮儀，頗為流行的一種喪葬儀式，喪家如果沒有孝女，就花錢請人來代哭一場。俗語說：「在生一粒豆，較贏死了拜豬頭」，自己沒有孝心或膝下沒有兒女，請別人代哭，總覺得不倫不類吧？

【例句】現在流行「生前契約」事業，據估計每年約有六佰億元商機。所謂「生前契約」，只要與其訂立契約，契約人或所訂親人逝世，喪家一切祭喪事宜，都由他們一手承辦，不用喪家費神。這種「做師公攬哭──包死」，是工業社會的產物，你儘可放心的去死，家裡有人往生，家屬也能「櫻櫻美代子」。

~~~~~~

Kok-bîn-tóng--chiảh bián-kia^n

0702 國民黨──食免驚

ㄍㄛㄍ⁴ ㄇㄧㄣ⁵ ㄉㄛㄥ² ── ㄐㄧㄚㄏ⁸ ㄇㄧㄢ² ⁰ㄍㄧㄚ

【暗示】大方請客。

【註解】國民黨：孫中山先生所創立的政黨，以實現三民主義為目的，於民國元年(1911)成立，而於1949年10月7日，被中國共產黨逐出大陸，流亡台灣。台灣的選舉，無論是國民黨或民進黨候選人，大都會舉辦餐會。民進黨的餐會，要買餐券方能進場吃一頓；國民黨的餐會，剛好相反，是候選人請客「食免驚」，有多少人都歡迎，天不怕，地不怕，只怕沒人來吃。

【例句】台南縣2003年虱目魚節，阿扁總統應邀致詞。他照狗頭軍師準備的演講詞，說：「虱目魚獅面(腮)含DHA，食著真好。」台下民眾都楞住了，不知「獅面」是什麼東東？不過沒人指阿扁台灣人做總統，不會講台灣話，大家在意是虱目魚湯，「國民黨──食免驚」夠不夠吃？

Kok-bîn-tóng háⁿ tōa ê--bô leh sìn lí

0703 國民黨嚇大个─無咧信你

ㄍㄛㄍˋ ㄅㄧㄣˊ ㄉㄛㄥˊ ˚ㄏㄚˇ ㄉㄨㄚˊ ㄝˊ ── ㄅㄛˊ ㄉㄝˋ ㄒㄧㄣˇ ㄌㄧˊ

【暗示】不信邪。

【註解】中國國民黨從1949年流亡台灣以後，靠戒嚴高壓統治台灣五十年。統治期間威脅利誘無所不用其極，幾乎所有台灣人，都在國民黨專政嚇唬之下長大的。不過仍然有些人不畏強權惡勢力，不怕國民黨政權的蠻橫。

【例句】花蓮地方法院檢察署，認為民進黨副秘書長李進勇，於游盈隆競選縣長期間，宣佈原住民頭目每月津貼五千元，涉及期約賄選罪嫌，票傳出庭應訊。李進勇聲明，他不屑出庭，看來他是「國民黨嚇大个──無咧信你」，無咧信是法院抑或地檢署？社會各界認為李進勇，身為執政黨副秘書長，此舉是不良示範。
李進勇終於不敢犯眾怒而乖乖出庭，不過說是阿扁總統要他出庭。

~~~~~~

Tiuⁿ-thian-su lòh-hái--(bong-kòai)bòk-kòai

0704 張天師落海─（摸怪）莫怪

˚ㄉㄧㄨㄚ ㄊㄧㄢ ㄙㄨ ㄉㄛㄝˋ ㄏㄞˊ ── (ㄅㄛㄥ ㄍㄨㄞˇ) ㄅㄛㄍˋ ㄍㄨㄞˇ

【暗示】難怪這樣。

【註解】張天師：張道陵後代子孫之稱號。張道陵，中國東漢沛人，道教創始人，入江西龍虎山習練丹、符咒術，信徒很多。張天師下海當然不是游泳，而是要抓怪，但是海底看不清楚，只能用手摸，「摸怪」與台語「莫怪」諧音。

【例句】小鄭年輕又帥，竟娶了比他媽媽年歲還大的莉莉。有人問他又不是天下沒有女人，怎會娶那種半老徐娘？小鄭回說：「請問人家送你新台幣，你還問發行日期嗎？」小鄭這番話，大家才恍然大悟，原來是「張天師落海──（摸怪）莫怪」小鄭要娶老娘。

~~~~~~

Tiuⁿ-hui chhng-chiam--tōa-gán tèng sío-gán

0705 張飛穿針─大眼瞪小眼

˚ㄉㄧㄨㄚ ㄏㄨㄟ ㄘㄥ ㄐㄧㄚㄇ ── ㄉㄨㄚˊ ㄍㄢˊ ㄉㄧㄥˇ ㄒㄧㄛˊ ㄍㄢˊ

【暗示】驚訝得不知所措。

【註解】張飛：中國蜀漢涿群人，字翼德，勇猛善戰，與關公、劉備，稱桃園三結義。穿針：用縫衣的細線穿過針孔。國民黨、親民黨的泛藍，以人數優勢通過國親版「公投法」，令民進黨高層像「張飛穿針──大眼瞪小眼」，頻問怎會這樣？

【例句】多年來以爭取公民投票為職責，被譽為「蔡公投」的立法委員蔡同榮，最後在黨鞭柯建銘示意下，撤回自己的版本，他以鳥籠的門都已經開了，無耐鳥兒不飛出去，形容立委表決後，民進黨高層，除了「張飛穿針──大眼瞪小眼」，又能如何？

Liáh-thò͘-á--beh-thò͘

0706 掠兎仔──欲吐

ㄌㄧㄚㄏ⁸ ㄊㄛ³ ㄚ² ── ㄅㄝㄏ⁴ ㄊㄛ³

【暗示】覺得很嘔心。

【註解】掠兎仔：形容酒喝多了，快要吐出來。快要吐出來叫「掠兎仔」，與台語「欲吐」諧音。

【例句】「台灣媒体革命工作室」負責人盧統隆，推出「非常光碟」，嘲諷媒体霸權與那些唱衰台灣的統派人士。常在電視台叩應節目中，恣意罵人的親民黨立法委員邱毅，聞悉片中有他與老婆的「那個部分」，暴跳如雷。一下子指責江霞、謝志偉、魚夫、吳錦發等人；一下子跑到台視踢館，向董事長賴國洲嗆聲。
台灣民眾在電視叩應節目中，看到邱毅就想要「掠兎仔──欲吐」，再看到他常常罵人，只被罵一次就捉狂，都搖頭不已。

~~~~~~

Iap-bóe-káu--ké-lȯk

0707 掖尾狗──(假鹿)假樂

ㄧㄚㄅ⁴ ㄅㄨㄝ² ㄍㄠ² ── ㄍㄝ² ㄌㄛㄍ⁸

【暗示】假裝沒什麼，很快樂。

【暗示】掖尾狗：夾著尾巴的狗，是不受歡迎的狗，看到人來就走開。
假鹿：明明是隻狗，假裝是一隻鹿，暗喻假裝快樂。

【例句】以「女人的乳房是交際工具」一語，引起極大爭議的無黨籍立法委員陳文茜，2003年底胃潰瘍入院，朋友去探望她。她「掖尾狗──(假鹿)假樂」，笑說：「都是聽阿扁的話，聽得太多才胃潰瘍，放心啦，不聽就死不了啦。」

~~~~~~

Chiap-kut sai-hū--tàu-kha-chhíu

0708 接骨師父──箌骸手

ㄐㄧㄚㄅ⁴ ㄍㄨㄍ⁴ ㄙㄞ ㄏㄨ⁷ ── ㄉㄠ³ ㄎㄚ ㄑㄧㄨ²

【暗示】幫忙協助。

【註解】接骨師父：醫治骨折的傷科醫師。箌骸手，把受傷折斷的骨頭接起來。
「箌骸手」與台語來幫忙的「箌骸手」同字同音。

【例句】江秀錦女士，雖然是寡婦人家，與左鄰右舍相處和諧，每次見到鄰居都笑咪咪的問好道早。這次家裡電線走火發生火警，人人都變成「接骨師父──箌骸手」，紛紛趕來幫忙，很快便把大火撲滅了。

Chiap-kut-kóan khòaⁿ chò pâi-kut-pn̄g--chha-chē loh

0709 接骨館看做排骨飯──差諉囉

ㄐㄧㄚㄅ⁴ ㄍㄨㄉ⁴ ㄍㄨㄢ² °ㄎㄨㄚ³ ㄗㄜ³ ㄅㄞ⁵ ㄍㄨㄉ⁴ ㄅㄥㄇ⁷ ── ㄑㄚ ㄗㄝ⁷ ㄌㄜㄏ⁴

【暗示】相差太大或認知差距很大。

【註解】接骨館：醫治骨折的診所、國術館。
排骨飯：食攤有鹵肉飯、豬腳飯、排骨飯、肉臊飯等各種招牌飯。差諉囉：相差多囉。

【例句】公元2003年於日本札幌舉辦的亞洲棒球選拔賽，冠軍、亞軍將代表亞洲參加2004年希臘雅典的奧運棒球賽。台灣分別勝韓國、中國，最後一場與日本隊比賽，成績9：1「接骨館看做排骨飯──差諉囉」，輸得很難看。

~~~~~~

Póng-thn̂g-á bô sé-chhíu--liâm-thi-thi

0710 捧糖仔無洗手──黏漓漓

ㄅㄨㄥ² ㄊㄥ⁵ ㄚ² ㄅㄜ⁵ ㄙㄝ² ㄑㄧㄨ² ── ㄌㄧㄚㄇ⁵ ㄊㄧ ㄊㄧ

【暗示】弄得髒兮兮或纏著不放。

【註解】捧糖仔：雙手拿糖果。無洗手：沒有洗手。糖果融化了，會黏黏的。

【例句】邱淑娟老師上工藝課時，一再交代學生，上課用到白膠的同學，下課後一定要把手上沾到的白膠洗乾淨，才不會像「捧糖仔無洗手──黏漓漓」，把衣服也弄髒。

~~~~~~

Kàu-sīu khòaⁿ īa-keng--it-pún chèng-keng

0711 教授看易經──一本正經

ㄍㄠ³ ㄒㄧㄨ⁷ °ㄎㄨㄚ³ ㄧㄚ⁷ ㄍㄥ ── ㄧㄉ⁴ ㄅㄨㄣ² ㄐㄥ³ ㄍㄥ

【暗示】言行舉止謹守本份。

【註解】教授：1.大學與專科以上學校的教師。2.傳授講解教材的內容。
《易經》：書名，十三經之一，中國最早的哲學著作。

【例句】「我如果不是深愛著游淑娟，無論怎樣絕對忍受不了，她老爸那種『教授看易經──一本正經』的給我上『做人的道理』一個上午。」

Kàu-liān-ki á chhia-pùn-táu--tian-tò sī-hui

0712 教練機仔律奮斗──顛倒是非

ㄍㄠ³ ㄌㄧㄢ⁷ ㄍㄧ ㄚ² ㄑㄧㄚ ㄅㄨㄣ³ ㄉㄠ² ── ㄉㄧㄢ ㄉㄜ³ ㄒㄧ⁷ ㄏㄨㄟ

【暗示】是非不明。

【註解】教練機：空軍訓練飛行員，試飛的練習機。律奮斗：翻觔斗。

【例句】報紙刊登「尋找目擊證人」啟事。刊登啟事的施姓青年說，他在九月十二日晚十一時左右，駕車從台中市要回彰化縣花壇鄉，途經彰化市金馬路，看到一位婦人被車撞倒在路上哀嚎。他眼看四下無人，見義勇為把婦人抱上車，送到秀傳醫院急救，現在這位婦人「教練機仔律奮斗──顛倒是非」，說是他撞倒。

~~~~~~

Bín-chiàt-sian kìm-jiō--bòai m̄-si bōe

0713 敏捷仙禁尿──嬡唔是膾

ㄅㄧㄣ² ㄐㄧㄚㄉ⁸ ㄒㄧㄢ ㄍㄧㄇ³ ㄌㄧㄛ⁷ ── ㄅㄨㄞ³ ㄇ⁷ ㄒㄧ ㄅㄨㄝ⁷

【暗示】故意推辭。

【註解】敏捷仙是位老醫師，冬天怕冷不敢起床小便，膀胱積尿有了壓力，陰莖挺直硬起來，老婆睡夢中翻身，無意中被她摸到那麼堅硬的東西，霎時醋勁大發，捏著老公的大腿，不斷的罵著：「原來你嬡唔是膾。」

【例句】彰化縣紅派、白派是選舉死對頭，縣長選舉白派陳縣長競選連任，紅派大老認為只有推出蘇立委，才有勝選可能。無奈蘇立委始終不答應出馬與陳縣長角逐。紅派大老想不透，為何蘇立委堅拒派系徵召？後來才知道蘇立委與陳縣長，即將成為兒女親家，原來是「敏捷仙禁尿──嬡唔是膾」。

~~~~~~

Tháng-kho piàk-khui--sòaⁿ-liáu

0714 桶箍煏開──散了

ㄊㄤ² ㄎㄜ ㄅㄧㄚㄍ⁸ ㄎㄨㄧ ── ⁰ㄙㄨㄚ³ ㄌㄧㄠ²

【暗示】分開的意思。

【註解】桶箍：固定木桶各木片的金屬或竹編的圓箍。桶箍若斷了，桶片也就散開了。

【例句】國民黨和親民黨，在2000年總統選舉是死對頭，國民黨連戰、親民黨宋楚瑜，誰也不讓誰，結果雙雙落敗，讓陳水扁當選。2004年總統選舉，他們兩人為勝選著想，國親合作，聯合推舉連戰、宋楚瑜競選正副總統。政治觀察家認為，他們這一對「情侶」，若再度落選，不久就會「桶箍煏開──散了」。

Chheng-bêng bô tńg-khì chhù--bô-chó

0715 清明無轉去茨──（無祖）無阻

ㄑㄧㄥ ㄅㄧㄥ⁵ ㄅㄜ⁵ ㄉㄥ² ㄎㄧ³ ㄘㄨ³ ── ㄅㄜ⁵ ㄗㄜ²

【暗示】沒阻擋。

【註解】清明：清明節，節氣名，每年四月五或六日。清明節那一天，到外地生活的子孫，都會回鄉掃墓，沒回來的被形容為沒祖先的「無祖」。
「無祖」與台語沒有阻礙的「無阻」諧音。

【例句】2003年9月6日，「台灣正名運動聯盟」遊行地點從台北二二八公園，到總統府前博愛廣場，交通管制。杜文琪卻很快到達「台聯黨」集合地點二二八公園，找到黨主席黃主文。同樣要找黃主文，我擠了兩個鐘頭，仍然擠不過去，後來我問杜文琪，怎能「清明無轉去茨──（無祖）無阻」找到老黃？他說他有記者證，通行無阻。

~~~~~~

Khan-phōe kah-kha--tú-á-hó

0716 牽被蓋骹──拄仔好

ㄎㄢ ㄆㄨㄝ⁷ ㄍㄚ厂⁴ ㄎㄚ ── ㄉㄨ² ㄚ² 厂ㄜ²

【暗示】剛剛好。

【註解】牽被蓋骹：拉著被子蓋腳。拄仔好：被子的大小，剛好可以連腳都蓋上。

【例句】媽媽到日本觀光，回來替兩個女兒各買了一件洋裝，兩姐妹試穿，對著鏡子前看後看，大聲叫起來：「媽──『牽被蓋骹──拄仔好』不用改了。」

~~~~~~

Khan-ti-ko phah-m̄-kìⁿ chîⁿ--bô-chhái-siâu

0717 牽豬哥扑唔見錢──無採韶

ㄎㄢ ㄅㄧ ㄍㄜ ㄆㄚ厂⁴ ㄇˀ⁷ ㄍㄧ³ ˀㄐㄧ⁵ ── ㄅㄜ⁵ ㄘㄞ² ㄒㄧㄠ⁵

【暗示】白費心機。

【註解】牽豬哥：趕種公豬到養母豬的農家交配者。昔日農業社會，農民養豬規模不大，更沒有人公母豬都養，所以母豬發情，便要請人趕公豬過來交配。牽豬哥交配等於是出售精液，「精液」台語叫「韶」。
牽豬哥把出售精液的錢給丟了，等於白賠精液，白賠精液叫「無採韶」。

【例句】盧組長心想胡主任退休後，他便能順利升主任，所以非常巴結張校長，凡事唯唯諾諾，逢年過節大包小包的送，沒想到胡主任申請退休還沒批准下來，張校長已先調職，大家都說盧組長處處巴結張校長，「牽豬哥扑唔見錢──無採韶」。

Khan-ti-ko--thàn-thiòng

0718 牽豬哥──趁暢

ㄎㄢ ㄉㄧ ㄍㄜ ── ㄊㄢ³ ㄊㄧㄛㄥ³

【暗示】很高興或忘了我是誰。

【註解】趕種公豬到發情的母豬地方交配，這種行業叫「牽豬哥」。台灣農業社會時代，農家都會養幾頭豬，既可用餿水養豬，豬糞尿又可做有機肥料澆菜。
牽豬哥看豬哥豬母交配，也是一種樂事，所以被挪揄「趁暢」。

【例句】人家黃世英當選縣議員，要到選區椿腳去答謝，柯茂男也請假一個星期，要陪黃議員出去謝票，董主任在他的請假單上批：「你是『牽豬哥──趁暢』嗎？」

Sán-pô bong kha-chhng--gōa-hâng

0719 產婆摸尻川──外行

ㄙㄢ² ㄅㄜ⁵ ㄇㄛㄥ ㄎㄚ ㄑㄥ ── ㄍㄨㄚ⁷ ㄏㄤ⁵

【暗示】門外漢。

【註解】產婆：助產士。尻川：屁股。助產士的工作是要接生。接生的工作應該非常熟練，竟然不知所措的摸著屁股，顯然是外行。

【例句】交通部台灣高速鐵路局，在彰化縣各界人士積極爭取下，終於決定在社頭、溪州鄉中間的田中鎮設站。縣議員葉阿生，爭取地方建設一向不落人後，於縣議會提案請縣政府建請交通部，高鐵田中站增設高鐵交流道。
議員們對於葉議員的提案，認為是「產婆摸尻川──外行」，都莞爾一笑。

Pit-giȧp kì-liām-siàng--pah-bīn

0720 畢業紀念相──百面

ㄅㄧㄉ⁴ ㄍㄧㄚㄅ⁸ ㄍㄧ³ ㄌㄧㄚㄇ⁷ ㄒㄧㄤ³ ── ㄅㄚㄏ⁴ ㄇㄧㄣ⁷

【暗示】照預定不會變化，即肯定。

【註解】各級學校畢業生，傳統上都會聚在一起拍紀念相，人多臉孔多，一張團體照百人就有百張臉孔，百張臉孔台語叫「百面」，與「鐵定」的台語「百面」諧音。

【例句】台灣各縣市警察局，取締飆車族力有未逮，坐令飆車族橫行，是警方取締有盲點。叫警察上前嚴格取締攔截，車速二百公里的飆車族，十個警察九個不夠死，應該修法拍照存查，再到他的家裡捉人，這樣取締飆車族「畢業紀念相──百面」有效。

Pit-giȧp chèng-su--chhut-su-piáu

0721 畢業證書—出師表

ㄅㄧㄉ⁴ 兀ㄧㄚˊ⁸ ㄐㄧㄥ³ ㄙㄨ —— ㄘㄨㄉ⁴ ㄙㄨ ㄅㄧㄠ²

【暗示】豁出去，死而後已。

【註解】出師表：諸葛亮，字孔明，邪陽人，章武三年劉備病危，孔明受先帝託孤，竭誠重任，誓死效忠。建興五年，為求一統天下，奏請後主完成大業，趁機提出〈出師表〉。中國自古有言「讀孔明『出師表』不哭者不忠；讀李密『陳情表』不哭者不孝。」

【例句】台灣俗語有一句「官員驚立委、烏龜驚鐵錘、蟑螂驚拖鞋」真的是這麼一回事。尤其立法院開會，官員到立法院備詢，都有如「畢業證書——出師表」般拚命為國成仁的決心。素有才女之稱，在立法院舌戰群雄的前「陸委會主委」蔡英文(2000-2004)，卸任後說：「你知道嗎？能不去立法院是多麼快樂的事。」

~~~~~~

Sè-î kóng-oē--siáu-soat

0722 細姨講話—小說

ㄙㄝ³ ㄧ⁵ ㄍㄛㄥ² ㄨㄝ⁷ —— ㄒㄧㄠ² ㄙㄨㄚㄉ⁴

【暗示】細姨：小老婆。

【註解】小說：文學創作，分別有小說、詩、散文等。以散文用對話方式描寫人物故事，並可呈現主題，思想的文体，稱為小說。此處「小說」係指小老婆說的話。

【例句】有一則「細姨講話——小說」，描寫林姓企業家商場得意，娶了兩位老婆，約定以客廳酒櫥放置紅酒、白酒為記。紅酒不在表示當晚與大老婆同床，白酒不在則是與小老婆共眠。

~~~~~~

Sè-oáⁿ chiȧh-pn̄g--khò-thiⁿ

0723 細碗食飯—(靠添)靠天

ㄙㄝ³ °ㄨㄚ² ㄐㄧㄚㄏ⁸ ㄅㄥ⁷ —— ㄎㄜ³ °ㄊㄧ

【暗示】依靠老天爺。

【註解】細碗食飯：用小的碗吃飯。用小碗吃飯，一頓飯下來，也要添了好幾次，這種靠常常添飯，才能吃飽的「靠添」，與台語靠老天爺的「靠天」諧音。

【例句】有一年台灣北部自元月起，連續四個月沒下雨，翡翠水庫、石門水庫儲水量日益見底，經濟部擬利用黑雲密佈的天氣，施放人造雨，希望能下雨解除水荒。

大台北地區用水「細碗食飯——(靠添)靠天」，如再不設法解決，有一天會成為「看命無褒——食水都無」。

Thǹg-khờ ûi tōa-hái--siáu-tham

0724 脫褲圍大海—猾貪

ㄊㄥ³ ㄎㄛ³ ㄨㄧ⁵ ㄉㄨㄚ⁷ ㄏㄞ² —— ㄒㄧㄠ² ㄊㄚㄇ

【暗示】貪得無厭或不切實際。

【註解】脫褲圍大海：形容脫褲子要圍海中的魚。猾貪：貪心。

【例句】近來媒體經常報導，詐騙集團利用人性「脫褲圍大海——猾貪」的心理，不是以什麼彩券中獎，就是以國稅局退稅等，引誘你落入圈套，說什麼要匯進彩金或退稅，讓你心動從而套取你的銀行帳號，許多人不疑有詐，被盜領存款的事件時有所聞。

~~~~~~

Hô-lân khì-chúi--chia̍h chi̍t-tiám khì

0725 荷蘭汽水—食一點氣

ㄏㄜ⁵ ㄌㄢ⁵ ㄎㄧ³ ㄗㄨㄧ² —— ㄐㄧㄚㄏ⁸ ㄐㄧㄉ⁸ ㄉㄧㄚㄇ² ㄎㄧ³

【暗示】嚥不下這口氣。

【註解】荷蘭汽水：荷蘭生產的飲料，台灣的汽水是由荷蘭傳進來的。食一點氣：喝荷蘭汽水，剛嚥下去那一剎那，一股冷氣体會往上衝出咽喉，令人感覺舒暢。

【例句】社區建設活動中心經費五百萬元，縣政府和鄉公所補助三百八十萬元，尚欠一百二十萬元毫無著落。我們八位理事向理事長提議，每人樂捐或募款十萬元，不足四十萬元，請姜理事長負責，看他敢不敢？姜理事長想一會兒後，大聲的說：「荷蘭汽水——食一點氣，」就因為這一點氣，終於把活動中心蓋起來。

~~~~~~

Hô-lân-tāu sèng--(kín-se̍k) kín-sèng

0726 荷蘭豆性—（緊熟）緊性

ㄏㄜ⁵ ㄌㄢ⁵ ㄉㄠ⁷ ㄒㄧㄥ³ —— (ㄍㄧㄣ² ㄒㄝㄍ⁸) ㄍㄧㄣ² ㄒㄧㄥ³

【暗示】急性，有性情暴躁與醫學上指病變，發作很快的兩種含義。

【註解】荷蘭豆性：豌豆，自荷蘭傳入台灣，故另稱「荷蘭豆」。豌豆很嫩，炒煮快熟。「緊熟」與台語急性子的「緊性」諧音。

【例句】台南縣學甲鎮侯央偉，2004年4月9日深夜，與朋友喝了些酒後，跑到土地銀行學甲分行櫃員機，提款不成也不看面板浮出「存款不足」四字。「荷蘭豆性——（緊熟）緊性」，竟拿起手機猛打櫃員機，反而砸到自己眉鼻血流滿臉。侯央偉的失常演出，錄影機全都錄了下來，親友紛紛問他：「你呀，搞笑何必搞成這樣子？」

Ô-á chhá ìm-sīⁿ--chiàh-sí mā kam-goān

0727 蚵仔炒蔭豉─食死嘛甘願

ㄜ⁵ ㄚ² ㄘㄚ² ㄧㆬ³ ⁰ㄒㄧ⁻⁷ ── ㄐㄧㄚㆷ⁸ ㄒㄧ⁻² ㄇㄚ⁷ ㄍㄚㆬ ㆣㄨㄢ⁷

【暗示】死而無憾。

【註解】蚵仔:牡蠣,海產軟体動物,肉可食,味道鮮美,殼可燒灰製藥、飼料鈣質。蔭豉:又名豆豉,用豆類淹漬的食物。
蚵仔炒蔭豉,是一道味道鮮美,很下飯的台灣名菜。

【例句】應召站新來一位泰國妞,身材美極了,人也甜甜的,工夫又好,點名要她的尋芳客,幾乎要掛號拿牌子排隊。卓健雄這位老風流,常常找她溫存,老「戰友」告訴他,《泡妞教戰手冊》明載:「泡老不泡小,泡傻不泡嬈。」卓老聽後說:「年紀這麼大了還怕什麼?能上那位泰國妞,『蚵仔炒蔭豉──食死嘛甘願』,果然沒多久,老卓染到愛滋病了。」

Nńg-thô--chhim-kùt

0728 軟土─深掘

ㄋㆭ² ㄊㄜ⁵ ── ㄑㄧㆬ ㄍㄨㆵ⁸

【暗示】看準誠實好欺侮。

【註解】軟土:鬆軟的土壤。深掘:又深又鬆軟,好挖取。

【例句】祖母陪孫女兒去看病。醫師對祖母說:「把舌頭伸出來。」祖母連忙說:「大夫,不是我要看病。」這位「軟土──深掘」的醫師,色瞇瞇的對妙齡姑娘說:「那麼,把衣服解開。」

Liân-sòa lȯh saⁿ-koh-goėh hō--bô-chêng

0729 連續落三個月雨─(無晴)無情

ㄌㄧㄢ⁵ ㄙㄨㄚ³ ㄌㄜㆷ⁸ ⁰ㄙㄚ ㄍㄜㆷ⁴ ㆣㄨㆤㆷ⁸ ㄏㄜ⁷ ── ㄅㄜ⁵ ㄐㄧㄥ⁵

【暗示】薄情,不念恩情。

【註解】連續下三個月雨,天氣長期不晴朗,「無晴」與毫無情義的「無情」諧音。

【例句】「賊無義,婊無情」,親友對於年已五十的李坤義,要娶歡場女子為妻,都勸告他不要娶歡場女子。老李反問親友說:「不是說可以娶婊做姆,不要娶姆做婊嗎?」親友聽他這樣說,也只有默默祝福他。沒想到還不到一個月,就聽說李坤義的儲蓄,都被那個女子領光逃走了,他這才知道歡場女子,確如「連續落三個月雨──(無晴)無情」。

Tân-seh-bí hòan-hoat--pau-pān

0730 陳世美犯法─包辦

ㄉㄢ⁵ ㄙㄝ厂⁴ ㄇㄧ² ㄏㄨㄢ³ ㄏㄨㄚㄉ⁴ ── ㄅㄠ ㄅㄢ⁷

【暗示】負責辦理。

【註解】中國民間故事：陳世美少時家境清寒，與妻秦香蓮恩愛和諧，苦讀進京考試，中了狀元被皇上招為駙馬，香蓮上京尋夫，先後被世美派人追殺，並被誤指為殺人兇手入獄，案落包公審理，陳世美被包公定罪。皇后及公主求情，包公堅不讓步，終於開鍘。包公：宋朝進士，宋仁宗封為開封府尹，中國民間司法公正不阿的象徵。

【例句】陳水扁總統夫人吳淑珍女士，因行動不便，二十多年來，都由施羅麗雲女士貼身照顧，陳施兩家成為莫逆之交。羅太太近因由特勤人員陳志旺開車接送，陳在等人閒暇之間，偶而替羅家澆花，不料引起在野黨窮追猛打，指羅太太享受特權。陳水扁總統特為羅太太緩頰，說二十多年來其家庭，包括子弟以及夫人的生活起居，羅太太都像「陳世美犯法──包辦」，有必要對這樣一位充滿愛心的人窮追猛打嗎？
陳羅兩家情義相挺由此可見一斑。

~~~~~~

Liȯk-kun kah khong-kun sio-chiàn--siā-thiⁿsiā-tē

0731 陸軍伨空軍相戰─（射天射地）謝天謝地

ㄉㄧㄜㆃ⁸ ㄍㄨㄣ ㄍㄚ厂⁴ ㄎㆦㄥ ㄍㄨㄣ ㄒㄧㄜ ㄐㄧㄢ³ ── ㄒㄧㄚ⁷ °ㄊㄧ ㄒㄧㄚ⁷ ㄉㄝ⁷

【暗示】感謝天地。

【註解】陸軍：以地面作戰為主的兵種。空軍：以空中作戰為主的兵種。相戰：打仗。陸軍要用炮打空軍的飛機，一定要向天上射擊。空軍要掃射地面上的部隊，一定要向地上掃射。台語「射天射地」與感謝天地的「謝天謝地」諧音。

【例句】台灣發生非典型SARS病毒感染，世界衛生組織WHO於2003年5月21日，宣布台灣為疫區，造成全民惶恐，生活不便，工商損失慘重，大家都叫苦連天。幸政府緊急防疫措施，全民配合防疫工作，WHO終於2003年6月17日，正式解除台灣疫區，大家終於宛如「陸軍伨空軍相戰──（射天射地）謝天謝地」。

~~~~~~

Niáu-chhí peh tek-ko-á--chit-bȧk thàng chit-bȧk

0732 鳥鼠跁竹篙仔─一目通一目

ㄋㄧㄠ² ㄑㄧ² ㄅㄝ厂⁴ ㄉㄝㆴ⁴ ㄍㄜ ㄚ² ── ㄐㄧㄉ⁸ ㄇㄚㆴ⁸ ㄊㄤ³ ㄐㄧㄉ⁸ ㄇㄚㆴ⁸

【暗示】細心而又按部就班的處理。

【註解】鳥鼠跁竹篙仔：老鼠爬竹竿子。竹竿有節，一節一節的，又稱一目一目。

【例句】陳水扁、呂秀蓮於2004年3月19日，總統選舉投票前夕遭受槍擊，引起落選的連、宋質疑，認為是陳水扁自導自演的苦肉計。最高檢察署檢察長盧仁發為取信國人，邀請世界著名刑事鑑識專家李昌鈺博士，回國協助鑑識。
李昌鈺博士等人，4月9日凌晨回國，進行鑑識重建現場。他們像「鳥鼠跁竹篙仔───目通一目」，鉅細無遺的進行現場鑑識，前後53小時，才睡1.5小時，吃一個便當，他說為了自己的國家，應該如此投入，令人動容不已。

Niáu-chhú/chhí jıp hong-siuⁿ--liáng-thâu sīu-khì

0733 鳥鼠入風箱—兩頭受氣

ㄋㄧㄠ² ㄘㄨ²/ㄑㄧ² ㄖㄧㄆ⁸ ㄏㆲ ᵒㄒㄧㄨ — ㄌㄧㄤ² ㄊㄠ⁵ ㄒㄧㄨ⁷ ㄎㄧ³

【暗示】兩邊不討好。

【註解】鳥鼠:老鼠,動物名,哺乳綱齧齒目,体小尾長,門齒發達,常偷食米穀、食物,又能破壞傢俱、衣物、傳染鼠疫。風箱:壓縮空氣使產生氣流的機械。此處風箱指昔日補鼎鎔鐵兩邊拉風的風箱。

【例句】周總經理今天向董事長提出辭呈。他氣沖沖的說:司機們一定要求加薪10%,年終獎金至少兩個月,可是董事會僅答應加薪5%,年終獎金維持原案一個月。令他頗受同事詰難,董事長又不諒解,他有如「鳥鼠入風箱——兩頭受氣」,不得不走路。

~~~~~~

Niáu-chhú/chhí kè cha-bó-kiáⁿ--chi-chi cha-cha

0734 鳥鼠仔嫁查姆囝—吱吱喳喳

ㄋㄧㄠ² ㄘㄨ²/ㄑㄧ² ㄚ² ㄍㆤ³ ㄗㄚ ㄅㆦ² ᵒㄍㄧㄚ² — ㄐㄧ ㄐㄧ ㄗㄚ ㄗㄚ

【暗示】形容人多意見多。

【註解】鳥鼠:老鼠,俗叫耗子。嫁查姆囝:嫁女兒。鳥鼠仔嫁查姆囝,是句形容詞,形容人多話雜。

【例句】台中縣大甲媽祖,要去福建蒲田進香,有主張包機從香港再入中國大陸;有堅持乘船從金門到廈門,再包車到蒲田。海空兩線,兩派人馬各有主張、堅持,頗像「鳥鼠嫁查姆囝——吱吱喳喳」,人多話多。

~~~~~~

Niáu-chhú/chhí á chng-jıp gû-kak--ún-tak-tak

0735 鳥鼠仔鑽入牛角—穩篤篤

ㄋㄧㄠ² ㄘㄨ²/ㄑㄧ² ㄚ² ㄗㄥ³ ㄖㄧㄆ⁸ ㄍㄨ⁵ ㄍㄚㆤ⁴ — ㄨㄣ² ㄉㄚㄍ⁴ ㄉㄚㄍ⁴

【暗示】安穩妥當,對事情的結果有把握。

【註解】鳥鼠:老鼠是行動非常敏捷的小動物,要捉它並不容易。可是如果老鼠在走投無路之下,鑽進牛角裡避難,牛角雖然有入口,末端尖尖沒有出口,跑不掉穩當捉得到它。所以說:「鳥鼠仔鑽入牛角——穩篤篤」。

【例句】2003年台灣從中國傳入世紀病毒SARS,造成82人死亡,引起全台恐慌,大家出門都戴口罩預防被感染。政府宣佈自六月一日起至十日止,全民量體溫,陳水扁總統說:這樣才是「鳥鼠仔鑽入牛角——穩篤篤」,防止SARS病毒擴散。

Niáu-chhú/chhí cháu jip chheh-pâng lāi--(sit-pún) sih-pún

0736 鳥鼠走入冊房內——(食本)蝕本

ㄋㄧㄠ² ㄘㄨ²/ㄑㄧ² ㄗㄠ² ㄌㄧㄅ⁸ ㄘㄜㄏ⁴ ㄅㄤ⁵ ㄌㄞ⁷ ——（ㄒㄧㄚ⁸ ㄅㄨㄅ²）ㄒㄧㄏ⁸ ㄅㄨㄅ²

【暗示】賠本錢。

【註解】鳥鼠：見「鳥鼠入風箱——兩頭受氣」篇。走入冊房內：潛入書房裡。
書房裡沒有什麼食物可吃，只有啃書本，啃書本台語叫「食本」，與做生意虧本的「蝕本」諧音。

【例句】「萬客隆」是自荷蘭引進台灣，首創倉儲大賣場，不但引發日用百貨買賣方式的大革命，也導致鄉村小型雜貨店的終結。可是曾幾何時，「愛買」、「大潤發」等各種大賣場，像雨後春筍般紛紛冒出來，導致「萬客隆」這種超大型賣場，「鳥鼠走入冊房內——(食本)蝕本」，鳥日等賣場都關門大吉。

~~~~~~

Niáu-chhú/chhí cháu jip ian-tâng lāi--kàu-chhèng

0737 鳥鼠走入煙囪內——夠嗆

ㄋㄧㄠ² ㄘㄨ²/ㄑㄧ² ㄗㄠ² ㄌㄧㄅ⁸ ㄧㄢ ㄉㄤ⁵ ㄌㄞ⁷ ——ㄍㄠ³ ㄑㄧㄥ³

【暗示】一級棒。

【註解】鳥鼠：見「鳥鼠入風箱——兩頭受氣」篇。
老鼠跑進煙囪裡，一定會被煙嗆到鼻子。

【例句】中華民國圍棋協會理事長沈君山，以金庸武俠小說形容吾國旅日圍棋高手吳清源是張三豐；林海峰是郭靖，張栩是張無忌。這三位在日本圍棋界「鳥鼠走入煙囪內——夠嗆」的國手，均先後榮獲「本因坊」等多項棋賽寶座，於2003年9月26日相偕回台。
吳清源說他一生靠「努力與運氣」；林海峰強調練棋「貴用心，集中精神」；張栩從吳清源、林海峰身上領悟「棋士的人格，比棋藝重要」。

~~~~~~

Niáu-chhú/chhí sîu-kòe-khe--lâng-lâng hoah-phah

0738 鳥鼠泅過溪——人人嘩扑

ㄋㄧㄠ² ㄘㄨ²/ㄑㄧ² ㄒㄧㄨ⁵ ㄍㄨㄝ³ ㄎㄝ —— ㄌㄤ⁵ ㄌㄤ⁵ ㄏㄨㄚㄏ⁴ ㄆㄚㄏ⁴

【暗示】觸犯眾怒。

【註解】鳥鼠：見「鳥鼠入風箱——兩頭受氣」篇。
泅過溪：游過溪溝水圳。人人嘩扑：人人見了喊打。

【例句】「一朝天子一朝臣」，朱安雄當選高雄市議會議長時(2003)，各方人馬巴結逢迎都來不及，後來因為市議員賄選，被法院判刑確定，未報到服刑。
高雄地檢署發出通緝令，法務部並將他列為十大通緝要犯第一名，朱議長身處險境，「鳥鼠泅過溪——人人嘩扑」。

Niáu-chhú/chhí chhēng chháu-ê--kha khah tōa sin

0739 鳥鼠穿草鞋─骹卡大身

ㄋㄧㄠ² ㄘㄨ²/ㄑㄧ² ㄑㄧㄥ⁷ ㄘㄠ² ㄝ⁵ ── ㄎㄚ ㄎㄚㄏ⁴ ㄉㄨㄚ⁷ ㄒㄧㄣ

【暗示】事情鬧大麻煩了。

【註解】鳥鼠是小動物,草鞋是古時候工人穿的鞋子,鳥鼠穿鞋子,是說事情鬧大的意思。台灣也有「頭卡大身」的諺語,意思與「骹卡大身」相同。

【例句】巫明雄也不應該為了只有皮肉擦傷的小車禍,固執成那樣子。人家邱村長告訴他,對方好不容易同意,兩萬塊錢和解,趕快把錢給人家消災,簽立和解書了事。他卻最多只願付一萬八千元,現在對方已經向法院提出告訴,我看巫明雄為了兩千元,這下子要走法院,一定「鳥鼠穿草鞋──骹卡大身」了。

Niáu-chhú/chhí chiàh-iû--bàk-chiu-kim

0740 鳥鼠食油─目睭金

ㄋㄧㄠ² ㄘㄨ²/ㄑㄧ² ㄐㄧㄚㄏ⁸ ㄧㄨ⁵ ── ㄇㄚㄍ⁸ ㄐㄧㄨ ㄍㄧㄇ

【暗示】有精神。

【註解】鳥鼠食油:老鼠偷吃食油,眼睛會光亮起來。「鳥鼠食油──目睭金」,是藉油脂有亮光,形容人逢喜事精神爽,或受到鼓勵精神振作起來的意思。

【例句】「打虎捉賊親兄弟」這句話,形容財務發生危機的「耿祥紡織」周姓兄弟,最恰當不過了。耿祥董事長周益人,有一位同父異母弟周益民,兩兄弟從小因母親關係相處不來,後來老大繼承「耿祥公司」,老二隻身到美國創業,兩兄弟幾乎不相往來。這次老大「耿祥公司」發生財務危機,老二從大媽那兒聽到消息,二話不說匯回美金貳佰萬元,讓老大「鳥鼠食油──目睭金」,公司危機立即解除。

Niáu-chhú/chhí bô sé sin-khu--(ū-chhú-bī) ū-chhù-bī

0741 鳥鼠無洗身軀─(有鼠味)有趣味

ㄋㄧㄠ² ㄘㄨ²/ㄑㄧ² ㄇㄛ⁵ ㄙㄝ² ㄒㄧㄣ ㄎㄨ ── (ㄨ⁷ ㄘㄨ² ㄇㄧ⁷) ㄨ⁷ ㄘㄨ³ ㄇㄧ⁷

【暗示】有趣的事。

【註解】鳥鼠:老鼠,俗叫耗子,哺乳動物,齧齒類之一,門齒發達,體小尾長,常竊食米穀、食物,損壞衣物,傳鼠疫。無洗身軀:沒洗澡,老鼠會散發體臭,「有鼠味」與台語「有趣味」諧音。

【例句】中國無論都市或鄉村,隨處可見標語口號。例如:河北某農村「養女不讀書,不如養頭豬;養男不讀書,不如養頭驢」。貴州有「橫臥鐵軌,不死也要負上法律責任」;也有「搶劫警車是違法的」;「馬達一響,集中思想;車輪一動,想到群眾」;廣州南海市有「發展內衣製造業,是我們的基本國策」。標語治國,真是:「鳥鼠無洗身軀──(有鼠味)有趣味」。

Niáu-chhú/chhí poah lo̍h khì chheh-siuⁿ á--kā-bûn chiok-jī

0742 鳥鼠跋落去冊箱仔—咬文嚼字

ㄋㄧㄠ² ㄘㄨ²/ㄑㄧ² ㄅㄨㄚㄏ⁸ ㄌㄜㄏ⁸ ㄎㄧ³ ㄘㄝㄏ⁴ ⁰ㄒㄧㄨ ㄚ² —— ㄍㄚ⁷ ㄪㄨㄣ⁵ ㄐㄧㄜㄍ⁴ ㄖㄧ⁷

【暗示】譏諷賣弄文字或迂腐不化。

【註解】鳥鼠：見「鳥鼠無洗身軀——（有鼠味）有趣味」篇。
跋落去冊箱仔：掉入書箱裡。書箱裡沒有食物，只有書本，只好咬文嚼字。

【例句】台灣國中小數學教育，因受九年一貫教育影響，減少教學時數，造成學童數學能力下降，引起社會普遍關切。教育部重新研擬加強數學教育方案，「快樂學習聯盟」指新方案「鳥鼠跋落去冊箱內——咬文嚼字」，看不出具體的辦法。

~~~~~~

Be̍h-gê-ko kòan-thâu--ài-lâng-kiāu

0743 麥芽膏罐頭—(愛人撟)愛人譙

ㄪㄝㄏ⁸ ㄫㄝ⁵ ㄍㄜ ㄍㄨㄢ² ㄊㄠ⁵ —— ㄞ³ ㄌㄤ⁵ ㄍㄧㄠ⁷

【暗示】言行過份，引起公憤。

【註解】麥芽膏：係由麥芽及澱粉糊合煮而成，稠膏狀營養食物。農村常見有人賣麥芽餅，麥芽餅是由兩塊酥餅，中間塗麥芽膏加香菜而成，類似三明治，小孩子很喜歡吃。麥芽膏因稠狀黏黏，裝在罐頭裡會黏在一起，必須用些力氣才能撬起來吃。
「愛人撟」與台語欠人家罵的「愛人譙」諧音。

【例句】2000年3月總統選舉，陳水扁當選，連戰落選。馮滬祥、謝啟大心有未甘，以李登輝總統夫人曾文惠女士私運二十箱美金出國為由，在國民黨中央黨部前煽動反李情緒，造成社會動盪不安。社會各界認為現在一通電話通匯全世界，什麼時代啦！哪有人星夜將美金裝箱偷運出國？認為馮、謝二人惟恐社會不亂，是「麥芽膏罐頭——（愛人撟）愛人譙」！

~~~~~~

Mái-tang-lâu--mài-tòng-lō͘

0744 麥當勞—覅擋路

ㄇㄞ² ㄉㄤ ㄌㄠ⁵ —— ㄇㄞ³ ㄉㄛㄥ³ ㄌㄛ⁷

【暗示】不要阻擋前途去路。

【註解】「麥當勞」是全球速食文化的始祖，創立於1948年。1950年於美國加州的道尼，開設第三家漢堡攤。這個以「M」為標誌的麥當勞，在全球126個國家，有三萬個門市，每三小時就多一家，全年營業額1.4兆美元。

【例句】台灣距2004年3月總統大選還有半年，民進黨立法委員邱議瑩、蕭美琴、沈富雄等29位，聯合上書陳水扁總統，請慎選副總統候選人。這個被視為反對呂秀蓮續任副總統的中生代，雖然沒有明指，卻隱約嗅出要呂秀蓮「麥當勞——覅擋路」。民進黨有多位熱心「公益」人士，很愛搬走妨礙他們前進路上的石頭。

Môa-tāu kî-ko-á--chheⁿ-á-châng

0745 麻豆旗竿仔──青仔欉

ㄇㄨㄚˊ ㄉㄠˇ ㄍㄧˊ ㄍㄜ ㄚˊ ── °ㄑㄝ ㄚˊ ㄗㄤˊ

【暗示】行為鹵莽的冒失鬼。

【註解】麻豆：台南縣麻豆鎮，以文旦柚出名。青仔欉：冒失鬼，不謹慎、莽撞的人。

【例句】一位看似大學生的都市青年到鄉下來，看到一位農民連打個招呼也沒有，劈頭問道：「喂！到善德寺還有多少公里？」農民看了看眼前這位「麻豆旗竿仔──青仔欉」後說：「四百二十丈。」那位青年訝異的又問道：「咦！奇怪！怎麼你們鄉下人不講里？」農民冷冷的說：「你不講理，我還跟你講什麼里？」

~~~~~~

Káu-hīa poa̍h-lo̍h-tiàⁿ--chhá-sí

0746 蚼蟻跋落鼎──(炒死)吵死

ㄍㄠˊ ㄏㄧㄚˇ ㄅㄨㄚㄏˋ ㄌㄜㄏˋ °ㄉㄧㄚˇ ── ㄑㄚˇ ㄒㄧˇ

【暗示】吵得不得安寧。

【註解】蚼蟻：見「蚼蟻跕樹──隨人抾」篇。跋落鼎：掉入鍋裡。俗語「熱鍋上的螞蟻」形容緊張、驚惶的情形。螞蟻掉入鍋裡，必定被炒死無疑。
「炒死」與台語擾人至極的「吵死」諧音。

【例句】中華職業棒球比賽，「兄弟象隊」與「興農牛隊」，2003年11月於台北士林舉行第六場巡迴賽。士林天母球場一萬個座位，突然湧進三萬多球迷，門票據說又被立法委員包走，交給黃牛高價出售，導致一票難求。球場附近像「蚼蟻跋落鼎──(炒死)吵死」，居民怨聲載道，指責主辦單位欺騙球迷。

~~~~~~

Káu-hīa poaⁿ-chhù--m̄-sī hong tio̍h-sī hō͘

0747 蚼蟻搬茨──唔是風就是雨

ㄍㄠˊ ㄏㄧㄚˇ °ㄅㄨㄚ ㄘㄨˇ ── ㄇˇ ㄒㄧˇ ㄏㄛㄥ ㄉㄜㄏˋ ㄒㄧˇ ㄏㄛˇ

【暗示】風雨不斷，是非不停。

【註解】蚼蟻：見「蚼蟻跕樹──隨人抾」篇。搬茨：搬家。唔是風就是雨：風風雨雨。

【例句】有非洲之父美譽的德籍神學家史懷哲(1928德國歌德獎)，坐船航行中遇到一陣暴風，船搖晃得很厲害，讓他無法寫東西，便把稿紙擺在床上，雙膝跪著繼續寫。船上服務生以為他怕了，向神祈禱，便對同事說：「你看！史先生怕成那樣子，船在海上航行，像『蚼蟻搬茨──唔是風就是雨』，真笑死人。」

Káu-hīa peh-chhīu--sui-lâng-pìaⁿ

0748 蚼蟻跖樹──隨人拚

ㄍㄠ² ㄏㄧㄚ⁷ ㄅㄝㄏ⁴ ㄑㄧㄨ⁷ ── ㄙㄨㄧ⁵ ㄌㄤ⁵ °ㄅㄧㄚ³

【暗示】各自打拚。

【註解】蚼蟻：即螞蟻，昆蟲名稱。多於地下築巢群聚。体小，褐色、黑色，有一對腹眼，觸角長，雌蟻有翅膀，雄蟻無。螞蟻具有團隊精神，但爬樹仍然要各自努力。

【例句】台灣已經實施民主政治，民主政治即是政黨政治。公職人員候選人，雖然多數由所屬政黨提名參選，但政黨提名並非保證一定能當選，候選人雖有政黨團隊支持，要當選仍然是「蚼蟻跖樹──隨人拚」，才有機會當選。

~~~~~~

Uⁿ-tōng chhâi-phòaⁿ--tam-su-iâⁿ

0749 運動裁判──擔輸贏

ㄨㄣ⁷ ㄅㄛㄥ⁷ ㄘㄞ⁵ ㄆㄨㄚ³ ── ㄅㄚㄇ ㄙㄨ °ㄧㄚ⁵

【暗示】要有勝負輸贏的擔當。

【註解】運動：1. 物理學名詞，物体的位置繼續轉變的現象。2. 活動軀体，活絡筋骨的動作。3. 奔走鑽營請託，以求達到希望。4. 散佈思想，宣揚主義，謀達目的活動。裁判：1. 運動競賽判定勝負名次。2. 法院為民刑事案件所作之決定、裁定、判決。

【例句】台灣人好賭成性是世界聞名，除股票及政府發行彩券外，只要被想到可用來賭錢的，就會有人大把下注。選舉輸贏，鴿子競賽等，各種賭注都有；2003年亞洲棒球錦標賽，哪一國贏多少、輸多少球？也有人瘋狂下注。傳說中部某一林姓組頭，沒有「運動裁判──擔輸贏」精神，賭棒球錦標賽，輸了兩億多元跑路了。

~~~~~~

Tō-sū liaⁿ-keng--chiàu-pún soan-kho

0750 道士唸經──照本宣科

ㄅㄛ⁷ ㄙㄨ⁷ ㄌㄧㄚㄇ⁷ ㄍㄧㄥ ── ㄐㄧㄠ³ ㄅㄨㄣ² ㄙㄨㄢ ㄎㄜ

【暗示】按照預定程序宣布。

【註解】道士：為人辦喪事唸經超渡的方士。唸經：唸誦經文。照本宣科：道士超渡唸經，都按照原有版本，照樣劃葫蘆一番。

【例句】雲林縣長張榮味，涉嫌建設雲林縣林內焚化爐回扣一億元。檢調單位於2004年8月12日搜索縣長辦公室和其住家。並用吊車將二人可以抬走的保險箱，從縣長公館二樓吊出來，電視全程播報引起全國民眾注意。有人說檢調大動作，是要給張縣長下馬威的壓力，也有說不管有沒貪污，先來個人格侮辱一番再說。
張榮味對於受如此羞辱，與所有民選公職遭受司法偵查一樣，「道士唸經──照本宣科」一番，說是政治迫害。

Kòe-nî bô tńg-khì-chhù--bô-bó

0751 過年無返去茨──無姆

《ㄨㄝ³ ㄋㄧ⁵ ㄅㄜ⁵ ㄉㄥ² ㄎㄧ⁻³ ㄘㄨ³ ── ㄅㄜ⁵ ㄅㄛ²

【暗示】單身漢。

【註解】過年：春節，農曆元旦。無返去茨：沒有回家過春節。

【例句】台灣小姐因經濟自立，不像以前視結婚為拿到長期飯票，所以晚婚、不婚的越來越多，導致「過年無返去茨──無姆」的人，也越來越多。男人在台灣找不到女孩子結婚，都透過媒介尋找外國新娘，「台外聯婚」也越來越多。
1988年外籍新娘，佔所有新婚夫婦比例6.2%，至2002年已達25%。目前國內有外國新娘25萬對，對台灣人口結構和素質，會產生負面影響。

Kòe-toh ni-kam--chiàm-khôan

0752 過桌拈柑──僭權

《ㄨㄝ³ ㄉㄜㄏ⁴ ㄋㄧ 《ㄚㄇ ── ㄐㄧㄚㄇ³ ㄎㄨㄢ⁵

【暗示】超越權責、權限。

【註解】過桌拈柑：伸手到隔壁餐桌上拿橘子。台灣各種宴會，當全部的菜上完了，依例會端出甜點、水果，橘子也是水果之一，暗示餐會即將結束。

【例句】台灣2004年總統選舉，引起爭議之一是投票前夕，319陳水扁、呂秀蓮，於台南市掃街拜票時遭到槍擊，總統府秘書長邱義仁啟動「國安機制」，剝奪數十萬軍、憲、警人員的投票權。國親兩黨立委黃德福、沈智慧到國安會，索閱「國安會議紀錄」資料未果。國安會秘書長康寧祥表示：「總統並未致電，要我召開國安會議。」依「國安會議組織法」第三條規定：「國家安全會議，以總統為主席；總統因事不能出席時，由副總統代理之」。國親立委認為邱義仁召開國安會議，不僅僅是「過桌拈柑──僭權」，還嚴重違憲及侵害統帥權。

Chhńg koe-chí--thun-thun thò-thò

0753 嗜瓜子──吞吞吐吐

ㄘㄥ² 《ㄨㄝ ㄐㄧ² ── ㄊㄨㄣ ㄊㄨㄣ ㄊㄛ³ ㄊㄛ³

【暗示】不直爽，說話欲言又止。

【註解】嗜：用牙齒輕輕咬破，然後用舌尖托食的食法。
瓜子：植物，蔓生，葫蘆科的一種植物的果子。

【例句】妻子對深夜始歸的丈夫，厲聲詰問：「什麼？聽演講去？！胡說，哪有人演講會講到半夜一點多鐘？」
「老婆，我沒騙你。那位林教授演講像『嗜瓜子──吞吞吐吐』，口吃得很厲害，才拖到三更半夜。」

Phok-sū-pan pit-giȧp--bô-hāu

0754 博士班畢業──（無校）無效

ㄆㄛㄍ⁴ ㄙㄨ⁷ ㄅㄢ ㄅㄧㄉ⁴ ㄗㄧㄚㆴ⁸ ── ㄇㄛ˙⁵ ㄏㄠ⁷

【暗示】白忙一場。

【註解】世界各國學制，多數是由小學、中學而大學。大學畢業授予學士，研究所有碩士班，最高學歷為博士班。博士班畢業後，就沒有學校可讀了。所以說「無校」。「無校」與台語無效果的「無效」諧音。

【例句】台灣青少年集結飆車情形相當嚴重，已形成擾亂治安、影響安全的社會問題。警政署下令嚴格取締，進行攔截告發。各地飆車族更加變本加厲，聚集更多的青少年橫行。台中市楊姓警官說：「取締飆車族之所以『博士班畢業──（無校）無效』，是他們的車速，都在一百公里以上，誰敢去攔截他們？」

Chhùi-kak boah-hún--(chiȧh-pȅh)pȅh-chiȧh

0755 喙角抹粉──（食白）白食

ㄘㄨㄧ³ ㄍㄚㄍ⁴ ㄇㄨㄚㄏ⁴ ㄏㄨㄣ² ── (ㄐㄧㄚㄏ⁸ ㄅㆤㄏ⁸) ㄅㆤㄏ⁸ ㄐㄧㄚㄏ⁸

【暗示】白吃白喝。

【註解】喙角：唇邊。喙角抹粉，是說唇邊塗了白粉，或吃了某種有白粉末的食品，留下白粉在唇邊。吃「白粉」，台語形容為「白食」。

【例句】高希均教授名言：「天下沒有白吃的午餐」，台中市中華路美食街，就有「喙角抹粉──（食白）白食」的人，入晚三五成群，到各著名美食攤位，白吃白喝。店老闆稍微怠慢或臉色難看一點，就會動手動腳砸店，商人忍氣求財，都敢怒不敢言。

Chhùi-tûn-phôe boah-iû--kȧut-liù-siù

0756 喙唇皮抹油──滑溜秀

ㄘㄨㄧ³ ㄉㄨㄣ⁵ ㄆㄨㆤ⁵ ㄇㄨㄚㄏ⁴ ㄧㄨ⁵ ── ㄍㄨㄉ⁸ ㄌㄧㄨ³ ㄒㄧㄨ³

【暗示】油腔滑調，言不及義。

【註解】喙唇皮：嘴唇。嘴唇抹油，形容開口講話滑溜溜。

【例句】阿扁總統接受韓國記者訪問：說他退休後最想做的是記者。阿扁說他2000年當上總統後，記者天天罵他，星期一罵到星期五，連周休二日也罵，白天罵，晚上也罵，報紙罵不夠，又上電視罵他。
記者「喙唇皮抹油──滑溜秀」，可以隨便罵人，確實是令人羨慕的職業。

Chhùi-tûn kô kô-á--pháiⁿ khui-chhùi

0757 喙唇糊糊仔──歹開喙

ㄅㄨㄟ³ ㄅㄨㄣ⁵ ㄍㆦ⁵ ㄍㆦ⁵ ㄚ² ── ⁰ㄆㄞ³ ㄎㄨㄧ ㄅㄨㄟ³

【暗示】不好意思開口。

【註解】喙唇糊糊仔：嘴巴用漿糊把它粘起來。歹開喙：嘴巴粘起來，很難開口。

【例句】台灣民眾以往有感於國民黨一黨獨大，必須扶持在野勢力，才能達到政黨勢均力敵，互相制衡的境界。因此公職人員選舉，只要有人出來和國民黨競選，大家莫不出錢出力支持。現在民進黨已經長大而且執政，台灣政治也政黨化，有些民進黨候選人，還想民眾能像過去黨外時代那樣，出錢出力支持他們的政治事業。
我想提醒他們，時代不一樣了，卻因為「喙唇糊糊仔──歹開喙」而作罷。

Chhùi-chhiu kô ko-ióh--ū mô-pēⁿ

0758 喙鬚糊膏藥──有毛病

ㄅㄨㄟ³ ㄑㄧㄨ ㄍㆦ⁵ ㄍㆤ ㄧㆦ厂⁸ ── ㄨ⁷ ㄇㆦ⁵ ⁰ㄅㆤ⁷

【暗示】有疾病或有弊病。

【註解】喙鬚糊膏藥：鬍鬚貼藥膏，鬍鬚是毛，毛有毛病才貼藥膏。

【例句】「又是她！」這是台北市警方救難員警，看到站在中正橋上，作勢要跳河自殺的周姓女子，所說的第一句話。兩天前（2003年10月31日），她也站在長沙街某大廈頂樓，詛咒男朋友說她懷孕了，還要遺棄她，揚言要跳樓自殺。救援員警說她一定是「喙鬚糊膏藥──有毛病」，否則怎會前後九次站在路人或住戶容易看到的地方，大聲嚎哭作勢要自殺，引來民眾報警救她，害他們疲於奔命？

Chhah thi-ke-bóe--ké-hoan

0759 插雉雞尾──假番

ㄅㄚ厂⁴ ㄊㄧ ㄍㆤ ㄅㄨㆤ² ── ㄍㆤ² ㄏㄨㄢ

【暗示】假裝狂顛與委蛇。

【註解】雉雞：形狀似雞，鶉雞目。雄的尾很長，羽甚美。把雉雞尾插在額頭，看起來雄糾糾的，頗像番仔。「番仔」：以前對原住民的稱呼。

【例句】陳水扁為了促進族群和諧，呼籲參加2004年520就任第十一任總統典禮民眾，拿國旗進入會場，但很多人不習慣拿國旗，因此隨即將國旗丟棄，會後清理會場已堆成國旗山。這些「插雉雞尾──假番」的民眾，並非真心愛國旗，只是服務人員分給他，不好意思拒絕，接手後隨即丟掉，總統府資政辜寬敏說：「我沒有拿國旗的習慣，會怪怪的。」相信很多人都有這樣的感覺。

Pan-kah háu--kú-kú-kú

0760 斑鳩哮──(咕咕咕)久久久

ㄅㄢ ㄍㄚㄏˋ ㄏㄠ² ── ㄍㄨ² ㄍㄨ² ㄍㄨ²

【暗示】很久或遙遠的事。

【註解】斑鳩：屬鴿類，形狀像鴿子，體型比鴿子小，頭部小，胸部突出，兩翼長，尾巴短，有花紋，頸部黑毛有白點。農村生產道路或小徑，可看到斑鳩飛下來啄食。
斑鳩叫聲「咕咕咕」很好聽，也像台語「久久久」一樣。

【例句】瑪莉亞，這位生長在莫斯科的俄國小姐，嫁到台灣來，跟她的先生小兩口子，雖然恩愛異常，但是夫婿劉大安的事業在這裡，瑪莉亞又水土不服。此番回國說是探親，劉大安在機場送別時，眼眶紅紅的，大概想到兩夫妻再相見，可能是「斑鳩哮──(咕咕咕)久久久」的事而傷心吧。

Koaⁿ-chhâ làu-té--làu-pán

0761 棺柴剾底──(漏板)老闆

ㄍㄨㄚ ㄘㄚ⁵ ㄌㄠ³ ㄅㄝ² ── ㄌㄠ³ ㄅㄢ²

【暗示】商店財產的所有人，頭家。

【註解】棺柴：木板製成裝殮屍体的用具。又稱：棺木，棺材。漏底：棺材用三塊木板釘成，上面加蓋、底板掉下來叫漏板。「漏板」與台語頭家的「老闆」諧音。

【例句】親民黨主席宋楚瑜侮罵為「下流！」立法委員邱毅到台灣電視公司賜館的「非常光碟」，已經知道主要演員有：安迪夫婦、王小芬、羅時豐、陳思羽、楊金明、攝影廖明義等人。「台灣媒体革命工作室」負責人盧統隆，自稱是製作人。但是，真正「棺柴剾底──(漏板)老闆」是誰？言人人殊。

Koaⁿ-chhâ lāi kiò i-seng--sú-lī kiû-seng

0762 棺柴內叫醫生──死裡求生

ㄍㄨㄚ ㄘㄚ⁵ ㄌㄞ⁷ ㄍㄧㄛ³ ── ㄧㄥ ── ㄙㄨ² ㄌㄧ⁷ ㄍㄧㄨ⁵ ㄒㄧㄥ

【暗示】不認死，還想活命。

【註解】棺柴：木片製成，裝殮屍體的用具，又稱棺材、棺木。
人死了，已經裝進棺材裡，還要叫醫生，求生意志相當堅定。

【例句】1945年8月6、9日，美國在日本廣島、長崎投下原子彈，8月15日日本天皇裕仁發布詔書接受無條件投降，結束第二次世界大戰。當時嘉義市民王文其在長崎讀書，是原子彈爆炸的倖存者。這位現年87歲的老人，「棺柴內叫醫生──死裡求生」，回憶當時被學弟林子雄發現，由學長康嘉音、楊瑤璘、林雲卿等輪流醫治。
日本政府已通過「被爆者救護法」，他將提出申請「原子彈爆炸受害者津貼」。並請日本政府，協尋當初照顧他的三位日本小姐。

Koaⁿ-chhâ lāi chhiùⁿ-koa--m̄-chai sí-oa̍h

0763 棺柴內唱歌──嗯知死活

ᵒ《ㄨㄚ ㄘㄚ⁵ ㄌㄞ⁷ ᵒㄑㄧㄨ³ 《ㄨㄚ ── ㄇ⁷ ㄗㄞ ㄒㄧ⁻² ㄨㄚㄏ⁸

【暗示】不知嚴重性。

【註解】棺柴：又稱棺木、棺材，收殮屍體的木製盒子。
棺柴內唱歌：人躺在棺材裡還會唱歌，真的是不知死活的人。

【例句】世界上最嚴重的核能事故，於1986年4月6日發生於前蘇聯烏克蘭車諾比核電廠，65公分厚，1000公噸重反應爐蓋熱能爆炸。保守估計50倍於第二次世界大戰，投於日本廣島、長崎那兩顆原子彈。
車諾比核電廠爆炸，污染面積台灣4倍大，七、八百萬民眾受到輻射影響，至少三十萬人死亡，救災花費已超過11兆4000億台幣。這次核災僅是熱能爆炸，若是第四反應爐核爆炸，半個歐洲會消失。前民進黨主席林義雄，環島苦行宣導非核家園，那些還在幻想核能源的官員，真是「棺柴內唱歌──嗯知死活」。

~~~~~~

Koaⁿ-chhâ té chhiùⁿ-koa--m̄-chai sí-oa̍h

0764 棺柴底唱歌──嗯知死活

ᵒ《ㄨㄚ ㄘㄚ⁵ ㄅㄝ² ᵒㄑㄧㄨ³ 《ㄨㄚ ── ㄇ⁷ ㄗㄞ ㄒㄧ⁻² ㄨㄚㄏ⁸

【暗示】不知天高地厚。

【註解】棺柴：見「躺棺柴問路──搭死路」篇。
人已經躺在棺材底了，還有心情唱歌，也真是不知死活了。

【例句】台灣傳統產業如：紡織、成衣、製鞋、製傘等，因為人工成本偏高，都面臨縮小經營規模或歇業命運。「松記紡織」高總經理竟然向董事會，提出進口設備擴充經營規模，申請融資二億元的計畫案。董事會議砲聲隆隆，胡董事長指融資計畫案，宛如「棺柴底唱歌──嗯知死活」。

~~~~~~

Koaⁿ-chhâ té chhun-chhíu--sí-ai-chîⁿ

0765 棺柴底伸手──死愛錢

ᵒ《ㄨㄚ ㄘㄚ⁵ ㄅㄝ² ㄘㄨㄣ ㄑㄧㄨ² ── ㄒㄧ⁻² ㄞ³ ᵒㄐㄧ⁻⁵

【暗示】要錢不要命。

【註解】棺柴：見「躺棺柴問路──搭死路」篇。
棺柴底伸手：形容愛財不愛命。人已經躺在棺材裡了，還念念不忘要錢。

【例句】台灣外交部，對於馬其頓國政府發言人米洛索斯基記者會稱：「該國內閣會議通過與中國建交」，而於2001年6月13日發表措辭強硬聲明，認為米洛索斯基不友好聲明，嚴重傷害中華民國及人民尊嚴，也損傷兩國友好關係與雙邊合作。
外交部發言人張小月對於馬國「棺柴底伸手──死要錢」提出警告，中止吾國對馬國所有援助和合作方案，並要求立即償還貸款。

Koaⁿ-chhâ té niáu-chhú--chhá-sí-lâng

0766 棺柴底鳥鼠—吵死人

ㄍㄨㄚ ㄘㄚ⁵ ㄉㄝ² ㄋㄧㄠ² ㄘㄨ²/ㄑㄧ² —— ㄘㄚ² ㄒㄧ² ㄌㄤ⁵

【暗示】吵雜擾人。

【註解】棺柴：棺材、棺木。鳥鼠：老鼠。棺材是要裝死人用的，裝死人的棺材裡面有老鼠，吱吱喳喳吵到的是死人。「吵死人」台語是很吵，令人厭煩的意思。

【例句】學校請法學專家李文吉教授，蒞校專題演講「青少年犯罪問題及預防」。台下有幾位同學私語不休，胡老師悄悄走到他們背後，分別拉他們的耳朵說：「人家都靜靜的聽演講，你們幾個人，像『棺柴底鳥鼠—吵死人』，請閉嘴。」

~~~~~~

Koaⁿ-chhâ té liān ti-iû--(sí-chòaⁿ) sí-chèⁿ

0767 棺柴底煉豬油—（死煠）死諍

ㄍㄨㄚ ㄘㄚ⁵ ㄉㄝ² ㄌㄧㄢ⁷ ㄉㄧ ㄧㄨ⁵ —— (ㄒㄧ² ㄗㄨㄚ³) ㄒㄧ² ㄐㄝ³

【暗示】無理或無聊的申辯。

【註解】棺柴：見「躺棺材問路—搭死路」篇。
煉豬油：用烈火燒煉豬的脂肪，製成液態或固態的油脂。死諍：強辯的意思。

【例句】我們這一班同學畢業五年後，第一次聚會選在京華酒店。吳坤義和高明進這兩位「踦諍王」，難得又碰頭，為了當時的班導李莉娟與劉國強老師，誰先追求誰的問題，像「棺柴內煉豬油—（死煠）死諍」，人家菜都上完了，也快吃光了，兩人還爭論不休。

~~~~~~

Koaⁿ-chhâ té piān-oē-kut--sí-chèⁿ

0768 棺柴底辯話骨—死諍

ㄍㄨㄚ ㄘㄚ⁵ ㄉㄝ² ㄅㄧㄢ⁷ ㄨㄝ⁷ ㄍㄨㄉ⁴ —— ㄒㄧ² ㄐㄝ³

【暗示】逞口舌強辯。

【註解】人都已經躺在棺材裡了，只剩下嘴巴沒死，卻還不認輸，一味找喳爭辯，死蛇還要說成活龍。

【例句】台灣政治亂象叢生，社會也好不到哪兒去，有人說亂象來自立法院，有人說媒體也有貢獻，更有人指出各電視叩應節目，也不是什麼好東西，要負部分責任。
民眾每天打開電視，名人一字排開，正襟危坐雞同鴨講，言不及義，那種「棺柴底辯話骨—死諍」的嘴臉，令人一看就倒胃口。

Koaⁿ-chhâ téng liâm ang-á--bōe kham tit lāng

0769 棺柴頂黏尪仔──獪堪得弄

ㄍㄨㄚ⁰ ㄘㄚ⁵ ㄅㄧㄥ² ㄅㄧㄚㄇ⁵ ㄤ ㄚ² ── ㄅㄨㆤ⁷ ㄅㄚㄇ ㄅㄧㄉ⁴ ㄌㄤ⁷

【暗示】玩不得或不能玩。

【註解】棺材：見「睛棺柴問路 ──搭死路」篇。
黏尪仔：在棺柴蓋上黏木偶。獪堪得弄：是形容只能看不能玩的東西。

【例句】中國當局於台灣1996年及2000年選舉總統時，分別以飛彈向台灣外海發射及言詞恫嚇，目的是要讓李登輝、陳水扁落選。沒想到台灣人不吃這一套，反而先後把李登輝、陳水扁送進總統府。中國高層發現恫嚇威脅，都是「棺柴頂黏尪仔 ──獪堪得弄」，2004年對台灣總統選舉，低調得多囉。

Chang-sui hô-sîn--(chiàh-mô) chiàh-bô

0770 棕蓑胡蠅──(食毛)食無

ㄗㄤ ㄙㄨㄧ ㄏㆦ⁵ ㄒㄧㄣ⁵ ── (ㄐㄧㄚㆷ⁸ ㄇㆦ⁵) ㄐㄧㄚㆷ⁸ ㄅㄜ⁵

【暗示】沒得吃或沒有好處。

【註解】棕蓑：用棕櫚葉做的雨具，是農民的雨衣。胡蠅：蒼蠅，蠅屬，体色灰黑，側有硬毛，夏天繁殖迅速，群集腐物或污處，為細菌和疾病的媒介。棕蓑如細毛，蒼蠅停在上面，像吃毛，而吃毛與「食無」諧音。

【例句】台灣有選舉就有人買票、賣票，這種買賣行為是透過所謂椿腳，椿腳就像商場買賣的總經銷、中盤、攤販、零售，形成選舉共生鏈。民進黨2000年執政後，法務部長陳定南為了徹底消滅買票文化，規定贈品超過29元(不及一個便當錢)視為賄選，這麼一來，各地椿腳，都成為「棕蓑胡蠅──(食毛)食無」。

Kùn-á kòng tâng-lô--khong-khong

0771 棍仔摃銅鑼──悾悾

ㄍㄨㄣ³ ㄚ² ㄍㆲ² ㄉㄤ⁵ ㄌㆤ⁵ ── ㄎㆲ ㄎㆲ

【暗示】瘋顛、傻里傻氣。

【註解】棍仔：棍子。摃銅鑼：敲打銅鑼。悾悾：棍子敲打銅鑼發出的聲音，也是台語呆呆笨笨的形容詞。

【例句】廠長對新來的守衛說：「要注意，別讓工人把公司的產品偷拿出去。」守衛為了表現，下班時很仔細的檢查每位工人的皮包，所有皮包都空無一物，讓他很放心。第二天廠長指著守衛鼻尖，破口大罵：「你真是『棍仔摃銅鑼──悾悾』，叫你不要讓工人偷東西，你知道昨天皮包被偷走八百五十二個嗎？」

Mî-se chìm-chúi--pháiⁿ-pháng

0772 棉紗浸水—歹紡

ㄇㄧ⁵ ㄙㄜ ㄐㄧㄇ³ ㄗㄨㄟ² —— ⁰ㄆㄞ² ㄆㄤ²

【暗示】事情難辦，難纏了。

【註解】棉紗是由棉花纖維做為原料，加工紡成細棉線，再由棉線紡織成布。

【例句】吳校長與趙姓代課教師的緋聞，報紙已經登出來了。這件緋聞吳校長實在咎由自取，大家站在朋友立場，已隱隱約約暗示過他，人家丈夫雖然在中國，但總會回來，要他懸崖勒馬，校長還是樂不思蜀，今天他真正碰到「棉紗浸水——歹紡」。

~~~~~~

Mî-phōe lāi pàng-phùi--tȯk-hiáng

0773 棉被內放屁—(獨響)獨享

ㄇㄧ⁵ ㄆㄨㄜ⁷ ㄌㄞ⁷ ㄅㄤ³ ㄆㄨㄧ³ —— ㄉㄜㄍ⁸ ㄏㄧㄤ²

【暗示】獨自享受。

【註解】棉被：用棉花彈鬆後做成的被子。人在棉被裡放屁，只有自己一個人聽到屁聲。「獨響」與獨自享受的「獨享」諧音。

【例句】老師生日，班上25位學生，帶來兩盒蛋糕祝壽，老師很受感動，堅持收下一盒，另一盒請同學們帶回去吃。學生回去後，老師「棉被內放屁——(獨響)獨享」那一盒蛋糕，打開一看，裡面放的是二十六個盤子和叉子。

~~~~~~

Mî-phōe lāi pàng-phùi--lêng-bûn lêng-bú

0774 棉被內放屁—(能聞能搗)能文能武

ㄇㄧ⁵ ㄆㄨㄜ⁷ ㄌㄞ⁷ ㄅㄤ³ ㄆㄨㄧ³ —— ㄌㄧㄥ⁵ ㄅㄨㄣ⁵ ㄌㄧㄥ⁵ ㄅㄨ²

【暗示】形容文武全才。

【註解】棉被內：人窩在棉被裡。放屁：人體內臭氣，由肛門排放出來。能聞能搗：在棉被內放屁，能聞到臭味，也可以用棉被把臭味蓋住。「能聞能搗」與台語允文允武的「能文能武」諧音。

【例句】我之會做一位職業軍人，是受到二姑丈影響的。記得我讀國中時，人家學生都在拚大學聯考，但是我的兩位表哥，都讀軍事學校，我問二姑丈，為何表哥沒投考大學而讀軍校？「阿弟，軍校是訓練文武雙才的學校，每位學生從軍校畢業，都會成為『棉被內放屁——(能聞能搗)能文能武』的時代青年。」二姑丈說。

Pêⁿ-téng ê hông-tè--chò-bô-kú

0775 棚頂个皇帝──做無久

ㄅㅔ⁵ ㄅㄧㄥ² ㄝ⁵ ㄏㄛㄥ⁵ ㄅㄝ³ ── ㄗㄜ³ ㄅㄜ⁵ ㄍㄨ²

【暗示】花無百日紅，人無千日好。

【註解】棚頂：戲台上。皇帝：戲台上扮演皇帝的人。皇帝這個角色的戲演完了，也就沒戲唱了，不再風光了。

【例句】美國華裔作家章家敦，在其長期觀察中國大陸政經社會發展後，所著《中國即將崩潰》書中，預言中國會在十年內崩潰。章氏之所以說中國像「棚頂个皇帝──做無久」，是中國雖然每年仍有10%經濟成長率，看來情勢好像大好，有人說21世紀是「中國世紀」。但中國從政治到經濟、從教育到環境、從債務到疾病、從社會混亂到官員腐敗，都有嚴重問題，將導致政權瓦解。

Bô to siah ông-lâi-- (kā-bảk) gāi-bảk

0776 無刀削鳳梨──(咬目)礙目

ㄅㄜ⁵ ㄅㄜ ㄒㄧㄚㄏ⁴ ㄛㄥ⁵ ㄅㄞ⁵ ── (ㄍㄚ⁷ ㄅㄚㄍ⁸) ㄤㄞ⁷ ㄅㄚㄍ⁸

【暗示】不順眼。

【註解】鳳梨：植物名，常綠草本，葉長而尖，有刺，長二、三尺，春夏開花，果肉味美，多汁，可生食、加工、果汁、罐頭、果乾。鳳梨果肉表面有果目，要用刀子把果目削掉才能吃。沒刀子削，用咬的把鳳梨目咬掉，叫「咬目」，與台語不順眼的「礙目」諧音。

【例句】台灣所以不幸是2,300萬人中，有15%是光復後由中國來台人士及其子嗣，對台灣產生認同危機。這些人士，看到帶領台灣走出威權統治，進入民主政治的李登輝總統，像「無刀削鳳梨──(咬目)礙目」得很。不僅把他罵得體無完膚，甚至連李登輝心臟病入院手術，也集結在醫院外面，詛咒他老人家不得好死。人家因病入院，沒有祈禱、祝福，反而詛咒人家早死，也真是世界上非常奇怪的民族。

Bô-gê á chiảh kam-chià--ke-kiám-chīⁿ

0777 無牙仔食甘蔗──加減舐

ㄅㄜ⁵ ㄍㄝ⁵ ㄚ² ㄐㄧㄚㄏ⁸ ㄍㄚㄇ ㄐㄧㄚ³ ── ㄍㄝ ㄍㄧㄚㄇ² ㄐㄧ

【暗示】多多少少，或有多少算多少。

【註解】無牙：見「無牙仔唸祭文──含糊其詞」篇。甘蔗：植物名，多年生草本，莖多甜汁，可製糖。舐：以舌尖在物上旋轉嘗味。加減舐：是形容能舐多少算多少。

【例句】老榮民興起到大陸娶新娘的風潮，他們年紀都八九十歲了，還能人道嗎？難道是像「無牙仔食甘蔗──加減舐」？而那些嬌滴滴的新娘，嫁給這些七老八老的老榮民，有「性」福可言嗎？這樣的婚姻，隱藏著什麼動機？

Bô-gê á chiảh tāu-hū--tú-tú-hó

0778 無牙仔食豆腐──拄拄好

ㄅㄛˊ ㄍㄝˋ ㄚˊ ㄐㄧㄚㄏˋ ㄉㄠ˙ ㄏㄨˊ ── ㄉㄨˋ ㄉㄨˋ ㄏㄛˋ

【暗示】剛剛好。

【註解】無牙：見「無牙仔唸祭文──含糊其詞」篇。
豆腐是軟的食物，沒有牙齒吃軟的豆腐，再恰當不過了。拄拄好：剛好。

【例句】張伯伯「好額人乞食生命」，他的財富與生活品質，有那麼大落差的原因，是勤儉成性，
有錢卻捨不得花。想要買部車子，有人來找他推銷二手車，開了一年半價要賣給他，也真
是「無牙仔食豆腐──拄拄好」，二話不說就買了下來，沒想到貪便宜買到贓車，官司恐
怕免不了。

Bô-gê á liām chè-bûn--hâm-hô-kî-sû

0779 無牙仔唸祭文──含糊其詞

ㄅㄛˊ ㄍㄝˋ ㄚˊ ㄌㄧㄢㄇˊ ㄗㄝˇ ㄅㄨㄣˊ ── ㄏㄚㄇˋ ㄏㄛˊ ㄍㄧˊ ㄙㄨˊ

【暗示】不知所云。

【註解】無牙：沒有牙齒。沒有牙齒的人，講話會漏風，聽不清楚，所以無牙的人唸起祭文來，口
齒不清，含糊其詞。

【例句】台語之所以心適、趣味，在於語意多樣化，解讀不同，意義就天南地北，相差十萬八千
里。例如：理髮小姐問阿伯講：「阿伯，你个喙鬚覕剃抑是要留咧？」阿伯講：「嘸剃要
留咧？」剃也？不剃？諸如以上的句子很多，不是「無牙仔唸祭文──含糊其詞」，而是
有語言微妙之處。

Bô-gû sái-bé--put-tek-í

0780 無牛駛馬──不得已

ㄅㄛˊ ㄍㄨˊ ㄙㄞˋ ㄅㄝˋ ── ㄅㄨㄉ˙ ㄉㄝㄍ˙ ㄧˋ

【暗示】勉強遷就。

【註解】牛：動物名，哺乳類反芻偶蹄，耕田、拉車的一種牲畜。馬：動物名，哺乳類奇蹄，善
跑，可供拉車、乘騎的一種牲畜。
沒有牛犁田用馬替代，是一種不得已的權宜措施。

【例句】中華民國故總統蔣介石夫人蔣宋美齡（1897年3月至2003年10月24日，享年106歲），於美
國寓所逝世。這位世稱「永遠的第一夫人」，受西方教育，長期居住美國，過著美式生
活，她曾說「我唯一東方之處是面孔」。蔣夫人於1916年19歲嫁給蔣介石。參與「北
伐」、「西安事變」、「抗日戰爭」、「大陸失陷播遷來台」等重大歷史事件，見證中國
近代史。政府派程建仁代表總統致祭，是「無牛駛馬──不得已」的作法。因蔣家孫媳婦
蔣方智怡，不接受不承認中華民國的阿扁總統，為蔣夫人覆蓋國旗，只好請程建人代表致
祭。

Bô-gû sái-bé--chiām-tō͘

0781 無牛駛馬──暫度

ㄅㄜ5 ㄫㄨ5 ㄙㄞ2 ㄅㄝ2 —— ㄐㄧㄚㄇ7 ㄉㄛ7

【暗示】不得已暫用。

【註解】牛、馬：見「無牛駛馬──不得已」篇。
無牛駛馬：沒有牛可耕田，暫時用馬替代。

【例句】公元1999年「921集集大地震」，居住組合屋「無牛駛馬──暫度」的災民，於2003年11月16日，舉行「應否撤換921重建委員會執行長郭瑤琪的諮詢性公投」。投票結果出席1,595票，贊成撤換郭瑤琪70%，反對28%，廢票2%。民進黨南投籍立法委員蔡煌瑯說：這樣的公投不算數，因出席投票只有一千五百多人，不及南投全縣五十六萬人口的千分之二，但並不是全部南投縣人都住在組合屋裡。

~~~~~~

Bô-leng ké pēⁿ-kiáⁿ--chng-thiòng

0782 無奶假病子──裝暢

ㄅㄜ5 ㄌㄧㄥ ㄍㄝ2 ⁰ㄅㄝ7 ⁰ㄍㄧㄚ2 —— ㄗㄥ ㄊㄧㄛㄥ3

【暗示】假裝信心、樂觀。

【註解】無奶：沒有奶水給孩子吃。假病子：假裝害喜。這是形容沒奶水給孩子吃，怕受婆婆責備，佯裝是害喜。

【例句】黃立委在本屆任內，並無特殊表現受到民眾認同，又因經濟不如以前，大家都不看好他的競選連任。可是黃立委信心十足，給予人的感受是「無奶假病子──裝暢」，工作幹部也只有「兄弟爬山──隨人打拚」，再為他拚一屆。

~~~~~~

Bô kǹg-phīⁿ ê gû--loān-chhòan

0783 無桊鼻个牛──(亂躥)亂闖

ㄅㄜ5 ㄍㄥ3 ⁰ㄆㄧ7 ㄝ5 ㄫㄨ5 —— ㄌㄨㄢ7 ㄘㄨㄢ3

【暗示】毫無管制、拘束，或放手亂幹。

【註解】桊鼻：水牛的飼主在水牛出生時，會在兩個鼻孔分隔肌肉穿孔，用特製的金屬鍊具貫穿，才能綁上繩子，控制牛隻不致亂闖惹事。

【例句】「小時了了，大未必佳」這句話，用在前立法委員謝賓先生及其國小同學身上，是很好的見證。謝立委說國小畢業那年，他不知自己是排第幾名，不過當時第一名的班長，目前職業是「駛鐵牛」（農耕機）；第二名現任鄉公所民政課長；第三名經營資源回收，也就是所謂的古物商。謝賓成績普通，國小畢業後，像隻「無桊鼻个牛──（亂躥）亂闖」，才為自己闖出一片天。

Sai-gû chiò-kak--kìⁿ-bīn tiȯh tak

0784 犀牛照角—見面就觸

ㄙㄞ ㄍㄨˊ ㄐㄧㄜˇ ㄍㄚㄍˇ —— °ㄍㄧㄥˇ ㄅㄧㄥˇ ㄉㄧㄜㄏˊ ㄉㄚㄍˇ

【暗示】看起來就不舒服。

【註解】犀牛：動物名，體壯皮堅，毛稀少，鼻端生一支或二支角，角很名貴，可做藥材，器物。犀牛好鬥，同類相見，會擺出互鬥的架勢，故說見面就觸。

【例句】立法委員陳文茜是媒體寵兒，也是操控媒體高手，卻是林重謨委員的天敵。兩人一見面就像「犀牛照角——一見面就觸」。他們從陳文茜的「乳房交際論」，到林重謨形容陳文茜批評立法院，「有如妓女批評社會風氣」。話題不斷，爭論不休。

~~~~~~

Kâu chhēng-saⁿ--seⁿg-lâng

0785 猴穿衫—成人

ㄍㄠˊ ㄑㄧㄥˇ °ㄙㄚ —— ㄒㄧㄥˊ ㄌㄤˊ

【暗示】譏諷得意忘形的意思。

【註解】猴子穿衣服，裝成人，無論怎麼看都不是人。

【例句】有位落魄作家，戴著一頂破爛的帽子走在街上，被一位意氣風發的音樂家看到，便問他說：「喂！老兄，你腦袋上那個玩意兒，能算一頂帽子嗎？」作家知道音樂家譏諷他，回話：「你這樣像『猴穿衫——成人』嗎？」

~~~~~~

Kâu-chê-thian chò tâu-chhiú--ti-ko sîn

0786 猴齊天做投手—(豬哥承)豬哥神

ㄍㄠˊ ㄗㄝˊ ㄊㄧㄢ ㄗㄜˇ ㄉㄠˊ ㄑㄧㄨˊ —— ㄅㄧ ㄍㄜ ㄒㄧㄣˊ

【暗示】好色之徒。

【註解】猴齊天：孫悟空。豬哥神：豬八戒。孫悟空、豬八戒、沙悟淨，是唐三藏西域取經的三個徒弟。三個師兄弟玩棒球，孫悟空做投手，豬八戒做捕手，便成豬哥承球，與台語形容色瞇瞇的「豬哥神」同音。

【例句】火車站月台上，母親提了一只大皮箱，對年輕貌美的女兒說：「重得很，阿英妳過來。」女兒說：「媽，我也拿不動。」母親又說：「不用妳拿，只要妳站在旁邊，就會有年輕人替我們拿上火車。」這位母親閱人多矣，知道「猴齊天做投手——(豬哥承)豬哥神」到處都有。

Kâu sėh tháng--bóe-pō

0787 猴耍桶─尾步

《ㄠ⁵ ㄙㄝ厂⁸ ㄊㄤ² ── 万ㄨㄝ² ㄅㄛ⁷

【暗示】最後一個步驟或最後一招。

【註解】猴耍桶：通常是馬戲團演出，最後一個壓軸戲，用猴子耍圓桶子。

【例句】呂宗憲，新竹市民，26歲，体重279公斤，是全台灣最高頓位青年。他說小時候夢想當歌星，沒想到2003年8月26日，各種媒体記者包圍著他，不是要採訪他發跡歌壇，而是要拍攝報導新竹市消防局六位壯漢，如何將他從四樓抬下來送醫。
消防局原計劃用吊車，將他從四樓吊下床，後來發現行不通，折騰了一陣子，最後「猴耍桶─尾步」的方法，是將呂家四個鋁門及鋁窗拆掉，讓吊車進入室內才能迴旋，將他吊出室外放入卡車，送往新竹馬偕醫院，進行減肥醫治工程。

Hoan-á-gû--(bô kǹg-phīⁿ) bô koán-chè

0788 番仔牛─(無㨪鼻)無管制

厂ㄨㄢ ㄚ² 兀ㄨ⁵ ── (万ㄜ⁵ 《ㄥ³ °ㄆㄧ⁻⁷) 万ㄜ⁵ 《ㄨㄢ³ ㄗㄝ³

【暗示】沒有管理禁制。

【註解】番仔牛：古時候說番仔牛，是指原住民所飼養的牛隻。無管制：是牛隻沒有穿鼻子，用繩子拴住。

【例句】政府為輔導觀光事業，2003年發給公務人員，每人一萬六千元旅遊卡，要讓公務員於周一至周五間國內旅遊。可是「旅遊卡」卻像「番仔牛─(無㨪鼻)無管制」。許多公務員並沒將旅遊券用在觀光旅遊，帶動國內的旅遊事業，而是去買數位相機、電子產品、金飾等，非觀光旅遊消費。

Hoan-á tâng-tiáⁿ--bô-châi

0789 番仔銅鼎─(無臍)無才

厂ㄨㄢ ㄚ² ㄅㄤ⁵ ㄅㄧㄚ² ── 万ㄜ⁵ ㄗㄞ⁵

【暗示】沒有才能。

【註解】番仔：以前稱原住民為「番仔」。銅鼎：銅製的鍋子。鼎臍：鍋子鑄製收縮，留在鼎底中央的痕跡。「無臍」與台語沒有才能的形容詞「無才」諧音。

【例句】何教授對於現代女性，喜歡穿短衣露出肚臍，有他的看法。他說：社會普遍批評現代的小姐，像「番仔銅鼎─(無臍)無才」。她們為了表示新女性有才有色，才喜歡穿短上衣，秀出她們肚子中的「臍」來。

Hoan-bē noā chit-pêng--(pòaⁿ-sūi) pòan-sūi

0790 番麥爛一爿—(半穗)半遂

ㄏㄨㄢ ㄇㄝ⁷ ㄋㄨㄚ⁷ ㄐㄧㆣ⁸ ㄅㄧㄥ⁵——(°ㄅㄨㄚ³ ㄙㄨㄧ⁷) ㄅㄨㄢ³ ㄙㄨㄧ⁷

【暗示】癱瘓，行動不便。

【註解】番麥：玉米，又名玉蜀黍，植物名。一年生草本，供食用及釀酒材料，又可製成澱粉。爛一爿：爛了一半，剩下的叫半穗。
「半穗」與台語癱瘓叫「半遂」諧音。

【例句】中國國民黨，是屬於百歲老人，2004年總統選舉與「台灣人的大孫」民進黨，爭奪總統大位，結果重跌內外傷非常嚴重，已經送進加護病房急救中。觀察家預測國民黨這次受傷，無死嘛半條命，將來可能變成「番麥爛一爿——（半穗）半遂」。

~~~~~~

Tēng-pî--bē siau-hòa

0791 硬脾—獪消化

ㄅㄧㄥ⁷ ㄅㄧ⁵ —— ㄇㄝ⁷ ㄒㄧㄠ ㄏㄨㄚ³

【暗示】消化不了或消化不良。

【註解】脾：脾臟，高等動物体內，最大的淋巴器官，具有製造新血球，破壞舊血球，產生淋巴球、抗体，調節脂肪的新陳代謝功能。硬碑：硬脾氣。

【例句】校長室擠滿了向吳麗雪老師抗議的家長。他們說孩子已經國三了，課業繁重，吳老師每次上課，都只是隨便提示一下，簡單的說明後，便把時間用在政治問題上，不是「公投」就是「統獨」；不是民進黨就是國民黨，全是那些與功課不相關的議題。家長要求撤換「政治導師」吳麗雪，認為學生上她的課，個個變成「硬脾——獪消化」，成績都「高空跳傘——落千丈」。

~~~~~~

Tông-só bû-khi--phiàn tiong-lâng

0792 童叟無欺—騙中人

ㄉㆲ⁵ ㄙㄜ² ㄇㄨ⁵ ㄎㄧ —— ㄆㄧㄢ³ ㄉㄧㆲ ㄌㄤ⁵

【暗示】不欺騙老幼，只欺騙中年人或仲介的中人。

【註解】童叟無欺：只標榜誠實對待小孩或老人家。中年人便不算在裡面了。騙中年人，或仲介者——中人。

【例句】「老公，郭先生要買我們那塊山坡地，不是出價五佰萬元嗎？」「是啊！他出價五佰萬元，怎麼啦！」「你剛才怎麼對康先生說，有人出價六百萬元？」
「唉呀！那是『童叟無欺——騙中人』的，再低的價錢，中人一樣會殺價。」

Phō-sat pàng-phùi--sîn-khì

0793 菩薩放屁─神氣

ㄆㄛ⁷ ㄙㄚㄉ⁴ ㄅㄤ³ ㄆㄨㄧ³ ── ㄒㄧㄣ⁵ ㄎㄧ³

【暗示】表情態度傲慢。

【註解】菩薩：佛祖或某些神明，及自覺能救眾生的人。菩薩是神明，神明放屁，那是道地的神氣。

【例句】中國流亡美國作家曹長青，前任「深圳日報」副總編輯，因美國記者專訪鄧小平幾時退休？鄧說中國人不讓他退休。曹異想天開，說我同意他退休，並發表＜請鄧小平退休＞一文，結果鄧沒退休，反而是他自己不得不退休，流亡美國。曹長青應「群策會」邀請，參加在圓山飯店舉辦的「兩岸安全研討會」，指出中國是專制國家，台灣是民主國家，怎麼統一？他喜愛台灣的「當選」文化，反對中國的「清算」文化。曹長青會後受到「菩薩放屁──神氣」的「愛國同心會」人員圍毆。

~~~~~~

Phō-sat tióh chhat-thau--sit-sîn

0794 菩薩著賊偷─失神

ㄆㄛ⁷ ㄙㄚㄉ⁴ ㄅㄧㄜㄏ⁸ ㄘㄚㄉ⁸ ㄊㄠ ── ㄒㄧㄉ⁴ ㄒㄧㄣ⁵

【暗示】眼睛沒有神氣；發呆。

【註解】菩薩：見「菩薩放屁──神氣」篇。
菩薩是佛教徒信奉的神，神被小偷偷走了，等於是失神了。

【例句】程老師這陣子為什麼情緒不穩，言行舉止，都恍如「菩薩著賊偷──失神」？
邱老師偷偷的對同事說：小程是因為女朋友胡小姐即將結婚，而且新郎是天天替他送信給胡小姐的郵差，才那麼落寞失神。

~~~~~~

Chhài-koe kòng-káu--khì chit-chat

0795 菜瓜摃狗─去一截

ㄘㄞ³ ㄍㄨㄝ ㄍㄛㄥ³ ㄍㄠ² ── ㄎㄧ³ ㄐㄧㄉ⁸ ㄗㄚㄉ⁴

【暗示】去了一截或白費力氣。

【註解】菜瓜：瓜類之一種，又名絲瓜，果實綠色，品種多。摃狗：打狗。用菜瓜打狗，不但打不痛，甚至會被狗咬斷吃掉。

【例句】行政院農業委員會，為加強農民競爭力，推廣高經濟價值的作物，選定彰化縣社頭鄉為「蕃石榴栽培觀摩區」，預定選出六戶農家蕃石榴園，供全省各地農友參觀。這項推廣計劃，農民認為是「菜瓜摃狗──去一截」有損無益。農友說參觀的人到蕃石榴園去，看到一個蕃石榴摘一個，何苦供人參觀？

Chhài-pó͘ uⁿ tāu-iû--ke-liáu-ê

0796 菜脯搵豆油—加了个

ㄘㄞˇ ㄅㆤˊ ㄨㄣˇ ㄉㄠˊ ㄧㄨˊ —— ㄍㆤ ㄌㄧㄠˊ ㆤˊ

【暗示】多此一舉或白費的。

【註解】菜脯：蘿蔔加工晒乾製成的食品。搵豆油：沾醬油。菜脯是鹹的食品，醬油也是鹹的調味品，所以菜脯搵豆油是多此一舉。

【例句】2003年台灣發生SARS疫情後期，疫情趨緩，人民生活回復正常之後，政府才規定「全民量體溫運動」。立法委員沈富雄說：「全民量體溫，像『菜脯搵豆油——加了个』。」

Chhài-thâu khui-hoe--hoe-sim

0797 菜頭開花—花心

ㄘㄞˇ ㄊㄠˊ ㄎㄨㄧ ㄏㄨㆤ —— ㄏㄨㆤ ㄒㄧㆬ

【暗示】愛拈花惹草。

【註解】菜頭：植物名，又名蘿蔔。菜頭的球莖是往地裡生長的，心葉是往地上成長的，花開在葉子中心，所以叫「花心」。
「花心」與台語喜歡拈花惹草的「花心」同音同字。

【例句】台灣有句俗語：「擔蔥賣菜嘛唔願佮人公家尪婿」，告誡女孩子挑選丈夫，切勿嫁給「菜頭開花——花心」的男人。
但也有人建議女孩子，不可以嫁給下面三種男人：一、報紙編輯，天天要搞（稿）。二、送報生，這種人丟了便走。三、水電抄表員，一個月只來一次。

Chhài-thâu taⁿ khì han-chî-chhī--chhò-là

0798 菜頭擔去蕃薯市—錯了

ㄘㄠˇ ㄊㄠˊ ㄉㄚ ㄎㄧˇ ㄏㄢ ㄐㄧˊ ㄑㄧˊ —— ㄘㄜˇ ㄌㄚˇ

【暗示】搞錯地方或對象。

【註解】菜頭：蘿蔔。蕃薯市是專門買賣蕃薯的市集，要賣蘿蔔挑到蕃薯市去，那當然是搞錯了地方。這句歇後語，與「豬母牽去牛墟」寓意相同。

【例句】王主任秘書的職位，當然比戴機要秘書高，但是許縣長真正的心腹是戴機要秘書。游課長要調回縣府服務，沒找戴機要秘書，而找王主任秘書幫忙，那是「菜頭擔去蕃薯市——錯了」，準沒希望。

Chhài-nâ-á tè-ku--ku-kha sô-chhut-lâi

0799 菜籃仔貯龜──龜骹趖出來

ㄘㄞˇ ㄋㄚˊ ㄚˊ ㄉㄜˇ ㄍㄨ ── ㄍㄨ ㄎㄚ ㄙㄜˊ ㄘㄨㄉ ㄌㄞˊ

【暗示】真相敗露。

【註解】菜籃仔：竹製盛裝蔬菜的籃子。烏龜藏在菜籃仔裡面，龜腳會從籃孔裡伸出來，被人看到。

【例句】黃英茂與呂仁傑是昔日好友，前陣子因為買賣發生誤會，不相往來已經一陣子了，最近黃英茂到呂家走得很勤，也常帶些好吃的東西來給呂媽媽吃，老人家很高興兩位朋友又和好如初了。可是不到一個月，黃英茂「菜籃仔貯龜──龜骹趖出來」，要請呂仁傑做他向銀行借款的保證人。

~~~~~~

Ke-á-lō ê chheⁿ-âng-teng--tàk-ke-khòaⁿ

0800 街仔路个青紅燈──逐家看

ㄍㄝ ㄚˊ ㄌㄜˇ ㄝˊ °ㄘㄝ ㄤˊ ㄉㄧㄥ ── ㄉㄚㄍˋ ㄍㄝ °ㄎㄨㄚˇ

【暗示】有目共睹。

【註解】街仔路：街上。青紅燈：紅綠燈。逐家看：來往車輛行人，都要注意看清楚。

【例句】行政院新聞局長林佳龍，2004年8月21日，指著一張台灣抗議聯合國不公平的文宣，像「街仔路个青紅燈──逐家看」，將於月底在美國紐約各電話亭、巴士站、機場燈箱，報紙、電視出現。這張文宣以「UNFAIR」為題，抗議聯合國對台灣2300萬人民不公平及強調「威權中國不等於民主台灣」。

~~~~~~

Chhâi-hông-sai kòa bàk-kiàⁿ-- (jīn-chiam) jīn-chin

0801 裁縫師掛目鏡──(認針)認真

ㄘㄞˊ ㄏㄛㄥˊ ㄙㄞ ㄍㄨㄚˇ ㄅㄚㄍˋ °ㄍㄧㄚˇ ──（ㄖㄧㄣˊ ㄐㄧㄚㄇ）ㄖㄧㄣˊ ㄐㄧㄣ

【暗示】做事切實，不隨便。

【註解】裁縫師：縫製衣服的師父。掛目鏡：戴眼鏡。縫衣服的針線都很細，裁縫師父要戴起眼鏡穿針引線，認出針線的「認針」與台語「認真」諧音。

【例句】「什麼樣的女人最美？」根據一本婦女雜誌所設計，針對現代女性二十條問題所作問卷調查，答案是「裁縫師掛目鏡──(認針)認真」的女人最美麗為首選。

Chhâi-hông chò-saⁿ-- (ài niû-sin)ài liông-sim

0802 裁縫做衫──(要量身)要良心

ㄘㄞ⁵ ㄏㆲ⁵ ㄗㄜ³ °ㄙㄚ ── (ㄞ³ ㄋㅡㄨ⁵ ㄒㅡㄣ) ㄞ³ ㄌㄜㆢ⁵ ㄒㅡㄇ

【暗示】做事要心存善念。

【註解】裁縫:裁縫衣服的師父。做衫:縫製衣服。要量身:要縫製衣服之前,要量身體尺寸,也就是高矮肥瘦,穿起來才能適合。
「要量身」與叫人做事要心存善良的「要良心」諧音。

【例句】教授上「行銷學」,問企業經營學系學生:「世界上最充裕的東西是什麼?」賴同學不假思索的說:「良心。」「為什麼是良心?」「因為從來沒聽過有人,像『裁縫做衫──(要量身)要良心』。」

Chhâi-hông chò-saⁿ bô-iōng-chhiò--chū-iú hun-chhùn

0803 裁縫做衫無用尺──自有分寸

ㄘㄞ⁵ ㄏㆲ⁵ ㄗㄜ³ °ㄙㄚ ㄅㄜ⁵ ㅡㆲ⁷ ㄑㄜ³ ── ㄗㄨ⁷ ㅡㄨ² ㄏㄨㄣ ㄘㄨㄣ³

【暗示】言談舉止,適合身分地位。

【註解】裁縫師縫製衣服,一定要用尺量身體高矮胖瘦。無用尺:沒有用到尺。沒有用到尺,便是靠目測,自然猜知分寸,故叫做自有分寸。

【例句】陳水扁總統於2004年8月15日,出席「台聯黨」三周年黨慶演講指出:「台聯及民進黨這兩個泛綠政黨,兄弟同心,其利斷金。」陳總統並說:「未來立法院長,一定要退出政黨,不能兼任黨職,才能公正中立主持院會。」陳水扁這番話,有人說是向立法院長王金平嗆聲,王金平說陳水扁兼民進黨主席,有嘴講別人,沒嘴講自己。民進黨高層人士說,陳水扁會講這些話,是「裁縫做衫無用尺──自有分寸」,他一定會辭掉黨主席。

Chhâi-hông kòa chhiú-chí--(téng-chiam)téng-chin

0804 裁縫掛手指──(頂針)頂真

ㄘㄞ⁵ ㄏㄥ⁵ ㄍㄨㄚ³ ㄑㅡㄨ² ㄐㅡ² ── (ㄉㅡㄥ² ㄐㅡㄚㄇ) ㄉㅡㄥ² ㄐㅡㄣ

【暗示】按高規格的要求做事。

【註解】裁縫:縫製衣服的師父。掛手指:戴戒子。頂針:裁縫師父做活時,手指戴戒子是用以頂住縫針。「頂針」與台語做事認真的「頂真」諧音。

【例句】香港「李錦記蠔油」台灣代理商林有志,十二年前與吳克芬外遇,雙方像「裁縫掛手指──(頂針)頂真」,訂立「感情契約書」,約定絕不分手,兩人每月須二十小時相處,一年要「過夜」八次,且林男不得與其他女子性交,若違約須賠償一千萬元。當時林有志也立下兩百萬元本票擔保愛情忠貞,2003年林要求與吳女分手,吳女遂提出本票要求兌現,台灣法院2004年8月17日判「外遇契約有違善良風俗」,所以本票無效。

Chhâi-hông bô-tòa-chhiò--(chûn-sim put-liâng) chûn-sim put-liông

0805 裁縫無帶尺─(存心不量)存心不良

ㄘㄞ⁵ ㄏㄛㄥ⁵ ㄅㄛˊ ㄉㄨㄚˊ ㄑㄧㄛˋ ── (ㄗㄨㄣˊ ㄒㄧㄇ ㄅㄨㄉˋ ㄌㄧㄤˊ)ㄗㄨㄣˊ ㄒㄧㄇ ㄅㄨㄉˋ ㄌㄧㄛㄥˊ

【暗示】心地不良或不懷好意。

【註解】裁縫師父縫製衣服，要量裁身體高矮肥瘦一定要帶尺，才能量身定做。沒帶尺，是不能量裁縫製衣服，因而形容為存心不量。
「存心不量」與台語不懷好意的「存心不良」諧音。

【例句】「聽說你和那美麗的李家學生姐妹之一訂了婚？」「我們上星期已訂婚。」「你和學生姐妹結婚，將來不是容易弄錯，搞不清哪一個是自己的老婆？」這位「裁縫無帶尺──（存心不量）存心不良」的朋友說：「弄錯了也沒關係呀！」

~~~~~~

Bé--sì-kha lèh bé

0806 買─四骹咧馬

ㄅㄟ² ── ㄒㄧˋ ㄎㄚ ㄌㄝ⁸ ㄅㄟ²

【暗示】買？錢呢？

【註解】馬四骹：係形容說買容易，錢呢？「馬」與台語買東西的「買」同音。

【例句】哥哥和弟弟商量的結果，認為家裡的32位元電腦，已經非常老舊了，找爸爸商量要換新電腦。爸爸聽了兩兄弟一大堆非買不可的理由後，也認為買部新電腦有需要，不過他說：「好啊！『買──四骹咧馬』，錢從哪兒來？」

~~~~~~

Bé kiâm-chhúi-hî pàng-seⁿ--m̄-chai sí-oàh

0807 買鹹水魚放生─啞知死活

ㄅㄟ² ㄍㄧㄚㄇ⁵ ㄗㄨㄧ² ㄏㄧ⁵ ㄅㄤ³ °ㄙㄝ ── ㄇˉ ㄗㄞ ㄒㄧ² ㄨㄚㄏ⁸

【暗示】有「不知生死」與「假慈悲」的雙關含義。

【註解】鹹水魚：非淡水魚，是在海中生長的魚類。鹹水魚無法在淡水中存活。妄想買鹹水魚放生積功德，真是不知死活。

【例句】台灣經常動用社會資源，於救援颱風天強行登山的登山客身上。這些「買鹹水魚放生──啞知死活」的登山客，不管是個人置生死於度外，或無知逞能，不聽勸告強行登山，造成社會成本極高的浪費，都應該明訂辦法，請求賠償才能產生嚇阻作用。

Pái-kha ioh-bōng-kóe--siang-thâu bô chi̍t-ngauh

0808 跛骹臆墓粿──雙頭無一齚

ㄅㄞ² ㄎㄚ ㄧㄛ ㄏ⁴ ㄅㄛㄥ⁷ ㄍㄨㄝ² ── ㄒㄧ ㄤ ㄊㄠ⁵ ㄅㄛ⁵ ㄐㄧ ㄍ⁸ ㆣㄠㄏ⁴

【暗示】兩頭落空。

【註解】跛骹臆墓粿：農業時代窮孩子，會跑去看有錢人家清明掃墓，富人祭拜完後會依習俗，分發粿類（墓粿）給圍觀的孩子，叫做臆墓粿。跛腳的孩子行動不方便，看到那邊拜好了便跑過去，到了那邊人家已經分發墓粿完了，再跑回原來這邊，墓粿也分發完了，叫做雙頭無一齚。

【例句】台灣的政治，已經進入政黨政治，未來的公職人員候選人，必須要有政黨支持，才比較有當選可能。如果還遊走於政黨之間想左右逢源，而不選邊站，將會成為「跛骹臆墓粿──雙頭無一齚」。

Pȯah lȯh sái-ha̍k-á--chhàu-lâng

0809 跋落屎礐仔──臭人

ㄅㄨㄚ ㄏ⁸ ㄌㄜ ㄏ⁸ ㄙㄞ² ㄏㄚㆣ ㄚ² ── ㄘㄠ³ ㄌㄤ⁵

【暗示】不受歡迎的人。

【註解】跋落屎礐仔：即掉入糞坑，掉入糞坑滿身糞便，一定是很臭的人。

【例句】日本「皇帽汽車百貨」創辦人鍵山秀三，2003年8月10日，偕日本「清潔學習會」會員30多人，與統一超商總經理徐重仁及分店百位經理，到台北市光復國小，挽袖清掃廁所。鍵山推行「清潔學習」，現有會員30萬人。日本已定每年11月23日為清潔日，鍵山主張從最基本的日常生活事務，自我修行磨鍊心意，清掃廁所，有如「跋落屎礐仔──臭人」，但彎腰學習謙虛、惜福，人品會令人感到芬芳。

Pái-kha ioh-bōng-kóe--siang-bīn bô chi̍t-ngauh

0810 跛骹臆墓粿──雙面無一齚

ㄅㄞ² ㄎㄚ ㄧㄛ ㄏ⁴ ㄅㄛㄥ⁷ ㄍㄨㄝ² ── ㄒㄧ ㄤ ㄅㄧㄣ⁷ ㄅㄛ⁵ ㄐㄧ ㄍ⁸ ㆣㄠㄏ⁴

【暗示】兩邊不討好。

【註解】跛骹：跛腳。臆墓粿：以前生活困苦食物缺乏，清明期間農村孩子，看到有人家掃墓，會圍著旁觀等待人家拜好，分送墓粿給他們。跛腳的孩子，看到那邊分送墓粿跑過去，人家已送完了，連忙跑回來這邊也送完了，兩邊無著叫「雙面無一齚」。

【例句】張民政科長是位十足投機分子，也沒想陳縣長提拔他的恩情，眼看陳縣長競選連任不很樂觀，偷偷的拿了五十萬元，給對方林先生助選。選舉結果陳縣長連任成功，立即把張科長調降為參事，讓他變成「跛骹臆墓粿──雙面無一齚」。

Iû-chhai phah-m̄-kìⁿ phoe--sit-sìn

0811 郵差扑唔見批—失信

ㄧㄨˊ ㄘㄞ ㄆㄚˊ ㄇˋ ㄍㄧˊ ㄆㄨㄜ —— ㄒㄧㄅˋ ㄧㄣˊ

【暗示】不守信用或不為人所信。

【註解】郵差：郵局裡收送信件的人員。批：信件。扑唔見批：丟了信件。丟了信件，即是失去了信件。失去信件的「失信」與台語失去信用的「失信」同音同字。

【例句】陳立法委員競選連任雖然成功，但得票率下降很多，尤其員林地區三鄉鎮上次選舉，獲一萬一千多票，本屆只拿到五千四百多票，檢討原因是陳立委上屆選舉時，承諾爭取高速鐵路員林設站，結果「郵差扑唔見批——失信」，高鐵站設在田中鎮。

Khui léng-khì--hā-lîu

0812 開冷氣—下流

ㄎㄨㄧ ㄌㄧㄥˊ ㄎㄧˇ —— ㄏㄚˊ ㄌㄨㄜˋ

【暗示】品行不良或地位卑賤。

【註解】冷氣：利用電力使溫度下降的氣流。下流：言行舉止低賤。

【例句】「台灣媒体革命工作室」負責人盧統隆，對於親民黨主席宋楚瑜指控「非常光碟」是「開冷氣——下流」的東西，於2003年11月21日到台北地檢署，按鈴控告宋楚瑜公然侮辱。盧統隆說「非常光碟」引發爭議這段期間，遭外界抹黑、踐踏，他都忍了下來，但演員的人格、尊嚴、生命、財產受到踐踏，他一定要替他們討回公道。

Khui tiān-hong--hong-lîu

0813 開電風—風流

ㄎㄨㄧ ㄉㄧㄢˇ ㄏㄛㄥ —— ㄏㄛㄥ ㄌㄨㄜˋ

【暗示】言行舉止俊逸不羈。

【註解】電風：電扇，應用電力生風的電器。開電風：打開電風扇，讓風流動，簡言為「風流」，與「風流倜儻」的「風流」同音同字。

【例句】台灣立法院，不分黨派「開電風——風流」事件特別多，讓頗受經濟衰退之苦的升斗小民，茶餘飯後還有笑話可談，未嘗不是好事一椿，對選民來說也真是「天上掉下來的禮物」。數風流人物：柯建民、黃顯洲、鄭志龍、孫大千、林志隆、廖本煙、陳宏基、謝章捷、章孝嚴等都有煽情故事。其中鄭余鎮與王筱嬋的戀情，更具戲劇化，過程有「私奔」、「養小鬼」、「懷孕」、「哭墓」等，劇情高潮迭起，娛樂成分十足。

Sūn-hong hó sái-chûn--(sūn-sè) hó-sè

0814 順風好駛船──(順勢)好勢

ㄙㄨㄣˊ ㄏㄛㄥ ㄏㄜˋ ㄙㄞˋ ㄗㄨㄣˋ ──（ㄙㄨㄣˊ ㄙㄝˇ）ㄏㄜˋ ㄙㄝˇ

【暗示】順手。

【註解】順風：順著風的方向。好駛船：順著風勢駕船，事半功倍，逆風事倍功半。

【例句】陳慶豐高票當選立法委員後，立即推出兒子競選鎮長，有人質疑公職是否適宜一家人包辦？陳立委表示，目前人氣正旺，「順風好駛船──（順勢）好勢」，此時不選，更待何時？

Pn̄g-tiàm kiam liàh-liông--ū-chiàh koh ū-liàh

0815 飯店兼掠龍──有食佫有掠

ㄅㄥˊ ㄅㄧㄚㄇˇ ㄍㄧㄚㄇ ㄌㄧㄚㄏˋ ㄌㄧㄛㄥˊ ── ㄨˇ ㄐㄧㄚㄏˋ ㄍㄜㄏˋ ㄨˇ ㄌㄧㄚㄏˋ

【暗示】好處多多囉。

【註解】飯店：旅社。掠龍：按摩，又叫馬殺雞。到飯店有吃的又有馬殺雞，好處真的多多。

【例句】婦女會楊理事長，已經答應國民黨縣黨部，4月10日兩輛遊覽車的人數八十人，北上參加總統府前凱達格蘭大道「拚台灣，救民主！」的抗爭活動。楊理事長的老公，對於老婆答應兩輛遊覽車人數北上支援，甚感懷疑能否湊足人數？楊理事長充滿信心說：「老公，你放心啦，每個參加的人有便當、有飲料，又發給兩千元費用，『飯店兼掠龍──有食佫有掠』怎會沒人？」

 N̂g-kiⁿ á chhīu-téng tôaⁿ-khîm--khó͘-tiong chok-lȯk

0816 黃梔仔樹頂彈琴──苦中作樂

ㄥˊ °ㄍㄧ ㄚˋ ㄑㄧㄨˇ ㄅㄧㄥˋ °ㄅㄨㄚˇ ㄎㄧㄇˇ ── ㄎㄜˋ ㄅㄧㄛㄥ ㄗㄜㄍˋ ㄌㄜㄍˋ

【暗示】在苦難中，仍然不忘尋歡作樂。

【註解】黃梔仔樹：花黃，果子味苦，可做藥材，黃色色素原料。黃梔仔是很苦的作物，形容在黃梔仔上彈琴，是苦中作樂。

【例句】林董事長事業有成，仍孑然一身，過著光棍生活。有人問他有錢又有事業，怎麼仍然光棍，到底沒結婚有啥好處？「單身漢最大的好處，」林董「黃梔仔樹頂彈琴──苦中作樂」說：「當你遇到一個非常令人心動的美女時，不必悲嘆家裡還有黃臉老婆。」

 N̂g-môa-pò͘ chò lāi-khò͘--khòaⁿ-hiān-hiān

0817 黃麻布做內褲—看現現

ㄥ⁵ ㄇㄨㄚ⁵ ㄅㄛ³ ㄗㄜ³ ㄌㄞ⁷ ㄎㄛ³ —— °ㄎㄨㄚ³ ㄏㄧㄢ⁷ ㄏㄧㄢ⁷

【暗示】清楚呈現。

【註解】黃麻：植物名，一年生草木，麻高八、九尺，莖皮纖維，可織麻布，製繩。麻布粗劣，用做喪服。麻布做內褲，幾近透明，褲子裡面是什麼「東西」看得很清楚。

【例句】台灣銀行等多家行庫，發生客戶金融卡被盜刷三千多萬元事件後，財政部長宣佈，將於六個月內，要把金融卡換為「晶片卡」，就不會再發生盜刷事件。道高一尺，魔高一丈，民眾對財政部之信心旦旦，不禁微笑說：「財政部的能力『黃麻布做內褲——看現現』。」

~~~~~~

N̂g-koān-tiúⁿ phoe chhiam-thêng--pòaⁿ-chiàu-chún

0818 黃縣長批簽呈—半照准

ㄥ⁵ ㄍㄨㄢ⁷ °ㄉㄧㄨ² ㄆㄨㄝ ㄑㄧㄚㄇ ㄊㄥ⁵ —— °ㄎㄨㄚ³ ㄐㄧㄠ³ ㄗㄨㄣ²

【暗示】核准一半，不是全盤照收。

【註解】「黃縣長批簽呈——半照准」，傳說雲嘉地區一位黃縣長與府內局長打麻將，結果局長錢輸光了，還欠縣長三萬元。局長為了討回老本，簽呈預借薪水六萬元，準備還黃縣長三萬元，另三萬元當賭本想再賭撈回來。黃縣長卻批「半照准」，把欠錢收回，其他免談。

【例句】台灣加入世界貿易組織，成為WTO會員後，產業首當其衝的是一向小面積經營的農業；政府為提高農業競爭能力，鼓勵各鄉鎮發展產業文化特色，並給予補助。聽說申請補助經費的單位，獲得的補助都是「黃縣長批簽呈——半照准」而已。

~~~~~~

O-siông khì-chúi--siōng-chhèng

0819 黑松汽水—上衝

ㄛ ㄒㄧㄛㄥ⁵ ㄎㄧ³ ㄗㄨㄧ² —— ㄒㄧㄛㄥ⁷ ㄑㄥ³

【暗示】表現最好的。

【註解】黑松汽水：飲料商標，台灣老牌汽水。上衝：形容黑松汽水，剛飲下第一口時，沁人心肺的涼氣，往上衝的舒服感覺。

【例句】三立八點檔「台灣霹靂火」是「黑松汽水——上衝」的一齣閩南語連續劇。男主角劉文聰一句「我無甲意輸的感覺，送你一桶汽油，甲一支番仔火」，成為青少年口頭禪。呂秀蓮副總統有感而說：「近來各地縱火事件頻傳，與連續劇不妥的口白應有關係，戲劇文化應具有社會教育功能。」

Khok-á-thâu--bô-bīn-chú

0820 碻仔頭─無面子

ㄎㄜㄍ゜ ㄚ² ㄊㄠ⁵ ── ㄅㄛ⁵ ㄇㄧㄣ⁷ ㄗㄨ²

【暗示】不給面子或沒面子。

【註解】碻仔頭：形容刻薄的人。無面子：刻薄，要錢不要臉。

【例句】林議長的孩子駕車超速，被女警攔截下來，讓他感到「碻仔頭──無面子」，拿出駕照狠狠的告訴女警說：「妳知道我是誰的孩子嗎？」
「這不是我的職務，」女警冷冷的回他：「你最好回去問你媽媽。」

~~~~~~

Uî-chiong kiàn-tiòk--bô-chiàu khí-kang

0821 違章建築─無照起工

ㄨㄧ⁵ ㄐㄧㄛㄥ ㄍㄧㄢ³ ㄅㄧㄜㄍ゜ ── ㄅㄛ⁵ ㄐㄧㄠ³ ㄎㄧ² ㄍㄤ

【暗示】不按照規定來。

【註解】違章建築：不依法定程序，申請准許建築之建物，屬不合法建物。

【例句】教師評議委員會，終於做出改聘吳莉莉教師案。吳莉莉老師被指控上課「違章建築──無照起工」的罪狀，包括：1.上課愛談政治。2.對政黨有特定喜惡。3.常約男生到住宿個別談話。教評會專案小組調查屬實，通過不適任案。

~~~~~~

Uî-chiong kiàn-tiòk--loān-kài

0822 違章建築─亂蓋

ㄨㄧ⁵ ㄐㄧㄛㄥ ㄍㄧㄢ³ ㄅㄧㄜㄍ゜ ── ㄌㄨㄢ⁷ ㄍㄞ³

【暗示】吹牛。

【註解】違章建築：見「違章建築──無照起工」篇。
有人說台灣社會有三項錢，最容易賺：1.是塑身減肥藥品。2.是壯陽持久藥劑。3.是延年益壽的仙丹。

【例句】許許多多的人，就是因為碰到推銷這種塑身、壯陽、長壽藥物的人，像「違章建築──亂蓋」，大把大把的鈔票才被騙走了。

Thôan-ka hu̍t-keng--se̍h-se̍h-liām

0823 傳家佛經—(世世唸)啐啐唸

ㄊㄨㄢ ㄍㄚ ㄏㄨㄉ⁸ ㄍㄧㄥ —— ㄙㄝㄏ⁸ ㄙㄝㄏ⁸ ㄌㄧㄚㄇ⁷

【暗示】嘮叨的意思。

【註解】傳家：家族世代相傳。佛經：佛教的經典。世世唸：信奉佛教者要世代相傳經典，世世唸佛。「世世唸」佛與台語嘮叨「啐啐唸」諧音。

【例句】我給學生上鄉土語言課程，教到「澎湖菜瓜——(十稔)嘜唸」時，問學生們家裡「傳家佛經——(世世唸)啐啐唸」的人是誰？三十位同學中，說阿嬤的有18人，媽媽的10人，爸爸只有2人，沒有人說阿公會嘜唸。

~~~~~~

Thô-gû jip-hái--it-khì put-hôe

0824 塗牛入海—一去不回

ㄊㄛ⁵ ㄫㄨ⁵ ㄖㄧㄅ⁸ ㄏㄞ² —— ㄧㄉ⁸ ㄎㄧ³ ㄅㄨㄉ⁴ ㄏㄨㄝ⁵

【暗示】沒了或不知去向。

【註解】塗牛：泥土塑做的水牛。把泥土做的泥牛放進海中，自然會被海水溶化了。

【例句】「法律與人道」孰重？台灣2003年5－6月間，朝野與軍方陷入爭論。原因是二十多年前，以台大學生投筆從戎的林毅夫，在軍中受到相當優遇。卻於駐防金門期間，「塗牛入海——一去不回」投奔中國。現任北京大學經濟研究中心主任，中國總理朱鎔基的特別經濟顧問，民進黨人士到中國，多受其禮遇。
林毅夫父親過世，申請回台奔喪，陳金德等多位立法委員，基於人道考量主張應准其返台奔喪。國防部長湯曜明強調，軍人敵前叛變，應受軍法審判。陸委會主委蔡英文同意其返國，但是否應受軍法審判，是國防部的事。

~~~~~~

Thô-chiu bē ah-n̄g--sí-là

0825 塗州賣鴨蛋—死了

ㄊㄛ⁵ ㄐㄧㄨ ㄅㄝ⁷ ㄚㄏ⁴ ㄋㄥ⁷ —— ㄒㄧ² ㄌㄚ³

【暗示】斷氣；沒命。

【註解】塗州：地下陰間之另名。塗州賣鴨蛋：是哄騙吵著要死去爸爸的孩子，說爸爸去塗州賣鴨蛋。

【例句】桃園縣男子戴文興，為逃避地下錢莊追討債務，駕車在台中市鬧區，與多輛汽車相撞後棄車狂奔，爬上人行陸橋往下尋短，準備要去「塗州賣鴨蛋——死了」，一了百了！。當戴文興跳下時，警員楊敬彥適時跑上去伸手攔阻，意欲減輕他的墜地力道，結果兩人都重摔在地上。戴文興僅頭部受傷，楊警員第七節胸椎骨折，幸無生命危險。楊敬彥奮不顧身，見義勇為，獲得圍觀民眾熱烈掌聲。

Thô-tāu chhá-kòe-hóe--(khó-jîn)khó-lîn

0826 塗豆炒過火──(苦仁)可憐

ㄊㄛ⁵ ㄉㄠ⁷ ㄘㄚ² ㄍㄨㄝ³ ㄏㄨㄝ² ── (ㄎㄛ² ㄖㄧㄣ⁵)ㄎㄛ² ㄌㄧㄣ⁵

【暗示】惹人同情、愛惜。

【註解】塗豆：土豆，落花生。落花生的果實，去殼後留下種子叫花生米，也叫土豆仁。花生炒食炒得過了火，會變成燒焦的黑色，味道變苦，所以叫「苦仁」。「苦仁」與台語「可憐」諧音。

【例句】屏東縣瑪家鄉公所雇員呂姓婦人，駕車載三歲幼女看診，回程小女兒口渴，車子停下來沒熄火，便進入超商買飲料，車子被有精神異常的男子蔡豪宇開上高速公路。呂婦報警後，警方國道三隊在員林收費站，發現失竊車輛展開追逐逮人，開槍打破輪胎後才逮到蔡犯。小女孩像「塗豆炒過火──（苦仁）可憐」度過了兩個多小時緊張驚險旅程。

~~~~~~

Thô-tāu peh-khak--aì-jîn

0827 塗豆剝殼──(愛仁)愛人

ㄊㄛ⁵ ㄉㄠ⁷ ㄅㄝㄏˋ ㄎㄚㄍ⁴ ── ㄞ³ ㄖㄧㄣ⁵

【暗示】愛戀的人。

【註解】塗豆：見「塗豆炒過火──（苦仁）可憐」篇。塗豆是取殼中的果實「豆仁」，剝殼是愛它裡面的土豆仁。「愛仁」與台語心所喜歡的「愛人」同音。

【例句】台灣同性戀者，於2003年11月1日第一次在台北街頭遊行。這些「塗豆剝殼──（愛仁）愛人」同志，有一千多人參加遊行，呼籲「同志要結婚！」「給我領養權！」根據估計，台北市260萬人口中，有1%約2萬多人是同志。他們有幾十個人穿泳褲，也有人扮藝妓遊行，當街擁抱親吻，讓市長馬英九大開眼界，並同意每年編列一百萬元經費，舉辦同志活動。立委蕭美琴、市議員林奕華都前來相挺，支持他們組織家庭。

~~~~~~

Thô-tāu tih lòh khì ti-hoeh-thng--(hoeh-jîn) hùi jîn

0828 塗豆滴落去豬血湯──(血仁)廢人

ㄊㄛ⁵ ㄉㄠ⁷ ㄉㄧㄏˋ ㄌㄛㄏ⁸ ㄎㄧ³ ㄉㄧ ㄏㄨㄝㄏˋ ㄊㄥ ── (ㄏㄨㄝㄏˋ ㄖㄧㄣ⁵) ㄏㄨㄧ³ ㄖㄧㄣ⁵

【暗示】一無是處的人。

【註解】塗豆：見「塗豆炒過火──（苦仁）可憐」篇。花生米掉落豬血湯裡，會沾滿了豬血，變成有血的土豆仁。有血的土豆仁叫「血仁」，與台語醉生夢死，一無用處的「廢人」諧音。

【例句】我們同班同學三十二人，畢業後雖然沒人有特別的成就，但士、農、工、商，各有一片天。唯一令人惋惜的是葛樹人，不幸交到損友染上毒癮，變成「塗豆滴落去豬血湯──（血仁）廢人」。葛樹人雖然還不到家破人亡，但已經妻離子散，同學們想要伸出援手，染上毒癮卻不是朋友能幫得上忙的。

Má-chó͘ iû-ke--(soan-sîn)soan-tîn

0829 媽祖遊街─(宣神)縱藤

ㄇㄚ² ㄗㄛ² ㄧㄨ⁵ ㄍㄝ ── (ㄙㄨㄢ ㄒㄧㄣ⁵) ㄙㄨㄢ ㄉㄧㄣ⁵

【暗示】開溜。

【註解】媽祖：傳說中掌管海上航運的女神，福建蒲田人，姓林名默娘（960-989），父母信佛，清封「天上聖母」，每年農曆3月23日誕辰。宣神：宣揚神威，與台語開溜、偷跑的「縱藤」諧音。

【例句】今天同學聚會，原本要吃簡餐，羅順雄說他要請客，到「喜來登大飯店」，叫了一桌山珍海味，大家吃得非常開心，沒想到菜還沒上完，羅順雄到櫃台接了一通電話後，就「媽祖遊街──（宣神）縱藤」了，害大家目瞪口呆，你看我，我看你，不知怎麼辦？

~~~~~~

Gōng-lâng pài kong-má--ná-khòaⁿ ná-bô-lâi-chiàh

0830 愚人拜公媽─那看那無來食

ㄍㄛㄥ⁷ ㄌㄤ⁵ ㄅㄞ³ ㄍㄛㄥ ㄇㄚ² ── ㄋㄚ² °ㄎㄨㄚ³ ㄋㄚ² ㄅㄛ⁵ ㄌㄞ³ ㄐㄧㄚㄏ⁸

【暗示】越來越不像樣。

【註解】台灣人有慎終追遠的美德，雖然祖先、公媽都逝世已久，每逢忌辰或清明、年節，都會準備三牲酒禮，清香花果祭拜祖先、公媽，以盡孝心。如果祖先、公媽真的來領受供品，不知還有沒有子孫，那麼虔誠的準備祭品？

【例句】張福仁兩老夫妻，一生勤儉目的是想要多留些財產給獨子張祥民。可是他卻似乎沒感受到老人家的一片心意，不但不務正業，一天到晚花天酒地，鄰居都認為張老夫婦這個孩子，像「愚人拜公媽──那看那無來食」。

~~~~~~

Gōng-lâng giàh-chhèng--bóng-sèh

0831 愚人攑槍─罔娃

ㄍㄛㄥ⁷ ㄌㄤ⁵ ㄍㄧㄚㄏ⁸ ㄑㄧㄥ³ ── ㄅㄛㄥ² ㄙㄝㄏ⁸

【暗示】毫無目的來往走動。

【註解】愚人：指愚昧的人。攑槍罔娃：舉著槍，到處走走看看。

【例句】彰化縣社頭鄉張厝村，發現小偷經常到村子裡來偷雞摸狗，成立「守望相助巡邏隊」。由村民組成小隊，每天晚上「愚人攑槍──罔娃」，巡視全村各巷路、角落，從此沒再發生財物被偷竊事件。這件村民守望相助，自力救濟的巡邏方式，獲得內政部獎勵。

Sin-lâi sin-niû, goeh-lāi iù-kiáⁿ--oh-khóan-thāi

0832 新來新娘，月內幼子──偓款待

ㄒㄧㄣ ㄌㄞˊ ㄒㄧㄣ ㄋㄧㄨˊ ㄍㄨㄝㄏˋ ㄌㄞˉㄧㄨˊ ㄍㄧㄚˋ ── ㄜㄏˋ ㄎㄨㄢˊ ㄊㄞˉ

【暗示】挑剔很難伺候。

【註解】新來新娘，月內幼子：新娶進門的新娘子，帶來了還沒滿月的嬰兒。娶新娘子是要來做家事，因為坐月子反而不知如何款待她，不知如何款待，台語叫「偓款待」。

【例句】台灣與中國文書驗証重要窗口「中國公證員協會」，經我國核准於2003年11月11日來台訪問。該團團長王福家等團員，竟不按原排定行程，拜會台灣對口單位「海基會」，及討論兩國文書驗證問題。
內政部警政署對於「中國公證員協會」，像「新來新娘，月內幼子──偓款待」，採取斷然措施把他們驅逐出境。「中國公證員協會」團員，於18日搭國泰班機離台。

~~~~~~

Sin-po͘ phòng-kam--siōng-hó

0833 新埔椪柑──上好

ㄒㄧㄣ ㄅㄛ ㄆㄛㄥˊ ㄍㄚㄇ ──ㄒㄧㄛㄥˊ ㄏㄜˋ

【暗示】最好的或上等的。

【註解】新埔鎮：位於新竹縣，為客家庄。椪柑：台灣特有的柑橘種類，果皮鼓起，大如疊球，味美易剝，色金黃，多汁，很受喜愛。椪柑原為員林名產，故有「員林椪柑」美名，現已沒落，取而代之是「新埔椪柑」上好。

【例句】國民黨主席連戰（2003年）於1995年行政院長任內，偕副院長徐立德等人，巡視台中市地方建設。中午在台中市中興地政事務所用餐。
市政府訂了65個「新竹椪柑──上好」的日式便當，每個500元，款待貴賓。連戰也只不過吃一個，因記者多有人沒拿到便當，便大做文章指責連戰不知民間疾苦，吃一個500元的便當，實在冤枉。

~~~~~~

Sin-nîu chíu-khang-pâng--ū-khang bô-sún

0834 新娘守空房──有孔無榫

ㄒㄧㄣ ㄋㄧㄨˊ ㄐㄧㄨˊ ㄎㄤ ㄅㄤˋ ── ㄨˊ ㄎㄤ ㄇㄛˋ ㄙㄨㄣˊ

【暗示】講那些有的沒有的或五四三的話，有雙關語意。

【註解】新娘：新娶進來的妻子。守空房：指新郎不在或落跑，讓新娘獨守空房。榫：榫頭，器物為了接合所做突出的部分，可以套入榫眼密接，如「凸」即屬「榫」頭，「凹」即屬榫眼，也就是榫孔。

【例句】廖學聖娶了一位國小老師，聽說結婚那天，有人對他說三種女人娶不得：1. 護士：她常常會叫你脫褲子。2. 車掌小姐：他會一直說裡面還有很大空間，叫你再擠進去一點。3. 國小老師，她會一再鼓勵你，做不好沒關係，再做一次，這樣一次又一次的叫你做到天亮。廖學聖聽後，新婚之夜便落跑了，留下「新娘守空房──有孔無榫」，默默等待良人。

Sin-hang-lô sin-tê-kó͘--jia̍t-kún-kún

0835 新烘爐新茶鹽—熱滾滾

ㄒㄧㄣ ㄏㄤ ㄌㄛˊ ㄒㄧㄣ ㄉㄝˊ ㄍㄛˊ —— ㅁㄧㄚㄉˈ ㄍㄨㄣˊ ㄍㄨㄣˊ

【暗示】趁熱。

【註解】新烘爐新茶鹽，形容新婚夫婦熱烈的情愛。

【例句】小陳和珊珊結婚不到半年，就宣佈離婚，同事們真搞不懂他們這一對「新烘爐新茶鹽——熱滾滾」的年輕人，難道沒有學到「男人填補了女人的漏洞，女人包容了男人的把柄」的結婚哲學嗎？

Sin-pū pu̍t-hàu--kong-tâu

0836 新婦不孝—公投

ㄒㄧㄣ ㄅㄨˊ ㄅㄨㄉˈ ㄏㄠˇ —— ㄍㄛㄥ ㄉㄠˊ

【暗示】公民投票。

【註解】新婦：媳婦。不孝：不尊敬順從父母。公投：公公向兒子或他人投訴。
台灣立法院2003年11月27日通過「公民投票法」，公民投票是人民最基本的政治權利。

【例句】新竹市七十六歲林姓老翁，到地檢署按鈴控告媳婦遺棄案，要求撤銷贈與給她的三樓透天樓房，以及八百萬元。這位「新婦不孝——公投」的老人說：「他因年紀大，聽信媳婦說把財產過戶給她，將來免繳納鉅額遺產稅。殊不知財產辦妥贈與後，媳婦態度一百八十度轉變，不僅不打理他的生活，連健保費也不繳，讓他生活無著，有病沒錢看醫師。

Sin-pū kā ta-koaⁿ chioh-chîⁿ--nô͘-iōng kong-khóan

0837 新婦佮大倌借錢—挪用公款

ㄒㄧㄣ ㄅㄨˊ ㄍㄚˊ ㄉㄚ ㄍㄨㄚ ㄐㄧㄜㄏˋ ㄋㄧˊ —— ㄋㄛˇ ㄧㄛㄥˊ ㄍㄛㄥ ㄎㄨㄢˊ

【暗示】把公款移作他用，即侵占公款。

【註解】新婦：新娶進門的媳婦。大倌：丈夫的父親，公公。媳婦向公公借錢，挪用公公的錢，諧稱「挪用公款」，原指利用職務之便，挪用公家財產（款項）。

【例句】國安局官員劉冠軍，利用職務之便，「新婦佮大倌借錢——挪用公款」數億元乙案。檢警全面搜查劉嫌可能藏身的五個地方外，也禁止出境，並發佈「通緝令」是全國十大通緝要犯之一。

Sin-pū kìⁿ ta-ke--(pài-là)pāi-là

0838 新婦見大家—(拜了)敗了

ㄒㄧㄣ ㄅㄨ⁷ ㄍㄧ⁻³ ㄉㄚ ㄍㆤ —— (ㄅㄞ³ ㄌㄚ³)ㄅㄞ⁷ ㄌㄚ³

【暗示】失敗或輸了的意思。

【註解】新婦：新娶進門的媳婦。大家：丈夫的母親，婆婆。新婦見大家，是新娘娶進門拜祖先後，拜見公婆之禮。「拜了」與台語失敗的「敗了」諧音。

【例句】僑仁國小網球隊，是台灣地區國小年度網球比賽常勝軍，已經保持八年連霸，每年都代表國家到日本比賽，屢獲佳績。今年之所以「新婦見大家——(拜了)敗了」，是教練楊老師退休，新教練魏老師管教鬆懈，才一敗塗地。

~~~~~~

Am̍-pâng chhng-chiam--lân-kòe

0839 暗房穿針—難過

ㄚㆬ³ ㄅㄤ⁵ ㄘㄥ ㄐㄧㄚㆬ —— ㄌㄢ⁵ ㄍㄨㆤ³

【暗示】生活不太容易或心裡不快樂。

【註解】暗房穿針：在黑暗的房間裡穿針引線，很難穿過去。

【例句】全國多數民眾都知道，立法委員章孝嚴曾任外交部長、國民黨秘書長，與章孝慈（故東吳大學校長）兄弟，是蔣經國與章亞若女士所生的一對孿生子。章孝嚴一直想要認祖歸宗，無奈父親過世，但努力不懈，於2002年尾，終獲內政部准予更改為父親：蔣經國。
章孝嚴仍保留母親之姓，並舉行六百人的慶祝「認祖歸宗」喜宴。認祖歸宗之心願，讓章氏「暗房穿針——難過」了五十多年。

~~~~~~

Am̍-sî cháu-lō͘--bô-iáⁿ

0840 暗時走路—無影

ㄚㆬ³ ㄒㄧ⁵ ㄗㄠ² ㄌㆦ⁷ —— ㆠㆤ⁵ ㆦㄧㄚ²

【暗示】沒有的事。

【註解】暗時走路：夜間跑路。無影：沒有影子。

【例句】政府官員最傷腦筋的，並不只是應付民意代表；八卦刊物記者，也令大家很頭痛。民意代表有的尚能講理，惡劣的也能以利益輸送擺平。八卦記者對於官員私生活特別興趣，只要「看到一個影，便生一個子」。雖然許多事是「暗時走路——無影」，他們也能圖文並茂，照圖說故事，令官員尊嚴盡失，家庭風波不斷。

Iûⁿ-kùi-hui chhiùⁿ-koa--iú-siaⁿ iú-sek

0841 楊貴妃唱歌—有聲有色

ᵒㄨˊ ㄍㄨㄧˇ ㄏㄨㄧ ˙ㄑㄧㄡˇ ㄍㄨㄚ —— ㄧㄨˊ ᵒㄒㄧㄚ ㄧㄨˊ ㄙㄝㄍˋ

【暗示】形容表現得非常精彩,生動、逼真。

【註解】楊貴妃:唐玄宗寵妃,永樂人,小名玉環,以楊貴妃聞名天下,父兄因寵而顯貴,安祿山造反,玄宗至馬嵬坡,大軍以貴妃與從兄國忠倡亂而不前,乃誅國忠,賜貴妃死。有聲有色:人美聲音甜的意思。

【例句】台灣近二十年來,經濟奇蹟般的發展,不但人人豐衣足食,年輕人也都過著「楊貴妃唱歌——有聲有色」的生活,早已把艱苦的日子,勤儉的美德忘了。由名牧師周聯華創辦的『台灣世界展望會』,每年都舉辦「兒童飢餓營」。2004年已經第15屆,有957位小朋友參加30小時的飢餓營體驗。
周牧師告訴學員:「你們只是體驗飢餓的滋味,世界上有很多兒童是不得不的痛苦,希望大家能伸出援手,幫助各地災民。」

Kau-té gîa-kang--bô-bák-chiu

0842 溝底蜈蚣—無目睭

ㄍㄠ ㄅㄝˊ ㆣㄧㄚˊ ㄍㄤ —— ㄅㆦˊ ㄅㄚㄍˊ ㄐㄧㄨ

【暗示】沒長眼睛才會落得狼狽不堪。

【註解】溝底:水溝裡。蜈蚣:節足動物名,多足類,體扁長,頭有觸角,軀幹由環節構成,每節有一對足,吃小蟲,會螫人,中藥用來入藥。

【例句】台灣著名的「理律」法律事務所,發生法務專員劉偉杰,盜賣客戶美國新帝公司,寄存股票30億元潛逃一案。社會各界都說徐少波、陳長文、蔣大中這幾位理律大牌律師,都是「溝底蜈蚣——無目睭」,請到劉偉杰這樣的法務專員,才會發生這種烏龍事件。

Khe-té ê han-chî--bián-khau-sé

0843 溪底个蕃薯—免摳洗

ㄎㄝ ㄅㄝˊ ㄝˊ ㄏㄢ ㄐㄧˊ —— ㄅㄧㄢˊ ㄎㄠ ㄙㄝˊ

【暗示】不要挖苦、諷刺。

【註解】溪底:溪圳河床。溪底个蕃薯:種植在溪床的蕃薯。摳洗:摳就是拔也,蕃薯種在土壤裡,成熟了要從泥土中拔起來,便要洗掉泥土。蕃薯種植在溪床上,因溪床沙質,免摳洗就很清潔乾淨了。

【例句】衛生署長到署立精神醫院視察,院長對他說:「署長,住在這裡的病患,都是精神有問題的。」「院長!」患者立即反駁說:「你不必像『溪底个蕃薯——免摳洗』,在我們看來,你們外面的人,才是精神有問題的人。」

Ian-tâng-kóng phòa-khang--pháiⁿ-kóng

0844 煙囪枳破孔——(歹枳)歹講

一ㄢ ㄉ㤧⁵ ㄍㄛㄥ² ㄆㄨㄚ² ㄎ㤧 —— ⁰ㄆㄞ² ㄍㄛㄥ²

【暗示】有很難講或很難講清楚，及很難管的三種含意。

【註解】煙囪枳：煙囪。爐灶或工廠鍋爐上通煙的管子。管子破了，等於壞了，管子壞了叫「歹枳」。「歹枳」與台語難講的「歹講」，及難管的「歹管」諧音。

【例句】雖然諺語說：「牛，牽到北京嘛是牛。」意思是一個人的本性難改，可是「煙囪枳破孔——(歹枳)歹講」，有時候環境會改變一個人，不是有句話說：「男人有錢會變壞，女人變壞會有錢嗎？」

Hông-sian-á chhoah-chhùi-khí--chhit-chhoah peh-chhoah

0845 煌仙仔憑喙齒——七憑八憑

ㄏㄛㄥ⁵ ㄒㄧㄢ ㄚ² ㄘㄨㄚㄏ ㄘㄨㄧ³ ㄎㄧ² —— ㄑㄧㄉ⁴ ㄘㄨㄚㄏ ㄅㄝㄏ⁴ ㄘㄨㄚㄏ

【暗示】手忙腳亂。

【註解】煌仙仔：人名，齒科醫師。憑喙齒：拔牙。七憑八憑是亂拔的意思。

【例句】游伯伯蛀牙，找呂牙醫師拔牙，呂醫師像「煌仙仔憑喙齒——七憑八憑」，忙了一個多鐘頭，才把蛀牙拔起來。游伯伯受了那麼久的苦頭，非常不滿的指責呂醫師：「你是怎麼搞的，一顆牙齒拔了一個鐘頭？」呂醫師回說：「上次替你拔牙，只花兩分鐘，你說這樣收五百元太貴，這次我用慢動作補償你，並沒加收費用啊！」

É-á-lâng liâu-chúi--tū-lān

0846 矮仔人潦水——(拄屝)賭爛

ㄝ² ㄚ² ㄌㄤ⁵ ㄌㄧㄠ⁵ ㄗㄨㄧ² —— ㄉㄨ⁷ ㄌㄢ⁷

【暗示】負氣或鬧意見。

【註解】矮仔人：看「矮仔人看戲——选人拍扑仔」篇。潦水：涉水過溪溝。
人矮要涉水過溪，溪水會淹到褲襠上來，叫拄屝。「拄屝」與台語賭氣的「賭爛」諧音。

【例句】結婚十五年的趙信雄和張美蘭辦妥離婚，離婚的理由「政治理念不同，不堪同居生活」。2004年320這場總統選舉，趙信雄是扁迷，張美蘭支持連宋。她看到老公開口閉口都是阿扁，心裡很不爽，不但懶得料理三餐，每天回家除了吵架，便是賭氣不說話；趙信雄也不是省油的燈，他看到老婆不講話，就像「矮仔人潦水——(拄屝)賭爛」起來，把電視音量開到盡磅刺激她。

É-á-lâng peh-lâu-thui--pō-pō ko-seng

0847 矮仔人踮樓梯──步步高升

ㄝ² ㄚ² ㄌㄤ⁵ ㄅㄝㄏˋ ㄌㄠ⁵ ㄊㄨㄧ ── ㄅㄛ⁷ ㄅㄛ⁷ ㄍㄜ ㄒㄧㄥ

【暗示】升遷順利。

【註解】矮仔人：個子矮小的人。踮樓梯：爬樓梯。步步高升：一步一步順利升上去。

【例句】某著名電影明星，出道以來像「矮仔人踮樓梯──步步高升」，從臨時演員到配角，乃至女主角，一帆風順，羨煞許多人。有位影藝記者訪問她：「你覺得扮演什麼樣的角色，最需要技巧？」那位女星說：「家庭主婦。」

É-á-lâng khòaⁿ-hì--tòe-lâng phah-phók-á

0848 矮仔人看戲──遾人扑拍仔

ㄝ² ㄚ² ㄌㄤ⁵ °ㄎㄨㄚˇ ㄏㄧˉ ── ㄉㄨㄝˉ ㄌㄤ⁵ ㄆㄚㄏˋ ㄆㄜㄍˇ ㄚ²

【暗示】沒主見、盲從的人。

【註解】矮仔人：身材矮小的人。看戲：欣賞戲劇演出。矮仔人擠在人群中看戲，看不到戲台上的表演，看到人家拍手叫好，也跟著拍手叫好。

【例句】2004年3月20日台灣總統選舉，陳水扁、呂秀蓮當選正副總統後，國親兩黨候選人連戰、宋楚瑜，控訴陳水扁利用319於台南市發生的槍擊案，操作選舉並啟動國安機制，剝奪數十萬軍、憲、警，憲法賦予的投票權，而發動抗爭。
連宋的抗爭，從3月20日晚開始，持續十多日，每天都有數萬群眾加入抗爭活動，看來聚集了相當人氣，不過有人說其中有不少是「矮仔人看戲──遾人扑拍仔」，對政治並不很瞭解。

É-á-lâng khòaⁿ-hí--thiaⁿ-siaⁿ

0849 矮仔人看戲──聽聲

ㄝ² ㄚ² ㄌㄤ⁵ °ㄎㄨㄚˇ ㄏㄧ² ── °ㄊㄧㄚ °ㄒㄧㄚ

【暗示】靠聽聲音判斷事物。

【註解】矮仔人：個子矮小的人。看戲：欣賞戲劇演出。聽聲：矮子在戲台下看戲劇演出，因個子矮小看不到台上的演出，只有用聽聲音瞭解劇情。

【例句】民進黨大老沈富雄與「台灣心聲」主持人汪笨湖，為了「愛台灣」該不該掛在嘴上，隔空交戰了幾回合後，於2004年8月19日發表新書《不時奮起》。沈氏在記者會上，自我弔喪詩作〈心死了〉：「心死了，血也跟著涼了，母親台灣的病，我救不了，也不想救了，揮別『不時奮起的歲月』，過我『不再奮起』的餘年。」沈富雄說他已經死了，還舉辦這種另類的葬禮，但「矮仔人看戲──聽聲」，他的人還活得好好的。

É-á-lâng khòaⁿ-hì--tòe-lâng-hoah

0850 矮仔人看戲─迍人嘩

ㄝ² ㄚ² ㄌㅊ⁵ °ㄎㄨㄚ³ ㄏㄧ³ ── ㄉㄨㄝ³ ㄌㅊ⁵ ㄏㄨㄚ⁴

【暗示】自己沒有主張、見地。

【註解】矮仔人：見「矮仔人跙茨頂──（欠梯）欠推」篇。看戲：欣賞戲劇演出。
昔日沒有電視，民眾娛樂都是看野台戲。個子矮小的人夾在人群中，看不到台上的表演，只能跟著人家叫喊。

【例句】張、李、吳三位同事，是很好的朋友。但是張、李都非常固執，凡事堅持己見，雙十節有三天假日，張老師主張到東海岸玩，李老師堅持去墾丁，兩人僵持不下，問吳老師的意見，老吳說：「我是『矮仔人看戲──迍人嘩』，不要我出錢，什麼地方都可以。」

~~~~~~

É-á-lâng khiâ-bé--siōng-hā lióng-lân

0851 矮仔人騎馬─上下兩難

ㄝ² ㄚ² ㄌㅊ⁵ ㄎㄧㄚ⁵ ㄅㄝ² ── ㄒㄧㆦㄥˊ ㄏㄚ⁷ ㄌㄧㆦㄥ² ㄌㄢ⁵

【暗示】左右為難，很難處理或定奪。

【註解】矮仔人：個子矮小的人。矮小的人，想騎高大的馬，不但要跨上馬很難，連怎樣下來也是問題，所以說上下兩難。

【例句】民進黨2004年立委候選人提名登記，於2004年5月2日截止，區域立委參選爆炸，計126人搶攻88席。本屆立委選舉，民進黨規定參選區域立委者，當選與否，均不得參選一年後的下屆縣市長，致使多人變成「矮仔人騎馬──上下兩難」。
因此，已連任多屆的台中縣籍立委林豐喜及雲林縣籍立委蘇治芬，均決心參選下屆縣長，而放棄立委提名登記。

~~~~~~

É-á-lâng peh-chhù-téng--khiàm-thui

0852 矮仔人跙茨頂─（欠梯）欠推

ㄝ² ㄚ² ㄌㅊ⁵ ㄅㄝㄏˋ ㄘㄨ³ ㄌㄧㄥ² ── ㄎㄧㄚㆬ³ ㄊㄨㄧ

【暗示】欠修理，也叫欠揍。

【註解】矮仔人：個子矮小的人。跙茨頂：爬到屋頂上去。欠梯：需要用到梯子。
「欠推」台語欠揍的意思。

【例句】爸爸媽媽喜歡看A片，學習技巧提昇床上藝術水準。國小的兒女，卻常利用爸媽不在家時偷看A片。終於被爸爸發現，叫到面前實問是誰偷看？兒女面面相覷，沒人敢承認。爸爸很生氣的說：「你們這些孩子，真是『矮仔人跙茨頂──（欠梯）欠推』。

Uáⁿ-kong choaⁿ-tê--tòng bōe tiâu

0853 碗公煎茶──擋鱠牢

ᵒㄨㄚ² ㄍㄛㄥ ᵒㄗㄨㄚ ㄉㄝ⁵ ── ㄉㄛㄥ³ ㄇㄨㄝ⁷ ㄉㄧㄠ⁵

【暗示】控制不了。

【註解】碗公：半圓形，盛食物的器具，口大底小，如飯碗，大的盛菜湯叫碗公。碗公用途是盛湯菜，不是用來煎茶的，用碗公煎茶耐不了高溫，擋鱠牢會焗破的。

【例句】台北市士林區警方，經過縝密規畫，幾度沙盤演練，終於展開獵捕行動，逮到專門尋找落單女學生猥褻強暴的「士林之狼」。這位姓陳的士林之狼，在警方偵訊時，說他看到穿短裙的女學生時，就會「碗公煎茶──擋鱠牢」，才接二連三犯案。

Bān-it-á chiàh ki-á-peng--chit gû-chhia

0854 萬一仔食枝仔冰──一牛車

ㄅㄢ⁷ ㄧㄉ⁴ ㄚ² ㄐㄧㄚㆷ⁸ ㄍㄧ ㄚ² ㄅㄧㄥ ── ㄐㄧㄉ⁸ ㆣㄨ⁵ ㄑㄧㄚ

【暗示】數量相當多。

【註解】萬一仔：人名。枝仔冰：冰棒。牛車：用牛拉的車子，木製長方形，昔日農村主要交通工具。傳說有一次放高利貸聞名的張有辰，請萬一仔吃冰棒，幾年後張有辰叫他搬運沙子，結帳少付了一牛車的運費，詳問張有辰後才知道，原來是扣除幾年前，請他吃冰棒的錢和利息。

【例句】台灣農民要尋求生產保障，確保合理收益，一定要切實配合政府的產銷計劃，千萬不可盲目生產，否則「萬一仔食枝仔冰──一牛車」的高麗菜，賣不到五佰塊錢，血本無歸的情況，一定會再發生。

Bān-châi phāiⁿ sí-gín-á--aū-pái pó-lí

0855 萬財觳死囝仔──後擺補你

ㄅㄢ⁷ ㄗㄞ⁵ ᵒㄆㄞ⁷ ㄒㄧ² ㆣㄧㄣ² ㄚ² ── ㄚㄨ⁷ ㄅㄞ² ㄅㄛ² ㄌㄧ²

【暗示】以後再補償你。

【註解】萬財：人名，彰化縣社頭鄉人，是為人處理喪葬雜事的土公仔。昔日經濟困苦，醫療保健落伍，嬰兒死亡率偏高，嬰兒夭折都請土公仔，隨便蜷去埋掉，也隨便包個紅包給土公仔。土公仔萬財嫌紅包錢包得太少不大願意，喪家對他說後擺補你。

【例句】台北市某區戶政事務所，被民眾票選為「禮貌服務優良獎」第一名，及「最佳櫃檯禮貌服務人員」獎的陳姓女子，被老公以不堪長期打罵、家暴訴請離婚。台北地方法院判決准予離婚。這件令人不可思議的家暴案件，陳姓女子丈夫訴說，自89年底結婚以來，長期遭受老婆辱罵，連父母也難倖免。陳女承認因工作壓力有這回事，並表示「萬財觳死囝仔──後擺補你」，會對老公好一點，法官以本性難改，判准離婚。

Pak-tó͘ lāi sái-chûn--lāi-hâng

0856 腹肚內駛船──(內航)內行

ㄅㄚㆤˊ ㄅㄜˇ ㄌㄞˇ ㄙㄞˋ ㄗㄨㄣˊ ── ㄌㄞˇ ㄏㄤˊ

【暗示】內行人。

【註解】腹肚內：肚子內。在肚子裡面駛船，裡面航行叫「內航」，與台語內行外行的「內行」同音。

【例句】劇作家蒙東奇的劇本搬上舞台，第一場公演分別送給劇評家高先生與徐姓記者招待券。他們兩人全場看到演完，徐記者對高先生說：「觀眾真令人感動，居然能一直看到演完，一點噓聲也沒有。」高劇評家到底是「腹肚內駛船──（內航）內行」人，他說：「大家都睡了，哪會有噓聲？」

Pak-tó͘ lāi bīn-thâng--tak-hāng-bat

0857 腹肚內蝒蟲──逐項詃

ㄅㄚㆤˊ ㄅㄜˇ ㄌㄞˇ ㄇㄧㄣˊ ㄊㄤˊ ── ㄅㄚㆤˊ ㄏㄤˇ ㄇㄚㆤˋ

【暗示】什麼都懂。

【註解】腹肚：肚子。蝒蟲：蛔蟲，蠕形線蟲類，寄生於人畜腸內，形如蚯蚓而無環節，有害健康。逐項詃：什麼都知道。

【例句】日本電視綜藝節目「電視冠軍」，內容包羅萬象，挑戰成功的冠軍，獎金日幣100萬元。挑戰者非常踴躍，絕大多數都會被刷下來，望著巨額獎金興嘆。有一單元是日本與外國名人的問答題，全部一百題，用照片讓挑戰者說出人物的姓名、成就。這些日本與外國名人，其中有古今政治、科學、軍事、体育、醫學和藝術名人，難度非常高，居然被一位名叫友朋良子的小姐抱走100萬獎金，大家都說友朋小姐像「腹肚內蝒蟲──逐項詃」。

Lòh-hoa móa-tē--to-sīa

0858 落花滿地──(都謝)多謝

ㄌㄜㆷ˙ ㄏㄨㄚ ㄇㄨㄚˊ ㄉㆤˇ ── ㄉㄜ ㄒㄧㄚˇ

【暗示】心存感謝。

【註解】落花滿地：花兒凋謝舖滿地上。

【例句】雲林縣長張榮味爭取各鄉鎮水利建設經費七千萬元。水利署2003年10月6日核准，但疑因張縣長21日與親民黨主席宋楚瑜碰面，暗示總統選舉相挺，水利署忽然把補助款刪掉。宋楚瑜聞悉於11月9日與張縣長、崙背鄉長李慶隆等人餐敘時，談到補助款被刪除，當場下跪語帶哽咽，向張縣長及雲林鄉親道歉。

宋氏跪後，水利署說刪除補助經費，絕非受到政治因素干擾，明確表示補助經費明年度撥付。

雲林縣鄉親，為感念宋主席跪回補助款，承租數輛遊覽車，到台北市親民黨黨部，對宋主席表達：「落花滿地──（都謝）多謝。」

Lòh-hō-thiⁿ chhut-thài-iông--ké-chêng

0859 落雨天出太陽—(假晴)假情

ㄌㄛㄏ⁸ ㄏㄛ⁷ °ㄊ一 ㄘㄨㄉ⁴ ㄊㄞ³ 一ㄛㄥ⁵ —— ㄍㄝ³ ㄐ一ㄥ⁵

【暗示】虛假情意。

【註解】落雨天出太陽：下雨天又出太陽，有句「東邊日出西邊雨，道是有晴卻無晴」。這樣的天氣是假晴，「假晴」與台語假情假意的「假情」諧音。

【例句】趙樹林長得帥，自以為吃得開，週旋於二位女朋友之間，左右逢源，這種「落雨天出太陽——(假晴)假情」，終於出了問題，一個懷孕自殺，遺書不放過這位薄情郎；一位受到刺激，送入精神病院，肚子裡面有趙樹林的孩子。

Khoe-sìⁿ-thâu phah-lâng bē-thiàⁿ--khí-kang m̄-sī an-ni

0860 葵扇頭扑人癀痛—起工唔是按呢

ㄎㄨㄝ °ㄒ一³ ㄊㄠ⁵ ㄆㄚㄏ ㄌㄤ⁵ ㄇㄝ⁷ °ㄊ一ㄚ³ —— ㄎ一² ㄍㄤ⁷ ㄇ⁷ ㄒ一⁷ ㄢ ㄋ一

【暗示】本來不該如此。

【註解】葵扇：又叫芭蕉扇，用蒲葵葉編成的扇子。用扇子頭打人，是不大會痛的，但是本來就不應該有這種事啊！

【例句】行政院役政署公佈：40位役男以「氣胸」為由，申請驗退或改判體位，其中34位醫學系學生。役政署懷疑他們利用醫學知識，以「自殘」方式注射造成「氣胸病」，達到免役或縮短役期目的。國防部已進行調查，服兵役是國民基本義務，雖然台灣不差那幾個阿兵哥，但「葵扇頭扑人癀痛——起工唔是按呢」！

Hô-lô-tun pèh-bí--bô-chhò

0861 葫蘆墩白米—(無糠)無錯

ㄒㄛ⁵ ㄌㄛ⁵ ㄉㄨㄣ ㄅㄝㄏ ㄇ一² ㄅㄝㄏ⁵ ㄘㄛ³

【暗示】絕對錯不了的。

【註解】葫蘆墩：是台中縣豐原市的舊名稱。白米的碾製過程，是稻穀先去殼（粗糠）碾成糙米，糙米再去米糠，才能成為白米。昔日豐原的稻米米質很好，去除細糠後的白米，精純潔白，所以叫「無糠」。「無糠」與台語「無錯」同音。

【例句】雖然死者死亡多日，屍體已經腐爛無法辨識，但她腳上穿的那一雙「肯尼士」休閒鞋，是我陪她去買的，死者是溫小琪，絕對「葫蘆墩白米——(無糠)無錯」！

Gîa-kang sô jip khì káu-hīa-sīu--kai-sí

0862 蜈蚣趖入去蚼蟻荖──該死

ㄫㄧㄚˇ ㄍㄤ ㄙㄜˇ ㄖㄧㆍˋ ㄎㄧ³ ㄍㄠ² ㄏㄧㄚˇ ㄒㄧㄨˇ ── ㄍㄞ ㄒㄧ²

【暗示】該死，跑不掉的。

【註解】蜈蚣：節足動物名，體扁長，頭部有觸角，軀幹由環節構成，每一環節有一對足，吃小蟲，會螫人，中醫用來入藥。趖入：走入。蚼蟻荖：螞蟻的巢。

【例句】許新棋與賴美慧夫妻，互相控告妨害家庭事件，真是「瘌口相扑──是非難分」，相信承辦法官，也清官難斷家務事。他們這件夫妻互控的遠因，是許新棋、賴美慧這對夫妻都各有外遇。近因是許新棋偕女友到汽車旅館幽會，「蜈公趖入蚼蟻荖──該死」，就該死在賴慧美剛與情夫從旅館出來，兩對姦夫姦婦正好打了個對面，醋勁大發，大戰於焉爆發。

Phang-sīu--pah-pah-khang

0863 蜂荖──百百孔

ㄆㄤ ㄒㄧㄨ⁷ ── ㄅㄚˋ ㄅㄚˋ ㄎㄤ

【暗示】多事之秋，或形容什麼都要。

【註解】蜂：膜翅類昆蟲，種類多，經常群居生活，有毒刺會螫人。蜂荖：蜂窩。

【例句】台灣諺語有一句「手抱孩兒，即知父母時」，是說沒做過父母，不知做父母的辛苦，做了父母當家做主，才知道「蜂荖──百百孔」，以前每天開門七件事──柴米油鹽醬醋茶，現在再加上水電費、電話費、健保費等，什麼都要錢。

Chhat-á phah-koaⁿ-si--uń-su

0864 賊仔扑官司──穩輸

ㄗㄚㆍ ㄚ² ㄆㄚˋ ㄍㄨㄚ ㄒㄧ ── ㄨㄣ² ㄙㄨ

【暗示】絕對會輸掉。

【註解】賊仔：小偷。官司：1. 俗稱訴訟案件。2. 官吏的職司。

【例句】民主政治雖然是選舉賢能的人士，代理人民參與公職，為國家、社會服務。但是才德兼備的人士，沒有雄厚的資力支持，選舉下來也是「賊仔扑官司──穩輸」。

Lō-teng--(chit-pha-hóe)chit-pak-hóe

0865 路燈──（一葩火）一腹火

ㄌㄛ⁷ ㄉㄧㄥ ── （ㄐㄧㄚ⁸ ㄆㄚ ㄏㄨㄝ²） ㄐㄧㄚ⁸ ㄅㄚ⁴ ㄏㄨㄝ²

【暗示】滿肚子的氣。

【註解】路燈：道路所設的照明燈光。

【例句】台灣鐵路工會，因恐台灣鐵路開放民營，影響工人權益，於2003年中秋節發動罷工，號召一萬二千工人，北上總統府前廣場，召開會員大會抗議。台灣鐵路沉痾多年，每年要由納稅人血汗錢，補貼台灣鐵路局數百億元虧損，鐵路員工不思發奮圖強，戮力轉虧為盈，竟然要罷工、罷駛；民眾聽到他們要罷工，都「路燈──（一葩火）一腹火」。

~~~~~~

Lō-teng--chiàu-kong-tō

0866 路燈──照公道

ㄌㄛ⁷ ㄉㄧㄥ ── ㄐㄧㄠ³ ㄍㄛㄥ ㄉㄛ⁷

【暗示】按照社會公認的道理辦理。

【註解】路燈：公路上照明的燈光。路燈照射公共道路，公共道路也叫「公道」。

【例句】南投縣田豐及僑建國小，被檢舉甄試教師不公。教育部督察認為田豐國小洪校長有行政違失，違反「公務員利益衝突迴避法」，甄試僅二人報名，錄取自己的兒子。僑建國小僅一人報名，錄取謝校長自己的兒子。但謝校長「路燈──照公道」，甄試教師上網公告三天，僅謝校長兒子一人報名，符合程序。

~~~~~~

Lō-piⁿ hēng-chhài--êng-hēng

0867 路邊莧菜──（閒莧）榮幸

ㄌㄛ⁷ ㄅㄧ ㄏㄧㄥ⁷ ㄘㄞ³ ── ㄧㄥ⁵ ㄏㄧㄥ⁷

【暗示】光榮而幸運。

【註解】路邊：路旁。莧菜：莧科蔬菜，高二尺左右，葉橢圓形互生，初秋開黃綠色小花，嫩株可食用，有白莧、赤莧、紫莧等多種。

【例句】卡爾·貝姆是位著名音樂指揮家，一次在日本東京指揮演出，演完後被請去吃宵夜。他好奇的拿起一雙筷子，可是無論怎麼夾，也夾不起想吃的東西，一顆顆汗珠從額上冒了出來。他感嘆的說：「使用一根棒子，讓我有如『路邊莧菜──（閒莧）榮幸』賺了不少錢，並享受榮譽，而使用兩根棒子，恐怕我只有餓死。」

Lō͘-piⁿ niáu-poa̍t--ún-tàng

0868 路邊鳥菝─穩當

ㄌㄛ˙⁷ ⁰ㄅㄧ ㄋㄧㄠ² ㄅㄨㄚㄉ⁸ ── ㄨㄣ² ㄉㄤ³

【暗示】妥當。

【註解】路邊：路旁。鳥菝：番石榴之一種，野生的誘鳥樹。

【例句】張媽媽陪同孩子，參加校際跆拳道比賽，告訴神情緊張的兒子，叫他不用緊張，因為他是「路邊鳥菝──穩當」冠軍。孩子半信半疑的問她：「媽，您怎麼知道？」「要跟你爭奪冠軍的李友信，昨晚肚子痛來診所看病，」媽媽得意的說：「我偷偷地叫你爸給他瀉藥吃。」

~~~~~~

Lō͘-piⁿ ê jīo-tháng--chiòng-lâng-sōan

0869 路邊个尿桶─眾人漩

ㄌㄛ˙⁷ ⁰ㄅㄧ ㄝ⁵ ㄖㄧㄜ˙⁷ ㄊㄤ² ── ㄐㄧㄛㄥ³ ㄌㄤ⁵ ㄙㄨㄢ⁷

【暗示】言行引起公憤。

【註解】路邊：路的旁邊。尿桶：盛尿的桶子，也就是供人方便尿尿的桶子。眾人漩：眾人都可以尿尿的桶子。

【例句】詹益仁是有名工程議員，天天穿梭於縣屬各機關，爭取工程建設。這原也沒什麼，只要不耍特權，不偷工減料，工程誰做都沒有關係。他之所以成為「路邊个尿桶──眾人漩」，是利用議員身分、特權介入工程，偷工減料，令監工人員私下無不訐譙。

~~~~~~

Chài-thô͘-thòaⁿ iân-lō͘-lāu--(thòaⁿ-sái)láu-sái

0870 載塗炭沿路漏─(炭屎)漏屎

ㄗㄞ³ ㄊㄛ˙⁵ ⁰ㄊㄨㄚ³ ㄧㄢ⁵ ㄌㄛ˙⁷ ㄌㄚㄠ⁴ ──（⁰ㄊㄨㄚ³ ㄙㄞ²）ㄌㄠ² ㄙㄞ²

【暗示】拉肚子，也可形容事情搞砸了。

【註解】塗炭：又叫煤炭。滿載煤炭的車子，炭屑一路上不斷的掉落下來，像一個人吃壞了肚子，一邊走路一邊拉肚子，那樣的拉屎。

【例句】署立彰化醫院下午特別熱鬧，救護車拉長著笛聲，像哀鳴那樣的一輛輛開進急診室，被送進來急診的是附近國中同學，大概是營養午餐出了問題，有一百多名學生，都像「載塗炭沿路漏──（炭屎）漏屎」，被緊急送來就醫。

Lûi-kong-á-kíaⁿ--iau-sīu

0871 雷公仔子──夭壽

ㄌㄨㄧ⁵ ㄍㄛㄥ ㄚ² ⁰ㄍㄧㄚ² ── ㄧㄠ ㄒㄧㄨ⁷

【暗示】詛咒不得好死。

【註解】閃雷，古早都叫雷公。雷公仔子，是指無惡不作為非作歹，雷公要找的人。夭壽：按台灣習俗，未達四十歲死亡叫夭壽。雷公要找的人，雷殛短命夭壽。

【例句】士林之狼──楊姓受刑人，考上台灣大學社工系，今年第三次申請假釋入學。引起各界極度關切，因他數次假釋，又一再強暴婦女，對於這種「雷公仔子──夭壽」的人，社會非常擔憂。立法委員周清玉，王幸男等人，堅決反對准他假釋入學，他們說考上大學不是受刑人假釋的理由。

~~~~~~

Lûi-kong sio-phah--nāu-hoan-thian

0872 雷公相扑──鬧翻天

ㄌㄨㄧ⁵ ㄍㄛㄥ ㄒㄧㄜ ㄆㄚㄏ⁴ ── ㄋㄠ⁷ ㄏㄨㄢ ㄊㄧㄢ

【暗示】熱鬧得很。

【註解】雷公：吾國神話中主持雷電的神。空中帶異性電的雲相接觸時，放電而發出強烈的聲音，叫打雷。打雷時雷電閃光交叉，被形容為雷公相扑。

【例句】日本AV名星飯島愛應邀來台，影迷們不知哪裡打聽到日航班機抵台的時間，整個中正機場，因她像「雷公相扑──鬧翻天」，影迷四五千人擠來擠去，警方不得不派出大隊人馬維持秩序，防止發生意外。

~~~~~~

Tiáⁿ-lāi chhá-káu-hiā--cháu-tâu bô-lō͘

0873 鼎內炒蚼蟻──走投無路

⁰ㄅㄧ ㄚ² ㄌㄞ⁷ ㄘㄚ² ㄍㄠ² ㄏㄧㄚ⁷ ── ㄗㄠ² ㄉㄠ⁵ ㄇㄜ⁵ ㄌㄜ⁷

【暗示】無路可走。

【註解】鼎內：鍋子裡，即烹飪的鍋鼎。蚼蟻：螞蟻。

螞蟻掉入炒鍋中，是跑不掉的。

【例句】台北市有一名小偷，潛入超商儲放高級洋酒倉庫的鐵櫃裡，準備大搬特搬，手忙腳亂之際，把櫃外的貨品弄倒下來，堵住鐵櫃的出口，讓他困在裡邊，不知多久了才硬著頭皮呼救。店員聽到倉庫裡有呼救聲，進去察看始才發現這位楊姓小偷，像「鼎內炒蚼蟻──走投無路」，報案抓到這位笨賊。

Tíaⁿ-té ê káu-hīa--cháu-tâu bô-lō

0874 鼎底仝蚼蟻─走投無路

°ㄅ一ㄚ² ㄅㄜ² ㄝ⁵ ㄍㄠ² ㄏ一ㄚ⁷ ── ㄗㄠ⁵ ㄉㄠ⁵ ㄇㄜˊ ㄌㄜ⁷

【暗示】呼救無門。

【註解】鼎底：鍋裡。蚼蟻：螞蟻。螞蟻掉入鍋裡，跑不了。

【例句】高雄市議會議長朱安雄，因涉及高雄市議員選舉賄選案，遭判刑一年十月定讞，迄2003年10月16日未到案。高雄地檢署17日發出通緝令，全面捉拿朱安雄。行政院長游錫堃對於朱安雄，在層層監視下失蹤，於檢討會上嚴肅指出官場生態：「失敗的找藉口，成功的找原因，這件事情演變到犯人失蹤，真的很可惜」。
檢警已撒下天羅地網，看來朱議長已是「鼎底仝蚼蟻──走投無路」，可是有人看到朱在上海逍遙自在。

~~~~~~

Hok-chiu-siâⁿ--ké-kiaⁿ

0875 福州城─(假京)假驚

ㄏㄜㄍ⁴ ㄐ一ㄨ °ㄒ一ㄚ⁵ ── ㄍㄝ² °ㄍ一ㄚ

【暗示】假裝受驚。

【註解】福州城：福建省會，繁華熱鬧，有如京城，所以被形容為假的京城。假的京城叫「假京」，與台語假裝受驚的「假驚」同音異字。

【例句】我們三個孫子，小時候都和阿公睡通舖。每晚睡覺前，都吵著阿公說鬼故事，然後才願意睡覺。阿公講的故事，有些會令我們害怕得晚上不敢起來尿尿，有些根本都不會嚇壞我們，但我們幾個孫子有個約定，縱使不怕也要「福州城──(假京)假驚」，這樣阿公才會講得更起勁。

~~~~~~

Thǹg-bak-theh chiap lâng-kheh--sit-lé

0876 褪腹裼接人客─失禮

ㄊㄥ³ ㄇㄚㄍ⁴ ㄊㄝㄏˋ ㄐ一ㄚㄅˋ ㄌㄤ⁵ ㄎㄝㄏˋ ── ㄒ一ㄉˋ ㄌㄝ²

【暗示】有失待人接客的禮儀。

【註解】褪腹裼：脫掉上衣。沒穿上衣接待客人，是否有失禮儀？那是要看情況，如果是妙齡少女，男士一定沒有這種「失禮」的感覺吧！

【例句】英國Easyiet航空公司，以一幅巨大比基尼巨乳，搭配「發現大規模分心性武器」文案廣告，引來二百多人，向英國廣告標準委員會ASA抗議：「廣告貶低女人，或是把美英(2003年3月20日)聯合攻打伊拉克的戰爭變成玩笑。」有人對這種「褪腹裼接人客──失禮」的廣告，深表不以為然。美英攻打伊拉克的理由是「發現大規模毀滅性武器」，美英殺進伊拉克後，並沒發現這種武器。

É-káu-á phah koaⁿ-si--iōng-chhiú-pí khah-kín

0877 瘂口仔扑官司──用手比卡緊

ㄝ² ㄍㄠ² ㄚ² ㄅㄚˊ ㄍㄨㄚ ㄒㄧ ── ㄧㄜㄥˉ ㄑㄧㄨ² ㄅㄧ² ㄅㄚˊ ㄍㄧㄣ²

【暗示】說來話長，不知從何說起。

【註解】瘂口仔扑官司：瘂巴打官司。用手比卡緊：瘂巴不能用言語表達意思，只好用手語表達想說的話。

【例句】專家在台上專題演講「夫妻美妙幸福的性生活」後，問一位台下聽眾對性有什麼看法？這位聽眾站起來，看看四周慕名而來的聽眾，而說：「看法是沒有，倒是『瘂口仔扑官司──用手比卡緊』，做法倒是很多。」

~~~~~~

É-káu-á chiàh khó͘-koe--(iú-khó͘ lân-giân) iú-kháu lân-giân

0878 瘂口仔食苦瓜──(有苦難言)有口難言

ㄝ² ㄍㄠ² ㄚ² ㄐㄧㄚˊ ㄎㄛ² ㄍㄨㄝ ── (ㄧㄨ² ㄎㄛ² ㄌㄢˊ ㄤㄧㄢˊ)ㄧㄨ² ㄎㄠ² ㄌㄢˊ ㄤㄧㄢˊ

【暗示】形容難以表達苦楚。

【註解】瘂口仔：啞巴，生理缺陷，不能說話的人。根據2003「台灣地區檳榔嚼食率調查報告」，台灣地區十八歲以上，嚼食檳榔人口數120萬人，每人每天平均嚼食25.4顆，一天嚼3,000萬顆檳榔，且有年輕化趨勢，國中程度27％，高中程度以上44％，男性佔93％。

【例句】國民健康局指出，國際癌症研究中心宣佈，檳榔為第一致癌物。國人口腔癌高居十大癌症第五位，與嚼食檳榔有關，嚼食檳榔終會導致「瘂口仔食苦瓜──（有苦難言）有口難言」，還是戒嚼檳榔為妙。

~~~~~~

É-káu sio-phà--sū-hui lân-hun

0879 瘂口相扑──是非難分

ㄝ² ㄍㄠ² ㄒㄧㄜ ㄅㄚ³ ── ㄙㄨ² ㄏㄨㄧ ㄌㄢˊ ㄏㄨㄣ

【暗示】無法分辨誰是誰非。

【註解】瘂口相扑：啞巴打架。是非難分：啞巴無法訴說打架原因，令人無法分辨是非對錯。

【例句】趙主任看到校園裡，有兩位學生欺侮一位同學，走過去問原因。「他的算術答錯了。」兩位異口同聲的指責對方。「他的算術錯了，老師會指導他，跟你們何干？」「我們考試都抄他的，害我們兩個都零分，才找他算帳。」

趙訓導主任聽到這兩位同學理直氣壯的指責，一時間竟覺得這三位同學「瘂口相扑──是非難分」。

É-káu sio-chim--hó kah bô-oē-kóng

0880 瘂口相唚—好佮無話講

ㄝˊ ㄍㄠˋ ㄒㄧㄛ ㄐㄧㄇ —— ㄏㄜˋ ㄍㄚㄏ ㄅㄜˊ ㄨㄝˊ ㄍㄜㄥˊ

【暗示】好得不得了，或好到沒話說。

【註解】瘂口：啞巴，音啞的人。相唚：接吻，親嘴。
好佮無話講：親密到無話說。

【例句】台灣2000年總統大選，國民黨連戰、親民黨宋楚瑜，民進黨陳水扁三組人馬拚天下。當時連戰與宋楚瑜成為對手，無所不用其極詆毀對方，結果陳水扁當選，連宋雙雙落敗。2004年總統大選，國親的連宋，竟然像「瘂口相唚——好佮無話講」，成為正副總統候選人，聯合挑戰陳水扁、呂秀蓮。誠所謂「政治上沒有永遠的朋友，也沒有永遠的敵人」。

É-káu tām-chêng soeh-aì--pí-lâi pí-khì

0881 瘂口談情說愛—比來比去

ㄝˊ ㄍㄠˋ ㄉㄚㄇˊ ㄐㄧㄥˋ ㄙㄨㄝㄏˋ ㄞˇ —— ㄅㄧˋ ㄌㄞˋ ㄅㄧˋ ㄎㄧˇ

【暗示】比腳劃手。

【註解】瘂口：啞吧。談情說愛：談戀愛。比來比去：啞吧因生理缺陷不能說話，彼此愛慕只用手比來比去，表達心中的情意。

【例句】我們公司張小姐，比別人多讀了點書，開口閉口總會來句英語，同事們也都公認她是英語說得最棒的人。春假同事們結隊到歐洲旅遊，張小姐自然成為團隊的翻譯，大家買東西、問路，都請張小姐翻譯。李姐要買土產、紀念品，也把她拉去翻譯，大家看她像「瘂口談情說愛——比來比去」，比了很久，彼此都不懂對方的意思，許久才聽到那位小姐，用生硬的台語說：「妳講什物，偶都聽無？」

É-káu thak-chheh--bô-būn-tê

0882 瘂口讀冊—無問題

ㄝˊ ㄍㄠˋ ㄊㄚㄍˋ ㄘㄝㄏˋ —— ㄅㄜˋ ㄅㄨㄣˊ ㄉㄝˋ

【暗示】沒有疑難，OK沒事。

【註解】瘂口：見「瘂口仔食苦瓜——（有苦難言）有口難言」篇。
瘂口讀冊：啞吧讀書。無問題：沒問題。

【例句】郭總經理跑到王課長家，跟他的老婆阿桂幽會，剛脫了外套，電話突然響了起來，只聽到阿桂說：「是！是！快點回來啊！」害他嚇一大跳，驚問道：「誰的電話？妳老公？」「是，是我老公。」郭總經理這下子臉都白了，抓了外套要跑，卻被阿桂拉回來，嗲聲嗲氣的說：「再呆一會兒嘛！『瘂口讀冊——無問題』啦，我老公說正在和你開會，很晚才會回來哩。」

Bōng-á-pơ chò-tōa-chúi--sit-bōng

0883 墓仔埔做大水──(濕墓)失望

ㄅㄛㄥ⁷ ㄚ² ㄅㄛ ㄗㄜ³ ㄉㄨㄚ⁷ ㄗㄨㄧ² ── ㄒㄧㄉ⁴ ㄅㄛㄥ⁷

【暗示】失望，與期待的結果相反。

【註解】墓仔埔：公墓，其他私人聚葬的墓園，也稱墓仔埔。做大水：即水災。墓仔埔發生水災，墓園不被大水沖走，也都會浸濕的，墓地浸濕簡稱「濕墓」，與台語「失望」諧音。

【例句】教育部督學溫鎮泉，2003年8月1日退休，「墓仔埔做大水──（濕墓）失望」發表感言重炮抨擊教育部主管不尊重部屬，「只知把上級交辦的事做對，卻未做對事情。」溫督學指黃榮村部長，只注重大學教授、專家聲音，卻不瞭解基層教師心聲，去年教師節才有那麼多教師走上街頭。他說主管要懂得謙虛，要有足夠學識，良好人際溝通能力。

～～～～～～～～～～～～～～～～～～～～～～～～～～～～～～～～

Bōng-á-pơ chò-hì--kúi beh-khòaⁿ

0884 墓仔埔做戲──鬼欲看

ㄅㄛㄥ⁷ ㄚ² ㄅㄛ ㄗㄜ³ ㄏㄧ³ ── ㄍㄨㄧ² ㄅㄝㄏ⁴ °ㄎㄨㄚ³

【暗示】誰要看或沒人看。

【註解】墓仔埔：墓地，公墓。墓仔埔埋的都是死人，也是陰間的鬼。人們除非必要，都畏忌到墓仔埔去。墓仔埔做戲，大概是要表演給鬼仔看吧！

【例句】「台灣媒体革命工作室」負責人盧統隆、藝人安迪夫婦、王小芬等，籌劃拍攝發行對統派政治人物把持輿論唱衰台灣進行反擊的「非常光碟」，薄薄一片，原來大家認為「墓仔埔做戲──鬼欲看」。沒想到經親民黨主席宋楚瑜破口大罵：「下流！」立法委員邱毅夫妻召開記者會，指控江霞、謝志偉、魚夫、吳錦發等人誹謗，並到「台視」踢館，向賴國洲董事長嗆聲後，全台發燒起來，短短幾天賣了一百多萬片，賺翻了天。

～～～～～～～～～～～～～～～～～～～～～～～～～～～～～～～～

Bōng-á-pơ tâng-ki--kóng-kúi-ōe

0885 墓仔埔童乩──講鬼話

ㄅㄛㄥ⁷ ㄚ² ㄅㄛ ㄉㄤ⁵ ㄍㄧ ── ㄍㄛㄥ² ㄍㄨㄧ² ㄨㄝ⁷

【暗示】講沒人相信的話或講廢話。

【註解】墓仔埔：墓地，公墓。童乩：另稱「乩童」，神的代言人，人與神中間的溝通者。

【例句】人家「墓仔埔童乩──講鬼話」，高雄市後勁「聖靈宮」百歲童乩柯會，養生之道就是在神桌前，與「保生大帝」聊天，講神話。第二次世界大戰末期，盟軍大肆轟炸日本海軍第六燃料廠（今高雄煉油廠），居民祈求保生大帝保祐，大帝降旨，由「車公仔」柯會，指示信眾莫離本庄，必保祐平安無事。

Bōng-á-po͘ phah mâ-chhiok--chhá sí-lâng

0886 墓仔埔扑麻雀—吵死人

ㄛㄥ˙ ㄚˊ ㄅㄛ ㄆㄚㄏ ㄇㄚˊ ㄑㄧㄜㄍ —— ㄘㄚˊ ㄒㄧˊ ㄌㄤˊ

【暗示】吵得不得安寧。

【註解】墓仔埔：墓地，公墓。麻雀：麻將。共一百三十六張牌，上面刻花樣或文字，賭具之一。
扑麻雀：玩麻將賭博。
玩麻將通常要四個人玩，洗牌、插牌、出牌、和牌，聲音很吵。

【例句】彰化縣員林地區，近來陸續發生四十多件，墓園陪葬金飾被盜事件，抓到挖墓大盜周燈
連。周燈連原為清理墓園、撿骨工作的土公仔，從墓碑、墳墓營造略知死者家世，陪葬物
值不值錢？選定做案墳墓後，再用特殊的盜墓手法，利用電鑽鑿洞，再用鏡子反光原理，
探照飾物位置，用特製鐵勾勾出來後，又把墳墓恢復原狀，家屬雖然不知，但「墓仔埔扑
麻雀——吵死人」，死人會原諒他嗎？

Bōng-á-po͘ pàng-phàu--kiaⁿ sí-lâng

0887 墓仔埔放炮—驚死人

ㄅㄛㄥ˙ ㄚˊ ㄅㄛ ㄅㄤˇ ㄆㄠˇ —— ㄍㄧㄚ ㄒㄧˊ ㄌㄤˊ

【暗示】嚇死人。

【註解】墓仔埔：墓地、公墓。放炮：放鞭炮。

【例句】「身聲演繹社」在台北市中山藝文特區，演出作品「旋」過程中，有三男三女全裸演出，
表達陰陽、生死是無限的漩渦意思。被中正分局員警錄影蒐證，並將負責人簡昭宜及徐姓
舞男帶回偵訊。警方以觸犯「妨害風化公然猥褻罪」法條依法辦理，引起團員不滿。他們
認為裸露演出無關色情，干涉藝術表演。
有位老婦人看到「旋」男女全裸演出，不禁大叫：「墓仔埔放炮——驚死人！」

Chóng-pho͘-sai tńg khì--m̄ kā li chhá

0888 總烳師返去—(呣加你炒)呣加你吵

ㄗㄛㄥˊ ㄆㄛ ㄙㄞ ㄉㄥˊ ㄎㄧˇ —— ㄇ˙ ㄍㄚ˙ ㄌㄧˊ ㄘㄚˊ

【暗示】不跟你吵了。

【註解】總烳師：廚師。返去：回家，也可說辭職不幹了。廚師辭職不幹了，也就是不再為你炒煮
了，不再為你炒煮，台語是「呣加你炒」。
「呣加你炒」與不跟你吵架的「呣加你吵」諧音。

【例句】立法院於2004年8月23日臨時會，通過國會減半的修憲案。朝野各政黨都迫於社會壓力，
以及前民進黨主席林義雄帶隊，圍繞立法院沉默遊行的抗議，投下同意下屆立法院由
225席減為113席的單一選區兩票制，完成國會改革的爭議。
民進黨大老新潮流理論大師林濁水，非常反對沒有配套措施的國會改革方案，聲言反對到
底，被開除黨籍在所不惜。但面臨表決，林濁水卻也「總烳師返去——(呣加你炒)呣加你
吵」而投下贊成票。

Siū-chheⁿ chhiùⁿ-koa--lāu-tiāu

0889 壽星唱歌—老調

ㄒㄧㄨ⁷ ˚ㄅㄝ ˚ㄑㄧㄨ³ ㄍㄨㄚ —— ㄌㄠ⁷ ㄅㄧㄠ⁷

【暗示】陳舊的、老套的論調。

【註解】壽星，受人祝壽的主人。昔日受祝壽的都是高齡的老壽星。

【例句】銀樓老闆林瑞祥，是推銷高檔珠寶的高手，他對闊佬太太們，常拿兩對漂亮的手鐲給她們選擇，在她們拿不定主意要買哪一對時，都用「壽星唱歌——老調」，悄聲的遊說：「就買這對吧，反正是花他的錢，妳怕錢多不買，他就會把錢花在小老婆身上。」那位闊太太聽後杏眼圓睜，惱火的說：「我就是他的小老婆。」

~~~~~~

Kóaⁿ-hū seⁿ-kiáⁿ--lâi-lō͘ put-bêng

0890 寡婦生囝—來路不明

˚ㄍㄨㄚ² ㄏㄨ⁷ ˚ㄙㄝ ˚ㄍㄧㄚ² —— ㄌㄞ⁵ ㄌㄛ⁷ ㄅㄨㄉ⁴ ㄅㄧㄥ⁵

【暗示】不明白來源。

【註解】寡婦：死了丈夫沒有再改嫁的女人。生囝：生孩子。寡婦死了丈夫沒再改嫁，怎會有孩子？到底跟誰有的，沒說清楚或搞不清楚，成為來路不明的孩子。

【例句】社工人員詢問一位申請救濟的寡婦：「妳說妳先生死亡五年了？」「是，已經死亡五年了。」「妳的孩子，」社工人員又問她：「老二三歲？老三一歲？而妳都沒再嫁，是這樣嗎？」
「是，老二三歲，老三一歲。」寡婦對這位社工人員，懷疑「寡婦生囝——來路不明」，感到很奇怪，告訴他：「我還沒有死啊！」

~~~~~~

Kóaⁿ-hū bô-ài-kè--(lāu chiú)lāu-chhiú

0891 寡婦無愛嫁—(老守)老手

˚ㄍㄨㄚ² ㄏㄨ⁷ ㄅㄛ⁵ ㄞ³ ㄍㄝ³ —— (ㄌㄠ⁷ ㄐㄧㄨ²) ㄌㄠ⁷ ㄑㄧㄨ²

【暗示】經驗豐富的人。

【註解】寡婦：死去丈夫的婦女。無愛嫁：不想再結婚嫁人。老守：老了還在守寡。

【例句】泛藍組織已確定2004年總統選舉，推舉連戰與宋楚瑜，競逐台灣第十一任總統、副總統，可是操盤總舵手還找不到人。泛藍組織的國民黨、親民黨高層屬意「寡婦無愛嫁——老手」立法院長王金平主持競選總部。

Tùi-thâu oan-ke-chú--gāi-ba̍k

0892 對頭冤家主─礙目

ㄅㄨㄧ³ ㄊㄠ⁵ ㄨㄢ ㄍㄝ ㄗㄨ² ── ㄤㄞ⁷ ㄅㄚㄍ⁸

【暗示】不順眼。

【註解】對頭：對方。冤家主：俗語說「冤有頭，債有主」，有冤仇的對手。礙目：看到就不舒服。

【例句】我和王秋林於台北車站重逢，老朋友七八年不見，兩人都有說不完的往事和遭遇，聊著聊著又轉到對面「希爾頓飯店」喝下午茶。我們聊完了天，分手時他一定要請客，我陪他到櫃台，看到他彎腰從腳底下拿出錢來，覺得怪怪的，便問他怎麼把錢藏在鞋裡？王秋林生氣的說：「錢，這種東西糟踏了我好幾年，我看到它就像『對頭冤家主──礙目』，現在換我糟踏它。」

~~~~~~

Chiong-hòa siā-thâu--(siau chi̍t-pòaⁿ) siáu chi̍t-pòaⁿ

0893 彰化社頭─(蕭一半)猾一半

ㄐㄧㄛㄥ ㄏㄨㄚ³ ㄒㄧㄚ⁷ ㄊㄠ⁵ ── (ㄒㄧㄠ ㄐㄧㄉ⁸ °ㄅㄨㄚ³) ㄒㄧㄠ ㄐㄧㄉ⁸ °ㄅㄨㄚ³

【暗示】非常熱烈瘋狂的意思。

【註解】社頭鄉：位於彰化縣員林、田中兩鎮中間，縱貫鐵路設有社頭站。社頭鄉人多數姓蕭，所以戲稱「彰化社頭──(蕭一半)猾一半」。蕭氏有「書山」、「斗山」兩大衍派。民國33年由上海回台的新竹人鄭岑先生，引進織襪技術在社頭設立「勝利織襪廠」織襪遂成為今日社頭鄉主要產業。

【例句】「何日君再來」一曲風靡東南亞，名歌星鄧麗君甚受中國年輕人愛戴。有人形容中國由兩位姓鄧人士統治，鄧小平統治白天，鄧麗君統治晚上。鄧麗君反共，生前不曾踏上中國，有人預測鄧麗君若到彼岸開演唱會，中國一定會像「彰化社頭──(蕭一半)猾一半」那樣瘋狂。

~~~~~~

Chiong-hòa Lo̍k-káng--(si chi̍t-pòaⁿ) sí chi̍t-pòaⁿ

0894 彰化鹿港─(施一半)死一半

ㄐㄧㄛㄥ ㄏㄨㄚ³ ㄌㄛㄍ⁸ ㄍㄤ² ── (ㄒㄧ ㄐㄧㄉ⁸ °ㄅㄨㄚ³) ㄒㄧ² ㄐㄧㄉ⁸ °ㄅㄨㄚ³

【暗示】是一句玩笑的話，也可警惕重大災難的可怕。

【註解】鹿港鎮位於彰化縣西北方，近海地區，是清末台灣與大陸通商主要港口之一，故有「一府、二鹿、三艋舺」之稱。鹿港文風鼎盛，鎮內古蹟「龍山寺」、「天后宮」等甚多，是彰化縣外來觀光客最多的鄉鎮。鹿港姓施佔多數，所以見到鹿港人會開玩笑說：「你們『彰化鹿港──(施一半)死一半』，真有這回事？」

【例句】台灣電力不足是事實，但是發電一定要建設核子發電廠嗎？民進黨前主席林義雄，堅決主張「非核家園」，一而再在全台灣苦行宣揚非核理念。
如果回想1986年4月23日，蘇俄車諾比核子發電廠爆炸，居民像「彰化鹿港──(施一半)死一半」，極為可怕；再加上核廢料無法處理，吾人絕對要建立「非核家園」才行。

Bong-lâ-á kiam-sé-khò--sūn-sòa-kang

0895 摸蜊仔兼洗褲—順續工

ㄇㄛㄥ ㄌㄚ⁵ ㄚ² ㄍㄧㄚㄇ ㄙㄝ² ㄎㄛ³ —— ㄙㄨㄣ⁷ ㄙㄨㄚ³ ㄍㄤ

【暗示】舉手之勞。

【註解】摸蜊仔：昔日鄉村孩子常到田野水溝，撿蛤蜊。兼洗褲：到田裡水溝撿蛤蜊，都會順便把弄髒弄濕的褲子洗一洗。順續工：順便做，不是為某件事特別而做。

【例句】越戰末期，越南人民反美情緒高漲，首都西貢經常有反美示威遊行，許多遊行隊伍中，經常看到反美大旗，「摸蜊仔兼洗褲——順續工」寫著「美軍滾回去，順便把我帶到美國去」！

Bong-lâ--á kiam-sé-khò--it kiam jī kò

0896 摸蜊仔兼洗褲—一兼二顧

ㄇㄛㄥ ㄌㄚ⁵ ㄚ² ㄍㄧㄚㄇ ㄙㄝ² ㄎㄛ³ —— ㄧㄉ⁴ ㄍㄧㄚㄇ ㄖㄧ⁷ ㄍㄛ³

【暗示】順手方便。

【註解】台灣有一句諺語：「一兼二顧，摸蜊仔兼洗褲。」意思是說做這個工作，兼做那些工作，沒有特別費精神，一舉兩得。

【例句】嘉義縣籍民進黨立法委員張花冠，參加李鴻禧為校長的「凱達格蘭學校女性公共事務領導班」研習。她說報名上課，就是順便要認識「拉皮美容專家」林靜芸。張花冠說因為已經五十歲了，拉拉皮也是很重要的，真是「摸蜊仔兼洗褲——一兼二顧」。

Bóan-bīn chôan-tāu-hoe--pháiⁿ-khòaⁿ

0897 滿面全豆花—歹看

ㄇㄨㄢ² ㄇㄧㄣ⁷ ㄗㄨㄢ⁵ ㄉㄠ⁷ ㄏㄨㄝ —— ⁰ㄆㄞ² ⁰ㄎㄨㄚ³

【暗示】面子難看。

【註解】滿面：整個顏面。豆花：黃豆磨漿加糖煮成的點心。滿面全豆花：既尷尬又難看。

【例句】台灣棒球隊2003年11月到日本札幌參加亞洲棒球錦標賽，只要打敗韓、日兩隊，等於拿到2004年希臘雅典奧運入場券。台灣棒球迷千人到日本為台灣隊加油，台灣首戰韓國以5：4取勝，吃了韓國泡菜後，又打敗中國隊，再次打敗日本便能進軍奧運，因而信心滿滿，揚言要把日本「壽司」吃得精光。沒想到日本隊松阪大輔150km快速球，連王家傳都說：「這麼快的球傳過來，眼睛根本跟不上。」而輸掉9分，「滿面全豆花——歹看」得很。

Sòan-thâu-láng--(chng sòan) sèng-sóan

0898 蒜頭籠──(盛蒜)勝選

ㄙㄨㄢ³ ㄊㄠ⁵ ㄌㄤ² ── (ㄗㄥ ㄙㄨㄢ³) ㄒㄧㄥ³ ㄙㄨㄢ²

【暗示】勝利在握。

【註解】蒜：植物名，葉片扁而長，根莖、葉皆可食用，味辛辣。蒜頭，根莖，又叫大蒜。蒜頭裝籠子，叫「盛蒜」與台語的「勝算」諧音。

【例句】北韓領導人金正日，於2003年8月3日，最高人民會議代表選舉中，一如「蒜頭籠──（盛蒜）勝選」一樣。獲得百分之一百選票當選。金正日一手挑選勞動黨員687名候選，全部獲得無異議當選，而且每人得票率百分之一百，投票出席率99.99%。

Kóaⁿ-ah á chiūⁿ-kè--kiông-jîn-só-lân

0899 趕鴨仔上架──強人所難

ㄍㄨㄚ² ㄚˇ ㄚ² ㄐㄧㄨ⁷ ㄍㄝ³ ── ㄍㄧㆲ⁵ ㄖㄧㄣ⁵ ㄙㄜ ㄋㄢ⁵

【暗示】強迫令人為難的行為。

【註解】趕鴨仔上架：是把鴨子趕上待烤的架上，強迫令人為難的行為。

【例句】台灣1980-90年代的公職人員選舉，國民黨提名多數都是金牛。民進黨則提名熱心民主政治人士，大多欠缺雄厚的經濟基礎。參選人多數依靠舉辦餐會，募集競選經費。那時候熱心人士，都會被「趕鴨仔上架──強人所難」的認購餐券。

Gîn-hâng ê kóe-kè--thāi-pī

0900 銀行个會計──(待幣)待斃

ㄫㄧㄣ⁵ ㄏㄤ⁵ ㄝ⁵ ㄍㄨㄝ² ㄍㄝ³ ── ㄊㄞ⁷ ㄅㄧ⁷

【暗示】等著死。

【註解】銀行：以存款、放款、貼現、匯兌等，為主要業務的金融機構。會計：管理和計算財務出納的人。銀行會計主要工作，等待處理客戶的貨幣交易，而「待幣」與台語等待死亡的「待斃」諧音。

【例句】「食色性也」，孔子這句話，對男女一体適用，所以許多中國妹競相渡海來台，嫁給七老八老的榮民，實在令人莞爾。榮民年齡那麼大了，大都已經有性而無能，嬌滴滴的佳人，會渡海來台嫁給他們，除了「銀行个會計──（待幣）待斃」，等著領遺產和遺眷撫恤金外，找不出其他理由。

Tâng-gîn bé chóa-hia--siang-lâng-thiòng

0901 銅銀買紙靴—雙人暢

ㄅㄤ⁵ ㄗㄧㄣ⁵ ㄅㄝ² ㄗㄨㄚ² ㄏㄧㄚ —— ㄒㄧㄤ ㄅㄤ⁵ ㄊㄧㄛㄥ³

【暗示】雙方面都高興。

【註解】銅銀：假金銀。紙靴：紙製的假鞋。用假鈔買到假的鞋子，買賣雙方都以為佔到便宜而高興。

【例句】台灣與中國還沒正式實施三通，兩岸海上交易早已盛行。蘇澳有一艘「發財號」漁船，在海上與中國漁船買賣已經數年。他們這些走私買賣，通常是「銅銀買紙靴——雙人暢」，也就是中國那些商人，以仿冒名牌的服飾賣給台灣，台灣漁民有時候，參雜假的美鈔付帳。

Khoe-chheⁿ lȯh-hái--bī-pit

0902 魁星落海—(遾筆)未必

ㄎㄨㄝ °ㄘㄝ ㄌㄜㄏ⁸ ㄏㄞ² —— ㄇㄧ⁷ ㄅㄧㄉ⁴

【暗示】不一定。

【註解】魁星：1. 北斗星中的第一顆星。2. 掌文運的神。魁星落海，就是要找失落的筆，找筆叫「遾筆」，與台語「未必」同音。

【例句】台灣2004年總統大選，民進黨選前提出「公民投票」議案之後，立即掌握輿論主導權，導致國民黨、親民黨內部手忙腳亂。有主張攤開禁忌迎戰，也有另闢戰場主導議題，各有堅持。政治觀察家認為國親兩黨執政久了，竟然不會做在野黨。其實把「統獨公投」和「制定新憲法」，提出檯面討論，「魁星落海——(遾筆)未必」對國親泛藍陣營不利。

Sǹg-pôaⁿ phah-m̄-tiȯh--gō-sǹg

0903 算盤扑唔著—誤算

ㄙㄥ³ °ㄅㄨㄚ⁵ ㄆㄚㄏ⁴ ㄇ⁷ ㄅㄧㄛㄏ⁸ —— ㄏㄜ⁷ ㄙㄥ³

【暗示】人算不如天算。

【註解】算盤是中國人發明的計算工具，在計算機未普遍使用前，都用算盤做加減乘除運算。算盤，長方形木製框內分上下兩格，上格小，放一或二珠子，一珠代表五；下格大，放四或五珠，各珠代表一。算盤珠子分小數點及以上個、十、百、千、萬位，撥錯珠子，會誤算結果。

【例句】2002年台北選舉市長，國民黨提名馬英九競選連任，民進黨提名李應元挑戰，親民黨缺席。選舉開始，選情一直低迷不振，令擅於選舉造勢的民進黨幾近無計可施。各方認定馬英九「桌頂拈柑——穩當」，誰知親民黨主席宋楚瑜，於12月5日為親民黨市議員站台助選，在無預警下突然下跪，懇求選民支持馬英九。
宋楚瑜此跪，不但弄壞了「馬英九冷處理戰略」，對宋楚瑜未來競選總統，也可能是「算盤扑唔著——誤算」。

Sǹg-pôaⁿ-jí--bô-tōa bô-sè

0904 算盤籽──無大無細

ㄙㄥ³ °ㄅㄨㄚˋ ㄖㄧ² ── 万ㄜˋ ㄉㄨㄚˇ 万ㄜˋ ㄙㄝ³

【暗示】隨便、對長輩沒有禮貌、教養。

【註解】算盤籽：算盤是珠算的演算器。算盤由算盤籽計數，沒分大細粒，分上下格，上格一粒代表五，下格一粒代表一；另由右而左排列，分個、十、百、千、萬位數，位置代表數額。

【例句】台灣實施教育改革，推行九年一貫教育，主要的是「要讓學生快樂的學習」。目的有沒達到？不但見仁見智，也引起相當大的爭議。教育改革實施以來，社會唯一的共識，是現代的孩子，像「算盤籽──無大無細」，應該加強倫理教育。

~~~~~~

Khiām-chîⁿ bé pin-lîng--lâu-āu-pō

0905 儉錢買檳榔──（留後哺）留後步

ㄎㄧㄚㄇˇ °ㄐㄧ²ˋ 万ㄝ² ㄅㄧㄣ ㄌㄥˋ ── ㄉㄠˋ ㄠˋ ㄅㄜˇ

【暗示】預留退路。

【註解】儉錢買檳榔，把節省下來的錢買檳榔，就有檳榔可嚼了。留著嚼檳榔台語叫「留後哺」，與預留退路的「留後步」諧音。

【例句】中二高2003年7月21日，發生尊龍客運火燒車，燒死六名旅客的不幸事件。董事長徐正明對於公司擅改安全門向社會致歉。車禍發生肇因徐君峰駕駛的小貨車拋錨，未及擺放警告標誌，油灌車就撞上來，隨後尊龍客運又撞上著火。尊龍客運擅改安全門增設座椅，致使無法「儉錢買檳榔──（留後哺）留後步」，活活燒死六名旅客。

~~~~~~

Chiuⁿ-ló-liâu baṅg-tà--kāu-chhau-hôan

0906 樟腦寮蠓罩──厚操煩

°ㄐㄧㄨ ㄌㄜ² ㄌㄧㄠˋ 万ㄤ² ㄉㄚ³ ── ㄍㄠˋ ㄘㄠ ㄏㄨㄢˋ

【暗示】多此一舉。

【註解】樟：屬常綠喬木，有香氣，材質細緻，可製成家具，能防蟲蛀，又可提煉樟腦和樟油，作防腐及驅蟲劑等多項製藥和工業用途。製造樟腦的地方為樟腦寮，樟腦寮有樟腦能防蚊蟲，還要掛蚊帳，那是多此一舉的。厚操煩：多操心煩惱。

【例句】「老公，阿祥大學畢業後，跟在你身邊學習也五六年了，我看他已經能獨當一面，而且你年紀也大了，還是早日把公司交給他經營，我們退下來過過清閒的日子，別再『樟腦寮蠓罩──厚操煩』好不好？」

Phêⁿ-ô͘ chhài-koe--cha̍p-liām

0907 澎湖菜瓜──(十稔)噪唸

ㆴㄝ˙ ㆦ˙ ㄘㄞ˙ ㄍㄨㆤ ── ㄗㄚㆴ˙ ㄌㄧㄚㆬ˙

【暗示】 囉嗦令人難受。

【註解】 澎湖菜瓜：瓜類的一種，莖葉捲鬚像甜瓜，果實綠色，又稱絲瓜。澎湖菜瓜與台灣地區品種不同，有稜而且每條絲瓜剛好十稜，也與台語形容嘮叨用語「噪唸」同音。

【例句】 蔡進春夫妻聽說分居了，其實他們兩人沒有離婚已經很好了。像林純美那種死人個性，一天到晚像「澎湖菜瓜──(十稔)噪唸」，要是我早就抓狂了，蔡進春能忍耐那麼久，也算「大人穿囡仔褲──(不容汝)不容易」了。

Phêⁿ-ô͘ ka-chiau--bô-chêng bô-gī

0908 澎湖鵁鵁──無情無義

ㆴㄝ˙ ㆦ˙ ㄍㄚ ㄐㄧㄠ ── ㆠㆦ˙ ㄐㄧㄥ˙ ㆠㆦ˙ ㆣㄧ˙

【暗示】 沒有情感道義。

【註解】 澎湖：1945年設縣，縣治馬公市，境轄65個島嶼，漁民為主。農產：甘薯、花生、玉米。特產：珊瑚。白沙島與漁翁島之間，有跨海大橋。鵁鵁：鳴禽類，又名「芒冬丟仔」，体形嬌小，喜食昆蟲。杜鵑鳥寄蛋於鵁鵁巢內，孵出小鳥長大後出巢一去不回，鵁鵁被誤認為無情無義。

【例句】 范姓老國代報案，請警方協助尋找失蹤的魏姓養女。范國代老淚縱橫的哭訴，魏姓養女是他從孤兒院抱來養大的，現年四十歲了。她不但沒有感念養育之恩，也沒體念養父年紀這麼老了，身邊只有養女一個親人，竟不告而別，而且還將他的一億多元存款領走，像「澎湖鵁鵁──無情無義」，叫他如何活下去？

Jo̍ah-thiⁿ chhēng phôe-hiû--m̄-sī sî-chūn

0909 熱天穿皮裘──毋是時陣

ㄖㄨㄚㄏ˙ ㄊㄧ ㄑㄧㄥ˙ ㆴㄨㆤ ㄏㄧㄨ˙ ── ㆬ˙ ㄒㄧ˙ ㄒㄧ˙ ㄗㄨㄣ˙

【暗示】 不是時候。

【註解】 熱天：夏天。夏天穿冬天用的皮裘，時機不對。

【例句】 孟爸爸帶孩子看牙醫師，醫師說是蛀牙引起發炎，拔掉便不會痛。孟爸爸問醫師，拔一顆牙齒多少錢？王醫師說一百元。牙醫師拔完牙後，要向孟爸爸收三百元。孟爸爸說：「你剛才不是說拔一顆牙齒一百元嗎？」
「沒錯，拔一顆一百元。」牙醫師說：「只是你的孩子『熱天穿皮裘──毋是時陣』，拔牙大聲哀叫，嚇跑另外兩個小患者。」

Kó-chóa siá kàu piⁿ--bô-kàu-kè

0910 稿紙寫到邊—無夠格

《ㄜˊ ㄗㄨㄚˊ ㄒㄧㄚˋ 《ㄠˇ °ㄅㄧ —— ㄅㄜˋ 《ㄠˇ 《ㄝˇ

【暗示】資格不夠，也就是份量不夠。

【註解】稿紙：寫作專用有格子的用紙。稿紙有多種字數規格，文章寫在格子裡，字寫到邊沿外，表示格子不夠，格子不夠，台語叫無夠格。
「無夠格」與台語形容身分、地位不夠的「無夠格」同字同音。

【例句】新兵入營身體檢查，有一戴眼鏡新兵對軍醫說：「報告醫官，我患深度近視，實在是『稿紙寫到邊——無夠格』當兵。」
「老弟，你不必擔心。」軍醫看了看他後，說：「老弟，我們會讓你到最前線去！」

~~~~~~

Sòaⁿ chhng chiam--tú-á-hó

0911 線穿針—拄仔好

°ㄙㄨㄚˇ ㄘㄥ ㄐㄧㄚㄇ —— ㄉㄨˊ ㄚˊ ㄏㄜˊ

【暗示】湊巧。

【註解】線：縫紉用的細縷，如棉線、絲線。針：縫紉用以引線的細而長、尖銳的金屬物。線針是相互為用的東西，穿針引線剛好能發揮功用。

【例句】1985年3月的一個夜裡，高雄市三民區寶珠里的林鳳山，在垃圾堆中撿到一名女嬰，視如己出扶養長大，比自己四個男孩還疼愛。林妻胡阿蜜說：「老公重女輕男，四個兒子都沒出過國，女兒怡君已跑遍許多國家。」命運真難說，要不是林鳳山「線穿針——拄仔好」到垃圾堆倒垃圾才撿到她，否則林怡君早就被送進焚化爐了，人世間哪有這位叫林怡君的美女？

~~~~~~

Ìm-sīⁿ chhá èng-chhài--lòh-khang

0912 蔭豉炒蕹菜—(落孔)落空

ㄧㄇˇ °ㄒㄧˊ ㄘㄚˋ ㄧㄥˇ ㄘㄞˇ —— ㄌㄜ ㄏˋ ㄎㄤ

【暗示】無著落、無結果或上當了。

【註解】蔭豉：黑豆加工鹽漬物。蕹菜：空心菜。蔭豉係粒狀，炒空心菜，會落入菜管孔裡，落入菜管孔裡叫「落孔」。「落孔」與台語「落空」諧音。

【例句】中午，吝嗇的主人對客人說：「我現在實行朝晚兩餐主義，效果很好，人也健康得多。」主人以為這樣的一番話，會讓客人知趣而回，想不到「蔭豉炒蕹菜——(落孔)落空」。客人竟然說：「呀！這樣嗎？那真不巧。我是在餐館要宴請朋友，特地來邀請你當陪賓呢。」

Hê-á kiâⁿ-lō--tò-tōaⁿ

0913 蝦仔行路—倒彈

ㄏㄝ⁵ ㄚ² ㄍㄧㄚ⁵ ㄌㄛ⁷ —— ㄉㄛ³ °ㄉㄨㄚ⁷

【暗示】反彈。

【註解】蝦仔：動物名，甲殼節肢類長尾類，棲息在水裡，善跳，甲殼尾長，肉味鮮美。行路：走路。蝦子走路，彈跳倒走。

【例句】台灣近年風行電視叩應節目，節目主持人不僅不會珍惜這個號稱「人民第四權」的輿論公器，且各有意識型態，甘願淪為偏愛政黨做傳聲筒。邀請參與討論的學者、民代，也大都是同路人，提問、回答、言談，有失客觀公平，常引起觀眾「蝦仔行路——倒彈」。

Hoan-á chhùi-chhiu--bô-pòaⁿ-phet

0914 蕃仔喙鬚—無半撇

ㄏㄨㄢ² ㄚ² ㄘㄨㄧ³ ㄑㄧㄨ —— ㄅㄛ⁵ °ㄅㄨㄚ³ ㄆㄝㄉ⁴

【暗示】一點兒本事也沒有。

【註解】蕃仔：昔日對原住民的稱呼。喙鬚：鬍子。無半撇：不多，幾乎沒有。

【例句】「老嫗摔了一跤，一周挨三刀」。這是2003年11月19日，中國時報頭條綜合新聞。台北市立忠孝醫院糊塗醫師，將一名年近九十歲老太太，一周內開三次刀。這位「蕃仔喙鬚——無半撇」的醫師，還是該院的主任。老嫗跌跤摔斷右邊髖骨，醫師卻開左邊髖骨；後來右邊髖骨傷痛發作，發覺開錯，立即補開；接下來左邊被錯開的髖骨，又開始疼痛，當然又再度開刀。
台北市衛生局長張珩指出，該醫師以五十萬元與病患家屬和解。

Ti-pat-kài pài-thiⁿ-kong--ka-kī thâi ka-kī

0915 豬八戒拜天公—家己刣家己

ㄉㄧ ㄅㄚㄉ⁴ ㄍㄞ³ ㄅㄞ³ °ㄊㄧ ㄍㄛㄥ —— ㄍㄚ ㄍㄧ⁷ ㄊㄞ⁵ ㄍㄚ ㄍㄧ⁷

【暗示】自己人殺自己人或自己人傷害自己人。

【註解】豬八戒拜天公：台灣人傳統認知上，天公是天上位階最高的神明。因此，拜天公大都用豬頭表示隆重。豬八戒本身是豬，又用豬頭拜天公，等於自己殺自己。

【例句】中國一向把台灣看做他們的領土，前國家主席江澤民，在對台工作「江八點」指示中，一再強調「中國人不打中國人。」
江澤民這些話，聽起來也滿感動人的。可是在國際舞台上，卻一再無情的打壓、封殺台灣。不但阻撓台灣進入聯合國，甚至其他國際組織也全力杯葛，連台灣受到中國SARS感染，申請參加世界衛生組織WHO，也被無情的打壓。如果說台灣是中國的一部分，中國這樣打壓封殺，完全是「豬八戒拜天公——家己刣家己」。

Ti-pak-kài hip-siòng--(chū-chhōe lân-khoàⁿ)chū-chhōe lân-khan

0916 豬八戒翕像──(自找難看)自找難堪

ㄉㄧ ㄅㄚㄍ⁴ ㄍㄞ⁵ ㄏㄧㄛㄥ³ ── (ㄗㄨ⁷ ㄘㄨㄝ⁷ ㄌㄢ⁵ °ㄎㄨㄚ³) ㄗㄨ⁷ ㄘㄨㄝ⁷ ㄌㄢ⁵ ㄎㄢ

【暗示】自取其辱。

【註解】豬八戒：《西遊記》唐三藏的徒弟與孫悟空、沙悟淨等三要角之一，以色瞇瞇角色出現。
翕像：照像。

【例句】這是一個值得深入探討的詭異現象，為何「豬八戒翕像──(自找難看)自找難堪」？新竹市文化局長璩美鳳的「性愛光碟」，經《獨家報導》後，卻引起極大的回響與關注。固然璩美鳳是年輕貌美的文化局長，又是新竹市長蔡仁堅的愛人同志，竟與曾姓青年合演活春宮，當然有賣點。不過性愛光碟，牽涉政治人物的失德行為，靈修之介入政治，政治職位之私相授受，尤其璩美鳳挾掀起的性愛知名度，復出的詭異思維，是否更令人覺得難堪？

Ti-pak-kài kè-sió-mōai--bián-khoàⁿ

0917 豬八戒嫁小妹──免看

ㄉㄧ ㄅㄚㄍ⁴ ㄍㄞ³ ㄍㄝ³ ㄒㄧㄛ² ㄇㄨㄞ⁷ ── ㄇㄧㄢ² °ㄎㄨㄚ³

【暗示】可想而知。

【註解】豬八戒：見「豬八戒翕像──(自找難看)自找難堪」篇。
形容有什麼樣的哥哥，便有什麼樣的妹妹。

【例句】青年作家完成新著，寄請文學評論家「指正」。評論家寄回稿件，作家發現第一、二頁還黏在一起沒被撕開，證明評論家根本連翻一下都沒有，令他心生不滿，對評論家說：「教授，我這部小說『聯合副刊』下月便要連載，我是很尊敬你，才讓你先睹為快。」「謝謝！謝謝！」教授客氣的說：「你的新著，我『豬八戒嫁小妹──免看』，在你還沒出生前，我已先拜讀了。」

Ti-bó khan khì gû-hi--m̄-tiȯh

0918 豬母揀去牛墟──呣著

ㄉㄧ ㄅㄛ² ㄎㄢ ㄎㄧ³ ㄍㄨ⁵ ㄏㄧ ── ㄇ⁷ ㄉㄧㄛ ㄏ⁸

【暗示】搞錯地方或弄錯方向。

【註解】豬母：母豬。牛墟是牛隻買賣的地方。彰化縣北斗鎮設有牛墟，如今已經沒落了；以前豬隻買賣都在養殖戶家議價成交，現在都送到豬的拍賣場拍賣。

【例句】李立法委員暴跳如雷，把老二痛罵了一頓，罵他書讀到哪兒去？李立委會生那麼大的氣，是助理胡小姐要把邱鄉長尊翁的壽誕賀禮，與水利會劉會長令慈的奠儀送過去，老二因要與同學出去玩，向胡助理借車，說要順代她把賀禮與奠儀送出去。結果「豬母揀去牛墟──呣著」，把賀禮送到喪家，將奠儀送到壽星府上。

Ti-ko sái-chhúi--pháiⁿ-thiaⁿ

0919 豬哥屎喙—歹聽

ㄉㄧ ㄍㄜ ㄙㄞ² ㄘㄨㄧ² —— °ㄆㄞ² °ㄊㄧㄚ

【暗示】耍嘴皮或口德不好。

【註解】豬哥：種公豬。屎喙：耍嘴皮，講那些不乾淨的話。

【例句】前總統李登輝於2001年12月19日表示：立法院應建立國會運作的制度，制定國會議員的行為規範，否則立委將是社會的亂源。他老人家說：立法委員平時都在喝酒不看書，有些人頻頻上叩應節目，為提高知名度，政治要搞，媒体人也要做，很奇怪。立委問政要有深度，但深度沒標準，媒体要的是八卦與口水。此所以立法委員「豬哥屎喙——歹聽」，連誰是誰的小老婆，也當做問政質詢，講得出口。

~~~~~~

Ti-ko kòa-an--m̄-sī-bé

0920 豬哥掛鞍—(嗯是馬)嗯是買

ㄉㄧ ㄍㄜ ㄍㄨㄚ³ ㄢ —— ㄇ⁷ ㄒㄧ⁷ ㄅㄝ²

【暗示】不是用錢買的。

【註解】馬是要掛鞍，沒見過豬哥背上掛了鞍，所以這句歇後語，形容的是豬就是豬，縱使掛了鞍，也變不成馬。「馬」與台語買東西的「買」同音。

【例句】新竹縣湖口鄉有一對八歲、九歲的徐姓小兄弟，在新竹工業區商店行竊被逮。警方查出兩兄弟家學淵源，從三四歲開始便隨同祖父母、父母行竊，連寄養家庭、心理治療師，都是受害人。這對小兄弟家裡玩具、吃的糖果很多，全部都是「豬哥掛鞍——(嗯是馬)嗯是買」的，附近十多家超商，都被小兄弟偷過。

~~~~~~

Ti-thâu-phôe--chòaⁿ-bô-iû

0921 豬頭皮—煠無油

ㄉㄧ ㄊㄠ⁵ ㄆㄨㄝ⁵ —— °ㄗㄨㄚ³ ㄅㄜ⁵ ㄧㄨ⁵

【暗示】沒有搞頭。

【註解】豬頭皮：豬的臉皮，肉質厚硬，少油脂，煠不出豬油。

【例句】花蓮縣長補選，國親兩黨推出謝深山、民進黨提名游盈隆、無黨籍吳國棟，三強爭奪縣長寶座。三人大談建設，支票越開越大張，比起自稱天生債務人的曹啟泰還差一截。曹啟泰做生意慘賠一億元，外加負債六千萬元，還很驕傲說：「借錢是高尚行為，因為會還，而且還得起。」曹啟泰用的是銀行的錢，那些候選人要花的是老百姓的血汗錢，真的是「豬頭皮——煠無油」。

Bȧk-chȧt-á-thâu--bô-hoeh bô-bȧk-sái

0922 墨鰂仔頭──無血無目屎

ㄅㄚㆶ ㄗㄚㆻ ㄚ² ㄊㄠ⁵ ── ㄅㆦ⁵ ㄏㄨㆤㄏ⁴ ㄅㆦ⁵ ㄅㄚㆶ ㄙㄞ²

【暗示】無情無義。

【註解】墨鰂仔：烏魚。墨鰂魚與其他海產魚類不同之處，是所有魚類刀子殺下去，都會流血出來，墨鰂仔沒有血。所以形容墨鰂仔頭，無血無目屎。

【例句】刑事警察局執行雷霆23號打擊黑幫行動，於2003年10月29日，首次破獲國內首支女黑幫，逮捕竹聯幫龍鳳隊大姐頭高美芳，及旗下有百多名份子。這支純娘子軍幫派，管理嚴格的程度，比男性幫派有過之而無不及，討債、為非作歹，無所不來。管理手法多元化，且非常恐怖，對不聽話成員，脫光衣服遊行示眾，無所不用其極，幾近「墨鰂仔頭──無血無目屎」。

Khò-thâu chhah-hiuⁿ--lān sîn

0923 褲頭插香──屧神

ㄎㆦ³ ㄊㄠ⁵ ㄑㄚㄏ⁴ °ㄏㄧㄨ ── ㄌㄢ⁷ ㄒㄧㄣ⁵

【暗示】愛現或賭氣的意思。

【註解】褲頭：褲子的上圍。插香：點香膜拜後，把香插上香爐。男生褲子裡是陽具，台語「屧屌」。把香插在腰間褲子上面，那是象徵把屧屌當神膜拜。
屧屌是神，等於是「屧神」也是台語愛現或賭氣的意思。

【例句】張宗寧「褲頭插香──屧神」，買部超炫跑車，夜間載女友兜風。兩人約定車速每超過10公里，女友要脫一件衣服，兩人一路嬉戲，車子越飆越快，終於在女友脫掉身上最後的一件三角褲時，「碰！」的一聲巨響，車子撞上路邊的護欄，卡在那兒動彈不得。幸虧女友被彈出去，只有皮肉擦傷，趕緊摘了一片樹葉，搗住那個地方跑去報案，期期艾艾的說：「警察先生，我男朋友卡在那裡，請你們幫忙把他拉出來！」警察們各個睜大眼睛，看著下體中間那片樹葉，不知怎樣把她的男朋友拉出來？

Thē hóe-thòaⁿ chò chím-thâu--(o͘-kui)o͘-ku

0924 提火炭做枕頭──(烏頸)烏龜

ㄊㆤ⁷ ㄏㄨㆤ² °ㄊㄨㄚ³ ㄗㄜ³ ㄐㄧㆬ² ㄊㄠ⁵ ── (ㆦ ㄍㄨㄧ) ㆦ ㄍㄨ

【暗示】戴綠帽子的意思。

【註解】火炭：木炭。用木炭當枕頭使用，頸部自然會弄黑，「烏頸」與戴綠帽的「烏龜」諧音。

【例句】蘇議長的司機薛友人到法院作證說：「蘇議長與黃女士的緋聞，其實不是強姦什麼的。黃女士的先生，常常向蘇議長借錢，甘願『提火炭做枕頭──(烏頸)烏龜』。蘇議長也按月給黃女士生活費，有一次出國還交代我送過去。只是議長近來經濟不如以前，她的先生再借不到錢，才告蘇議長強姦。」

Thē kiuⁿ-bó chhit bȧk-kîⁿ--ké-khàu

0925 提薑母拭目墘──假哭

ㄊㄝ⁷ ㄍㄧㄨ ㄅㄜ² ㄑㄧㄉ⁴ ㄅㄚ⁸ ㄍㄧ⁵ ── ㄍㄝ² ㄎㄠ³

【暗示】虛假情意。

【註解】薑：多年生草本，葉針形，花呈淡黃色，根莖色黃，味辛辣，會刺激眼睛、鼻子，可做調味用，也可做驅寒藥用。薑母：老薑。目墘：眼眶。用辛辣的薑母擦眼眶，眼睛受不了辛辣的刺激，淚會涔涔而下，像哭的一樣。

【例句】台灣殯葬禮儀，有一非常離譜風氣，喪家如果沒有後代子孫，或只有孝男沒有孝女，便會雇請「孝女」代哭，每位受雇的孝女，都一把眼淚一把鼻涕哭得很傷心、淒楚，令人聞之鼻酸。其實這些孝女都是「提薑母拭目墘──假哭」。

~~~~~~

Gōng-káu-siông kè cha-bó-kiáⁿ--khòaⁿ-hòe

0926 憨狗松嫁查姆囝──看貨

ㄤㄜㄥ⁷ ㄍㄠ² ㄒㄧㄛㄥ⁵ ㄍㄝ³ ㄗㄚ ㄅㄜ² ㄍㄧㄚ² ── ㆤㄅㄨㄚ³ ㄏㄨㄝ³

【暗示】好東西。

【註解】憨狗松：人名。憨：1. 痴呆笨拙，如憨子。2. 為人正直厚道，如憨厚。3. 為人爽快篤實，如憨直。4. 為人大而化之不會斤斤計較，如憨憨。看貨：貨比貨。

【例句】我們鄉裡女兒嫁出去，將來都很少回來和兄弟分財產，所以出嫁時父母很少收聘金，縱使收聘金也轉做部分嫁粧，一同陪嫁過去。阿榮嫁查姆囝，不但沒什麼嫁粧，還向男方收了聘金，人家問他怎麼這樣，他說：「憨狗松嫁查姆囝──看貨。」

~~~~~~

Gōng-phiau hō lâng chhiàⁿ khàu--lóng mā ûi tiȯh chîⁿ

0927 憨標恆人倩哭──攏嘛為著錢

ㄤㄜㄥ⁷ ㄆㄧㄠ ㄏㄜ⁷ ㄌㄤ⁵ ㆣㄑㄧㄚ³ ㄎㄠ³ ── ㄌㄜㄥ² ㄇㄚ⁷ ㄨㄧ⁵ ㄉㄧㄜㄏ⁸ ㆣㄐㄧ⁵

【暗示】都是為了錢。

【註解】憨標：彰化縣田中人，沒有謀生技能，唯一能做的是受雇為喪家權充孝子代哭，也哭的死去活來，狀極悽慘。有人問他死者既非親人，怎會哭得那麼悽慘？憨標回說：「每當想到自己怎麼淪落到為人代哭時，便禁不住越哭越傷心起來。」

【例句】深受台日歌迷歡迎的日本歌星，「安室奈美惠」台北演唱會，2004年5月1日在台北縣新莊體育場登場，帶著日本巡迴卅六場的精準演出，以「從實招來」一曲開始，長達兩小時既甜美又狂野的音樂攻勢，直到「永無止境」。現場歌迷尖叫不斷，熱血沸騰。有人說歌星開演唱會，如「憨標恆人倩哭──攏嘛為著錢」。安室奈美惠卻將演出收入，捐獻台灣家扶基金會五佰萬日元。

Ún-ku pang-phùi--(oan-khiau) oan-khut

0928 瘨痀放屁─(彎曲)冤屈

ㄨㄣ² ㄍㄨ ㄅㄤ³ ㄆㄨ-³ ── (ㄨㄢ ㄎㄧ-ㄠ) ㄨㄢ ㄎㄨㄉ⁴

【暗示】冤情委曲。

【註解】瘨痀：駝背。這是形容駝背的人，排放肚子裡的臭氣，也隨著背脊彎曲排出來。「彎曲」與台語受到冤枉委曲的「冤屈」諧音。

【例句】發生於1947年2月27日，國民黨政府官兵因緝捕私煙，開槍射殺無辜民眾的「228事件」，是台灣第二次世界大戰後，最重大的傷痛事件。當時人民為爭取社會公道，群起抗議，要求民主改革，卻換來國府官兵鎮壓，造成無數台灣菁英和民眾傷亡。國府更以「暴亂」、「暴動」、「暴民」、「叛亂」、「共黨策動」污名化「228事件」受難人及家屬。
2003年8月2日陳水扁總統、呂秀蓮副總統，共同簽署證書，為受「瘨痀放屁——(彎曲)冤屈」的228受難者及家屬，於總統府舉行平反儀式回復名譽。

~~~~~~

Ún-ku-bé--lȯk-tô

0929 瘨痀馬─(駱駝)樂逃

ㄨㄣ² ㄍㄨ ㄇㄝ² ── ㄌㄛㄍ⁸ ㄌㄛ⁵

【暗示】指投機取巧的行為。

【註解】瘨痀是指駝背者，馬如果也駝了背，一定像駱駝。「駱駝」與台語投機取巧愛佔小便宜的「樂逃」同音，所以罵投機取巧的人為「瘨痀馬」

【例句】社區居民為了共同防治非典型肺炎SARS病情擴散、蔓延，進行全面清潔、消毒。家家戶戶都參加防治工作，只有三樓六號的左先生一家人，只下來看了一下，打個招呼，便像「瘨痀馬—(駱駝)樂逃」去了。

~~~~~~

Ún-ku khùn í-liâu--bōe-tit

0930 瘨痀睏椅條─獪直

ㄨㄣ² ㄍㄨ ㄎㄨㄣ³ ㄧ² ㄌㄧㄠ⁵ ── ㄅㄨㄝ⁷ ㄉㄧㄉ⁸

【暗示】沒完沒了。

【註解】瘨痀：駝背。椅條：長椅子。駝背想睡在長板凳上，原以為能使駝背睡直起來，結果還是不能如願。

【例句】阿扁總統在電子報說：台灣大學的學費比日本、歐美便宜。此話一出「瘨痀睏椅條—獪直」。教育改革聯盟、家長會聯盟，群起而攻之，總統府連忙滅火說：「阿扁的原意，是台灣的學費沒他們那麼貴，慶幸人人讀得起。」

Ún-ku phòah-lòh-hái--oan-siû

0931 瘖痀跋落海─（彎泅）冤仇

ㄨㄣˊ ㄍㄨ ㄅㄨㄚㆷ˙ ㄌㄛㆷ˙ ㄏㄞˊ ── ㄨㄢ ㄒㄧㄨˊ

【暗示】彼此之間，仇恨在心中。

【註解】瘖痀：指駝背的人。駝背的人身體發育不正常，上半身向前傾斜彎曲。以瘖痀的人游泳，想像中是彎著身體游泳，那種彎著泅水與台語「冤仇」諧音，而達到玩笑挖苦的意思。

【例句】吳美慧和陳美津，是我們醫院裡同事中，天生一對的「瘖痀跋落海──（彎泅）冤仇」人。這一次為了照顧SARS病患，設立負壓病房，主任不知是故意還是不知道，竟把她們兩位護士編為同一個醫療小組，結果兩人常常大眼瞪小眼，誰也不跟誰講話。

~~~~~~

Ún-ku chhia-pùn-táu--chiàh-làt koh phái^n-khòa^n

0932 瘖痀徛畚斗─食力佫歹看

ㄨㄣ ㄍㄨ ㄑㄧㄚ ㄅㄨㄣˇ ㄉㄠˊ ── ㄐㄧㄚㆷ˙ ㄌㄚㆢ˙ ㄍㄜㆷ ㆠㄞˊ ㄎㄨㄚˇ

【暗示】出力不討好。

【註解】瘖痀：駝背，背脊骨突起像駱駝的背。徛畚斗：翻筋斗。食力佫歹看：駝背的人，因背脊骨突出來，要翻筋斗很不方便，不但要多費些力氣，姿勢也不怎麼好看。

【例句】國民黨、親民黨陣營，於2004年總統選舉敗選後，開票當天晚上，旋即發動群眾抗爭，持續到520，有50萬人在總統府前凱達格蘭大道上，以「拚台灣、救民主」為口號，嗆聲要陳水扁下台。

政治評論家楊憲宏要泛藍陣營見好就收，他語重心長的說：「連宋兩位主席，千萬不要這樣再耗下去，以免日久『瘖痀徛畚斗──食力佫歹看』。」

~~~~~~

Ún-ku á siû-chúi--oan-siû

0933 瘖痀仔泅水─（彎泅）冤仇

ㄨㄣˊ ㄍㄨ ㄚˊ ㄒㄧㄨˊ ㄗㄨㄧˊ ── ㄨㄢ ㄒㄧㄨˊ

【暗示】深仇大恨。

【註解】瘖痀：見「瘖痀佮茨──（彎家）冤家」篇。冤仇：受冤曲的仇恨。

【例句】桃園TVC歌廳前，發生少年集體械鬥，造成三死五傷的重大刑案。肇因是兩位血氣方剛的少年仔，為了一位名叫瑪莉的歌女，爭風吃醋，「瘖痀仔泅水──（彎泅）冤仇」結深，呼朋引友集體械鬥。

Ún-ku phah kûn-thâu--chhut-la̍t koh pháiⁿ-khòaⁿ

0934 瘖狗扑拳頭—出力俗歹看

ㄨㄣ² ㄍㄨ ㄆㄚㄏˊ ㄍㄨㄣˊ ㄊㄠˊ —— ㄘㄨㄉˊ ㄌㄚㄉ⁸ ㄍㄛㄏˊ °ㄆㄞ² °ㄎㄨㄚˇ

【暗示】出力不討好。

【註解】瘖狗：見「瘖狗佣茨——(彎家)冤家」篇。扑拳頭：國術、打拳。

【例句】杜鄉長競選連任，地方人士認為杜鄉長任內表現不凡，沒有人出來角逐，要讓他順利連任。誰知游副議長遊說代表會呂副主席出馬競選，並拍胸脯負責半數競選經費。選舉揭曉，呂副主席慘輸，家人對鼓勵他競選的游副議長，非常不諒解，真是「瘖狗扑拳頭——出力俗歹看」。

~~~~~~

Ún-ku pàng-phùi--(oan-khiau) oan-khut

0935 瘖狗放屁—(彎曲)冤屈

ㄨㄣ²ㄍㄨ ㄅㄤˇ ㄆㄨㄧˇ —— (ㄨㄢ ㄎㄧㄠ) ㄨㄢ ㄎㄨㄉˊ

【暗示】受冤枉委曲。

【註解】瘖狗：駝背，指人背脊彎曲。放屁：排放腹內臭氣。

【例句】劉國順、李明仁、張阿勤等幾位同學愛說愛玩，正話不說，老是說那些「瘖狗放屁——彎曲」的話，說什麼李明仁第二兒子，有點像劉國順，害兩位同學不但心裡有疙瘩，各對夫妻也互相猜疑。朋友相處，講話不要這樣彎彎曲曲，好同學才不致變成冤家。

~~~~~~

Ún-ku sio-ián--pháiⁿ-sè

0936 瘖狗相偃—歹勢

ㄨㄣ²ㄍㄨ ㄒㄧ-ㄜ ㄧㄢ² —— °ㄆㄞ² ㄙㄝˇ

【暗示】不好意思。

【註解】瘖狗：駝背。相偃：相撲。歹勢：駝背的人，身体畸形，姿勢難玩相撲。

【例句】清朝某縣老爺，聽說涂某人善於說笑逗趣，剛好涂某人犯了法，便故意將他抓進官衙裡，他向縣老爺求情，縣老爺要聽他逗笑，開出條件說能用一個字逗笑他，即無罪開釋，否則屁股要挨十個大板。
涂某人隨即說了一個「屁」字，縣老爺問他此屁何解？他說：「放也公公，不放也公公。」縣老爺聽後頗為「瘖狗相偃——歹勢」，立即放他。

Ún-ku chhōa tōa-tō--håh-håh

0937 瘖痀娶大肚—峇峇

ㄨㄣˊ ㄍㄨ ㄘㄨㄚˊ ㄉㄨㄚˊ ㄉㄛˊ —— ㄏㄚˋ ㄏㄚˋ

【暗示】吻合得很。

【註解】瘖痀：見「瘖痀㑩荗——（彎家）冤家」篇。娶大肚：娶到懷孕大肚子或腰圍特別粗大的新娘。駝背的新郎和大肚子的新娘，擁抱起來剛好緊密在一塊兒。

【例解】參加顏鄉長娶媳婦喜宴的來賓，都對這對新人有共同的認識。大家都知道新郎「悾悾」，新娘是副主席的女兒「八珍！八珍！」他們兩人「瘖痀娶大肚——峇峇」，是天生一對寶貝。

Ún-ku tiâu-thian-chú--chin-pháiⁿ-khòaⁿ

0938 瘖痀朝天子—真歹看

ㄨㄣˊ ㄍㄨ ㄅㄧㄠˋ ㄊㄧㄢ ㄗㄨˊ —— ㄐㄧㄣ ˚ㄆㄞˋ ˚ㄎㄨㄚˇ

【暗示】有很難看到與真難看的雙關語意。

【註解】瘖痀：見「瘖痀㑩荗——（彎家）冤家」篇。
朝天子：觀見皇帝。駝背的人，上身都是往前傾斜，跪著要抬頭觀見皇帝，真的很難抬起頭來看。

【例句】婚姻問題專家簡教授，專題演講說：「男人絕對不可突然回家，因為你妻子若不是一個人在家裡的話，會像『瘖痀朝天子——真歹看』，而若是你妻子一個人在家的話，就會換你『瘖痀朝天子——真歹看』，誠哉斯言。」

Ún-ku sái-lóh-kiā--chai-chai

0939 瘖痀駛落崎—（栽栽）知知

ㄨㄣˊ ㄍㄨ ㄙㄞˋ ㄌㄛˋ ㄍㄧㄚˊ —— ㄗㄞ ㄗㄞ

【暗示】知道了。

【註解】瘖痀：駝背。駝背的人，走路比正常人辛苦，走一步前半身就往前低傾一次，一路走來好像快要倒栽下來。
倒栽的「栽」字與台語知道的「知」字諧音。

【例句】「呂俊雄，你給我聽清楚，每一次我有事交代你，話都還沒講完，你便像「瘖痀駛落崎——（栽栽）知知」的知個不停。結果都是牛頭不對馬嘴，你一定要給我聽清楚，不明白的地方要問，知道嗎？」

Ún-ku khiâ-lȯk-tô--khòaⁿ-bōe-chhut-lâi

0940 瘖痀騎駱駝——看儥出來

ㄨㄣ² ㄍㄨ ㄎㄧㄚ⁵ ㄌㄛˊˋ ㄉㄜˋ ㄉㄜ⁵ —— °ㄎㄨㄚ³ ㄇㄨㄝ⁷ ㄘㄨㄍ⁴ ㄌㄞ⁵

【暗示】看不出真象來。

【註解】瘖痀：見「瘖痀佝茨——（彎家）冤家」篇。
瘖痀：背脊彎曲，駱駝背脊也彎曲，瘖痀騎在上面實在看不出駝背來。

【例句】「陳立法委員，是立法院200多位立委中，穿著不俗，言行舉止溫雅有禮，發言不慍不火，問政有深度，深受政府官員敬重，國會記者好感的立法委員，也令其他委員吃味。有記者私下問這位立法院模範生：「您最常犯的是那一方面的錯誤？」陳立委「瘖痀騎駱駝——看儥出來」，竟然指著自己的褲襠。

Ún-ku in chhù--oan-ke

0941 瘖痀佝茨——（彎家）冤家

ㄨㄣ² ㄍㄨ ㄧㄣ ㄘㄨ³ —— ㄨㄢ ㄍㄝ

【暗示】彼此有仇恨。

【註解】瘖痀佝茨：駝背者住的家。駝背的背脊骨，突出來成彎背，以駝背誇張居住的家，是彎的屋子。彎的屋子叫「彎家」與台語有冤仇的「冤家」諧音。

【例句】台灣最大問題，是族群融合問題，幾十年下來仍然無法撫平族群的裂痕，尤其每當中央級選舉時，族群又會被撕裂一次。2004年3月20日總統選舉，族群的衝突，從民進黨的陳、呂與國親的連、宋得票率，僅差0.228%，可見族群勢均力敵，連帶導致許多因為支持對象不同，變成「瘖痀佝茨——（彎家）冤家」，有不少夫妻，因政治理念不同而離婚。

Ún-ku--bōe-tı̍t

0942 瘖痀——儥直

ㄨㄣ² ㄍㄨ —— ㄇㄨㄝ⁷ ㄉㄧㄍ⁸

【暗示】難了。

【註解】駝背要恢復脊背骨挺直，那是很難的。

【例句】嘉義縣籍立法委員蔡啟芳，具草莽豪放性格，到立法院找他的民眾，有很多嚼檳榔，訐譙不完的民眾。蔡委員對好奇的記者說：「我的層次如此，找我的人，也大都是這樣的朋友。」記者們都很欣賞他的坦誠。
蔡啟芳對陳文茜委員，說什麼女人的乳房是交際工具，頗知其中之妙，公開說想和她的乳房交際交際。此語一出「瘖痀——儥直」，婦女團体對他鳴鼓圍攻。

Phāiⁿ koaⁿ-chhâ m̄ng-lō͘--chhōe sí-lō͘

0943 觽棺柴問路—搭死路

˚ㄆㄞ⁷ ˚ㄍㄨㄚ ㄘㄚ⁵ ㄇㄥ⁷ ㄌㄛ⁷ —— ㄘㄨㄝ ㄒㄧ² ㄌㄛ⁷

【暗示】自暴自棄。

【註解】觽：背。棺柴：收殮屍體的材具，又稱棺木、棺材。觽棺材問路，形容尋問埋葬死人的墓地在何方，也就是找死路。

【例句】張瑞嘉參加五星級「君悅大飯店」搖頭丸性愛派對遊戲，被抓進警察局。張父接獲警方通知趕來，氣忿忿的指著他的鼻尖，破口罵他：「你難道不知道搖頭丸是毒品，參加這種遊戲，簡直是『觽棺材問路—搭死路』。」

~~~~~~

Lān-chiáu ji̍p o͘-tāu--ké-ba̍k

0944 屌入烏豆—假目

ㄌㄢ⁷ ㄐㄧㄠ² ㄖㄧㄅ⁸ ㄛ ㄉㄠ⁷ —— ㄍㄝ² ㄇㄚㄍ⁸

【暗示】假裝眼睛。

【註解】屌：男性的生殖器，陰莖。有人為了增加性趣，陰莖做小手術嵌入珠子，增加抽送磨擦的快感。珠子嵌入陰莖，看起來像假的眼珠子。

【例句】李麗麗的閨房好友，都認為新郎在結婚典禮上，不戴太陽眼鏡會顯得更帥。這些閨房好友不知道，李麗麗的新婚夫婿，不得不戴太陽眼鏡的原因，是他有一隻眼睛是「屌入烏豆—假目」。

~~~~~~

Lān-chiáu tú-tio̍h piah--m̄-chai thâu-bóe

0945 屌拄著壁—唔知頭尾

ㄌㄢ⁷ ㄐㄧㄠ² ㄉㄨ² ㄉㄧㄜㄏ⁸ ㄅㄧㄚㄏ⁴ —— ㄇ⁷ ㄗㄞ ㄊㄠ⁵ ㄇㄨㄝ²

【暗示】不懂來龍去脈。

【註解】屌：男性生殖器，又稱陽具。硬起來頂著牆壁，到底哪一端算為頭部？實在很難講。

【例句】立法院自從朱高正委員跳上桌子，用台語三字經訐譙萬年立委後，打架已是尋常的事。李慶安、羅福助互毆之所以成為新聞，乃是男生打女生事件。目擊者說李慶安的頭部，確實被羅老大痛擊了幾下。民進黨立委周淑雅，在紀律委員會作證說：羅、李互毆是突發事件，她忙於勸架拉開，不知誰先出手。倒是新黨立委鄭龍水，雖然是位盲者「屌拄著壁—唔知頭尾」，卻有道德勇氣，在調查誰看到羅福助先出手打人時，只有他舉手說：「我看到！」

Lān-chiáu påk-tōa-soh--(pháiⁿ sok)pháiⁿ sng

0946 屌屌縛大索──(歹束)歹算

ㄌㄤ⁷ ㄐㄧㄠ² ㄅㄚㄍ⁸ ㄉㄨㄚ⁷ ㄙㄜㄏ⁴ ──（°ㄆㄞ² ㄙㄜㄍ⁴）°ㄆㄞ² ㄙㄥ³

【暗示】形容數額很多或很難算清楚。

【註解】屌屌：男人的陽具。大索：粗大的繩子。男人的陽具，皮肉都很細嫩，用粗繩子綁起來，稍微用力束緊，一定會皮破血流，說不定還會斷成兩截，所以很難著力。很難著力束緊叫「歹束」。「歹束」與很難算數的「歹算」諧音。

【例句】台灣各種公職人員選舉，應該是選賢與能，現在卻淪落為論斤稱兩的選票買賣行為。每次選舉都有總代理、經銷、零售、攤販行銷候選人。這些大中小盤商為了賺錢，無論是半生不熟的、燒爛的、燒焦的貨色，都會推銷給選民。不要小看他們，一場選舉下來，他們賺到的錢「屌屌縛大索──（歹束）歹算」。

Lān-pha hō í-á giåp-tiòh--pháiⁿ-pān

0947 屌脬互椅仔夾著──歹辦

ㄌㄢ⁷ ㄆㄚ ㄏㄛ⁷ ㄧ² ㄚ² ㆣㄧㄚㆴ⁸ ㄉㄧㄜㄏ⁸ ──°ㄆㄞ² ㄅㄢ⁷

【暗示】很難處理或定奪。

【註解】屌脬：男性的生殖器，陰囊。陰囊被夾在椅縫中，要怎樣處理，才不致造成老二傷害，實在很傷腦筋。

【例句】鍾董事長金屋藏嬌，兩邊輪流居住平安無事，沒想到小老婆近來醋勁大發，給他「哀的美敦書」，限他搬到她那邊居住，否則分道揚鑣。這對鍾董來說，簡直是「屌脬互椅仔夾著──歹辦」，他不知如何善後？

Lān-pha-phôe bôa thih-thâu-to--gûi-hiám

0948 屌脬皮磨剃頭刀──危險

ㄌㄢ⁷ ㄆㄚ ㄆㄨㆤ⁵ ㄅㄨㄚ⁵ ㄊㄧㄏ⁴ ㄊㄠ⁵ ㄉㄜ ── ㆣㄨㄧ⁵ ㄏㄧㄚㆬ²

【暗示】不自量力，或使用不妥當的方法做事。

【註解】屌脬：男性陰囊。古時候理髮業，有門面的叫「剃頭店仔」；挑擔下街的，叫「剃頭擔仔」。他們專為男人剃頭、剪髮、刮臉、掏耳朵。剃頭師父用掛在擔子上，長方形的牛皮或豬皮磨剃頭刀。故通常碰到危險或不值得去做的事，常用「屌脬皮磨剃頭刀──危險」做為警告。

【例句】美國無論國家財力、社會經濟、國民文化與知識水準、天然資源、科技軍事能力，都遠超過伊拉克。伊拉克總統海珊蓄意研發、產製核子、生化武器，向美國挑釁。各國領袖都提醒海珊，不要「屌脬皮磨剃頭刀──危險」，他卻執意惹惱美國，讓布希有藉口把大軍開赴伊拉克。

Ȯh-thì-thâu tú-tiȯh hô-chhiu--(lân-thì) lân-tê

0949 學剃頭拄著鬍鬚──(難剃)難題

ㄛㄏ⁸ ㄊㄧ³ ㄊㄠ⁵ ㄉㄨ² ㄉㄧㄛㄏ⁸ ㄏㄜ⁵ ㄑㄨ ── (ㄌㄢ⁵ ㄊㄧ³) ㄌㄢ⁵ ㄉㄝ⁵

【暗示】問題很難解決或事情不易處理。

【註解】學剃頭：學理髮的手藝。拄著鬍鬚：碰到滿腮鬍子的客人。剛學會理髮，接到的客人又長滿鬍子，實在很為難他。「難剃」與台語事情不容易處理的「難題」諧音。

【例句】台灣交通警察執行勤務取締交通違規案件，最感到困擾的，不是違規駕駛人不服取締態度惡劣，也不是飆車族橫衝直撞，他們的安全受到威脅。交通警察「學剃頭拄著鬍鬚──(難剃)難題」，是「舉發違反道路交通管理事件通知單」的書寫，讓他們感到很傷腦筋。南投縣警察局交通隊對一位闖紅燈的駕駛，在舉發單「違規事實」欄，寫「紅燈直直走」，這麼具體的事實，也被叫到縣議會解釋，叫他們怎麼填單？

Taⁿ-soaⁿ thiām-hái--liáu-gōng-kang

0950 擔山填海──了憨工

°ㄉㄚ °ㄙㄨㄚ ㄊㄧㄚㄇ⁷ ㄏㄞ² ── ㄌㄧㄠ² ㄤㄛㄥ⁷ ㄍㄤ

【暗示】白忙一場。

【註解】擔山填海：移山倒海。了憨工：白忙一陣。

【例句】呂姓婦人年輕守寡，辛苦的把獨生子養大成人，其子留學美國，畢業後任職美國知名公司，老媽還在台灣過著孤苦伶仃的日子，因此常向人抱怨養兒有如「擔山填海──了憨工」。鄰居說：「你兒子不是常常寄東西回來給你嗎？」呂姓婦人說：「每次都寄那些花花綠綠的阿篤仔的照片，有什麼用？我都把它貼在牆壁的破洞上。」
鄰居婦人進屋一看，不禁叫起來：「哇塞！阿桑，妳怎麼把那麼多美鈔，貼在牆壁上？」

Taⁿ-soa thūn-hái--bô-chhái-kang

0951 擔沙坉海──無採工

°ㄉㄚ ㄙㄨㄚ ㄊㄨㄣ⁷ ㄏㄞ² ── ㄇㄜ⁵ ㄘㄞ² ㄍㄤ

【暗示】白費工夫。

【註解】擔沙坉海：擔沙子填海，等於愚公移山，是白費力氣的。

【例句】台灣山地近年頻傳一雨成災，土石流淹沒民眾田園、家屋，人民生命財產損失不貲。究其原因，固然是山坡地過度開發；政府全面進行野溪防治，雖也是可行的補救方法之一，但若不從造林及嚴禁不當開發山地著手，要說能禁絕土石流，不再危害人民生命財產，也是「擔沙坉海──無採工」。

Taⁿ-pûi khì chhī-tiûⁿ--bē-sái

0952 擔肥去市場──(賣屎)獪使

ᵒㄉㄚ ㄅㄨㄧ⁵ ㄎㄧ³ ㄑㄧ⁷ ᵒㄉㄨㄨ⁵ ── 万ㄝ⁷ ㄙㄞ²

【暗示】不可以；不行。

【註解】擔肥去市場：挑糞便要去市場賣。肥：水肥，即糞便也。「賣屎」與台語不行的「獪使」諧音。

【例句】廖一成和兩位朋友，到「錢櫃KTV」唱歌，為了爭奪服務生，與其他客人發生爭執，被打了幾個巴掌。廖一成受此侮辱，越想越不甘心，邀集一群朋友，要回「錢櫃KTV」討回公道。廖父獲悉堅決勸阻，他老人家說「擔肥去市場──(賣屎)獪使」這樣做，仇可解不可結，冤冤相報何時了？

Taⁿ-sái bē-thau-chiàh--ké-kó-ì

0953 擔屎獪偷吃──假古意

ᵒㄉㄚ ㄙㄞ² 万ㄝ⁵ ㄊㄠ⁵ ㄐㄧㄚㄏ⁸ ── ㄍㄝ² ㄍㄛ² ㄧ³

【暗示】言行舉動，假裝誠實。

【註解】屎：即糞便也。農業社會肥料缺乏，農民都以糞便做為水肥澆蔬菜、果樹。農友之間看到有人挑屎要到田裡去，都會打趣說：「喂！擔屎嗯通偷吃喔！」

【例句】邱吉祥性風流，喜歡泡妞，女朋友一個又一個，現在又受雇於KTV歌廳，每天跟一大堆妞兒混在一起，朋友擔心他毛病不改，舊病會復發。他都叫朋友放心，「安啦，兔子不吃窩邊草」，大家都會質疑，阿祥這個人「擔屎獪偷食──假古意」。

Taⁿ-chhâ jip-soaⁿ--tian-tó-péng

0954 擔柴入山──顛倒摒

ᵒㄉㄚ ㄘㄚ⁵ ㄖㄧㄅ⁸ ᵒㄙㄨㄚ ── ㄉㄧㄢ ㄉㄛ² ㄅㄧㄥ²

【暗示】本末倒置。

【註解】柴：木柴，燃料用的枯枝雜木。木柴是山上到處都有的東西，不從那兒挑出來，反而要挑進去，那就是顛倒做事了。

【例句】這是一幅令人見之都會鼻酸的電視畫面，天下有晚輩向長輩下跪的事，電視竟然播出七十歲吳姓老翁，向其兒子下跪，請其不要再吸毒。這種「擔柴入山──顛倒摒」的新聞，大家看了都很難過。

Chhiū-nâ lāi pàng hong-chhoe--ko-ko-tîⁿ

0955 樹林內放風吹──紇紇纏

ㄑㄧㄨ⁷ ㄋㄚ⁵ ㄌㄞ⁷ ㄅㄤ³ ㄏㆲ ㄘㄨㆤ ── ㄍㄜ ㄍㄜ °ㄉㄧ⁵

【暗示】纏著不放或不能放手做。

【註解】樹林內放風吹：在樹林內放風箏。紇紇纏：在樹林內放風箏，風箏的線會被纏住。

【例句】汪教授留美博士，年輕風流倜儻，自以為有女人緣，有妻室了還跟女生出雙入對，許多同事都告誡他，卻忠言逆耳一句話也聽不進去。現在汪教授的風流韻事鬧開了，有位伍姓女生懷了他的孩子，天天像「樹林內放風吹──紇紇纏」到學校找他，要他與原配離婚，再和她結婚。

Ki-koan an-tī-chhng-khò--kî-tiong pit-iú-iân-kò

0956 機關安佇倉庫──其中必有緣故

ㄍㄧ ㄍㄨㄢ ㄋ ㄉㄧ⁷ ㄘㆭ ㄎㆦ³ ── ㄍㄧ⁵ ㄉㄧㆲ ㄅㄧㄍ⁴ ㄧㄨ² ㄧㄢ⁵ ㄍㆦ³

【暗示】有其必須這樣做的原因。

【註解】機關：1. 機械學上，各種原動機的總稱。2. 國家或社會上有組織的團体。3. 機關槍。倉庫：保管貯藏貨物的建築物。機關槍安置於倉庫，必有其原因。

【例句】台灣省前省長、親民黨主席宋楚瑜，2002年在國民黨台北市長馬英九競選連任的政見會上，突然下跪懇請選民支持馬英九，嚇得馬英九陣營措手不及，隨即進行消毒，以免選票流失。宋主席又於2003年11月9日，向雲林縣長張榮味下跪、道歉。因張暗示總統選舉相挺，致使水利署刪除補助雲林縣各鄉鎮水利工程款七千萬元，水利署立即否認。有人認為宋主席已經跪成習慣，但也有人說宋氏下跪「機關安佇倉庫──其中必有緣故」。

Lô-chúi-khe pàng chháu-hî--bô-chhái-kang

0957 濁水溪放草魚──無採工

ㄌㄜ⁵ ㄗㄨㄧ² ㄎㆤ ㄅㄤ³ ㄘㄠ² ㄏㄧ⁵ ── ㄅㄜ⁵ ㄘㄞ² ㄍㄤ

【暗示】白費工夫或白費精神。

【註解】濁水溪：源於合歡山，而於雲林縣麥寮台挖仔出海。濁水溪全長186.40公里，流域面積3,155平方公里。灌溉南投、彰化、雲林等縣平原。濁水溪於林內匯流，有八堡圳等約66水系。放草魚：就是把草魚苗放殖於溪中。

【例句】張中醫師勸告經常購買壯陽補腎藥品的施姓老朋友說：「施兄，台灣有句話說『儉蹛贏過食補』，我看你年紀也不小了，若不減少房事，吃再多的『威而剛』，也是『濁水溪放草魚──無採工』啊！」

Sio-tiáⁿ chhá-hê-á--liân-póng tài-thiàu

0958 燒鼎炒蝦仔——連蹦帶跳

ㄒㄧㄛ °ㄅㄧㄚˊ ㄘㄚˊ ㄏㄝˊ ㄚˊ —— ㄌㄧㄢˊ ㄅㄛㄥˊ ㄉㄞˋ ㄊㄧㄠˇ

【暗示】雙關語：受不了及高興得不得了。

【註解】燒鼎：熱鍋子。蝦仔放進熱鍋中炒，受不了熱溫，一定連蹦帶跳。

【例句】台灣是個世界著名英雄製造所，戒嚴時代一個默默無聞的黨外人士，想要競選公職，無不暗中祈禱警備總部，用消防車水龍頭沖他的演講台，使他能在一夕之間變成英雄，穩定當選。現在雖然沒有警總了，但敢對群眾和媒体嗆聲做秀，也會脫穎而出。
國策顧問金美齡，原沒幾個人知道她是何方神聖，但她敢大聲說不承認中華民國，群眾立即歇斯底里，推崇她為新英雄。「世界台灣人大會」2001年1月3日，在台北國賓飯店召開大會，金美齡像「燒鼎炒蝦仔——連蹦帶跳」進入會場，大家排隊等著與她握手、照相，其中一位是二任縣長，八年考績都第一名的台南縣長陳唐山。

Ting-hóe-bóe nè-tò-kng--hôe-kong hóan-chiò

0959 燈火尾嚙倒光——迴光反照

ㄉㄧㄥ ㄏㄨㄝˊ ㄅㄨㄝˊ ㄋㄝˋ ㄉㄛˋ ㄍㄥ —— ㄏㄨㄝˊ ㄍㄛㄥ ㄏㄨㄢˊ ㄐㄧㄛˇ

【暗示】臨去秋波。

【註解】燈火尾：電燈熄滅後的餘光。嚙倒光：熄燈後餘光會一閃一閃逐漸熄滅。事物沒落前，暫時回春的景象。

【例句】張振江老先生，以放重利起家，待人刻薄為富不仁，鄉民甚為不齒。這位七十六歲高齡老人，臨終之前居然「燈火尾嚙倒光——迴光反照」，遺言捐贈新台幣三百萬元，做為低收入戶子女營養午餐基金，大出鄉民意外，大家莫不嘖嘖稱奇。

Tȯk-gán-liông khòaⁿ-hì--it-bȯk-liáu-jiân

0960 獨眼龍看戲——一目了然

ㄉㄛㄍ ㄍㄢˊ ㄌㄧㄛㄥ °ㄎㄨㄚˋ ㄏㄧˇ —— ㄧㄉ ㄇㄛㄍ ㄌㄧㄠˊ ㄖㄧㄢˊ

【暗示】對事情了解透徹。

【註解】獨眼龍：一隻眼睛的人。只有一隻眼睛看戲，故曰「一目了然」。

【例句】各地城隍爺廟的門聯，都有「善有善報，惡有惡報，日子未到，不是無報」的句子，讓人心生畏懼，警覺自己所做所為，城隍爺「獨眼龍看戲——一目了然」，而心生警惕。

Tȯk-pì chiong-kun--ū-chit-chhiú

0961 獨臂將軍—有一手

ㄉㄛˋㄍ ㄅㄧ³ ㄐㄧㄛㄥ ㄍㄨㄣ —— ㄨ⁷ ㄐㄧㄉ⁸ ㄑㄧㄨ²

【暗示】雙關語：有熟練技藝或本事。

【註解】獨臂：只有一隻手臂。將軍：1.古時領兵者的通稱。2.軍隊裡將級軍官的通稱。有一手：只有一隻手或有相當本事。

【例句】台北大同工學院學生陳盈豪「獨臂將軍——有一手」，設計電腦CIH（車諾比）病毒，於1999年4月26日發作，造成全球電腦極大損失。當時陳盈豪服役軍中，遭刑事警察局逮捕，由他講述，請解毒高手撰寫解毒程式，才解除電腦車諾比危機。

~~~~~~

Koān-ló-iâ lȯh-kiō--puh-sêng

0962 縣老爺落轎—(步行)不行

ㄍㄨㄢ⁷ ㄌㄛ² ㄧㄚ⁵ ㄌㄛㄏ⁸ ㄍㄧㄛ⁷ —— ㄅㄨㄏ⁴ ㄒㄧㄥ⁵

【暗示】不准，不可以的意思。

【註解】縣老爺：昔時縣長的尊稱。落轎：下轎子。昔時交通不方便，縣老爺外出都坐轎子。轎：昔時人坐在轎子中，由前後各二人抬著走的交通工具，如新娘乘坐的花轎。縣老爺下轎步行，與華語不可以的「不行」諧音。

【例句】李潔民終於鼓起勇氣，對相戀四年的女朋友說：「我們相處那麼多年了，我覺得我們應該結婚了。」他的女朋友若芬對他說：「再等兩年吧！」李潔民對於要他再等兩年，認為是「縣老爺落轎——（步行）不行」，哭喪著臉說：「若芬，再等兩年才結婚，我的儲蓄便花光了。」

~~~~~~

Kōan-ló-iâ sím-lāu-tia--kong-sū kong-pān

0963 縣老爺審老爹—公事公辦

ㄍㄨㄢ⁷ ㄌㄛ² ㄧㄚ⁵ ㄒㄧㄇ² ㄌㄠ⁷ ㄉㄧㄚ —— ㄍㄛㄥ ㄙㄨ⁷ ㄍㄛㄥ ㄅㄢ⁷

【暗示】秉公辦理。

【註解】縣老爺：今縣長。審老爹：審判自己的父親。
帝制時代縣老爺，集行政、司法等大權於一身。

【例句】行政院法務部政風室，為整合業務人力，展現政風查處績效，司長管高岳提出成立「狗仔隊」機動小組，以跟監、拍攝方式，鎖定經查報有違法失職嫌疑公務員，獲陳定南部長大力支持。法務部「狗仔隊」出師即傳捷報，拍攝到台北及板橋地檢署郭緯中等三名檢察官，出入酒吧VCD喝花酒，立即「縣老爺審老爹——公事公辦」，各記大過處分。

Chhin-ke tōa-tfîg ngeh-khì-phhòe--sái-kóng

0964 親家大腸挾去配─(屎桸)使講

ㄑㄧㄣ ㄍㄝ ㄉㄨㄚ⁷ ㄉㄥ⁵ ㆣㄝㄏˋ ㄎㄧ³ ㄆㄨㄝ³ ── ㄙㄞ² ㄍㆲ²

【暗示】不必講或知道了，不用講啦。

【註解】親家：夫妻雙方父親的互相稱呼。大腸：內臟中消化器官的一部分，上接小腸，下接肛門，可以說是屎桸。大腸經過醬油、鹽、香料等佐料製成鹵味食品。挾去配：挾去佐飯。

【例句】陳氏宗親會於年度祭祖大會中，席開二百桌宴請縣內宗親，介紹宗親立法委員候選人陳有義，懇請宗親支持進軍立法院。席間宗親反應非常熱烈，對於支持宗親競選立法委員，都表示「親家大腸挾去配──(屎桸)使講」。

Niau-á chiảh mī-ku--ûi-siān

0965 貓仔食麵龜─偽善

ㄋㄧㄠ ㄚ² ㄐㄧㄚㄏ⁸ ㄇㄧ⁷ ㄍㄨ ── ㄨㄧ⁵ ㄒㄧㄢ⁷

【暗示】假慈悲。

【暗示】麵龜：麵粉做的紅龜粿。貓是食肉動物，吃麵製的紅龜粿，那是勉強的偽裝動作。

【例示】台灣社會有很多「貓仔食麵龜──偽善」的神棍，到處騙財騙色，與新竹市婦人塗鄭秀美這位老嫗比起來，人性善惡，光明黑暗立即可知。
塗鄭婦人在新竹市竹蓮寺對面，開設小舖賣金紙，因兒子車禍受傷，向觀音佛祖發願，表示孩子腿傷好起來，便要捐救護車。感動了很多信眾，紛紛加入捐獻行列，不到兩個月就募到四百多萬元，可買兩輛救護車。

Niau-á chiảh-iâm--chhûn-pān-sí

0966 貓仔食鹽─存辦死

ㄋㄧㄠ ㄚ² ㄐㄧㄚㄏ⁸ ㄧㄚㄇ⁵ ── ㄘㄨㄣ⁵ ㄅㄢ⁷ ㄒㄧ²

【暗示】有死的決心。

【註解】貓兒適合捕食老鼠，不能吃鹽。

【例句】台灣中央政府機關2003年5－8月間，遭到開車衝撞。這些「貓仔食鹽──存辦死」的案件計有：1.5月15日晚7時，貨車職業駕駛吳桂慶，載汽油衝入交通部身亡。2.6月13日深夜，疑似精神病患黃英傑，騎機車衝撞總統府被捕。3.6月29日深夜，疑似精神病患黃嘉國，載母親衝進總統府，就逮。4.7月7日中午，離職國中老師江高源於總統府灑汽油，被捕。5.8月28日中午，疑似精神病患司機薛愛民，帶汽油衝進總統府。

Niau-á pòah lòh pò-tē-lāi--bē-chhut-thâu

0967 貓仔跋落布袋內──獪出頭

ㄋㄧㄠ ㄚ² ㄅㄨㄚㄏ⁸ ㄌㄜㄏ⁸ ㄅㄜ³ ㄉㄝ⁸ ㄌㄞ⁷ ── ㄅㄝ⁷ ㄘㄨㄉ⁴ ㄊㄠ⁵

【暗示】不能或無法脫離困境。

【註解】跋落布袋內：掉入布袋子裡。獪出頭：無法脫離困苦的境地，而得到安樂的地位或環境。

【例句】台灣鐵路工會領導人陳理事長，與交通部談判2004年春節罷工問題。輿論界提醒鐵路工會，台灣工人像「貓仔跋落布袋內──獪出頭」，要他們見好就收。可是那些鷹派工會幹部說：「得罪土地公飼無雞！」交通部若不接受工會的條件，會給交通部好看。看來這場談判，要能雙贏，就要運用智慧。

~~~~~~

Niau-á chhia-tó-môai--(káu-thiòng)kàu-sóng

0968 貓仔俥倒糜──(狗暢)夠爽

ㄋㄧㄠ ㄚ² ㄑㄧㄚ ㄅㄜ² ㄇㄨㄞ⁵ ── (ㄍㄠ² ㄊㄧㄛㄥ³) ㄍㄠ³ ㄙㄥㄥ²

【暗示】夠爽。

【註解】貓仔俥倒糜：貓弄倒稀飯。貓兒弄倒稀飯，狗兒便能趁機分杯羹。

【例句】台灣棒球隊，自1992年與古巴之戰，獲得「銀牌」後，十一年來從沒再代表亞洲進入奧運棒球大賽。所以2003年11月，亞洲棒球錦標賽於日本札幌舉辦，全國千人到日本為台灣隊加油。台灣隊雖然以5比4打敗韓國，次戰即以0比9慘輸日本，後來雖再以3比0勝中國，但尚未確定能到雅典去。幸虧日本又以2比-0力克韓國，台灣成為亞軍，確定拿到雅典奧運門票，全國都像「貓仔俥倒糜──(狗暢)夠爽」。

~~~~~~

Niau-á peh-chhiū--(bô-sêng-kâu)bô-sêng-iūⁿ

0969 貓仔跖樹──(無成猴)無成樣

ㄋㄧㄠ ㄚ² ㄅㄝㄏ⁴ ㄑㄧㄨ⁷ ── (ㄅㄝ⁵ ㄒㄧㄥ⁵ ㄍㄠ⁵) ㄅㄝ⁵ ㄒㄧㄥ⁵ ˚ㄧㄨ⁷

【暗示】不像樣或不像猴樣。

【註解】貓仔：見「貓仔俥倒糜──(狗暢)夠爽」篇。跖樹：爬樹。貓雖然動作靈敏，但比起猴子爬樹的姿勢、動作還差一截。

【例句】「佛光人文社會學院」，傳出校長龔鵬程於2003年4月底和「蒙藏基金會」，合辦「內蒙週」活動。活動內容中有烤羊，出現殺生烤肉場景，引起信眾關切。
這位「貓仔跖樹──(無成猴)無成樣」的校長，後來又發表「縱慾以正菩提」論述，內容涉及出家人性慾和飲酒問題，更引發信眾抗議，被迫辭職下台。

Niau-bīn chiò-kiàⁿ--lóng sī khoat-tiám

0970 貓面照鏡──攏是缺點

ㄋㄧㄠ ㄇㄧㄣ⁷ ㄐㄧㄜ³ ㆵㄧㄚ³ ── ㄌㄛㄥ² ㄒㄧ⁷ ㄎㄨㄚㄉ ㄉㄧㄚㄇ²

【暗示】沒有優點，只有缺點。

【註解】貓面：麻臉的。照鏡：照鏡子。麻臉的照鏡子，映入眼裡的是臉上的坑坑洞洞，都是缺點。

【例句】國民黨主席連戰2004年總統落選後，除了申請驗票，告訴選舉無效外，並積極到各縣市召集基層黨員座談會，聽取基層黨員意見。連戰率黨中央秘書長林豐正等一級主管一行人到達苗栗縣黨部，即被新生代藍鷹戰將邱德宏批評為「懶惰蟲」和「毛毛蟲」。在國民黨新生代的眼裡，黨主席連戰和其他主管，都是「貓面照鏡──攏是缺點」一無是處。

~~~~~~

Niau khàu niáu-chhí--ké-ū-sim

0971 貓哭鳥鼠──假有心

ㄋㄧㄠ ㄎㄠ³ ㄋㄧㄠ² ㄑㄧ² ── ㄍㄝ² ㄨ⁷ ㄒㄧㄇ

【暗示】偽善：假裝善意。

【註解】貓、鼠是天敵，如果說老鼠有什麼三長兩短，而令貓咪傷心、哭泣，那絕對是「六月芥菜──假有心」。

【例句】銀行發生火災，客戶紛紛前往探視、慰問。經理對前來表示關心的客戶，有他個人的看法。他說大部分來慰問的人，是「貓哭鳥鼠──假有心」，來看看貸款資料，有否燒光？

~~~~~~

Niau chhí tông-bîn--bô-khó-lêng

0972 貓鼠同眠──無可能

ㄋㄧㄠ ㄑㄧ² ㄉㄛㄥ⁵ ㄇㄧㄣ⁵ ── ㄅㄜ⁵ ㄎㄜ² ㄌㄧㄥ⁵

【暗示】做不到的事。

【註解】貓：善於捕鼠。貓、鼠是天敵，哪能同床共眠？

【例句】台灣立法委員羅福助曾說：「我的夜晚，比有些人的白天更光明。」羅委員2001年10月3日，又語不驚人死不休的提出立法委員「貓鼠論」。他說：「立法院是貓不在，老鼠就會作怪。」李慶安表示民眾期待優質的民主、成熟的國會，羅委員的表現令人失望。立法院「惡貓當道，鼠輩橫行」，新黨立委賴士葆要發揮關鍵力量，以具體行動「滅鼠」。看來立法院要發揮功能，是「貓鼠同眠──無可能」了。

Lōa-báu chhiáⁿ-lâng-kheh--kai-lâi bô-lâi

0973 賴卯請人客──該來無來

ㄌㄨㄚ⁷ ㄇㄠ² °ㄑㄧㄚ² ㄌㄤ⁵ ㄎㄝ˫⁴ ── ㄍㄞ ㄌㄞ⁵ ㄇㄛ⁵ ㄌㄞ⁵

【暗示】事與願違。

【註解】賴卯：人名，住彰化縣社頭鄉。鄉村歲末都會拜平安謝神，也會準備豐盛酒菜宴請親友。賴卯見到要請的主客沒來，卻來了那麼多客人，因而說要請的不來，不請的人卻來了那麼多。客人聽了紛紛的走了，賴卯又說該走的不走，不該走的都走了。

【例句】陳立法委員競選連任，席開三百桌宴請各鄉鎮樁腳，遊覽車來了五六十部，下車的都是陌生的人，陳立委心急之下，脫口而說「賴卯請人客──該來無來」，大家都吃得很尷尬。

~~~~~~

Giâm-lô-ông sim-ki--kúi-kè to-toan

0974 閻羅王心機──鬼(詭)計多端

ㄍㄧㄚㄇ⁵ ㄌㄛ⁵ ㆦㄥ⁵ ㄒㄧㄇ ㄍㄧ ── ㄍㄨㄧ² ㄍㄝ˪³ ㄉㄛ ㄉㄨㄢ

【暗示】心中的鬼計好多。

【註解】閻羅王：見「閻羅王娘娘病囝──心懷鬼胎」篇。心機：心思的機巧。「鬼計」與「詭計」諧音。

【例句】老闆對於總經理給予趙樹仁加薪很不以為然，他說：「趙樹仁平時言談吊兒啷噹，憑什麼表現給他加薪？」
「趙樹仁『閻羅王心機──鬼(詭)計多端』，我實在想不出不給他加薪的理由。」總經理說明：「那天他在辦公室喝酒，看到我進來嘻皮笑臉的對我說：『總經理，相信你不會介意，我在慶祝自己加薪15週年紀念』，我能不給他加薪嗎？」

~~~~~~

Giâm-lô-ông chhut hóe-chhiam--kai-sí

0975 閻羅王出火籤──該死

ㄍㄧㄚㄇ⁵ ㄌㄛ⁵ ㆦㄥ⁵ ㄘㄨㄉ⁴ ㄏㄨㄝ² ㄑㄧㄚㄇ ── ㄍㄞ ㄒㄧ²

【暗示】倒霉得很。

【註解】閻羅王：佛道兩教認為陰間的主宰者。
火籤：緊急的召集令，閻羅王緊急的召集令，註定該死。

【例句】藍有忠一直懷疑妻子有不軌行為，妻子也懷疑他有外遇，兩夫妻因此吵鬧不休，但都苦無證據。一日藍有忠佯稱要到東部出差，晚間卻與女友到飯店開房間，那時候真正是「閻羅王出火籤──該死」。他的老婆也與情夫，在同一飯店隔壁房間幽會，兩人都聽到熟悉叫春聲，開門出來看個究竟，發現是自己的老公、自己的老婆，霎時醋勁爆發大打出手，姦夫、姦婦乘亂溜走。

Giâm-lô-ông liûⁿ-liûⁿ pēⁿ-kiáⁿ--sim hôai kúi-thai

0976 閻羅王娘娘病囝—心懷鬼胎

兀ㄧㄚㄇ5 ㄌㄜ5 ㄛㄥ5 °ㄌㄧㄨ5 °ㄌㄧㄨ5 °ㄅㄝ7 °ㄍㄧㄚ2 —— ㄒㄧㄇ ㄏㄨㄞ5 ㄍㄨㄧ2 ㄊㄞ

【暗示】動機曖昧。

【註解】閻羅王娘娘：閻羅王的老婆。病囝：害喜，懷孕。

【例句】台灣2000年總統大選前，國民黨大老紛紛苦勸前台灣省長宋楚瑜搭配連戰競選副座，不為宋氏接受，才落得雙雙名落孫山。2004年，宋楚瑜甘願屈就，國民黨和親民黨共推連戰、宋楚瑜為正副總統候選人。
觀察家認為宋氏今日同意競選副座，又何必當初堅持非總統不選？不禁要問「閻羅王娘娘病囝——心懷鬼胎」乎？

~~~~~~

Giâm-lô-ông e-hiân-á--kôe-chhô

0977 閻羅王挨弦仔—鬼扯

兀ㄧㄚㄇ5 ㄌㄜ5 ㄛㄥ5 ㄝ ㄏㄧㄢ5 ㄚ2 —— ㄍㄨㄝ5 ㄘㄜ5

【暗示】胡扯亂講。

【註解】挨弦仔：拉胡琴。

【例句】顏振雄從法院回來，一直罵法官「閻羅王挨弦仔——鬼扯」。我問他：「到底怎麼啦！怎麼罵個不停？」他氣忿的說：「我上次罵鄰居是豬，被罰1000元，這次也同樣罵人家是豬，我問他為什麼罰我2000元？」那位法官竟告訴我：「很抱歉！因為豬肉漲價了。」

~~~~~~

Giâm-lô-ông chhōa-bó͘--kan-kúi

0978 閻羅王娶姥—(姦鬼)奸鬼

兀ㄧㄚㄇ5 ㄌㄜ5 ㄛㄥ5 ㄘㄨㄚ7 万ㄛ2 —— ㄍㄢ ㄍㄨㄧ2

【暗示】有奸詐的「奸鬼」與「姦鬼」的雙關意思。

【註解】娶姥：娶老婆。奸鬼：奸詐的人。閻羅王是鬼，娶的當然也是鬼，做愛做的事叫「姦鬼」。

【例句】實業家宋先生過世了，家人給他立的墓碑，上面刻著「這裡安息的是宋公朝義，仁慈和善良的人」。送葬的同業，深知宋先生為人，是不折不扣的「閻羅王娶姥——(姦鬼)奸鬼」，不禁感嘆到：「可憐的宋先生，竟然跟另外兩個完全陌生的人，合葬在一起。」

Giâm-lô-oâg bô-bí--iau-kúi

0979 閻羅王無米—枵鬼

ㄐㄧㄚㄇ⁵ ㄌㄛ⁵ ㄛㄥ⁵ ㄅㄛ⁵ ㄅㄧ² —— ㄧㄠ ㄍㄨㄧ²

【暗示】嘴饞的意思。

【註解】閻羅王：佛道兩教均認為陰間的主宰者，人死後要在陰曹地府受其審判。閻羅王統轄陰間死鬼，統轄死鬼的閻羅王沒米炊了，會餓到的是那些死鬼，鬼餓肚子叫「枵鬼」。「枵鬼」是台語嘴饞的意思。

【例句】牧師接到小孩子送來的蘋果，說：「多謝你母親送我十個蘋果，明天我會親自到你家向你母親道謝。」這個「閻羅王無米——枵鬼」的小孩說：「牧師，明天見到我母親，請您說十二個蘋果，好嗎？」

Giâm-lô-ông bô-tì-bō--kúi-thâu kúi-náu

0980 閻羅王無戴帽—鬼頭鬼腦

ㄐㄧㄚㄇ⁵ ㄌㄛ⁵ ㄛㄥ⁵ ㄅㄛ⁵ ㄉㄧ³ ㄅㄛ⁷ —— ㄍㄨㄧ² ㄊㄠ⁵ ㄍㄨㄧ² ㄋㄠ²

【暗示】陰險奸詐的樣子。

【註解】無戴帽：沒戴帽子。閻羅王沒戴帽子，看起來十足的鬼頭鬼腦。

【例句】現在有許多歹徒，「閻羅王無戴帽——鬼頭鬼腦」，利用人們貪念的弱點，用各種方式通知你中獎啦！退稅啦！報名牌啦等花招，給你甜頭，打動你的貪念，再一步一步讓你掉入他們所設計的陷阱，騙取你的金錢。
被騙的人士，各行各業都有，有律師、醫師、老師、稅務人員、主婦、軍人等，佛光山一位尼姑，也被騙了五千六百多萬元。

Giâm-lô-ông khui-chiú-tiàm--m̄-kiaⁿ-sí-ê chò-lí-lâi

0981 閻羅王開酒店—嘸驚死个做汝來

ㄐㄧㄚㄇ⁵ ㄌㄛ⁵ ㄛㄥ⁵ ㄎㄨㄧ ㄐㄧㄨ² ㄉㄧㄚㄇ³ —— ㄇ⁷ ㄍㄧㄚ ㄒㄧ² ㄝ⁵ ㄗㄛ³ ㄌㄧ² ㄌㄞ⁵

【暗示】不怕死的儘管來。

【註解】閻羅王：見「閻羅王娘娘病囝——心懷鬼胎」篇。開酒店：開設酒吧。嘸驚死个做你來：不怕死的，儘管放馬過來。

【例句】日本趨勢專家大田研一，相繼出版《中國出租中》、《中華聯邦》、《轉進中國》等中華三部曲，預測2005年中華台灣統一。大田研一因中國大陸近十年來經濟蓬勃發展，國民生產毛額維持10％的穩定成長率，預料將對台灣及亞洲各國產生磁吸效應。當然中國這種「閻羅王開酒店——嘸驚死个做汝來」，開大門歡迎各國投資，會帶動經濟發展。但國民所得增加後，人民會要求自由民主，也會對政治的安定產生變數啊！

Giâm-lô-ông khui-pn̄g-tiàm--kúi káⁿ chiảh

0982 閻羅王開飯店—鬼敢食

ㄍㄧㄚㄇ⁵ ㄌㄛ⁵ ㄛㄥ⁵ ㄎㄨㄧ ㄅㄥ⁷ ㄅㄧㄚㄇ³ —— ㄍㄨㄧ² °ㄍㄚ² ㄐㄧㄚㄏ⁸

【暗示】有「誰敢吃」與「誰要吃」的雙關語意。

【註解】開飯店：經營飲食餐廳，高級旅館。鬼敢食：誰敢吃或要給鬼吃。

【例句】「海鮮王」海鮮樓，是經營二十多年頗具規模的餐廳，近半年來連續發生食物中毒事件，前後死了五人，五百多食客送醫急救，各界形容「海鮮王」是「閻羅王開飯店——鬼敢食」，而致生意一落千丈，終於關門大吉。

Giâm-lô-ông kóng-ōe--kúi thiaⁿ ū

0983 閻羅王講話—鬼聽有

ㄍㄧㄚㄇ⁵ ㄌㄛ⁵ ㄛㄥ⁵ ㄍㄛㄥ² ㄨㄝ⁷ —— ㄍㄨㄧ² °ㄊㄧㄚ ㄨ⁷

【暗示】沒有人聽懂。

【註解】閻羅王：見「閻羅王娘娘病囝——心懷鬼胎」篇。

【例句】阿嬤感冒看醫師，中午吃完藥後，口吐白沫，兩眼翻白，送醫急救後把她從鬼門關拉回來，說是藥物中毒。孫女問她老人家，到底吃了多少顆藥丸？阿嬤說醫師叫她吃百三粒。「醫師叫您吃百三粒？」孫女驚叫起來後，才會意過來：「不對！不對！人家醫師一定是叫您吃飽三粒，您怎麼…？」「他說吃百三粒，我便吃百三粒，」阿嬤說：「醫師像『閻羅王講話——鬼聽有』？」

Giâm-lô-ông ê sim-ki--kúi-kè-to-toan

0984 閻羅王个心機—鬼計多端

ㄍㄧㄚㄇ⁵ ㄌㄛ⁵ ㄛㄥ⁵ ㄝ⁵ ㄒㄧㄇ ㄍㄧ —— ㄍㄨㄧ² ㄍㄝ³ ㄅㄛ ㄅㄨㄢ

【暗示】言行詭異，耍小聰明。

【註解】閻羅王或稱焰摩天、死王等，是佛教採用了婆羅門教的死神而成。閻羅王在地獄做王，也是最高司法官，統管鬼世界的方法，並非凡間人類所能理解的。因此一般人把不能理解、或言行詭異稱為「詭計多端」，而「詭計」諧音「鬼計」。

【例句】中國對台灣一舉一動，像「起茨掠漏——搭孔搭縫」處處打壓。台灣立法院於2003年11月27日通過「公民投票法」後，陳水扁總統一再宣示，沒有任何國家、個人，能改變台灣將於2004年3月20日總統選舉時，舉辦要求中國撤消對台佈置496顆飛彈之「防禦性公投」。中國卻一反1996、2000年，台灣兩次選舉總統時的文攻武嚇，國家主席胡錦濤，反而召見在中國台商，「閻羅王个心機——鬼計多端」，大家應該提高警覺！

Giâm-lô-ông ê lāu-tia--lāu-kúi

0985 閻羅王仐老爹──老鬼

ㄍㄧㄚㄇ⁵ ㄌㄛ⁵ ㄛㄥ⁵ ㄝ⁵ ㄌㄠ⁷ ㄉㄧㄚ ── ㄌㄠ⁷ ㄍㄨㄧ²

【暗示】老練或年老的鬼魂。

【註解】閻羅王：見「閻羅王娘娘病囝──心懷鬼胎」篇。
老爹：父親。

【例句】車禍之發生，本來意外事故，不管傷害如何，雙方當事人都應該有這樣的認知，不要斤斤計較才能和解，避免步上法院。可是蔡河山與熊銘助的車禍，雙方都已經傷癒出院，至今尚未達成和解，是蔡河山那方面請來調解的鄧議員，像「閻羅王仐老爹──老鬼」那樣歹剃頭，和解金額才談不攏。

Giâm-lô-ông ê cha-bó͘-kiáⁿ--cha-bó͘-kúi-á

0986 閻羅王仐查姆子──查姆鬼仔

ㄍㄧㄚㄇ⁵ ㄌㄛ⁵ ㄛㄥ⁵ ㄝ⁵ ㄗㄚ ㄎㄛ² ㄍㄧㄚ² ── ㄗㄚ ㄎㄛ² ㄍㄨㄧ² ㄚ²

【暗示】有聰明伶俐與鬼的女兒之雙關意義。

【註解】閻羅王：見「閻羅王娘娘病囝──心懷鬼胎」篇。查姆子：女兒、鬼丫頭。

【例句】日本援助交際歪風，吹到台灣來。有些國中女學生，人小鬼大，簡直像「閻羅王仐查姆子──查姆鬼仔」，對客人都會講出一套不得不援交的理由，博得客人同情，而減少找雛妓的罪惡感，達到援交的目的，賺錢花用。

Giâm-lô-ông tâu-kò -- kúi-ōe-liân-phian

0987 閻羅王投稿──鬼話連篇

ㄍㄧㄚㄇ⁵ ㄌㄛ⁵ ㄛㄥ⁵ ㄉㄠ ㄍㄛ³ ── ㄍㄨㄧ² ㄨㄝ⁷ ㄌㄧㄢ⁵ ㄆㄧㄢ

【暗示】廢話一大堆或說的不是人話。

【註解】閻羅王：佛、道兩教，都認為是陰間地獄的神，壞人死後要在那裡受到審判。
閻羅王投稿寫文章，一定不是人說的話，也一定是鬼話連篇了。

【例句】阿城生活貧困，又是素食者，在田裡抓到一隻烏龜，心想可以給孩子一頓美食。便生火燒開水，在大鍋上放兩支竹子，小心翼翼的將烏龜放在上面，蓋上鍋蓋子後，口中喃喃有詞的唸著：「烏龜啊，烏龜！沒有人要害你，你要小心走喔，不要掉入開水中。南無阿爾陀佛！」阿城真是「閻羅王投稿──鬼話連篇」。

Thâu-mô͘ kô͘ io̍h-ko--ū-mô͘-pēⁿ

0988 頭毛糊藥膏—有毛病

ㄊㄠ5 ㄇㄛ5 ㄍㄛ5 ㄧㄜㄏ8 ㄍㄜ —— ㄨ7 ㄇㄛ5 ⁰ㄅㄝ7

【暗示】沒那麼單純，有問題。

【註解】頭毛：頭髮。糊藥膏：貼藥膏。

【例句】台灣各師範學院畢業生，原來都會分發到各國小任教，現在政策改變，工作要自己找，也就是政府沒保障就業。不只是師範學院畢業生，其他大學畢業後工作也一樣難找。過去大學畢業生，找不到工作是不正常，現在大學畢業找不到工作才算正常。這種現象反映出政府教育政策，「頭毛糊藥膏——有毛病」，必須深入探討。

~~~~~~

Thâu-ke-niû lân-sán--seng-lí-kiáⁿ pháiⁿ-siⁿ(seⁿ)

0989 頭家娘難產—生理子歹生

ㄊㄠ5 ㄍㄝ ㄋㄧㄨ5 ㄌㄢ5 ㄙㄢ2 —— ㄙㄧㄥ ㄌㄧ2 ⁰ㄍㄧㄚ2 ⁰ㄆㄞ2 ⁰ㄒㄧ (⁰ㄙㄝ)

【暗示】生一個能做生意的孩子不容易，比喻會做生意的人不多。

【註解】頭家娘：老闆娘。難產：孕婦生產困難。頭家娘是生意人的太太，生意人的太太，生的是生理子。

【例句】台北市甘谷街「王裕豐」，是昔日有名的日用雜貨批發商，從各國進口各種食品，再批發到全台各地方，盛極一時。現在這家有百年歷史的老批發商，已經結束營業，留給人們無限懷念。據聞王老闆的兒孫們，都不再從事舊行業，寧願過著公務人員單純安定的日子，所以王老闆感嘆說：「頭家娘難產——生理子歹生。」

~~~~~~

Thâu-khak-téng seⁿ-liap-á--giā-gōa-hū-tam

0990 頭殼頂生粒仔—額外負擔

ㄊㄠ5 ㄎㄚㄍ4 ㄉㄧㄥ2 ⁰ㄙㄝ ㄌㄧㄚㄅ4 ㄚ2 —— ㄫㄧㄚ7 ㄫㄨㄚ7 ㄏㄨ7 ㄉㄚㄇ

【暗示】平白增加的負擔。

【註解】頭殼頂生粒仔：腦袋或額頭生瘡。額外負擔：人的額頭本來並沒有生瘡，所以生了瘡等於是額外的事了。

【例句】行政院發言人陳其邁指出，我國生育率逐年下降，婦女希望生育子女少於二人的比率急速增加，將破壞人口結構，老人人口問題會提早到來。根據統計：目前我國結婚生育比率是1.3人，居世界末位。新世代認為結婚生子，是「頭殼頂生粒仔——額外負擔」。他們也像陳水扁2000年就職時，對中國政策高呼「四不一沒有」一樣，也是『四不一沒有』——「不婚、不育、不養、不活、沒有前景」，因而孤家寡人愈來愈多。

Thâu-khak-téng chhah khoe-sìⁿ--chhut-hong-thâu

0991 頭殼頂插葵扇─(出風頭)出鋒頭

ㄊㄠ⁵ ㄎㄚㄍ⁴ ㄉㄧㄥ² ㄘㄚㄏ⁴ ㄎㄨㄝ °ㄒㄧ³ ── ㄘㄨㄉ⁴ ㄏㄛㄥ ㄊㄠ⁵

【暗示】愛出鋒頭(風頭)。

【註解】頭殼:腦袋。葵扇:或叫芭蕉扇,是用蒲葵葉子做的扇子,可以搧風,頭頂上插扇子,那可不是要搧風乘涼,而是要讓人家知道你有扇子,出風頭。

【例句】吳小琪的英文讀、聽、寫能力,在班上說來並不是頂呱呱,只是她「頭殼頂插葵扇──(出風頭)出鋒頭」,所以才利用她老爸是家長會長的身分,要校長派她代表本校,參加英文演講比賽。

Thâu-khak tì tiān-hong--chiàm-siōng-hong

0992 頭殼戴電風─佔上風

ㄊㄠ⁵ ㄎㄚㄍ⁴ ㄉㄧ³ ㄉㄧㄢ⁷ ㄏㄛㄥ ── ㄐㄧㄚㄇ³ ㄒㄧㄛㄥ⁷ ㄏㄛㄥ

【暗示】佔上風,也可解釋佔便宜。

【註解】頭殼:腦袋。戴電風:裝電扇。

【例句】江再欽競選連任鄉長,自認為現任佔三分,掌握各種資源,能輕而易舉的擊敗對方。沒想到選戰一夕數變,江鄉長雖然「頭殼戴電風──佔上風」,卻因恃寵而驕,陰溝翻船,嚐到失敗的滋味。

Ah-á kòe-khe -- bô-liâu

0993 鴨仔過溪─(無潦)無聊

ㄚㄏ⁴ ㄚ² ㄍㄨㄝ³ ㄎㄝ ── ㄅㄜ⁵ ㄌㄧㄠ⁵

【暗示】心情無所寄託或煩悶。

【註解】鴨子,游禽類,羽翼小,不能高飛,腳短,嘴扁長,頸子長,趾間有蹼,善游水,肉蛋可食。要從河的這邊到河的那邊去,沒有橋就要涉水走過去,台語叫這種過溪為潦水。鴨子腳掌會潑水,從這邊到那邊去,不必像人要涉水過去,所以叫「鴨仔過溪──(無潦)無聊」。「無潦」與「無聊」諧音。

【例句】台灣的媒體,無論是報刊或電視廣播,令人不齒的是很少報導對社會有正面意義,艱苦奮鬥成功事蹟,或能拋磚引玉,振奮人心的新聞,老是搶八卦,挖人隱私、緋聞的訊息,令人感覺有如「鴨仔過溪──(無潦)無聊」透頂。

Ah-á thiaⁿ-lûi--thiaⁿ-bô

0994 鴨仔聽雷——聽無

ㄚㄏˋ ㄚˊ °ㄊㄧㄚ ㄌㄨㄧˊ —— °ㄊㄧㄚ ㄅㄜˊ

【暗示】聽不懂；白講。

【註解】鴨仔：見「鴨仔過溪（無潦）無聊」篇。聽雷：打雷時鴨子聽到「隆隆」的雷聲，會偏著頭聽雷響。

【例句】環島畢業旅行前一天，校長特別召集參加旅行同學訓話，交代這個，交代那個，什麼可以玩，什麼不可以玩，大家都要國中畢業了，還當做三歲孩童叮嚀？老實說，校長那些話，沒人有心情聽，大家還不是「鴨仔聽雷——聽無」。

~~~~~~

Ah-bó-ông lâi kàu chúi-bóe-liâu--sí-lō͘ chit-tiâu

0995 鴨母王來到水尾寮——死路一條

ㄚㄏˋ ㄅㄜˊ ㆤㄥˊ ㄌㄞˊ ㄍㄠˇ ㄗㄨㄧˋ ㄅㄨㆤˊ ㄌㄧㄠˊ —— ㄒㄧˊ ㄌㆦˉ ㄐㄧㄉ˙ ㄉㄧㄠˊ

【暗示】別無活路。

【註解】鴨母王：抗清英雄朱一貴外號。水尾寮：古地名，有說彰化縣伸港鄉。彰化縣誌：「李安善祖籍嘉慶州人，其祖先於康熙年間曾經募鄉勇平朱一貴之亂。朱一貴被鄉勇追殺逃入水尾寮，前無去路，只有死路一條。」

【例句】紀先生發現睾丸變成青色問診李醫師，李醫師說患睾丸癌，一定要割掉。「睾丸癌？」紀先生驚叫起來：「不割可以嗎？」「以我20年的行醫經驗，不割，『鴨母王來到水尾寮——死路一條』，要不要割你自己決定。」紀先生一個月後，又發現左邊那顆睾丸，也變成青色，醫師說依他行醫20年經驗，那是癌細胞擴散，要命就要割掉。可是又經過一個月後，紀先生又發現連剩下的陰莖也變成青色，李醫師詳細檢查後說：「以我行醫20年的經驗，確定你的內褲褪色！」

~~~~~~

Ah-bú pàng-lȯh-pi--khì tiȯh m̄-chai thang tńg-lâi

0996 鴨母放落埤——去著唔知通返來

ㄚㄏˋ ㄅㄨˋ ㄅㄤˇ ㄌㄜㄏ˙ ㄅㄧ —— ㄎㄧˊ ㄉㄜㄏ˙ ㄇˉ ㄗㄞ ㄊㄤ ㄉㄥˊ ㄌㄞˊ

【暗示】不知回來。

【註解】鴨仔：見「鴨仔過溪（無潦）無聊」篇。放落埤：野放到埤塘飼養。

【例句】1960年代，台灣有一句很響亮的話，「來、來、來，來台大，去、去、去，去美國！」青年學子最大願望是考上台大，四年後到美國留學。那時候很多到美國留學的同學，都像「鴨子放落埤——去著唔知通返來」，台灣成為替美國培養基礎人才的國家。1980年代台灣經濟起飛，蘇聯解體，東西冷戰結束，軍備競賽已被經濟競賽取代，留美人才大量回國，帶動台灣科技蓬勃發展。

Ah-bó hō͘ ke-kak-á táh-tiȯh--m̄-tȧt

0997 鴨母恆雞角仔獾著──(嗯達)嗯值

ㄚ厂⁴ 万ㄜ² 厂ㄛ⁷ ㄍㄝ ㄍㄚㄍ ㄚ² ㄉㄚ厂⁸ ㄉㄜ厂⁸ ── ㄇ' ㄉㄚㄉ⁸

【暗示】很不值得。

【註解】鴨母：生蛋的母鴨。雞角仔：未成熟的公雞。獾著：是指被騎在背上強行交配。鴨母交配後，會發出「嗯達！嗯達！」的叫聲。「嗯達」與台語不值得的「嗯值」同音。

【例句】莫姓老兵卅七年前駐守馬祖，寫一首「反清復明鄭成功，事到後來總成空，反攻大陸到今日，仍然未見有事功。」的打油詩，被判為匪宣傳七年徒刑，刑滿又優待到警總羈押二年多。莫兵申請冤獄賠償，警總無故羈押部分已獲賠償二百七十四萬元。命運捉弄人，莫老兵的遭遇，是「鴨母恆雞角仔獾著──(嗯達)嗯值」，抑或值得？

Ah-bú chiȧh chiȯh-thâu á--tēng-kui

0998 鴨母食石頭仔──(硬頸)定規

ㄚ厂⁴ 万ㄨ² ㄐㄧㄚ厂⁸ ㄐㄧㄜ厂⁸ ㄊㄠ⁵ ㄚ² ── ㄉㄧㄥ⁷ ㄍㄨㄟ

【暗示】性情堅強如硬漢，不低頭。

【註解】鴨母：見「鴨仔聽雷──聽無」篇。鴨子吃了小石子，卡在頸部食管中間，導致頸部硬硬的成硬頸。

【例句】立法委員蘇盈貴(2001－2004)，本來不致於落到被「台聯黨」開除黨籍的地步，只是蘇盈貴這位「唐‧吉訶德」立委，「鴨母食石頭仔──(硬頸)定規」，不願就他指控羅志明立委涉及電玩弊案的關說案，給羅委員一個公開道歉。因此，導致「台灣團結聯盟」，不得不祭出黨紀開除黨籍，結束內鬨鬧劇。

Ah-bó chiȧh tiȯh chúi-ku--chìn-thè lióng-lân

0999 鴨母食著水龜──進退兩難

ㄚ厂⁴ 万ㄜ² ㄐㄧㄚ厂⁸ ㄉㄧㄜ厂⁸ ㄗㄨㄟ² ㄍㄨ ── ㄐㄧㄣ³ ㄊㄝ³ ㄌㄧㄛㄥ² ㄌㄢ⁵

【暗示】很難決定。

【註解】鴨母：母鴨。食著水龜：吃到烏龜。母鴨吃到烏龜，卡在食管裡吐也吐不出來，嚥也嚥不下去，真是進退兩難。

【例句】賴秋雄卅八歲還沒結婚，朋友勸告他，找對象不必訂那麼高的標準。「不是我條件訂得高，」他頗為苦惱的說：「我帶回家的女朋友，我媽媽都不喜歡。」「這是小事！」他的朋友提出建議：「你只要選一位各方面條件，都像你媽媽的女孩子，不就行了嗎？」「我試過多次了。」賴秋雄像「鴨母食著水龜──進退兩難」的說：「這樣的小姐，我爸爸又不喜歡。」

Ah-bú-chhùi--bong-lo

1000 鴨母喙──(罔叨)罔撈

ㄚㄏ⁴ ㄇㄨ² ㄘㄨㄟ³ ── ㄇㄛㄥ² ㄌㄛ

【暗示】能撈多少算多少。

【註解】鴨母：見「鴨仔聽雷──聽無」篇。

【例句】教育部長黃榮村（2003年）回田中鎮老家來，楊校長特別請家長會長，陪同她到黃部長老家拜訪他。楊校長回到學校，笑嘻嘻的報告好消息，黃部長答應補助「學生活動中心」的冷氣設備，以及興建網球場。楊校長說她是「鴨母喙──（罔叨）罔撈」，想不到撈到冷氣設備和網球場。

~~~~~~

Ah-nn̄g that chiòh-chhia--bô-chhái-kang

1001 鴨蛋塞石車──無採工

ㄚㄏ⁴ ㄋㄥ⁷ ㄊㄚㄉ⁴ ㄐㄧㄛㄏ⁸ ㄑㄧㄚ ── ㄇㄛ⁵ ㄘㄞ² ㄍㄤ

【暗示】白費心血。

【註解】鴨蛋：見「鴨蛋搔過山──看破」篇。運輸石頭的車子停在坡上，怕倒退往下滑，用鴨蛋塞在輪下妄想抵住下滑。無採工：白費工夫。

【例句】祖母雖然言談舉止，是十足的舊女性，但做事有板有眼，很難想像她老人家，竟然對我老爸說：「阿義啊！你對囡仔的教育，不可用灌大猴的方式，補英語，也補數學；要學鋼琴，也要美術，強迫他接受。」阿嬤又說：「這款教育是『鴨蛋塞石車──無採工』，你要看孩子的能力、趣味，不是花錢補習，孩子就會變聰明。」

~~~~~~

Ah-nn̄g chhoah-chhiam--ti-ti tȧp-tȧp

1002 鴨蛋錣籤──滴滴答答

ㄚㄏ⁴ ㄋㄥ⁷ ㄘㄨㄚㄏ⁴ ㄑㄧㄚㄇ ── ㄉㄧ ㄉㄧ ㄉㄚㄅ⁸ ㄉㄚㄅ⁸

【暗示】講話不知所云或沒有頭緒。

【註解】鴨蛋看外形是固體，但蛋殼內的蛋黃、蛋清，是稠狀的液體。鴨蛋還沒煮熟是液体的東西，不能像蕃薯、蘿蔔、匏仔、竹筍、黃瓜等可以切塊，錣籤煮食。鴨蛋錣籤，蛋清、蛋仁，會滴滴答答的流下來。

【例句】「主任，我們這次五日四夜的自強活動，拜託你做做好事，千萬不要像上次那樣，把我和游芳霞安排同住一個房間。我實在無法忍受她那張嘴巴，像『鴨蛋錣籤──滴滴答答』，整個晚上沒完沒了。」

Ah-nn̄g chhia-tó-tàⁿ--khòaⁿ-phòa

1003 鴨蛋俥倒擔—看破

ㄚ ㄏˋ ㄋㄥ⁷ ㄑㄧㄚ ㄉㄜ² ᵒㄉㄚ³ —— ᵒㄎㄨㄚ³ ㄆㄨㄚ³

【暗示】死了心。

【註解】鴨蛋俥倒擔：是賣鴨蛋的攤子弄倒了。看破：看到的都是破了的鴨蛋。所謂「覆巢之下無完卵」是也。

【例句】高素真多年來，拒絕了好多位追求他的同事，痴痴的等待留美的初戀情人柯東清回國共結連理。沒想到近半年來音訊全無，不但不像過去三不五時，會打電話回來傾訴相思之情，現在柯東清連電話號碼也改了，打電話給他也找不到人。閨房好友都勸她「鴨蛋俥倒擔——看破」另找對象。

Ah-nn̄g tàn-kòe-soaⁿ--khòaⁿ-phòa

1004 鴨蛋搔過山—看破

ㄚ ㄏˋ ㄋㄥ⁷ ㄉㄢ³ ㄍㄨㄝ³ ᵒㄙㄨㄚ —— ᵒㄎㄨㄚ³ ㄆㄨㄚ³

【暗示】看透了一切，有消極意味或看穿別人的隱密。

【註解】鴨蛋：母鴨生下的卵。搔過山：從山的這邊，要丟到那邊去。看破：看到的都是破了的鴨蛋。

【例句】妳大姐還執迷不悟，已經三十幾歲了，還等著程耀倫回來娶她？想程耀倫以前剛出國時，兩三天都會有電話回來問長問短，現在漸漸的已快把妳姐姐忘了，我請妳外婆勸告她，要她「鴨蛋搔過山——看破」嫁別人。

Ah-liâu-lāi bô keh-mî tō-ún--lâu-bōe-tiâu

1005 鴨寮內無隔暝塗蚓—留袂牢

ㄚ ㄏˋ ㄌㄧㄠ⁵ ㄌㄞ⁷ ㄅㄜ⁵ ㄍㄝ ㄇㄝ⁵ ㄉㄜ⁷ ㄨㄣ² —— ㄌㄠ⁵ ㄅㄨㄝ⁷ ㄉㄧㄠ⁵

【暗示】留不住人才。

【註解】鴨寮：養鴨子的茅寮。隔暝：隔了一個晚上，即昨晚。塗蚓：蚯蚓。留袂牢：留不住。

【例句】科技產業的勝負，決定於人才，人才強弱、能力，則端視如何讓人才有發揮的空間。根據統計獲利較好的科技公司，人才的流動率，相對的減少。那些「鴨寮內無隔暝塗蚓——留袂牢」人才的公司，表現都不佳。

Lak-tē-á sì-kak--bô-chîⁿ

1006 橐袋仔四角─無錢

ㄌㄚㄍ˙ ㄉㄝ⁷ ㄚ² ㄒㄧ³ ㄍㄚㄍ˙ ── ㄇㄛ⁵ °ㄐㄧ⁵

【暗示】袋空如洗。

【註解】橐袋仔：衣袋子或褲袋子。橐袋仔四角：表示空空如也。

【例句】「台北101購物中心」於2003年11月14日上午開幕。台北金融大樓總經理林鴻明預估，三日將湧進60萬人次人潮。這家號稱可與紐約「第五街」，巴黎香榭大道「麗舍」齊名的購物中心，開業期間各種名牌、精品都打折優待，我很想去購買服飾，可是「橐袋仔四角──無錢」，也就不去了。

~~~~~~~~~~~~~~~~~~~~~~~~~~~~~~~~~~~

Iam-hu--tng-kin

1007 閹夫─斷根

ㄧㄚㄇ ㄏㄨ ── ㄉㄥ⁷ ㄍㄧㄣ

【暗示】閹夫有從事閹割工作與丈夫絕育的兩種解釋。

【註解】閹夫：從事閹割禽畜生殖器官的工作者；獸醫也是其中之一。斷根：割斷、隔絕輸精管，使之不能生育。

【例句】鄭天明的作文說他將來要當和尚。老師問他：「你知不知道和尚是『閹夫──斷根』嗎？」「老師，什麼叫『閹夫──斷根』？」
老師於是把和尚不能結婚生孩子的戒律告訴他。「老師，沒關係，我自己不要生孩子，」
鄭天明對老師說：「我會請尼姑替我生孩子，就不怕斷根了！」

~~~~~~~~~~~~~~~~~~~~~~~~~~~~~~~~~~~

Iam-ke thoa bak-kiah--sûi-thàn sûi-chiah

1008 閹雞拖木屐─隨趁隨食

ㄧㄚㄇ ㄍㄝ ㄊㄨㄚ ㄇㄚㄍ˙ ㄍㄧㄚㄏ⁸ ── ㄙㄨㄧ⁵ ㄊㄢ³ ㄙㄨㄧ⁵ ㄐㄧㄚㄏ⁸

【暗示】勉強度日。

【註解】閹雞：割去睪丸的公雞。閹雞拖木屐：閹雞若放飼，怕它飛掉，關起來養飼，又怕養不肥，便把木屐綁在雞腳，控制牠的行動，讓牠在範圍內啄食。

【例句】台灣金融機構進入戰國時代，各種優惠方案，一案接一案源源推出。有一銀行在電視、報紙，強力推出「年息2%，存款多少，房貸多少」的優惠房貸。郭太太看後頗為心動，對老公說：「我們可以利用這種低利息的優惠方案購買房子了。」
老公聽後頗不以為然的說：「我們『閹雞拖木屐──隨趁隨食』，沒存款怎能享受低利貸款。」

Iam-ke tok chhùi-bí--bong-tō

1009 閹雞啄碎米—罔渡

ㄧㄚㄇ ㄍㄝ ㄉㄛㄍㄍ⁴ ㄘㄨㄧ³ ㄇㄧ² —— ㄇㄛㄥ² ㄉㄛ⁷

【暗示】暫且或將就的意思。

【註解】閹雞：見「閹雞拖木屐——隨趁隨食」篇。
啄碎米：啄食碎米。碎米：不完整的米粒，品質有瑕疵的米。

【例句】我到彰化拜訪老朋友施董事長，幾年不見竟然發生那麼大變化，不但原來的玩具工廠已經關門大吉，還跑去應徵行政院的擴大就業方案，每天到市公所上班，做清理街道電柱上的廣告貼紙。我問他：「施董，你怎麼做得下這種工作？」
他苦笑說：「景氣這麼差，生意難做，工作不易找，『閹雞啄碎米——罔渡』，不然又能怎樣？」

Iam-ke thàn hōng-poe/pe--tòe/tè-lâng bōe-tióh

1010 閹雞趁鳳飛—逤人艙著

ㄧㄚㄇ ㄍㄝ ㄊㄢ³ ㄏㄛㄥ⁷ ㄅㄨㄝ/ㄅㄝ —— ㄉㄨㄝ³/ㄅㄝ³ ㄌㄤ⁵ ㄇㄨㄝ⁷ ㄉㄧㄛㄏ⁸

【暗示】沒創意，跟不上人家。

【註解】閹雞：見「閹雞拖木屐——隨趁隨食」篇。
趁鳳飛：閹雞看到天上飛的鳳凰鳥，也妄想飛上天空。

【例句】陸任永大學畢業後，留在台北都找不到合意的工作，回家跟老爸說，想利用家裏的五六分田地，經營休閒農場，還提出詳細計劃，說是最先進的農業經營觀念。
老人家聽完他的計劃後，叫他有時間到鄉內各處走走看看，人家已經設立了好幾處休閒農場，他的構想是「閹雞趁鳳飛——逤人艙著」。

Kha-péh-pò͘ kòa tek-ko--chhàu-iāng

1011 骹帛布掛竹篙—臭颺

ㄎㄚ ㄅㄝㄏ⁸ ㄅㄛ³ ㄍㄨㄚ³ ㄉㄝㄍㄍ⁴ ㄍㄛ —— ㄘㄠ³ ㄧㄤ⁷

【暗示】臭屁。

【註解】骹帛布：古代女子以布條將腳捆小，以示美麗。綁腳布有腳臭的味道，高掛起來臭氣會四處飛揚，「臭氣飛揚」台語叫「臭颺」。

【例句】「新唐主義」是近年新冒出來的西點麵包連鎖店，全台已有二十多個頗為體面的據點。各大百貨公司，也都設立專門店。負責人姜某人「骹帛布掛竹篙——臭颺」，要在未來三年內，全台佈點至少達到五十個店面，話猶在耳，已經傳出「新唐主義」財務危機，員工多人被用作人頭貸款，負責人潛逃無蹤。

Kha-té boah-iû--liu-soan

1012 骹底抹油─溜蹤

ㄅㄚ ㄅㄝ² 万ㄨㄚㄏ⁴ ㄧㄨ⁵ ── ㄌㄧㄨ ㄙㄨㄢ

【暗示】走為上策。

【註解】骹底抹油：目的是讓骹底更滑溜，方便開溜。溜蹤：偷跑。

【例句】前總統李登輝（第7-9任，1988-2000）於2003年11月1日，出席「全國挺扁總會」強調，明年總統大選，陳水扁總統選舉若沒選贏，他就要「骹底抹油──溜蹤」，驚爆政壇。國民黨、親民黨與民進黨、台聯黨各黨解讀不同。
李登輝對於他的「逃命說」，於事後召開記者會說明：阿扁總統任內，有人在國慶日活動，喊出「胡錦濤萬歲！」阿扁若落選，一定會有人遊說引中國進來，台灣人不逃命不行。

Kha-thâu-u tì soan-bō--m̄-sī lâng-bīn

1013 骹頭窩戴宣帽─唔是人面

ㄅㄚ ㄊㄠ⁵ ㄨ ㄅㄧ³ ㄙㄨㄢ 万ㄜ⁷ ── ㄇ⁷ ㄒㄧ⁷ ㄌㄤ⁵ 万ㄧㄣ⁷

【暗示】情勢不好。

【註解】骹頭窩：膝蓋。宣帽：官帽。膝蓋骨戴上官帽，看起來是騙不過人的。

【例句】翁天賜宣佈競選鄉長，登記後又放棄，支持者不諒解，指其搓圓仔湯。事實是民進黨幾乎傾全縣之力，支持提名劉姓候選人，國民黨又推出黃姓金牛，他夾在兩強之間，眼見「骹頭窩戴宣帽──唔是人面」，才偃旗息鼓宣佈退選。

Mô-hē kiâⁿ-lō͘--hôaiⁿ-hêng

1014 毛蟹行路─橫行

ㄇㄜ⁵ ㄏㄝ⁷ ⁰ㄍㄧㄚ⁵ ㄌㄜ⁷ ── ⁰ㄏㄨㄞ⁵ ㄏㄧㄥ⁵

【暗示】橫行霸道。

【註解】毛蟹：甲殼類，節肢動物，水陸兩棲，有足五對，前面一對呈鉗狀，叫做螯，橫行快速，生長於海中或淡水中。

【例句】涉嫌往來於台灣、福建之間，專門搭載中國偷渡客的葉天助、曾炯銘、柯清松、王中興等四人，於2003年8月26日，在苗栗通霄海域，被海巡署台中巡邏隊發現，竟將二艘走私舢舨快艇上，廿七名中國偷渡女子，狠毒的推下海，造成六死二傷，一人失蹤，十八人獲救的慘劇。人蛇集團如此「毛蟹行路──橫行」，引起天人共憤，各界無不希望政府嚴懲。

Ām-kún seⁿ-liû--tú tiòh

1015 頷頤生瘤──(拄著)遇著

ㄚㄇ⁷ ㄍㄨㄣ² °ㄇㄙㄝ ㄌㄧㄨ⁵ ── ㄉㄨ² ㄉㄧㄛㄏ⁸

【暗示】事到如今。

【註解】頷頤：頸部。瘤：由刺激或微生物寄生，而起皮膚組織增殖所生的贅生物。頸部生瘤變大後抵住下顎，台語形容遇到這種情況為「拄著」別無選擇了。

【例句】詹醫師今天到法院，辦理與他的獨子詹世明脫離父子關係。記者問詹醫師，你總共也只有這麼一個孩子，怎麼忍心脫離父子關係？
詹醫師氣忿的說，我這個孩子不工作，整天無所事事，都不打緊，竟加入幫派與黑社會的人鬼混，「頷頤生瘤──(拄著)遇著」，又能怎樣？

Siau-kong tāu-iû-chîⁿ--iōng-ōe

1016 蕭公豆油錢──(用劃)用話

ㄒㄧㄠ ㄍㄛㄥ ㄉㄠ⁷ ㄧㄨ⁵ㄐㄧ⁵ ── ㄧㄛㄥ⁷ ㄨㄝ⁷

【暗示】靠嘴巴完成。

【註解】蕭公：彰化縣社頭鄉蕭氏公業。蕭氏公業有「書山」、「斗山」兩房。公產龐大，每年祭祖族親歡聚一堂，公產管理人要報告年度收支決算，掌公吃公，收支不符，再多的金額，也都以購買豆油報銷。
「用劃」是假報銷劃掉，恰與台語用嘴巴講話的「用話」同音。

【例句】美國脫口秀巨星鮑霍伯，一生熱心公益，愛國不後人，是美國歷任總統及美軍的好朋友，於2003年7月27日逝世，享壽100歲。鮑霍伯一生「蕭公豆油錢──(用劃)用話」娛樂美國軍民。他說：「觀眾是我最好的朋友，與最好的朋友聊天，怎會累呢？」

Siau-hiong-tiúⁿ phe-kong-bûn--sū-sit-chiah khó

1017 蕭鄉長批公文──事實者可

ㄒㄧㄠ ㄏㄧㄛㄥ °ㄉㄨ² ㄆㄝ ㄍㄛㄥ ㄅㄨㄣ⁵ ── ㄙㄨ⁷ ㄒㄧㄉ⁸ ㄐㄧㄚㄏ⁴ ㄎㄜ²

【暗示】推卸責任的極至工夫。

【註解】「彰化社頭──(蕭一半)猾一半」，彰化縣社頭鄉姓蕭的鄉民，幾乎佔了一半，所指的蕭鄉長，自然會連想到社頭鄉長。社頭鄉歷任鄉長大多數姓蕭，有位鄉長處事謹慎，凡事小心翼翼，深怕屬員給他搞鬼，所以需要他過目簽署的公文，決行都蓋上「事實者可」之印，永保平安無事。

【例句】張局長到任，一再鼓勵大家說公務員領國家薪水，要積極服務民眾。發現問題立即解決問題，千萬不要有那種多做多錯心態，有問題他這個局長負責。
張局長的訓示，令人非常感動，可是大家看到他在公文上，學「蕭鄉長批公文──事實者可」，才領教到他推卸責任的工夫。

Má--bē jīn tit siông ê

1018 嬤——𣍐認得松仔

ㄇㄚˊ —— ㄎㄝ⁷ ㄌㄧㄣˊ ㄉㄧㄉ⁸ ㄒㄧㄛㄥˊ⁵ ㄝ⁵

【暗示】人不可貌相。

【註解】嬤：祖母。松仔：人名，阿嬤的孫子。傳說松仔年輕時好吃懶做，被老爸趕出家門，流浪到台北，痛下決心奮發圖強，幾年下來竟然賺了很多錢，事業有成，除夕夜錦衣歸鄉，阿嬤一直向這位客人打量，認不出誰來。

【例句】台灣省諮議會，舉辦「省議員回娘家」活動，這次回娘家吸引老、中、青三代省議員參與，陳新發已九十一歲高齡。桃園縣何寶珍、江恩兩人緊緊擁抱，她們說當時兩人是省議會之花，現在已老了。省議會剪髮師美蘭姐，看到行政院長游錫堃，幾乎「嬤——𣍐認得松仔」，她驚叫起來：「游省議員，過去你的頭髮很多，現在怎麼這麼少，害我差點認不出你來。」

Má siⁿ/seⁿ-sun--(kong-thiòng) kóng-thiòng

1019 嬤生孫——(公暢)講暢

ㄇㄚˊ ⁿㄙㄝ ㄙㄨㄣ —— (ㄍㄛㄥ ㄊㄧㄛㄥˊ³) ㄍㄛㄥ² ㄊㄧㄛㄥ³

【暗示】說玩的或講爽的。

【註解】嬤：祖母。生孫：祖母能生育，阿公一定很高興，阿公很高興台語叫「公暢」。「公暢」與台語講玩的「講暢」諧音。

【例句】家長會黃會長宣佈，本校代表本縣參加區運，籃球比賽如獲冠軍，將招待隊員出國觀光。大家認為黃會長是「嬤生孫——(公暢)講暢」，以本校籃球隊實力，能打進前五名，就已經是「客人仔磨鉸刀——無簡單」了。

Tiám-sim tàn thoh kak--pàng-phàu

1020 點心搔搐磔——放炮

ㄉㄧㄚㄇ² ㄒㄧㄇ ㄉㄢ³ ㄊㄨㄛㄏˋ ㄍㄚㄍˋ —— ㄅㄤ³ ㄆㄠ³

【暗示】放炮有兩種情境，一是放鞭炮，二是口頭攻擊。

【註解】炮：屬軍火，有大炮，高射炮，迫擊炮等之類；民間節慶使用的有各種鞭炮。民間喜慶婚喪，燃放鞭炮有助興與避邪目的。放炮是要用火，點燃鞭炮中的引信，才會引火爆開發出巨響。所以鞭炮引信著火後，要迅速丟得遠遠的，才不會傷到自己。

【例句】教育部長黃榮村 (2003)，宣佈大學聯考國文不考作文，立即引起多位立法委員，頻頻「點心搔搐磔——放炮」攻擊。立委們擔心大學不考作文，將會使作文能力降低。

Tì-hóe-thòaⁿ-lang--chò-o·-ku

1021 戴火炭籠──做烏龜

ㄉㄧ³ ㄏㄨㄜ² °ㄊㄨㄚ³ ㄌㄤ ── ㄗㄜ³ ㄛ ㄍㄨ

【暗示】讓妻子有外遇。

【註解】火炭籠：盛火炭的籠子。
人跑進火炭籠裏，弄成烏龜那麼黑。

【例句】「一樣米，飼百樣人」，這句話一點兒也不錯。像枋象那個人，身壯力強，什麼工作不能
做，偏偏要吃軟飯，「戴火炭籠──做烏龜」，還自任馬車伕，載送老婆到賓館和別人做
愛做的事。

Siā-chiong-kun siau-khián hōan-chiong-kun--chhit-ê chhiò peh-ê

1022 謝將軍消遣范將軍──七爺笑八爺

ㄒㄧㄚ⁷ ㄐㄧㄛㄥ ㄍㄨㄣ ㄒㄧㄠ ㄎㄧㄢ² ㄏㄨㄢ⁷ ㄐㄧㄛㄥ ㄍㄨㄣ ── ㄑㄧㄉ⁴ ㄝ⁵ ㄑㄧㄜ³ ㄅㄝㄏ⁴ ㄝ⁵

【暗示】五十步笑百步。

【註解】謝將軍（謝必安）、范將軍（范無救）：廟寺的左右門神，又稱七爺八爺，兩人半斤八兩，
差不了多少。

【例句】兩位畫家各提出一幅近作「風景」參加競賽，評審結果李畫家榮獲第一名，邱畫家的作
品，只獲得佳作而已。展覽當天兩人前往觀賞，也就「謝將軍消遣范將軍──七爺笑八
爺」了。邱不服的說：「你那幅畫實在爛透了，我不知怎會得第一名？」「你說的極是，
我也很贊同你的觀點。」李畫家回說：「可是我們兩人，能反對所有評審委員嗎？」

Siah-kháu tî-thâu--chhùi lāi

1023 錫口鋤頭──喙利

ㄒㄧㄚㄏ⁴ ㄎㄠ² ㄉㄧ⁵ ㄊㄠ⁵ ── ㄘㄨㄧ³ ㄌㄞ⁷

【暗示】言不及義。

【註解】錫口：台北市松山的舊名。鋤頭：掘地用的農具。錫口有雙關語意，一為松山地名，二為
鋤頭刀口削利，所以叫喙利。

【例句】台北縣長蘇貞昌到花蓮縣(2003)，為民進黨提名縣長候選人游盈隆助選，他在政見會上
說：「我看到謝深山、游盈隆、吳國棟三人死拚，這樣不好，特別提出三全其美的辦法：
1.縣長選年輕游盈隆。2.讓謝深山免費裝假牙，回台北縣選縣長，這樣台北縣可找回失蹤
人口。3.讓吳國棟吃免費的營養午餐。蘇貞昌縣長『錫口鋤頭──喙利』，令人搖頭不
已。」

Sôaiⁿ-á chāi-châng-ńg ê--bô-ún

1024 檨仔在欉黃个──(無癮)無穩

ㅇㄙㄨㄞ ㄚ² ㄗㄞ⁷ ㄗㅊㅎ⁵ ㄥ⁵ ㄝ⁵ ── ㄌㄜ⁵ ㄨㄣ²

【暗示】無穩，不妥當，也可解釋為靠不住。

【註解】檨仔：芒果。在欉黃个：芒果在果樹上就已經成熟可以吃了。水果：包括木瓜、芒果、香蕉等多種，為了儲存、運輸、調節產銷或減少風災雨害，在還沒完全成熟前，便摘下來加工，利用乙炔或溫火、電熱、溫熱催熟，這種加工催熟叫「癮个」。

【例句】公元2002年距離2004年總統選舉還有兩年，在任總統陳水扁，以及要代表國民黨和親民黨，角逐正副總統的連戰、宋楚瑜，都天天下鄉到處走訪樁腳，拜訪地方人士。他們之會勤於拜票，還不是「檨仔在欉黃个──(無癮)無穩」，沒人敢對大選掉以輕心。

Lō-kiō-chhang--(put sêng sòan)m̄-chiâⁿ-sǹg

1025 蕗蕎蔥──(不成蒜)不成算

ㄌㄜ⁷ ㄍㄧㄜ⁷ ㄘㅊㅎㄤ ── (ㄅㄨㄍ⁴ ㄒㄧㄥˊ ㄙㄨㄢ³) ㄇ⁷ ㅇㄐㄧㄚˊ ㄙㄥ³

【暗示】不值得或不合算。

【註解】蕗蕎蔥：一種介於蕗蕎與蔥仔之間的植物，可淹漬生食或加工磨製成調味粉。不成算：不合算。

【例句】立法委員陳文茜，是立法院(2001-2004)二百多位委員中，最具爭議性與知名度人物。她主持的「文茜小妹大」叩應節目，把阿扁總統及政府官員，罵得体無完膚，令人恨之入骨，卻沒人敢與她頂嘴。林重謨和蔡啟芳兩位委員是異數，專挑陳文茜，林重謨批評她如妓女無權批評社會風氣；蔡啟芳說要和她的大乳房交際交際。陳文茜以「蕗蕎蔥──(不成蒜)不成算」相應不理，以免讓他們兩個寶貝提高知名度。

Chiuⁿ-chî tián khì-kong--phòng-hong

1026 蟾蜍展氣功──脝風

ㅇㄐㄧㄨ ㄐㄧˊ ㄅㄧㄢ² ㄎㄧ³ ㄍㄛㄥ ── ㄆㄛㄥˊ ㄏㄛㄥ

【暗示】愛吹牛說大話。

【註解】蟾蜍：蟾蜍，又叫癩蝦蟆，外形醜陋，皮黑而上有疙瘩，內有毒腺，所分泌的白汁，可提煉製藥。蟾蜍看到獵物，會把肚子鼓得脹脹的，像展氣功要驚嚇對方。蟾蜍長得醜陋，才有諺語「癩蝦蟆想吃天鵝肉」。

【例句】我在電視看到股票分析師邱有義，口沫橫飛說他如何教人家投資股票，賺到多少又多少鈔票，心裡很想笑。他像「蟾蜍展氣功──脝風」能騙別人，騙不了我們鄉裡的人。大家都知道他老爸的財產，是被他投資股票輸光了，其實他也是股市的未亡人。

Ka-lēng ȯh kóng-ōe--tòe-lâng chhùi-bóe

1027　鴝鴒學講話──逴人喙尾

ㄍㄚ ㄌㄧㄥ⁷ ㄛㄏ⁸ ㄍㆲ² ㄨㆤ⁷ ── ㄉㄨㆤ³ ㄌㄤ⁵ ㄘㄨㄧ³ ㄅㄨㆤ²

【暗示】毫無主見。

【註解】鴝鴒：鳥名，又稱八哥，給予訓練，會學人講話。逴人喙尾：跟著人家講話。

【例句】陳水扁總統為爭取連任，提出「公投制憲」主導公共議題。國民黨主席連戰，認為「公投制憲」是台獨的前奏曲，無異把台灣推向戰爭邊沿，堅決反對。連戰後來發現「公投制憲」受到多數民眾關心贊成，國民黨政策急轉彎，提出更前瞻性的，包括國土變更的「修憲新版本」挑戰。民進黨主席陳水扁說：「連戰是『鴝鴒學講話──逴人喙尾』，無啥稀奇。」

Tn̄g-sòaⁿ hong-chhoe--bô-khan bô-kòa

1028　斷線風吹──無牽無掛

ㄉㄥ⁷ °ㄙㄨㄚ³ ㄏㆲ ㄘㄨㆤ ── ㄅㄛ⁵ ㄎㄢ ㄅㄛ⁵ ㄍㄨㄚ³

【暗示】沒有雜思掛念。

【註解】風吹：風箏。風箏是靠放風箏的人，用細長線操縱，線斷了風箏便無牽無掛隨風而去。

【例句】杜校長與夫人，兩人過去生活非常節儉，現在退休下來一反常態，經常跟人家旅行團到各國觀光。有人問他怎麼捨得花錢？杜校長說：「兒女已經娶的娶，嫁的嫁了，我們兩位老人，現在像『斷線風吹──無牽無掛』，彌補老伴一輩子的辛苦相隨，才常常出國觀光。」

Lé gī liâm--bô-thí

1029　禮義廉──無恥

ㄌㆤ² ㆢㄧ⁷ ㄌㄧㄚㆬ⁵ ── ㄅㄛ⁵ ㄊㄧ²

【暗示】沒有羞恥之心。

【註解】「禮義廉恥」源於管子「牧民篇」，四種治國大綱，故稱「禮義廉恥，國之四維。」「禮義廉恥」也是全國各級學校的共同校訓。

【例句】清華大學前校長梅貽琦，受行政院長陳誠力邀出任教育部長。有次淡江英語專科學校（淡江大學前身）畢業典禮，邀請梅部長致詞。梅部長進入禮堂，看到是「四維堂」，心中不悅，致詞僅說：「貴校禮堂叫『四維堂』應該更名『三維堂』比較妥切，因為中國人只有『禮義廉──無恥』。」說完即匆匆離去。

Mî-lek-hùt--hó-chhiò-sîn

1030 彌勒佛─好笑神

ㄇㄧ⁵ ㄌㄝㄍ⁸ ㄏㄨㄉ⁸ ── ㄏㄛ² ㄑㄧㄛ³ ㄒㄧㄣ⁵

【暗示】笑口常開。

【註解】彌勒佛：佛寺常看到的袒胸露腹，笑口常開的菩薩。好笑神：見到人笑眯眯。

【例句】現在畢業找不到工作，據說是「正常的戴誌」，所以卓勝雄找了兩年，都找不到合適的工作，決定加盟「咖啡車」做生意。
「咖啡車」創辦人熊先生說，地區保障只表示在地區內，沒有同樣品牌的咖啡與你競爭，並不表示生意一定會很好。他說做生意並沒有什麼秘訣，若有，經營者要像「彌勒佛──好笑神」，讓顧客感受到你的親切，自然愛喝你的咖啡。

Kū-siā gín-á chiàh tiám-sim--kong-chiàh-kong-khai

1031 舊社囡仔食點心─公食公開

ㄍㄨ⁷ ㄒㄧㄚ⁷ ㆣㄧㄣ² ㄚ² ㄐㄧㄚㄏ⁸ ㄉㄧㄚㄇ² ㄒㄧㄇ ── ㄍㆲ ㄐㄧㄚㄏ⁸ ㄍㆲ ㄎㄞ

【暗示】平均分攤，誰都不吃虧。

【註解】舊社囡仔：彰化縣社頭鄉舊社部落的小孩子。這些小孩子一起玩遊戲，玩到後來大家肚子餓了，有人提議吃點心，但是誰出錢？後來有人倡議「公食公開」，有吃的人平均分攤，遂成風俗。

【例句】學校教職員自強活動，預算只有兩天一夜，每人二千元而已，校長說大家想利用暑假多玩幾天沒關係，但是多出來的費用，大家「舊社囡仔食點心──公食公開」，有人有份。

Kū-siā phāiⁿ-kó͘ ê--bô-i-bōe-sái

1032 舊社𨑨鼓仒─無伊獪使

ㄍㄨ⁷ ㄒㄧㄚ⁷ ㄆㄞ⁷ ㄍㆦ² ㄝ⁵ ── ㆠㄛ⁵ ㄧ ㆠㄨㆤ⁷ ㄙㄞ²

【暗示】非他不行。

【註解】舊社：彰化縣社頭鄉內的一個部落。𨑨鼓仒：揹鼓的人。鄉村鑼鼓陣中，大鼓需要有人揹著，讓鼓手順手好敲。傳說有位侏儒高矮適中，鼓手打得很順手，所以鑼鼓陣每次出陣，鼓手都非要侏儒揹鼓不行，揹鼓變成重要人物。

【例句】台灣2004年總統選舉，已知是國民黨連戰挑戰尋求連任的民進黨總統陳水扁。至於副手是誰，據報導連戰是「宋馬立強」，指宋楚瑜、馬英九、朱立倫、胡志強其中之一。陳水扁是「蘇蔡旅遊業」，係蘇貞昌、蔡英文、呂秀蓮、游錫堃、葉菊蘭其中之一。其實副總統提名誰？若對總統選情有加分作用，就「舊社𨑨鼓仒──無伊獪使」。

Hí-pêⁿ-téng ê hông-tè--chò bô-kú

1033 戲棚頂仝皇帝──做無久

ㄏㄧ² °ㄅㄝ⁵ ㄉㄧㄥ² ㄝ⁵ ㄏㄛㄥ⁵ ㄉㄝ³ —— ㄗㄜ³ ㄅㄜ⁵ ㄍㄨ²

【暗示】好景不長，不要太囂張。

【註解】戲台上演的每一齣戲，都有人扮演生、旦、淨、丑、流、武、上下手七行。扮皇帝的，在舞台上地位崇隆，不過戲演完了，下台鞠躬也只是戲團裡眾多演藝人員之一，神氣也只有在台上扮演皇帝，那一小段時光而已。

【例句】台灣議會政治演變到現在，議壇已經變成民意代表做秀和羞辱官員的場所，頤指氣使簡直不把政府官員當人看待。政府官員為了戀棧，也不敢挺胸力辯，大多逆來順受。其實民意代表任期有限，應該要為興利除弊仗義執言，須知「戲棚頂仝皇帝──做無久」的道理。

Hì-pêⁿ-téng ang-bó͘--ū-miâ bô-sit

1034 戲棚頂尪某──有名無實

ㄒㄧ °ㄅㄝ⁵ ㄉㄧㄥ² ㄤ ㄅㄛ² —— ㄨ⁷ ㄇㄧㄚ⁵ ㄅㄜ⁵ ㄒㄧㄉ⁸

【暗示】虛有其表。

【註解】戲棚頂尪某：戲台上扮演的夫妻。

【例句】許世雄是新綠科技公司董事長，但是瞭解這家科技新貴的背景人士，都知道許董只是「戲棚頂尪某──有名無實」，公司真正的決策者，是他的老三執行董事許明雄。

Ku peh hō͘-tēng--khòaⁿ án-chóaⁿ hoan-sin

1035 龜跮戶坽──看按怎翻身

ㄍㄨ ㄅㄝㄏ³ ㄏㄛ⁷ ㄉㄧㄥ⁷ —— °ㄎㄨㄚ³ ㄋ² °ㄗㄨㄚ² ㄏㄨㄢ ㄒㄧㄣ

【暗示】看你有什麼本事。

【註解】龜：烏龜。跮戶坽：爬門檻。俗語說：「從哪裡跌倒，就從哪裡站起來。」又說：「站起來沒稀罕，難得的是你有沒有順手撿到錢？」

【例句】教授上課舉前美國總統尼克森因水門案下台，幾年後又重新當選美國總統，站在世界政治舞台上的例子，叫同學碰到挫折不可喪失志氣，教同學們要學習尼克森「龜跮戶坽──看按怎翻身」。

Hân-sìn pun-kóe--khit-chiảh bô-hūn

1036 韓信分粿──乞食無份

ㄏㄢ⁵ ㄒㄧㄣ³ ㄅㄨㄣ ㄍㄨㄝ² ── ㄎㄧㄚㆷ⁸ ㄐㄧㄚㆷ⁸ ㄅㄜ⁵ ㄏㄨㄣ⁷

【暗示】身份不同,待遇有差別。

【註解】韓信:中國漢朝淮陰人,幼時家貧,復受「胯下之辱」。尋從項梁起兵,輾轉歸漢,拜為大將,與張良、蕭何同稱漢興三傑。韓信腦筋很好,相傳賭博是他發明的。傳說春節要犒賞士兵甜粿,為了表示仁慈也叫乞丐參與分配,甜粿30塊,官兵30人,乞食2人,共32人。他想出一個前32後7的點數方法。但無論怎樣前點後數,直到最後一塊,乞丐都分不到甜粿。

【例句】台灣2003年8月3日,一百多位鄉鎮市長,有拿「地方斷糧草」布條,有手捧「大碗公」到行政院向內政部長陳情,求乞特別補助。各縣市都已經舉債上限,更有不少鄉鎮發不出薪水。澎湖縣望安鄉許龍富,穿汗衫、短褲、拖鞋上班,突顯鄉鎮市財政之困苦。內政部長余政憲接見他們,雖然深表同情,但中央攬權抓錢哪肯鬆手?鄉鎮市長陳情還不是「韓信分粿──乞食無份」。

Hân-sìn tiám-peng--to-to ek-siān

1037 韓信點兵──多多益善

ㄏㄢ⁵ ㄒㄧㄣ³ ㄉㄧㄚㆫ² ㄅㄧㄥ ── ㄉㄜ ㄉㄜ ㄝㄍ⁴ ㄒㄧㄢ⁷

【暗示】不嫌少。

【註解】韓信:見「韓信分粿──乞食無份」篇。點兵:檢閱軍隊。

【例句】台灣1960-80年代,民眾已有箝制國民黨一黨獨大的共識。各種選舉,只要有人敢出來與國民黨競選,民眾都會熱烈支持,踴躍捐款。當選的人都名利雙收,落選也不致影響經濟,有的甚至還能賺到錢。因此有不少人把「選舉」當做事業經營。
當時的選舉,黨外人士只要宣佈成立競選事務所,各種捐款源源而來,宛如喪事只要搭好祭典式場,左右鄰居參祭的牲禮,也會一盤一盤的端過來。候選人對於這些「參拜」的牲禮,也都是「韓信點兵──多多益善」。

Kui-sin kah mî-phōe--bô-thâu-bô-bīn

1038 歸身蓋棉被──無頭無面

ㄍㄨㄧ ㄒㄧㄣ ㄍㄚㆷ ㄇㄧ⁵ ㄆㄨㄝ⁷ ── ㄅㄜ⁵ ㄊㄠ⁵ ㄅㄜ⁵ ㄅㄧㄣ⁷

【暗示】有丟人現眼與忙得不亦樂乎的兩種含意。

【註解】歸身:是指整個身子,整個身子用棉被蓋起來,當然是看不到頭和臉了。

【例句】苗栗縣竹南鎮龍鳳里,有一個十多公尺寬,兩公尺深,清澈的埤塘,是小孩戲水的地方。近來被來路不明的廢土傾倒,鎮民代表曾進發屢次陳情無人聞問。曾代表突然於2003年7月23日,帶領六名男女裸體入埤,高舉「還我埤塘清水」的抗議牌子。有記者要訪問,有些人「歸身蓋棉被──無頭無面」不讓人拍照,曾進發等人卻裸裎相見,也是另類的抗議方式吧。

Kui-tiuⁿ-chóa ōe chit-chun-koan-im--tōa-bīn-sîn

1039 歸張紙畫一尊觀音──大面神

《ㄨㄧ ⁰ㄅㄨˊ ㄗㄨㄚ² ㄨㄝ⁷ ㄐㄧㄉ⁸ ㄗㄨㄣ 《ㄨㄢ ㄧㄇ ── ㄉㄨㄚˊ ㄇㄧㄣ⁷ ㄒㄧㄣ⁵

【暗示】迷迷糊糊沒有精神。

【註解】歸張紙：整張紙。畫一尊觀音：用一張紙只畫一尊觀音，那麼臉一定畫得很大囉。臉很大的神叫大面神，而台語恍恍惚惚沒有精神，也叫「大面神」。

【例句】前總統蔣介石，有次到台中成功嶺檢閱暑期軍訓的大專生，他點名問道：「林志強，祖國是什麼？」「報告總統！」林志強說：「祖國是我的母親。」「很好！」蔣總統接著問下一位：「黃阿成！祖國是什麼？」「報告總統！」這位「歸張紙畫一尊觀音──大面神」的大專兵黃阿成，大聲的說：「報告總統，祖國是林志強的母親！」

Kui-châng chhiū-á hó-hó--bô-chhò

1040 歸欉樹仔好好──(無剉)無錯

《ㄨㄧ ㄗㄤ⁵ ㄑㄧㄨ⁷ ㄚ² ㄏㄜ² ㄏㄜ² ── ㄅㄜ⁵ ㄘㄜ³

【暗示】錯不了的。

【註解】歸欉樹仔好好：整棵樹好好的。無剉：沒被砍掉。

【例句】轟動山城埔里鎮電器商人柯某人殺人埋屍案，在目擊證人李四海帶領下，檢警一行人沿著山路，上山走到半山腰一棵台灣欒樹下時，李四海指著欒樹說：「在這裡『歸欉樹仔好好──(無剉)無錯』，我就是看到有人在這兒挖土埋東西。」果然，怪手在警方指導下，挖了一會兒便挖出腐爛的屍体。

Thâng jip káu-hiā siū--ún-bô-miā

1041 蟲入蚼蟻荙──穩無命

ㄊㄤ⁵ ㄖㄧㄅ⁸ 《ㄠ² ㄏㄧㄚ⁷ ㄒㄧㄨ⁷ ── ㄨㄣ² ㄅㄜ⁵ ㄇㄧㄚ⁷

【暗示】準沒命的。

【註解】蚼蟻荙：螞蟻的巢。蟲爬入螞蟻巢裡，面對密密麻麻的螞蟻，還能逃命？

【例句】中興登山社幾位同學不聽警告，自以為登山經驗豐富，颱風天強行登山，結果兩人失去連絡，警方發動大批人馬搜山救援，三天兩夜仍然毫無消息。負責搜尋的高領隊說：「這些年輕人，颱風天還要登山，簡直是『蟲入蚼蟻荙──穩無命』，不知從何處找起？」。

Tìn-siú kớ-bīo--lāu sîn chāi chāi

1042 鎮守古廟─老神在在

ㄅㄧㄣ³ ㄒㄧㄨ² ㄍㄛ² ㄇㄧㄜ⁷ ── ㄌㄠ⁷ ㄒㄧㄣ⁵ ㄗㄞ⁷ ㄗㄞ⁷

【暗示】安穩不動。

【註解】鎮守古廟：守護古廟。老神在在：穩固安定。

【例句】「群祥紡織」原已完成世代交替，創辦人溫老先生退居第二線，掛名名譽董事長，把公司經營權交給長子溫新象，可是三年下來，獲利嚴重下滑。董事會認為長此下去，將會虧損累累，特別敦請溫老董回鍋出任董事長，這樣才能「鎮守古廟──老神在在」不怕風浪。

Lî-thiⁿ chhit-lí-gōa-lō--bô-phớ

1043 離天七里外路─(離譜)無譜

ㄌㄧ⁵ °ㄊㄧ ㄑㄧㄉ⁴ ㄌㄧ² ㄤㄨㄚ⁷ ㄌㄛ⁷ ── ㄇㄛ⁵ ㄆㄛ⁷

【暗示】不像樣，離譜。

【註解】離天七里外路：距離很遙遠，事實出入很大的意思。

【例句】新銳作家柯樹楠，近作長篇小說出版，自認為得意的傑作，卻被文學評論家趙教授，批評為與社會現象「離天七里外路──(離譜)無譜」，幾乎是印刷資源的浪費。這麼一大盆冰水潑濺出來，讓這位新銳作家信心盡失，朋友安慰他說：「你不要把批評放在心上，所謂『批評』就像別人給他一杯咖啡，他卻說咖啡沒有茶葉味道。」

Ke-kang ê bớ--ke-bú

1044 雞公仝某─(雞母)加舞

ㄍㄝ ㄍㄤ ㄝ⁵ ㄇㄛ² ── ㄍㄝ ㄇㄨ²

【暗示】白忙一場。

【註解】雞公仝某：母雞。加舞：台語白做或多做的意思。「雞母」與「加舞」諧音。

【例句】鄭教授在飯店用餐，侍者端來一碗湯，鄭教授看了看後說：「這湯不能喝。」侍者把湯端回去，又換了一碗。鄭教授看後又說：「這湯不能喝。」侍者又端回去，如此換了四次後，終於驚動經理走過來，問這位挑剔的客人：「先生，你喜歡喝怎樣的湯？」「什麼湯都好，沒有湯匙叫我怎麼喝？」
這時候侍者始才知道，換了四五次湯，都是「雞公仝某──加舞」。

Ke-á-kiáⁿ ê a-má--ke-pô

1045 雞仔子个阿嬤──(雞婆)加婆

《せ Y² 《一Y² せ⁵ Y ㄇY² ── 《せ ㄅㄜ⁵

【暗示】好管閒事。

【註解】雞仔子个阿嬤：小雞的祖母。阿嬤若照倫理排序，是「婆」字輩，也就是雞仔的婆婆了。「雞婆」與台語多管閒事的「加婆」同音。

【例句】台灣有一句諺語：「和不論理」。意思是所有再劇烈的爭執，和解就不要再論是非對錯了。游朝坤的轎車和戴阿順大卡車相撞，造成雙方車毀人傷，最後雙方都能以「和不論理」的共識達成和解。正要簽和解書之際，邱鄉民代表踏進來，「雞仔子个阿嬤──(雞婆)加婆」，講了一句「大台撞細台，大台不對」的話，致使和解破裂。

~~~~~~

Ke-á tok liú-á--bô-chhái-tok

1046 雞仔啄鈕仔──無採啄

《せ Y² ㄉㄜ《⁴ ㄌㄧㄨ² Y² ── ㄅㄜ⁵ ㄘㄞ² ㄉㄜ《⁴

【暗示】白費口舌。

【註解】雞仔：家禽的一種，翼短腳長，不能高飛，嘴短，上嘴略彎，肉鮮美，品種很多。雞仔愛用腳笓尋食，看到什麼東西，會用腳笓啄食，連鈕釦也誤以為是可吃的東西啄食，其實是白費嘴巴。台語白費嘴巴叫做「無採啄」。

【例句】柳新棋那位少年的，是個非常頑劣的孩子，你想規勸他，沒那麼容易，去年才從感化院出來，如果能改過在感化院就已經改了，你想說服他，我看你一定「雞仔啄鈕仔──無採啄」。

~~~~~~

Ke-á poàh lòh bí-àng--hó-chiàh-khùn

1047 雞仔跋落米甕──好食睏

《せ Y² ㄅㄨY⁸ ㄌㄜㄏ⁸ ㄅㄧ² ㄤ³ ── ㄏㄜ² ㄐㄧY ㄏ⁸ ㄎㄨㄣ³

【暗示】妥當安穩。

【註解】雞仔跋落米甕：雞掉落在放置白米的甕子裡。雞仔嗜食米穀，掉入米甕裡，肯定有得吃。即是求之不得的事了。

【例句】台灣2004年3月20日，選舉第十一任總統後，連宋支持者認為選舉不公，隨即爆發抗爭。這場為選輸聚眾抗爭，自選舉當天晚上持續一星期，不但把總統府前廣場佔住了，連帶影響附近如北一女等學校上課，台大醫院患者也不得安寧，週邊商人生意受到影響，大家苦不堪言。
民眾說選舉像運動競賽，輸了就該認輸，下次再來。讓附近商家，「雞仔跋落米甕──好食睏」。

Ke-bú kiò-keⁿ--chhiong-kong

1048 雞母叫更—充公

ㄍㄝ ㄅㄨ² ㄍㄧㄛ³ ⁿㄍㄝ —— ㄑㄧㄛㄥ ㄍㄛㄥ

【暗示】私人財物被沒收。

【註解】公雞早啼:叫更。雞母不會早啼叫更,會叫更便是假冒公雞,冒充公雞諧稱「充公」。

【例句】新竹頭寮漁港海巡隊,發現「順發號」漁船有走私嫌疑,扣押檢查發現有大批未稅洋煙,也走私武器、彈藥,全部價值市價約三千萬元,依法全部「雞母叫更——充公」。

Ke-bó tú-tiòh chit-tun-tō-ún--chóng-thóng

1049 雞母拄著一墩塗蚓—總統

ㄍㄝ ㄅㄨ² ㄅㄨ² ㄅㄧㄛㄏ⁸ ㄐㄧㄉ⁸ ㄅㄨㄣ ㄅㄛ⁷ ㄨㄣ² —— ㄗㄛㄥ² ㄊㄛㄥ²

【暗示】民選國家元首。

【註解】塗蚓:蚯蚓。雞母:母雞。母雞看到眼前有一堆的蚯蚓,會一條一條全部啄食吃光。

【例句】台灣2004年3月20日,選舉第十一任總統,這場「雞母拄著一墩塗蚓——總統」選舉,國民黨、親民黨推出連戰、宋楚瑜,對抗民進黨尋求連任的陳水扁、呂秀蓮。選舉結果,陳呂6,471,970票,連宋6,442,452票,陳水扁以29,518票險勝。連戰對於只差0.288%輸掉總統,認為選舉前夕之19日,發生陳水扁被槍擊事件,影響選舉公正性,發動群眾示威,並提出「驗票」及「選舉無效」之訴。

Ke-bú khioh-chiàh--tap-chhùi-tap-chìh

1050 雞母抾食—答喙答舌

ㄍㄝ ㄅㄨ² ㄎㄧㄛㄏ⁴ ㄐㄧㄚㄏ⁸ —— ㄅㄚㄅ⁴ ㄘㄨㄧ³ ㄅㄚㄅ⁴ ㄐㄧㄏ⁸

【暗示】鬥嘴或耍嘴皮。

【註解】雞母抾食:母雞啄食。答喙答舌:形容一粒一粒啄食,像答嘴答舌那樣耍嘴皮。

【例句】媽媽已經告誡小瑛,客人到家裡有事情跟爸媽商量,不准「雞母抾食——答喙答舌」,客人說一句,你問一句,弄得大人的事情無法順談。小瑛依然故態復萌,被媽媽懲罰兩天不能看電視。

Ke-bó-sái--pòaⁿ-o͘-pe̍h

1051 雞母屎──半烏白

ㄍㄝ ㄇㄜ² ㄙㄞ² ── °ㄅㄨㄚ³ ㄛ ㄅㄝㄏ⁸

【暗示】身分涉及黑白兩道。

【註解】雞母屎：母雞排放的糞便。半烏白：母雞的糞便，有一半黑一半白的顏色。半烏白：形容有黑道和白道兩種身分。

【例句】台灣第十一任總統選舉，於2004年3月20日舉行，投票前一日的3月19日，發生民進黨正副總統候選人陳水扁、呂秀蓮受槍擊事件。到底是誰向陳水扁、呂秀蓮開槍？有猜是政黨陰謀的白道人士；也有猜政府於選前，傾力掃除大選賭盤，是黑道幹的；各種猜測都有，有如「雞母屎──半烏白」，各方人馬都有可能。

~~~~~~

Ke-sái lo̍h-thô͘--saⁿ-chhùn-ian

1052 雞屎落塗──三寸煙

ㄍㄝ ㄙㄞ² ㄌㄜㄏ⁸ ㄊㄜ⁵ ── °ㄙㄚ ㄘㄨㄣ³ ㄧㄢ

【暗示】再沒用的東西，尚有殘餘的價值。

【註解】雞屎落塗：雞排放糞便下來。三寸煙：雞排便下來，因體內有體溫而冒出水煙。

【例句】日本萬代公司1996年推出數位化電子產品「電子雞」，是一種要飼養，會生病，會排泄，也會鬧情緒的電子遊戲器，轟動全世界，深受學童喜愛。剛上市時售價台幣1,200元，還供不應求，市場飽和後，每隻僅45元。
萬代公司2004年再推出升級的電子雞，利用紅外線連結，可交友，戀愛，繁衍下一代，是否「雞屎落塗──三寸煙」，則待市場檢驗。

~~~~~~

Chit-á-hî chia̍h tio̍h iû-phoh-á-chúi--péng-tō͘

1053 鯽仔魚食著油粕仔水──摒肚

ㄐㄧㄅ ㄚ² ㄏㄧ⁵ ㄐㄧㄚㄏ⁸ ㄉㄜㄏ⁸ ㄧㄨ⁵ ㄆㄜㄏ¹ ㄚ² ㄗㄨㄧ² ── ㄅㄧㄥ² ㄉㄜ⁷

【暗示】表示不滿的情緒，也就是反感。

【註解】鯽仔魚：魚類喉鰾類，外形似鯉魚，背脊隆起，口頭均小，脊背青褐色，腹部暗白，屬淡水魚。鯽仔魚吃到油粕的水，不適應，翻肚子。

【例句】親民黨籍立法委員邱毅伶牙俐齒，無論問政、記者會、上叩應節目，躲在立委言論免責權下恣意凌辱他人，連通緝要犯「高雄市議長朱安雄」，躲在李登輝「翠山莊」；「阿扁總統與影星高金素梅有染」的鬼話，也說得出口來。台灣媒体革命工作者盧統隆等人，看到邱毅的恣意虐辱他人，「鯽仔魚食著油粕仔水──摒肚」起來，製作「非常光碟」棒打「唱衰台灣」的這些人。
邱毅聽說「非常光碟」第三集，有他們夫妻的床戲，竟也抓狂起來，亂咬、控告魚夫、謝志偉、江霞、吳錦發等文教界人士。

Chit-á-hî chiàh tiòh tê-kho-chúi--chù-sí

1054 鯽仔魚食著茶箍水─注死

ㄐㄧㄉㄚ⁴ ㄚ² ㄏㄧ⁵ ㄐㄧㄚㄏ⁸ ㄉㄧㄛㄏ⁸ ㄉㄝ⁵ ㄎㄛ ㄗㄨㄧ² ── ㄗㄨˇ ㄒㄧ²

【暗示】該死。

【註解】鯽仔魚：見「鯽仔魚吃著油粕仔水──摒肚」篇。
茶箍水：肥皂水。鯽仔魚吃到肥皂水，不適應，翻肚而死。

【例句】基隆市王意沁媽媽，晚間六時回到家，找不到四歲男孩謝承霖，發現事態嚴重，向警局報案，也請媒体協尋。家屬在外面找不到謝童，回過頭來在家中櫥櫃及各角落尋找，結果打開烘衣機發現躺在裡面，全身已冰冷。這宗「鯽仔魚食著茶箍水──注死」的離奇命案，到底謝童怎會跑入烘衣機？是個啞謎。

Lô-hàn-kha-á--sì-kè-ku

1055 羅漢骹仔─四界踞

ㄌㄛ⁵ ㄏㄢ³ ㄍㄚ ㄚ² ── ㄒㄧ² ㄍㄝ² ㄍㄨ

【暗示】四處為家，也就是無家可歸。

【註解】羅漢骹仔：流浪漢，無家可歸的人。四界踞：走到哪裡睡到哪裡。

【例句】彰化縣曹有明，小時候父母雙亡，依附伯父母生活，因放牛偷懶，讓牛吃到人家農作物被伯母責罵，一氣之下離家出走，不知怎的流落到花蓮縣玉里鎮，成「羅漢骹仔──四界踞」的異鄉人。

Lô-hàn-kha á chhiáⁿ-koan-im--chit-kheh káu-chú-lâng

1056 羅漢骹仔請觀音─一客九主人

ㄌㄛ⁵ ㄏㄢ³ ㄎㄚ ㄚ² °ㄑㄧㄚ² ㄍㄨㄢ ㄧㄇ ── ㄐㄧㄉ⁸ ㄎㄝㄏ⁴ ㄍㄠ² ㄗㄨ² ㄌㄤ⁵

【暗示】名實不符。

【註解】羅漢骹仔：見「羅漢骹仔──四界踞」篇。觀音：觀音菩薩。

【例句】「德記營造公司」創業廿周年，舉辦宴會席開二十桌，酬謝多年往來的主要顧客。這項美名為答謝顧客的酒席，竟然成為「羅漢骹仔請觀音──一客九主人」，來賓多數是德記的員工和家屬。

Iȯh-tiàm kam-chhó--chȧp-chhap

1057 藥店甘草—雜俉

一ㄛㄏ⁸ ㄅㄧㄚㄇ³ ㄍㄚㄇ ㄘㄜ² —— ㄗㄚㆴ⁸ ㄘㄚㆴ¹

【暗示】好管閒事。

【註解】藥店：中醫藥舖。甘草：植物名，多年生草本，有特殊甘味，供藥用。中藥處方多用甘草，能添甘味減苦澀，又能中和藥性不致相剋。

【例句】范老先生對於今天為他舉辦的八十大壽的壽宴，心裡有些不快。雖然桌開一百席，但是前來祝壽的親友來賓，沒人見到老人家開心的笑容。
范老心中不快的原因，是家人請來籌劃壽宴的張村長，是位「藥店甘草——雜俉」的人物，喜事、喪事都過問的人。

Kià" phòa khì--lióng-hun-bêng

1058 鏡破去—兩分明

⁰ㄍㄧㄚ³ ㄆㄨㄚ³ ㄎㄧ³ —— ㄌㄧㆲ² ㄏㄨㄣ ㄅㄧㄥ⁵

【暗示】兩邊都看得清清楚楚。

【註解】鏡破去：鏡子破了。兩分明：破成兩塊，照出來的影像，仍然看得清清楚楚。

【例句】有一個笑話，聯合國出了這樣一個題目，「對於其他國家糧食短缺的問題，請世界各國小朋友，談談自己的看法。」歐洲小朋友不知什麼叫「短缺」；非洲小朋友不知道什麼叫「糧食」；拉丁美洲的小朋友，不知什麼叫做「請」；美國的小朋友，不知什麼叫做「其他國家」；中國的小朋友，不知什麼叫做「自己的看法」。從笑話中，自由與獨裁，富裕與貧窮，像「鏡破去——兩分明」。

Koan-kong pàng-phùi--m̄-chai bīn-âng

1059 關公放屁—唔知面紅

ㄍㄨㄢ ㄍㆲ ㄅㄤ³ ㄆㄨㄧ³ —— ㄇ⁷ ㄗㄞ ㄅㄧㄣ⁷ ㄤ⁵

【暗示】不懂羞恥。

【註解】關公：關聖帝君。桃園三結義：張飛、關公、劉備。古典小說《何典》開頭語石破天驚曰：「放屁！放屁！真正豈有此理！」台灣的立法院，也真是放屁的好地方。

【例句】宗才怡受命擔任經濟部長，到立法院備詢，立委邱毅即指著她說：「宗部長，妳知不知道2000年總統大選，要是宋楚瑜當選，妳經濟部長這個位子，是我邱毅的。」有人形容邱委員的質詢，是「關公放屁——唔知面紅」。

Koan-kong khòaⁿ-chhun-chhiu--it-bók liáu-jiân

1060 關公看春秋—一目了然

《ㄨㄢ 《ㄛㄥ ˚ㄅㄨㄚ³ ㄘㄨㄣ ㄑㄧㄨ —— ㄧㄉ⁴ ㄇㄝ《⁸ ㄌㄧㄠ² ㄇㄧㄢ⁵

【暗示】一看就知道。

【註解】關公：關聖帝君。張飛、關公、劉備，桃園三結義。《春秋》：書名，十三經之一，係魯國史記，經孔子刪定。

【例句】高三電機甲班同學，找謝老師抗議他連看一下都沒有，便把全班作業簿，退回要他們重寫。謝導師說：「你們以為我好騙，老師是『關公看春秋——一目了然』，上回是乙班抄你們的作業，這次是你們甲班抄他們的作業，別以為我不知道！」

Koan-kong bē tāu-hū--iû-lí-chhiat

1061 關公賣豆腐—由你切

《ㄨㄢ 《ㄛㄥ ㄅㄝ⁷ ㄉㄠ⁷ ㄏㄨ⁷ —— ㄧㄨ⁵ ㄌㄧ² ㄑㄧㄚㄉ⁴

【暗示】認命或認了。

【註解】關公：見「關公看春秋——一目了然」篇。由你切：形容軟綿綿易碎的豆腐，碰到關公那種剛強個性的人，也只有認了，不敢另有意見。

【例句】「德祥玩具製造公司」原本商譽頗佳，財務健全，發生財務危機，是外銷美國一筆為數頗鉅的玩具，無法通過安全檢查，美方堅持退貨。後來幾經折衝，只要不退貨，價錢「關公賣豆腐——由你切」，最後以原價二折折讓，造成慘重虧損，才導致財務危機。

Koaiⁿ-mĝg phah-káu--bô-tè-cháu

1062 關門扑狗—無地走

˚《ㄨㄞ ㄇㄥ⁵ ㄆㄚㄏ⁴ 《ㄠ² —— ㄅㄝ⁵ ㄉㄝ² ㄗㄠ²

【暗示】沒地方去或賴不掉的雙關含義。

【註解】關門扑狗：關起門來打狗，跑也跑不掉。

【例句】台灣在2003年3月間，受到中國傳染非典肺炎SARS病毒感染，造成82人死亡。世界衛生組織WHO於5月21日，宣佈台灣為旅遊警告區，迨至6月17日，WHO在馬來西亞吉隆坡召開全球SARS研討會上，正式解除台灣旅遊警告。台灣發生SARS期間，民眾出門擔心受到感染，多數民眾「關門扑狗——無地走」，都呆在家裡看電視。

Koaiⁿ-mîng chò hông-tè--chū-bóan chū-tāi

1063 關門做皇帝──自滿自大

ᵍㄍㄨㄞ ㄇㄥ⁵ ㄗㄜ³ ㄏㆪㄥ⁵ ㄉㆤ³ ── ㄗㄨ⁷ ㄇㄨㄢ² ㄗㄨ⁷ ㄉㄞ⁷

【暗示】自以為最大，看不起別人。

【註解】關門做皇帝，形容沒見過世面，以為自己最大最了不起。

【例句】李登輝自1988年1月13日，繼蔣經國任中華民國總統(1988-2000)後，連續主政12年，推動寧靜革命，達成台灣政治民主化，贏得「國際民主先生」尊稱。李登輝為突破中國外交打壓，認為台灣不可「關門做皇帝──自滿自大」，應該推動務實外交，而於1989年訪問新加坡。
新加坡總統林火鍊、最高資政李光耀，稱呼李登輝為「台灣來的總統」。李登輝總統對於這樣的稱呼說：「不滿意，但可以接受。」

Koaiⁿ-mîng bē thái-ko-ioh--miâ-siaⁿ-tháu

1064 關門賣癩疒藥──名聲諎

ᵍㄍㄨㄞ ㄇㄥ⁵ ㄇㆤ ㄊㄞ² ㄍㄜ ㄧㄜㄏ⁸ ── ㄇㄧㄚ⁵ ᵒㄒㄧㄚ ㄊㄠ²

【暗示】遠近馳名。

【註解】癩疒：麻瘋病。關門賣癩疒藥：做生意都會大事宣傳以廣招徠，居然關起門來賣藥，一定是商譽遠播名聲好，「名聲好」台語叫「名聲諎」。

【例句】台灣各地國民小學，因超額收容學生，被形容為「關門賣癩疒藥──名聲諎」的，有台北縣秀朗國小一萬多名學生，92學年度排行榜，已拱手讓給台北縣土城市清水國小5054人，亞軍新莊市光華國小4985人，秀朗國小淪為第三名4858人。教育部統計：最少人數的國小是澎湖縣白沙鄉大倉國小7人，台北縣坪林鄉漁光國小9人。國民教育的國小學生數，過與不及都非好現象。

Lah-hioh giap ke-á--sí-ah，sí-ah

1065 鵁鴒挾雞仔──死啊，死啊！

ㄌㄚㄏ⁸ ㄏㄧㄜㄏ⁸ ㆣㄧㄚㆵ⁸ ㄍㆤ ㄚ² ── ㄒㄧ² ㄚㄏ¹，ㄒㄧ² ㄚㄏ⁴

【暗示】沒命了！

【註解】鵁鴒：灰臉的鵟鷹，是一種貪惡的猛禽，常在空中盤旋，發現地面上小雞，便俯衝下來利用腳爪挾走小雞。「死啊！死啊！」小雞被鵁鴒挾走的叫聲。

【例句】1963年11月21日，甚受美國人愛戴，年僅46歲的甘迺迪總統，偕妻子賈桂琳於德州乘車遊街，行經達拉斯「加迪利廣場」突遭狙殺。副總統詹森隨即宣佈接任總統。四十年後，美國國民僅32%相信兇手是官方版本的奧斯華；51%認為兇手另有其人；有46%相信本案是一大陰謀。
美國國民當時聽到他們敬愛的甘迺迪總統被暗殺，都若有所失喃喃自語：「我們的總統『鵁鴒挾雞仔──死啊，死啊！』」而哭出來。」

Giâ-to koah-bah--liô-lȯh-khì

1066 攑刀割肉—戮落去

ㄗㄧㄚ⁵ ㄉㄛ ㄍㄨㄚㄏˋ ㄅㄚㄏˋ —— ㄌㄧㄛˊ ㄌㄛㄏ⁸ ㄎㄧˉ³

【暗示】投下去不能回頭了。

【註解】攑刀割肉——拿刀割肉。戮落去：割下去。

【例句】民進黨立法委員沈富雄，於2004年4月16日，舉行「愛台灣」說明會，他要求自己的黨及黨主席陳水扁，今年年底立委選舉，禁止用「愛不愛台灣」為選戰主軸議題，以避免台灣族群關係撕成粉碎。沈富雄無視環境惡劣，「攑刀割肉——戮落去」。他說講這些話時，心情如吳鳳穿紅衣，從容就義那樣淒美。但民進黨黨內人士，卻沒有他那種淒美的浪漫。蔡啟芳斥沈富雄「脫褲子放屁！」多此一舉；郭正亮說：「說大話，大家都會。」李文忠說：「沈富雄主張很好，但不切實際。」

Giâ-tek-ko jip-siâⁿ--tit-lâi tit-óng

1067 攑竹篙入城—直來直往

ㄗㄧㄚ⁵ ㄉㄝㄍˋ ㄍㄛ ㄌㄧㄅ⁸ °ㄒㄧㄚ⁵ —— ㄉㄧㄉˋ ㄉㄞ⁵ ㄉㄧㄉˋ ㄛㄥ²

【暗示】剛直不阿的個性。

【註解】攑竹篙入城：拿竹竿子進城，城門不大，不能拿橫的，只能直拿進城門，形容為直來直往。

【例句】台聯黨立法委員蘇盈貴，與同黨羅志明委員之爭執，演變成蘇盈貴被開除黨籍。導火線是蘇委員公開指控羅委員為電玩弊案關說，羅志明堅決否認。但真相只有一個，那就是蘇盈貴那個人，一向「攑竹篙入城——直來直往」，暗時行路嘸驚鬼。蘇盈貴自恃不怕碰到鬼，但碰到石壁，也會頭破血流。

Giâ-liûⁿ-á liûⁿ koaⁿ-chhâ--tōa-kau-koan

1068 攑量仔量棺柴—(大鈎棺)大交關

ㄗㄧㄚ⁵ °ㄉㄧㄨ⁵ ㄚ² °ㄉㄧㄨ⁵ °ㄍㄨㄚ ㄘㄚ⁵ —— ㄉㄨㄚ⁷ ㄍㄠ ㄍㄨㄢ

【暗示】大買賣。

【註解】量仔：測物体輕重的器具，如量仔、秤仔。使用小秤秤物叫「秤仔」，用大秤物叫「量仔」。棺材是大的物品，小秤不能秤，只能用兩人扛的「量仔」鈎起來秤，故叫「大鈎棺」。「大鈎棺」與台語大宗買賣的「大交關」諧音。

【例句】副總統呂秀蓮於2002年8月中旬，突破中國打壓，赴印尼峇里島渡假外交，會見自稱「有意義的人」。呂副總統形容此次渡假外交，「驚濤駭浪，暗潮洶湧」，身懷桃園大潭電廠40億美元天然氣採購案，是「攑量仔量棺柴——(大鈎棺)大交關」，才能順利完成「渡假外交」，有道是「天下沒有白吃的午餐」。

Giâ chìⁿ pài-koan-im--siā-sîn

1069 擲箭拜觀音—(射神)謝神

ㄫㄧㄚ5 ⁰ㄐㄧ3 ㄅㄞ3 ㄍㄨㄢ ㄧㄇ —— ㄒㄧㄚ7 ㄒㄧㄣ5

【暗示】答謝、謝恩。

【註解】擲箭拜觀音：拿著弓箭拜觀音菩薩，會被誤以為要射殺神明，射殺神明的「射神」與台語拜謝神恩的「謝神」諧音。

【例句】南投縣中寮鄉2003年11月23日，農曆10月30日，全鄉18庄做醮「擲箭拜觀音——(射神)謝神」。中寮人祖先多為福建漳州人，拜清水祖師，每十二年做醮大拜拜一次。

~~~~~~

Kéng-chhat kiò pó-chìaⁿ--hó-sè

1070 警察叫保正—好勢

ㄍㄧㄥ2 ㄘㄚㄉ4 ㄍㄧㄜ3 ㄅㄜ2 ⁰ㄐㄧㄚ3 —— ㄏㄜ2 ㄙㄝ3

【暗示】事情圓滿解決。

【註解】日據時代村里長叫「保正」。「保正」，日語發音近「好勢」。日據時代民眾違警事件，被捉到派出所去，只要找村里長跑一趟，關說一下，很快就會沒事放人。事情辦好了，沒事了，叫做「好勢」。

【例句】陳有根騎機車，撞傷國立員林高中徐姓學生那件車禍，幸虧邱議員很熱心出面調解，已經「警察叫保正——好勢」啦。雙方簽了和解書，令陳爸爸放下心中的石頭。

~~~~~~

Chiong-kûi kè-sió-mōe--(kúi hun)kúi-hùn

1071 鍾馗嫁小妹—(鬼婚)鬼混

ㄐㄧㄛㄥ ㄍㄨㄧ5 ㄍㄝ3 ㄒㄧㄜ2 ㄇㄨㄝ7 —— (ㄍㄨㄧ2 ㄏㄨㄣ) ㄍㄨㄧ2 ㄏㄨㄣ3

【暗示】不做正事，迷迷糊糊的過日子。

【註解】鍾馗：唐朝的不第進士，傳說能捕食小鬼，民間多懸掛其畫像，以避邪怪。嫁小妹：嫁妹妹。鍾馗是鬼，妹妹當然不是人，鬼嫁給鬼，名副其實的鬼婚。
「鬼婚」與混日子的「鬼混」諧音。

【例句】台灣的大學教育與歐美日大學相反的特性，是入學困難畢業容易。歐美日則入學容易，畢業困難。台灣每位大學生，進入大學之前，要經過聯考這一嚴竣的關卡，考上後在大學幾乎是「鍾馗嫁小妹——(鬼婚)鬼混」四年，便能拿到畢業證書。

Kiâm-chúi phoah-bīn--ū-chiảh bô-chhun

1072 鹹水潑面─有食無偆

ㄍㄧㄚㆬ⁵ ㄗㄨㄧ² ㄆㄨㄚㄏ⁴ ㄅㄧㄣ⁷ ── ㄨ⁷ ㄐㄧㄚㄏ⁸ ㆠㄜ⁵ ㄘㄨㄣ

【暗示】勉強度日。

【註解】鹹水往臉上潑過來，多少會嚐到一些鹹味，但都流掉了，要留也留不住。

【例句】政府為提高民眾就業機會，降低失業率，實施擴大就業方案，各機關學校給予失業民眾工作賺錢的機會。依擴大就業方案，受雇民眾按日計酬，每月扣除周休二日，也僅工作二十二天，每日約八百元，一個月將近兩萬元，對生活不無小補，但「鹹水潑面──有食無偆」。

Kiâm-hî ùn-tāu-iû--kiâm tú kiâm

1073 鹹魚搵豆油─鹹拄鹹

ㄍㄧㄚㆬ⁵ ㄏㄧ⁵ ㄨㄣ³ ㄉㄠ⁷ ㄧㄨ⁵ ── ㄍㄧㄚㆬ⁵ ㄉㄨ² ㄍㄧㄚㆬ⁵

【暗示】小氣、刻薄。

【註解】鹹魚：鹽漬魚。搵豆油：沾醬油。鹹魚沾醬油，鹹上加鹹，除了鹹別無可取。

【例句】「裕泰電子科技公司」今年度稅後盈餘，比去年度成長40％，員工們無不期待年終獎金能大幅提高，大家好過年。高董事長依然「鹹魚搵豆油──鹹拄鹹」得要命，比照去年方案，發給兩個月年終獎金，令大家非常失望。

Kiâm-chhài chú tāu-hū--(put-pí to-iâm)put-pí to-giân

1074 鹹菜煮豆腐─(不必多鹽)不必多言

ㄍㄧㄚㆬ⁵ ㄘㄞ³ ㄗㄨ² ㄉㄠ⁷ ㄏㄨ⁷ ── (ㄅㄨㄉ⁴ ㄅㄧ² ㄉㄜ ㄧㄚㆬ⁵)ㄅㄨㄉ⁴ ㄅㄧ² ㄉㄜ ㄍㄧㄢ⁵

【暗示】言多沒用。

【註解】鹹菜：用鹽巴經過鹽漬加工的菜。豆腐：把黃豆磨漿成豆汁，製成塊狀的食品。鹹菜是用鹽巴漬成的已經很鹹了，要與豆腐一塊兒煮，實在不必再加多少鹽了。
「不必多鹽」與台語「不必多言」諧音。

【例句】雲林縣長張榮味，涉嫌林內焚化爐弊案，於雲林地檢署搜索公館後，由吊車大動作吊回金庫，避不出面卻說地檢署此舉是「政治迫害！」地檢署朱朝亮檢察長說，辦案沒有政治考量，叫張榮味「鹹菜煮豆腐──（不必多鹽）不必多言」出面講清楚，釐清案情。主任檢察官洪紹文，更希望張縣長2004年8月23日應訊，否則會依法通緝拘提。雲林縣林內焚化爐弊案，係由縣議員尹伶英檢舉，張妹張麗菁將矛頭指向民進黨立委蘇治芬。

Mī-sóaⁿ bāng ah-á--bián-bāng

1075 麵線網鴨仔──（免網）免望

ㄇㄧˊ ˚ㄙㄨㄚ² ㄅㄤˊ ㄚㄏˋ ㄚ² ── ㄅㄧㄢ² ㄅㄤˋ

【暗示】沒希望或沒指望。

【註解】麵線：麵粉加工製成細線的麵食。用麵線做網子，要想網住鴨子，是不可能的事。

【例句】葉賜棋他們幾位同學，一個月前就計劃中秋節要到日月潭烤肉賞月。想不到天公不作美，中秋節那天下了大雨，讓這幾位同學，計劃到日月潭烤肉賞月變成「麵線網鴨仔──（免網）免望」，只好各自呆在家裡。

~~~~~~

Báng-á tèng-gû-kak--bô-chhái-kang

1076 蠓仔叮牛角──無採工

ㄅㄤ² ㄚ² ㄅㄧㄥ³ ㄍㄨ⁵ ㄍㄚˋ⁴ ── ㄅㄛ⁵ ㄘㄞ² ㄍㄤ

【暗示】白費精神力氣。

【註解】蠓仔：蚊子。昆蟲名稱，幼蟲和蛹都生長在水中，成蟲身体細長。雌蚊吸食人畜血液，雄蚊吸食植物液汁，能傳染疾病。蚊子吸食血液，牛角是角質沒有血液，叮牛角白費工夫。

【例句】「美敦園藝公司」為參加縣府新建辦公園區，環境美化工程招標，張羅了五百萬元押標金參加競標。開標後，美敦公司黃經理，看到人家只低於底價十萬元，便搶到這筆五千多萬元的美化工程，始才恍然大悟，人家早就綁標好了，他到處張羅押標金，是「蠓仔叮牛角──無採工」。

~~~~~~

Báng-á tèng-phō-sat--(khòaⁿ choh lâng-thâu)khòaⁿ chhoh lâng-thâu

1077 蠓仔叮菩薩──（看做人頭）看錯人頭

ㄅㄤ² ㄚ² ㄅㄧㄥ³ ㄅㄛˊ ㄙㄚㄉˋ⁴ ──（˚ㄎㄨㄚ³ ㄗㄛㄏˋ ㄌㄤ⁵ ㄊㄠˋ⁵）˚ㄎㄨㄚ³ ㄘㄛㄏˋ ㄌㄤ⁵ ㄊㄠ⁵

【暗示】認錯了人或看錯了人。

【註解】蠓仔：見「蠓仔叮牛角──無採工」篇。菩薩：不管是泥塑，木彫、銅彫，都非人身，沒有蚊子愛吸食的血液，叮菩薩顯然是弄錯了對象。

【例句】「蘋果日報」2003年11月20日，「蠓仔叮菩薩──（看做人頭）看錯人頭」，於頭版刊登十大通緝要犯之一謝東松，誤植前立法委員邱俊男照片。致使邱俊男20日晚與影星王羽等人，在北市阿山料理店用餐時，被大批荷槍實彈的憲警包圍。

前國代謝東松涉嫌教唆謝惠仁、黃主旺，狙殺天道盟「不倒會」會長謝運通。「蘋果日報」總編輯陳裕鑫說：「該報誤植邱俊男先生照片，是不該犯的錯誤。」

Báng-á tèng-ke-nñg--bû khóng put jip

1078 蠓仔叮雞蛋──無孔不入

万尤² 丫² ㄉ一ㄥ³ ㄍㄝ ㄋㄥ⁷ ── 万ㄨ⁵ ㄎㄛㄥ² ㄅㄨㄉ⁴ ㄌ一ㄅ⁸

【暗示】善鑽營或滲透力強。

【註解】蠓仔：見「蠓仔叮牛角──無採工」篇。
雞蛋是密不通風的，蚊子也要叮它，可見多麼地積極要滲透進去。

【例句】鄉公所新建「老人活動中心」，有巍巍壯觀的外貌，卻沒有軟体設備經費，幸虧老人會選對了會長。新會長謝老先生，像「蠓仔叮雞蛋──無孔不入」，凡是他想得到的工商界老朋友，一個人也逃不掉，分別專程拜訪募捐，募到了二百多萬元，足夠軟体設備經費。

Báng-á tèng-lān-pha--pháiⁿ-phah

1079 蠓仔叮羼脬──歹扑

万尤² 丫² ㄉ一ㄥ³ ㄌㄢ⁷ ㄆㄚ ── °ㄆㄞ² ㄆㄚㄏ⁴

【暗示】很難抉擇或很難下手。

【註解】蠓仔：見「蠓仔叮牛角──無採工」篇。
叮羼脬：咬到男性生殖器。歹扑：要拍打蚊子又怕打痛陰莖睪丸。

【例句】有一村婦與部隊士官長私奔，被丈夫尋回，限其在士官長與丈夫之間選一。村婦思忖，論地位，士官長比較大；論安定，丈夫比較長久。因此，久久無法決定，後來丈夫逼急了，始才吞吞吐吐的說：「士官長卡大，你卡長，叫人家怎麼辦？」
這位村婦碰到的問題，宛如「蠓仔叮羼脬──歹扑」。

So·-chiu bȧk-kiàⁿ--chāi-lâng-kah-bȧk

1080 蘇州目鏡──在人合目

ㄙㄛ ㄐ一ㄨ 万ㄚㄍ °一ㄚ³ ── ㄗㄞ⁷ ㄌ尢⁵ ㄍㄚㄏ⁴ 万ㄚㄍ⁸

【暗示】順眼歡喜就好。

【註解】蘇州：中國江蘇省蘇州市，人口72萬人(1984)。工業產品：光學儀器、化學、紡織等。特產：刺繡、緙絲等工藝品。蘇州以園林著稱，有「寒山寺」、「拙政園」、「虎丘」等名勝。目鏡：眼鏡。在人合目：隨人順眼。

【例句】縣府人事室胖妞劉玉華，終於要出嫁了。同事們收到禮餅，都感到很意外，不是因為她芳齡已38了，主要是她的噸位相當有份量，大家認為這位110公斤的胖妞可能難嫁了。沒想到「蘇州目鏡──在人合目」，新郎劉義仁一家人，數代都骨瘦如柴，認為新娘福態，會改善下一代的体質。

Lo͘-lê peh khì tek-ko-bóe--chīn-pong

1081 露螺蹈去竹篙尾—盡磅

ㄌㄛ ㄌㄝ⁵ ㄅㄝㄏ⁴ ㄎㄧ³ ㄅㄝㄍ⁴ ㄍㄜ ㄅㄨㄝ² —— ㄐㄧㄣ⁷ ㄅㄛㄥ

【暗示】達到極限的地步。

【註解】露螺：又叫蝸牛，外殼扁圓，黃褐色，頭有兩對觸角，屬害蟲之一。蹈去竹篙尾，爬到竹竿的尾端上。盡磅：已經最上面了，也可解為盡最大可能了。

【例句】桃園縣有一黃姓商人，顯然是「露螺蹈去竹篙尾—盡磅」，立下這樣的遺書：「我一生勤做儉食，卻還不足以繳交稅金，請把我火化後骨灰裝入信封，將我整個人交給財政部長。」

Lâng-sńg thē-kóe--ún tio̍h ê

1082 籠床提粿—穩著仐

ㄌㄤ⁵ ㄙㄥ⁵ ㄊㄝ⁷ ㄍㄨㄝ² —— ㄨㄣ² ㄅㄧㄜㄏ⁸ ㄝ⁵

【暗示】安穩妥當，萬無一失。

【註解】籠床：蒸籠。提粿：拿蒸粿。穩著：穩當拿得到的。

【例句】廠長對報名應徵守衛的簡志明，說明守衛對來訪人士應有的禮節及工作重點後，又再提醒他，注意員工的偷竊行為。簡守衛為了要表現，自信在他守衛之下，任何偷竊行為，一定「籠床提粿——穩著仐」，一個也跑不掉。第二天上班，他自信滿滿向廠長報告，他在工人下班時不厭其煩地，一個一個詳細檢查他們的皮包，都沒人偷東西。廠長聽完報告後，把他痛罵了一頓後將他開除，因為丟了八百五十二個皮包。

Lâng-sńg-kòa khàm-bô-bā--làu-khùi

1083 籠床蓋蓋無峇—漏喟

ㄌㄤ⁵ ㄙㄥ⁵ ㄍㄨㄚ³ ㄎㄚㄇ³ ㄅㄜ⁵ ㄅㄚ⁷ —— ㄌㄠ³ ㄎㄨㄧ³

【暗示】諷刺行事未如預期計畫成功。

【註解】以前農村使用竹蒸籠炊蒸包子、糕粿等食物。竹蒸籠透氣性佳，可以疊很多層，但是如果蒸籠蓋得不密合，則蒸氣大量散失，食物就不容易蒸熟。當蒸籠打開時，食物未熟，即使繼續蒸熟，食物風味亦會變差，那就是所謂「漏喟」造成的。

【例句】民進黨揚言執政後要廢核四，建立「綠色矽島，非核家園」，執政三年來受立法院反對，因此目前核四仍然繼續大興土木，可說「籠床蓋蓋無峇——漏喟」。

Lâng-sŷg-niau--kò-kóe

1084 籠床貓──顧粿

ㄌㄤ⁵ ㄙㄥ⁵ ㄋㄧㄠ ── 《ㄛ³ 《ㄨㄝ²

【暗示】不務正業。

【註解】籠床：蒸籠。籠床貓：蹲在蒸籠邊的貓，是要看守蒸籠裡的包子，怕被老鼠偷吃。「籠床貓──顧粿」是雙關語，嘲諷男子不長進，整天守候在妻子身邊，好像怕老婆偷漢子。

【例句】台北市議員王育誠調查，老兵與中國新娘結婚的情況，發現合法結婚者18％，不常在一起者35％，已結婚女方未來台灣者17％，女方不知去向者15％，老兵亡故後，女人不知去向者12％，同居未結婚者3％。
王育誠說部分中國新娘，專挑行動不便老兵下手，詐領或榨光老人財產，或領了遺產後便不知去向，縱使那些老人，像「籠床貓──顧粿」，也心有餘而力不足。

~~~~~~

Iâm-kóan chhìn-thûi--kiâm koh gī^n

1085 鹽館稱錘──鹹佫硬

ㄧㄚㄇ⁵ 《ㄨㄢ² ㄑㄧㄣ³ ㄊㄨㄧ⁵ ── 《ㄧㄚㄇ⁵ 《ㄛㄏ⁴ ㆣㄧㄥ⁷

【暗示】尖酸刻薄。

【註解】鹽館：食鹽批售商行。稱錘：食鹽買賣重量過秤的稱錘。鹹佫硬：形容精打細算，很難從中獲利。

【例句】我們鄉裡聞名土財主陳以德嫁女兒，一個高職女生嫁給一位博士，大家議論紛紛，都說這樁婚姻，男方一定貪圖女方財產。但是鄉民都知道陳以德這位財主，是位「鹽館稱錘──鹹佫硬」的人，想從他老人家那裡，獲得財產談何容易？

~~~~~~

Iâm-áng se^n-thâng--bô chit-khóan tāi-chì

1086 鹽甕生虫──無即款戴誌

ㄧㄚㄇ⁵ ㄤ² ㄙㄝ ㄊㄤ⁵ ── 万ㄛ⁵ ㄐㄧㄍ⁴ ㄎㄨㄢ² ㄉㄞ⁷ ㄐㄧ³

【暗示】判斷事情不符常理。

【註解】鹽：有鹹味的礦物質，烹飪時可以做調味料，虫無法在鹽堆裡存活。

【例句】美國有位科學家聽台灣人說：台灣有「鹽水製糖廠」，覺得很不可思議，專程到台灣來，要學習鹽水製糖的科技。經濟部官員把這位美國科學家，帶到台南鹽水製糖廠參觀。這位科學家到了台南縣鹽水鎮，看到「鹽水製糖廠」，始才搞清楚什麼是鹽水製糖廠？不斷的拍著腦袋，罵道：「鹽甕生虫──無即款戴誌」！（註：台南縣鹽水鎮有台糖「鹽水製糖廠」）

Thiaⁿ-thâu tiàu liân--khòaⁿ-khóan

1087 廳頭吊聯──看款

ᵒㄊㄧㄚ ㄊㄠ⁵ ㄉㄧㄠ³ ㄉㄧㄢ⁵ ── ᵒㄎㄨㄚ³ ㄎㄨㄢ²

【暗示】看狀況再決定。

【註解】廳頭：廳堂或稱客廳。吊聯：懸掛喜幛，賀聯，依落款人的輩份、地位排序掛起來。

【例句】學校新建禮堂，欠冷氣設備經費一百二十萬元，家長會和校長，算盤打到老校友實業家李氏昆仲身上，要向他們募捐。吳會長和胡校長拜訪李老校友，說明禮堂設備冷氣的必要性，李氏老校友很爽快的說：「請校長和會長，再向其他校友募捐，不足部分『廳頭吊聯──看款』再來找我。」

Koan-im-má thau-chiåh hî-á-kê--oan-óng lâng

1088 觀音媽偷食魚仔膎──冤枉人

ㄍㄨㄢ ㄧㄇ ㄇㄚ² ㄊㄠ ㄐㄧㄚㄏ⁸ ㄏㄧ⁵ ㄚ² ㄍㄝ⁵ ── ㄨㄢ ㆦㄥ² ㄌㄤ⁵

【暗示】不白之冤。

【註解】觀音媽：觀世音、觀自在、佛教大聖菩薩。佛經說他為廣化眾生，能顯種種形象，大慈大悲，救苦救難。相傳浙江普陀山，是觀世音現靈說法的道場。

觀音媽是素食者，魚仔膎屬葷食。

【例句】親民黨立法委員邱毅，問政或上叩應節目，尖酸刻薄，令人難堪。沒想到由「台灣媒体革命工作室」盧統隆製作的「非常光碟」（2003年11月），內容據說有邱毅和妻子謝京叡床戲而抓狂起來。

邱毅指控台視董事江霞、東吳大學教授謝志偉、資深媒體人吳錦發、漫畫家魚夫，都與光碟事件有關，後來發現指控謝志偉、魚夫是「觀音媽偷吃魚仔膎──冤枉人」，而於2003年11月21日，第一次公開道歉。

Lô-môa-phiau khòaⁿ-sin-bûn--tīn-sè tōa

1089 鱸鰻標看新聞──陣勢大

ㄌㆦ⁵ ㄇㄨㄚ⁵ ㄆㄧㄠ ᵒㄎㄨㄚ³ ㄒㄧㄣ 万ㄨㄣ⁵ ── ㄉㄧㄣ⁷ ㄙㄝ³ ㄉㄨㄚ⁷

【暗示】虛張聲勢。

【例解】鱸鰻標：何許人也？有人說姓何，也有說姓許，到底是何許人，沒人知道。但是不管姓啥，住哪裡，有沒因一清專案抓去管訓？都不影響他看新聞的陣勢。據說鱸鰻標看新聞，保鏢長相左右，備詢秘書隨伺在側，陣勢之大令人咋舌。

【範句】行政院長游錫堃隨扈林、謝兩位警官，傳出騙財騙色疑案。大家才知道游院長隨扈人員多達36人，層層包圍，日夜保護游院長。游院長安全未必確保，個人隱私蕩然無存。有人戲稱游摮隨扈人員，像「鱸鰻標看新聞──陣勢大」，有沒必要這麼多人？有人認為對提高就業人口不無小補。

Khám-sió-kiáⁿ m̄-bat peng-thn̂g--hó-hôan

1090 戇小子唔訓冰糖──(好礬)好煩

ㄎㄚㄇˊ ㄒㄧㄜˊ ⁰ㄍㄧㄚˊ ㄇˇ ㄅㄚㄉˋ ㄅㄧㄥ ㄊㄥˊ ── ㄏㄜˊ ㄏㄨㄢˊ

【暗示】雜亂難受。

【註解】戇小子：痴呆的孩子。唔訓冰糖：不懂得什麼是冰糖。把冰糖當做好的明礬，礬是含水重鹽的結晶礦物。「好礬」與台語「好煩」諧音。

【例句】年輕的媽媽，帶著一對孿生兒子在火車站候車。右手抱著的孩子靜靜睡著，左手抱著的孩子動個不停，忽而要這個，忽而要那個，還動手要解開媽媽的衣釦子尋奶吃。媽媽輕輕的拍了一下他的嘴巴，低聲的說：「你這個『戇小子唔訓冰糖──(好礬)好煩』哪！」說著把奶托出來給他吮吸。

參考書籍

《國台語雙語辭典》.................................楊青矗 編著　敦 理 出 版 社

《台灣語彙辭典》.................................楊青矗 編著　敦 理 出 版 社

《台灣俗語詞典》.................................楊青矗 編著　敦 理 出 版 社

《台灣實用俗語千百句》.........................張進金 編著　北 騏 出 版 社

《俏皮俗語》.....................................張進金 編著　北 騏 出 版 社

《台灣俗諺語典》.................................陳主顯 主編　前 衛 出 版 社

《簡明台語字典》.................................林央敏 編著　前 衛 出 版 社

《台灣語講座》...................................王育德 著　前 衛 出 版 社

《台灣方言之旅》.................................洪惟仁 著　前 衛 出 版 社

《常用漢字台語詞典》.............................許極燉 編著　前 衛 出 版 社

《台灣諺語》.....................................吳瀛濤 著　台灣英文出版社

《台灣閩南語辭典》.............................董忠司 總編纂　五 南 出 版 社

《閩南語辭典》.................................周長楫 編纂　金 安 文 化 機 構

《台語讀本》1~12冊.............................黃勁連 總編輯　金 安 文 化 機 構

《台灣話語音研究》.............................林松源 編著　彰 化 縣 文 化 局

《諺語、謎語篇》.............................胡萬川 總編輯　彰 化 縣 文 化 局

《藝術大辭典》.................................陳奇祿 總校訂　維 吾 爾 出 版 社

《河洛話讀本》1~6冊.............................劉白顯 主編　彰 化 縣 文 化 局

《台語根源》.....................................鄭天福 著　漢 風 出 版 社

《福全台諺語典》.................................徐福全 編著　作 者 自 印

《古台灣現世說》.................................杜文靖 撰文　台 原 出 版 社

《本土語文教材選集》.............................黃哲永 編著　黃 哲 永 出 版

《台灣話大辭典》.................................陳 修 主編　遠 流 出 版 社

《台灣經驗》.....................................賴宗寶 著　賴 許 柔 基 金 會

《大家來講台灣話》1~8冊.........................方南強 編著　時 報 文 化 出 版

《台語探源》.....................................鄭天福 著　漢 風 出 版 社

《俗俚俗氣》.....................................魏吉助 編著　台 中 文 教 基 金 會

《台灣歇後語》1~3冊.............................曹銘宗 編著　聯 經 出 版

《台語的趣味》...................................李 赫 著　稻 田 出 版 社

《台灣戲謔歌詩》.................................陳義弘 編著　安 可 出 版 社

《河洛閩南語縱橫談》.............................吳在野 著　東 大 圖 書 公 司

《台灣俚語諺語開講》.............................謝添旺 撰寫　泉 原 出 版 社

《詩鄉俚語采風情》................................蘇子建 編著　新竹市文化中心

《台語四用發音字典》..................柳生園 楊上台 編著　柳生圖書出版

《閩南語字彙》................................蘇筱晶 編著　教育部出版

《台灣俗諺語精選》..................林建呈 董育儒 編著　八掌溪出版

《潘榮禮彈笑系列》1~13冊......................潘榮禮 著　潘榮禮出版

《台灣新囝仔歌教學教唱》1~4冊.............潘榮禮 蕭燕 著　飆興公司出版

《紅嬰兵食牛奶》................................蕭燕 著　飆興公司出版

《辭海》上中下冊.............................夏征農 主筆　東華書局出版

《康熙字典》上下冊.............................世一文化公司

《辭彙》...雷飛鴻 主筆　世一文化公司

《彙音寶鑑》................................沈富進 著　文藝學社

《標準漢音字典》上下冊.................李木杞 主編　李木杞出版

《國台語通用字典》.........................李木杞 編著　瑞成書局印行

《新台語聲調音新探》....................林松源 編著　礦溪文化學會

《台灣唱透透》................................許思 著　許思出版

《台灣全詼歇》................................許思 著　許思出版

《台灣地名沿革》..............................洪敏麟 著　台灣省新聞處

《台灣地名研究》..............................安倍明義 著　武陵出版

國家圖書館出版品預行編目資料

台灣孽詨仔話 / 潘榮禮著. -- 修訂版
台北市：前衛，民98.02
400面；23×17公分
ISBN 978-957-801-612-5（精裝）

1. 歇後語　　　2. 台灣

539.6　　　　　　　　　98001130

台灣孽詨仔話

著　　　者　潘榮禮
責任編輯　陳金順
出 版 者　前衛出版社
　　　　　　10468台北市中山區農安街153號4樓之3
　　　　　　Tel：02-2586-5708　Fax：02-2586-3758
　　　　　　郵撥帳號：05625551
　　　　　　E-mail：a4791@ms15.hinet.net
　　　　　　http://www.avanguard.com.tw
出版總監　林文欽
法律顧問　南國春秋法律事務所
出版日期　2005年08月初版一刷
　　　　　　2016年07月修訂版四刷
總 經 銷　紅螞蟻圖書有限公司
　　　　　　台北市內湖區舊宗路二段121巷19號
　　　　　　Tel：02-2795-3656　Fax：02-2795-4100
定　　　價　新台幣600元

©Avanguard Publishing House 2005
Printed in Taiwan　ISBN 978-957-801-612-5

*「前衛本土網」http://www.avanguard.com.tw
*加入前衛出版社臉書 facebook 粉絲團，搜尋關鍵字「前衛出版社」，
　按下「讚」即完成。

更多書籍、活動資訊，請上網輸入關鍵字「前衛出版」或「草根出版」。